Norbert Aping

Das kleine Dick-und-Doof-Buch

In Erinnerung an Walter Bluhm und Arno Paulsen

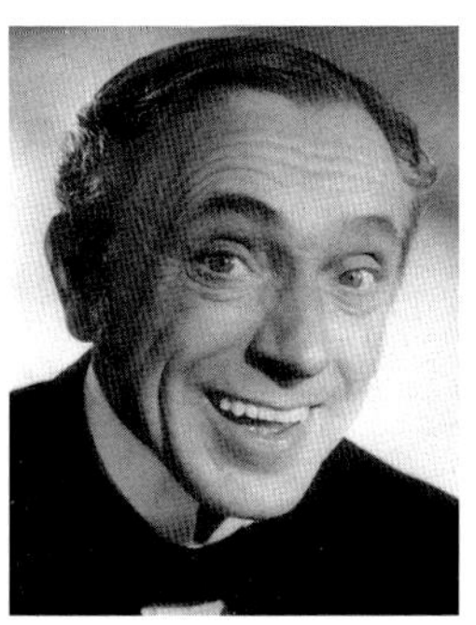
1 Walter Bluhm (1904–1976)

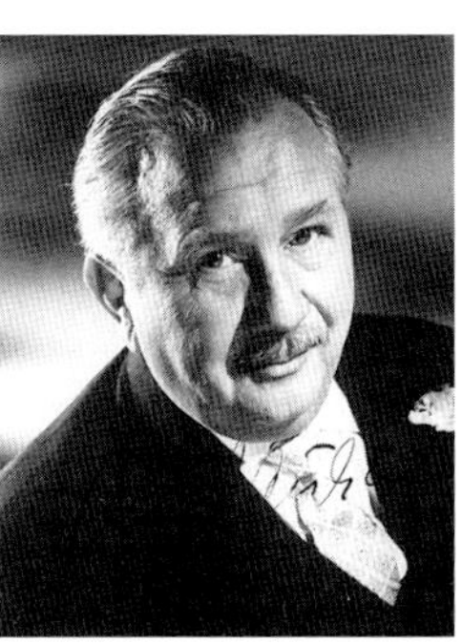
2 Arno Paulsen (1900–1969)

Norbert Aping

Das kleine Dick-und-Doof-Buch

Die Geschichte von Laurel und Hardy in Deutschland

Aktualisierte und ergänzte Neuauflage

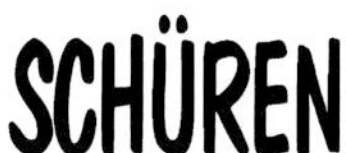

Bibliografische Information der Deutschen Nationalbibliothek
Die Deutsche Nationalbibliothek verzeichnet diese Publikation in der Deutschen Nationalbibliografie; detaillierte bibliografische Daten sind im Internet über http://dnb.d-nb.de abrufbar.

Andere Bücher des Autors im Schüren Verlag

Das Dick-und-Doof-Buch. Die Geschichte von Laurel und Hardy in Deutschland (2004)

Laurel und Hardy auf dem Atoll. Auf den Spuren von Laurel und Hardys letztem Film (2007)

Liberty Shtunk! Charlie Chaplin und die Nationalsozialisten (2011)

Charlie Chaplin in Deutschland 1915–1924: Der Tramp kommt ins Kino (2014)

Das kleine Dick-und-Doof-Buch (2014)

Es darf gelacht werden. Von Männer ohne Nerven und Vätern der Klamotte. Lexikon der deutschen TV-Slapstickserien Ost und West (2020)

Bildnachweis

Bundesarchiv (Abb. 153); Deutsches Kabarettarchiv (Abb. 217); Deutsches Rundfunkarchiv (Abb. 264); Freiwillige Selbstkontrolle der Filmwirtschaft (Abb. 44, 93); Marianne Eckart (Abb. 142, 148); © hr/Kurt Bethke (Abb. 325); Lilly Köhler (Abb. 139–140); Laurel-und-Hardy-Archiv Harry Hoppe (Abb. 113); Werner Mohr (Abb. 23, 25, 40); Olaf Strecker (Abb. 82, 199)

Screenshots: arte (Abb. 293, 301–303); BR (Abb. 262–263); Cinematographische Commerzanstalt (CCA) (Abb. 4–5, 10–11, 13–15, 16–17, 22, 26); DF1 (Abb. 294–295); MGM (Abb. 297–299); NDR (Abb. 183–185); SAT.1 (Abb. 281–283); 20th Century Fox Home Entertainment Germany (Abb. 72–73); Warner Home Movie Entertainement (Abb. 122–124); WDR (Abb. 256–257); ZDF (Abb. 161–166, 210–215, 220–222, 137–238, 240–246, 249–251, 253–255)

Alle anderen Abbildungen stammen aus der Sammlung des Autors.

Aktualisierte und ergänzte Neuauflage 2022

Schüren Verlag GmbH
Universitätsstr. 55 · D-35037 Marburg
www.schueren-verlag.de

Gestaltung: Erik Schüßler
Gestaltung Umschlag: Wolfgang Diemer, Frechen
Druck: druckhaus köthen, Köthen
Printed in Germany
ISBN 978-3-7410-0414-8

Inhalt

Online verfügbare Anhänge
(passwortgeschützt)*

* siehe S. 335

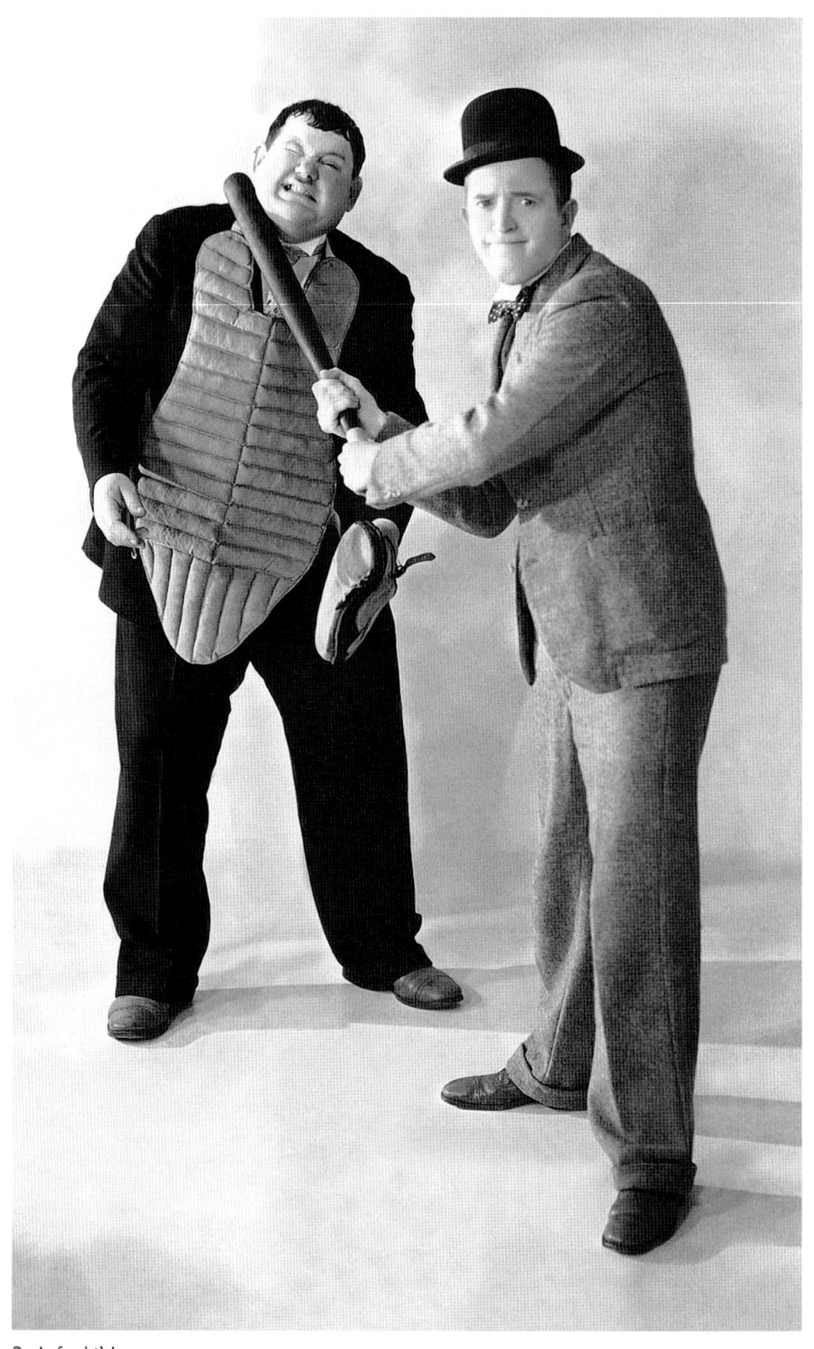

3 «Auf geht's!»

Einleitung und Dank

Zur Zeit des Erscheinens der Neuausgabe des *Dick-und-Doof-Buches* als Taschenbuch im Jahr 2014 waren seit 2004 um die 150 DVDs mit gemeinsamen Filmen des Duos Laurel und Hardy und ihren Solofilmen auf den deutschen Markt gekommen. In den vergangenen acht Jahren waren es noch einmal rund 50 DVDs und Blu-rays. Mein 2020 erschienenes Lexikon der *Es darf gelacht werden* über Slapstick-Serien im deutschen Fernsehen Ost und West hat zu weiteren Entdeckungen geführt. Um diese und andere Neuigkeiten rund um Laurel und Hardy ist die vorliegende Ausgabe des Taschenbuchs erweitert und aktualisiert worden.

Die Entwicklung im Fernsehen und des DVD- und Blu-ray-Marktes hat auch Eingang in die Online-Anhänge zu diesem Buch gefunden. Damit befindet sich das *Dick-und-Doof-Buch* insgesamt auf dem Stand von Februar 2022. Um Laurel und Hardys kompaktes groteskes Werk mit seinen zuweilen absurden und surrealen Abstechern zu würdigen, sind Beschreibungen ihrer Filme, Radio- und Bühnensketche chronologisch geordnet im reich illustrierten Anhang 2 zusammengefasst. Den Solofilmen ist ebenfalls ein eigener Anhang gewidmet. Die detaillierten filmografischen Anhänge 4–7 enthalten sämtliche Angaben zum Copyright, zur Zensur, Film-Prüfung, Erstaufführung, Synchronisation und zu den Verleihern. Dort steht also, wo und in welchem Kino Laurel und Hardys Filme ihre deutsche Premiere erlebten, welche ihrer Kurzfilme welche Hauptprogramm-Filme unterstützten, wer die deutschen Fassungen besorgt hat und welche Synchron-Schauspieler welche Rollen gesprochen haben. Über die enorme Menge an Bildträgern gibt Anhang 7 Auskunft. Und da abermals neue deutsche Laurel-und-Hardy-Titel hinzugekommen sind, ist ihre alphabetische Aufstellung der im Anhang 8 weiter angewachsen. Die Online-Anhänge nehmen weit über 1000 Seiten ein.

Mein Dank geht an die in der Danksagung von 2004 Genannten. Diese Danksagung befindet sich im Anhang 1.

Norbert Aping

Vorwort

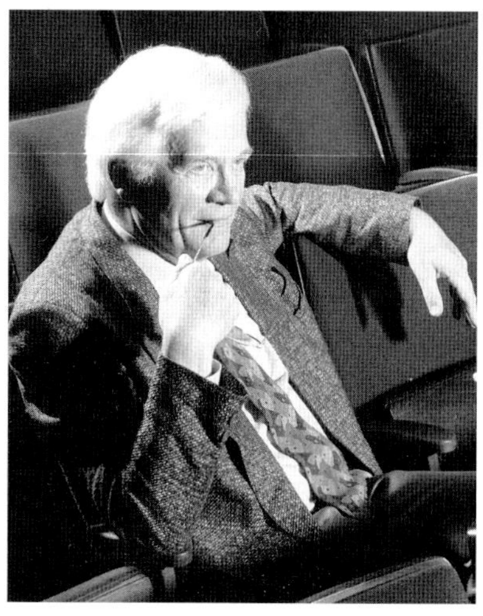

Norbert Aping hat ein Standardwerk geschaffen über zwei große Komiker der Filmgeschichte – über Stan Laurel und Oliver Hardy. Von 1924 bis 2014 erfasst er alle deutschen Bearbeitungen ihrer Filme und deren Vermarktung in Deutschland. Sachkundig gewährt Aping Einblick in die Synchronisation und lässt lebendig werden, welche deutschen Fassungen der Filme in den langen Jahren auf den deutschen Markt kamen, sei es im Kino, sei es als Schmalfilm, im Fernsehen, als Video oder als DVD.

Wir vom *Atlas*-Verleih haben dafür gesorgt, dass die Dick-und-Doof-Filme nicht länger ihr Dasein in Kindervorstellungen fristen mussten, und haben sie ihrem Rang entsprechend in die Filmkunst-Theater gebracht, um zu zeigen, dass Stan Laurel und Oliver Hardy «viel mehr sind, als nur dick und doof».

Unser erster Laurel-und-Hardy-Film war ihre klassische Western-Parodie ZWEI RITTEN NACH TEXAS (WAY OUT WEST) in einer neuen deutschen Synchronisation, die diesem grotesken Meisterwerk zu dem ihm gebührenden Stellenwert verhalf. Die *Atlas*-Filmwerbung begleitete sie unter anderem mit Informationen über die Geschichte, die Ästhetik und die Wirkung des Films beim Publikum. Dadurch gewannen wir die deutsche Presse für eine Würdigung von Laurel und Hardy als Komiker reinsten Wassers, gleichrangig neben Charlie Chaplin und Buster Keaton.

Die deutsche Synchronisation von WAY OUT WEST wurde beim deutschen Publikum ein Riesenerfolg. Schon im ersten Anlauf konnten sich in kurzer Zeit fast eine Million Zuschauer bei ZWEI RITTEN NACH TEXAS von Laurel und Hardys außergewöhnlicher Komik überzeugen, und wir ließen weitere neue deutsche Bearbeitungen ihrer Filme folgen. Auch wenn die Komiker ihren deutschen Namen *Dick und Doof* nie ganz los wurden, sind sie trotzdem als zwei der ganz Großen anerkannt, die unser Film-Universum bereichern.

Nun haben endlich alle, die sich für die Filme der beiden begeistern, Gelegenheit, die Hintergründe ihres dauernden Erfolges in Deutschland zu erfahren. Kenntnisreich, mit Begeisterung und Liebe zu Laurel und Hardy und ihren Filmen geschrieben, weiht uns Norbert Aping ein in neun Jahrzehnte Laurel und Hardy in Deutschland.

Hanns Eckelkamp
Atlas Film

Laurel und Hardy – *das* Komiker-Duo des Films

Komiker-Teams hat die Filmgeschichte immer wieder hervorgebracht, aber Laurel und Hardy nehmen eine Sonderstellung ein, und das seit bald 90 Jahren. Weltweit ist ihr filmisches Werk auf DVDs verbreitet und ihre Namen sind im allgemeinen Bewusstsein verankert. Rund um den Erdball huldigen ihnen seit Jahrzehnten die Fans, die sie liebevoll bei ihren Vornamen nennen: Stan und Ollie, die Kunstfiguren, als die sich die beiden Meisterkomiker auf der Leinwand verewigt haben. Von Stan und Ollie soll auch hier die Rede sein, wenn es um diese beiden Filmcharaktere geht, im Übrigen aber von Laurel und Hardy als Künstler und Privatpersonen.

Die Anziehungskraft der beiden so menschlichen Komiker gründet sich vor allem auf ihrer Verwurzelung im Alltag, der uns allen vertraut ist. Kleine Schlamassel, Missverständnisse und Streitereien, eheliche Querelen und die Tücke des Objekts – mit allem müssen sich die Durchschnittsmenschen Stan und Ollie herumschlagen. Sie halten uns den Spiegel vor und zeigen, dass kaum etwas schwieriger ist als die Kommunikation, und darüber können wir auch – nicht selten schadenfroh – aus vollem Herzen lachen, weil wir selbst zum Glück wieder einmal ungeschoren davon gekommen sind. Erwachsene und Kinder, unabhängig voneinander oder gemeinsam, amüsieren sich über Stan und Ollie, die durchaus keine Kinder von Traurigkeit sind, wenn sie miteinander oder mit ihren Mitmenschen zanken. Nicht von ungefähr heißt einer ihrer Filme TIT FOR TAT, übersetzt «Wie Du mir, so ich Dir». Stan und Ollie sind sich dabei allerdings nicht zu schade, sich selbst der Lächerlichkeit preiszugeben und lösen dadurch Barrieren zwischen Kindern und Erwachsenen auf. Ihre körperliche Gegensätzlichkeit erleichtert dies: Hier der beleibte Ollie, dort der hagere Stan. Doch auch ihr Verhalten setzt auf den Kontrast. Ollie ist der auf Umgangsformen achtende, mitunter etwas pompös auftretende Durchschnittsbürger, der etwas mehr darstellen möchte, als er ist, und alles im Griff zu haben scheint. Dagegen bewegt sich der kindlich wirkende Stan, der sich zum Nachdenken zuweilen den Kopf kratzt, eher schlafwandlerisch durch den Alltag und droht an den einfachsten Dingen zu scheitern. Manchmal ist er so aufgelöst, dass er hemmungslos weint.

Man hat einmal gesagt, Ollie sei die Eltern und Stan das Kind. Doch das trifft genauso wenig zu wie das heftig umstrittene deutsche Begriffspaar Dick und Doof, das Stan zu unterstellen scheint, intellektuell «doof» zu sein. Um im Bild zu bleiben: Ollie vermag sein «Kind» Stan nicht annähernd durch die Welt zu führen, und Stan ist beileibe nicht «doof». Im Gegenteil, er registriert seine Umwelt sehr wohl und steuert regelmäßig «gute Ideen» bei, die angeblich schwierige Situationen meistern können. Deren Tragweite überblicken weder er noch Ollie, der die Ideen aber nur zu gern aufgreift und deswegen als scheinbar erfahrener, überlegener Erwachsener Stan auch nicht vor den Untiefen des täglichen Lebens schützen kann. Ollies zur Schau getragene gravitätische, weltmännische Überlegenheit ist nicht mehr als ein Wunschbild, eine Fassade. Der Alltag überfordert beide, Stan und Ollie, und über die selbst ausgelegten Fallstricke stolpern sie gemeinsam. Auch die Ehen, die sie in den Filmen führen, sind seltsam.

Laurel und Hardys erste Filme als Duo stammen noch aus der Stummfilmzeit der 1920er-Jahre, und ihren letzten bedeutenden Film haben sie 1939 gedreht. Damals konnte man von den heute selbstverständlichen zahllosen technischen Errungenschaften noch nicht einmal träumen. Gleichwohl sind Laurel und Hardys Streifen eigentümlich modern geblieben, gleichsam zeitlos. Der Unterschied zwischen damals und heute? Er reduziert sich auf die technische Ausstattung des Alltages und die ständige Änderung der Mode.

Das Duo hat das Alltägliche zu einem bizarren Kosmos entwickelt. Da hilft Stan Ollie nach einer durchzechten Nacht beim Aufräumen der Wohnung und jagt diese schließlich in die Luft. Stan stopft sich auch schon mal Watte in die Ohren, um den Krach nicht zu hören, den er macht, während Ollie beim Telefonieren zugeben muss, gerade etwas Milch im Ohr zu haben. Oder man bietet einem Schurken, der in einem Koffer eingeschlossen ist, ein belegtes Brot an, um die Zeit etwas zu überbrücken. Wenn Ollie den Stöpsel aus der Badewanne zieht, kann es geschehen, dass Stan mit dem Badewasser durch den Auslauf verschwindet. Als Väter ihrer Kinder, auf die sie natürlich nicht aufpassen können, setzen sie gemeinsam mit ihren Sprösslingen die ganze Wohnung unter Wasser. Ein heilloses Kuddelmuddel ist garantiert, wenn Stan und Ollies verschollen geglaubte Zwillingsbrüder wieder auftauchen, oder Ollie mit Stans Schwester verheiratet ist und Stan mit Ollies Schwester. Wer hat da wohl die Hosen an in der Ehe?! Und dann trinkt Stan ein ganzes Wasserfass aus, in das man ihn geworfen hat, und Stan und Ollie bekommen aus dem Nichts einen Lachanfall, dem sich niemand entziehen kann. So prallvoll mit Gags und komischen Situationen sind die meisten Filme von Laurel und Hardy, dass zeitgenössische Filmkritiker immer wieder meinten, die Grotesken ließen sich in einer Zusammenfassung nicht erschöpfend erzählen. Die beiden Komiker waren begnadete, brillante Darsteller, die die große Kunst der Pantomime beherrschten. Und auch ihre Kollegen, die die Grotesken mit Leben erfüllten, waren ganz ausgezeichnete Schauspieler, die sich bestens auf das Metier der Groteske verstanden: Mae Busch, Anita Garvin, Daphne Pollard, Thelma Todd, James Finlayson, Charlie Hall, Billy Gilbert, Walter Long und Tiny Sandford, um nur einige zu nennen. Deshalb: «Man muss es einfach gesehen haben», um mitzuerleben, wie sorgsam die Filme aufgebaut und geschnitten sind, sodass die Zuschauer zum Höhepunkt des Lachens geführt werden. Laurel, der Kopf des Teams Laurel und Hardy und eines der wenigen Genies des komischen Films, hat dies perfekt beherrscht.

Trotz aller grotesk gesteigerten Wendungen legen Stan und Ollie in ihren Filmen ein Zeugnis für die Freundschaft ab. Sicherlich, die beiden streiten sich kräftig und malträtieren einander auch. Im entscheidenden Moment aber halten sie zusammen wie Pech und Schwefel. Nichts vermag ihre warmherzige Freundschaft zu erschüttern – ein in sich geschlossenes, auf tief empfundener Menschlichkeit gegründetes System, das allen Angriffen standhält. Stan und Ollie sind also auch Vorbilder!

In Deutschland ist Laurel und Hardys Erfolg so nachhaltig, dass sie in der Sendung DIE BELIEBTESTEN KOMIKER-DUOS DER DEUTSCHEN des ARD-Abend-Hauptprogramms vom 19. April 2012 von den TV-Zuschauern unter vielen Aspiranten auf Platz zwei hinter Loriot und Evelyn Hamann, den beiden Ikonen zeitgenössischen deutschen Humors, gewählt wurden.

Laurel und Hardys Weg zu Stan und Ollie war freilich weit und nicht von langer Hand geplant. Beide drehten viele Solofilme, in denen die von ihnen dargestellten Figuren den liebenswerten Charakteren Stan und Ollie nicht gleichen. In seinen Solofilmen war Laurel überwiegend der Star. Oft schnitt er auffällige Grimassen, sprang hektisch herum und war manchmal auch ausgesprochen rachsüchtig. Hardy spielte fast nur Nebenrollen, und dann war er meist der Bösewicht, der den Hauptpersonen das Leben schwer macht.

I. Teil Weimarer Republik und Drittes Reich Von Solokünstlern zu den deutschen Publikumslieblingen Dick und Doof

1. Laurel und Hardys Solokarrieren

Stan Laurel wurde als Arthur Stanley Jefferson am 16. Juni 1890 im britischen Ulverston/Lancashire geboren. Sein Vater Arthur J. Jefferson war Komiker und Autor, vor allem aber Theaterleiter und Produzent von Stücken mit Laurels Mutter Madge Metcalfe in der Hauptrolle. Unter anderem verfasste er den Sketch «Home from the Honeymoon», den sein Sohn 1927 zu dem Zweiakter DUCK SOUP verarbeitete und 1930 ein weiteres Mal zu dem international erfolgreichen Dreiakter ANOTHER FINE MESS.

Der junge Laurel fühlte sich früh zur Bühne hingezogen und begann, witzige Szenen zu schreiben, die er in der Music Hall eines befreundeten Künstlers aufführen durfte. Zufällig war Laurels Vater bei einer solchen Aufführung anwesend und konnte sich vom Talent seines Sohnes überzeugen, sodass er ihn zur Ausbildung in die Truppe *Levy and Cardwell's Juvenile Pantomimes* gab. Jahre später konnte Laurel sich daher *Fred Karno's London Comedians* anschließen, mit denen er 1910 und 1912 zwei Tourneen in die USA unternahm, deren Star Charlie Chaplin war und mit dem Laurel sich zeitweise ein Zimmer teilte. Die beiden verband eine enge Freundschaft. Als die zweite Tournee im November 1913 nicht nur mit Chaplins Weggang zum Film, sondern obendrein auch noch in einem finanziellen Fiasko endete, entschloss sich Laurel, in den USA zu bleiben. Er arbeitete fortan im Vaudeville und imitierte unter anderem Chaplin, den er im Laufe seines Lebens nur noch einige wenige Mal traf. Hier lernte er 1917 die verheiratete Australierin Mae Charlotte Dahlberg Cuthbert kennen, die seine erste langjährige Lebensgefährtin wurde und die ihn Laurel [deutsch: Lorbeer] taufte, als sie in einer Zeitschrift einen römischen Imperator mit Lorbeerkranz sah. Laurel führte er als Künstlernamen bis zu seinem Tode, ließ ihn aber erst Anfang der 1930er-Jahre legalisieren. Mae und Laurel heirateten nicht, weil es ihr nicht gelang, sich scheiden zu lassen. Aber auch sie verwendete seinen angenommenen Nachnamen als den ihren. Viele Jahre später, als das Team Laurel und Hardy längst international berühmt war, behauptete sie aus finanziellen Gründen, doch mit ihm verheiratet gewesen zu sein.

Während eines Gastspiels in Los Angeles trafen Laurel und Mae im Mai 1917 Isadore Bernstein, den ehemaligen Geschäftsführer der *Universal Studios*. Er plante mit Laurel als Hauptdarsteller eine Serie von Film-Grotesken, die *Stanley Comedies*, aber immer noch unter seinem Geburtsnamen. Es kam aber nur ein einziger Film heraus, der im Juni/Juli 1917 produzierte und im selben Jahr veröffentlichte Zweiakter NUTS IN MAY, der als verschollen gilt, von dem aber Teile für MIXED NUTS von 1925 verarbeitet wurden (Abb. 4–5). Laurel spielt darin einen jungen Mann, der sich für Napoleon Bonaparte hält, nachdem ihm ein Stein an den Kopf geflogen ist. Er landet im Irrenhaus, entkommt von dort und erlebt dabei seltsame Dinge. Bei der Preview im *Hippodrome Theater* von Los Angeles waren aber Chaplin und *Universal*-Chef Carl Laemmle anwesend, die beide Laurels Qualitäten als Filmkomiker erkannten. Chaplin wollte Laurel sogar in seine Stamm-Belegschaft aufnehmen. Doch da Laurel von ihm kein bestimmtes Vertragsangebot erhielt, ließ er sich von Laemmle anheuern und drehte für die *Universal* 1917 und 1918 zwei Zweiakter und zwei Einakter: PHONEY PHOTOS, HICKORY HIRAM, WHOSE ZOO? und O, IT'S GREAT TO BE CRAZY.

Danach wirkte Laurel in komischen Kurzfilmen der Firmen *Nestor, L-KO, Rolin* und *Vitagraph* mit. Der Firmenname *Rolin* setzte sich aus den Nachnamen ihrer beiden Teilhaber Hal Roach und Dan Linthicum zusammen. Von 1918 stammt zum Beispiel der *Rolin*-Einakter DO YOU LOVE YOUR WIFE?, der Anfang 1919 seine US-Premiere hatte und Laurels erste Zusammenarbeit mit Hal Roach war, dem künftigen Produzenten des Duos Laurel und Hardy, der 1920 die *Hal Roach Studios* gründete. Bei *Vitagraph* filmte Laurel mit Larry Semon, von dem gesagt wird, dass er zeitweise berühmter war als Chaplin. 1918 entstanden die Zweiakter HUNS AND HYPHENS und BEARS AND BAD MEN. Anfang 1921 war Laurel unter der Regie von Jess Robbins Hauptdarsteller der zweiaktigen Groteske THE LUCKY DOG, hergestellt für den US-Filmproduzenten Gilbert ‹Bronco Billy› Anderson und die *Amalgamated Producing Company* als eine Folge der *Sun-Lite Comedy Series*. Stanley schließt Freundschaft mit einem herumstreunenden Hund und verliebt sich in eine junge Frau, wofür sich ihr Verehrer mit Unterstützung eines Räubers, den Hardy spielt, rächen will. Die junge Frau soll entführt und ihr Vater um die Ecke gebracht werden. Das misslingt, und der Hund gibt den Schurken ihr eigenes Dynamit zu schmecken. THE LUCKY DOG ist kein Schritt in Richtung des Teams Laurel und Hardy, denn die beiden Schauspieler begegneten einander zufällig in dem Streifen.

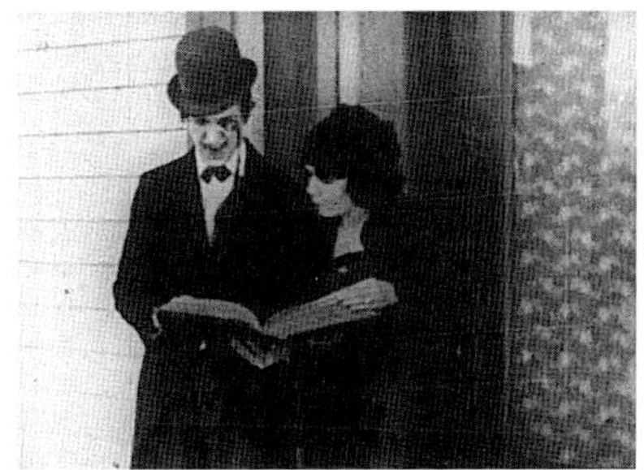

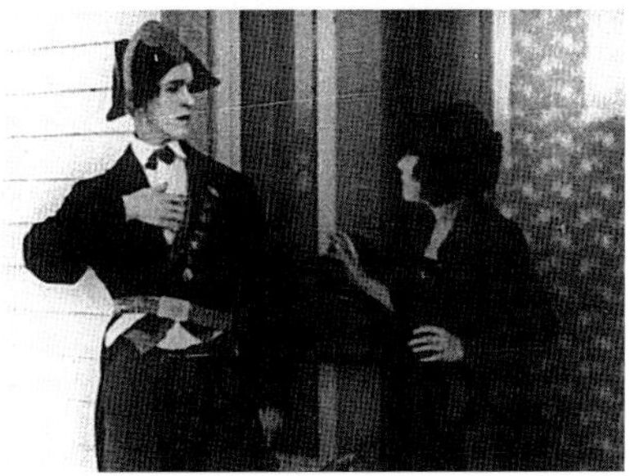

4–5 Stan Laurel und Mae Charlotte Dahlberg Cuthbert in NUTS IN MAY, 1917

Norvell Hardy wurde am 18. Januar 1892 in Harlem/Georgia, USA, geboren. Seine Eltern waren keine Künstler. Nach dem frühen Tode seines Vaters Oliver stellte er zum Andenken dessen Vornamen dem eigenen voran. Früh wurden musische Fähigkeiten des Knaben offenbar, und die förderte seine Mutter Emily. Als sie 1901 in Milledgeville/Georgia die Leitung des Hotels *Baldwin* übernahm, führte ihr Sprössling den Hotelgästen seine Gesangskünste vor und sammelte damit

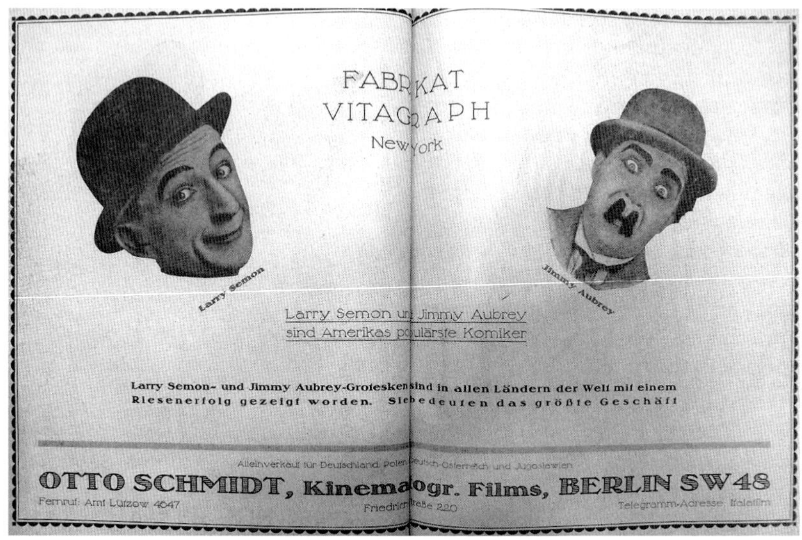

6 Anzeige für Filme mit Larry Semon und Jimmy Aubrey, Juni 1923

erste Bühnenerfahrungen. Hardy war kein guter Schüler, aber er konnte seine Mutter dennoch bewegen, ihn auf das Musikkonservatorium von Atlanta zu schicken – eine Investition in die Zukunft, wie die Laurel-und-Hardy-Filme PARDON US, BEAU HUNKS, WAY OUT WEST und THE FLYING DEUCES mit Hardys ausgezeichneten Gesangseinlagen belegen. Dem jungen Zögling mangelte es jedoch an der nötigen Disziplin, und daher kam bald das «Aus» für ihn am Konservatorium. Danach schickte ihn seine Mutter auf eine Militärschule. Für den 15-jährigen Hardy, der bereits ein üppiges Körpergewicht von 120 kg auf die Waage brachte, war das erst recht keine Lebensperspektive. Auch der Versuch, ihn das College besuchen zu lassen, scheiterte. Hardys Mutter konnte anschließend nicht verhindern, dass ihr Sohn zur Finanzierung seines Lebensunterhaltes Gelegenheitsarbeiten im Opernhaus von Milledgeville annahm, und dazu gehörten auch kleinere Auftritte in Bühnenshows. Sein Kontakt zum Film kam ganz unspektakulär zustande. 1910 ließ er sich im neueröffneten Milledgeviller Kino *Electric Theatre* als Mädchen für alles anstellen, als Reinigungskraft, Kartenabreißer und Filmvorführer. Außerdem trat er immer wieder vors Publikum und unterhielt es mit komischen Szenen. Das machte ihn in Milledgeville regelrecht populär. Als er 1913 von einem Bekannten hörte, dass in Jacksonville/Florida die Filmindustrie aufgebaut werde, verlegte er seinen Wohnsitz dorthin und arbeitete in kleineren Bühnenshows. Gleichzeitig suchte er Kontakt zu den ansässigen Filmfirmen, für die er Aushilfsarbeiten übernahm und bei deren Dreharbeiten er zuschaute. In dieser Zeit heiratete Hardy seine erste Frau Madelyn Saloshin. Die Ehe hielt nur bis 1920. Ende November 1921 schloss er mit Myrtle Lee Reeves seine zweite Ehe.

In Florida erhielt Hardy von einem italienischen Friseur namens Enzo recht bald den Spitznamen Babe, ein Slang-Ausdruck für einen dicken Mann mit dem Gesicht eines Kindes. 1914 geschah das so Langersehnte. Hardy schaute während seiner Aushilfstätigkeiten wieder einmal bei Dreharbeiten der Firma *Lubin* zu und wurde gefragt, ob er in einer Filmgroteske die Rolle eines dicken Burschen spielen wolle. Natürlich griff Hardy sofort zu, und fortan blieb er beim Film. Seine wohl erste Filmrolle war die des Bruders eines Bräutigams in Arthur D. Hotalings am 21. April 1914 in den USA uraufgeführten Einakters OUTWITTING DAD. Hardy wird als mexikanischer Desperado mit enormem Schnauzer, stattlichem Sombrero und einem besonders großen Patronengurt zurecht gemacht, um den Vater der Braut, der mit der Heirat nicht einverstanden ist, abzulenken, sodass die jungen Leute den Bund fürs Leben schließen können.

In seinen Lehr- und Wanderjahren beim Film war Hardy der so genannte Heavy, ein gewichtiger Schurke, in einer Vielzahl von Ein- und Zweiaktern für Filmfirmen wie *Edison Company*, *Wharton Inc.*, *New York Miscellaneous*, *Vim Comedies*, *King Bee Films Corporation*, *L-KO* und *Vitagraph*. 1916 drehte er mehrere Grotesken um die Figuren Plump und Runt, die eine Art Team waren. Hardy spielte Plump, Billy Ruge war Runt. Einsatzfreude und die Gunst des Publikums brachten Hardy auch mit den bekannten Filmkomikern Billy West, Jimmy Aubrey und Larry Semon zusammen. Als THE LUCKY DOG gedreht wurde, verfügte Hardy gegenüber Laurel über eine ungleich größere Filmerfahrung.

Nach diesem Streifen gingen Laurel und Hardy wieder getrennte Wege und widmeten sich ihren Solokarrieren. Laurel übernahm weiter Hauptrollen in kurzen Grotesken, zum Beispiel in dem 1923 gedrehten Streifen MUD AND SAND, einer Parodie auf Rudolph Valentinos US-Riesenerfolg BLOOD AND SAND von Fred Niblo aus dem Vorjahr. Da war Laurel bereits ein Star-Komiker, und das brachte ihm Anfang 1923 den zweiten Vertrag mit Roach ein, der bald zu einem der bedeutendsten Grotesk-Filmproduzenten aller Zeiten wurde. Häufiger Partner in Laurels Ein- und Zweiaktern für Roach war James Finlayson (zum Beispiel in ROUGHEST AFRICA), *der* künftige Gegenspieler von Stan und Ollie. Obwohl die Filme erfolgreich waren, endete Laurels Vertrag bereits im Januar 1924. Über die Gründe wird bis heute spekuliert. Laurels und Maes turbulente Beziehung zueinander soll dazu beigetragen, aber auch Maes ständige Einmischung in die Dreharbeiten das Vertragsverhältnis strapaziert haben.

Nach Roach nahm der Produzent Joe Rock Laurel für fünf Jahre unter Vertrag, für den er jährlich zwölf groteske Zweiakter drehen sollte. 1925 entstand von MANDARIN MIX- UP bis HALF A MAN eine sehr erfolgreiche Serie von zwölf Streifen. Mae mischte sich erneut in die Dreharbeiten ein und verlangte außerdem mitzuspielen. Während der Produktion von TWINS, der fünfte Film der Serie, spitzte sich die Situation zu, und Rocks Geduld war am Ende. Er bot der kratzbürstigen Mae tausend Dollar in bar, wenn sie auf Nimmerwiedersehen in ihre Heimat zurückkehre. Mae griff zu. Um sicher zu gehen, dass Laurel sich trotz der komplizierten Beziehung nicht zu sehr nach seiner langjährigen Gefährtin sehnte, lenkte Rock ihn mit privaten Unternehmungen ab. Dabei lernte Laurel über Rocks Bruder Murray die junge Lois Neilson kennen, die er am 13. August 1926 heiratete. Aus dieser Ehe ging die am 10. Dezember

1927 geborene gemeinsame Tochter Lois Laurel hervor.

Rock hatte es fertig gebracht, Laurel die vertraglich festgelegten zwölf Zweiakter in nur sieben Monaten drehen zu lassen. Damit sparte Rock Geld, denn er bezahlte Laurel nicht pro Film, sondern nach der Drehzeit. Seinen Verleihern, die sich an den Produktionskosten beteiligten, damit Monat für Monat ein Film entstehen konnte, unterschlug Rock, dass die zwölf Zweiakter fünf Monate vor der Zeit fertiggestellt waren. Denn dann hätten sie natürlich keine Notwendigkeit gesehen, bereits fertige Grotesken zu finanzieren. Trotz seines Erfolges beim Publikum hatte Laurel also Geldsorgen. Er musste fünf Monate ohne Einkommen überbrücken, und auch für die kommenden Jahre zeichnete sich das als wiederkehrendes Problem ab. Deswegen verpflichtete sich Laurel im Mai 1926 wieder bei Roach, und dieses Mal dauerten die Vertragsbeziehungen an bis SAPS AT SEA an, den Laurel und Hardy Ende 1939 drehten. Laurels Einsatzmöglichkeiten bei Roach waren durch den Vertrag mit Rock freilich eingeschränkt. Denn Laurel musste ihm unabhängig von den fertigen Streifen während der gesamten Vertragszeit als Hauptdarsteller zur Verfügung stehen. Somit durfte er für keinen anderen Produzenten vor die Kamera treten und arbeitete bei Roach bis auf Weiteres als Autor und Regisseur – und genoss es, für andere Komiker Grotesken zu entwickeln. Der erste Roach-Film, für den Laurel das Buch verfasste und Regie führte, war CHASING THE CHASER mit Finlayson in der Hauptrolle. Insgesamt beteiligte Laurel sich hinter der Kamera an 18 Roach-Grotesken, und in einigen spielte auch Hardy mit. Doch dann war Laurel in dem am 31. Oktober 1926 uraufgeführten Zweiakter GET 'EM YOUNG, an dessen Drehbuch er zumindest mitgearbeitet hatte, in einer größeren Rolle als Butler zu sehen, den eigentlich Hardy hatte spielen sollen. Denn der passionierte Hobbykoch Hardy verbrannte sich vor dem Beginn der Dreharbeiten beim Zubereiten einer Mahlzeit mit heißem Fett und fiel aus. Laurel sprang für ihn ein. Als Rock das entdeckte, prozessierte er prompt gegen Laurel und Roach. Laurels Mini-Rolle in 45 MINUTES FROM HOLLYWOOD (gedreht bis April 1926 und uraufgeführt am 26. Dezember 1926) blieb wohl unentdeckt, weil er wie Finlayson zurechtgemacht ist. Ende 1926 gelang es, die Rechtsstreitigkeiten beizulegen, und Laurel konnte für Roach frei arbeiten. Abgesehen von den ersten gemeinsamen Filmen mit Hardy war Laurel bis 1928 noch in fünf Roach-Zweiaktern der Hauptdarsteller.

Hardy spielte nach THE LUCKY DOG noch in der letzten *Jimmy Aubrey Comedy* THE TOURIST den Heavy, die Anfang 1921 fertiggestellt war. Damit war Aubreys *Vitagraph*-Vertrag ausgelaufen, und Aubrey hatte in seinen Plänen für die Zeit danach keinen Platz für Hardy. Das stellte sich nicht als Nachteil heraus. Denn Hardy blieb bei *Vitagraph*, nun aber als Heavy in den Grotesken des mit Abstand berühmteren Larry Semon. Angeblich soll Laurel in THE RENT COLLECTOR, dem ersten Film dieser Zusammenarbeit, mitgewirkt haben; er ist darin aber nicht zu finden. Hardy wiederum soll in Buster Keatons Spielfilm THREE AGES einen mächtigen Steinzeitmenschen dargestellt haben, doch das war ein anderer Schauspieler. Hardy blieb Semon jedenfalls treu, auch als *Vitagraph* dessen Vertrag nicht verlängerte, weil Semon die Produktionskosten regelmäßig explodieren ließ. Semon produzierte seine Filme fortan selbst, darunter KID SPEED und THE WIZARD OF OZ (Abb. 7). Hardy kam außerdem bei *Arrow Pictures* unter, wo er nicht nur Billy West wieder begegnete, sondern auch einige Hauptrollen gemeinsam mit Bobby Ray spielte. Das nahm ein wenig das künftige Team Laurel und Hardy vorweg, wie die Zweiakter STICK AROUND und HOP TO IT! aus dem Jahr 1925 belegen. Solche Rollen blieben für Hardy indessen eine Ausnahme. Ab Jahresanfang 1925 filmte er zunächst sporadisch und dann regelmäßig auf Roachs *Lot of Fun*, wie das Studiogelände unter Insidern liebevoll genannt wurde. Sein erster Film für Roach war WILD PAPA. Nun war Hardy an der Seite des zu Unrecht in Vergessenheit geratenen Charley Chase zu sehen, ein Genie des Grotesk-Films. Bei Roach bahnte sich überdies ein stetiger Kontakt mit Laurel an, und Hardy trat schon bald in Ein- und Zweiaktern unter Laurels Regie auf, der auch an den Drehbüchern mitgearbeitet hatte. Daneben unterstützte Hardy seine Kollegen Clyde Cook und Glenn Tyron in deren Streifen. Für Roachs Konkurrenten Mack Sennett drehte er außerdem 1927 den Zweiakter CRAZY TO ACT. In zwei Kurzfilmen von Roachs berühmter Serie Our Gang mit Kindergrotesken hatte Hardy kleine Rollen, von denen die zweite in BARNUM & RINGLING, INC. von 1928 seine letzte Solorolle war. Erst 1939 beschritt er in ZENOBIA wieder Solopfade.

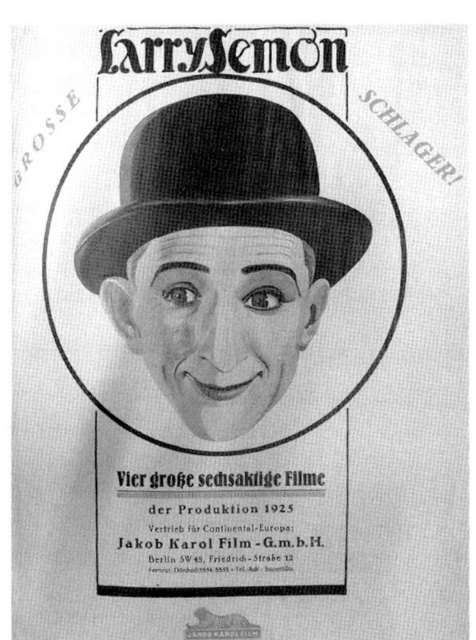

7 Larry-Semon-Plakat, 1925

2. Hardy und Laurel solo in Deutschland

Laurel und Hardys deutsche Karriere begann ab Frühjahr 1924 mit ihren Solofilmen. In der Weimarer Republik war Charlie Chaplin ab Herbst 1921 Wegbereiter der US-Grotesken, und ihm folgten viele andere Slapstick-Komiker. Die komischen US-Filme erfreuten sich enormer Beliebtheit beim deutschen Publikum und verdrängten deutsche Lustspielfilme, die viele für langweilig hielten. «Was wir Ulk nennen, ist ledernes Gewäsch,» hieß es Ende 1922 im *Film-Kurier* stellvertretend für zahlreiche Beiträge über sie. Bis Herbst 1927, als zum ersten Mal ein Laurel-und-Hardy-Film Deutschland erreichte, waren schon etwa 1.200 kurze US-Grotesken in die deutschen Kinos gelangt.

Die deutsche Filmzensur griff gelegentlich in Filme von Laurel und/oder Hardy ein. Nach dem seit Mai 1920 geltenden *Lichtspielgesetz* mussten alle Filme, die öffentlich gezeigt werden sollten, geprüft werden. Die Zulassung war zu versagen, wenn ein Film «die öffentliche Ordnung oder Sicherheit gefährden, das religiöse Empfinden verletzen, verrohend oder entsittlichend wirken und das deut-

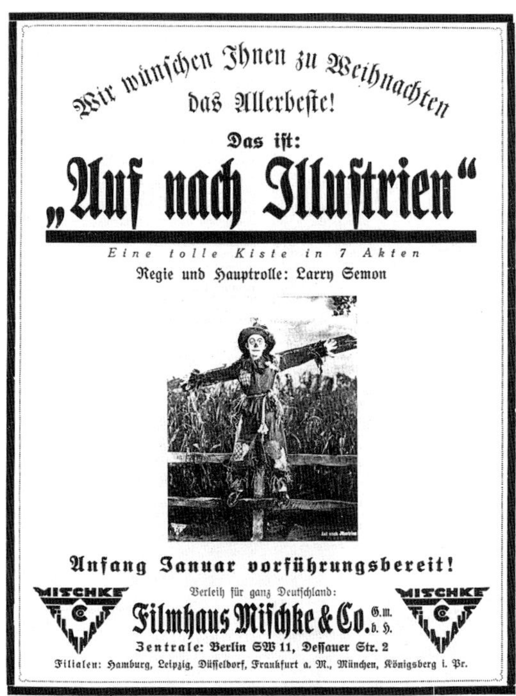

8 Anzeige für den Larry-Semon-Film AUF NACH ILLUSTRIEN! (THE WIZARD OF OZ), 1926

sche Ansehen oder die Beziehungen Deutschlands zu auswärtigen Staaten gefährden» konnte. Kinder unter sechs Jahren durften nicht ins Kino, ältere Kinder und Jugendliche unter 18 Jahren nur, wenn dies beantragt wurde. Die Jugend-Zulassung musste abgelehnt werden, wenn «eine schädliche Einwirkung auf die sittliche, geistige oder gesundheitliche Entwicklung oder eine Überreizung der Fantasie der Jugendlichen» zu befürchten war.

Ab Frühjahr 1924 kamen 53 Solofilme von Laurel und Hardy in die Beiprogramme deutscher Kino-Vorführungen, und das erstreckte sich bis in den Winter 1928/29, als bereits Teamfilme der beiden Komiker die deutschen Kinos erreicht hatten. Es waren 34 Solofilme von Hardy und 20 von Laurel – das sind zusammen natürlich 54 Filme, aber es gibt eine Überschneidung. Die deutschen Erstaufführungen dieser Streifen und auch einiger späterer Laurel-und-Hardy-Filme ließen sich nicht immer herausfinden.

Die deutschen Verleiher setzten bei den Grotesken häufig auf den Serien-Charakter. So standen die Namen von Larry Semon und Jimmy Aubrey in den deutschen Titeln ihrer Kurzfilme. Sie wurden ab Mitte Oktober 1923 vom Berliner Filmverleiher Otto Schmidt in die deutschen Kinos gebracht (Abb. 6). Mindestens siebenmal war Hardy in Deutschland bei Jimmy Aubrey zu sehen. JIMMY AUBREY IM SEEBAD (HIS JONAH DAY) machte am 15. Februar 1924 im Berliner *Primus-Palast* den Anfang. Dickerl, der Bademeister (Hardy) rettet Aubrey aus Seenot, wirft ihn aber wieder ins Wasser zurück, als er mit Hardys Freundin flirtet. Hardys Gegenstück ist die hagere Frau Dürrhals. Bis etwa August 1926 folgten sechs weitere Aubrey-Streifen: JIMMY AUBREY ALS STIERKÄMPFER (TOOTSIES AND TAMALES), JIMMY AUBREY ALS SHERIFF (HE LAUGHS LAST), JIMMY AUBREY ALS STRASSENKEHRER (SPRINGTIME), JIMMY AUBREY IM SCHNEESTURM (THE BLIZZARD), JIMMYS ABENTEUER IN NEU-MEXIKO (THE MYSTERIOUS STRANGER) und JIMMY AUBREY ALS INNENARCHITEKT (THE DECORATOR). Bis auf JIMMY AUBREY ALS STIER-

KÄMPFER und JIMMY AUBREY ALS SHERIFF waren die Filme nicht jugendfrei. Akten der Prüfvorgänge sind nicht mehr vorhanden. Daher lassen sich die Gründe von Jugendverboten nur vermuten. Die sittliche Entwicklung von Jugendlichen konnte zum Beispiel beeinträchtigt werden, wenn ein Kind entführt wurde (JIMMY AUBREY ALS STRASSENKEHRER), ein Baby samt Kinderwagen auf die hohe See hinaus gezogen wird (JIMMY AUBREY IM SEEBAD) oder sich Erwachsene vor den Augen eines Kindes prügeln (JIMMY AUBREY IM SCHNEESTURM).

Hardy erschien in Deutschland 20 mal in Grotesken des populären Semon. Wegen der spektakulären Stunts nannte man Semon auch einen «unglaublich gelenkigen Exzentrik-Clown». Die Semon-Filme mit Hardy wurden fast alle von der *Film-Prüfstelle* Berlin zugelassen. Der erste Zweiakter war LARRY SEMON KASSIERT DIE MIETE (THE RENT COLLECTOR), der am 6. April 1924 im Berliner *Primus-Palast* seine deutsche Premiere hatte. Am 13. Juli 1924 folgte LARRY SEMON ALS OBERKELLNER (THE MIDNIGHT CABARET) und am 27. Februar 1925 LARRY SEMON ALS THEATERDIENER (THE STAGE HAND), beide im selben Kino. Ende April 1925 ließ die *Film-Prüfstelle* München ZIGOTTO UND DIE SCHWARZBRENNER (THE AGENT) und ZIGOTTO ALS DETEKTIV (DULL CARE) zu. Zigotto war Semons französischer Name. Semon drehte auch abendfüllende Grotesken. Ende Oktober 1925 lief im Leipziger Kino *Ufa-Theater Alberthalle* seine Eigenproduktion ACHTUNG! DIE DAME IM AUTO! (THE GIRL IN THE LIMOUSINE), die sich in der Bilanz der *Ufa*-Leihbetriebe als Verlustgeschäft erwies. Semons bekanntester Spielfilm ist AUF NACH ILLUSTRIEN! (THE WIZARD OF OZ) nach Frank L. Baums berühmtem Kinderbuch (Abb. 8). Er hatte am 19. Februar 1926 seine deutsche Premiere in den Berliner *Richard-Oswald-Lichtspielen.* Ein dritter Semon-Spielfilm mit Hardy, THE PERFECT CLOWN, tauchte Anfang November 1925 nur in einer Werbeanzeige der *Jakob-Karol-GmbH* auf (Abb. 9). Der Zweiakter LARRY SEMON SCHLÄGT ALLE REKORDE! (KID SPEED) bestritt am 1. März 1926 in deutscher

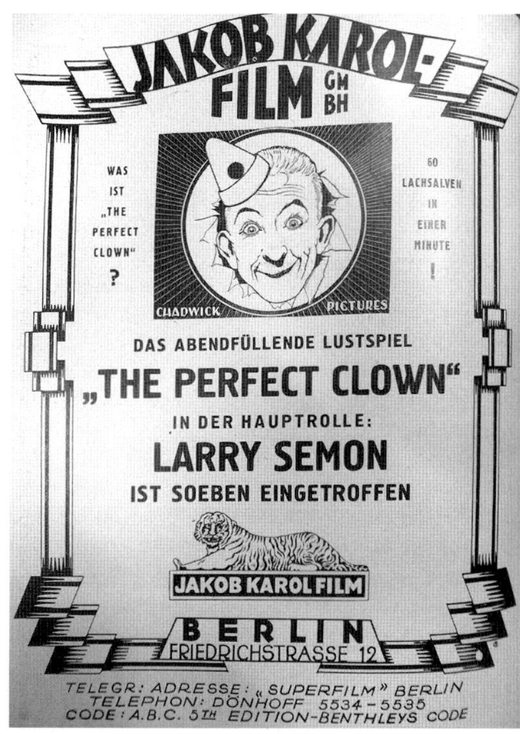

9 Anzeige für den Larry-Semon-Film THE PERFECT CLOWN

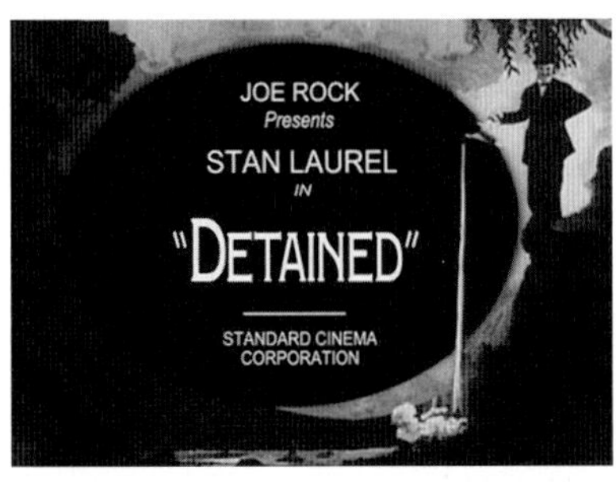

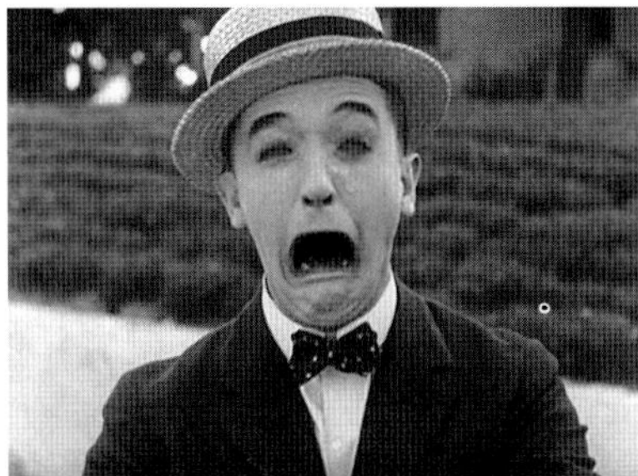

10–11 Stans erster Wein-Anfall in DER STRÄFLING (DETAINED), 1927

Erstaufführung das Beiprogramm des Berliner *Marmorhauses*. Das nächste sichere deutsche Premierendatum ist der 17. Juli 1928 für LARRY ALS DETEKTIV (HER BOY FRIEND) im Berliner *Titania-Palast*. Kurz darauf war dort am 20. August 1928 auch eine der bekanntesten Semon-Grotesken zu sehen: LARRY IN DER SÄGEMÜHLE (THE SAWMILL). Im *Titania-Palast* folgten noch drei weitere deutsche Premieren der action-geladenen Semon-Grotesken, nämlich am 25. September 1928 LARRY ALS MANNEQUIN (THE GOWN SHOP), dann am 30. Oktober 1928 DER FARMERLEHRLING (THE BARNYARD) und am 4. Dezember 1928 BLITZ UND LIEBE (LIGHTNING LOVE). Von August 1925 bis August 1928 wurden acht weitere Semon-Grotesken mit Hardy als Heavy zugelassen: LARRY SEMON ALS KULISSENSCHIEBER (THE SHOW), LARRY SEMON ALS POLIZEIINSPEKTOR (THE FALL GUY), LARRY SEMON ALS GOLFSPIELER (GOLF, mit Semons Familie Trampel laut deutscher Fassung), DER MANN, DER DIE BACKPFEIFEN GAB (THE BAKERY), DER OBERKONFUSIONSRAT (THE COUNTER JUMPER), LARRY SEMON ALS KÖNIG (A PAIR OF KINGS, mit Graf Glanzscheitel), LARRY ALS SCHWERGEWICHT (HORSESHOES) und LARRY ALS FLASCHENTÖTER (TROUBLE BREWING). Acht der 20 Semon-Grotesken mit Hardy wurden mit einem Jugendverbot zugelassen.

Ende Oktober 1926 ließ die *Film-Prüfstelle Berlin* die zweiaktige Groteske DER SPEISE-BUS (A BANKRUPT HONEYMOON) der *Fox Film Corporation* von 1926 mit Hardy im Verleih der Berliner *Deutsche Vereins-Film AG* jugendfrei zu. Hardy war außerdem als Nebendarsteller in vier zwischen Februar 1926 bis August 1929 zugelassenen Kurzfilmen der Roach-Produktion zu sehen: in DER MANN MIT DEN 1000 FÜLLFEDERHALTERN (ISN'T LIFE TERRIBLE?) mit Charley Chase, in VERLIEBTE ALTE ESEL (LOVE 'EM AND FEED 'EM) mit Max Davidson, in dem Creighton-Hale-Zweiakter ANFÄNGER (SHOULD MEN WALK HOME?), der die Brunnenszene aus dem Laurel-und-Hardy-Film EARLY TO BED vorwegnimmt, und in DIE GELBE GEFAHR (HONORABLE MR. BUGGS). Bis auf DER MANN MIT DEN 1000 FÜLLFEDERHALTERN hatten diese Kurzfilme keine Jugendzulassung erhalten. In VERLIEBTE ALTE ESEL mag das an dem sehr schlechten Benehmen der Hauptfiguren in einem feinen Restaurant gelegen haben, in ANFÄNGER an dem falschen Versprechen des Gaunerpärchens, sich zu läutern, und in DIE GELBE GEFAHR daran, dass eine Frau zwischen zwei Männern steht, damals immer moralischer Zündstoff.

Anfang März 1926 fiel in Deutschland zum ersten Mal Laurels Name.

Die *Pantomim-Film AG* vertrieb alle zwölf Joe-Rock-Zweiakter mit dem «bekannten Filmkomiker Stan Laurel» und ihren «witzigsten Situationen und Möglichkeiten», die bis Ende April 1927 zugelassen wurden: DER TOLLE HERZOG (MONSIEUR DON'T CARE) mit Laurel als Rhubarb Vaselino, DER STRÄFLING (DETAINED) mit Laurels erstem Wein-Anfall à la Stan (Abb. 10–11), WESTLICH VOM WILDESTEN WESTEN (WEST OF HOT DOG), EINE CHINESISCHE SACHE (MANDARIN MIX-UP), DER LANDSTREICHER (SOMEWHERE IN WRONG), DER ZWILLING (TWINS), EIN HELD IM SCHNEE (THE SNOW HAWK), ZU VIEL DUNST (PIE-EYED), LIEBE MIT SCHMERZEN (NAVY BLUE DAYS), HERLOCK SHOLMES, DER MEISTERDETEKTIV (THE SLEUTH), HÄNSCHEN KLEIN, GING ALLEIN (HALF A MAN) und TEUFELSELIXIER (DR. PYCKLE AND MR. PRIDE). Bis auf DER STRÄFLING, WESTLICH VOM WILDESTEN WESTEN, EINE CHINESISCHE SACHE und ZU VIEL DUNST wurden diese Streifen auch für Jugendliche zugelassen. Diebstahl, ständige Anschläge auf das Leben, Verschleppung eines Kindes und sinnlose Trunkenheit waren bei den vier ausgenommenen Grotesken in den Augen der Zensoren offenbar nichts für jüngere Menschen.

12 Ufa-Werbung für Pathé-Grotesken mit Erwähnung von Stan Laurel, Herbst 1926

Acht Rock-Zweiakter mit Laurel waren bereits auf dem Markt, als die *Ufa* Ende Oktober 1926 ausnahmsweise nur für Kurzfilme warb (Abb. 12). Unter 64 komischen Streifen befanden sich 31 Zweiakter aus den Produktionen *Roach Star, Stan Laurel* und *Pathé Pictures,* darunter fünf mit Laurel, die zwischen Januar bis Juli 1927 durchweg jugendfrei zugelassen wurden. Sie sollten ab Oktober 1927 in die deutschen Kinos kommen: CANISTER, DER GOLDSUCHER (THE SOILERS), in dem Laurel laut deutscher Zensurkarte «mehr Links- als Rechtsanwalt» ist, DIE BALLETEUSE DES GROSSFÜRSTEN (FROZEN HEARTS) mit James Finlayson als Rittmeister Knutusoff, DER STURZ IN DEN BRIEFKASTEN (POSTAGE DUE) mit der Gesellschaft zur Anfertigung von Schnapsflaschen im Taschenformat Gezavosit und in dem Laurel «Willy Doof» genannt wird – ein Vorgeschmack auf Dick und Doof? –, MAMAS LIEBLING (MOTHER'S JOY) und DIE KURZEN RÖCKCHEN (SHORT KILTS) mit Finlayson als Schotte McSuff.

Zwei der drei Zweiakter, die Laurel mit Larry Semon gedreht hatte, kamen auch nach Deutschland. Der Kurzfilm DAS GEHEIMNISVOLLE DOKUMENT

(HUNS AND HYPHENS) von 1918 hatte am 18. März 1929 im *Titania-Palast* seine deutsche Premiere. Das Jugendverbot gab es wohl, weil deutsche Spione während des Ersten Weltkrieges Semons Braut entführen und Pläne für die Gasmasken-Herstellung stehlen wollten. Im selben Kino folgte am 21. Mai 1929 die deutsche Erstaufführung des jugendfreien Kurzfilms BEI UNS AUF «BÄR»MUDA (BEARS AND BAD MEN), den die *Lichtbildbühne* «erstaunlich langweilig» fand.

Am 10. Mai 1928 hatte aber auch DER GLÜCKSPILZ im Verleih der *Kodak AG Berlin* die Zensur jugendfrei passiert, THE LUCKY DOG mit Laurel und Hardys erstem zufälligen filmischen Zusammentreffen, das damals in Deutschland niemand bemerkte – aus der Sicht jedes der beiden Komiker ein Solofilm.

3. Laurel *und* Hardy kommen in Deutschland an

Das Team Laurel und Hardy wurde nicht mit einem einzigen gemeinsamen Filmauftritt bei Roach geboren. In dem ersten Zweiakter 45 MINUTES FROM HOLLYWOOD haben Laurel und Hardy keine gemeinsame Szene. 1927 war die Entwicklung aber rasant. Im zweiten Film DUCK SOUP treten sie zwar wie ein Team auf, dann aber folgten weitere Streifen mit Laurel als Star und Hardy als Nebendarsteller. Beide spielen Nebenrollen in dem Charley-Chase-Film NOW I'LL TELL ONE und der Max-Davidson-Groteske CALL OF THE CUCKOOS. In SAILORS, BEWARE! deutet Nebendarsteller Hardy einige seiner künftigen Markenzeichen an: das verlegene Wedeln mit der Krawatte, das berühmte Tie Twiddle (hier zupft er aber an der Uniformjacke), und sein Lächeln, mit dem er auf einen eigenen Fauxpas reagiert. Seinen Mitleid-suchenden Blick hatte er schon 1917 in CUPID'S RIVAL an die Zuschauer gerichtet. Die gleichberechtigten Hauptfiguren Stan und Ollie mit dem vertrauten Aussehen sind Laurel und Hardy mit ihren eigenen Namen in HATS OFF!. Ihre äußere Erscheinung in dem danach gedrehten, aber davor veröffentlichten Streifen DO DETECTIVES THINK? ist leicht abgewandelt. Die wie Stan und Ollie handelnden Hauptfiguren heißen Ferdinand Finkleberry (Laurel) und Sherlock Pinkham (Hardy). Mit THE SECOND HUNDRED YEARS war das Team offiziell aus der Taufe gehoben, hieß aber kurze Zeit «Hardy und Laurel», bis Laurels kreative Kraft offenkundig war und nur noch von Laurel und Hardy gesprochen wurde. Ab THE BATTLE OF THE CENTURY sind Stan und Ollie etabliert, und ab LEAVE 'EM LAUGHING verwenden Laurel und Hardy laufend ihre Namen als Filmnamen, ausgenommen nur THEIR PURPLE MOMENT von 1928 mit Laurel als Mr. Pincher.

Zu der Entwicklung des Teams trug die im Filmgeschäft einzigartige Atmosphäre auf dem *Lot of Fun* wesentlich bei. Roach ließ einen lockeren und gelassenen Umgang zu und sorgte dafür, dass sich die Kreativität seiner Künstler vor und hinter der Kamera entfalten konnte. Seine Grotesken wurden nicht unter Zeitdruck hergestellt, im Gegensatz zu Filmen großer Studios. Man arbeitete kontinuierlich an Entwicklungen und feilte daran, wenn die Erfolgsformel gefunden war – wie in Laurel und Hardys Fall.

Roach-Regisseur Leo McCarey hatte ab 1924 bei einigen Charley-Chase-Filmen Regie geführt. 1927 kümmerte er sich vor allem um die Drehbücher der All-Star-Serie. Ihm war aufgefallen, wie gut Laurel und Hardy miteinander harmonierten, sodass er sie in einer eigenen Serie als Duo herausbringen wollte. Nur Laurel zögerte, weil er daran Gefallen gefunden hatte, für andere Komiker Filme zu entwickeln. Doch McCarey konnte ihn überzeugen, dauerhaft vor die Kamera zurückzukehren. Als Produktionsleiter, Drehbuchautor und Regisseur blieb McCarey den beiden Komikern bis HOG WILD von 1930 eng verbunden. Laurel arbeitete neben seinen Rollen als Stan weiter hinter den Kulissen, als kreativer Kopf des Duos, als Regisseur der Regisseure und als Cutter der eigenen Streifen; für keine dieser Tätigkeiten wurde er in den Credits genannt. Hardy hingegen nutzte gern jede freie Minute zum Golfspielen.

Als erster Roach-Film mit Laurel und Hardy kam DIE BRAUT AUS DER BAR (SUGAR DADDIES) nach Deutschland, gedreht nach DO DETECTIVES THINK? und FLYING ELEPHANTS (Abb. 13–15). Auch hier sind sie noch nicht Stan und Ollie. Millionär Brittle hat auf einer Zechtour einer älteren Dame, die nach der deutschen Fassung eine «junge Frau ist, die 36 Lenze zählte, und seitdem aufgehört hatte zu zählen», in der Elefantenbar die Ehe versprochen. Nun fordert sie ihre Rechte ein, und sein Butler Hardy sowie sein Rechtsanwalt Laurel, im Film «our hero» genannt, helfen ihm auf ungewöhnliche Weise aus der Patsche. Ende September 1927 ließ die *Film-Prüfstelle* Berlin DIE BRAUT AUS DER BAR mit einem Jugendverbot zu. Das war wahrscheinlich fällig, weil die Braut in den deutschen Zwischentiteln Brittle droht, in der Zeitung werde über ihn stehen, dass der «Strand von Atlantic City allnächtlich von seinen wilden Lasterorgien» widerhallt, wenn er nicht zahlt.

DIE BRAUT AUS DER BAR ist der erste Film der *Metro-Goldwyn-Mayer*

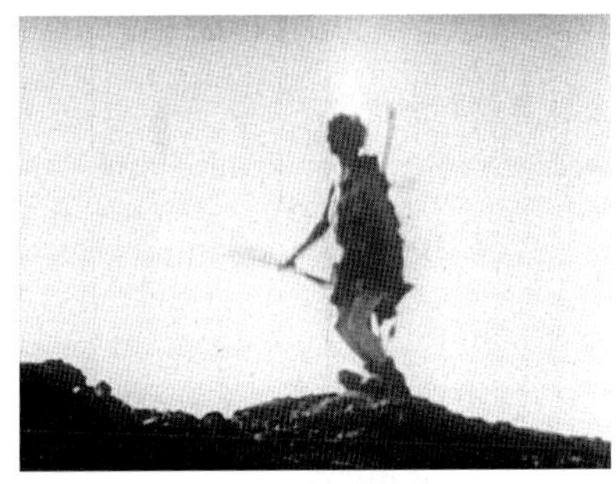

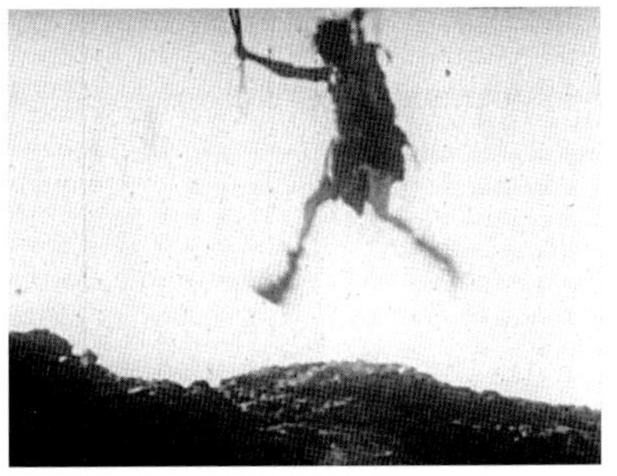

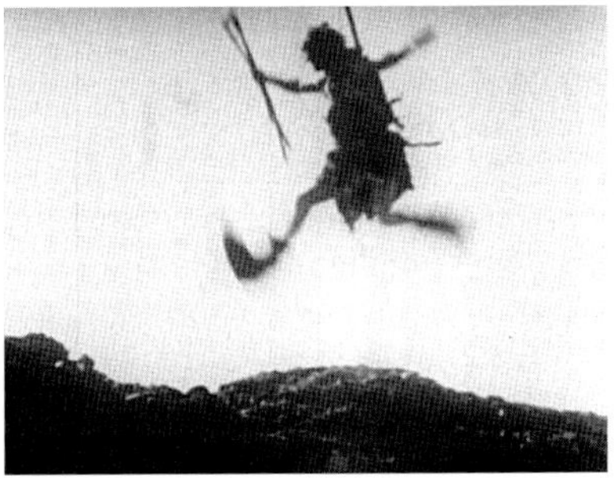

13–15 Zum ersten Mal der typische Laurel-Sprung – noch in der Steinzeit: FLYING ELEPHANTS, 1928

(MGM), der über die *Parufamet*-Verträge von der *Ufa* in Deutschland verliehen wurde. Über den von 1925 bis 1929 bestehenden Zusammenschluss der Filmfirmen *Paramount*, *Ufa* und *MGM* musste die *Ufa* der Not gehorchend ein bestimmtes Kontingent von Filmen ihrer verbündeten Konkurrenten vertreiben. Darunter befanden sich Roachs Laurel-und-Hardy-Filme,

deren US-Vertrieb die *MGM* 1927 nach *Pathé Exchange* übernommen hatte. *Pathé Exchange* hatte danach nur noch wenige Grotesken mit Laurel und Hardy im Programm, die vor dem Wechsel fertig gestellten Zweiakter DO DETECTIVES THINK? und FLYING ELEPHANTS.

THE SECOND HUNDRED YEARS markiert auch in Deutschland Stan und Ollies offiziellen Beginn. Inhaltlich setzte McCarey auf die Verlangsamung des Tempos in den Filmen seines neuen Star-Duos, um groteske Situationen auszukosten. Slow burn nennt sich diese Methode, die Laurel und Hardys Markenzeichen wurde. In THE SECOND HUNDRED YEARS heißen die Komiker Little Goofy (Laurel) und Big Goofy (Hardy) und spielen Zuchthäusler, die nach gelungener Flucht aus dem Knast ungewollt als angebliche Würdenträger offiziell die Strafanstalt besuchen und natürlich von ihren Mithäftlingen erkannt werden. Der Streifen gelangte schon am 12. Oktober 1927 unter dem Titel KAVALIERE FÜR VIERUNDZWANZIG STUNDEN nach Deutschland, vier Tage nach der US-Premiere, und wurde mit einem Jugendverbot zugelassen. Die *Ufa* hatte ihn gekürzt und etwas verändert. Es fehlen das aufgepflanzte Bajonett eines Aufsehers und die Bitte eines der beiden hohen französischen Beamten, aus denen Chefs der mesampotanischen Polizei wurden, der Taxifahrer möge sie zum Gefängnis chauffieren. Hatte man befürchtet, dass der gar nicht respektvolle Umgang mit Respektspersonen zu einem Verbot führen konnte? In der deutschen Fassung wurde Laurels Little Goofy in Fassaden-Willy umgetauft und Hardys Big Goofy in den feinen Bully. Man kann die beiden englischen Namen wörtlich als «der kleine und der große Doofe» übersetzen. Am 25. Oktober 1927 wurde KAVALIERE FÜR VIERUNDZWANZIG STUNDEN im großen Berliner *Gloria-Palast* erstmals in Deutschland vorgeführt. Die *Lichtbildbühne* nannte den Streifen «eine sehr hübsche, nicht allzu knallige Groteske» und das *Film-Journal* «eine besonders zu empfehlende, zum Schreien blödsinnige Gefängnisausbrecher-Angelegenheit».

Danach wurde am 2. Januar 1928 die erfrischende Roach-Groteske DAS HAUS DER TAUSEND FREUDEN (CALL OF THE CUCKOOS) im Berliner Erstaufführungskino *Mozartsaal* erstmals in Deutschland gezeigt, die laut *Film-Kurier* «stürmische Heiterkeit» hervorrief. Star des Films ist Max Davidson, den das *Reichsfilmblatt* einen «kostbaren Schauspieler» nannte. DAS HAUS DER TAUSEND FREUDEN war bereits vor der deutschen Erstaufführung von KAVALIERE FÜR VIERUNDZWANZIG STUNDEN am 20. Oktober 1927 jugendfrei zugelassen worden. Papa Gimplewart, was so viel wie Einfaltspinsel bedeutet, tauscht wegen der seltsamen Nachbarschaft, zu der unter anderem die schrägen Vögel Stan und Ollie gehören, sein Haus mit dem eines Gauners und zieht mit der Familie um. Jedoch fällt das neue Eigenheim Stück für Stück auseinander – und die alte Nachbarschaft ist auch noch ins Haus nebenan eingezogen. Die deutsche Fassung weicht etwas vom Original ab. Statt Papa Gimplewart behält Davidson seinen eigenen Namen, und sein Sohn heißt schlicht «Moritz, der Sohn», während er im Original keinen Vornamen hat und erfrischend boshaft das «größte Missgeschick der Liebe» genannt wird. Leider fehlt in der deutschen Bearbeitung der Gag, dass Charley Chase krampfhaft versucht, sich an den Namen seiner Eltern zu erinnern. Aber dann hat er ihn wieder: «Mama und Papa»!

4. Laurel und Hardy fassen in Deutschland Fuß

Danach passierten 1928 neun weitere Laurel-und-Hardy-Grotesken die Berliner Filmzensur. Zum Jahresbeginn hatte das neue Kontingentsystem Grotesken von Einfuhrbeschränkungen ausgenommen, sodass die *Parufamet* eine regelrechte Verleih-Offensive fahren konnte mit 104 kurzen Lustspielen der *Paramount* und der *MGM*. Laurel und Hardy wurden ausdrücklich genannt. Jede Woche sollten zwei neue Grotesken ins Rennen geschickt werden.

PUTTING PANTS ON PHILIP erschien noch in Roachs All-Star-Serie und hieß in Deutschland in DER JÜNGLING AUS DER FREMDE. In der deutschen Zensurkarte werden «Stan Laurel und Oliver Hardy» zum ersten Mal als Hauptdarsteller genannt. Laurel bezeichnete den Zweiakter rückblickend als den ersten echten Laurel-und-Hardy-Film. Hardy spielt darin Piedmont Mumblethunder, nach der deutschen Zensurkarte Hyronimus Mac Pherson, der seinen schottischen Neffen Philip (Laurel), einen Schürzenjäger im Schottenrock, am Überseekai von Los Angeles abholt und mit dem jungen Mann so manche Peinlichkeit erlebt. Am Schluss versinkt Mumblethunder durch Philips weltmännische Geste für eine Dame in einem Schlammloch. In diesem Streifen zeigt Laurel wie schon in FLYING ELEPHANTS spagatartige Freudensprünge, die später zu Luftsprüngen werden, wenn Stan aufgeregt oder wütend ist (Abb. 16–17). Billy Wilder hat mit Marilyn Monroe in DAS VERFLIXTE 7. JAHR (THE SEVEN YEAR ITCH) von 1955 hinreißend Philips hochgewehten Schottenrock nachempfunden. Die deutsche Premiere des jugendfrei zugelassenen Streifens fand am 12. März 1928 wieder im

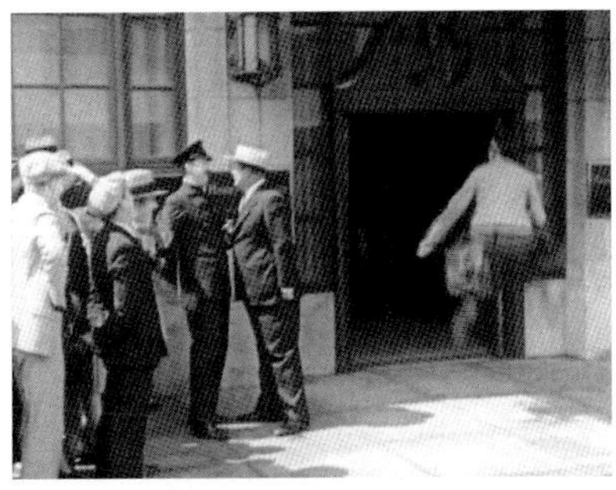

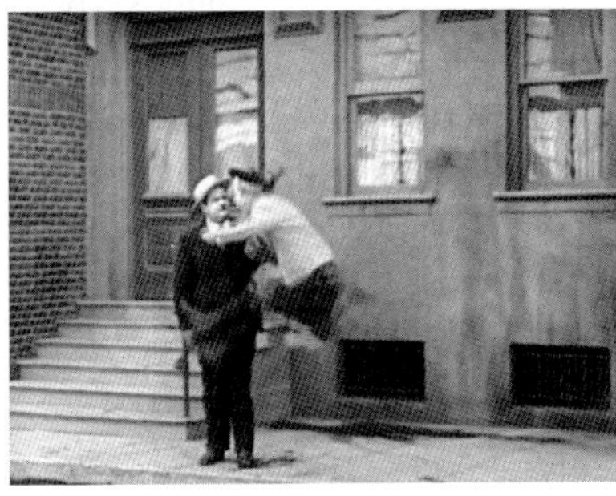

16–17 Laurel-Sprünge in PUTTING PANTS ON PHILIP, 1927

Berliner *Gloria-Palast* statt. Der *Film-Kurier* bescheinigte dem Film «vielbelachte Situationskomik», während das *Reichsfilmblatt* ihn nicht immer für geistreich hielt, jedoch für so lustig, dass Jung und Alt darüber «nicht unerheblich lachen» konnten.

Am 15. März 1928 ging der etwa zwei Wochen zuvor jugendfrei zugelassene, besonders lustige Zweiakter NUR MIT LACHGAS (LEAVE 'EM LAUGHING) im Berliner Premierenkino *Ufa-Palast am Zoo* an den Start. Er kommt so gut wie ohne Handlung aus und beweist die Kraft von Laurel und Hardys Komik. Stan hat Zahnschmerzen, gegen die kein Kraut gewachsen ist, sodass Ollie seinen Freund zum Zahnarzt bringt, der unter Narkose versehentlich Ollie einen gesunden Zahn zieht. Von ausströmendem Lachgas benebelt richten die Freunde anschließend ein Verkehrschaos an. Die deutschen Zwischentitel unterstützen den Spaß durchaus. Anstelle der etwas gequälten Einleitung «Gefährlich ist's, am Leim zu lecken, verderblich ist des Tigers Bahn. Jedoch der schrecklichste der Schrecken, das ist und bleibt ein hohler Zahn.» wäre wohl besser der englische Beginn übersetzt worden: «Was ist schlimmer als ein schmerzender Zahn um drei Uhr in der Frühe? Zwei schmerzende Zähne!» Vermutlich um die Jugendzulassung nicht zu gefährden wurde weggelassen, dass Stan den Verkehrspolizisten mit den heruntergelassenen Hosen als Waschweib bezeichnet. Für die *Lichtbildbühne* waren Laurel und Hardy in NUR MIT LACHGAS noch kein Begriff. Der Rezensent des Blattes war überrascht von der überwältigenden Publikumsreaktion auf den Kurzfilm: «Die Geschichte von einem Freundespaar, das zum Zahnarzt geht und schließlich in einer Wassergrube endet. Den Inhalt zu erzählen, ist zweckloses Unterfangen: Und das gerade ist der Vorzug dieser wirklich ausgezeichneten, dieser vollendet komischen und vollendet sinnlosen Groteske. Das Publikum klatschte spontan, mitten in das Bild hinein. Diesen reizvollen Unsinn machen die Amerikaner unübertrefflich.» Auch das *Reichsfilmblatt* wusste nur das Beste zu berichten: «Eine sehr lustige Groteske. Die beiden Darsteller lachen so herzlich und natürlich, dass das Publikum mitlachen muss.»

Um diese Zeit schraubten Kinobesitzer in der deutschen Provinz die Vorführgeschwindigkeit der mit 16 bis 18 Bildern pro Sekunde aufgenommenen Filme von 24 Bildern auf 40 Bilder pro Sekunde herauf; in Ungarn sollen es sogar bis zu 80 Bilder gewesen sein. Der Grund war durchsichtig: Man wollte die Zuschauer mit besonders üppigen Programmen in die Kinos locken. Die Kinogänger konnten aber kaum noch etwas erkennen, und die Kino-Musiker kamen mit ihrer Begleitung auch nicht mehr hinterher. «Selbst bei einer amerikanischen Groteske darf der Film nicht wie ein Geisterschatten über die Bildwand rasen», wurde gewettert. Die zu schnelle Projektion beschädigte außerdem die Perforation der Filme und erhöhte die Brandgefahr des feuergefährlichen Nitratfilms. Als der Ruf nach staatlicher Kontrolle laut wurde, stellten die Kinobesitzer 1928 schließlich freiwillig durch technische Maßnahmen sicher, dass die Filme mit höchstens 28 bis 30 Bildern pro Sekunde vorgeführt wurden.

Eine andere Unart war damals, dass die Betreiber von Premierenkinos nach den ersten Aufführungen diejenigen Passagen aus der Filmkopie entfernten, die dem Publikum nicht gefielen, bei einer Buster-Keaton-Groteske zum Beispiel einen ganzen Akt. In der Provinz kamen daher für die ahnungslosen Zuschauer zuweilen nur noch «Kurzfassungen» an. Laurel-und-Hardy-Filme scheinen von derartigen Kürzungen nicht betroffen gewesen zu sein.

In den USA waren Laurel und Hardy schnell bekannt geworden, sodass sie zum Beispiel im März 1928 mit vielen anderen Künstlern an einer öffentlichen Wohltätigkeitsveranstaltung zu Gunsten der Opfer eines Staudammbruchs teilnahmen. In Deutschland musste ihre Bekanntheit noch wachsen. Knapp drei Wochen nach NUR MIT LACHGAS wurde PROMPTE BEDIENUNG (FROM SOUP TO NUTS) am 2. April 1928 nach jugendfreier Zulassung im Berliner *Gloria-Palast* erstmals aufgeführt, der Laurel und Hardy auf der Höhe ihrer Kunst zeigt. Stan und Ollie bringen als Lohndiener die piekfeine Party neureicher Leute durch haarsträubende Missverständnisse und Fehltritte völlig durcheinander. Unter anderem serviert Stan den Salat wie gewünscht «ohne Dressing», nämlich im Unterzeug. Die deutsche Fassung spricht allerdings nur vom Rock, den Stan dafür ablegt. Dadurch kommt der Gag nicht ganz zur Geltung. Wollte der deutsche Verleih mit dem Eingriff ein Jugendverbot verhindern? Außerdem musste der deutsche Zwischentitel «Runde, ruhige Sache, was?», womit Stan anerkennend den Allerwertesten der Gastgeberin kommentiert, auf Verlangen der *Film-Prüfstelle* in das unverfänglichere «Als wennste schwebst!» umgeschrieben werden. Das *Reichsfilmblatt* notierte zur Premiere von PROMPTE BEDIENUNG: «Eine Groteske, die auf den üblichen Grotesk-Wirkungen beruht, aber die Einfälle setzen im richtigen Moment ein und bringen das Publikum zu beträchtlichen Lachsalven. Ein Film, der in jedem Beiprogramm laufen kann, weil er neben Altem auch sehr viel Neues bringt.»

Am 6. Juli 1928 ließ die *Film-Prüfstelle* Berlin IHR KÖNNT MIR MAL WAS BLASEN (YOU'RE DARN TOOTIN') jugendfrei zu. In der deutschen Fassung heißen Stan und Ollie Fridolin beziehungsweise Adolar und sind Bläser im Kurorchester des Kapellmeisters Raptus. Weil sie sein jüngstes Konzert ruinieren, fliegen sie aus dem Orchester, können deswegen ihre Miete nicht mehr zahlen und versuchen sich als Straßen-Musikanten. Ein ausufernder Streit der beiden führt zu einer Gewaltorgie, in der alle männlichen Passanten einschließlich eines Polizisten ihre Hosen verlieren.

Lange Zeit war von THE BATTLE OF THE CENTURY nicht mehr als ein dreieinhalbminütiger Ausschnitt überliefert. Mittlerweile sind insgesamt knapp zwei Drittel des Zweiakters wieder entdeckt worden. Ollie coacht den schmalbrüstigen Stan für den großen Boxkampf, der nach der deutschen Zensurkarte um den Meisterschaftstitel des Amateur-Sportklubs «Die Pennbrüder» zwischen Goliath Knockout und Baby Laurel ausgetragen wird. Obwohl Stan auf der Siegerstraße zu sein scheint, verliert er doch durch sein undiszipliniertes Verhalten. Ein Versicherungsvertreter schwatzt den Freunden danach eine Unfallversicherung auf, sodass Ollie versucht, Stan verunglücken zu lassen, um Versicherungsgelder zu kassieren. Doch das missglückt gründlich und mündet in eine riesige Tortenschlacht. Der jugendfrei zugelassene Streifen ALLES IN SCHLAGSAHNE feierte am 14. August 1928 seine deutsche Premiere im Berliner *Ufa-Palast am Zoo*. Die Kritiker-Meinung über den «bildlich auch sehr süßen» Film war geteilt. Mittlerweile waren die Hauptdarsteller ein «schon oft gesehenes Komikerpaar», ihre Namen fallen aber immer noch nicht. Das *Reichsfilmblatt* schrieb: «Einesteils gehören Schlagsahnenschlachten im Film zu den Dingen, die schon bei Max Linder 18 Jahre vorher nicht mehr neu waren, anderenteils verfehlen sie noch immer nicht ihre Wirkung. Also wiederholt man nicht sinnlose Schlagsahnenwerferei, sondern eine sinnvoll organisierte Sahnenschlacht, bei der die verschiedenen menschlichen Temperamente geschickt ausgespielt werden.» Der *Film-Kurier* hingegen schrieb sich bei seiner Ablehnung in Rage: «ALLES IN SCHLAGSAHNE, eine Schmierferkelei mit einer Tortenschlacht. Was muten uns die Hollywooder zu? Oder hat man es sich dort gar nicht einfallen lassen, derartige Schmier-Orgien für Europa und ein Berliner Spitzenkino zu produzieren? Wollte man diese Programmfilme niedrigster Klasse nicht nur für die Vorstadt fertigen, und nie einem kritischen Publikum vorsetzen? Groteske und Groteske sind auch in Amerika zwei grundverschiedene Dinge. Die Schlagsahnen-Schlacht ist nichts weiter als eine Dreckfinkerei. Ein solcher Film schreit direkt nach dem Psychiater.»

5. Laurel und Hardy werden Dick und Do(o)f

Mit dem nächsten, Ende August 1928 zugelassenen Film DICK UND DOF IM SÜNDENPFUHL (THEIR PURPLE MOMENT) erhielten Laurel und Hardys Filme in Deutschland Seriencharakter und die beiden Komiker ihre bis heute umstrittenen deutschen Namen, der aber auch ein Markenzeichen ist. Wer den Namen erfunden hat, ist unbekannt, auch ob es laut zeitgenössischen Kritiken der Berliner Volksmund in Anspielung auf Stan und Ollies Erscheinungsbild war. Da Laurel und Hardy im Herbst 1928 in Deutschland ein «schon oft gesehenes Komikerpaar» waren, hatte es der *Parufamet*-Verleih offenbar für an der Zeit gehalten, ihre Zugkraft durch einen leicht zu merkenden deutschen Namen zu erhöhen, wie schon bei anderen US-Komikern und bei den populären Dänen Pat und Patachon, von denen es später hieß, Laurel und Hardy seien ihre «amerikanische Version»; die Komik der beiden Duos könnte allerdings nicht unterschiedlicher sein. Möglicherweise hatte auch Laurels Filmname Little Goofy aus THE SECOND HUNDRED YEARS Pate gestanden. Dick und Dof war nicht abschätzig gemeint, sondern ein Begriff für zwei Künstler, die ihr Publikum blendend unterhalten. Daher sagte man auch, Laurel und Hardy würden in Deutschland «zärtlich Dick und Dof gerufen». Ob man sich mit der orthografisch falschen Schreibweise Dof eine zusätzliche Werbewirkung versprach oder ob ein Schreibfehler unterlaufen war (Dof blieb aber bis 1948), lässt sich nicht mehr aufklären. Laurel und Hardy wurden nicht nur in Deutschland anders genannt. Im spanisch-sprachigen Raum heißen sie El Gordo y el Flaco [»der Dick und der Dünne»], in Schweden Helan och Halvan, in Griechenland Chondros und Highos, in Polen Flip i Flap, in der Türkei Sisman ve Zaif und in Italien Crick e Crok. Dass man sie noch fragwürdiger als Dick und Doof nennen kann, zeigt ihr dänischer Name Gøg og Gokke, was soviel bedeutet wie Kuckuck und Kopfnuss.

DICK UND DOF IM SÜNDENPFUHL hatte am 8. Januar 1929 im Berliner *Ufa-Theater Kurfürstendamm* seine deutsche Premiere. Die *Lichtbildbühne* fand den Streifen «erstaunlich schwerfällig», das *Reichsfilmblatt* hingegen lobte die «lustigen Situationen». Der SÜNDENPFUHL ist ein großes Varieté mit Restaurantbetrieb, in dem Stan als Mr. Pincher und Ollie sich einen vergleichsweise harmlosen außerehelichen Zeitvertreib gönnen, allerdings ohne das nötige Kleingeld, das Stan abgezweigt hatte, von seiner Frau aber gegen wertlose Coupons ausgetauscht wurde. Als es ans Zahlen geht und auch noch die Frauen der Freunde ins Lokal kommen, ist das Fiasko perfekt. Außereheliche Aktivitäten und eine unvorteilhafte Darstellung der Ehe kosteten DICK UND DOF IM SÜNDENPFUHL wahrscheinlich die Jugendzulassung. DICK UND DOF IM SÜNDENPFUHL ist nach den deutschen Zwischentiteln «allen armen Gatten gewidmet, die statt Frauen versehentlich Drachen geheiratet haben», und dann wird es noch deutlicher: «Ein schöner Tag heute – für'n Seitensprung!»

Stan und Ollie sollten es künftig häufig mit bärbeißigen, gewaltbereiten Ehefrauen zu tun bekommen. Laurel und Hardys Privatleben spielte sich ebenfalls nicht im siebenten Himmel ab. Myrtle Hardy war Alkoholikerin, ihre ständigen Entziehungskuren kosteten Hardy ein Vermögen. Im Juli 1929 trennten sich die Eheleute vorübergehend, lebten aber vor Jahresende schon wieder zusammen. Das hielt Hardy nicht davon ab, eine über Jahre andauernde Beziehung zu Viola Morse aufzunehmen. Auch mit Laurels Ehe mit Lois stand es nicht zum Besten. Er war mittlerweile mit der Schauspielerin Alyce Ardell liiert.

Monate vor der deutschen Erstaufführung von DICK UND DOF IM SÜNDENPFUHL wurde Ende August 1928 Laurel und Hardys groteskes Meisterwerk DAS IDEALE WOCHENENDHAUS (THE FINISHING TOUCH) jugendfrei zugelassen, und sie tragen in den deutschen Zwischentiteln erstmals ihre deutschen Namen: «Dick und Dof versuchten ihr Glück als Bautischler.» Stan und Ollie sollen ein Fertighaus errichten. Aber sie verstehen ihr Handwerk nicht und bekommen Ärger mit einer resoluten Krankenschwester und der Polizei. Bei der Übergabe bricht das Haus in sich zusammen, und sie liefern sich mit dem Bauherrn eine Steinschlacht. Wahrscheinlich hat das deutsche Publikum ein etwas anderes Bildmaterial zu sehen bekommen als die US-Kinogänger. In der Stummfilmzeit war es Praxis, mit zwei nebeneinander stehenden Kameras zu drehen, um zwei Originalnegative zu erhalten, eines für den US-Markt, das andere für den Vertrieb im Ausland. Solche alternativen Bildnegative sind von THE FINISHING TOUCH und BIG BUSINESS bekannt. Die Export-Fassung von THE FINISHING TOUCH unterscheidet sich vom US-Negativ zum Beispiel bei Großaufnahmen von der Mimik der Krankenschwester im Rohbau. In der ersten Einstellung dieser Szene sind ihre Lippen in der US-Fassung in einer Halbtotalen zu sehen, bevor Ollies Hut in einer Totalen auf seinem Kopf tanzt. Zunächst ist der Mund der Krankenschwester noch geschlossen, öffnet sich dann aber langsam zu einem «O». In der Export-Fassung bleibt der Mund geschlossen und unbewegt.

Am 2. Februar 1929 hatte der im Dezember 1928 jugendfrei zugelassene Zweiakter DICK UND DOF AUF HEIMATURLAUB (TWO TARS) im Berliner *Gloria-Palast* seine Deutschland-Premiere. Die *Lichtbildbühne* feierte ihn als «famose Groteske» und «sehr lustiges Entree des Abends». Der Film ist ein weiterer Meilenstein Laurel und Hardyscher Komik mit Katastrophen und Zerstörungsorgien. Stan und Ollie sind Matrosen auf Landgang, die mit zwei Mädchen eine Spritztour unternehmen. Diese endet in einem Stau und mit der Zerstörung vieler Autos. Mit knapper Not entkommen die beiden Freunde mit ihrem Fahrzeug in einen Eisenbahntunnel, das durch den entgegenkommenden Zugverkehr seltsam zusammengedrückt wird.

Warum im Titel des am 29. Februar 1929 im Berliner *Ufa-Pavillon* erstmals gezeigten Zweiakters HUT AB! (HATS OFF!) nicht Dick und Dof steht, hat eine einfache Erklärung. Die *Film-Prüfstelle* Berlin hatte ihn schon Anfang April 1928 für Jugendliche zugelassen, also Monate vor Einführung von Dick und Dof. Die Gründe für die Aufführung von HUT AB! erst elf Monate danach sind unbekannt. Die *Lichtbildbühne* meinte, nur zwei oder drei «durch Mark und Bein» gehende komische Momente entdeckt zu haben. Obwohl der Name Dick und

Dof mittlerweile schon in drei anderen Grotesken aufgetaucht war, war er dem *Film-Kurier* noch nicht vertraut. Denn er bezeichnete den Streifen als «übliche Bully- und Billy-Komik, die in einer allgemeinen Keilerei endet». Damit spielte das Blatt auf Fassaden-Willy und feiner Bully aus KAVALIERE FÜR VIERUNDZWANZIG STUNDEN an.

HATS OFF! ist Laurel und Hardys einziger völlig verschwundener Kurzfilm. Seine deutsche Spur verliert sich im April 1931 in Dortmund. Übrig sind nur noch Standfotos sowie die Zwischentitel des Originals und der niederländischen Fassung. Die deutsche Zensurkarte ist nicht überliefert. Der Streifen ist die Vorlage von Laurel und Hardys Oscar-Preisträger THE MUSIC BOX von 1932 und das Muster vieler der beliebten Gewaltorgien. Stan und Ollie sind fliegende Waschmaschinen-Händler, die ihr schweres Vorführgerät eine steile Treppe hinaufschleppen, weil sie denken, oben warte eine Kundin auf sie. Da ihnen aber niemand etwas abkaufen will, demolieren Stan und Ollie einander ihre Hüte, und bald machen viele andere Männer mit.

Voller ausgezeichneter Einfälle und Überraschungen steckt DICK UND DOF IN FREIHEIT DRESSIERT (LIBERTY), in dem ein sehr leicht erregbarer James Finlayson mitspielt. Der Film wurde Anfang Mai 1929 nicht jugendfrei zugelassen. Stan und Ollie haben nach ihrer Flucht aus dem Gefängnis ihre Hosen vertauscht. Der Versuch, an die passenden Beinkleider zu kommen, führt zu vielen Verwicklungen, bis Stan und Ollie schließlich auf einem hohen Baugerüst landen und der Hosentausch in luftiger Höhe endlich klappt. Die mit dem Hosentausch verbundenen homosexuellen Anspielungen werden die Ursache des Jugendverbots gewesen sein. 1929 war an öffentliche Toleranz gegenüber Homosexualität absolut nicht zu denken.

Ende Juni 1929 wurde HAUSFREUND AUF PROBE (SLIPPING WIVES) zugelassen, ebenfalls mit Jugendverbot. Der Film stammt aus der Zeit vor der Entstehung des Teams und wurde in den USA noch von *Pathé Exchange* vertrieben. Der Vertrieb gehörte zur *Producers Distribution Corporation*, und diese taucht mit der Abkürzung *P. D. C., Amerika* in der deutschen Zensurkarte auf. In Deutschland wurde der Streifen von *Ufaleih* in der Spielzeit 1929/30 im Rahmen eines Blocks von 20 *P. D. C.-Komödien* und 13 *Hal-Roach-Pathé-Produktionen* verliehen. Star des Films ist Priscilla Dean. Laurel und Hardy spielen Nebenrollen, und vermutlich deshalb enthält der deutsche Verleih-Titel nicht Dick und Dof. Eine Ehefrau fühlt sich von ihrem Mann vernachlässigt und will ihn mit Hilfe eines engagierten Liebhabers (Laurel) eifersüchtig machen – mit Erfolg. Hardy spielt den Butler der Eheleute. Laurels Figur heißt in der deutschen Fassung Lionel Mac-Dum – eine Andeutung von Dof? HAUSFREUND AUF PROBE erhielt das Jugendverbot wahrscheinlich wegen des Spiels um eheliche Treue.

6. Laurel und Hardy sind Dick und Doof

Im Oktober 1928 durchlief DICK UND DOF SPIELEN GOLF (SHOULD MARRIED MEN GO HOME?) die Zensur jugendfrei und wurde am 19. März 1929 zur deutschen Premiere in das Berliner Vorstadt-Kino *U. T. Weinbergsweg* gegeben. Die bisherigen Laurel-und-Hardy-Grotesken hatten noch zu Roachs All-Star-Serie gehört. Mit diesem Film wurde offiziell Roachs Laurel-und-Hardy-Serie eröffnet. In dem Streifen entsteht Chaos aus nichtigem Anlass. Der ledige Stan holt den verheirateten Ollie zum Golfspielen ab. Alles gerät daraufhin durcheinander, Ollies Wohnung und die Ereignisse auf dem Golfplatz, wo Matsch-Brocken durch die Gegend fliegen und Spieler in Tümpel plumpsen. Mehr als eine «Radau-Groteske» war der Streifen, der als Exposé für Laurel und Hardys Tonfilme MEN O' WAR und COME CLEAN diente, nach Auffassung des *Film-Kuriers* nicht.

Danach ließ die *Film-Prüfstelle Berlin* am 7. Oktober 1929 45 MINUTEN HOLLYWOOD (45 MINUTES FROM HOLLYWOOD) mit einem Jugendverbot zu. Glenn Tyron ist der Star des Films und fährt mit seiner Hinterwäldler-Familie nach Hollywood, wo er in arge Verwicklungen gerät. Unter anderem muss er sich als Frau verkleiden. Hardy spielt den schnauzbärtigen Hoteldetektiv, der während einer Verfolgungsjagd durch ein Hotelzimmer mit dem als Finlayson aufgemachten Laurel läuft, der nur wenige Sekunden sichtbar ist. Damals fiel der Streifen niemandem als Laurel-und-Hardy-Film auf, sodass auch das Markenzeichen Dick und Doof unterblieb. Interessanterweise wurde er von der kommunistischen Berliner *Prometheus-Film Verleih- und Vertriebs GmbH* in Deutschland verliehen, die von März 1927 bis Juni 1928 einige US-Slapstick-Filme bei der *Film-Prüfstelle Berlin* eingereicht hatte. Nach ihrer Zulassung wurden sie abendfüllenden, vorwiegend sowjetischen Filmen beigegeben. Im Zeitraum Oktober bis Dezember 1929 hatte der Verleih zum Beispiel die Spielfilme MENSCHENARSENAL und Sergej Eisensteins DIE GENERALLINIE im Repertoire.

Um diese Zeit erschienen erste Berichte über Laurel und Hardy in Filmzeitschriften für das große Publikum. Den Anfang machte im Juni 1929 das kurzlebige Blatt *Kunterbunt* mit dem Artikel «Zwei, die eine Welt lachen machen». Im November des Jahres folgte in der *Film-Illustrierten* «Laurel und Hardy – privat». Beiden Beiträgen musste man allerdings mit Vorsicht begegnen, wenn es um filmhistorische Fakten ging. Das war freilich kein Einzelfall, denn auch zukünftig gingen journalistische Beiträge sorglos mit den Tatsachen um und dichteten gelegentlich dazu.

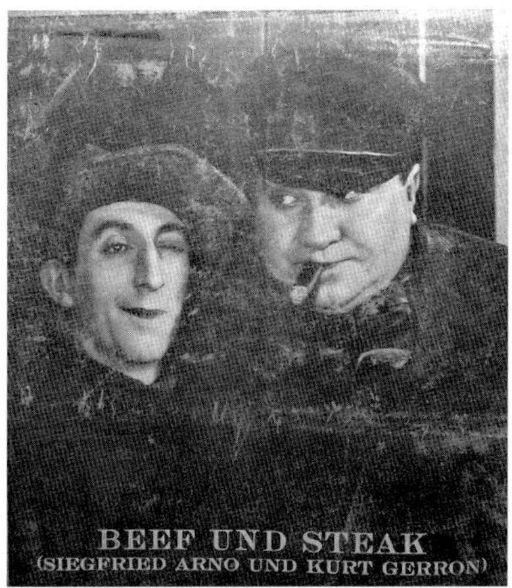

18 Beef und Steak alias Siegfried Arno und Kurt Gerron, 1929

1929 wurde der heftig umstrittene Versuch unternommen, mit dem schlanken Siegfried Arno und dem übergewichtigen, gedrungenen Kurt Gerron als Duo Beef und Steak komische deutsche Filme nach dem Vorbild von US-Grotesken zu platzieren (Abb. 18). Heraus kamen nur die beiden stummen «Großlustspiele» WIR HALTEN FEST UND TREU ZUSAMMEN (Regie: Herbert Nossen; deutsche Premiere: 10. Mai 1929 im Münchner *Film-Palast*, Berliner Premiere: 23. September 1929 im *Marmorhaus*) und AUFRUHR IM JUNGGESELLENHEIM (Regie: Manfred Noa; deutsche Premiere: 1. Juli 1929 im Berliner *Capitol*). In den Kritiken war von «Stümperei», «Verblödung» und «Einfallslosigkeit» die Rede, auch von fehlender Regie *(Berliner Börsen-Courier, Frankfurter Zeitung, Die Rote Fahne)*. Der *Film-Kurier* berichtete allerdings von einem großen Berliner Premieren-Erfolg des zweiten Spielfilms. Ob Beef und Steak nach Laurel und Hardys Vorbild konzipiert wurden, lässt sich nicht feststellen. Der *Vorwärts* meinte, der erste Film sei auf Pat und Patachon angelegt. Als Vorbild des zweiten wurden die in Deutschland sehr erfolgreichen stummen Fix-und-Fax-Grotesken mit Sid Smith und seinen wechselnden Partnern aus der ersten Hälfte der 1920er-Jahre ausgemacht. Arno und Gerron wurden auch mit Solokünstlern wie Chaplin und Buster Keaton verglichen *(Berliner Börsen-Courier, Vossische Zeitung)*.

Ende März 1929 war bereits der gemächlichere Streifen DICK UND DOF, MARSCH INS BETT! (EARLY TO BED) jugendfrei zugelassen worden. Er wurde am 22. Januar 1930 erstmals im Berliner *Gloria-Palast* gezeigt. Ollie hat eine riesige Erbschaft gemacht und stellt Stan als seinen Schloss-Diener an, den er fortan schikaniert, bis Stan aufbegehrt. Ollie wird wieder vernünftig und erkennt den Wert ihrer Freundschaft. Die Kritik über DICK UND DOF, MARSCH INS BETT! war gespalten. Während der *Film-Kurier* bemerkte, dass der Film «viel belacht» worden sei, tat ihn die *BZ am Mittag* als «mehr doof als dick» ab. Sie geißelte derartige Filme sogar als «verflachend und verdummend» und regte an, «lieber kein Beiprogramm als einen schlecht ziehenden Gaul» zu präsentieren. Immerhin blieb der Streifen acht Tage im Premierenkino, bevor er in andere Lichtspieltheater gegeben wurde.

Danach dauerte es wieder viele Monate, bis der nächste Laurel-und-Hardy-Zweiakter in Deutschland erstaufgeführt wurde. Der Grund waren zwei Zensurdurchgänge für DICK UND DOF AUF ABWEGEN (WE FAW DOWN). Diese Groteske ist der Vorläufer des Klassikers SONS OF THE DESERT. Stan und Ollie wollen mit Freunden pokern und schwindeln ihren Ehefrauen ein Arbeitstreffen mit ihrem Chef vor. Unterwegs landen Stan und Ollie im Rinnstein und trocknen ihre Kleidung bei zwei Lebedamen. Nachdem sie von dort türmen mussten, schwärmen Stan und Ollie zu Hause ihren Frauen vom tollen Besuch im Varieté vor, ohne zu wissen, dass es abgebrannt ist. Davon haben aber die Frauen in der Zeitung gelesen. Als eine der beiden Lebedamen auch noch Ollies Weste vorbeibringt, legen die Ehefrauen ihre Gewehre auf die Lügenbolde an. Wann genau die Groteske als letzter Laurel-und-Hardy-Stummfilm bis zum Ende des Zweiten Weltkrieges seine deutsche Premiere hatte, steht nicht fest, wahrscheinlich aber nicht vor dem 4. Dezember 1930, nach dem Abschluss des Zensurverfahrens. Im ersten Zensurdurchgang hieß der Streifen noch DICK UND DOF GEHEN FREMD und wurde Ende März 1929 nicht jugendfrei zugelassen. Zur Abmilderung der ehebrecherischen Tendenzen verlangte die *Film-Prüfstelle Berlin*, den deutschen Verleih-Titel in DICK UND DOF AUF ABWEGEN abzuändern. Außerdem musste der einleitende Zwischentitel «Ich glaube, diese Verbrecher wollen fremd gehen» neu gefasst werden. Künftig hieß er: «Dick und Dof waren über die ersten Flitterwochen hinaus.» So verändert wurde der Film eineinhalb Jahre später mit neuen Zwischentiteln wieder vorgelegt. Nun lautete der Hinweis auf das Fremdgehen unverfänglich: «Pass auf – die haben etwas vor!» Im ersten Zensurdurchgang hatte es noch eine russische Tänzerin mit dem unaussprechlichen Namen Madame Pzcybritschibrutschki gegeben. Daraus wurde «ein russischer Tänzer». Am 4. Dezember 1930 beließ die Berliner *Film-Prüfstelle* das Jugendverbot und forderte, die Groteske um 72 Meter zu kürzen.

Nachdem Ende 1929 faktisch das «Aus» der *Parufamet* gekommen war, war DICK UND DOF AUF ABWEGEN der erste Laurel-und-Hardy-Film im Angebot des deutschen *MGM*-Verleihs unter dem nur noch auf dem Papier stehenden *Parufamet*-Banner. Die *Ufa* hatte längst gegen den Zusammenschluss gearbeitet. Der Streifen war zum Jahreswechsel 1930/31 Teil der üppigen zweiten Staffel der *Parufamet* mit Schwergewicht auf kurzen Tonfilmen. Den stummen Laurel-und-Hardy-Film konnte man wohl dazu zählen. Denn er wurde vermutlich wie in den USA von einer synchron abgespielten Vitaphone-Schallplatte (die auch «glass disc» genannt wurde) vom Konzern *Warner Bros.* mit Musik und Geräusch-Effekten begleitet. Aber auch als Stummfilm passte DICK UND DOF AUF ABWEGEN noch ins Angebot. Die Umstellung auf den Tonfilm bedeutete erhebliche wirtschaftliche Probleme, denn die durch den so genannten «schwarzen Freitag» am 24. Oktober 1929 (tatsächlich ein Donnerstag) ausgelöste Weltwirtschaftskrise war längst nicht überwunden. Die damit in Deutschland einhergehende Massenarbeitslosigkeit nahm sogar immer weiter zu. Auf der einen Seite war es für die Lichtspieltheater das Gebot der Stunde, kostspielig umzurüsten. Andererseits drosselte die extreme Wirtschaftsdepression die Besucherzahlen und damit die finanziellen Möglichkeiten von Investitionen. Ende 1930 waren von den rund 5.000 deutschen Kinos erst knapp 1.900 mit den teuren Tonfilm-Projektoren ausgerüstet, deren Anzahl sich bis Anfang August 1932 auch auf nur rund 3.500 erhöhte. Noch Ende März 1931 warb deshalb der deutsche *MGM*-Verleih weiterhin für Stummfilme. Auf Laurel und Hardys Stummfilm-Klassiker wie ANGORA LOVE und BIG BUSINESS musste man in Deutschland aber Jahrzehnte warten. DICK UND DOF AUF ABWEGEN ist schließlich auch der letzte Film in Deutschland mit Dick und Dof im Titel – bis 1950. Die deutsche *MGM* hatte sich, vermutlich auf Druck aus den USA, von Dick und Dof distanziert, hielt sich allerdings selbst nicht daran und warb noch bis 1936 offiziell damit.

7. In der Operette und als Vokaljongleure: Mit voller Kraft in die Tonfilmzeit

Anfang September 1929 hatte Roach noch beim stummen Film bleiben wollen. Doch als Realist kam er an der Entwicklung des Marktes nicht vorbei und brachte dann sogar sechs Monate vor der *MGM* Tonfilme auf den Markt. Um den Schwierigkeiten vieler Kinos bei der Umstellung auf den Tonfilm zu begegnen, ließ er für eine Übergangszeit einige Filme sowohl in einer stummen Fassung als auch als Tonfilm herstellen, so 1929 und 1930 Laurel und Hardys Zweiakter BERTH MARKS und BRATS.

Auch für Laurel und Hardy war der Übergang zum Tonfilm eine Zäsur. Doch im Gegensatz zu vielen anderen Filmschauspielern förderte der Tonfilm geradezu ihre Karriere. Laurel und Hardys Dialoge und Stans ent-

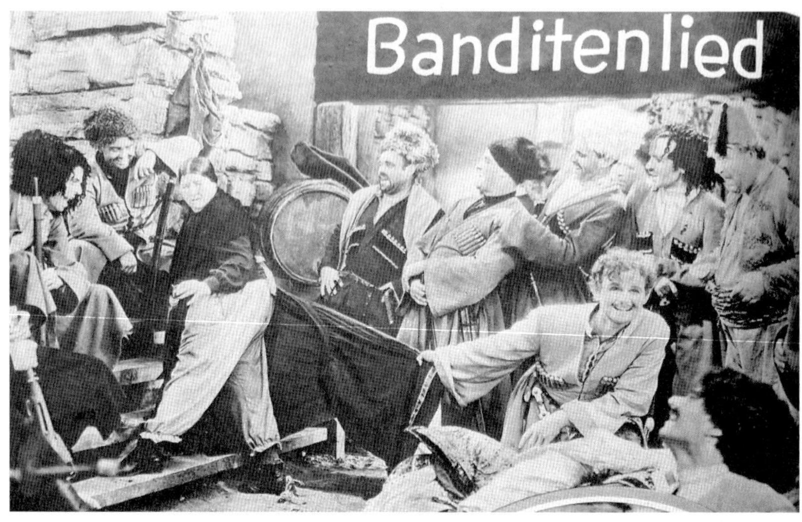

19 BANDITENLIED (THE ROGUE SONG), 1931

rückte oder entwaffnende Wortbeiträge gewannen wesentlichen Einfluss auf die künstlerische Gesamtwirkung. Dazu kamen Geräusche, die Laurel effektiv in den Dienst der Komik zu stellen verstand. Der erste Tonfilm des Duos UNACCUSTOMED AS WE ARE von Anfang Mai 1929 litt noch an Kinderkrankheiten, die aber sehr schnell abgestellt wurden.

Die Umstellung auf den Tonfilm gefährdete allerdings die Internationalität von Filmen, die in der Stummfilmzeit keine nennenswerte Rolle gespielt hatte, weil die Textkarten nur in verschiedene Sprachen übersetzt werden mussten. Im Tonfilm ließen sich die Stimmen der Schauspieler jedoch nicht so einfach austauschen. Was man auch tat, alles war mit höheren Kosten verbunden. Es bildeten sich drei Methoden heraus. Ein Film wurde für den Einsatz im fremdsprachigen Ausland entweder mit knapp gehaltenen Untertiteln in der jeweiligen Landessprache versehen (die preiswerteste Variante), oder man drehte einen Film nacheinander in mehreren Sprachen, oder er wurde nachträglich synchronisiert.

Laurel und Hardys erster Tonfilm in Deutschland war kein Roach-Streifen, sondern der seit den frühen 1930er-Jahren bis auf wenige Fragmente verschollene farbige *MGM*-Operettenfilm THE ROGUE SONG nach Franz Lehár mit dem US-Startenor Lawrence Tibbett in der Hauptrolle des Banditen Yegor. Zunächst wurde der Film der Zensur unter dem deutschen Operettentitel ZIGEUNERLIEBE vorgelegt, nach und nach um 300 Meter geschnitten und schließlich deutsch untertitelt als BANDITENLIED mit einem Jugendverbot zugelassen (Abb. 19). Yegor und seine Leute kämpfen gegen die Kosaken, und dabei verliebt sich der Anführer in die Prinzessin Vera, die seine Gefühle wegen seines betörenden Gesangs erwidert. Laurel und Hardy lockern den schwerblütigen Film als Yegors Bandenmitglieder Ali-Bek und Murza-Bek mit einigen komischen Einlagen auf.

Die deutsche Premiere von BANDITENLIED fand am 31. Januar 1931 in den Düsseldorfer *U. T.-Lichtspielen* statt. Erst danach kam der Spielfilm am 3. Juni 1931 nach Berlin (Abb. 20) – und wurde ein «Durchfall mit Pauken und Trompeten» *(Berliner Börsen-Zeitung)*. Man störte sich an Tibbetts «schmalzigem» Gesang und registrierte, dass er vom Publikum ausgelacht wurde, da er an den unmöglichsten Stellen anfing zu singen, sogar noch am Marterpfahl. Tibbett wurde auch vorgeworfen, dass er als Schauspieler stärker versage, als es ein Sänger dürfe. Außerdem soll die Farbfotografie des Films «nicht immer ganz scharf» gewesen sein. BANDITENLIED hatte Laurel und Hardy also bitter nötig, und schon bei der Vorankündigung hatte man kräftig mit ihnen geworben (Abb. 21). Das deutsche Pressespektrum ließ keinen Zweifel daran, dass die beiden Komiker die heimlichen Stars des Films waren: «Man kann sich an ihrer gegensätzlichen Blödelei nicht satt sehen», «jede Episode ist ein Schlager für sich», sie «brillieren» und «entfesseln Lachstürme», sodass der Film sich «hin und wieder in einen wohltuenden Humor» retten konnte *(Berliner Morgenpost, Kinematograph, Reichsfilmblatt)*. Hätte man Laurel und Hardy ein größeres Kompliment machen können? Wahrscheinlich ist es ihnen zu verdanken, dass BANDITENLIED

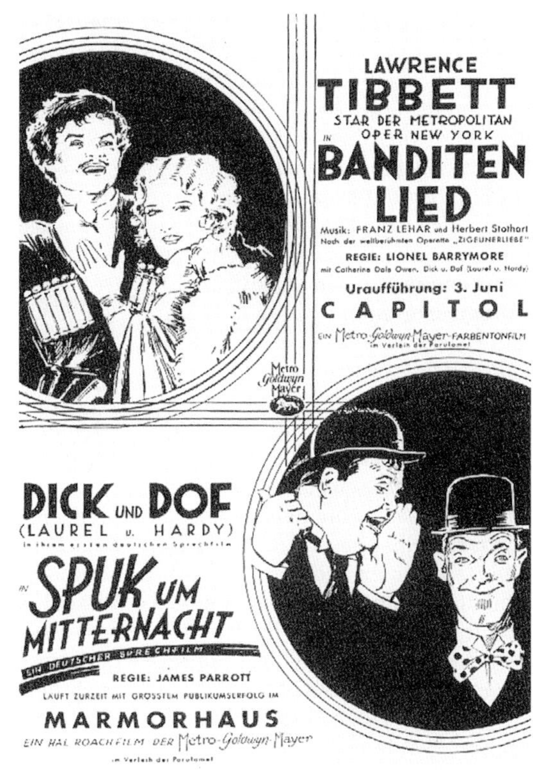

20 Werbeanzeige von 1931 für BANDITENLIED (THE ROGUE SONG) und SPUK UM MITTERNACHT

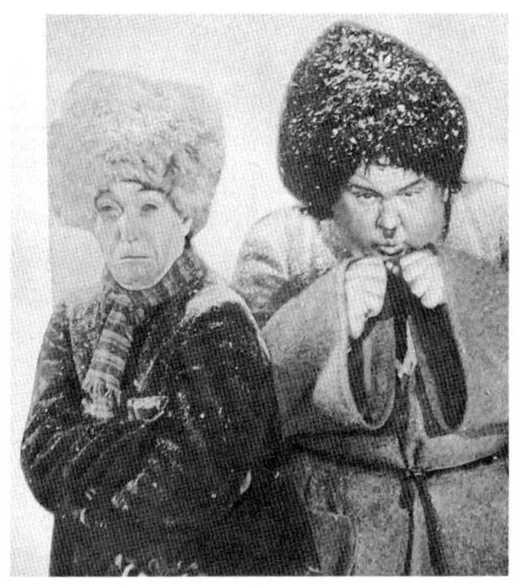

21 Laurel und Hardy in BANDITENLIED (THE ROGUE SONG), 1931

sich im Berliner Premierenkino *Capitol* sieben Tage hielt.

Angeblich soll der Streifen Anfang der 1960er-Jahre in der DDR unter dem Titel DAS LIED DER BANDITEN deutsch synchronisiert nach einer russisch untertitelten Fassung im Fernsehen der DDR gezeigt und russisch synchronisiert in einem sowjetischen Truppenkino in Berlin aufgeführt worden sein. Nichts davon lässt sich nachweisen. Es ist auch fraglich, ob die Führung der sowjetischen Streitkräfte in der DDR mitten im heißesten Kalten Krieg darauf bedacht war, zur Unterhaltung ihrer Soldaten eine sehr betagte US-Verfilmung einer Léhar-Operette zu zeigen, die im Zarenreich spielt.

Roach selbst beschritt mit Laurel und Hardy einen anderen Weg in die Tonfilmzeit, um die Original-Stimmen seiner beiden Komiker auch außerhalb des englischsprachigen Raums gewinnbringend einsetzen. Er ließ von einigen ihrer Filme Sprachversionen drehen, bei denen Nebendarsteller gelegentlich gegen Schauspieler ausgetauscht wurden, die die betreffende Zielsprache sprachen. Da Laurel und Hardy nur der englischen Sprache mächtig waren, erhielten sie Sprachtrainer, um ihnen eine einigermaßen flüssige und annehmbare Aussprache beizubringen. Um die Sprachschwierigkeiten gering zu halten, wurden Laurel und Hardys Dialoge reduziert. Ihre fremdsprachigen Texte lasen die beiden Komiker während der Dreharbeiten in Lautschrift von so genannten «Negern» ab, Texttafeln in der Kulisse. Das hatte natürlich seine Grenzen. An manchen Stellen der Sprachversionen fällt auf, dass Laurel und Hardy nicht verstehen, was sie sprechen. Hardy konnte aber mit den Fremdsprachen besser als Laurel umgehen. Über die Arbeit an GLÜCKLICHE KINDHEIT, der deutschen Sprachversion von BRATS, hat der US-Schriftsteller Homer Croy berichtet, wie Laurel und Hardy sich abquälen mussten.

Stan und Ollie sind in dem reizvollen Zweiakter BRATS, der mit überdimensionalen Möbeln für Kinder ausgestattet ist, sowohl die Väter als auch ihre Söhne. Die Väter sollen auf ihre aktiven und streitlustigen Sprösslinge aufpassen. Laut deutscher Zensurkarte sind die Mütter «zum Scheibenschießen gegangen». Es klappt nichts, und die Jungen denken auch gar nicht daran zu schlafen. Als Ollie seinem Sohn noch etwas Wasser bringen will, wird das ganze Haus überschwemmt. Die Weltpremiere der verschollenen deutschen Sprachversion GLÜCKLICHE KINDHEIT fand statt am 14. Februar 1931 im New Yorker Kino *8th Street Playhouse*, in einem Stadtteil mit einem hohen Anteil deutschsprachiger Bevölkerung. Wie auch bei anderen Sprachversionen mit Laurel und Hardy lachten die Zuschauer schon dann schallend, wenn die beiden Komiker nur ansetzten, die für sie fremde Sprache zu sprechen. Ein US-Kritiker schloss, Laurel und Hardys deutsche Aussprache müsse unglaublich komisch sein. GLÜCKLICHE KINDHEIT wurde Ende Januar 1931 in Deutschland jugendfrei zugelassen. Der deutsche Verleih stellte zu dem Zeitpunkt in seiner Werbung Tonkurzfilme mit Laurel und Hardy groß heraus. Am 12. März 1931 wurde der Streifen im Rahmen einer Sondervorführung für die Berliner Fachpresse in den Räumen des *Parufamet*-Verleihs gezeigt. «Man hört sie mit einigem Staunen ein merkwürdig klingendes Clowndeutsch sprechen», schrieb das Fachblatt *Der Film* über die Groteske voller «unbezwinglicher Komik». Und auch das *Reichsfilmblatt* beobachtete, dass Laurel und Hardys Deutsch mit seinem starken amerikanischen Akzent die Komik erhöht.

Laurel und Hardys zweite deutsche Sprachversion ist SPUK UM MITTERNACHT, für die die inhaltlich nicht zusammenhängenden Kurzfilme BERTH MARKS und THE LAUREL AND HARDY MURDER CASE auf Spielfilmlänge gekoppelt wurden. Roach konnte damit vom europäischen Verleiher höhere Preise als für zwei Kurzfilme verlangen. In BERTH MARKS reisen die Musiker Stan und Ollie bepackt mit ihren Instrumenten im Zug zu einem neuen Engagement. Während der Fahrt entsteht durch eine kleine Ursache ein Chaos, aus dem sich die Freunde zurückziehen in ihr Schlafwagenabteil, wo sie sich so lange umständlich zur Nachtruhe umziehen, bis der Zug schon sein Ziel erreicht hat. Die Langzeit-Arbeitslosen Stan und Ollie verbringen hingegen in THE LAUREL AND HARDY MURDER CASE ihre Zeit mit Angeln im Hafen und erfahren aus einer heran gewehten Zeitung, dass Stans reicher Onkel gestorben ist. Im Haus des Verblichenen wird klar, dass er ermordet wurde, und die Kriminalpolizei verdächtigt die ganze Verwandtschaft (Abb. 22). Die Täter sind aber zwei Angestellte des Onkels, die die Verwandten und den Kommissar nacheinander ins Jenseits befördern, bis Stan und Ollie an der Reihe sind – und im Hafen aufwachen: alles nur geträumt. Neben der deutschen Sprachversion wurden eine französische und eine spanische mit den Titeln FEU MON ONCLE und NOCHE DE DUENDES gedreht.

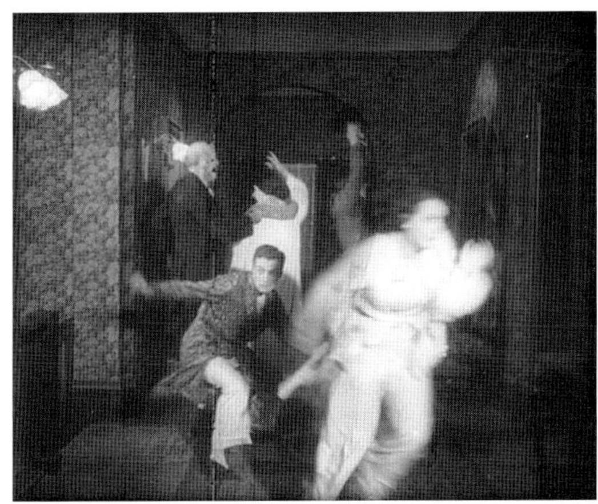

22 Tohuwabohu mit Helmut Gorin (Mitte) in SPUK UM MITTERNACHT, 1931

SPUK UM MITTERNACHT ist eine ausgedehnte Fassung von THE LAUREL AND HARDY MURDER CASE. Mit Szenen aus BERTH MARKS wird Stan und Ollies Reise zum Mordhaus gezeigt, sodass der Beginn und das Ende ihrer Zugfahrt aus dem Kurzfilm fehlen. Laurel und Hardys Deutsch in der Sprachversion ist wirklich bemerkenswert. Im Hafen erkundigt sich Ollie bei Stan mit schwerem englischen Akzent nach einem Onkel, über dessen Verbleib Stan genauso akzentschwer sagt, dass er in der «Junivörsiti Börlin» sei. «Als Professor?», möchte Ollie wissen. Nein, eingelegt in Spiritus, erklärt Stan. Im Original von THE LAUREL AND HARDY MURDER CASE antwortet Stan auf Ollies Frage, der Onkel habe sich den Hals gebrochen. Ob er gestürzt ist? Nein, erwidert Stan, er sei gehängt worden. Einige Schauspieler der beiden Zweiakter wurden für die Sprachversion ausgetauscht. Darin ist Otto Fries der Zugschaffner, Clara Guiol spielt eine Zugreisende, Lucien Prival ist als Kommissar zu sehen (er spricht kein einwandfreies Deutsch) und außerdem Helmut Gorin [Helmut

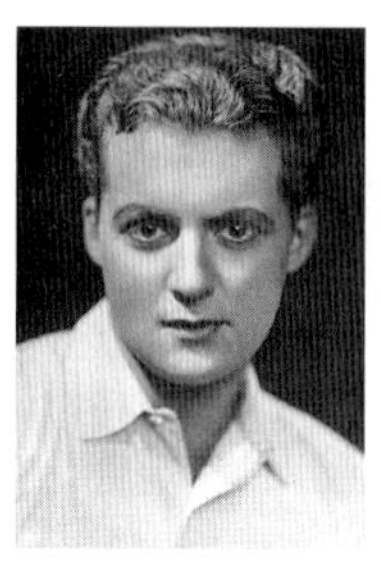

23 Helmut Gorin (Helmut Goeze)

Goeze] (Abb. 23) als gutgekleideter Herr, der in THE LAUREL AND HARDY MURDER CASE von Art Rowland gespielt wird. Der Butler, der Kommissar und einer seiner Assistenten heißen Franz, Müller und Schulze. Buch und Regie der deutschen Sprachversion soll Gorin übernommen haben, der die deutschen Dialoge gegenüber dem Original etwas änderte.

Im Februar 1931 begutachtete die *Film-Prüfstelle Berlin* SPUK UM MITTERNACHT in drei Durchgängen: einmal als zweiteiligen Fortsetzungsfilm und einmal in Spielfilm-Länge. Da der zweite Teil mit den Geschehnissen in der Villa des Onkels keine Jugendzulassung erhielt, blieb es dabei auch für den Spielfilm. Während die beiden Hälften des Films vermutlich in einem unbekannten Beiprogramm gezeigt wurden, wurde der gesamte Film am 21. Mai 1931 im Berliner *Marmorhaus* uraufgeführt (Abb. 20). SPUK UM MITTERNACHT erhielt sehr gute Kritiken. Im Vordergrund stand Laurel und Hardys Deutsch, bei dem «jedes Wort einem langsam aus dem Mund gezogenen Kaugummi gleicht». Und überhaupt überzeugten Mimik und die knappen komische Gebärden des Duos, «die den Amerikanern kein Europäer nachmachen kann» (*Lichtbildbühne* und *Der Film*). «Nicht so gut wie Chaplin oder Buster Keaton, aber launig und Pat und Patachon weit überlegen», urteilte die *Sozialistische Bildung*. Laurel und Hardys Ausflug in die deutsche Sprache gefiel den Zuschauern: Der Film hielt sich 18 Tage im Erstaufführungskino und stach auch den neuesten Spielfilm der dänischen Konkurrenten Pat und Patachon aus. In Hamburg und in der westdeutschen Provinz lief SPUK UM MITTERNACHT insgesamt bis mindestens Februar 1932, zum Teil mit «Massenbesuchen» und täglich ausverkauften Vorstellungen.

Am 10. Juni 1931 feierte WIR SCHALTEN UM AUF HOLLYWOOD, die deutsche Sprachversion von THE HOLLYWOOD REVUE OF 1929, ihre Premiere im Berliner *Capitol*. Laurel und Hardy treten darin allerdings nicht auf, sondern nur in der Original-Fassung, und zwar Ollie als Zauberkünstler und Stan als sein Assistent, der alle Tricks ruiniert. Unverdrossen macht Ollie weiter und stürzt zum Schluss in eine Riesentorte, von der er wütend große Brocken in die Kulisse wirft und damit den dort wartenden Conférencier trifft.

Auch die letzte deutsche Sprachversion HINTER SCHLOSS UND RIEGEL kam nach Deutschland. Sie soll ebenfalls von Gorin deutsch bearbeitet worden sein. Wohl wegen des rauen Gefängnismilieus erhielt sie im Juni 1931 ein Jugendverbot. Am 26. November 1931 wurde der Film zunächst im Rahmen einer Interessenten-Vorführung im Berliner *Gloria-Palast* präsentiert, dann am 8. und 9. Dezember 1931 auch im westdeutschen Verleih-Bezirk. Laurel und Hardy wurden als «wunderbares Komikerduett» gelobt. Die offizielle deutsche Uraufführung folgte aber erst am 23. April 1932 im Berliner *Ufatheater am Kurfürstendamm* (Abb. 24). Der Film ist die Sprachversion von Laurel und Hardys erstem eigenen Spielfilm PARDON US. Roach ließ außerdem eine spanische und eine französische Sprachversion drehen: DE BOTE EN BOTE und SOUS LES VERROUS; eine italienische

Sprachversion MURAGLIE wurde nicht produziert. PARDON US war ursprünglich als Kurzfilm geplant. Da die aufwändigen Zuchthaus-Kulissen für den *MGM*-Gefängnisfilm THE BIG HOUSE von 1930 weiter genutzt werden sollten, zogen Laurel und Hardy ein, und es wurden zusätzliche Innen- und Außensets gebaut. Um die Kosten hereinzuholen, musste PARDON US auf etwa eine Stunde Laufzeit ausgedehnt werden, die sich mit Laurel und Hardys spezifischer Komik aber viel schwerer füllen ließ. Es entstand zunächst eine 70 Minuten laufende Preview-Fassung mit vielen ausgezeichneten Gags, die testweise vor Publikum vorgeführt wurde, um festzustellen, an welchen Stellen gelacht wurde. Danach reduzierte Laurel den Film auf die Endfassung von etwas unter 56 Minuten mit dichter sitzenden Lachern. Stan und Ollie kommen wegen illegalen Bierbrauens ins Gefängnis und werden zu dem Schwerbrecher Tiger in eine Zelle gesteckt, der als einziger Respekt vor Stans ständig quietschendem hohlen Zahn hat, über den sich sonst alle ärgern. Stan und Ollie können aus dem Gefängnis fliehen, werden aber wegen Stans Zahn wieder erwischt. Als sie dann eine Gefängnisrevolte vereiteln, werden sie begnadigt, aber vom freundlich gestimmten Gefängnisdirektor fortgejagt, weil der Zahn schon wieder quietscht.

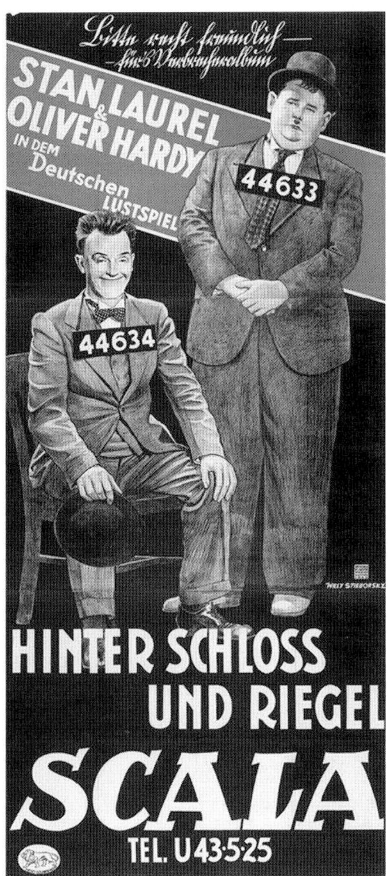

24 Plakat zu HINTER SCHLOSS UND RIEGEL, 1932

Bis auf sehr wenige wiederaufgefundene Szenen ist die deutsche Sprachversion HINTER SCHLOSS UND RIEGEL verschollen. Völlig verschwunden ist die französische Sprachversion, wie lange Zeit sämtliche Sprachversionen des Duos verschollen zu sein schienen. 1969 wurde im französischen Filmarchiv die aus den Kurzfilmen BE BIG und LAUGHING GRAVY zusammengesetzte französische Sprachversion LES CAROTTIERS entdeckt. Mitte der 1980er tauchten beim Aufräumen im *MGM*-Filmlager in Culver City Filmbüchsen mit der Aufschrift «Laurel and Hardy Spanish» auf und darin die spanischen Sprachversionen: LOS CALAVERAS (BE BIG und LAUGHING GRAVY), LADRONES (NIGHT OWLS), NOCHE DE DUENDES (BERTH MARKS und THE LAUREL AND HARDY MURDER CASE), POLITIQUERÍAS (CHICKENS COME HOME), TIEMBLA Y TITUBÉA (BELOW ZERO) und LA VIDA VOCTURNA (BLOTTO). Anfang der 1990er-Jahre wurde auch DE BOTE EN BOTE (PARDON US) wieder entdeckt, sodass von den spanischen Sprachversionen nur noch RADIOMANÍA (HOG WILD) fehlt. 1993 wurde im Prager Filmarchiv das Fragment der französischen Sprachversion UNE NUIT EXTRAVAGANTE (BLOTTO) gefunden, im Juli 1999 im Kopenhagener Filmarchiv der Trailer der deutschen Sprachversion HINTER SCHLOSS UND RIEGEL und 2004 in Moskau der größte Teil von SPUK UM MITTERNACHT.

Anhand von DE BOTE EN BOTE lässt sich nachvollziehen, dass auch HINTER SCHLOSS UND RIEGEL einen anderen Handlungsablauf hat als die Original-Fassung und etwa acht Minuten länger läuft. Unter anderem ist die Revolte sehr viel szenenreicher, und Stan und Ollie retten die Tochter des Direktors aus Feuersnot. Am Schluss zeigt Stan Ollie vor dem Gefängnis Abzüge ihrer «Verbrecherfotos», die er als Erinnerung mitgenommen hat und worüber Ollie aus der Fassung gerät. Stan und Ollie sprechen natürlich ihr «Clowndeutsch»: «No, Du häst da ja wieda schön wos ongerichtet,» stöhnt Ollie über Stan. Die deutschen Reaktionen auf HINTER SCHLOSS UND RIEGEL gingen weit auseinander. Man warf dem Streifen vor, ein ernstes Thema unstatthaft parodiert zu haben und deswegen gefährlich zu sein (*Berliner Morgenpost* und *Der Film*). Die Zeitschrift *Sozialistische Bildung* behandelte ihn gar als «ein Dokument des Niedergangs der ganzen amerikanischen Produktion, verrohend und entsittlichend». *Lichtbildbühne* und *Film-Kurier* begrüßten die Fröhlichkeit, die Laurel und Hardy allein durch ihr Erscheinen als «unzertrennliche Dioskuren» auslösen. Und ihr Deutsch ließ die Zuschauer wieder in Lachen ausbrechen.

Laurel und Hardys Ausflug in die Welt der Sprachversionen endete 1931, obwohl zum Beispiel LOS CALAVERAS in Südamerika und Spanien fantastische Einnahmen erzielt hatte. Roach hatte erkannt, dass die Hauptdarsteller in dramatischen Filmen anders als in Grotesken nicht radebrechen durften. Und das ebnete der Synchronisation den Weg.

8. Immer weiter die Treppe hinauf

Roach produzierte weiter emsig Laurel-und-Hardy-Filme. Nach PARDON US drehten sie bis Ende Juni 1932 nicht weniger als 13 eigene Kurzfilme, zwei Zweiakter, in denen sie als Gäste auftraten, einen weiteren Spielfilm (PACK UP YOUR TROUBLES) und den Vierakter BEAU HUNKS!. Urlaub war fällig. Aus Laurels geplantem Besuch bei seinem Vater und seiner Stiefmutter in Großbritannien, wohin Hardy ihn mit Ehefrau Myrtle begleitete, wurde eine profitable Werbetour für die US-*MGM* und Roach. Er lancierte, dass Laurel und Hardy auch mehrere europäische Hauptstädte besuchen sollten. Als sie Ende Juli 1932 in Southampton landeten und anschließend ein Bad in der Menge begeisterter Laurel-und-Hardy-Liebhaber nahmen, ahnten die beiden Komiker noch nicht, dass sie bereits mitten im eilig arrangierten britischen Laurel-und-Hardy-Monat steckten. Auch in Paris wurden sie von Heerscharen von Fans empfangen. Doch die Strapazen hatten überhand genommen, sodass die beiden Komiker weitere Hauptstädte nicht besuchten, auch nicht Berlin. Man kehrte gestresst in die USA zurück. Von dem «Urlaub» gab es auch ein Foto auf den beliebten deutschen *Ross*-Filmpostkarten, und auch ein Standfoto aus BEAU HUNKS, der in Deutschland erst nach dem Ende des Zweiten Weltkrieges gezeigt wurde (Abb. 25).

Danach schickte die deutsche *MGM* von August 1932 bis Februar 1933 neun überwiegend neuere, in den USA bis Ende Juni 1932 uraufgeführte Laurel-und-Hardy-Grotesken durch die deutsche Zensur, um diese Kurzfilme in das Beiprogramm der üppigen deutschen *MGM*-Staffeln der Jahre 1932 und 1933 zu geben. Unter dem Motto «Wirtschaftskrise K. O.!» bot der deutsche *MGM*-Verleih für die erste Januarhälfte 1933 Interessenten-Vorführungen von 18 abendfüllenden Spielfilmen an und «dazu das beste Beiprogramm, vor allem: Stan Laurel, Oliver Hardy». Um das so genannte Blindbuchen zu verhindern, durften die Kinobesitzer nach der *3. Notverordnung vom 28. Juni 1932 über die Vorführung ausländischer Filme* nur noch Filme ankaufen, die in Deutschland schon einmal öffentlich vorgeführt worden waren. Daher mussten die Verleiher zu den traditionellen Vorführungen für die Kinobesitzer künftig auch Publikum einladen, das sich dafür Eintrittskarten kaufte.

Unter den neun Laurel-und-Hardy-Streifen befanden sich fünf Dreiakter, die der Verleih auf die Länge von Zweiaktern kürzen ließ: THE MUSIC BOX, THE CHIMP, ANOTHER FINE MESS, CHICKENS COME HOME und BE BIG. Der Grund dafür waren die deutschen Kontingent-Bestimmungen, die wegen der anhaltend schlechten deutschen Wirtschaftslage die Kontingente für die Einfuhr ausländischer Filme zunehmend knapper bemaßen. Nach der genannten *3. Notverordnung* durften allerdings Beiprogramm-Filme unbeschränkt importiert werden. Das galt aber nur für «Bildstreifen bis zu 600 Meter Länge, die regelmäßig nur in Verbindung mit einem langen deutschen Spielfilm vorgeführt werden». Mit der Kürzung von THE MUSIC BOX und ANOTHER FINE MESS hatte sich die deutsche *MGM* genau an diese Längenvorgabe gehalten. Die anderen drei Streifen lagen nach dem Schnitt etwas darüber, zwischen einem und 28 Metern. Probleme scheint die deutsche *MGM* deswegen aber nicht gehabt zu haben. Vielleicht hatte man solche geringen Überschreitungen noch hingenommen.

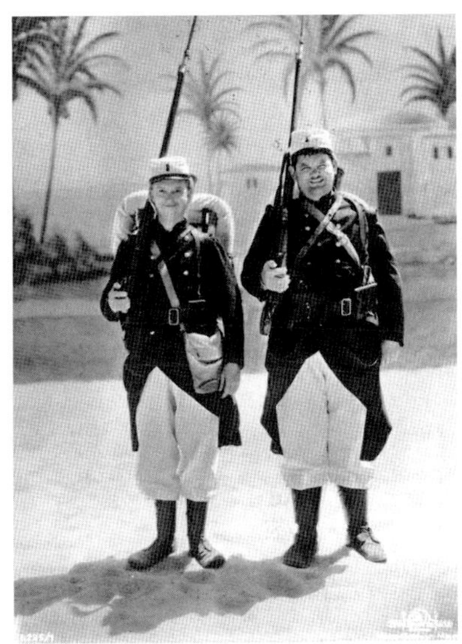

25 Ross-Filmpostkarte: als Fremdenlegionäre in BEAU HUNKS!

Keiner der neun Laurel-und-Hardy-Filme wurde deutsch synchronisiert, bis 1937 wurden auch nur drei Synchronisationen von Laurel-und-Hardy-Spielfilmen in Deutschland hergestellt. Das hatte ebenfalls rechtliche Gründe. Deutsch synchronisierte ausländische Filme durften nur noch dann zum Kontingent angemeldet werden, wenn sie in Deutschland von deutschen Staatsbürgern synchronisiert worden waren. Für Roach rechnete es sich daher nicht, seine Filme

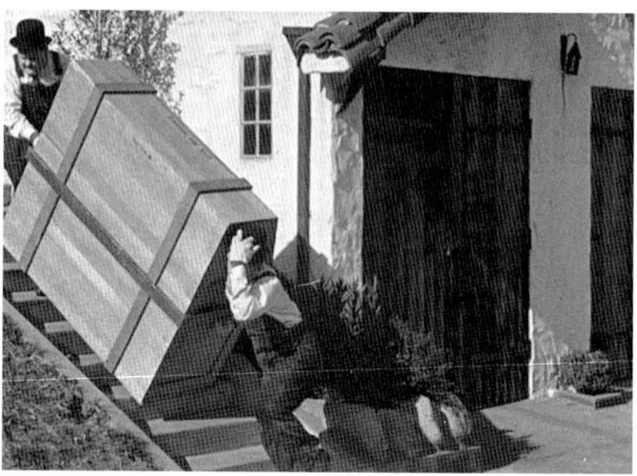

26 Am Anfang des Aufstiegs: DIE MUSIKALISCHE KISTE (THE MUSIC BOX), 1932

wand nichts zustande zu bekommen. Stan und Ollie sollen ein verpacktes elektrisches Klavier in ein Privathaus liefern. Doch sowohl der Transport über eine endlos lange, steile Treppe, der sich im Nachhinein als sinnlos herausstellt, und das Bugsieren des Instruments ins Haus sind wahre Sisyphos-Arbeiten, nach denen der wütende Hausherr die beiden Freunde zum Teufel jagt.

für den deutschen Markt in den USA synchronisieren zu lassen. Mit der *1. Notverordnung vom 21. Juli 1930 über die Vorführung ausländischer Filme* war außerdem eine *Kontingenstelle* des Reichsministers des Inneren eingeführt worden, die entschied, ob Auslandsfilme überhaupt den *Film-Prüfstellen* vorgelegt werden durften – eine Bestimmung, die in der Zeit des Nationalsozialismus zunehmend restriktiver ausgestaltet wurde. Die ministerielle Vorzensur erschwerte den Import zusätzlich, und danach hatten deutsche Verleiher erst recht kein Interesse, im Ausland deutsch synchronisierte Filme einzuführen. Die deutsche *MGM* machte sich daran, ein eigenes Synchronstudio in Berlin aufzubauen.

An der Spitze der neuen Kurzfilme stand DIE MUSIKALISCHE KISTE (THE MUSIC BOX), eine der besten und berühmtesten Laurel-und-Hardy-Grotesken (Abb. 26). Sie wurde im August 1932 jugendfrei zugelassen, noch bevor Laurel und Hardy dafür im November des Jahres den heißbegehrten Oscar für die beste kurze Komödie in Empfang nehmen konnten. Ein Meisterwerk in der Auslotung der hohen Kunst, mit einem Riesenaufwand nichts zustande zu bekommen.

Inwieweit der Film für die deutsche Fassung gekürzt wurde, lässt sich nicht mit Bestimmtheit sagen, weil die deutsche Zensurkarte nicht mehr existiert und niemand eine längere Inhaltsangabe von DIE MUSIKALISCHE KISTE veröffentlicht hat. Wahrscheinlich waren es aber die Szenen mit der Krankenschwester, der Stan in den Allerwertesten tritt, und mit dem Polizisten, der seinen Gummiknüppel schwingt. Beide gefährdeten wohl die Jugendzulassung. Der Film wurde bereits am Tage seiner Zulassung im Berliner *Mozartsaal* erstaufgeführt und blieb dort elf Tage. Er stach den Hauptfilm aus. Die «überaus lustige Groteske» war laut *Lichtbildbühne* ein «anspruchsloser Zweiakter mit vielen lustigen Pointen», der «das Publikum ausgezeichnet amüsierte», und der *Film-Kurier* notierte, dass man über den Film «ununterbrochen herzlich lachte».

Der Zweiakter VERKEHRT VERHEIRATET (OUR WIFE) bekam seine Zulassung mit Jugendverbot Ende Oktober 1932. Ollie und Dulcy wollen heiraten, aber ihr Vater verbietet es, als er Ollies Bild sieht. Also wird Dulcy entführt. Mitten in der Nacht kreuzen Stan und

Ollie mit der Braut beim Friedensrichter auf, der versehentlich Stan und Ollie miteinander verheiratet, weil er so stark schielt. In der deutschen Zensurkarte werden die beiden Komiker Mr. Laurel und Mr. Hardy genannt, und auch die anderen Schauspieler behielten künftig meistens ihre zivilen Namen.

Mitte November 1932 passierte ZWEI KUCKUCKSEIER (ANOTHER FINE MESS) die Zensur ohne Jugendverbot. Der Originaltitel ist Ollies leicht veränderter klassischer Ausspruch in Momenten der Verzweiflung über Stan: «Well, here's another nice mess you've gotten me into», frei übersetzt «Da hast du mir ja wieder eine schöne Suppe eingebrockt.» Ob für die deutsche Fassung der reizvolle US-Vorspann beibehalten wurde, in dem der Filmtitel und die Stab-Angaben von zwei weiblichen Pagen gesprochen werden, ist unklar. Auf der Flucht vor der Polizei verstecken sich die Landstreicher Stan und Ollie in der Villa eines Großwildjägers, der auf Safari nach Afrika gegangen ist und sein Haus für die Zeit vermieten will. Das nehmen Stan und Ollie unfreiwillig in die Hand, bis der Hausherr noch einmal zurückkommt und die Verfolgung der Freunde beginnt, bei der niemand ungeschoren davonkommt.

Ein weiterer Publikumstreffer ist THE CHIMP von 1932, der als DIE SCHIMPANSEN-DAME gekürzt Ende Oktober 1932 die Zensur jugendfrei durchlief. Ob der Film damals den originalen Trickvorspann besaß mit Clowns, die ein Trapez halten, das immer wieder zerreißt und neue Credits freigibt, lässt sich aus der Zensurkarte ebenso wenig erkennen wie die konkreten Kürzungen des Streifens. Stan und Ollie bringen als unfähige Gehilfen einer menschlichen Kanonenkugel das Zelt ihres Wanderzirkus zum Einsturz. Aus dem bankrotten Unternehmen bekommen die Freunde die resolute Schimpansin Ethel, die sie heimlich mit auf ihr möbliertes Zimmer nehmen, in dem dann der eifersüchtige Hauswirt seine Ehefrau vermutet, die auf denselben Vornamen hört. Nach dem deutschen Start der SCHIMPANSEN-DAME am 8. Dezember 1932 in den Berliner *Bavaria-Lichtspielen* hielt sich die «ziemlich verrückte, aber lachanreizende und mit einem ausgesucht riskanten Abenteuer» ausgestattete Groteske sieben Tage und wurde außerdem zwei Wochen lang auch im dreimal so großen Premierenkino *Ufa-Palast am Zoo* mit seinen gut 2.300 Plätzen gespielt *(Film-Kurier, Lichtbildbühne)*.

Im Berliner *Primus-Palast* folgte am 9. Januar 1933 mit SOWAS KOMMT VON SOWAS (CHICKENS COME HOME) die nächste deutsche Laurel-und-Hardy-Premiere. Mit einer Laufzeit von fünfzehn Tagen nahm das Programm, zu dem der Streifen gehörte, unter den 25 Berliner Film-Premieren des Monats einen Rang im oberen Erfolgsdrittel ein. Eine frühere Freundin will den wohlhabenden Ollie am Vorabend seiner Wahl zum Bürgermeister mit der gemeinsamen Vergangenheit erpressen und kreuzt auf der Wahlparty auf, auf der sie bewusstlos wird und seltsam verkleidet abtransportiert wird. Ollies Frau durchschaut das Manöver und greift zur Axt. Unter anderem waren für die deutsche Fassung zwei Telefonate geschnitten, was den Ablauf des Filmes wohl etwas flotter werden ließ. Die Jugendzulassung war aber nicht zu erreichen, da Erpressung und außereheliche Amouren nichts für Jugendliche waren. Der Kritiker des *Film-Kuriers* hatte sich freilich bei dem «herrlichen Durcheinander» fürstlich amüsiert und war «aus dem Lachen nicht herausgekommen».

Anfang Januar 1933 ließ die Berliner *Film-Prüfstelle* VOM REGEN IN DIE TRAUFE («SCRAM!») mit einem Jugendverbot zu. Nach ausdrücklicher Werbung mit Laurel und Hardys Film fand am 25. Januar 1933 die deutsche Erstaufführung im Berliner *Capitol* statt. Ein grimmiger Richter jagt die Landstreicher Stan und Ollie aus der Stadt. Sie landen aber durch den Irrtum eines Betrunkenen, dem sie einen Gefallen getan haben, im Haus des Gesetzeshüters, wo sie mit dessen Frau zechen und die Flucht ergreifen, als der Hausherr zurückkehrt. Die Groteske wurde als «sehr komischer Film mit Laurel und Hardy» mit «viel Gelächter und Beifall» aufgenommen *(Film-Kurier)* und blieb sieben Tage in dem großen Uraufführungskino. Joseph Goebbels nationalsozialistisches Kampfblatt *Der Angriff* allerdings fand das ganze Programm nicht komisch und wollte über Laurel und Hardys Kurzfilm den «Schleier des Mitleidens gebreitet» wissen.

Zwei Tage danach eröffnete am 27. Januar 1933 im Berliner *Marmorhaus* eine «Lachwoche» mit einem Tonfilm von Buster Keaton aus dem Jahr 1932 und Laurel und Hardys HARTE EIER UND NÜSSE (COUNTY HOSPITAL), der seine Zulassung mit Jugendverbot Mitte Dezember 1932 erhalten hatte. Keatons große Zeit mit selbst produzierten Stummfilmen war bei seinen Tonfilmen für die *MGM* vorbei. Deswegen pries man Laurel und Hardys Beiprogramm-Streifen besonders an. Stan besucht Ollie, der mit einem gebrochenen Bein im Krankenhaus liegt. Dabei richtet Stan im Krankenzimmer ein solches Chaos an, dass Ollie aus dem Hospital gewiesen wird. Es schließt sich eine wilde Autofahrt durch die Stadt an. Die Jugendzulassung scheiterte wohl daran, dass Ollies Arzt offensichtlich homosexuell ist und Stans Autofahrt im narkotisierten Zustand kein Vorbild für die Jugend war. HARTE EIER UND NÜSSE war tatsächlich der heimliche Hauptfilm. Die Kritik bescheinigte ihm «hinreißend komische Szenen», sodass «man vor Lachen fast vom Stuhl fällt» *(Lichtbildbühne)*. Der *Film-Kurier* war «vor Lachen fast erstickt» und musste über Szenen «noch lachen, wenn man sich nur daran erinnert». Die «Lachwoche» dauerte zehn Tage an, sicherlich auch ein Erfolg des Kurzfilms. Er wurde später wieder eingesetzt: in der Berliner *Kurbel* von Mitte Dezember 1935 bis Januar 1936 und im Rahmen eines Kurzfilm-Programms Ende Juli 1938.

Der gestutzte Dreiakter SEI EIN MANN (BE BIG) wurde Mitte Februar 1933 mit einem Jugendverbot zugelassen. Anstatt mit ihren Frauen zu verreisen, wollen Stan und Ollie mit ihrem Herren-Club feiern und täuschen Ollies Erkrankung vor, damit die Frauen allein losfahren. Die Freunde ziehen sich danach rasch um, werden aber von den zurückkehrenden Frauen ertappt, die den Zug verpasst haben. In der deutschen Fassung ist «Mr. Hardy ein durch viele Erfahrungen gereifter Mann. Auch Mr. Laurel ist verheiratet». Der folgende eheliche Kleinkrieg mit Frauen, die auf ihre Männer schießen, hatte sicherlich keine Chance auf eine Jugendzulassung. Ehekrieg herrschte Ende 1932 auch bei den beiden Komikern. Laurels künftige nächste Ehefrau Virginia Ruth Rogers war bei ihm eingezogen nach der Trennung von Lois, die im Mai 1933 die Scheidung einreichte. Hardy wurde immer häufiger mit seiner Freundin Viola Morse gesehen, während Ehefrau Myrtle mehr denn je trank. Scheidungspläne legten die Hardys aufs Neue bei, wie im Oktober 1933 durch die Presse ging. Die ehelichen Querelen der beiden Komiker waren ein gefundenes Fressen für die US-Klatschspalten.

Wenige Tage vor SEI EIN MANN wurde auch der Zweiakter EIN HUNDEWETTER (LAUGHING GRAVY) nicht jugendfrei zugelassen. Diesmal wollen Stan und Ollie ihr Hündchen Laughing Gravy, das in der deutschen Fassung Nero heißt, mit auf ihr möbliertes Zimmer nehmen, was dem Hauswirt absolut gegen den Strich geht. Er will die Freunde hinauswerfen, wird daran aber gehindert, weil die Polizei sein Haus unter Quarantäne stellt. Aus Verzweiflung erschießt er sich. Von LAUGHING GRAVY existiert auch eine dreiaktige Fassung, in der der Schluss des Zweiakters durch Stans unerwartete Erbschaft ersetzt wurde, die er ausschlägt, um Laughing Gravy bei sich zu haben, der sonst bei Ollie geblieben wäre. Diese Fassung haben die deutschen Zuschauer allerdings nicht gesehen, weil sie damals nicht für die offizielle Auswertung bestimmt war und erst Mitte der 1980er-Jahre veröffentlicht wurde. EIN HUNDEWETTER bildete gemeinsam mit einem Buster-Keaton-Spielfilm der *MGM* ein weiteres «Lachprogramm», das am 16. Mai 1933 ebenfalls im Berliner *Marmorhaus* seine deutsche Premiere erlebte. In der Werbung wurde der Text für den Laurel-und-Hardy-Film diesmal sogar größer gesetzt als für Keatons Hauptfilm. Mit der «hochkomischen Groteske» brachte das Duo «die Zuschauer in die bestmögliche Stimmung». «Es ist fast zu viel des Lachens», notierte der *Film-Kurier*. Mit einer Laufzeit von 17 Tagen gehörte dieses «Lachprogramm» zu den drei erfolgreichsten Berliner Uraufführungen im Mai 1933.

Danach trat eine Pause für neue kurze Laurel-und-Hardy-Filme von über zwei Jahren ein. Erst im April 1935 wurde der nächste Kurzfilm der beiden Komiker in Deutschland zugelassen.

9. Braune Zeiten

Nach Hitlers Machtergreifung am 30. Januar 1933 begann das dunkelste Kapitel der deutschen Geschichte mit einschneidenden Änderungen für das gesamte deutsche Kulturleben. Die nationalsozialistische Umwälzung in der Kultur vollzog sich mit enormer Geschwindigkeit. «Es wird aufgeräumt!», hieß es lautstark im *Angriff*. Bis Ende April 1933 waren die deutschen Filmbranchenblätter gleichgeschaltet und ihre jüdischen Verleger und Redakteure ausgewechselt. Längst verboten waren da schon Kulturblätter wie *Der Querschnitt*, *Das Tagebuch* und *Die Weltbühne*. Im September 1933 wurde die Reichsfilmkammer in die Reichskulturkammer integriert, der alle Kulturschaffenden angehören mussten, wenn sie weiterhin in ihren Berufen arbeiten wollten. Innerhalb von nicht einmal acht Monaten hatte Goebbels das gesamte deutsche Kulturwesen nach seinen Vorstellungen neu geordnet. Laurel und Hardys Grotesken blieben aber bis 1937 überwiegend von Film-Verboten, die aus politischen Gründen verhängt wurden, verschont.

Ihr erster im Dritten Reich geprüfter und Anfang August 1933 mit Jugendverbot zugelassener Spielfilm DIE TEUFELSBRÜDER war eine wohlkalkulierte Wahl des deutschen *MGM*-Verleihs. Mittlerweile drehten die beiden Star-Komiker auf Roachs Wunsch zunehmend abendfüllende Streifen für die Hauptprogramme. FRA DIAVOLO nach Daniel F. Aubers komischer Oper von

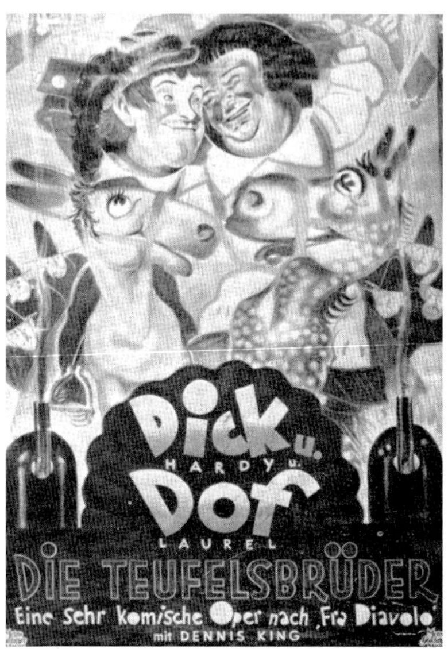

27 Plakat für DIE TEUFELSBRÜDER (THE DEVIL'S BROTHER – FRA DIAVOLO), 1933

1830 war aktuell, denn der Streifen hatte erst Anfang Mai 1933 seine US-Premiere gehabt. Ein umwerfendes Meisterwerk mit einer überwältigenden Fülle brillanter Gags, darunter das berühmte *Kniechen-Näschen-Öhrchen-Spiel*, Stanlio und Ollios schwarzhumoriger Dialog, was mit Ollio nach der Hinrichtung geschehen soll, und ihr fulminanter, ansteckender Lachanfall im Gasthof. Stanlio und Ollio gehen selbst unter die Räuber, als man ihnen ihr sauer Erspartes raubt. Sie werden zu Gehilfen des Räuberhauptmannes Fra Diavolo, der einen Edelmann bestehlen will. Als das fehlschlägt, sollen die Freunde gemeinsam mit dem Schurken hingerichtet werden. Doch die Todeskandidaten können im letzten Augenblick fliehen. Bei einer solchen Geschichte war damals an die Jugendzulassung nicht zu denken. DIE TEUFELSBRÜDER wurde auf Veranlassung der *Film-Prüfstelle* sogar um gut sieben Meter geschnitten. Auch die erwachsenen Kinogänger sollten die Beine der feinen Lady Rocburg nicht sehen, als sie vor dem Räuber ihre vielen Unterröcke lupft, um ihm das Geldversteck zu zeigen. Daher wurde auch der Zwischentitel mit Fra Diavolos eindeutiger Äußerung «Noch näher ihrer blütenweißen Haut» verboten.

DIE TEUFELSBRÜDER gehörten zu 15 Spielfilmen, die der deutsche *MGM*-Verleih deutsch synchronisiert herausbringen wollte. Doch das ließ das Einfuhrkontingent nicht zu. Daher konnten sechs von ihnen nur in deutsch untertitelten Original-Fassungen auf den deutschen Markt kommen, darunter DIE TEUFELSBRÜDER. Im Vorfeld seiner deutschen Premiere gab der Verleih ein *Presse- und Propaganda-Heft* für die Kinobesitzer heraus mit zahlreichen Werbeanregungen sowie Presseartikeln über Laurel und Hardy. Die beiden an den Haaren herbeigezogen Beiträge «Kleine Regiesitzung. Von Stan Laurel» und «Wahre Freundschaft. Von Oliver Hardy», die natürlich nicht von dem Duo stammten, sind wahrscheinlich die ersten ihrer Art in Deutschland. Angeblich waren Laurel und Hardy auch privat die besten Freunde, doch das wurden sie erst viele Jahre später. Der Verleih ging widersprüchlich mit seinem Verbot des Namens Dick und Dof um: Für DIE TEUFELSBRÜDER wurde er wiederbelebt. Als erster Laurel-und-Hardy-Film erhielt der Streifen einen deutschen Werbevorspann, wie Trailer damals genannt wurden. Die deutsche Premiere am 5. September 1933 im Berliner *Marmorhaus* wurde von mehreren Aktionen begleitet (Abb. 27). Zwei riesige farbige Stanlio- und Ollio-Hampelmänner an der Außenfront des Kinos ließen sich mit einem elastischen Band bewegen.

Männer in Räuberkostümen nahmen die Zuschauer im Foyer in Empfang, das beidseitig aufwändig mit riesigen stilisierten Bildmotiven aus dem Film verkleidet war. Dazu wurde Musik aus Aubers Oper gespielt. DIE TEUFELSBRÜDER nahmen ihr Publikum im Sturm. Von selten erlebten Lachorgien war zu lesen, die besonders das *Kniechen-Näschen-Öhrchen-Spiel* hervorrief *(Kinematograph, Der Film, Berliner Börsen-Courier)*. Auch die Rezensenten des *Völkischen Beobachters* und des *Angriffs* waren begeistert von der «wirklich zwerchfellerschütternden Angelegenheit». «Chaplin und Harold Lloyd kommen da nicht mit», schrieb *Welt am Abend*. Zurückhaltender war indessen die *Berliner Morgenpost*. Sie machte kitschige Bilder in der optisch «übersüßten amerikansichen Limonade» aus und kritisierte, dass der Film nicht deutsch synchronisiert worden war. Laurel und Hardy aber zollte sie ihre uneingeschränkte Hochachtung als «wirklichen Tröstern und unfehlbaren Zwerchfellmasseuren». DIE TEUFELSBRÜDER waren im September 1933 unter den 15 Berliner Kino-Premieren die Spitzenreiter. Mit stetig steigenden Kassen blieb der Streifen vier Wochen im Erstaufführungskino.

An diesen besonderen Erfolg galt es möglichst bald anzuknüpfen. Als Nachfolgefilm bereitete der deutsche *MGM*-Verleih PACK UP YOUR TROUBLES von 1932 für den deutschen Einsatz vor. Anders als DIE TEUFELSBRÜDER ist Laurel und Hardys zweiter Spielfilm mit einer sentimentalen Geschichte durchzogen, die zeitweise von ihrer Komik wegführt. Stan und Ollie sind Frontsoldaten im Ersten Weltkrieg. Ihr Kamerad Eddie Smith wurde von seiner Frau verlassen, und die gemeinsame Tochter hat sie bei Pflegeeltern untergebracht. Eddie fällt.

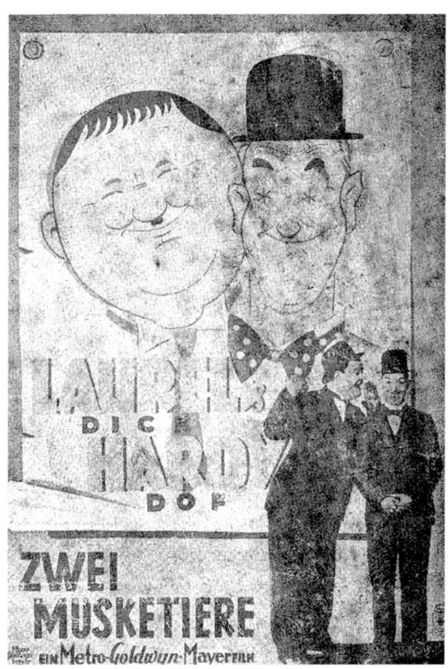

28 Plakat für ZWEI MUSKETIERE (PACK UP YOUR TROUBLES), 1932

Nach Kriegsende bringen die Freunde seine Tochter nach einer wahren Odyssee zu seinen Eltern. Ende September 1933 wurde der Film als WO IST OPAPA? mit Jugendverbot zugelassen. Dafür gab es vermutlich mehrere Gründe: Einmal die Szene, in der Stan und Ollie sich bei den Pflegeeltern gegen einen Schlägertrupp mit kochend heißem Wasser aus Teekesseln wehren, dann der Umstand, dass eine Mutter Ehemann und Kind im Stich lässt, weiter das Spiel mit der unehelichen Vaterschaft auf der geplatzten Hochzeit und schließlich, dass Stan und Ollie Militär und Krieg verulken, was im Dritten Reich verpönt war. Anfang Dezember 1933 waren Teile der Kesselszene noch im Trailer enthalten. Als ZWEI MUSKETIERE wurde der Spielfilm am 12. Dezember 1933 im Berliner *Marmorhaus* erstmals in Deutschland gezeigt (Abb. 28). Die Werbemaßnahmen waren drastisch geschrumpft.

Diesmal ließ man Äffchen paarweise auf Schweinen reiten, was mit dem Film rein gar nichts zu tun hatte. Die Kritiken beurteilten den Film meistens positiv, weil es genug zum Lachen gab. Die sentimentale Handlung wurde aber als «schmalzig» empfunden. Der *Völkische Beobachter* bezeichnete ZWEI MUSKETIERE als «trauriges Mischmasch von Gewaltkomik, das auf nüchternen Magen noch weniger zu ertragen ist», *Der Angriff* die Handlung als «geschmacklos und ohne die Spur einer Pointe». Wahrscheinlich hatten sich die beiden nationalsozialistischen Blätter daran gerieben, dass Stan und Ollie als tölpelhafte Soldaten im Alleingang die deutsche Armee besiegt hatten. Bemerkenswert ist, dass die *Kontingentstelle* im Hinblick darauf dem ungekürzten Film vor dem ersten Zensurdurchgang offenbar die «Unbedenklichkeit» bescheinigt hat.

Der deutsche *MGM*-Verleih reagierte aber auf die herrschende braune Ideologie und ließ die Kesselszene sowie Stan und Ollies Abenteuer an der Front aus dem Film entfernen. Die «entschärfte» Fassung wurde am 23. Dezember 1933 mit Jugendverbot zugelassen. Die erste deutsche Fassung eingerechnet blieb der Streifen immerhin 14 Tage im *Marmorhaus* und lief danach in anderen Kinos bis in den April 1934, zuletzt mit einem Buster-Keaton-Film in zwei Berliner Lichtspielhäusern.

10. Die Geburt der deutschen Wüstensöhne

1934 gab es nur eine einzige deutsche Laurel-und-Hardy-Premiere. Ab März des Jahres galt ein neues *Lichtspielgesetz* mit einschneidenden Regelungen, die quasi eine fünffache Filmzensur bedeuteten. Der Reichsfilmdramaturg sortierte unerwünschte Stoffe aus, damit sie gar nicht erst verfilmt wurden. Die *Kontingentstelle*, die über die Zulassung von Filmen zur Zensur entschied, wurde Goebbels' Ministerium angegliedert, das dadurch zur absoluten filmpolitischen Macht gelangte. Die Berliner *Film-Prüfstelle* musste Filme künftig darauf untersuchen, ob sie «staatspolitisch wertvoll» waren, und sie verbieten, wenn sie das «nationalsozialistische Empfinden und Deutschlands Ansehen oder seine Beziehungen zu auswärtigen Staaten gefährden» – die Geschmackszensur als staatspolitische Aufgabe. Und über allem thronte der Diktator Hitler, der nach Gutdünken alles ändern konnte.

Diese Änderungen bekamen nun auch Laurel und Hardy zu spüren. Nach einer Meldung des *Reichsfilmblattes* von August 1934 sollte der Spielfilm HOLLYWOOD PARTY zum 10-jährigen Jubiläum des deutschen *MGM*-Verleihs im Verlaufe des Jahres 1934 in die deutschen Kinos kommen. Doch er war schon am 1. August 1934 verboten worden. In dem Spielfilm absolviert ein Aufgebot von Stars kleine und kleinste Gastauftritte auf einer Party des abgehalfterten Schnarzan, der sie für ein Comeback nutzen will. Stan und Ollie erscheinen in zwei kurzen Szenen. Baron Münchhausen hat ihnen für den Verkauf von Löwen Falschgeld angedreht. Außerdem liefern sie sich mit einem hochaggressiven Starlet eine Eierschlacht. Das Ganze hatte Schnarzan nur geträumt. Da keine Unterlagen überliefert sind, sind die damaligen Verbotsgründe für den harmlosen Film nicht bekannt. Möglicherweise wurde er verboten, weil der Schnarzan-Darsteller Jimmy Durante Jude war. Im April 1934 hatte die *Film-Oberprüfstelle* in einer Grundsatzentscheidung ausgeführt, dass das nationalsozialistische Empfinden verletzt sei, wenn ein jüdischer Hauptdarsteller nicht negativ genug erscheine. Das hätte auch für Durante gelten können.

Im Juni 1934 wurde aber Laurel und Hardys Spielfilm SONS OF THE DESERT im Original mit deutschen Untertiteln bei Jugendverbot zugelassen. Es mussten knapp 45 Meter Film entfernt werden. Was davon betroffen war, ist unbekannt, da die Zensurunterlagen fehlen. SONS OF THE DESERT ist ein zeitloses Meisterwerk der grotesken Komödie, das die Laurel-und-Hardy-Liebhaber zur Gründung der weltweiten Organisation *Sons of the Desert* inspirierte. Ihr Zeichen sind Feze, wie sie im Spielfilm getragen werden. In dem Film werden die aus THEIR PURPLE MOMENT, WE FAW DOWN und BE BIG (sowie BLOTTO) bekannten Täuschungsmanöver brillant weiterentwickelt. Statt mit seiner Frau zu verreisen, nimmt Ollie in Stans Begleitung am Jahrestreffen der *Sons of the Desert* in Chicago teil, was sie als angeblichen Kuraufenthalt in Honolulu getarnt haben. Das Ganze fliegt auf, weil die Freunde in Chicago vor der Wochenschau-Kamera Faxen gemacht und die Frauen das im Kino gesehen haben. Es gibt einen fürchterlichen Ehekrach.

Der deutsche *MGM*-Verleih präsentierte der *Film-Prüfstelle* den Film unter dem deutschen Titel DIE «WÜSTEN»-SÖHNE ab Anfang August 1934 dreimal: im unbearbeiteten Original, danach deutsch untertitelt und schließlich synchronisiert. Für den ersten Durchgang kürzte der Verleih den Streifen um 60 Meter, im dritten war er wieder 40 Meter länger. Jedes Mal wurde der Film mit Jugendverbot zugelassen, das in der Unehrlichkeit und im fehlenden gegenseitigen Verständnis in der Ehe seine Ursache gehabt haben wird. Die Prozedur mit einer

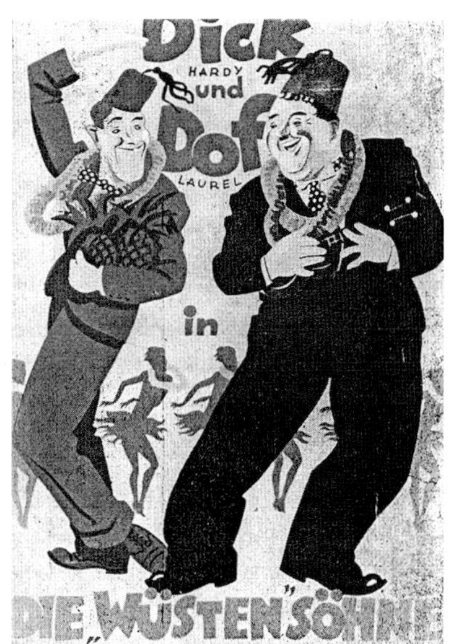

29 Plakat für DIE «WÜSTEN»SÖHNE (SONS OF THE DESERT), 1934

zusätzlichen Prüfung war die Folge der verschärften Rechtslage. Da Filme leichter verboten werden konnten, lohnten sich Kosten für die deutsche Bearbeitung erst dann, wenn feststand, dass kein Verbot drohte. Die beiden deutschen Fassungen, mit denen unterschiedliche Besuchergruppen bedient werden sollten, mussten wie früher schon einzeln geprüft werden. Die erste deutsche Laurel-und-Hardy-Synchronisation DIE «WÜSTEN»SÖHNE wurde im Berliner Synchronstudio der deutschen *MGM* von Siegfried Schmidt und Paul Mochmann als Autoren und Wilhelm Reinking als Regisseur mit unbekannten Sprechern hergestellt. Mit der Qualität der deutschen Bearbeitung befassten sich damals nur die österreichischen *Paimann's Filmlisten*, die sie als dem Original ebenbürtig ansah und meinte, sie werde für den Erfolg des Filmes im deutschsprachigen Raum ausschlaggebend sein.

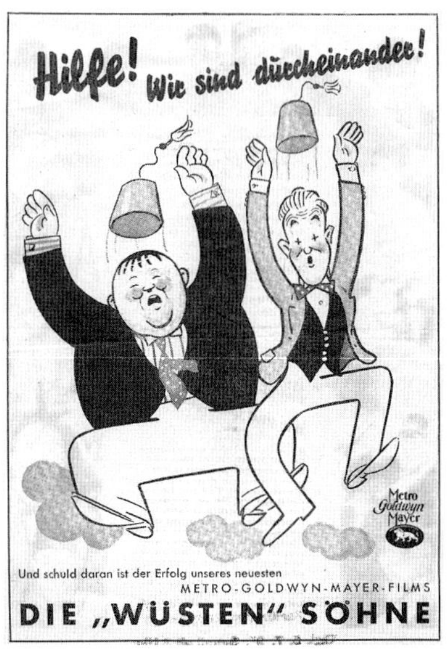

30 Plakat für DIE «WÜSTEN»SÖHNE (SONS OF THE DESERT), 1934

Am 30. August 1934 fand im Berliner *Marmorhaus* die große Premiere der deutsch untertitelten Fassung DIE «WÜSTEN»SÖHNE (Abb. 29), nach einer Interessenten-Vorführung vom 6. August 1934. Diese war wieder aufwändig vorbereitet. Laurel und Hardy hatten angeblich irgendwelche Werbe-Artikel verfasst. Man verglich die Komiker mit Castor und Pollux aus der römischen Sagenwelt und mit Don Quichotte und Sancho Pansa. Lebensgroße Stoffpuppen von Laurel und Hardy mit Fezen wurden in den bekanntesten Berliner Caféhäusern an Tischchen gesetzt, und ein Reklamewagen wurde von zwei Eseln durch die Stadt gezogen, auf dem Kutschbock Mädchen mit Fezen. Ein Preisausschreiben wurde auch veranstaltet. Im Foyer des *Marmorhauses* verteilten als Wüstensöhne verkleidete junge Damen Feze, die man auch bei einem Wurfspiel gewinnen konnte. Die Uraufführung der deutschen Synchronisation fand am 26. Oktober 1934 in der Berliner *Alhambra* am Kurfürstendamm statt (Abb. 30). Eigens für die Erstaufführung der deutschen Fassung hatte der Verleih ein achtseitiges Werbeheft mit Folgen comichafter Laurel-und-Hardy-Zeichnungen herausgebracht, parallel zum üblichen *Presse- und Propagandaheft*. Für jede der beiden Film-Fassungen gab es einen Trailer. DIE «WÜSTEN»SÖHNE fanden sich im oberen Drittel der am meisten gespielten Berliner Premierenfilme vom August 1934 wieder. Sie blieben bis Juli 1935 im Verleih-Angebot der deutschen *MGM* und waren Ostern 1935 im Düsseldorfer *Europa-Palast* zu sehen. Der *Film-Kurier* und die *Lichtbildbühne* staunten über die »Kette von nicht abreißenden lustigen Episoden und hervorragend inszenierten komischen Einfällen, die mit unerhörtem Schmiss und rasendem Tempo abrollten«. Dennoch wurde empfohlen, einige überflüssige Szenen zu schneiden – man fragt sich, welche. Die *Deutsche Filmzeitung* beklagte die wenigen Einfälle des Films, sodass «am Anfang nur einer gebrüllt hat, der *MGM*-Löwe». Zufrieden waren *Der Angriff* und der *Völkische Beobachter*. Die *Berliner Nachtausgabe* konstatierte: «Die Meister des grotesken Humors beweisen, dass sie wirklich Schauspieler von Format sind.»

11. Im Spielzeugland

Ende November 1934 war BABES IN TOYLAND in die US-Kinos gekommen und hatte während des traditionell guten Weihnachtsgeschäftes alle Kassenrekorde gebrochen. Dieser Film sollte als nächster nach Deutschland kommen. Hinter den Kulissen des Streifens war es stürmisch zugegangen. Es war

Roachs Laurel-und-Hardy-Film mit der längsten Produktionszeit. Roach hatte die Verfilmungsrechte für Victor Herberts gleichnamige Operette von 1903 im November 1933 erworben. Ihr Plus waren eingängige Melodien, ihr Manko die fehlende Handlung, die die Figuren des Spielzeuglandes wie ein Vakuum umgibt. Roach nahm die Umarbeitung selbst in die Hand, um FRA DIAVLO zu übertrumpfen. Aber das Ergebnis missfiel Laurel, und darüber kam es zum Zerwürfnis zwischen den beiden, sodass ihr vormals gutes persönliches Verhältnis zu einer reinen Geschäftsbeziehung abkühlte. Laurels unbeschwerte Tage auf dem *Lot of Fun* waren vorbei.

Außerdem drangen zu Roachs Missfallen neue Einzelheiten aus Laurels kompliziertem Privatleben an die Öffentlichkeit. Nach seiner Scheidung von Lois im Oktober 1933 trug er sich mit dem Gedanken, nach Großbritannien zu übersiedeln, um der drohenden Pfändung seiner Einkünfte wegen hoher Unterhaltsforderungen zu entgehen. Daraufhin wurde auch in der deutschen Presse getitelt: «Dick und Doof trennen sich». Laurel einigte sich im Mai 1934 mit Lois über den Unterhalt und blieb in den USA. Es gab aber eine andere Schwierigkeit: Am 2. April 1934 hatte Laurel Virginia Ruth Rogers in Mexiko geheiratet, als seine Scheidung von Lois noch nicht rechtskräftig war. Zum Glück wurde seine neue Ehe in Kalifornien nicht anerkannt, denn anderenfalls hätte er sich der Bigamie schuldig gemacht. Im September 1935 heiratete er Virginia Ruth erneut, pflegte daneben aber sein Verhältnis mit Alyce Ardell und anderen Frauen. Die Klatschpresse kam mit den Berichten nicht hinterher. Auch Hardys Privatleben war keine heile Welt. Myrtle verbrachte ihre Tage nur noch im Rausch und wurde Anfang 1934 in einem Sanatorium untergebracht, sodass Hardy sich verstärkt seiner Freundin Viola widmete – auch das unter den Argusaugen der Klatschspalten.

All das belastete die Arbeit an BABES IN TOYLAND. Von Februar bis Mitte Mai 1934 erschienen Laurel und Hardy gar nicht mehr zu den Dreharbeiten. Danach stritten Roach und Laurel über jeden nur denkbaren Aspekt der Produktion. Im Endeffekt wurde Roach aus seinem Prestigeobjekt gedrängt, und er wandte sich wieder den geschäftlichen Belangen seines Unternehmens zu. Während der Dreharbeiten gab es weiteren Verdruss. Harry Brandon, der Darsteller des Bösewichts, hatte sich betrunken in einem Lokal mit den Kellnern geprügelt und kam für eine Woche ins Gefängnis. Laurel und der Regieassistent Gordon Douglas verletzten sich, und Hardy musste sich die Mandeln entfernen lassen. Die überschwänglichen Kritiken und die hervorragenden Einspiel-Ergebnisse für BABES IN TOYLAND waren jedoch Balsam. Der optisch wunderschöne Film war ein Familienfilm, der auch mit einem neuen Geschicklichkeitsspiel punkten konnte: mit *Pee-Wee*, auf deutsch *Klopholz* oder *Kippel-Kappel*. Doch einem Vergleich mit FRA DIAVOLO hält der Film nicht stand, weil komische Szenen mit Laurel und Hardy zu rar gesät sind. Stannie Dum und Ollie Dee wollen Mutter Peep vor dem Bösewicht Silas Barnaby schützen, dem sie Geld schuldet. Er will sie nicht aus ihrem Haus jagen, wenn sie ihm ihre Tochter zur Frau gibt, die damit aber gar nicht einverstanden ist. Als Stannie ihm als Braut untergeschoben wird, holt er für den Überfall auf das Spielzeugland die Bogey-Männer aus den Sümpfen, die

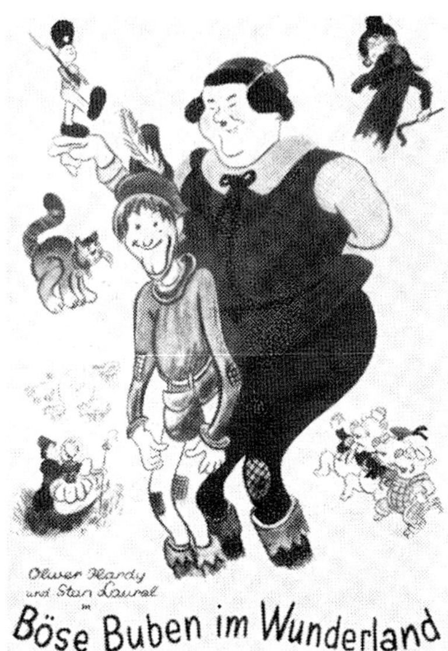

31 Plakat für BÖSE BUBEN IM WUNDERLAND (BABES IN TOYLAND), 1935

mit Stannie Dum und Ollie Dees Hilfe zurückgeschlagen werden.

Angekündigt als BABIES IM PUPPENLAND kürzte der deutsche *MGM*-Verleih den Film um zwei Minuten, wahrscheinlich um Szenen mit den Bogey-Männern. Daraufhin wurde der Streifen als BÖSE BUBEN IM WUNDERLAND (Abb. 31) jugendfrei zugelassen, der wohl aus Gründen der Einfuhrbeschränkungen nicht synchronisiert wurde. Im Vorfeld der deutschen Premiere erschienen viele ganzseitige Werbeinserate. Einige Berliner Spielwarengeschäfte veranstalteten einen Kindertag mit «Wunderland-Brettspielen», es gab «Wunderland-Tüten» und wieder die großen Laurel-und-Hardy-Puppen. Im *Presse- und Propaganda-Heft* setzte man auf sturmerprobte Schlagzeilen wie «Fragen Sie ihren Arzt: er wird Ihnen Laurel und Hardy verschreiben», oder «Trainieren Sie Ihre Lachmuskeln, sonst können Sie diesem Angriff nicht standhalten!». Das Bühnenbild im Berliner *Mozartsaal* wurde für die Premiere am 26. Februar 1935 als «Reklameatelier ‹Wunderland›» mit gemalten Filmszenen gestaltet. Die Schwächen des Spielfilms ließen sich aber nicht überdecken. Statt von «Zwerchfellattacken», «Lachsalven» und «Lachstürmen» wurde nun von «berechtigtem Beifall» *(Kinematograph)* berichtet. *Der Film* hatte ein «knatterndes Brillantfeuerwerk» erhofft, kam aber zu dem Ergebnis: «Das stärkste Pulver ist gerade noch im Kern trocken geblieben.» Der *Film-Kurier* bemängelte, dass «ein Liebespaar aus der kitschigsten Kitschoperette ins Wunderland abbeordert» worden sei und nur «ein Tenörchen» singe. Der *Völkische Beobachter* und *Der Angriff* waren zugeknöpft, hatten aber trotz «Kitschs», «Honigkuchenreklame» und einer «Wanderschmiere mit witzlosester Klamaukmusik» immerhin Lächeln bei den Zuschauern bemerkt. Das *Reichsfilmblatt* hielt den Film aber für einen «Lacherfolg erster Ordnung», der Laurel und Hardys große deutsche Anhängerschar für sich eingenommen hatte. Das war nicht übertrieben, denn beim deutschen Start brachte es der Film mit 17 Tagen Spieldauer immerhin auf den vierten Platz der Berliner Februar-Premieren. Auch anderenorts bekam der Film gute Kritiken.

Kaum war BÖSE BUBEN IM WUNDERLAND angelaufen, wurden erneut Gerüchte über die Trennung des Duos in den Fachzeitschriften laut. Der *Film-Kurier* streute dabei «Informationen» über Laurel und Hardys Karrieren ein, die hinten und vorn nicht stimmten. Danach sollte der gelernte Jurist Hardy als mittelmäßiger Sänger zur Bühne und durch Zufall zum Film gekommen sein, wo er Laurel traf. Der Nicht-Jurist

Hardy hatte indessen zielstrebig auf seine Film-Karriere hin gearbeitet und filmte schon seit 1914, ehe er 1921 in THE LUCKY DOG auf Laurel traf.

12. Wieder Kurzfilme

Kurz bevor Laurel und Hardy Anfang Juli 1935 ihren letzten Kurzfilm THICKER THAN WATER drehten, brachte der deutsche *MGM*-Verleih nach langer Pause den Zweiakter LAUREL UND HARDY AUF DER WALZE (ONE GOOD TURN) von 1931 nach Deutschland, der gespickt ist mit witzigen Dialogen und visuellen Gags. Er wurde Mitte April 1935 jugendfrei zugelassen. In der Depressionszeit verlieren die Freunde durch Stans Ungeschick ihre letzten Habseligkeiten bis auf ein uraltes Auto. Das wollen sie für eine alte Frau zu Geld machen, die ihnen zu essen gegeben hat, und von der sie fälschlicherweise glauben, dass sie von Schulden gedrückt wird. Aber der Verkauf des Vehikels misslingt, und zum Schluss prügeln sich Stan und Ollie. LAUREL UND HARDY AUF DER WALZE wurde am 28. Mai 1935 im Berliner *Marmorhaus* erstmals in Deutschland aufgeführt und verzeichnete im Verein mit dem Hauptfilm einen besonderen Erfolg. Mit einer Spieldauer von 34 Tagen im Premierenkino war dies die erfolgreichste Berliner Erstaufführung der Monate Mai und Juni 1935. Der *Film-Kurier* war begeistert. Er fand die kurze Groteske unterhaltender als Laurel und Hardys Spielfilme, «weil die Einfälle dichter aufeinander folgen und keine langatmige Rahmenhandlung mit in Kauf genommen werden muss».

Darauf wurde WENN DIE MAUS AUS DEM HAUS IST (HELPMATES) von 1932 jugendfrei zugelassen. Dieser Streifen gehört zu Laurel und Hardy besten und lustigsten Grotesken, die man sich immer wieder ansehen kann, ein Musterbeispiel, wie das Komische aus an sich völlig banalen Situationen pointiert herausgearbeitet wird. Der Zuschauer erlebt mit, wie sich etwas völlig Harmloses zur galoppierenden Katastrophe auswächst. Nach einer durchzechten Nacht bittet der verkaterte Ollie Stan, ihm beim Aufräumen zu helfen, weil seine bärbeißige Frau in den nächsten Stunden nach Hause kommt. Immer wieder geht etwas schief, und Stan beginnt stets von neuem, bis er nach getaner Arbeit versehentlich Ollies Haus in die Luft sprengt, in das sein Freund ohne Frau zurückkehrt. Vorher hat sie ihn noch verprügelt.

Der Bedarf an neuen Kurzfilmen von Laurel und Hardy war offenbar ungebrochen, der Bestand, der im Kino eingesetzt werden durfte, aber gering. Seit Anfang Juli 1935 galt die *6. Verordnung zur Durchführung des Lichtspielgesetzes*, die sämtliche vor Ende Januar 1933 ausgesprochenen Film-Zulassungen für ungültig erklärt hatte, weil sie keine Prüfungen nach nationalsozialistischen Maßstäben gewesen waren. Filme unliebsamer Künstler wurden damit auf einen Schlag aus dem Verkehr gezogen. Früher einmal zugelassene Streifen durften erst dann wieder öffentlich aufgeführt werden, wenn die *Film-Prüfstelle* sie auf einen neuen Antrag zuließ. Solche Anträge stellte der deutsche *MGM*-Verleih für die von Oktober 1932 bis Januar 1933 der Zensur vorgelegten Kurzfilme DIE SCHIMPANSEN-DAME, ZWEI KUCKUCKSEIER, SOWAS KOMMT VON SOWAS, HARTE NÜSSE UND EIER und VOM REGEN IN DIE TRAUFE. Sie wurden offensichtlich ohne Probleme nach den neuen Bestimmungen zugelassen. Daraufhin spielte HARTE NÜS-

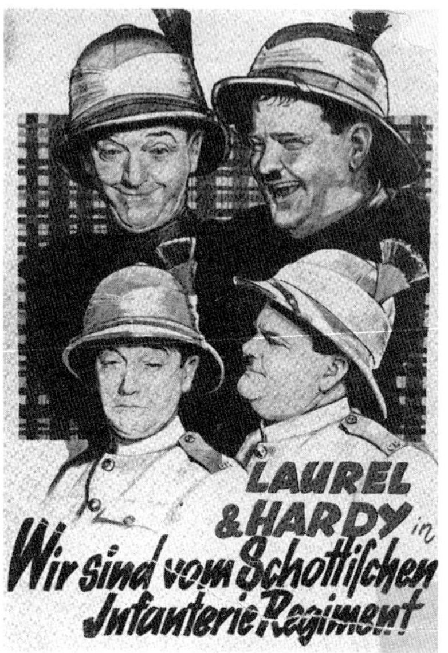

32 Plakat für WIR SIND VOM SCHOTTISCHEN INFANTERIE-REGIMENT (BONNIE SCOTLAND), 1936

SE UND EIER am 18. Dezember 1935 im Beiprogramm des Berliner Kinos *Kurbel*.

13. Tapfere Schotten im Synchronstudio

Schon vor Beginn der Dreharbeiten zum Spielfilm BONNIE SCOTLAND waren schwere Gewitterwolken über dem *Lot of Fun* aufgezogen. Roach hatte Laurel und Hardy nie als Team unter einen gemeinsamen Vertrag genommen, sondern immer nur zeitlich versetzte Einzelverträge mit jedem von beiden abgeschlossen. An gemeinsame Gagen-Forderungen gegenüber Roach war daher nicht zu denken. Laurels Vertrag lief Ende Mai 1935 aus, Hardys Vertrag dauerte aber noch bis November des Jahres an. Die Verhandlungen über die Fortsetzung von Laurels Vertrag endeten mit einem Eklat. Roach feuerte Laurel Mitte März 1935. Das machte Schlagzeilen, weil es das Ende von Laurel und Hardy zu bedeuten schien. Roach wollte mit Hardy sofort eine neue Serie unter dem Titel «The Hardy Family» starten, aber nichts wurde gedreht, weil Roach und Laurel sich Anfang April 1935 geschäftlich wieder zusammen rauften. Nach dem neuen Vertrag hatte Roach die persönliche Kontrolle über Laurels Leistungen und konnte künftig die Gage festsetzen. Die Dreharbeiten für BONNIE SCOTLAND konnten endlich beginnen. Das Handlungsgerüst des Spielfilmes ist eine verwickelte Liebesgeschichte, die Laurel und Hardy auflockern mussten. Roach und Laurel hatten wieder hitzig über das Drehbuch debattiert. Nach der ersten Vorführung des Rohschnitts wurden 20 Minuten der romantischen Szenen entfernt. Auch danach blieb die Liebesgeschichte mittelmäßig. Laurel und Hardy steuerten aber Gags und Auftritte allererster Güte bei. Stan und Ollie reisen in der Erwartung einer fetten Erbschaft nach Schottland, bekommen aber nur eine Schnupftabakdose und einen Dudelsack. Haupterbin ist die minderjährige Lorna, die zu ihrem Vormund nach Indien schickt wird. Ihr Geliebter und Stan und Ollie folgen ihr und werden für ein Himmelfahrtskommando eingeteilt, das grotesk, aber gut ausgeht. Und es gibt ein Happy End.

Zunächst präsentierte der Verleiher Bruno Stindt den Film der *Film-Prüfstelle* im unbearbeiteten Original. Nach der jugendfreien Zulassung Mitte Oktober 1935 nahm der deutsche *MGM*-Verleih alles Weitere in die Hand. Um wenige Meter gekürzt wurde das deutsch untertitelte Original als WIR SIND VOM SCHOTTISCHEN INFANTERIE-REGIMENT Ende November 1935 zugelassen. Was geschnitten wurde, lässt sich nicht mehr sagen. Angekündigt als DAS SCHOTTISCHE TESTAMENT veranstaltete der Verleih mit dem Streifen am 3. Dezember 1935 im Berliner *Marmorhaus* eine öffentliche Sondervorführung.

Ende März 1936 lief ein Trailer mit den werbewirksamen Schlagzeilen «Scharfschützen des Humors», «Jeder Einfall ein Volltreffer» und «Schotten sind geizig? Nicht was den Humor betrifft!» Vorberichte über den Spielfilm wurden in Filmbranchenblättern platziert, und es gab wieder ein umfangreiches *Presse- und Propaganda-Heft*, mit einigen Informationen, die man besser nicht so genau untersuchte. Angeblich hatten Laurel und Hardy für BONNIE SCOTLAND eigens «eine Studienreise durch Schottland gemacht», «sich in die schottische Volksseele eingelebt» und Erfahrungen gesammelt über Gaststätten, Musik, das Tragen von Eheringen sowie Geschäftsabschlüsse und die damit verbundene spezielle Art zu rechnen. Eine solche Reise hatten die beiden Komiker nie unternommen. Obendrein wurde wieder die erfundene Geschichte verbreitet, Hardy sei vor seiner Filmkarriere Rechtsanwalt gewesen. Zutreffend war allerdings, dass die US-*MGM* 1935 die Gründung eines *Laurel-und-Hardy-Clubs* für Europa mit Hauptsitz in Paris lanciert hatte. Der österreichische Ableger bestand bis 1938. Vor der Wiener Premiere von WIR SIND VOM SCHOTTISCHEN INFANTERIE-REGIMENT wurden die jungen Laurel-und-Hardy-Verehrer aufgefordert, dem *Stan-Laurel-und-Oliver-Hardy-Kinderclub* beizutreten, über dessen kostenlose Mitgliedschaft Clubausweise ausgestellt wurden. Die einzige Verpflichtung war, «immer vergnügt zu sein». Den ersten 900 Mitgliedern wurden außerdem Freikarten für den Kinobesuch versprochen.

Ausnahmsweise wurde die deutsch untertitelte Original-Fassung WIR SIND VOM SCHOTTISCHEN INFANTERIE-REGIMENT in der Provinz gestartet, am 12. April 1936 in den Hannoveraner *U. T. Weltspielen*. Das Geschäft über die Ostertage sollte ausgenutzt werden. Die örtliche Kritik zeigte sich begeistert, aber schon am 24. April 1936 wurde der Streifen abgelöst. Danach fand die Berliner Erstaufführung am 8. Mai 1936 im Berliner *Gloria-Palast* statt (Abb. 32). Das Kino war bei der Premiere des neuen Laurel-und-Hardy-Films sparsamer als zuvor ausgestattet: Die Außenfront zierte das Filmplakat im Großformat. Mädchen in Schottenkostümen verteilten Handzettel, und ein Dudelsack-Spieler fehlte auch nicht. Außerdem unterstützte der Verleih den Film in der Tagespresse mit einem Preisausschreiben für den besten Schottenwitz, der mit 100 Reichsmark dotiert war. Eingesandt wurde unter anderem ein Schenkelklopfer wie «Der Schotte MacLaurel ist so geizig, dass er seinen Geburtsort nach Amerika verlegte, um die Überfahrt zu sparen.» Die meisten Pressereaktionen überschlugen sich mit ihrem Lob für die «Weltmeister des Humors». Es wurde von «Lachstürmen» berichtet, die «das Zwerchfell zu sprengen drohten», weil die «Unzahl der Gags» so ausgezeichnet aufeinander abgestimmt war *(Der Film)*. Kein Griesgram konnte das Kino mit versteinertem Gesicht verlassen *(Lichtbildbühne)*. Denn: «Wer da nicht lacht, hat einen Stein im Leibe, aber kein Herz» *(Film-Kurier)*. Schier aus dem Häuschen vor Freude über die «Filmspäße in Menge» war *Der Angriff*. Nur die *Berliner Börsen-Zeitung* fand ein ganz anderes Haar in der Suppe: Wie konnte man es wagen, den repräsentativen *Gloria-Palast* mit einer Groteske zu entweihen, wo sonst doch nur

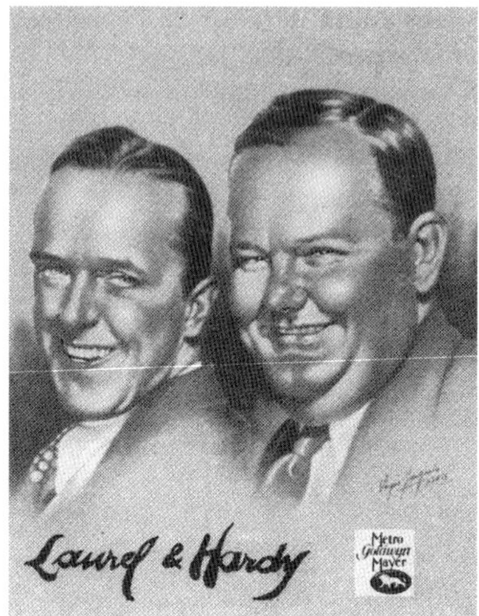

33 Laurel und Hardy auf einem gezeichneten Porträt, 1936

Filme von «künstlerischem Niveau, oft auf der Linie von Kammerspielen» vorgeführt würden! Bei einer Laufzeit von 19 Tagen befand sich der Film im Mai 1936 in der Spitzengruppe der Berliner Uraufführungen, schwerlich eine «Entweihung». Nur wenige Tage nach dem letzten Spieltag im *Gloria-Palast* wurde Ende Mai 1936 die «verlängerte Uraufführung» in den Berliner Kinos *Kammerlichtspiele* und *Titania-Palast* angekündigt. Der Streifen kam unter anderem auch in den westdeutschen Raum. Bis mindestens zum Hochsommer 1936 behielt der deutsche *MGM*-Verleih WIR SIND VOM SCHOTTISCHEN INFANTERIE-REGIMENT in seinem Angebot. In der Zeit gab es erstmals in einem deutschen Kulturblatt eine Kritik über Laurel und Hardy: Die *Deutsche Zeitung*, wie der *Kunstwart* seit einigen Jahren hieß, lobte die beiden Komiker für ihren Film, der auch noch Anfang 1937 in der deutschen Provinz spielte.

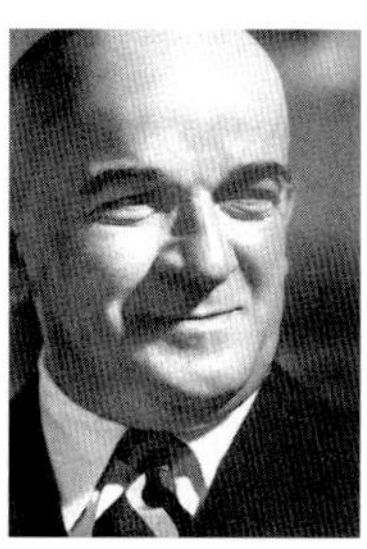

34 Ernst Legal (1930er-Jahre), Hardys erste deutsche Stimme

Nach der deutschen Premiere wurde die Synchronisation des Filmes nach ihrer Zulassung von Anfang Mai am 26. Mai 1936 im Berliner *Capitol* uraufgeführt. Sie stammt von Mochmann in Theodor Haertens und Hans Lüdkes Regie mit Ernst Legal als Hardys deutsche Stimme (Abb. 34). Laurels deutscher Sprecher ist unbekannt. Wieder befassten sich nur die österreichischen *Paimann's Filmlisten* mit der Synchronisation: «Die Eindeutschung des Dialoges ist technisch entsprechend, bringt aber, besonders in den militärischen Kommandos viel mit dem Milieu kontrastierende norddeutsche Ausdrücke.»

14. Laurel und Hardy im Würgegriff der braunen Zensur

Auch Laurel und Hardys nächster, mit einer Fülle von komischen Szenen und Gags gespickter Spielfilm THE BOHEMIAN GIRL nach einer Operette von Michael Balfe aus dem 19. Jahrhundert sollte nach Deutschland kommen. An die Qualität von FRA DIAVOLO kommt der Streifen nicht ganz heran. Es gibt aber wieder einen Geschicklichkeits-Gag: Stan scheint vom Mittelfinger seiner Hand die beiden oberen Glieder abziehen und sogleich wieder ansetzen zu können. Die beiden Freunde gehören dem fahrenden Volk an. Ollies Frau hat ihrem Mann die entführte Tochter eines Grafen untergeschoben und sich mit ihrem Geliebten aus dem Staub gemacht. Nach Jahren entdeckt Ollies Zögling ihren richtigen Vater. Beim Versuch, das Mädchen vor dem

Auspeitschen zu bewahren, sind Stan und Ollie in der gräflichen Folterkammer gelandet und deformiert worden.

Als der ebenfalls harmlose Streifen der Zensur im Original vorgelegt wurde, verbot ihn die *Film-Prüfstelle*! Grund war wohl die aus der Sicht der Zensoren überzogene Darstellung «lustigen Zigeunerlebens». Das widersprach der nationalsozialistischen Rassenpolitik, die Romas keine Existenzberechtigung zubilligte. Gegen das Verbot zog der *MGM*-Verleih zu Felde, beleuchtete dabei die künstlerischen Aspekte des Streifens und setzte sich mit seinen Absichten auseinander. In der Verhandlung vom 13. Juni 1936 wies die prominent besetzte *Film-Oberprüfstelle* die Beschwerde zurück und führte aus: «Bei der Verlogenheit des Films, der im wesentlichen ein falsches Bild eines abzulehnenden Zigeunerlebens in kitschiger Form gibt, ist man weit davon entfernt, ein Kunstwerk in ihm zu sehen. Der Film erschöpft sich in einer Darstellung, die vom Beschauer nicht als Parodie gewertet wird, die ihrer inneren Gesamthaltung nach in unserem Staat keinen Platz hat. Der Film liegt unter derjenigen Linie der Grundhaltung, die eine verantwortungsbewusste Zensur als Grenze künstlerischer Betätigung im Film zu ziehen hat.»

Als vom 24. bis zum 26. August 1936 in Paris anlässlich der europäischen Uraufführung von THE BOHEMIAN GIRL ein Treffen des *Laurel-und-Hardy-Clubs* stattfand mit rund 400 Mitgliedern aus Belgien, Frankreich, den Niederlanden, Spanien und der Tschechoslowakei, fehlten deutsche Besucher. Am Neujahrstag 1937 wurde THE BOHEMIAN GIRL deutsch untertitelt in Österreich als LUSTIG IST DAS ZIGEUNERLEBEN erstaufgeführt (Abb. 35). Aber nach der Annexion Österreichs am 12. März 1938 galt alsbald auch dort das deutsche Verbot des Filmes, sodass er aus dem Verkehr gezogen wurde. Genauso erging es dem in Deutschland verbotenen Spielfilm HOLLYWOOD PARTY, der im April 1935 in Österreich unter dem Titel DIE LÖWEN VON HOLLYWOOD angelaufen war.

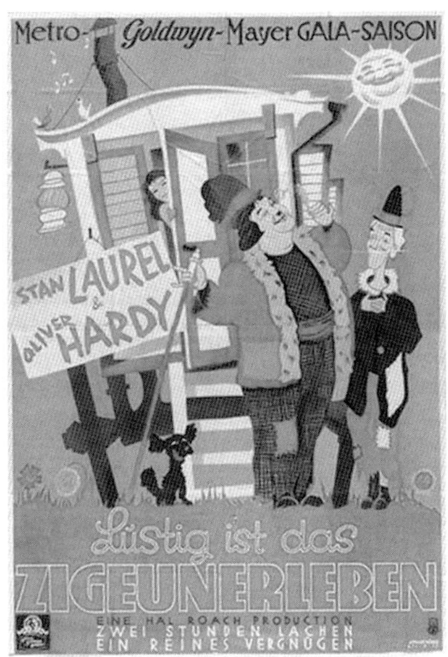

35 Österreichisches Plakat für LUSTIG IST DAS ZIGEUNERLEBEN (THE BOHEMIAN GIRL), 1936

Ende Oktober 1936 ließ die *Film-Prüfstelle* aber den Kurzfilm MITTERNACHTS-PATROUILLE (THE MIDNIGHT PATROL) wieder ohne Probleme jugendfrei zu. Die frischgebackenen Polizisten Stan und Ollie lassen sich von einem Tresor-Knacker übertölpeln und sich außerdem beinahe ihr Einsatz-Fahrzeug stehlen. Als sie auch noch den Polizeichef als vermeintlichen Einbrecher auf die Wache schleppen, erschießt er die beiden Freunde. Diesen umstrittenen Schluss hatte der deutsche *MGM*-Verleih geschnitten, um die Jugendzulassung nicht zu gefährden. Ob der Streifen den besonderen Original-Vorspann behalten hatte, in dem die Scheibenwischer des Streifenfahrzeuges die nach und nach auf der Windschutzscheibe erscheinenden Credits wegwischen, ist unbekannt.

Laurel und Hardys Privatleben war auch 1936 wenig erheiternd. Die alkoholkranke Myrtle verklagte Hardy Ende Oktober 1936 vergeblich auf 2.500 Dollar monatlichen Unterhalt. Nach der einvernehmlichen Vermögens-Aufteilung wurde die Ehe im Mai 1937 geschieden. Ende November 1936 hatte sich außerdem Hardys geschiedene Frau Madelyn gemeldet und aufgrund einer angeblichen schriftlichen Vereinbarung, die sie nicht vorgelegen konnte, auf einen Schlag für 15 Jahre 30 Dollar Unterhalt pro Woche verlangt. Man einigte sich ohne Prozess. Laurels erst im September 1935 geschlossene Ehe mit Virginia Ruth stand bereits vor einem Scherbenhaufen. Als er allein längere Zeit verreiste, räumte sie das gemeinsame Haus bis auf ein fest eingebautes Radio komplett leer. Im September 1936 verklagte Virginia Ruth Laurel auf Unterhalt. Ende 1936 vereinbarten die beiden ihre Scheidung, wobei Laurel arg gerupft wurde. Nun tauchte auch Mae Dahlberg wieder auf, um ihn anzuzapfen. Sie verlangte 1.000 Dollar Unterhalt pro Monat. Die Reporter kamen wieder mit dem Schreiben nicht hinterher. Dass Laurel von zwei Frauen gleichzeitig zur Kasse gebeten wurde, war auch in Deutschland eine Meldung wert. Der *Film-Kurier* reagierte aber sachlich: Mae Dahlberg war lediglich auf den Geschmack gekommen, «nachdem sie gesehen hatte, was ihre Nachfolgerin kostet».

15. Letzte Kurzfilme – Laurel und Hardy in Berlin?

Anfang Januar 1937 ließ die *Film-Prüfstelle* die letzten beiden Laurel-und-Hardy-Zweiakter im Dritten Reich jugendfrei zu: WIE DU MIR, SO ICH DIR (TIT FOR TAT), im Januar 1936 als bester Kurzfilm für einen Oscar nominiert, und SPUK AN BORD (THE LIVE GHOST). Die beiden ausgezeichneten Grotesken bieten Unterhaltung vom Feinsten und beweisen die Zeitlosigkeit von Laurel und Hardys irrwitziger Komik.

Stan und Ollie eröffnen in WIE DU MIR, SO ICH DIR ihr Elektrogeschäft neben Mr. Halls Lebensmittelladen. Man erkennt sich nach den Vorfällen aus THEM THAR HILLS wieder, und dadurch fangen die Nachbarn an, einander ihre Läden zum größten Vergnügen der Passanten zu zertrümmern. In SPUK AN BORD dümpelt Käptn Longs Segler ohne Mannschaft im Hafen, weil alle es für ein Geisterschiff halten. Stan und Ollie shanghaien für ihn eine Mannschaft, landen aber selbst auch auf Longs Kahn. Weil Stan und Ollie von einem Geist an Bord erzählen, dreht ihnen Long die Hälse um. Das wiederum entfernte der deutsche *MGM*-Verleih, um kein Jugendverbot zu riskieren.

Am Silvestertag 1936 schien Laurel und Hardys persönlicher Auftritt für Januar 1937 in der Berliner *Scala* angekündigt worden zu sein, dem damals wichtigsten Varieté der Stadt. Ihr Programmheft für das Programm «Scala-Etwas verrückt» mühte sich nach Kräften mit Laurel-und-Hardy-Karikaturen auf dem Titelblatt und im Heft mit Fingerabdrücken der beiden Akteure «Laury und Hardel als Detektive», die in der Szene «Spuk im Museum» auftreten sollten (Abb. 36).

«Laury und Hardel» war kein Schreibversehen, denn man hatte Laurel und Hardy natürlich nicht engagiert. Es waren zwei französische Schauspieler, die ihren US-Kollegen ähnelten und sich wie sie kleideten. Da sie kein Englisch verstanden, hielten sie während ihrer Bühnennummer den Mund. Schon vor der Aufführung vom 7. Januar 1937 waren sie wieder verschwunden, und die *Scala* ließ für Januar 1937 ein neues Programmheft ohne Laury und Hardel drucken. Im April 1937 sollten die beiden in den Hamburger *Primus-Lichtspielen* spielen. Das wurde als «persönliches Auftreten der beiden berühmten Filmkomiker Stan Laurel und Oliver Hardy» und als «Sensation von Hamburg» angekündigt. Beim großen Empfang auf dem Hamburger Hauptbahnhof stellte sich jedoch der Schwindel heraus. Die beiden seit Kindesbeinen unzertrennlichen Franzosen hatten nie gefilmt, sie waren immer nur im Varieté aufgetreten. Ihr Hamburger Auftritt soll übrigens ausgezeichnet gewesen sein. Der deutsche *MGM*-Verleih ging gegen die *Primus-Lichtspiele*

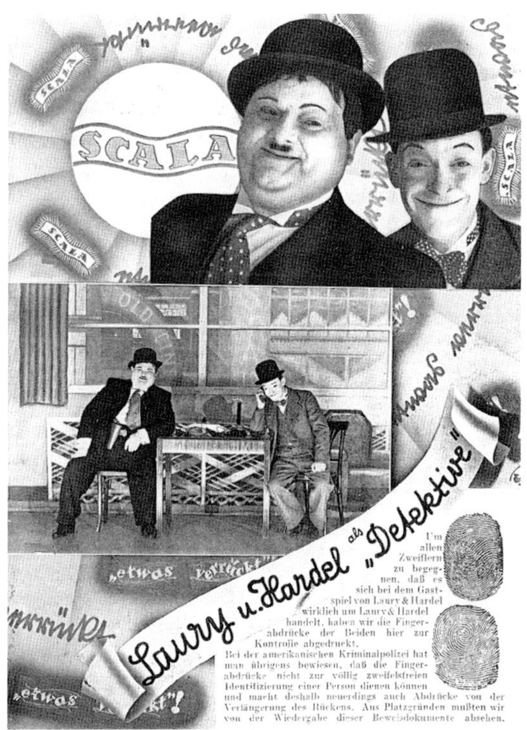

36 Erste Fassung des Programmheftes des Berliner Varietés *Scala* für das Programm «Etwas verrückt» vom Januar 1937mit Vorstellung von Laury und Hardel

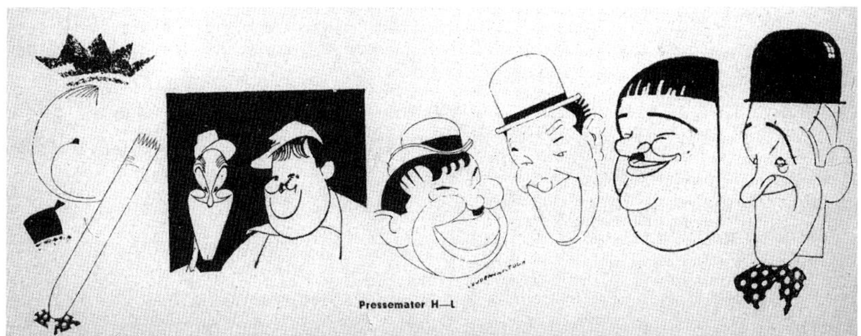

37 Laurel-und-Hardy-Karikaturen, 1936

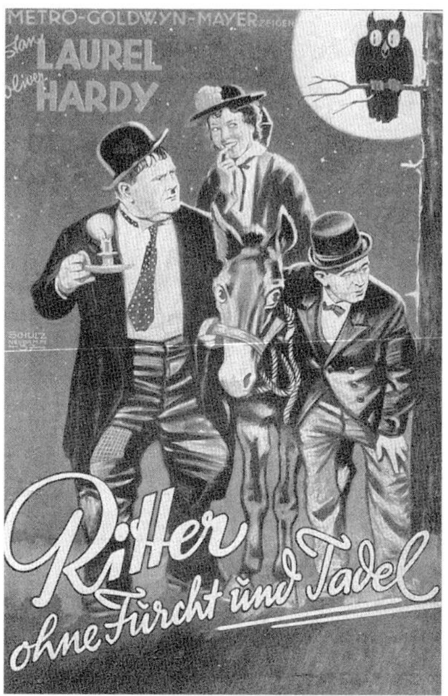

38 Plakat für RITTER OHNE FURCHT UND TADEL (WAY OUT WEST), 1937

juristisch vor. In der *Lichtbildbühne* ließ er Mitte April eine Warnung abdrucken, um weitere Täuschungsmanöver von Laury und Hardel im Keim zu ersticken. Ob das fruchtete, ist nicht bekannt. Nach dem Hamburger Intermezzo wurde über die beiden Franzosen nicht mehr geschrieben.

In der Warnung des deutschen *MGM*-Verleihs steht außerdem: «Bei dieser Gelegenheit soll noch einmal darauf hingewiesen werden, dass Stan Laurel und Oliver Hardy auch bei der Aufführung ihrer Filme keinesfalls als Dick und Dof angekündigt werden dürfen.» Erfolg hatte das nicht. Der *Völkische Beobachter* nannte die Warnung einen «undurchsichtigen und unerfüllbaren Wunsch» und fügte hinzu: «Fragt 17.567 Zuschauer: Ist Hardy Dick? Ist Laurel Dof? Keiner wird die Antwort wissen. Lassen wir es bei Dick und Dof.»

Laurels Frauen-Probleme ließen Hardys Scheidung harmlos erscheinen. Anfang 1937 untersagte Laurel Mae Dahlberg erfolgreich die Behauptung, mit ihm verheiratet gewesen zu sein. Danach einigte er sich mit ihr über den Unterhalt. Gegen seine neuen Heiratsabsichten stemmte sich Virginia Ruth mit viel Theaterdonner, von der er noch nicht rechtskräftig geschieden war. Im Mai 1936 hatte Roach sich mit Laurels neu gegründeter Firma *Stan Laurel Productions* über dessen höhere Gage geeinigt und ihm die künstlerische Kontrolle über die künftigen Laurel-und-Hardy-Filme zugesichert. Der erste Streifen der *Stan Laurel Productions* war der hervorragende Spielfilm OUR RELATIONS. Im Nachhinein wurmte es Roach, Laurel so viele Zugeständnisse gemacht zu haben, weil er meinte, Laurel sei erst durch ihn zum berühmten Komiker geworden. Anfang 1937 krachte es denn auch bei den Verhandlungen über die Verlängerung von Laurels Vertrag, und Laurel blieb den Dreharbeiten zu OUR RELATIONS fern.

16. Letzter Spielfilm im Kino

Trotz aller Querelen brachte die *Stan Laurel Productions* bei Roach das Mitte April 1937 in den USA uraufgeführte Meisterwerk WAY OUT WEST hervor, eine der besten und witzigsten Western-Parodien, eine beeindruckend konstruierte Groteske ohne unnötige Rahmenhandlung, mit geschliffenen Dialogen von entwaffnendem Nonsens, brillanten Gags und Musikeinlagen, die Laurel und Hardy als ausgezeichnete Musik-Clowns ausweisen. Die abgebrannten gutherzigen Goldsucher Stan und Ollie wollen der minderjährigen Tochter Mary ihres verstorbenen Freundes die Besitzurkunde an seiner Goldmine in Mickey Finns Saloon in Brushwood Gulch (in der deutschen Fassung: Bruchholztal) überbringen, wo er sie als Küchenhilfe und Putzmädchen zurückgelassen hatte. Als sie dem Saloon-Besitzer von der Erbschaft erzählen, will er Mary um ihr Erbe bringen. Seine Ehefrau, eine schon etwas reifere Saloon-Sängerin, wird auf junges Mädchen getrimmt und lässt sich unter falschen Tränen das Dokument geben. Dann stolpern die Freunde aber über die echte Mary und fordern empört die Urkunde zurück, die das geldgierige Ehepaar nach einer wilden Hetzjagd im Tresor verschließt. Nachts steigen Stan und Ollie in den Saloon ein, holen die Besitzurkunde zurück und fliehen mit Mary.

Der deutsche *MGM*-Verleih legte auch WAY OUT WEST dreimal der Zensur vor. Von Durchgang zu Durchgang soll der Film je zwei Meter Film eingebüßt haben, Einzelheiten sind aber unbekannt. Die deutsch untertitelte Original-Fassung und die Synchronisation RITTER OHNE FURCHT UND TADEL wurden Ende Mai beziehungsweise Anfang November 1937 für Jugendliche zugelassen.

Am 31. August 1937 wurde RITTER OHNE FURCHT UND TADEL im Berliner *Marmorhaus* bei einer Interessenten-Vorführung gezeigt. Die «vielen überwältigend komischen Abenteuer» von Stan und Ollies «zu Herzen gehendem Humor» wurden begeistert aufgenommen *(Film-Kurier)*. Die Werbung gab sich besonders viel Mühe mit Zeichnungen, Gedichten, einer *Reklamobil*-Postkutsche, mit lebensgroßen Stan-und-Ollie-Figuren und -Masken und so weiter. Die Premiere der deutsch untertitelten Original-Fassung RITTER OHNE FURCHT UND TADEL wurde am 21. Oktober 1937 im *Marmorhaus* ein Volltreffer (Abb. 38). Der «massiv lustige» Film wurde bejubelt und musste besonders laut abgespielt werden, um das Gelächter des Publikums zu übertönen *(Berliner Tageblatt)*, denn «die Parkettreihen bogen sich unter den Explosionen des Gelächters» *(Berliner Börsen-Zeitung)*. Auch der *Völkische Beobachter* und *Der Angriff* konnten sich vor Lachen nicht halten. Mit 22 Tagen Laufzeit im Erstaufführungskino verwies der Riesenerfolg die anderen in diesem Monat gestarteten Spielfilme auf die Plätze. 1937 spielte der Streifen zum Weihnachtsgeschäft unter anderem in Westdeutschland und gehörte bis Juli 1938 zum Angebot des deutschen *MGM*-Verleihs. Bei diesem «Triumph der Groteske» konnte der Verleih für sein *Presse- und Propaganda-Heft* aus dem Vollen schöpfen; Hardy dichtete er unnötigerweise ein abgebrochenes Jurastudium an. Die Kinobesitzer brauchten einfach nur auf die «genau 323 durchschlagenden Witzen» zuzugreifen.

Bei den Anfang September 1937 begonnenen Arbeiten an der deutschen Synchron-Fassung des Films nach Mochmanns Dialogbuch in der Regie des jungen Theaterregisseurs Karl-Heinz Stroux sprachen Walter Bluhm und Will Dohm (Abb. 39) Laurel und Hardy. Die US-*MGM* hatte 1936 international nach passenden Stimmen für die beiden Meisterkomiker gesucht. Die Bewerber mussten ihren Lebenslauf, Fotos und auf Schallplatten aufgenommene Stimmproben nach Hollywood schicken. Für Deutschland setzten sich Bluhm (gegen Erik Ode) und Dohm durch. Bluhm wurde mit seiner brüchigen, hellen «Kreidestimme», die auch als «sanft und zart und nachdrücklich zugleich» charakterisiert wurde (Berliner *Tagesspiegel*),

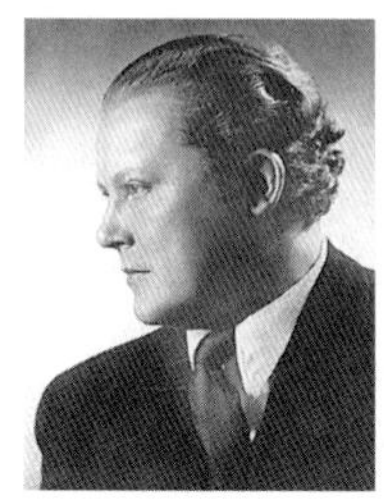

39 Will Dohm (Ende der 1930er-Jahre) als Hardy

nach dem Zweiten Weltkrieg *der* Sprecher von Laurel. Wann die Synchronisation erstmals gezeigt wurde, ist unbekannt. Über ihre Qualität hieß es in *Paimann's Filmlisten*: «Die Stimmen-Doubles passen recht gut, das Technische ist durchaus akzeptabel gelungen. Fürs breite Publikum ein durchaus entsprechender Ersatz des Originals.»

17. Hitler lacht

RITTER OHNE FURCHT UND TADEL war Laurel und Hardys letzter neuer Streifen in den Kinos des Dritten Reiches. Seit 1936 war die Einfuhr ausländischer Filme ins Dritte Reich fortlaufend gedrosselt worden, auch die der in Deutschland besonders beliebten US-Filme. Der letzte US-Spielfilm wurde Anfang August 1940 von der *Film-Prüfstelle* zugelassen.

Carl Laemmles *Deutsche Universal* war bereits im Sommer 1934 von der deutschen *Rota-Film* übernommen worden. Die Beteiligung an anti-nationalsozialistischen US-Spielfilmen löste die Schließung der US-Niederlassungen der *20th Century Fox*, der deutschen *MGM* und der *Paramount* aus, die ihren Betrieb zwischen Ende Juli und September 1940 einstellen mussten. Die deutsche *MGM* wehrte sich vergeblich gegen die Beschlagnahme ihres Bankguthabens von einer Million Reichsmark, das sie erst nach dem Zweiten Weltkrieg zurückerhielt. Dass Anfang 1941 noch Mickey-Mouse-Filme in den Kinos liefen, lag daran, dass die Disney-Produktionen aus den USA immer nur von deutschen Firmen verliehen worden waren.

Hinter verschlossenen Türen konnten die filmbegeisterten Goebbels und Hitler weiterhin US-Filme sehen. Sie wurden meistens vom Reichsministerium für Volksaufklärung und Propaganda beschafft oder aus dem Reichsfilmarchiv zur Verfügung gestellt. Hitlers Eindrücke wurden in Filmlisten festhalten, an Goebbels Ministerium weitergeleitet und für die Film-Zulassung verwendet. Streifen, bei denen er den Abbruch der Vorführung befahl oder die er zum Beispiel als «Mist in höchster Potenz» bezeichnete, schieden künftig aus. Laurel-und-Hardy-Filme bereiteten Hitler offenbar Freude. Er sah mindestens drei von ihnen aus dem Bestand des Reichsfilmarchivs: RITTER OHNE FURCHT UND TADEL, SWISS MISS und BLOCK-HEADS. Ob die *Kontingentstelle* die beiden letzten Spielfilme als bedenklich eingestuft hatte und sie deswegen die Filmzensur nicht mehr durchlaufen durften, liegt im Dunkeln. Die Verwaltungsakten der *Kontingentstelle* sind wie die der *Film-Prüfstelle* bei einem Bombenangriff auf Berlin verbrannt. Wie auch immer: Filmfreunde konnten 1938/39 noch eine *Ross*-Filmpostkarte mit einem Stan-und-Ollie-Motiv aus SWISS MISS kaufen (Abb. 40) und rätseln, aus welchem Film das stammen mochte. Was an dem Film aus nationalsozialistischer Sicht «bedenklich» gewesen könnte, bleibt schleierhaft.

Am 21. Juni 1938 ließ Hitler sich auf dem Berghof des Obersalzberges bei Berchtesgaden nach dem Abendessen Laurel und Hardys SWISS MISS vorführen, der «den Beifall des Führers» fand. Zwei Tage später führte er sich RITTER OHNE FURCHT UND TADEL zu Gemüte. Sein Urteil: «Gut!» Mitte No-

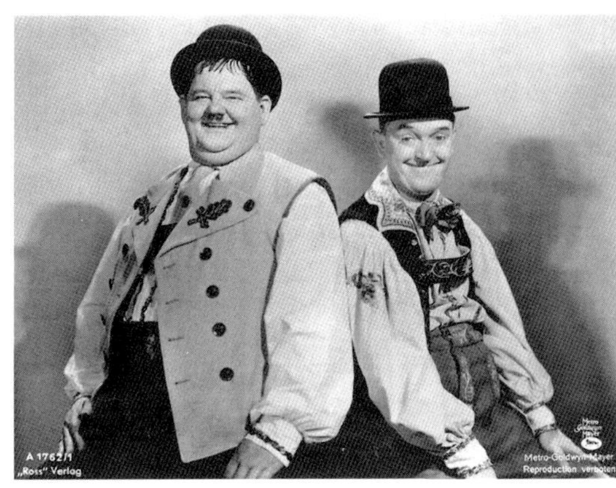

40 Ross-Filmpostkarte mit Motiv aus SWISS MISS, 1938/39

vember 1938 enstpannte er sich auf dem Berghof außerdem mit BLOCK-HEADS, den er wegen der «Menge sehr netter Einfälle und geistreicher Witze sehr gut» fand.

SWISS MISS von 1938 ist ein Operettenfilm um einen romantischen Ehekrieg. Stan und Ollie haben in der Schweiz ihre Mausefallen verkauft und sind mit Falschgeld übers Ohr gehauen worden. Als sie fürstlich gespeist haben, können sie die Zeche nicht zahlen und müssen in der Küche arbeiten. Zwischendurch hat Ollie sich unglücklich verliebt, und Stan hat einem treuen Bernhardiner durch einen vorgetäuschten Schneesturm aus Hühnerfedern das Rum-Fässchen für Lawinenopfer abgeluchst.

Besonders bedauerlich ist, dass auch BLOCK-HEADS den deutschen Zuschauern vorenthalten wurde. Dieser Spielfilm konzentriert sich frei von jedem rührselig-romantischen Beiwerk mit einer Vielzahl sorgfältig gestalteter komischer Szenen auf die Vorzüge von Laurel und Hardys Kurzfilmen. Stan und Ollie sind während des Ersten Weltkrieges US-Frontsoldaten. Stan wird vergessen und kehrt erst 20 Jahre später in die Heimat zurück, wo Ollie ihn zum Missfallen seiner Frau einlädt und sich Katastrophen ereignen ähnlich wie in Laurel und Hardys erstem Tonfilm UNACCUSTOMED AS WE ARE. Hat vielleicht der Ausgangspunkt des Streifens damals die deutsche Kino-Auswertung verhindert?

Anfang Juli 1938 erschien im *Film-Kurier* über JUST A JIFFY [«nur ein Sekündchen»], der Arbeitstitel von BLOCK-HEADS, die Notiz, dass Laurel und Hardy nach seiner Fertigstellung eine zweiwöchige Tournee durch Europa mit Gastspielen in Paris, Berlin und London planten. Aber das zerschlug sich. Der Zweite Weltkrieg hatte begonnen.

18. Nachspiel

Auch danach erschienen hin und wieder kurze Nachrichten über die beiden Komiker in deutschen Filmbranchenblättern, aber nicht mehr über ihre Erfolge und künftigen Teamfilme. Im Januar 1938 kursierte, dass Laurel mit seinem Einkommen in den Jahren 1935 und 1936 zeitweilig Harold Lloyd ausgestochen hatte. Laurels eheliche Schwierigkeiten wurden im Januar, Oktober und Dezember 1938 thematisiert, und in der Zeit von Dezember 1938 bis April 1939 machten Berichte vom Ende des Teams Laurel und Hardy die Runde.

Der *Film-Kurier* spießte im Januar 1938 Laurels Eheschließung mit der 28-jährigen Vera «Illeana» Ivanova Shuvalova auf. Laurel und sie fuhren einen Teil des Rückweges von der

Hochzeitsreise auf der Flucht vor Virgina Ruth im Gepäckwagen. Virgina Ruth wollte Laurel wieder zurückgewinnen, beide hatten sich wieder zunehmend getroffen. Ende Oktober 1938 stand im *Film-Kurier* unter der Überschrift «Stan Laurel und die Bratpfanne» Laurels nicht so heiteres Eheleben im Mittelpunkt. Illeana hatte ihn nach einem Krach mit einer Bratpfanne übel zugerichtet. Reichlich alkoholisiert und mit nacktem Oberkörper wurde Laurel am Steuer seines Autos von einem Polizisten aufgegriffen. Zum Jahreswechsel 1938/39 drohte Illeana mit Scheidung, weil sie sich von ihren beiden Vorgängerinnen belästigt fühlte.

Laurels Privatleben blieb in der Tat turbulent. 1937 hatte er die temperamentvolle und trinkfreudige Illeana kennen gelernt, die er nach seiner Ende Dezember 1937 rechtskräftig gewordenen Scheidung von Virginia Ruth am Neujahrstag 1938 in Yuma/Arizona heiratete. Virginia Ruth fuhr hinterher, weil sie ihre Scheidung für unwirksam hielt und beschuldigte ihn der Bigamie. «Laurel heiratet Nummer drei auf der Flucht vor Nummer zwei», wurde in der US-Presse gespottet. Virginia Ruth stellte dem frischgebackenen Ehepaar weiter nach. Laurel verklagte sie deswegen im Januar 1938 auf Unterlassung. Vorsichtshalber heirateten Laurel und Illeana Ende Februar 1938 noch einmal standesamtlich in Yuma. Virginia Ruth ließ aber nicht locker, und deswegen heirateten Laurel und Illeana im April des Jahres ein drittes Mal, diesmal russisch-orthodox. Die neue Ehe war stürmischer als alles andere zuvor, eine Dauerkrise mit Handgreiflichkeiten wie die mit der Bratpfanne, nach der Laurel eine Nacht im Gefängnis verbrachte. Außerdem schickte eine geheimnisvolle Person Laurel Polizei, Feuerwehr, Krankenhausambulanzen und Leichenbestatter aus den fragwürdigsten Anlässen auf den Hals; er konnte nie beweisen, dass Virgina Ruth dahinter steckte. Im Mai 1939 wurde Laurel von Illeana geschieden, aber wie ihre Vorgängerin akzeptierte sie das nicht. Doch im November 1939 musste sie sich geschlagen geben. Nun wurde Illeanas Vorgängerin ihre Nachfolgerin: Virginia Ruth und Laurel heirateten am 11. Januar 1941 wieder. Im *New York Journal-American* von Februar 1941 stand folgendes bissiges Resümee: «Wenn ein Mann drei Frauen sechsmal heiratet, um wen handelt es sich dann? Für die richtige Antwort stehen zur Auswahl: König Salomo [alttestamentarischer König mit 700 Haupt- und 300 Nebenfrauen], Brigham Young [millionenschwerer US-amerikanischer Mormonen-Führer im 19. Jahrhundert mit 17 Frauen und 56 Kindern], Stan Laurel. Oder, um es für kleinere Kinder einfacher auszudrücken: Stan Laurel, der berühmte Komiker aus Hollywood heiratet seine erste Frau einmal, seine zweite zweimal und seine dritte dreimal. Wie oft wird er seine vierte Frau heiraten?»

Auch im Roach-Studio herrschte dicke Luft. Als Laurel während der Dreharbeiten zu BLOCK-HEADS einige Tage verschwand, platzte Roach der Kragen. Er feuerte Laurel im August 1938, und wieder einmal schien das «Aus» für Laurel und Hardy gekommen zu sein. Nach Roachs Willen sollte Harry Langdon künftig Hardys Filmpartner sein, wie der *Film-Kurier* im August 1938 meldete. Über Laurels Konter schrieb das Blatt Anfang Dezember 1938: «Stan Laurel verlangt 700.000 Dollar Schadensersatz» für die seiner Ansicht nach vertragswidrige Zerschlagung des Teams Laurel und Hardy. Im Februar 1939 meldete der *Film-Kurier*, dass Hardy und Langdon bereits ES IST WIEDER FRÜHLING drehten. Das war ZENOBIA, der einzige Spielfilm, den diese neue Partnerschaft hervorbrachte. Denn Laurel und Roach verhandelten wieder und einigten sich nach langem Ringen im April 1939 vor Gericht ein letztes Mal über einen Einjahresvertrag mit Laurel als alleinigem Produzenten von Laurel und Hardy. Der *Film-Kurier* kommentierte, die beiden Komiker hätten eingesehen, dass sie getrennt voneinander keinen Erfolg haben würden.

Laurel und Hardys weitere Roach-Spielfilme blieben in Deutschland keineswegs verborgen. Im Reichsfilmarchiv befanden sich PICK A STAR (1937), THE FLYING DEUCES (1939) und A CHUMP AT OXFORD (1940) sowie Hardys ZENOBIA. Aus der Schlussphase der Roach-Ära fehlte nur SAPS AT SEA. Außerdem waren archiviert: PACK UP YOUR TROUBLES, FRA DIAVOLO, BONNIE SCOTLAND, THE BOHEMIAN GIRL, WAY OUT WEST, SWISS MISS, BLOCKHEADS und das österreichische Kurzfilmprogramm TOTAL VERRÜCKT (TOWED IN A HOLE, THEIR FIRST MISTAKE, TWICE TWO), aber keine der drei deutschen Laurel-und-Hardy-Synchronisationen, die bis heute verschollen sind. Ob Hitler die Filme alle gesehen hat, ist unbekannt. Es sind nur verschwindend wenige Listen über seinen Tagesablauf und seinen Filmkonsum überliefert, und die geben keine weitere Auskunft als die genannte.

1943 wurden im Kopierwerk der *Bavaria* in München-Geiselgasteig internationale Tonbänder für einige namentlich unbekannt gebliebene Laurel-und-Hardy-Filme bearbeitet. Auftraggeber und Bestimmung haben sich nicht herausfinden lassen. Sollte die neutrale Schweiz beliefert werden?

Was geschah mit den Filmkopien aus dem Bestand des deutschen *MGM*-Verleihs? Die im Reichsgebiet kursierenden Filmkopien durfte er einsammeln. Die in den deutsch besetzten Gebieten befindlichen Kopien wurden beschlagnahmt und dem Reichsfilmarchiv übergeben. Hitler hatte Goebbels im Januar 1943 außerdem bevollmächtigt, «ab sofort sämtliche Filme ausländischen Ursprungs in das Reichsfilmarchiv zu übernehmen», die sich im Besitz «von Dienststellen der *NSDAP*, ihrer Gliederungen und angeschlossenen Verbände befanden». Einzelheiten lassen sich kaum nachvollziehen, weil die Hauptkartei des Reichsfilmarchivs bruchstückhaft überliefert ist. Ob der deutsche *MGM*-Verleih seinen Filmstock teilweise in die USA verbrachte, oder ob der größte Teil von der Roten Armee aus dem Reichsfilmarchiv nach Moskau verbracht wurde, ist bis heute ungeklärt. Bisher wurden vor etlichen Jahren von dort nur deutsche Filme zurückgegeben. Die Wiederentdeckung von SPUK UM MITTERNACHT bei der Moskauer *Gosfilmofond* spricht aber für einen russischen Bestand an US-Filmen.

II. Teil Laurel und Hardys erste Nachkriegswelle oder im Dschungel der deutschen Verleiher

1. Neuanfänge

Laurel und Hardy gründeten gemeinsam mit dem Rechtsanwalt Ben Shipman die Firma *Laurel & Hardy Feature Productions*, für die das Duo ab Mai 1939 in Erscheinung trat. Sie diente nur als Agentur für Laurel und Hardys Vertragsangelegenheiten. Roach hatte ihnen gestattet, für den unabhängigen Produzenten Boris Morros die Militärkomödie THE FLYING DEUCES zu drehen. Sie kam im Oktober 1939 in die US-Kinos. Zuvor aber hatten sie für Roach im Juli 1939 A CHUMP AT OXFORD fertiggestellt. Den Vierakter nannte Roach Streamliner. Das war ein neues, wenig erfolgreiches Geschäftsmodell. Roach wollte zwei Fliegen mit einer Klappe schlagen. Die US-Kinobetreiber beklagten sich, zwei Spielfilme als Doppelschlager-Programm einkaufen und für einen niedrigen Eintrittspreis vorführen zu müssen. Ein Streamliner war kürzer als ein Spielfilm und länger als ein Kurzfilm. Mit einem Spielfilm kam man nicht auf die Länge eines Doppelschlager-Programms, und dennoch ließen sich nach Roachs Vorstellungen zwei Knüller an den Mann bringen. Im Ausland wäre der Streamliner A CHUMP AT OXFORD aber nur als Kurzfilm akzeptiert worden. Daher ließ Roach ihn zu einem Spielfilm werden, indem Laurel und Hardy im September 1939 als Einleitung nachträglich ein zweiaktiges Remake ihres Stummfilms FROM SOUP TO NUTS drehten. Laurel und Hardys letzter Film für Roach wurde im November und Dezember 1939 SAPS AT SEA. Danach verlängerten sie ihre Verträge nicht mehr. Laurel hoffte auf eine Zukunft als unabhängiger Produzent. Anfang April 1940 heiratete Hardy Lucille Jones, die er als Script Girl bei den Dreharbeiten zu THE FLYING DEUCES kennen gelernt hatte. Er blieb mit ihr bis zu seinem Tode glücklich verheiratet.

Laurel und Hardy traten danach Ende August 1940 zu Gunsten des *Roten Kreuzes* mit Laurels «The Driver's Licence Sketch» auf. Es schloss sich eine zehnwöchige Tournee durch zwölf Städte der USA an. Mitte April 1941 waren Laurel und Hardy in Mexiko City Ehrengäste des mexikanischen Staatspräsidenten Avila Camacho. Im selben Monat schloss das Duo über die *Laurel & Hardy Feature Productions* mit der *20th Century Fox* einen Filmvertrag über eine Militärkomödie. Außerdem konnten sie innerhalb der nächsten fünf Jahre neun weitere Spielfilme für das Studio drehen und auch für andere Studios arbeiten. Gleich der erste Film GREAT GUNS zählt zu ihren schwächsten Filmen, wurde aber einer ihrer größten wirtschaftlichen Erfolge, wie auch die danach entstandenen, künstlerisch unbefriedigenden US-Filme des Duos durchweg Kassenfüller waren. Im November 1941 starteten Laurel und Hardy eine Tournee durch die US-Stützpunkte in der Karibik. Von

Januar bis Februar 1942 unternahmen sie eine weitere gut besuchte Bühnentournee durch die USA und waren im Frühjahr des Jahres auf der *Hollywood Victory Caravan Tour* vertreten. Ab September 1941 stritt Hardy sich für die nächsten zehn Jahre mit den US-Steuerbehörden um 97.000 Dollar Einkommensteuer. Laurel hatte sich zur Jahresmitte von Virginia Ruth getrennt, und Lois Laurel sowie Myrtle Hardy forderten wieder Unterhalt.

Für die *20th Century Fox* drehten Laurel und Hardy nach GREAT GUNS die Spielfilme A-HAUNTING WE WILL GO, JITTERBUGS, THE DANCING MASTERS, THE BIG NOISE und THE BULLFIGHTERS. Letzterer hatte am 18. Mai 1945 Premiere und war besonders erfolgreich. Er blieb über 50 Jahre ständig im Umlauf. Kein Wunder, dass die *20th Century Fox* dem Team einen neuen Fünfjahresvertrag mit einem eigenen Produktionsstab anbot. Doch Laurel und Hardy verlängerten nicht. Zwischendurch hatten die beiden Komiker für die *MGM* AIR RAID WARDENS und NOTHING BUT TROUBLE gedreht sowie für das US-Landwirtschaftsministerium in dem Kurzfilm THE TREE IN A TEST TUBE vor der Kamera gestanden. An Laurel und Hardys Filmen der 1940er-Jahre wird kaum ein gutes Haar gelassen, aber an einigen von ihnen kann man dennoch Vergnügen finden. Laurel selbst erklärte immer wieder, dass man Hardy und ihn an der altbewährten Komik gehindert habe. Allerdings war Laurel der inoffizielle Regisseur von THE BULLFIGHTERS! Laurel und Hardy hatten nach der Roach-Ära ihren Zenit überschritten.

Das Duo hatte auch versucht, im Radio Fuß zu fassen. Im *Programm # 66* des *Armed Forces Radio* wurde Ende November 1943 aber nur der Sketch «The Wedding Night» ausgestrahlt. Für die geplante *NBC*-Serie *The Laurel & Hardy Show* wurde Anfang März 1944 auch nur die Episode «Mr Slater's Poultry Market» aufgenommen, damals jedoch nicht gesendet.

Im Juni 1943 hatte der US-Verleih *Film Classics* von Roach die Kino-Verwertungsrechte für die gesamte Produktpalette der *Hal Roach Studios* von 1929 bis 1938 erworben. Als der Verleih innerhalb von etwa zwei Jahren nur den Spielfilm TOPPER von 1937 neu ins Kino brachte, drohte Roach mit Schadensersatz. Daraufhin startete *Film Classics* erfolgreich durch, unter anderem mit Laurel-und-Hardy-Filmen unter neuen Titeln. Roach ärgerte sich, dass er den Erfolg nicht selbst lanciert hatte, und verlangte, den Vertrag aufzuheben. *Film Classics* vermarktete die besonders erfolgreichen Laurel-und-Hardy-Filme weiter, geriet dann aber in Finanznot und übertrug 1949 Aufführungsrechte an andere Verleiher, die US-weite Filmstarts organisierten und die Laurel-und-Hardy-Streifen abermals umtitelten. 1946 hatten sich *Film Classics* auch die TV-Rechte an allen Laurel-und-Hardy-Filmen übertragen lassen, die der Verleih wiederaufgeführt hatte. Diese wurden nun an Fernsehanbieter veräußert, die die Grotesken auf Laufzeiten von 20 und 25 Minuten und noch andere Formate zusammenschnitten und wieder umtitelten. Laurel und Hardy wurden dadurch die ersten großen US-Fernsehstars. Das brachte ihnen aber keinen einzigen Cent ein.

Deutschland blieb davon unberührt. Nach dem Zusammenbruch des Dritten Reiches lag das Land in Trümmern, von den Alliierten in vier Besatzungszonen aufgeteilt und verwaltet. Schon vor dem Ende des Zweiten Weltkrieges war beschlossen worden, dass eine US-Militärregierung in den von

US-Truppen zu besetzenden deutschen Gebieten den Betrieb von Kinos und Filmverleihen sowie Film-Vorführungen aller Art verbot. Dort wurden denn auch alle Filme beschlagnahmt. Im zersplitterten Nachkriegs-Deutschland wuchs die Kino-Landschaft unter alliierter Kontrolle langsam wieder heran. Die Filmzensur übten alliierte Stellen aus. In den drei westlichen Besatzungszonen wurde sie praktiziert nach den Grundsätzen «Security» (keine Beeinträchtigung der militärischen Sicherheit), «Screening» (keine Weitergabe nationalsozialistischen und imperialistischen Gedankengutes) und «Re-Education», nach der Filme demokratischen Anforderungen genügen und zur politischen Umerziehung der Deutschen beitragen mussten. Jugendschutz spielte keine Rolle.

Laurel-und-Hardy-Filme gelangten nur in die drei westlichen Besatzungszonen, die seit 1948 die Trizone bildeten. In der sowjetischen Besatzungszone und dann in der DDR kam das Kinopublikum erst wieder in den 1960er-Jahren mit den beiden Komikern in Berührung. Mitte Oktober 1948 wurde der trizonale Filmverleih-Verkehr aufgenommen. Ohne Beanstandungen ließ die Militärzensur TÊTES DE PIOCHES (französisch synchronisierte Fassung von BLOCK-HEADS) unter dem deutschen Titel LANGE LEITUNG zu und SOUS LES VERROUS als HINTER SCHLOSS UND RIEGEL. SOUS LES VERROUS ist nicht die verschollene französische Sprachversion von PARDON US, sondern eine 1946 mit neuer Musik versehene französische Synchron-Fassung von drei Laurel-und-Hardy-Filmen, die zu einer fortlaufenden Handlung zusammengestellt wurden: ANY OLD PORT, PARDON US und ONE GOOD TURN. In ANY OLD PORT, der bisher in Deutschland nicht zu sehen war, verhindern die Matrosen Stan und Ollie, dass der Hotelier Mugsie Long ein junges Mädchen zur Ehe zwingt. Sie büßen dabei ihre Habe ein. Daraufhin werden sie zu einem Preis-Boxkampf überredet, bei dem Ollie Stan gegen Mugsie Long coacht. Erstaunlicherweise gewinnt Stan das Match, doch Ollie hatte auf Long gewettet.

Außerdem wurde die Original-Fassung von THE BULLFIGHTERS unter den Titeln STIERKÄMPFER WIDER WILLEN und DIE STIERKÄMPFER zugelassen. Die Detektive Stan und Ollie wollen in Mexiko City eine kriminelle Dame verhaften, die ihnen entkommt. Weil Stan einem berühmten Stierkämpfer mit Einreiseschwierigkeiten zum Verwechseln ähnlich sieht, muss Stan den Torero vertreten, bis er in letzter Sekunde vor dem Kampf bewahrt wird. Der Organisator des Spektakels aber skelettiert Stan und Ollie, weil ihre Zeugenaussage ihn vor Jahren unschuldig ins Gefängnis brachte.

Im Juli 1948 kündigte das deutsche *Filmpost Magazin* das «Wiedersehen mit Dick und Doof» an, die man in Deutschland auch nach mehr als zehnjähriger Abwesenheit nicht vergessen hatte (Abb. 41). Neben einer treffenden Charakterisierung des Duos verbreitete der freundlich-begeisterte Artikel aber nur erfundene Histörchen: «Stan Laurel begann seine Karriere im Zirkus und endete in den dramatischen Rollen, als er auf seinen Kollegen, den Komiker Oliver Hardy stieß. Hardy gastierte gerade in seiner Vaterstadt Atlanta als Chansonsänger. Er hatte damals – 1929 – bereits Filmerfahrung und machte Laurel den Vorschlag, gemeinsam zu filmen. Bereits der erste Versuch (THE ROGUE SONG) brachte einen so durchschlagenden Erfolg, dass die beiden Künstler sich zu einem Team zusammenschlossen.»

Wiedersehen mit Laurel und Hardy

Es spricht für dieses Künstler-Team, daß man es trotz mehr als zehnjähriger Abwesenheit nicht vergessen hat. Als „Dick und Doof" haben sie sich in den Herzen der Kinobesucher aller Welt einen Platz gesichert. Wer hätte nicht schon einmal über die Doofheit des einen und die Verzweiflung des anderen über diese Doofheit Tränen gelacht? Genau wie das dänische Filmgespann Pat und Patachon haben die beiden ihr Glück einzeln versucht und doch wieder in der Überzeugung zueinander gefunden, daß sie in ihrer alten Kombination die meiste Durchschlagskraft besitzen. Stan Laurel, Engländer von Geburt, begann seine Karriere im Circus und endete in den dramatischen Rollen, als er auf seinen Kollegen, den Komiker Oliver Hardy, gebürtigen Amerikaner, stieß. Hardy gastierte gerade in seiner Vaterstadt Atlanta als Chansonsänger. Er hatte damals — 1929 — bereits Filmerfahrung und machte Laurel den Vorschlag, gemeinsam zu filmen. Bereits der erste Versuch („The Rogue Song") brachte einen so durchschlagenden Erfolg, daß die beiden Künstler sich zu einem „Team" zusammenschlossen, das heute noch nichts von seiner Anziehungskraft verloren hat. Eine treffende Charakteristik gibt uns Forsyth Hardy in seinem Buch über „Grierson und der Dokumentarfilm" von den beiden: „Der dünne Laurel ist bekanntlich ein ruhiger Mensch, und Hardy ist robust und dick. Sie sind berühmt, weil sie ihre ganze Umgebung zum Einsturz bringen. Sie brauchen nur ein Gartentor zu berühren und schon fällt es vor ihren Augen zusammen. Sie können machen, was sie wollen, die Ziegelsteine ihrer Häuser fallen ihnen auf die arglosen und verwirrten Köpfe, die Regentonne springt ihnen geradezu entgegen, Fenster schlagen zu und klemmen ihnen die Finger ein. Was Wunder also, daß sie bisweilen voller Verzweiflung die unmöglich zu lösende Aufgabe stellen, das Chaos abzuwenden und sich ihm in einer wahren Zerstörungsorgie hinzugeben. Nichts auf der Welt hätten sie lieber, als eine ruhige Stetigkeit in allen Dingen, und das Gartentor, die Regentonne und ein glatt rollendes Fenster sind ihnen allerdings schwer vorstellbare aber wahrhafte, unerreichbare Symbole eines geruhsamen Lebens. Laurel vollendet sich zur Ergebnislosigkeit. Er kann nichts recht machen, wird es auch nie können. Hardy mit seinem feinen Optimismus wird es, zwar erfolglos, versuchen, aber Laurel, der arme Teufel, weiß, daß es mißlungen ist, ehe er es noch versucht. Kein Wunder, daß ihr Leben der großen Masse ihrer Mitmenschen zu Herzen geht . . ."

„Da sind wir ja wieder . . ."

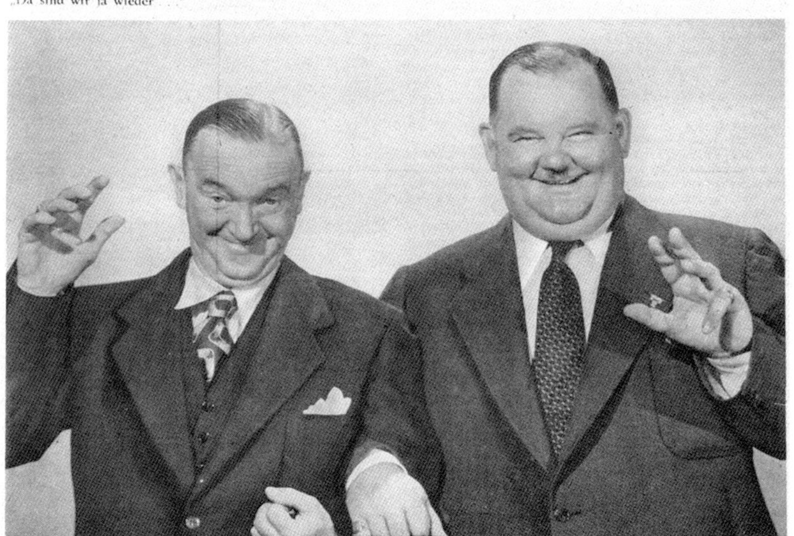

41 Die Mutter der Nachkriegsmärchen über Laurel und Hardy: Artikel im *Filmpost Magazin* Nr. 7/1948

Noch jahrelang gaben deutsche Verleiher den Kinobesitzern ähnliche «Informationen» an die Hand.

LANGE LEITUNG und HINTER SCHLOSS UND RIEGEL wurden von der im Herbst 1948 gegründeten *Prisma-Filmverleih GmbH (Prisma)* in den Kinoeinsatz geschickt und STIERKÄMPFER WIDER WILLEN beziehungsweise DIE STIERKÄMPFER von der *Motion Picture Export Association Inc. (M. P. E. A.)*. 1946 hatten sich die US-Verleihe *Columbia, MGM, Paramount, RKO, 20th Century Fox, Universal, United* Artists und *Warner Brothers* zur *M. P. E. A.* mit Sitz in München zusammenge-

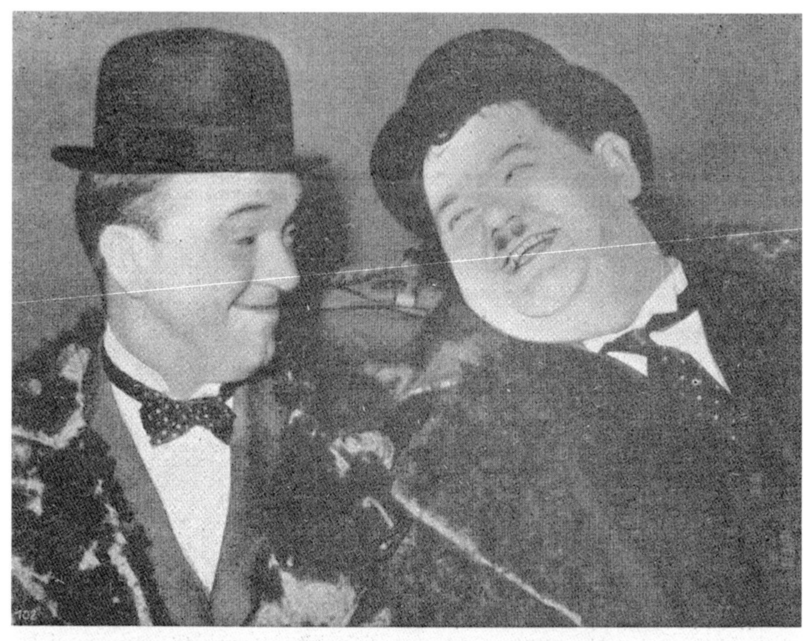

Wiedersehen mit Dick und Dof

Die beliebten amerikanischen Komiker, Laurel und Hardy, die sich in Deutschland unter „Dick und Dof" einführten, werden bald einmal wieder in unseren Kinos zu sehen sein und zwar in dem Grotesk-Film „Die Stierkämpfer", in denen sie als mexikanische Matadoren auftreten. — Foto: MGM/MPEA.

42 Ankündigung der *Illustrierten Filmwoche* für DIE STIERKÄMPFER (THE BULLFIGHTERS), 1949

schlossen. Von US-Filmoffizieren im US-Interesse gesteuert kontrollierte sie den Verleih von US-Filmen und testete die Aufnahmefähigkeit des ungeschützten deutschen Marktes. Damit kompensierte die US-Filmwirtschaft Einbußen durch den wachsenden Marktanteil des US-Fernsehens. Ab April 1948 wurden unter der Regie der *M. P. E. A.* in den Münchner *Bavaria*-Synchronstudios und dann auch in Berlin US-Spielfilme deutsch synchronisiert, bis die *M. P. E. A.*-Mitglieder ab 1950 eigene Wege gingen.

Wann HINTER SCHLOSS UND RIEGEL und STIERKÄMPFER WIDER WILLEN in der Trizone anliefen, ist unbekannt. STIERKÄMPFER WIDER WILLEN wurde vermutlich nicht vor Mitte Juli 1949 gestartet. Denn Anfang des Monats meldete die *Illustrierte Filmwoche*, mit diesem Film seien «Dick und Dof bald einmal wieder in unseren Kinos zu sehen» (Abb. 42). Im Spät-Frühjahr 1949 kursierte außerdem das Gerücht, der Titel «des neuen Laurel-und-Hardy-Films» sei «Mein Schatz ist ein Känguruh». Den gab es aber nie.

Die *Prisma*-Werbung für LANGE LEITUNG begann im Herbst 1948. Anfang März 1949 seufzten die *Berliner Filmblätter* erleichtert: «Endlich wieder Dick und Dof!» Wie früher mussten vor einer offiziellen Premiere Interessenten-Vorführungen stattfinden, die nun Trade Shows hießen. Anfang April 1949 veranstaltete *Prisma* zur Eröffnung ihrer Hamburger Filiale mehrtägige Trade Shows, am 7. April 1949 mit LANGE LEITUNG in der mittelgroßen Hamburger *Urania-Filmbühne*. Man war begeistert über das «Wiedersehen mit Dick und Doof», die «am Laufband Heiterkeitsstürme durch das Kino brausen» ließen. Anfang Mai 1949 fand auch im Düsseldorfer Kino *Burgtheater* eine Trade Show statt. Ende des Monats notierte der katholische *Film-Dienst*, dass der Film «immer wieder zum Lachen reizt», im letzten Teil aber einen «weniger originellen Eindruck» macht. Im Herbst 1949 war LANGE LEITUNG nicht mehr in *Prismas* Verleih-Angebot zu finden.

Laurel und Hardys Ehefronten entspannten sich. Im Januar 1946 verlangte Myrtle zum letzten Mal von Hardy höheren Unterhalt. Laurel heiratete Anfang Mai 1946 nach seiner zweiten Scheidung von Virginia Ruth Ida Kitaeva Raphael und blieb mit ihr bis zu seinem Lebensende glücklich. Laurel und Hardy schlossen endlich die ihnen schon lange angedichtete Freundschaft. Ab März 1947 unternahmen sie, begleitet von ihren Ehefrauen, eine erste sehr erfolgreiche Bühnentournee durch Großbritannien mit Laurels «The Driver's Licence Sketch». Erst im Januar 1948 kehrten sie in die USA zurück. Zwischendurch hatten sie Dänemark, Schweden, Frankreich und Belgien besucht, nicht aber auch Deutschland. Die Eheleute Laurel und Hardy waren jedoch am 28. Oktober 1947 von Kopenhagen mit dem Zug auf dem Weg nach Paris im plombierten Waggon durch die britische Zone Deutschlands gefahren; unterwegs durfte niemand zu- oder aussteigen. Ihnen hatte sich vor dem Grenzübertritt nach Belgien insbesondere von Aachen ein Bild der Verwüstung geboten. Im November 1947 konnten die deutschen Kinogänger in der Wochenschau *Welt im Film* Großaufnahmen von Laurel und Hardys Ankunft in Paris sehen. Nach der Rückkehr aus Großbritannien erkrankte Laurel an Diabetes und konnte bis 1949 nicht mehr arbeiten. In seinem Einvernehmen spielte Hardy daraufhin den Westmann Willie Paine neben John Wayne im Western THE FIGHTING KENTUCKIAN (1949) und einen glücklosen Pferdewetter in Frank Capras RIDING HIGH (1950). Außerdem trat er 1949 mit bekannten Filmschauspielern im *Pasadena Civic Auditorium* mit *What Price Glory* auf.

2. Laurel und Hardys erste deutsche Nachkriegssynchronisation

In der Wiederaufbau-Phase des deutschen Filmwesens versuchten Viele ihr Glück als Verleiher. Firmen kamen und gingen, manche prägten das Geschäft, andere überlebten trotz guter Programme nicht, so auch Max Krakauers Stuttgarter *Emka-Filmverleih GmbH (Emka)* (Abb. 43). Sie erwarb 1949 die Aufführungsrechte für SAPS AT SEA von der in München ansässigen Vertriebsfirma *Bookfilm International Corporation (Bookfilm)*. Diese gehörte dem US-Filmkaufmann George H. Bookbinder, der in den kommenden vier Jahren Laurel-und-Hardy-Filme nach Deutschland lieferte.

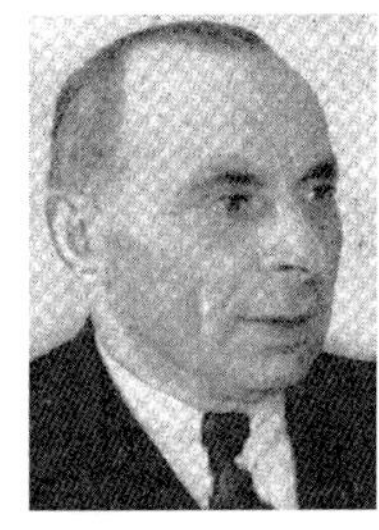
43 Max Krakauer (1949)

SAPS AT SEA ist pures Vergnügen voller Gags, frei von romantischem Ballast. Ollie dreht bei seiner Arbeit als Hupentester durch und soll sich an frischer Seeluft er-

Freiwillige Selbstkontrolle der deutschen Filmwirtschaft
Wiesbaden-Biebrich, Schloß

Register-Nr.
240

Die Ausstellung erfolgt durch die „Freiwillige Selbstkontrolle". Diese Zulassungskarte ist ohne Stempel ungültig. Nachträge oder Änderungen dürfen nur von der „Freiwilligen Selbstkontrolle" vorgenommen werden.

Freigabeschein

Der Spielfilm: **„Abenteuer auf hoher See** (Saps at Sea) "
Länge: 1573 m Herstellungsjahr: 1940
ist unter diesem Titel zur öffentlichen Vorführung

auch vor Jugendlichen unter 16 Jahren, jedoch nicht am Karfreitag, Buß- und Bettag und Allerseelen oder Totensonntag

freigegeben.

Hersteller: **Hal Roach, New York**
Verleiher: **Emka-Filmverleih GmbH., Stuttgart**
Ursprungsland: U. S. A.

Rolle 1: 565 m	Rolle 5: – m	Rolle 9: – m
Rolle 2: 531 m	Rolle 6: – m	Rolle 10: – m
Rolle 3: 477 m	Rolle 7: – m	Rolle 11: – m
Rolle 4: – m	Rolle 8: – m	Rolle 12: – m

Rolle – nach Kürzung – m
Prädikat: –

Wiesbaden-Biebrich, den 15. Dezember 1949
Schloß

Der Arbeitsausschuß der Freiwilligen Selbstkontrolle der deutschen Filmwirtschaft.

44 Die erste Freigabekarte der *FSK* für Laurel und Hardy nach dem Zweiten Weltkrieg

holen. Auf einer unfreiwilligen Seereise können die Freunde einen Schwerverbrecher dingfest machen und der Polizei übergeben. Ollie konnte ihn überwältigen, weil Stan ihn durch sein Posaunenspiel in Rage versetzt hat.

1949 durften ausländische Filme vorrangig nur tauschweise in das devisenschwache Deutschland importiert werden. Dafür legten die alliierten Film-Exporteure Kontingente fest, um die eigenen Absatzchancen zu wahren. Für US-Filme überwachte dies die *Motion Picture Association of America (M. P. A. A.)*: Die *M. P. E. A*-Firmen durften jährlich zusammen nicht mehr als 200 Streifen einführen. Später war die Ende Mai 1949 gegründete Bundesrepublik Deutschland aufgrund des *GATT (General Agreement about Tarifs and Trade)* zur freien Filmeinfuhr verpflichtet. Für SAPS AT SEA musste der Import-Vertrag vom Bundesminister für Wirtschaft genehmigt werden, der die Importlizenz mit der Auflage erteilte, dass *Emka* den Vertrag innerhalb etwa eines halben Jahres erfüllte. Daneben prüfte die alliierte *Filmeinfuhr-Kontrollstelle OMGUS*, ob der Streifen unbedenklich war im alliierten Sinne. Sie erhob keine Bedenken.

1948 hatten die Kultusminister der in der Trizone gelegenen deutschen Länder eine Kommission zur Prüfung der Gefährdung der Jugend durch Filme eingerichtet. Die alliierte Filmzensur sollte durch eine freiwillige deutsche Selbstkontrolle ersetzt werden. Im Juli 1949 nahm die *Freiwillige Selbstkontrolle der Filmwirtschaft (FSK)* ihre Tätigkeit auf. Die Kultusministerien der Bundesrepublik Deutschland entwickelten gemeinsam mit der katholischen und der evangelischen Kirche sowie mit der jüdischen Religionsgemeinschaft und dem Bundesjugendring die Prüfungs-Grundsätze der *FSK*. Kein Film durfte das sittliche oder religiöse Empfinden verletzen, entsittlichend oder verrohend wirken, rassenhetzerische Tendenzen verbreiten und das friedliche Zusammenleben der Völker stören. Auch die Erziehung von Kindern und Jugendlichen zur leiblichen, seelischen oder gesellschaftlichen Tüchtigkeit durfte nicht beeinträchtigt werden. Die Feiertagsgesetze der Länder waren einzuhalten. Entgegen der früheren deutschen Filmzensur durften Filme grundsätzlich auch ohne *FSK*-Prüfung öffentlich vorgeführt werden. Sie mussten aber vorgelegt werden, wenn sie Jugendlichen unter 18 Jahren gezeigt werden sollten. Seit der Einführung des *Jugendschutzgesetzes* im Jahr 1951 ist es außerdem die Aufgabe der *FSK*, die Alterskennzeichnungen für jugendliche Kinogänger zu bestimmen.

Im Früh-Herbst 1949 reichte *Emka* der *FSK* die aus Österreich stammende Kopie der deutsch untertitelten Original-Fassung von SAPS AT SEA ein, die HELDEN AUF HOHER SEE hieß. Sie wurde Anfang Oktober 1949 für Jugendliche unter 16 Jahren bei Feiertagsverbot freigegeben und Mitte Dezember 1949 auch die deutsche Fassung ABENTEUER AUF HOHER SEE – bis 1951 die übliche Freigabe für Laurel-und-Hardy-Filme (Abb. 44). Die deutsche Fassung stammt von Conrad von Molos frisch gegründeter Münchner *Ala-Film GmbH* nach dem Buch von Kurt Hinz und Isolde Lange-Frohloff. Regie führte von Molo. Danach leidet Ollie als «Hupenhysteriker» an der «Hornophobie». Stan verwechselt die verordnete Ziegenmilch-Kur mit einer Fliegenmilch-Kur. Auf dem Schiff bezeichnen Stan und Ollie einander deswegen als «Dicker» und «Doofer», weil der Verbrecher, dem sie sich als Mr. Hardy und Mr. Laurel vorgestellt haben, höhnisch antwortet: «So, Ihr seid Mr. Laurel und Mr. Hardy. Für mich seid Ihr von heute an der Dicke und der Doofe.» Unter Deck spricht Stan daher Ollie als «Dicker» an, woraufhin Ollie schimpft: «Nenn' mich nicht Dicker, du Doofer.» Arno Assmann und Werner Lieven sind die ersten beiden deutschen Stimmen des Duos nach dem Zweiten Weltkrieg, klingen aber

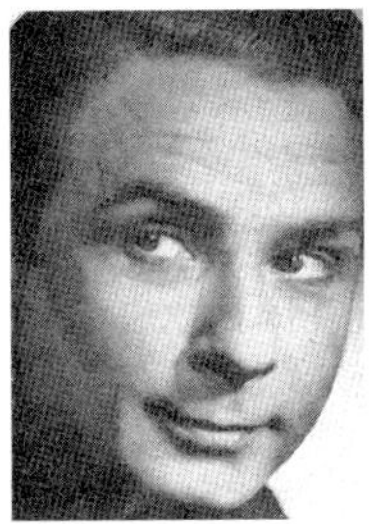

45 Arno Assmann (1950) spricht Stan

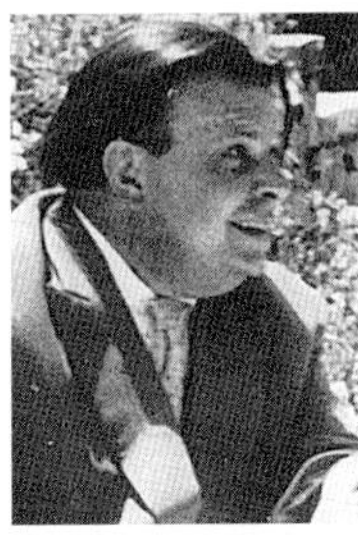

46 Werner Lieven (1953) spricht Ollie

farblos und chargieren gelegentlich (Abb. 45–46). Die Kritik allerdings lobte, dass sich Assmanns und Lievens Stimmen «vortrefflich mit der Komik von Laurel und Hardy verbinden.»

Emkas Werbemittel mit Plakat (Abb. 47) waren ansehnlich und die Werbemottos verglichen mit späteren maßvoll: «Kein Film zum Nachdenken» und «Kaum ebbt ein Lachsturm ab, setzt der nächste schon ein». Trade Shows fanden im Oktober des Jahres in kleineren und mittelgroßen Kinos

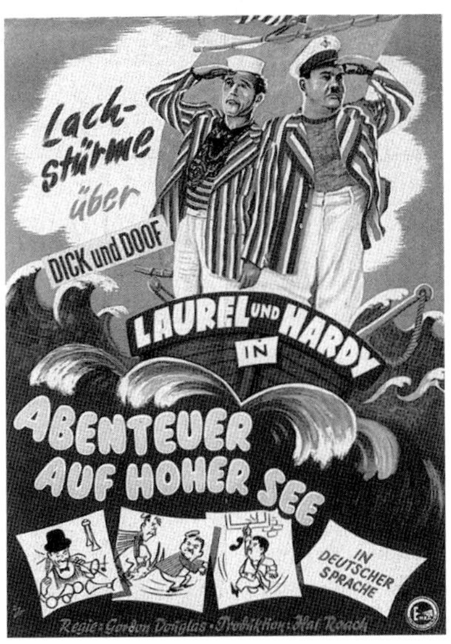

47 Plakat für ABENTEUER AUF HOHER SEE (SAPS AT SEA), 1940

in Frankfurt am Main, Stuttgart und München statt. Die deutsche Premiere von ABENTEUER AUF HOHER SEE folgte danach am 22. Dezember 1949 im Münchner *Regina-Tagesfilmtheater* – ein mittelgroßes Kino mit 496 Plätzen, denn die Zeit von Laurel-und-Hardy-Premieren in großen Kinos war vorbei.

Die Berliner *Filmblätter* jubelten: «Sie sind also wirklich wieder da, und es ist, als sei mit ihnen die goldene Friedenszeit mit ihren Filmen voll beschwingten Unsinns, kindlichen und doch so herrlichen Unsinns zurückgekehrt.» «Unbeschreiblich komisch» nannte die *Illustrierte Filmwoche* den Film. Andere bezweifelten, ob Erwachsene sich für ABENTEUER AUF HOHER SEE erwärmen konnten. Eher sauertöpfisch klingt die Kritik des *Evangelischen Film-Beobachters*: «Etwas für Leute, die leicht und laut lachen. Üblicher Dick-und-Doof-Klamauk mit einigen Ansätzen zur Komik. Für Anspruchslose ab 10 möglich.» Der katholische *Film-Dienst* betrachtete Filme damals nur vom religiösen Standpunkt und überließ die Kritik anderen. Filme wurden trotz hervorragender Darstellung und künstlerischer Anerkennung abgelehnt, wenn der christliche Betrachter meinte, von ihm abraten zu müssen. Über die Bewertungen wurden Filmlisten herausgegeben. ABENTEUER AUF HOHER SEE gefiel dem *Film-Dienst* gar nicht: «Viele werden sich angesichts all dieser mehr oder weniger billigen Späße biegen vor Lachen, obwohl das Ganze trotz seiner faustdicken Situationskomik gar nicht so komisch ist. Eher traurig. Ein derartiges Gebräu aus Unsinn und Dekadenz dürfte selbst für robuste Naturen ungenießbar sein – wenn auch tolle Tricks und flotte Darstellung da und dort bestechen. Das Ganze ist eine Zumutung – für den guten Geschmack nämlich.» Wie sehr sich die katholische Sichtweise wandelte, zeigt ABENTEUER AUF HOHER SEE. 1959 ist von einem «grotesken Ulk» die Rede. Nachdem auch der *Film-Dienst* zur Kritik übergegangen war, war der Film 1987 laut *Lexikon des internationalen Films* der «letzte Qualitätsfilm des Komiker-Paares Laurel und Hardy». Heute heißt es: «Eine der besten Grotesk-Komödien des Duos, getragen von der herrlichen Komik der Darsteller und genau gesetzten Gags.»

In einem Hamburger Kino hielt sich ABENTEUER AUF HOHER SEE bis Ende März 1950 und lastete damit etwa zwei Drittel des gesamten Spielplanes aus. Mitte März 1950 startete der Film in Berlin. Er sorgte dort für eine «noch nie da gewesene Publikumsnachfrage» und einen «großen Überraschungserfolg», sodass sämtliche Vorstellungen der ersten Woche ausverkauft waren. Von Januar bis Oktober 1950 wurde ABENTEUER AUF HOHER SEE allein in sechs deutschen Großstädten insgesamt 255 Tage gezeigt und erreichte damit Platz 145 der 200 am meisten in Deutschland gespielten Filme. Besonders gute Kassen erzielte der Streifen im Rheinland *(Filmblätter)*. Das Publikum vergnügte sich mindestens bis August 1950 mit der Groteske. *Emka* geriet später in wirtschaftliche Schwierigkeiten und holte ABENTEUER AUF HOHER SEE 1952 wieder hervor. Doch auch das rettete den Verleih 1953 nicht vor dem Gang zum Konkursrichter. 1956 wurde die Firma gelöscht.

3. Laurel und Hardys erster Nachkriegsboom kommt ins Rollen

Danach wurden bis 1953 nicht weniger als 14 Spielfilme und 15 Kurzfilme des Teams sowie zwei Solofilme mit Hardy in die bundesdeutschen

Kinos gebracht. Mitte Oktober 1949 beantragte *Prisma* die *FSK*-Vorprüfung des Spielfilmes WAY OUT WEST in der Original-Fassung. *Prisma* nahm den Antrag Ende November 1949 wieder zurück und stellte stattdessen Freigabe-Anträge für die deutsch untertitelten französischen Fassungen SOUS LES VERROUS und TÊTES DE PIOCHES. Nach der *FSK*-Freigabe wurden sie unter den schon bekannten deutschen Titeln HINTER SCHLOSS UND RIEGEL und LANGE LEITUNG deutsch synchronisiert. *Prisma* beauftragte damit die Remagener *Internationale Film-Union AG, Studio Remagen (IFU)*, die während der kommenden gut 15 Jahre immer wieder Laurel-und-Hardy-Filme deutsch fassen sollte. Gegründet in der französischen Besatzungszone mit dem Ziel, eine kleine Filmstadt für die Spielfilmproduktion zu betreiben, konzentrierte sie sich nach ihrem Umzug von Teningen nach Remagen auf Drängen der französischen Militärverwaltung auf deutsche Synchron-Fassungen vorwiegend französischer Filme.

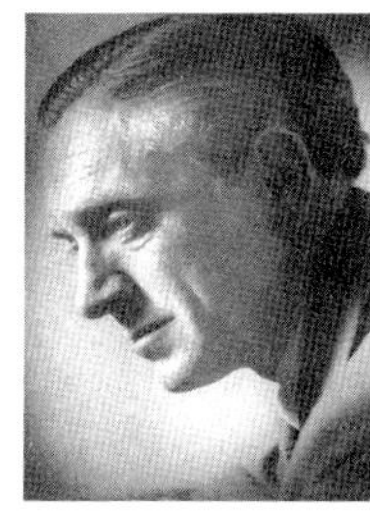

48 Walter Bluhm (1950er-Jahre) als Laurel

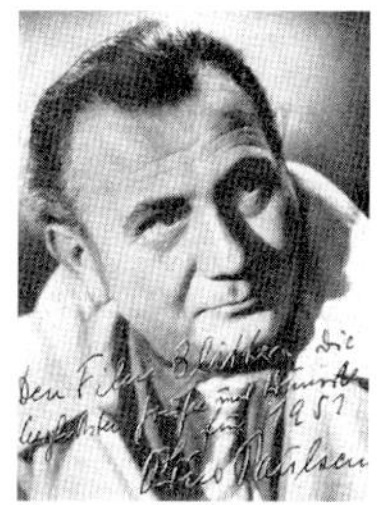

49 Arno Paulsen (1950) als Hardy

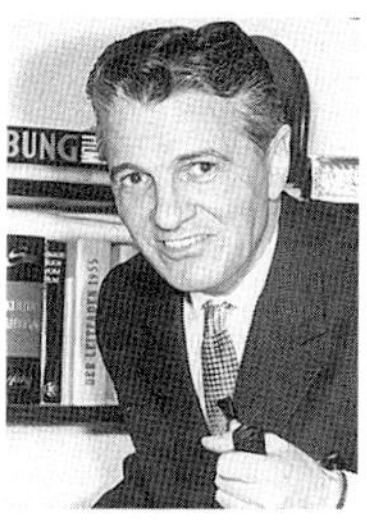

50 Komponist Conny Schumann (1950er-Jahre)

Mit diesen beiden deutschen Fassungen wurde Walter Bluhm als Laurels deutsche Stimme etabliert (Abb. 48). In nur sehr wenigen Ausnahmefällen wurde Laurel noch von anderen Schauspielern synchronisiert. Hardys deutsche Sprecher hingegen wechselten häufiger. Aber seine definitive deutsche Stimme wurde auch jetzt schon gefunden. Sie gehört dem Bühnen- und Filmschauspieler Gustav Zubke, mit Künstlernamen Arno Paulsen (Abb. 49). Bluhm und Paulsen glichen körperlich in gewisser Hinsicht Laurel und Hardy. Im Synchronatelier war der schmächtige Bluhm die Ruhe selbst, benötigte wenig Platz vor dem Mikrofon und war «takesicher», das heißt, er konnte die einzelnen kurzen Filmabschnitte meist auf Anhieb verwendungsreif sprechen. Paulsen lag das weniger, er gestikulierte bei den Aufnahmen raumgreifend und konnte auch ungehalten werden. Bluhm und Paulsens Stimmen klingen anders als die von Laurel und Hardy, aber sie vermitteln absolut den richtigen Eindruck der beiden Komiker, so auch in den beiden *IFU*-Fassungen. Beide Sprecher harmonierten zudem außerhalb des Synchron-Ateliers miteinander. In späteren Jahren übernahm Paulsen die Planung ihrer Synchron-Termine für Laurel-und-Hardy-Filme.

Der Kapellmeister und Filmkomponist Conny Schumann bearbeitete bei der *IFU* zum ersten Mal musikalisch Laurel-und-Hardy-Grotesken (Abb. 50). Er besaß ein präzises Verständnis für Komik, und seine Musiken für kurze Werbefilme haben den Stil kleiner Musicals. Da die internationalen Tonbänder häufig fehlten, musste bei der Synchronisation der gesamte Ton eines Filmes neu aufgenommen werden. So war es auch bei den französischen Laurel-und-Hardy-Fassungen. Schumanns neue

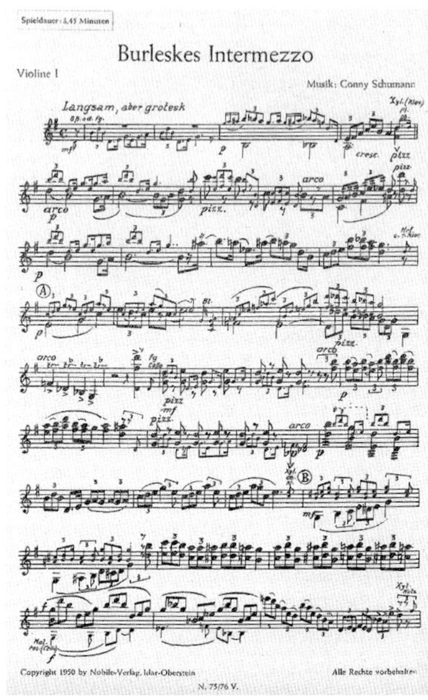

51 «Burleskes Intermezzo» von Conny Schumann (Violinen-Partitur) für LANGE LEITUNG (BLOCKHEADS) und HINTER SCHLOSS UND RIEGEL (ANY OLD PORT, PARDON US und ONE GOOD TURN)

Ende 1949 bearbeitete Eduard Wesener HINTER SCHLOSS UND RIEGEL als Autor und Regisseur deutsch. Paulsen sprach ohne sich zu verstellen. Weseners an sich gepflegte Texte gehen aber zuweilen auf Stelzen, und ihnen fehlt die Dynamik. Während Stan und Ollies Dunkelhaft sind die Dialoge sogar albern. Als Gefängnislehrer Finlayson ist Pfeiffer ausgezeichnet.

Ende März 1950 erhielt HINTER SCHLOSS UND RIEGEL seine *FSK*-Freigabe. Da war der Film schon am 26. April 1950 im Frankfurter Lichtspieltheater *Luxor* in einer Trade Show gelaufen, der Anfang Mai 1950 eine weitere in den Münchner *Rathaus-Lichtspielen* folgte. Zu dem Zeitpunkt hatte *Prisma* bei der Münchner *Film-Berichterstattung Günter Meinel* ein «Erfolgsgutachten» eingeholt, das die Aussichten für den Film als «fühlbar über dem Durchschnitt» einschätzte: «Die lustig-ausgelassene Stimmung Musik mit verschiedenen komischen Einfällen ist flott, wie die sich mehrfach wiederholende «Treppenmusik» und das eigens für diese beiden Filme geschriebene «burleske Intermezzo», was zum Beispiel in der Szene beim Gefängnis-Zahnarzt in HINTER SCHLOSS UND RIEGEL hervorragend funktioniert (Abb. 51).

LANGE LEITUNG wurde von Werner Malbran als Dialogautor und Regisseur deutsch gefasst. Er ließ Paulsen ungewohnt tief sprechen, um Hardys Tonfall zu erreichen. Erfolgreich war Paulsen aber später in der Rolle mit seinem eigenen Tonfall. Auch Bluhm blieb anderen Synchronsprechern, die versuchten, sich Laurels Originalstimme anzugleichen, stets überlegen. James Finlaysons Rolle sprach Hermann Pfeiffer.

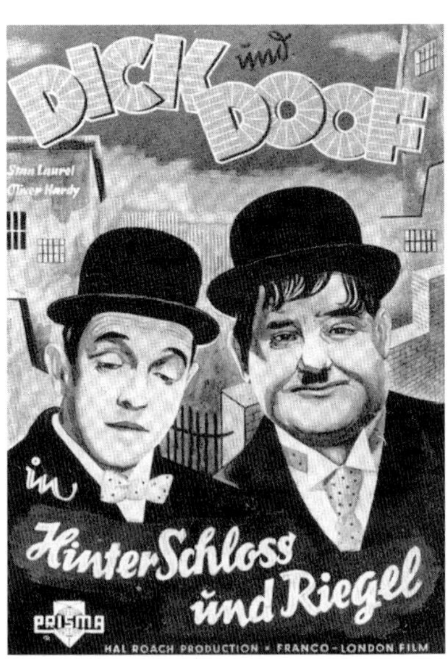

52 Plakat für HINTER SCHLOSS UND RIEGEL (ANY OLD PORT, PARDON US und ONE GOOD TURN), 1950

wird ständig aufrechterhalten. Das Komik-Feuerwerk knattert ununterbrochen. Frauen spricht diese Art von Unsinn und verrückten Streichen weniger an.» *Prisma* verkündete in seinem Werberatschlag «Dick und Doof sind wieder da» und gab das übliche Werbematerial nebst einem nicht besonders ansehnlichen Filmplakat heraus (Abb. 52). Unter die Aushang-Fotos hatte sich ein Bild verirrt, auf dem Stan und Ollie die Tochter des Gefängnisdirektors mit dem Sprungtuch auffangen. Das stammt allerdings aus der verschollenen gleichnamigen deutschen Sprachversion von PARDON US (Abb. 53).

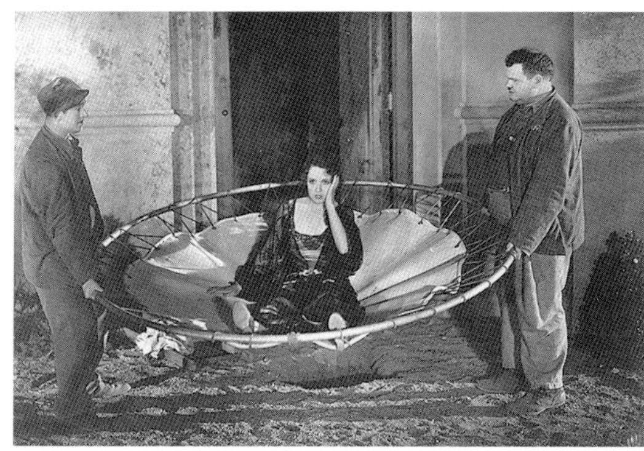

53 Prisma-Aushangfoto für HINTER SCHLOSS UND RIEGEL mit einer Szene aus der verschollenen gleichnamigen deutschen Sprachversion von 1931

HINTER SCHLOSS UND RIEGEL wurde am 23. Mai 1950 in den Berliner *Prisma-Lichtspielen* erstaufgeführt, an den beiden folgenden Tagen fanden im norddeutschen Raum noch weitere Trade Shows statt. Der Film war ein voller Erfolg. Allein 1950 lief er 1.208 Tage *(Filmblätter)*. Als er Anfang Juni 1950 in den Hamburger *Stern-Lichtspielen* gezeigt wurde, ließ der Verleih Doppelgänger von Laurel und Hardy durch Hamburg ziehen (Abb. 54). In Nürnberg ging der Film «trotz heißer Jahreszeit» in die dritte Woche, und noch Monate später war er ein Kassenmagnet. «Volle Häuser! Volle Kassen!» (Abb. 55), «Theatersaal gerammelt voll», «ein Riesengeschäft», «man lacht sich schief und krumm» und «Mehr solche Filme – und es gibt keine Theaterkrise mehr», waren einige zufriedene Reaktionen. Angeblich wurden Kopfweh-Tabletten benötigt, weil man sich krankgelacht hatte *(Illustrierte Filmwoche)*. Das Publikum «brüllte vor Lachen», und sogar «das Zwerchfell anspruchsvoller Beschauer erzitterte» *(Hamburger Volkszeitung)*. Das *Film-Echo* wünschte sich, dass andere sich eine kleine Scheibe von Laurel und Hardys Witz und Einfallsreichtum abschnitten. Der katholische *Film-Dienst* befand damals knapp: «Ulk und Albernheit am laufenden Band – für naives Publikum erheiternd». Das ist nicht weit entfernt von seiner heutigen Einschätzung, der Film sei «vor allem urkomisch» und

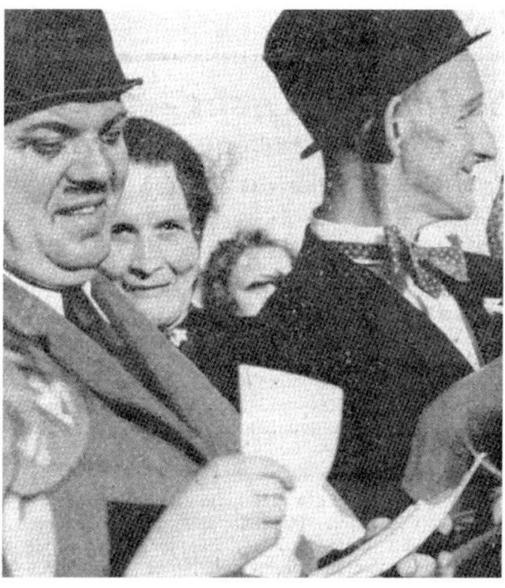

54 Laurel-und-Hardy-Doppelgänger werben 1950 in Hamburg für HINTER SCHLOSS UND RIEGEL

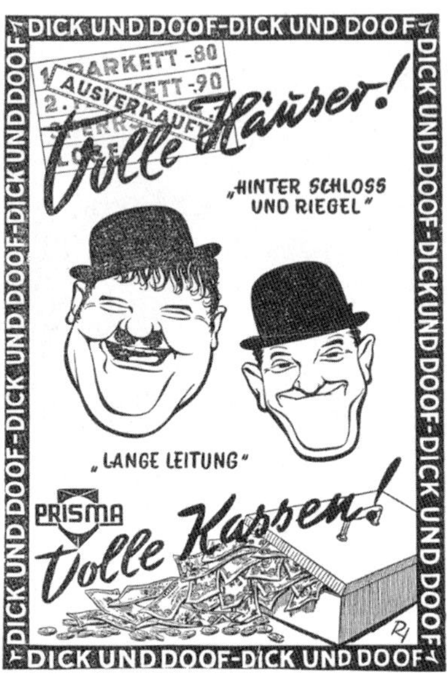

55 Kombi-Werbung für HINTER SCHLOSS UND RIEGEL und LANGE LEITUNG

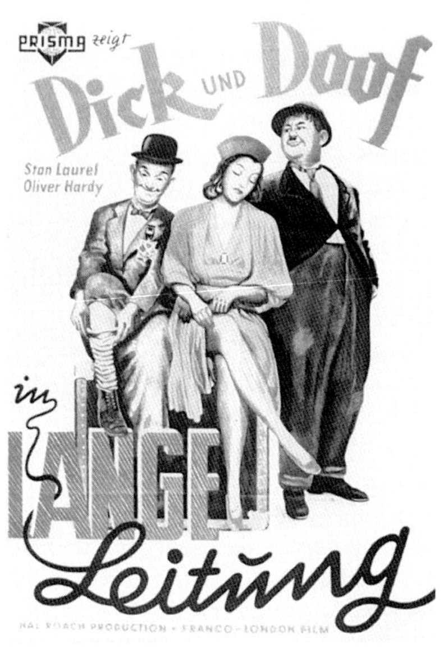

56 Plakat für LANGE LEITUNG, 1950

«eine sympathische Unterhaltung voller ausgelassener Einfälle». Der *Evangelische Film-Beobachter* aber polterte: «Eine hässliche Fabel, die mit ihrer überstürzten Häufung von Situationskomik primitivster Art unerträglich ist. Sieht und hört man die urteilsfähige, halbwüchsige Jugend zu diesem erschreckenden Unfug lachen, fragt man sich in ernster Besorgnis: Wo bleiben die verantwortlichen Stellen, die gegen Synchronisierung und Vorführung

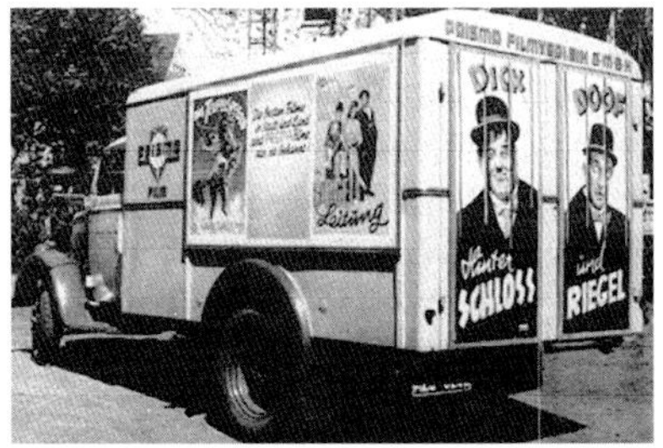

57 Prisma-Werbeauto von 1950 wirbt für HINTER SCHLOSS UND RIEGEL und LANGE LEITUNG

solcher schlechten Auslandsfilme schärfstens protestieren?»

Für LANGE LEITUNG warb *Prisma* gefälliger. Das Filmplakat ist erstklassig (Abb. 56–57). Laut Verleih sollte der Film schwarzhumorig enden: «In einer Schlussszene berichtet der Großwildjäger einem Reporter über seine Heldentaten. Stolz weist er auf seine Trophäen: Zebra, Bär, Elch – und schließlich ‹zwei mit einem Schuss erlegte Vögel›: Stan und Oliver.» Roach hatte diese nicht gedrehte Szene von vornherein als geschmacklos verworfen. In den 1960er-Jahren endete aber die Episode NO MOOSE IS GOOD MOOSE aus der Serie der LAUREL AND HARDY CARTOONS wie berichtet.

LANGE LEITUNG hatte am 6. Juni 1950 Premiere in den West-Berliner Kinos *W. B. T.*- und *Rivoli-Lichtspiele*. Die Berichte von pausenlosem Lachen waren sicher nicht übertrieben. Noch im Februar 1951 gingen die Zuschauer nach dem Kino-Besuch hochzufrieden nach Hause. Die *Filmblätter* hatten dennoch «ein bisschen zu viele Längen zwischen den wenigen Lachsalven» entdeckt. Am *Evangelischen Film-Beobachter* war LANGE LEITUNG als «übliche Serienproduktion voller Plattheiten und kindlich naiver Späße» vorbeizogen, und er stichelte: «Man hätte den Film nicht drehen sollen. Die Jugend mag getrost über seine neuaufgewärmten ‹Gags› lachen, wenn sie es vermag.»

4. Einige Fehlstarts

Anfang Februar 1950 beantragte die 1949 gegründete Münchner Vertriebsfirma *Globus Film GmbH (Globus)* im Auftrag des Filmvertriebs *All Star Pictures Sales Corporation (All Star)*, wie sich Bookbinders *Bookfilm* mittlerweile nannte, bei der *FSK* die Vorprüfung der Original-Fassungen der Spielfilme Die VERWANDTEN (OUR RELATIONS), DIE FLIEGENDEN TEUFEL (THE FLYING DEUCES) und SWISS MISS. Die von der *FSK* verlangten deutschen Dialoglisten konnte man nicht beibringen. SWISS MISS wurde für Jugendliche freigegeben. Ihre Rechnung an die *Globus* musste die *FSK* jedoch abschreiben. Die *Globus*-Gesellschafter liquidierten ihre Firma, aber nicht wegen angeblich besonderer Importschwierigkeiten, sondern weil nicht einmal das Geld für die Prüfgebühren vorhanden war, die *All Star* intern nicht übernehmen wollte.

Nicht anders war es bei OUR RELATIONS, sodass *All Star* die Auswertungsrechte für diesen Film an die frisch gegründete Berliner *Central Europäische Filmverleih GmbH* übertrug. Doch auch die steckte von Anfang an in wirtschaftlichen Schwierigkeiten, was sie nicht davon abhielt, schon einmal die *IFU* mit der Synchronisation des Filmes zu beauftragen. Ein Abschlag auf die Kosten war zu zahlen, sobald die *IFU* die Rohübersetzung für den Laurel-und-Hardy-Film vergab. Sie lag im März 1951 vor, aber die *IFU* hatte bis dahin kein Geld vom Verleih erhalten, und es kam auch nicht. Denn *All Star* war mit den ausgehandelten Konditionen der Synchronisation nicht einverstanden, angeblich betrieb der Geschäftsführer des Verleihs riskante Spekulationsgeschäfte, und sehr schnell musste man zugeben, nicht liquide zu sein. Als der Verleih die *IFU* damit hinzuhalten versuchte, sich das nötige Geld von *All Star* zu beschaffen, die aber nicht bereit war, finanziell auszuhelfen, platzte der Synchronauftrag. Der *FSK* täuschte der Verleih aber vor, OUR RELATIONS werde gerade synchronisiert. Mitte April 1951 wurde für den Verleih noch der deutsche Titel DICK UND DOOF UNTER BANDITEN ins Titelregister der *SPIO* eingetragen. Dann wurde die Verleih-Spitze ausgetauscht, aber das rettete den Gläubigen der *Central Europäischen Filmverleih GmbH* kein Geld. Denn im Januar 1953 wurde die Eröffnung des Konkursverfahrens über ihr Vermögen mangels Masse abgelehnt.

THE FLYING DEUCES gab die *FSK* Anfang Mai 1950 frei. Diesmal beglich *Globus* einen Teil der Gebühren und versuchte vergeblich, die *FSK* zu bewegen, den Rest zu erlassen. Die *FSK* behielt daher die auf *Globus* ausgestellten Freigabekarten ein. Bis Ende Oktober 1950 betrieb *Globus* Werbung für den Film, konnte es sich aber nicht leisten, ihn auch in die Kinos zu bringen. *All Star* verkaufte die Auswertungsrechte für THE FLYING DEUCES deshalb an einen anderen Verleih.

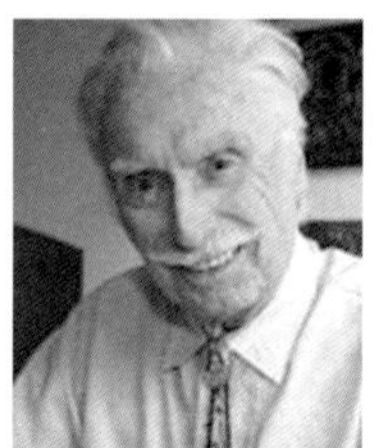

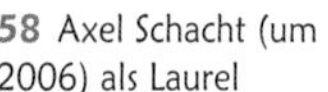

58 Axel Schacht (um 2006) als Laurel

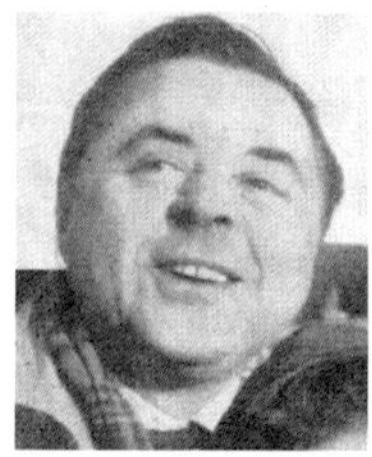

59 Wilfried Seyferth (1954) als Hardy

1949 hatte der US-Großverleih *MGM* in Frankfurt/Main eine neue deutsche Niederlassung eingerichtet und seine Geschäfte zum Jahresbeginn 1950 unter dem Motto «Der *Metro-Löwe* brüllt wieder in alter Lautstärke» aufgenommen. Der wirtschaftlich gesunde Verleih wollte Laurel und Hardys im Herbst 1944 gedrehten Spielfilm NOTHING BUT TROUBLE in Deutschland aufführen. Ende Mai 1950 wurde er unter dem deutschen Titel DIE LEIBKÖCHE SEINER MAJESTÄT von der *FSK* freigegeben. Doch der Verleih hatte sein Jahreskontingent mit anderen, wirtschaftlich bedeutenderen Spielfilmen ausgeschöpft. Daher kam der Laurel-und-Hardy-Film erst im September 1952 in die deutschen Kinos.

5. Premieren-Wettlauf

Der 1949 gegründete Verleih *Trans Continent Film GmbH (Trans Continent)* hatte von *All Star* die Verwertungsrechte für die 1948 importierte Export-Fassung von A CHUMP AT OXFORD erworben. In dem vergnüglichen Film treten Stan und Ollie arglos von einem Fettnäpfchen ins andere. Der deutsche Arbeitstitel lautete SPRUNG INS GLÜCK, wie der Film in Österreich genannt worden war. Dabei war aber «Chump» [«Trottel»] mit «Jump»[«Sprung»] verwechselt worden. Als DICK UND DOOF ALS STUDENTEN wurde die deutsche Fassung Anfang November 1950 freigegeben.

Nachdem Stan und Ollie als Butler-Ehepaar (Stan in Frauenkleidern) die Party eines neureichen Ehepaares zum Fiasko gemacht haben, arbeiten sie als Straßenkehrer. Als sie dabei einen Bankräuber schnappen, dürfen sie zur Belohnung in Oxford studieren, wo Stan sich nach einem Schlag auf den Kopf in ein Genie verwandelt und Ollie drangsaliert. Nach einem weiteren Schlag ist Stan aber wieder der alte.

DICK UND DOOF ALS STUDENTEN wurde von Hans Eggerth (Buch und Regie) bei der Münchner *Uranus-Film GmbH* in den Geiselgasteiger Synchronateliers deutsch bearbeitet. Die Originalmusik wurde beibehalten, und die deutschen Credits sind dem Original nachempfunden. Nach dem erhaltenen gut halbstündigen Fragment, sind die deutschen Texte ohne Esprit, gelegentlich wird auch gekalauert. Laurel und Hardys Rollen wurden von Axel Schacht (Abb. 58) beziehungsweise Wilfried Seyferth (Abb. 59) gesprochen. Schacht zieht Stan durch einen chargierenden Tonfall ins Lächerliche. Seyferth passt recht gut auf Hardy.

Bei der Werbung konzentrierte sich *Trans Continent* auf den Spuk im Oxforder Labyrinth. Die Außenfronten der Kinos wurden mit lustigen Geistern bemalt, deren Augen nach Einbruch der Dunkelheit abwechselnd aufleuchteten. Kinder konnten Luftballons mit Laurel und Hardys Gesichtern und Doktorhüten in die Luft steigen lassen, dazu einen Ballon behängt mit einem wehenden weißen Laken. Vor allem spielte der Verleih «fünf Asse in einem Programm» aus. Gemeint waren damit Laurel und Hardy und «drei Männer aus Texas», die im Vorprogramm eine BANDITENJAGD IN COLORADO veranstalteten (Abb. 61).

Als der deutsche Verleih *20th Century Fox (Centfox)* von Ende September bis Anfang Oktober 1950 für den Spielfilm STIERKÄMPFER WIDER WILLEN Trade Shows in Hamburg, Berlin, Düsseldorf, Frankfurt und München veranstaltete, kam *Trans Continent* dessen Premiere zuvor und startete DICK UND DOOF ALS STUDENTEN am 17. Oktober 1950 in den Münchner Kinos *Regina Tagesfilmtheater* und *Ostbahnhof-Lichtspiele* (Abb. 60).Das geschah ohne Freigabe und ohne Freigabekarten. *Trans Continent* war damit kein Einzelfall. Aber die *FSK* beschränkte sich gegenüber den Antragstellern, die Laurel-und-Hardy-Filme vertrieben, immer auf Proteste, auch nachdem Verleiher sich ab Mai 1952 einem Überwachungsverfahren unterwerfen mussten und Konventialstrafen hätten verlangt werden können. *Trans Continent* beglich die Prüfgebühren erst im März 1951. Bis dahin war das Programm mit den «fünf Assen» schon längst in weiteren Kinos gelaufen, Ende Dezember 1950 in mehreren Berliner Kinos und im Januar 1951 in Hannover. Der Verleih wird wohl an chronischer Geldknappheit gelitten haben. Denn im Sommer 1951 stellte er einen gerichtlichen Vergleichsantrag und geriet in Konkurs.

DICK UND DOOF ALS STUDENTEN kam bei der Kritik als «Pfundsgaudi» gut an *(Illustrierte Filmwoche)*, seine Komik wurde sogar als «Chaplin kongenial» bezeichnet (Berliner *Tagesspiegel*). Ganz anders die konfessionellen Betrachter. Der *Film-Dienst* stufte den Film als «primitiv und oberflächlich» ein. Nachdem der *Evangelische Film-Beobachter* ihn 1950 ignoriert hatte, wetterte er gegen ihn bei der Wiederaufführung. Das Blatt

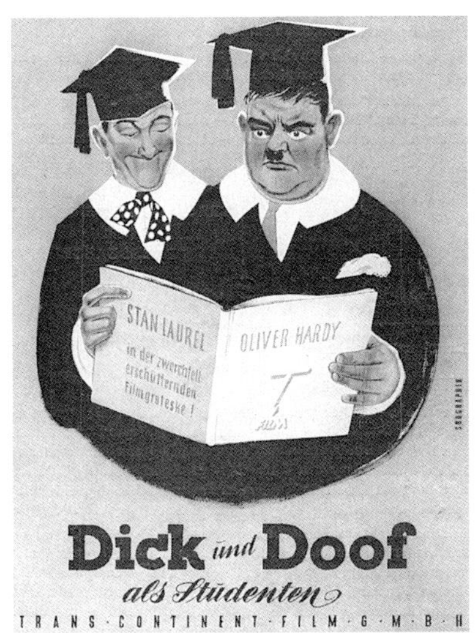

60 Plakat für DICK UND DOOF ALS STUDENTEN (A CHUMP AT OXFORD), 1950

lehnte Laurel und Hardys Komik absolut ab und bezeichnete den Streifen als niveaulos und primitiv: «Es ist ein trauriges Zeichen, dass Filme solcher Art, wenn sie Sonntag nachmittags in Jugendvorstellungen laufen, überbesucht sind und beim Publikum schreiendes Gelächter hervorrufen, an dem man das Fehlen jeglicher Wertungsmöglichkeiten ablesen kann. Verantwortungsbewusste Eltern sollten ihre Kinder der Gefahr nicht aussetzen, die vom häufigen Konsum derart erniedrigender Blödigkeit ausgeht.» Den Kinobesitzern bescherte DICK UND DOOF ALS STUDENTEN einige Monate lang manchmal ausverkaufte Häuser und meistens durchschnittliche Kassen, bis das Geschäft im Sommer 1951 nur noch «mittelmäßig» verlief. Ursache könnte der Vorfilm BANDITENJAGD IN COLORADO gewesen sein, der als «Schablone» sein Publikum nur noch bei Jugendlichen und Wildwest-Liebhabern gefunden haben soll *(Film-Sonderdienst Ott)*. 1953 versuchte

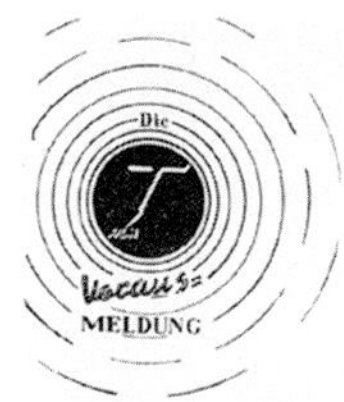

DIE KENNEN SIE DOCH, ODER?

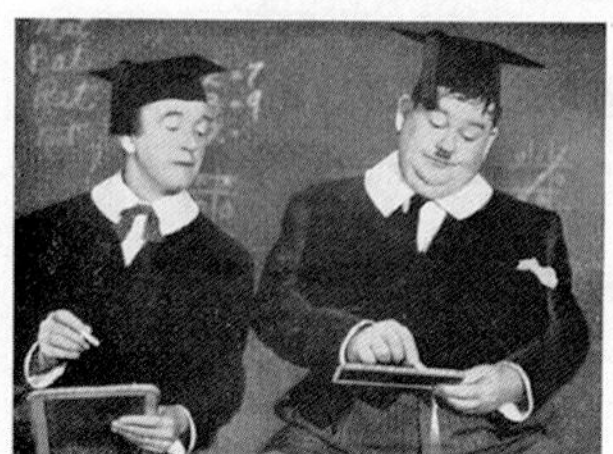

GANZ RECHT, SIE SIND ES!

Dick und Doof DIESMAL als Studenten

(in deutscher Sprache – Länge 1700 m)

Können Sie sich vorstellen, was passiert, wenn diese beiden Einzug halten in Oxford, Englands altehrwürdiger Universität? (Nach dem Motto: „... Man müßte was für seine Bildung tun .... Zumindest sollte man zu erfahren suchen, wieviel – ungefähr wenigstens – 3 x 5 ist!")

Erlassen Sie uns, sehr geehrter Herr Theaterbesitzer, Ihnen auch nur einen Bruchteil der tollen Einfälle zu schildern, die sich in diesem Film geradezu jagen. Vergessen Sie jedoch keinesfalls, Ihrem Publikum das Mitbringen einer genügenden Anzahl von Taschentüchern zu empfehlen! Soviel Tränen, wie hier gelacht werden, kann man schlecht mit der Hand fortwischen ....

Vorher aber

bringen wir Ihre Besucher richtig in Stimmung! Da „geht geht es rund"! Dafür sorgen 3 alte Bekannte, die Sie als „3 Männer aus Texas" kennengelernt und liebgewonnen haben: Stahlharte Burschen mit Herz, Humor und erheblichem Mumm in den Knochen. Erinnern Sie sich ihrer noch?

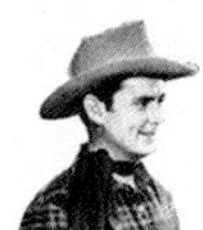

Wieder einmal stimmte es irgendwo im wilden Westen nicht –

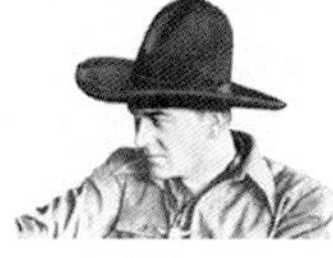

darauf ritten die drei Unzertrennlichen eben mal rüber zur

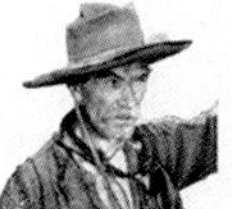

Banditenjagd in Colorado!

Auch hier wird 900 m lang in deutscher Sprache geflucht, geschossen und geritten!

Nun, sehr geehrter Herr Theaterbesitzer, ist das nicht ein stolzes Wort:

5 ASSE in einem PROGRAMM!

In wenigen Tagen laden wir Sie ein. Ihr Publikum würde sich freuen, wenn es von dieser tollen Kombination bereits wüßte. – Halten Sie ihm daher Termine frei!

Ihre

TRANS CONTINENT FILM GMBH

61 Werbung für DICK UND DOOF ALS STUDENTEN mit BANDITENJAGD IN COLORADO, 1950

der im Vorjahr gegründete und 1955 schon wieder von der Bildfläche verschwundene Düsseldorfer *Germania-Filmverleih* sein Glück mit dem Film. Es war eine Eintagsfliege.

DICK UND DOOF ALS STUDENTEN war dem Ende September 1950 freigegebenen Streifen STIERKÄMPFER WIDER WILLEN, der ursprünglich DIE TOREROS heißen sollte, tatsächlich nur wenige Tage zuvorgekommen. Dessen deutsche Fassung, die von der Berliner *Kaudel-Film* hergestellt worden war (Autor und Regisseur sind unbekannt), erlebte am 20. Oktober 1950 im Stuttgarter *Metropol-Palast* ihre Ur-

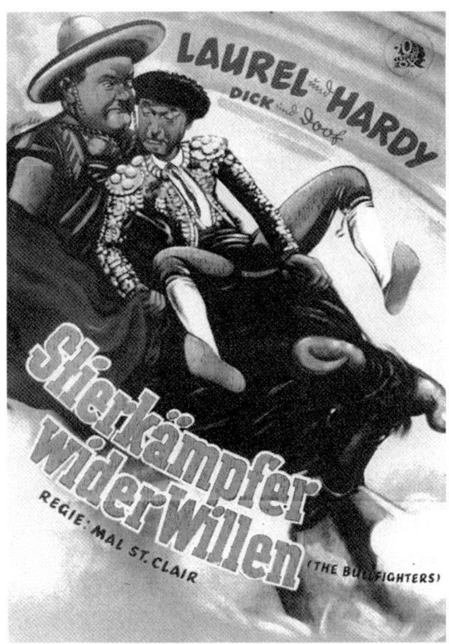

62 Plakat für STIERKÄMPFER WIDER WILLEN (THE BULLFIGHTERS), 1950

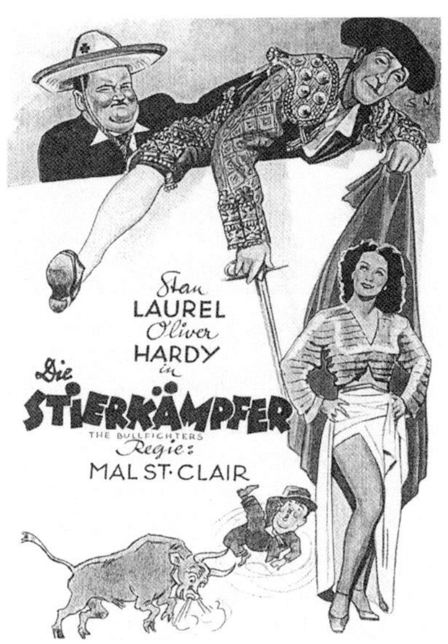

63 Plakat für DIE STIERKÄMPFER (THE BULLFIGHTERS), 1950

aufführung. Nicht zuletzt ist es Bluhm und Paulsens Verdienst, dass die Synchronisation Frische und Leichtigkeit ausstrahlt. *Centfox* sparte nicht an der Werbung, zu der ansprechende Plakate gehörten (Abb. 62–63). Es wurden auch Straßenszenen mit Personen inszeniert, die sich als Stan und Ollie verkleidet hatten. Damit setzte man allerdings auf Klamauk.

Die Kritik reagierte auf STIERKÄMPFER WIDER WILLEN überwiegend positiv. «Umwerfend komisch» und «Dick-und-Doof-Filme haben Herz und Seele. Das macht sie wertvoller, appetitlicher und empfehlenswerter als manchen blutrünstigen Raudaufilm», notierte die *Nordsee-Zeitung*. Im *Film-Dienst* waren Laurel und Hardy immerhin «Clowns von Rang», doch der Film wurde nur für Erwachsene empfohlen, weil Conchitas Tanz im Torero-Café von «kräftiger Erotik» sei. Weniger prüde gab sich der *Evangelische Film-Beobachter*, wertete den Streifen aber ab: «Eine kurvenreiche Schönheitstänzerin und das für angloamerikanische Länder berechnete Grusel-Ende treten zurück hinter der Knickeier-Komik und die sinnlosen Blicke und Gebärden der beiden Helden. Dick und Doof in Mexiko, ab 10 möglich, aber nicht zu empfehlen.» Wie auch immer, die Zuschauer strömten in die Kinos und machten STIERKÄMPFER WIDER WILLEN in Deutschland zu einem soliden Erfolg. Der Film konnte jahrelang mit Gewinn vermarktet werden. 1957 stellte der Verleih außerdem eine 23-minütige Kurzfassung für das Vorprogramm her.

Am 24. November 1950 wurde der im September 1950 für Jugendliche ab 16 Jahren mit Feiertagsverbot freigegebene *Republic*-Western THE FIGHTING KENTUCKIAN mit John Wayne in der Hauptrolle und mit Hardy in einer großen Nebenrolle unter dem deutschen Titel IN LETZTER SEKUNDE in den Hannoveraner Kinos *Schauburg*

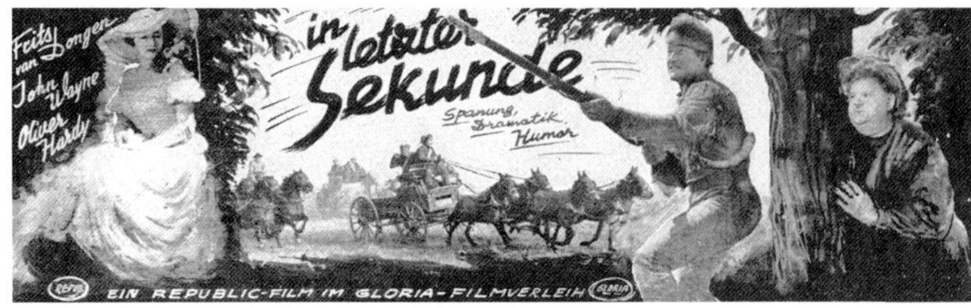

64 Außenfront-Werbung für IN LETZTER SEKUNDE (THE FIGHTING KENTUCKIAN), 1950

und *Universum-Lichtspiele* in Deutschland erstaufgeführt. Dem waren von Mitte bis Ende August 1950 fünf Trade Shows in Hamburg, Berlin, Düsseldorf, Frankfurt/Main und München vorausgegangen. Der Streifen wurde von Ilse Kubaschewskis 1949 gestarteter Münchner *Gloria-Filmverleih GmbH (Gloria)* verliehen, die praktisch der Verleih-Dependance der US-*Republic* war.

Der «Durchschnittswestern mit Stars» spielt in Alabama, wo sich französische Soldaten gegen Flusspiraten zu Wehr setzen. An der Seite der Franzosen kämpfen die Helden bis zum Happy End. Hardy füllt seine Rolle großartig aus, und er lässt erfrischenden Humor durch die etwas zähe Angelegenheit wehen.

Die deutsche Fassung des Films besorgte die Berliner Firma *Elite Film-Franz Schröder (Elite)*, die aus dem Berliner Synchronstudio der *M.P.E.A.* hervorgegangen war. Fritz A. Koeniger, einer der am meisten beschäftigten und versiertesten deutschen Synchronautoren der Nachkriegszeit, verfasste das deutsche Dialogbuch. Die Dialogregie führte der schon aus dem Synchrongeschäft des Dritten Reiches bekannte Bruno Hartwich. Er besetzte die deutsche Fassung hervorragend, unter anderem Hardy mit Paulsen.

Gloria arbeitete mit Schlagzeilen wie «Abenteuer, Liebe, Humor – Genau die richtige Mischung» und versuchte, die Handlung des Films als «wahre Begebenheit aus der amerikanischen Geschichte» hinzustellen. Schon damals ließ John Wayne «alle Frauenherzen höher schlagen». Ein gefälliges Plakat und Vorschläge der *Gloria* für die Gestaltung der Außenfronten der Kinos (Abb. 64) rundeten die Werbung ab. «Die Zuschauer gingen vor Begeisterung mit», schrieb die *Illustrierte Filmwoche*, und die *Filmblätter* berichteten von «guten Schauspielern, verwegenen Cowboy-Stücken und günstigen Geschäftsaussichten». Gegen Kampfszenen hatte der katholische *Film-Dienst* keine Einwände, weil «Komik und humorvolle Übertreibungen pädagogische Bedenken bezüglich der munter von den Gäulen purzelnden Toten» nicht aufkommen ließen. Dass es sich um eine «brave, genügsame Dutzendware» handelte, erkannte der *Evangelische Film-Beobachter* zutreffend. Über Hardys Beitrag schrieb er: «Weil das den Filmvätern offenbar selber zu dürftig war, zwängten sie Oliver Hardy, die umfangreichere Hälfte von Dick und Doof, zwischen die Rippen der mageren Handlung, dessen rundliche Komik für Raufereien im Stil wohleinstudierter Parterre-Akrobatik sorgt. Zusammenhänge sind nicht wichtig, nur Situationen, die für den Helden effektvoll arrangiert, aber schal fotografiert wurden.» Der Film fand auch bei Frauen großen Anklang, denen zunehmend Western gefielen. Im Juli 1951 war allerdings das Potenzial des Streifens ausgeschöpft *(Film-Sonderdienst Ott)*. Über 30 Jahre später, am 24. Juni 1981, wurde der Film im dritten Programm des Bayerischen Rundfunks erstmals im Fernsehen gezeigt.

Ende Oktober 1950 gab die *FSK* den Laurel-und-Hardy-Klassiker SONS OF THE DESERT unter dem deutschen Titel HILFE – WIR SIND ERTRUNKEN für die 1949 gegründete Hamburger *Phoebus International Filmproduktionsgesellschaft (Phoebus)* frei (Abb. 65). Die Auswertungsrechte stammten von der Den Haager Firma *Filmimport* im Paket mit dem Kurzfilmprogramm WHY WORRY mit den kurzen Laurel-und-Hardy-Grotesken ME AND MY PAL, BUSY BODIES und DIRTY WORK, das man aber nicht für den deutschen Markt aufbereitete.

Phoebus ließ den Film bei der 1949 gegründeten Berliner *Thurnau-Film-Produktion-Synchronisation GmbH* deutsch fassen. Erwin Bootz (Abb. 66), ehemaliger Pianist und Sänger der legendären *Comedian Harmonists,* war im Synchron-Gewerbe auf Komödien spezialisiert. Für HILFE – WIR SIND ERTRUNKEN verfasste er die deutschen Texte und führte die Regie. Laurel und Hardys Stimmen besetzte er wieder anders, nämlich mit sich selbst beziehungsweise mit dem Routinier Alfred Haase (Abb. 67). Ollies Filmschwager Charley Chase und den Trailer-Kommentar spricht Georg Thomalla (Abb. 68). Die Sprecher chargieren hin und wieder, und

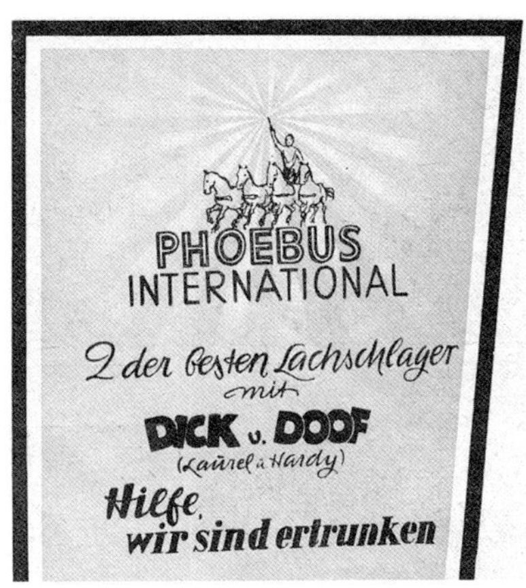

65 Werbung für für HILFE – WIR SIND ERTRUNKEN! (SONS OF THE DESERT), 1950

manchmal ist auch der Kontrast zwischen Laurel und Hardy merkwürdig, wenn Bootz farblos klingt und Haase beinahe brüllt. Den Trailer-Kommentar präsentiert Thomalla mal wie ein begeisterter Varieté-Besucher und mal im Tonfall des unschuldigen Pantoffelhelden. Die Musikfassung des Filmes stammt vom Komponisten Richard Stauch.

Nicht *Phoebus*, sondern die *Rhein-Main-Film-GmbH* in Frankfurt am Main vertrieb HILFE – WIR SIND ERTRUNKEN und organisierte Mitte November 1950 in Nürnberg und Stuttgart zwei Trade Shows. Die Fachpresse machte dem Streifen mit seinem «dick aufgetrage-

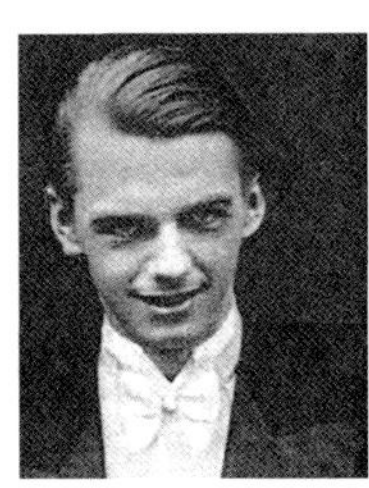

66 Erwin Bootz (1930er-Jahre), Dialogautor und Laurels Stimme

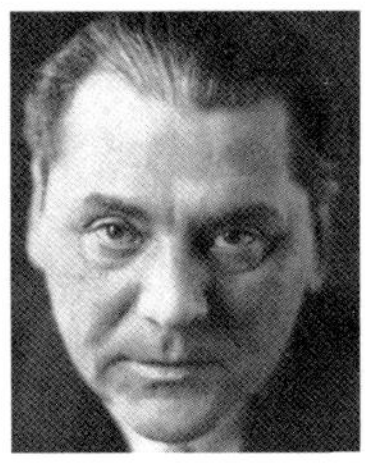

67 Alfred Haase (1935) als Hardy

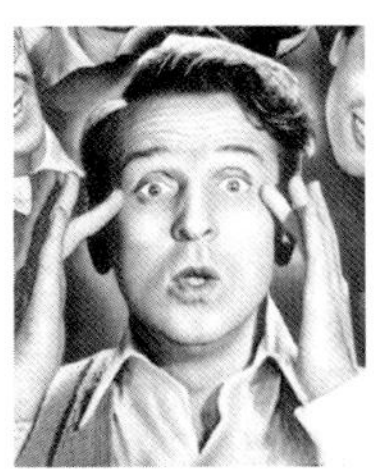

68 Georg Thomalla (1951) als Chase und Sprecher des Trailers

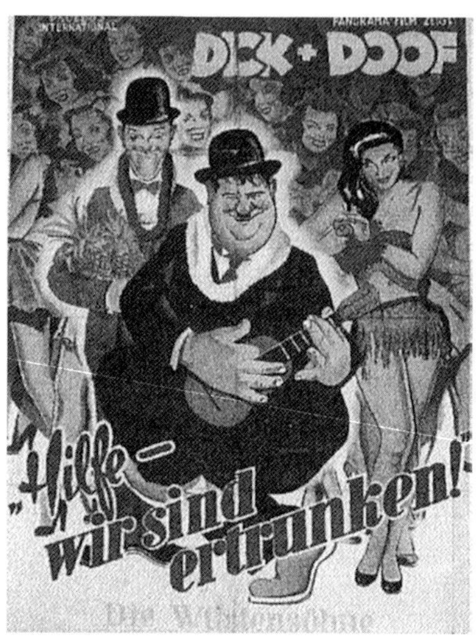

69 Plakat für für HILFE – WIR SIND ERTRUNKEN! (SONS OF THE DESERT), 1950

nen Humor und seinen leicht angestaubten Späßen» keine Hoffnungen. Das *Film-Echo* fragte sich daher auch, «ob die Anzahl der Klamauk-Liebhaber ausreichend ist, um den Film mit Erfolg zu zeigen». Aus unbekannten Gründen übernahm dann die 1948 wiederbelebte Göttinger *Panorama-Film GmbH (Panorama)* den Verleih des Filmes und gab als Parole aus: «Einer der köstlichsten Filmclownerien, die man je sah!» (Plakat, Abb. 69) Dem lässt sich nicht widersprechen. Nach der Premiere vom 22. Dezember 1950 im Düsseldorfer *Asta-Nielsen-Theater* konnte Bootz ein dickes Lob des Fachblattes *Filmwoche* dafür einheimsen, dass er mit seinen «Dialogen für uns unverdauliche Plattheiten trockenen Witzes gemildert» hatte. Andere erkannten aber auch die Meriten des Filmes und das einzigartige Spiel der beiden Komiker *(Soder Tageblatt)*, die die Situationen aus der menschlichen Schwäche schöpfen und dies ins Unendliche vergrößern *(Kölnische Rundschau)*. Und wieder lachte das Publikum langanhaltend und unbändig *(Südhessische Post)*. Jahre später schrieb sogar der *Evangelische Film-Beobachter*: «Die Geschichte vom Pantoffelhelden mit der erfundenen Seereise ist viel lustiger und lebenswahrer als all die anderen an den Haaren herbeigezogenen späteren Produktionen. Man sieht: Damals ging noch Lust und Freude an der Arbeit dem Automatengeschäft vor.»

Panorama hatte doch recht behalten mit der Anpreisung des Films als «köstliche Clowniade» und «vollendetes Beispiel filmischer Situationskomik». Über Weihnachten 1950 lockte der Film innerhalb von sechs Tagen 12.000 Zuschauer ins Premieren-Kino. Die Kinobesitzer informierten einander, dass sich «das Publikum halbtot vor Vergnügen» lacht und der Film «die breite Masse» anspricht. Er wurde auch zum «Silvestererfolg». Im Februar 1951 bekamen die Kinobesitzer folgende Tipps: «Filme dieser Art kann man vier Tage spielen, wochentags fallen sie ab, da die Besucher meist Jugendliche sind. Man kann alle acht bis zehn Wochen so was einsetzen». Dies schien zu funktionieren, denn im Frühjahr 1951 erzielte der Film in Nord- und Westdeutschland «gute» Kassen, in München war er «der große Sommerschlager» 1951 *(Film-Sonderdienst Ott)*. HILFE – WIR SIND ERTRUNKEN war so beliebt, dass der Berliner *Schmalfilm-Vertrieb Bruno Schmidt* ihn 1955 als DICK UND DOOF DIE WÜSTENSÖHNE in sein Programm aufnahm.

6. Fremdenlegionäre unter Gangstern

Unterdessen hatte *All Star* zunächst in *Panorama* einen neuen Geschäftspartner für THE FLYING DEUCES gefunden, doch aus unbekannten Gründen kam

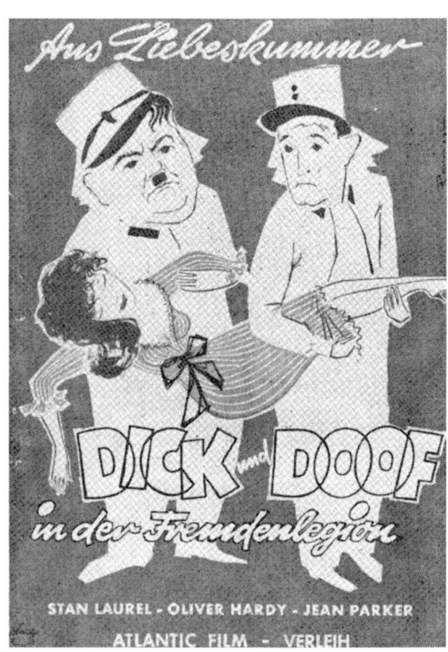

70 Atlantic-Erstaufführungsplakat für DICK UND DOOF IN DER FREMDENLEGION (THE FLYING DEUCES), 1950

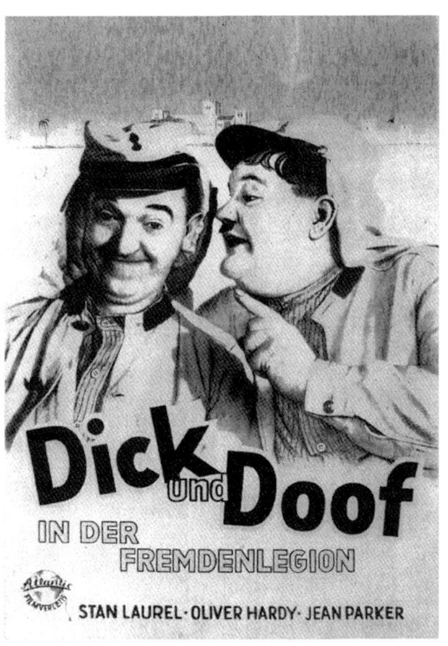

71 Atlantic-Wiederaufführungsplakat für DICK UND DOOF IN DER FREMDENLEGION (THE FLYING DEUCES), 1950er-Jahre

der 1949/50 gegründete *Atlantic*-Verleih *(Atlantic)* mit DICK UND DOOF IN DER FREMDENLEGION für die Verleih-Bezirke München, Frankfurt/Main und Berlin zum Zuge. Er teilte sich das Geschäft mit dem *Türck*-Verleih *(Türck)*, der die Bezirke Düsseldorf und Hamburg betreute. Nach der Ausgabe der Freigabekarten wurde der Film deutsch synchronisiert. Dieser Spielfilm ist das hinreißende Remake des Vierakters BEAU HUNKS mit Stans unvergesslicher Bettfeder-Harfe und sollte in den nächsten zwanzig Jahren ständig in den deutschen Kinos auftauchen, wiederaufgeführt, gekürzt, umgeschnitten und auf andere Weise in merkwürdigen Zusammenstellungen «recycelt». Kurzum: Er wurde auf jede nur erdenkliche Art ausgewertet, ein Schicksal, das kein anderer Laurel-und-Hardy-Film mit ihm teilte.

Ollie hat sich in Paris unglücklich verliebt und will sich das Leben nehmen, geht aber auf Rat eines Offiziers mit Stan in die Fremdenlegion, wo die Freunde es nicht lange aushalten und türmen. Dabei stürzen sie mit einem aus Versehen gestarteten Flugzeug nach Loopings und harten Aufsetzern ab. Ollie überlebt nicht, kehrt aber als Pferd auf die Erde zurück.

DICK UND DOOF IN DER FREMDENLEGION wurde Ende 1950 bei der 1946 wieder gegründeten Berliner *Mars-Film GmbH* mit Bluhm und Paulsen überzeugend und nahe am Original deutsch synchronisiert von Erik Ode, der das deutsche Buch schrieb und Regie führte. Innerhalb kurzer Zeit hatte Paulsen nach seinen ersten beiden Synchronrollen als Hardys Stimm-Double eine sprunghafte, positive Entwicklung gemacht.

Atlantics Werbebemühungen zum Erststart des Films fielen bis auf die Schlagzeilen mager aus. Das Plakat mit dürftig stilisierten Zeichnungen sieht ausgesprochen billig aus (Abb. 70), aber bei Wiederaufführungen investierte *Atlantic* in geschmackvollere Varianten (Abb. 71). Ebenso billig wirken die zwei Meter hohen «Begrüßungsfiguren für das Portal, die Ihre Besucher lustig empfangen sollen». Der Trailer blieb ohne gesprochenen Kommentar. Man beschränkte sich auf kurze, knallige Texte, die eingeblendet wurden. Nach der Trade Show am 5. Januar 1951 im Berliner *Astor-Filmtheater* startete DICK UND DOOF IN DER FREMDENLEGION am 30. Januar 1951 im Münchner *Schauburg-Filmtheater*. Ein begeistertes Echo war die Folge. Der *Filmwoche* zufolge hatte Laurel und Hardys «große Zirkusnummer mit Handlungshintergund eine höhere Ebene des Humors erreicht». *Der neue Film* prophezeite beste Kassenerfolge, und die *Filmblätter* schwärmten von dem «großartigen Spaß», der «alt und jung auf Dauergelächter trainiert». Der *Film-Dienst* betrachtete den «primitiv-naiven Situationsklamauk» zurückhaltend als eine «einwandfreie, aber sehr anspruchslose Unterhaltung auch für Kinder», während der *Evangelische Film-Beobachter* für seine Verhältnisse geradezu überschwänglich reagierte. Denn er entdeckte «viele komische Situationen», die das «dankbare Publikum aus dem Lachen nicht herauskommen» lassen. Ein Haar fand er dennoch in der Suppe: «Aber es sind Clownerien; wer guten Humor sucht, wird enttäuscht.» Kinobesitzer und Verleih konnten sich die Hände reiben. Der «bisher beste gezeigte Dick-und-Doof-Film sprach alle Kreise an» und «bewährte sich auch als Zweitaufführung bei heißem Wetter bestens». In Frankfurt am Main gab es im März 1951 einen «außergewöhnlich starken Publikumsandrang», während im Mai 1951 aus Fulda und Mainz ausverkaufte Häuser und zusätzliche Sondervorstellungen gemeldet wurden. Einen Monat später kamen in Dortmund innerhalb von drei Tagen rund 7.900 Zuschauer ins Kino, die es «restlos begeistert» verließen. Im Juni 1951 war der Film trotz Konkurrenz und Sommerwetter in Stuttgart ein «todsicheres Geschäft» mit über 33.000 Kinogängern innerhalb von acht Tagen. Auch in Karlsruhe erwies sich der Streifen als «außergewöhnlicher Kassenmagnet», der außerhalb des normalen Programms in Spät- und Matinee-Vorstellungen eingesetzt werden musste, um dem Publikumsandrang gerecht zu werden. Noch im September 1951 war der Film gut für ein «Überraschungsgeschäft», das mindestens bis November 1951 anhielt *(Film-Sonderdienst Ott)*.

Im Mai 1951 berichtete das Fachblatt *Film-Echo* unter der Überschrift «Ein ‹Dick› wollte jemand für ‹Doof› verkaufen», dass ein nicht näher bekannter Düsseldorfer Verleih Mitte März 1951 ein angeblich neueres, hastig und lieblos zusammengeschustertes Laurel-und-Hardy-Programm mit Namen DICK UND DOOF – SO LEBEN WIR nach Recklinghausen verkauft hatte. Es bestand aus DIE MITTERNACHTSSTREIFE (THE MIDNIGHT PATROL) und OLIVER VIII. (OLIVER THE EIGHTH) und war um Bestandteile einer anderen, unbekannt gebliebenen Groteske des Duos verlängert worden. Wegen des primitiven Gesamteindrucks verzichtete der Kinobesitzer lieber auf den Einsatz.

Ein derartiges Geschäftsgebaren hatte der deutsche *Centfox*-Verleih nicht nötig. Er schickte DICK UND DOOF IN GEHEIMER MISSION ins Rennen, schon in den USA zusammengesetzt aus THE BIG NOISE von 1944 und A-HAUNTING WE WILL GO von 1942. In THE BIG NOISE hat der seltsame Erfinder Hartley eine Superbombe gebaut, die zum Kriegsministerium nach Washington transportiert werden soll. Stan und Ollie sollen eine Attrappe befördern, um Gangster abzulenken, haben aber versehentlich die echte Bombe bei sich. Damit sprengt Stan ein japanisches U-Boot in die Luft, auf dessen Deck sich ein japanischer Offizier und ein Nazi-Offizier befinden, die sich den Hitler-Gruß mit «Heil Hitler» entbieten (Abb. 72–73). Für die deutsche Fassung wurde genau diese Szene geschnitten, Stan wirft die Bombe stattdessen auf einen Wal, damit er die Freunde nicht verschluckt. Um den Film auf etwa 90 Minuten Spieldauer zu bringen, wurde er um einige Szenen aus A-HAUNTING WE WILL GO verlängert. Die Landstreicher Stan und Ollie sollen einen Sarg transportieren, in dem sich ohne ihr Wissen ein flüchtiger Verbrecher befindet. Der Sarg wird mit dem Requisit des Illusionisten Dante vertauscht, in dessen Dienste die Freunde getreten sind.

THE BIG NOISE wird als Laurel und Hardys absoluter filmischer Tiefpunkt gehandelt und in den USA zu den «50 schlechtesten Filmen aller Zeiten» gezählt. Er ist mit dem zweifelhaften *Golden Turkey Award* dekoriert worden. Doch ganz so schlecht ist der Streifen, für den man sich an Gags aus Laurel und Hardys Stummfilmzeit bediente, nicht. A-HAUNTING WE WILL GO hat sogar noch weniger zu bieten.

Der deutsche *Centfox*-Verleih pries DICK UND DOOF IN GEHEIMER MISSION als «Filmfest des Lachens» an und gab neben einem attraktiven Filmplakat ein achtseitiges Informationsblatt heraus mit komischen Sinnsprüchen für diese «Atombombe des Humors» (Abb. 74–75). Laurel wurde der Satz «Lache – und die Welt lacht mit Dir, weine – und Du weinst allein...» zugeschrieben. Neben Anekdoten, nach denen Hardy nachts immer von Laurels Gags aufwacht und vor Lachen nicht wieder einschlafen kann, bekam man allerdings wieder etwas zu lesen, was nicht stimmte. Angeblich hatten Laurel und Hardy 200 Filme miteinander gedreht, eine Zahl, die noch über zehn Jahre durch die Laurel-und-Hardy-Werbung geisterte. Es waren knapp 100 Streifen weniger. Ansonsten hatte der Verleih recht mit seiner Behauptung, dass «gutes Reklamematerial und zugkräftige Propagandaideen einen mittelmäßigen Film zum großen Kassenmagneten» machen können. DICK UND DOOF IN GEHEIMER MISSION aber unter «Filme aus Meisterhand» einzureihen, war dann doch etwas übertrieben.

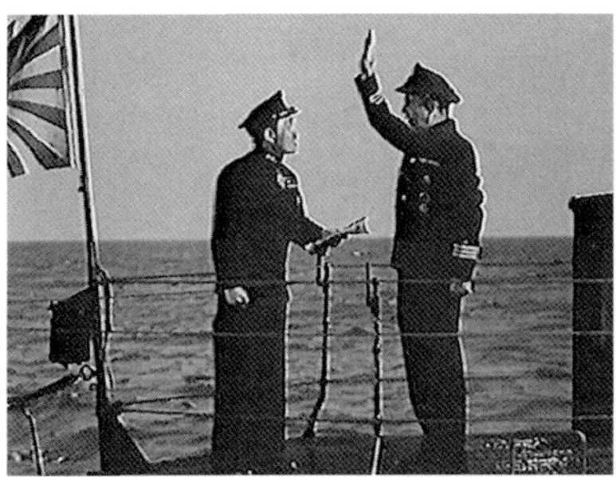

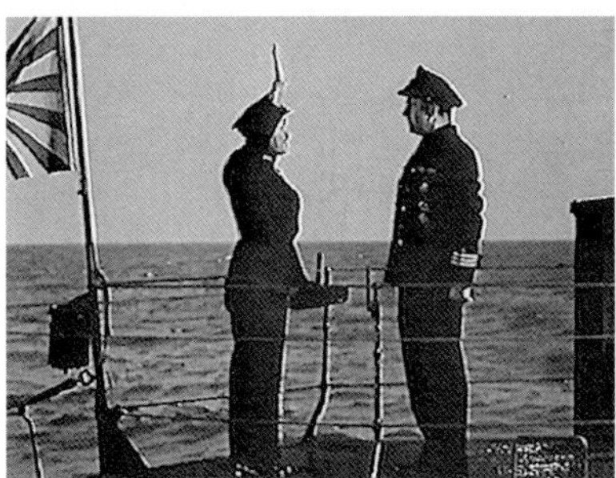

72–73 Der Hitler-Gruß aus DICK UND DOOF IN GEHEIMER MISSION (mit THE BIG NOISE) wurde 1951 in der deutschen Fassung geschnitten

Die deutsche Synchronisation von Albert Baumeister und Wolfgang

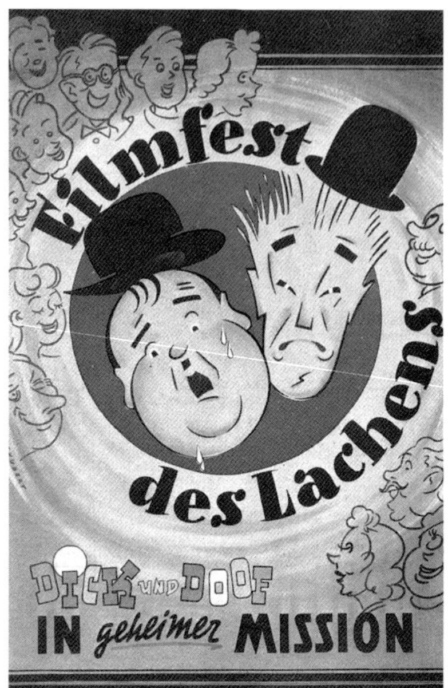

74 Plakat für DICK UND DOOF IN GEHEIMER MISSION (THE BIG NOISE und A-HAUNTING WE WILL GO), 1951

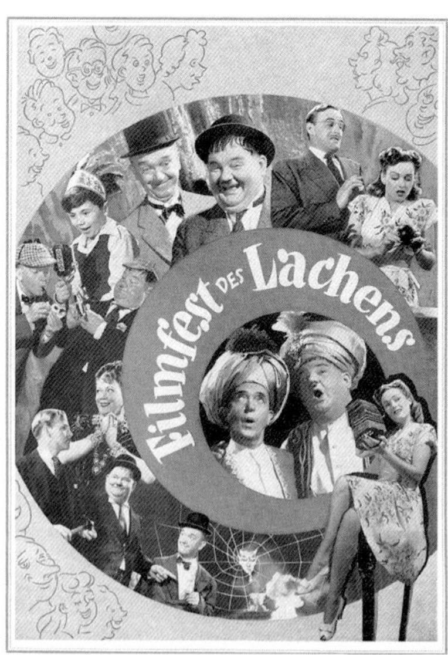

75 Collage für DICK UND DOOF IN GEHEIMER MISSION (THE BIG NOISE und A-HAUNTING WE WILL GO), 1951

Schick für die *Elite* gelang mit Bluhm und Paulsen ausgezeichnet. Man hatte das Beste aus dem Zusammenschnitt gemacht. Nach der Freigabe wurde DICK UND DOOF IN GEHEIMER MISSION Ende Juni 1951 in vier Trade Shows in Düsseldorf, München, Hamburg und Frankfurt/Main gezeigt. Am 5. Juli 1951 wurde die deutsche Fassung erstmals in München aufgeführt. Die Kritik lobte das Tempo und die Situationskomik des Streifens und staunte, «wie gut diese Filme immer wieder ankommen» *(Filmblätter)*. Selbst der *Evangelische Film-Beobachter* bescheinigte dem Streifen «amüsante Einfälle» und hatte Verständnis, dass «jugendliche Filmbesucher hin und wieder zwei Stunden auf solche unkomplizierte Weise verbringen.» Der *Film-Dienst* fand die Kombination abgesehen von einigen Gags aber ziemlich albern. Das Geschäft mit dem Film war solide. «Sehr gute» Einnahmen und «restlos begeisterte» Zuschauer meist jugendlichen Alters sorgten zum Beispiel im September 1951 dafür, dass in kleineren Kinos ab und zu die Karten für den Film ausverkauft waren *(Film-Sonderdienst Ott)*. 1955 wurde DICK UND DOOF IN GEHEIMER MISSION noch einmal gestartet, diesmal als DICK UND DOOF ALS ZAUBERER. Mehr als «Dick und Doof in neuer Verpackung, aber immer noch dick und doof», rang der *Evangelische Film-Beobachter* sich nicht ab.

7. Doppelgänger in Remagen und Hardy allein in Berlin

Im Juni 1951 übertrug Bookbinders *All Star* die Auswertungsrechte für Laurel und Hardys Meisterwerk OUR RELATIONS auf *Atlantic*. Darauf meldete sich Anfang Juli 1951 zum letzten Mal die *Central Europäische Filmverleih GmbH* bei der *FSK* und reichte die Dialoglisten ein. Das war der letzte Atemzug des Verleihs. Nach William Shakespeares *The Comedy of Errors* war ein Lustspiel der Verwechslungen ohne Längen randvoll mit witzigen Szenen entstanden, das außerdem durch die Ausstattung und die hervorragende Kameraarbeit besticht. US-Präsident Theodore Roosevelt hatte sich den Film vor dem Antritt zu einer Südamerikareise in einer Sondervorführung zeigen lassen. Dies taten Mitte Oktober 1936 auch König Edward VIII. und die königliche Familie auf Balmoral Castle.

Stan und Ollie und ihre Zwillingsbrüder Alf und Bert haben sich vor vielen Jahren aus den Augen verloren und werden ständig miteinander verwechselt, ohne voneinander zu wissen. Erst als Gangster Stan und Ollie im Hafen wegen eines Perlenringes ertränken wollen, begegnen sich die Zwillingsbrüder-Paare, um festzustellen, dass sie tatsächlich die Doppel-Ausgabe von Stan und Ollie sind.

Diesmal beauftragte der *Atlantic*-Verleih, der wieder mit *Türck* zusammenarbeitete, die *IFU* mit der Synchronisation und gab dem Film den deutschen Titel 2 X DICK UND 2 X DOOF. SPUK AUS DEM JENSEITS. Als Dialogautor wurde Erwin Bootz verpflichtet, als Regisseur Bruno Hartwich. Nach dem Erfolg von DICK UND DOOF IN DER FREMDENLEGION verlangte der Verleih Bluhm und Paulsen als Laurel und Hardys Sprecher. Für die neue Musikfassung komponierte Conny Schumann unter anderem das «Seemannsgarn».

Diesmal investierte *Atlantic* in gefälligere Werbemittel (Abb. 76), zum Beispiel auch in zwei verschiedene je zwei Meter große Pappfiguren von Stan und Ollie als verkleidete Inder und als Ma-

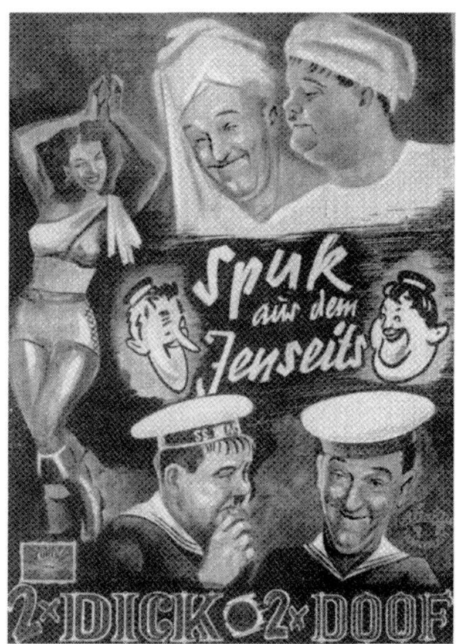

76 Plakat für 2 X DICK UND 2 X DOOF. SPUK AUS DEM JENSEITS (OUR RELATIONS), 1951

trosen mit Quetschkommode, einem Äffchen und dem Rettungsring des Schiffs *S. Klamotte* (Abb. 77–78). Für Jugendvorstellungen kamen Reklameballons mit Laurel-und-Hardy-Karikaturen und der Aufschrift Dick und Doof hinzu (Abb. 79). In den vorbereiteten Werbetexten wurde orakelt, ob die Kinos wohl so stabil gebaut sind, «dass auch die stärksten Lachsalven und Heiterkeits-Detonationen keinen Schaden anrichten können».

Der Premierenvorhang für 2 X DICK UND 2 X DOOF. SPUK AUS DEM JENSEITS hob sich am 7. September 1951 parallel in den Stuttgarter *Kammer-Lichtspielen* und den Bad Cannstädter *Schwaben-Lichtspielen* – da noch ohne Freigabekarten der *FSK* wie auch bei den Vorstellungen in Alzey und Krefeld einige Tage später. Begeisterung griff um sich, und sogar beim *Evangelischen Film-Beobachter* schien das Eis gebrochen zu sein: «Ein wahrhaft genialer Einfall des Drehbuchverfassers: Dick

besten Filmen des Duos gehört; jenseits des extremen Lachkino-Vergnügens entwickelt das Paar ein Stück (Lebens-)Philosophie, etwa wenn es wie Stehaufmännchen aus der Spielzeugsammlung in Blechkübeln eingegossen wird.» Der Film wurde ein bundesweiter Erfolg.

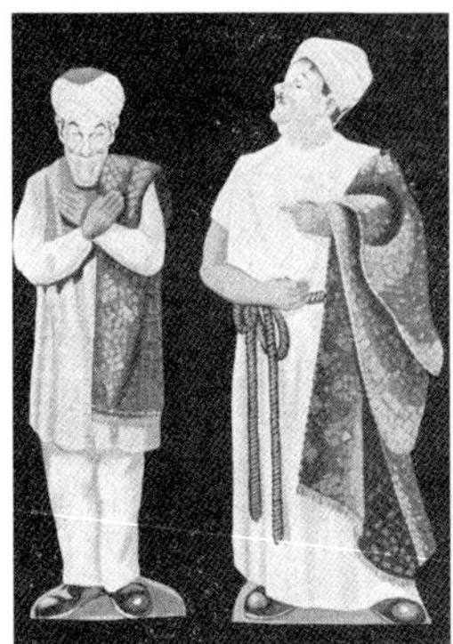

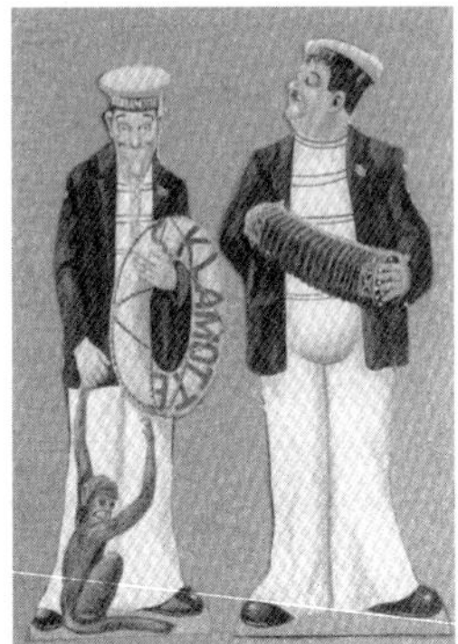

77–78 Begrüßungsfiguren für die Kinowerbung von 2 X DICK UND 2 X DOOF. SPUK AUS DEM JENSEITS (OUR RELATIONS), 1951

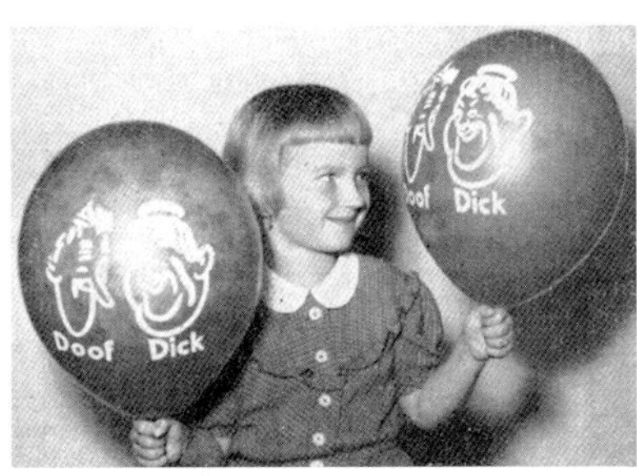

79 Luftballons für 2 X DICK UND 2 X DOOF. SPUK AUS DEM JENSEITS (OUR RELATIONS), 1951

und Doof, doppelt gemoppelt! Dick und Doof sind lustig, zweimal Dick und Doof sind doppelt so lustig. Pausenlos wird gestolpert und missverstanden, manchmal sogar in einer derartig grotesken Weise, die selbst dem nüchternen Betrachter Lachtränen abnötigt. Dick und Doof machen ihrem Namen alle Ehre in diesem Film.» Dafür zeigte sich der *Film-Dienst* ungehalten und meinte, der Film falle gegenüber anderen Laurel-und-Hardy-Grotesken ab. Zehn Jahre später war OUR RELATIONS bei ihm immer noch ein «spürbar angegrauter Grotesk-Film». Mittlerweile hat der *Film-Dienst* seine Einschätzung revidiert: «Eine verzwickte Doppelgänger-Groteske, die mit ungewöhnlichem Aufwand produziert wurde und zu den

Das Laurel-und-Hardy-Jahr schloss am 27. November 1951 im *Filmtheater Berlin* mit der Premiere von Hardys letztem Solofilm. In Frank Capras *Paramount*-Großproduktion LACH UND WEIN MIT MIR (RIDING HIGH) um den Pferderennsport und den dornigen Weg zum Glück absolviert Hardy einen sehenswerten Gastauftritt als unverbesserlicher, glückloser Pferdewetter, der sein ganzes Geld schon wieder auf das falsche Pferd gesetzt hat. Verzweifelt ruft er ständig den Namen des Galoppers, ehe er zusammenbricht und abtransportiert wird. LACH UND WEIN MIT MIR verdient auch wegen seiner geistreichen Gesellschaftskritik und vieler bemerkenswerter Typen Aufmerksamkeit.

Nach der *FSK*-Freigabe veranstaltete der deutsche *Paramount*-Verleih von Mitte Oktober bis Anfang November 1951 in sieben deutschen Städten Trade Shows. Er hatte mit dem Streifen und opulentem Werbematerial leichtes Spiel (Abb. 80). LACH UND WEIN MIT MIR wurde ausgezeichnet synchronisiert bei der *Berliner Synchron GmbH, Wenzel Lüdecke* in Berlin-Lankwitz *(BSG)*, eines der wichtigsten bundesdeutschen Synchronstudios und seit 1949 im Geschäft. Koenigers deutsches Synchronbuch ist vorbildlich und wird der lockeren Atmosphäre des Films gerecht. Carl-Wilhelm Burgs Dialogregie war gleichermaßen kompetent. Hardys deutsche Stimme gehörte allerdings nicht Paulsen, sondern Clemens Hasse (Abb. 81), bekannt als Schüler Knebel aus der unsterblichen FEUERZANGENBOWLE. Hasse sollte Hardy noch mehrfach synchronisieren. LACH UND WEIN MIT MIR erzielte «gute» Kassen, und die Kinobesitzer empfahlen ihn einander *(Film-Sonderdienst Ott)*. Die Kritik war voll des Lobes über das «liebenswerte Lustspiel mit hohem Unterhaltungswert» *(Film-Dienst)*, wobei dem *Neuen Film* auffiel, dass man hier «Dick ohne Doof» begegnete. Die deutsche TV-Premiere des Capra-Films fand am 14. Dezember 1974 im Zweiten Deutschen Fernsehen (ZDF) statt.

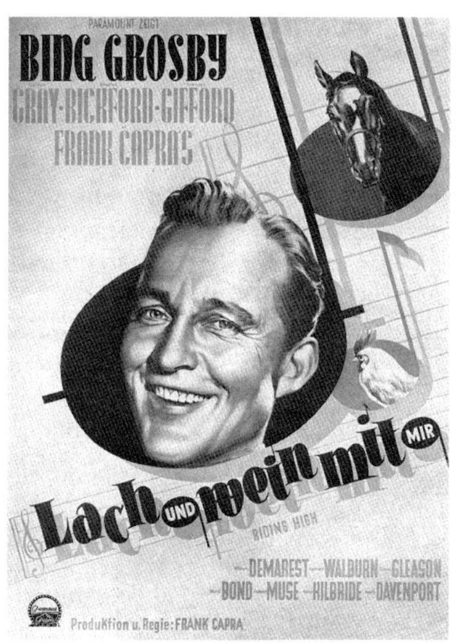

80 Plakat für LACH UND WEIN MIT MIR (RIDING HIGH), 1951. Hardys letzter Solofilm.

8. Laurel und Hardy auf dem Atoll

Schon im April 1950 wurde berichtet, dass Laurel und Hardy ab Mai in Frankreich einen neuen Film mit dem Titel ATOLL K drehen würden. Die geplante «Gemeinschaftsproduktion des Lachens» sollte Bookbinder mitfinanzieren. *Prisma* streckte umgehend die Fühler nach den deutschsprachigen Aufführungsrechten aus. Anfang Juni 1950 berichtete das *Film-Echo* von Laurels Ankunft in Paris im April, weil demnächst die Dreharbeiten beginnen und «in Rekordzeit» von zwölf Wochen absolviert werden sollten *(Saarländische Volkszeitung)*. Im Anschluss daran würden Laurel und Hardy Deutschland einen Besuch abstatten. Doch es verlief alles anders. Von Beginn an herrschte Chaos. Regisseur Léo Joannon, von dem der erste Entwurf zu ATOLL K stammte, war nicht auf Komödien spezialisiert, und die vorläufige Fertigstellung des dann immer noch unbefriedigenden Drehbuchs zog sich bis Anfang August 1950 hin. Zwischendurch waren Laurel und Hardy auf eine Good-Will-Tour nach Italien geschickt worden, wo sie auch eine Papst-Audienz hatten. Erst am 7. August 1950 begannen die Dreharbeiten im Hafen von Marseille. Von dort aus ging es nach Cap Roux, das Atoll des Films. Laurel und Hardy hatten ständig Auseinandersetzungen mit Regisseur Joannon, weshalb die US-Regisseure John Berry und Alfred Goulding (der Regisseur von Laurel und Hardys A CHUMP AT OXFORD) hinzugezogen wurden, mit denen sich die beiden Komiker wenigstens in ihrer Sprache verständigen konnten; über Gouldings Beitrag besteht bis heute Unklarheit. Auf dem Set waren US-Amerikaner, Franzosen und Italiener, aber nicht genü-

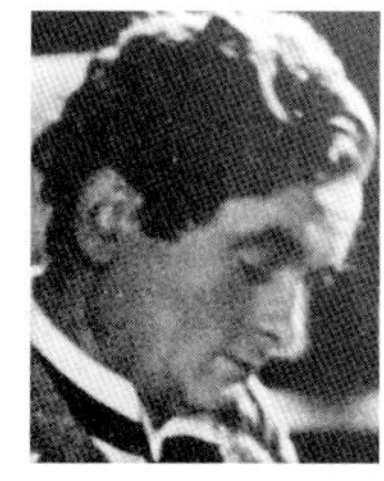

81 Clemens Hasse (1944) als Hardy

gend Dolmetscher (Abb. 82). Jedoch musste so gespielt werden, als ob man jedes Wort verstanden hätte. Außerdem hatten Laurel und Hardy mit gesundheitlichen Problemen zu kämpfen. Laurel verlor stark an Gewicht und konnte nur noch unter Schmerzen kurze Zeit am Stück arbeiten. Am 10. Oktober 1950 mussten die Dreharbeiten mit ihm unterbrochen werden, um sich in Paris an der Prostata operieren zu lassen. Zu dem Zeitpunkt waren zwar die meisten Dreharbeiten unter freiem Himmel mit Ach und Krach abgeschlossen, aber sämtliche Studioszenen, viele mit Laurel und Hardy, standen noch aus. In einem Studio bei Nizza konnten wenigstens noch einige Szenen mit Hardy allein nachgedreht werden. Aber dann herrschte Stillstand.

Zwischendurch wurden in deutschen Fachblättern Durchhalteparolen ausgegeben, denen zufolge alles nach Plan zu verlaufen schien. Doch Laurel verließ das Krankenhaus erst Ende November 1950 und konnte seine Arbeit bis auf Weiteres nicht fortsetzen. Erst am 12. Januar 1951 kam er ins Pariser Studio. Von großem Gewichtsverlust gezeichnet und immer noch geschwächt, war für ihn an normale Arbeit nicht zu denken. Es ging nur schleppend voran, und Mitte Februar musste er sogar pausieren. Aber Anfang April war ATOLL K endlich «im Kasten». Laurel und Hardy gaben nach dieser Achterbahnfahrt alle Pläne auf, zumal beide nicht gesund waren. Ihr Deutschlandbesuch wurde gestrichen. Die Laurels reisten am 1. April 1951 per Schiff in die USA zurück, die Hardys folgten ihnen gut drei Wochen später. Laurel brauchte unter ärztlicher Aufsicht Monate, bis er mit gehaltvollen Suppen und Puddings seinen Gewichtsverlust einigermaßen aufgeholt hatte. Um seinen Herzproblemen zu begegnen, musste Hardy Ruhe halten und sein Gewicht deutlich reduzieren. Als es Hardy besser ging, legte er wieder kräftig zu. Laurel und Hardy traten erst 1952 wieder öffentlich auf.

Bis zum Abschluss der Dreharbeiten war das Drehbuch ständig verändert worden. Der Filmschnitt stand dann vor einem Dilemma. In den Szenen unter freiem Himmel sah Laurel trotz seines Alters passabel aus, aber in den Studioszenen war er ein ausgemergelter alter Mann. Das Chaos setzte sich weiter fort, denn die Produzenten wurden sich nicht schlüssig, in welcher Schnittfassung der Film auf den Markt kommen sollte. Die ursprüngliche englischsprachige Fassung war rund 98 Minuten lang. Bei der Weltpremiere am 10. September 1951 in Monaco wurde eine 93-minütige französisch synchronisierte Fassung gezeigt, die danach auch in Frankreich gespielt wurde. Sie fiel durch. Am 25. Oktober 1951 startete in Italien eine ebenfalls kürzere italienische Fassung unter dem Titel ATOLLO K und floppte. Die stark gekürzte englischsprachige Fassung ROBINSON CRUSOELAND lief nur noch 82 Minuten, erfreute sich aber nach ihrer Erstaufführung am 3. Januar 1952 in Großbritannien großer Aufmerksamkeit. In den USA, immerhin Laurel und Hardys künstlerische Heimat, kam der Film unter dem Titel UTOPIA erst am 14. Dezember 1954 in die Kinos, ebenfalls nur 82 Minuten lang, aber wieder anders und schlechter geschnitten als ROBINSON CRUSOELAND. UTOPIAs Handlung ist nicht immer verständlich. Diese Fassung wurde ebenfalls kein Erfolg.

Laurel und Hardys unwiderruflich letzter Spielfilm wartet entgegen den Ankündigungen nicht «mit einem Superaufgebot europäischer Komiker» auf. Neben Laurel und Hardy war Suzy

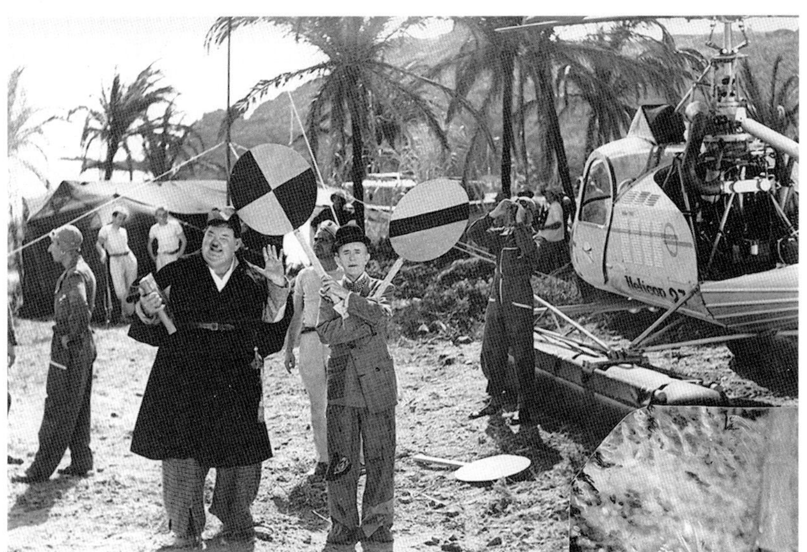

82 Aushangfoto für ATOLL K (1951): Laurel und Hardy bei den Dreharbeiten, Sommer 1950

Delair der einzige internationale Filmstar. ATOLL Ks Ruf ist denkbar schlecht, wozu Laurel und Hardys ungünstiges Erscheinungsbild beigetragen hat. Dennoch ist der Film besser als die Spielfilme, die das Duo nach SAPS AT SEA gedreht hat. Die beiden Komiker sind künstlerisch erstaunlich gut in Form und sogar wohltuend schrullig in einer Art, die man bis dahin von ihnen nicht kannte. Außerdem ist der Film zuweilen eine politische Satire, etwas Neues für Laurel und Hardy. Doch immer dann, wenn die Handlung von Stan und Ollie wegführt, fällt der Film ab, und das ist viel zu häufig der Fall. Ablenkende Liebesgeschichten waren für Laurel und Hardy stets ein Problem. Bei ATOLL K versuchte man, ihm mit radikalen Szenenschnitten beizukommen. Tatsächlich gewann der Film, wenn er konsequent auf Laurel und Hardy als Stars ausgerichtet wurde und die Handlung gleichzeitig nachvollziehbar blieb.

Findige Anwälte nehmen Stan eine große Erbschaft ab, von der ihm unter anderem nur eine Insel in der Südsee bleibt. Auf dem Weg dorthin steigt bei einem Sturm ein Atoll mit einem riesigen Uranvorkommen aus dem Meer, auf dem Stan und Ollie und ihre Gefährten, die das Schicksal zusammengeführt hat, den Staat *Robinson Crusoeland* ohne Gefängnisse, Steuern, Gesetze und Geld gründen. Der wird von Menschen aus aller Welt überlaufen, und ein Schurke reißt die Macht an sich – bis ein neuer Sturm das Atoll wieder im Meer versinken lässt. Stan und Ollie kommen schließlich auf Stans Insel an, doch die ist gepfändet, weil keine Erbschaftssteuer gezahlt wurde. Bis zur Ankunft auf dem Atoll ist der Film ausgezeichnet, aber dann verflacht der Spaß unter anderem wegen einer Liebesgeschichte. Es gibt danach zu wenige Laurel-und-Hardy-Szenen. Die sind allerdings reizvoll, vor allem der ansehnliche Schluss.

Prismas Chefdramaturg und Synchronchef Dr. Franz Biermann hatte die ungekürzte, lieblos englisch syn-

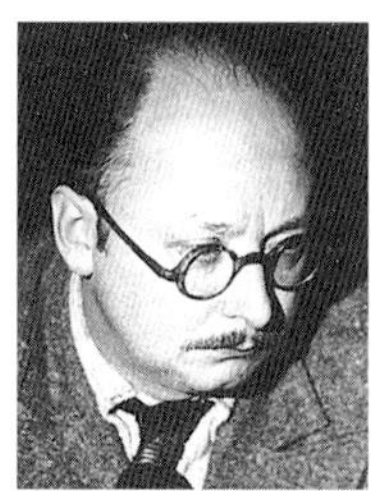

83 Hermann Pfeiifer (1950er Jahre) als Hardy in ATOLL K

chronisierte Original-Fassung von ATOLL K besorgt, in der Laurel und Hardys eigene Stimmen zu hören sind. Den ersten Teil des Filmes fand er ausgezeichnet, den Mittelteil ermüdend und den letzten Teil im Tempo stark verschleppt. Als *Prisma* und die *IFU* im September 1951 den Vertrag über die deutsche Synchronisation von ATOLL K schlossen, verlangte Biermann, den Film nachzuschneiden, um den beiden problematischen letzten Dritteln «Tempo zu geben» und «den Szenen des zweiten Drittels viel von ihrer peinlichen Ungeschicklichkeit zu nehmen». Parallel dazu sollte der Einsatz des Kommentators planmäßig ausgeweitet werden. Biermann schloss seine Anweisungen wie folgt: «In dem Komplex Suzy-Frazer (Gesänge und Trauungsszene) sind alle Szenen entsprechend zu kürzen. Alles Beiwerk ist zu entfernen, der Sinn der Szenen muss deutlich in den Vordergrund gestellt werden. Dies ist man dem Publikum von Dick-und-Doof-Filmen in Deutschland schuldig.» Außerdem wünschte er zusätzliche Szenen (solche sind von ATOLL K nicht bekannt) und einige ergänzende Tricksequenzen, wovon nichts umgesetzt wurde.

Die *IFU* engagierte als Dialogautoren Werner Völger und Wolfgang Schnitzler, und Völger übernahm die Synchronregie. Auf Biermanns Wunsch wurde Bluhm für Laurel engagiert. Mit Paulsen war er jedoch nach den Erfahrungen mit HINTER SCHLOSS UND RIEGEL und LANGE LEITUNG nicht zufrieden und verlangte als Hardys Sprecher «einen wirklich erstklassigen Komiker, der von sich aus die nötige groteske Komik mitbringt und Hardy besser ergänzt». Ausgewählt wurde schließlich Hermann Pfeiffer, nachdem Biermann sich noch einmal HINTER SCHLOSS UND RIEGEL zu Gemüte geführt hatte und ihm Pfeiffer als Finlaysons deutsche Stimme aufgefallen war (Abb. 83). Vor den Sprachaufnahmen hatte Biermann auch die französische Fassung beschafft, für die Laurel und Hardys Stimmen französisch synchronisiert worden waren. Frank O'Neill spricht Laurel darin mit einer höheren, zuweilen fast piepsigen Stimme, und ähnlich tat es Bluhm in der deutschen Fassung, ganz im Gegensatz wie bisher und künftig. Pfeiffer überzeugt in der deutschen Fassung. Die *IFU*-Synchronisation ist an sich gut gelungen, und die neue Schnittfassung überzeugt, weil sie inhaltliche Brüche vermieden hat. Es gibt aber zwei inhaltliche Abweichungen vom Original. Aus dem quicklebendigen Hummer Oscar wird eine leckere Suppe gekocht, weswegen man über das Schicksal des Schalentieres weint. Im Original weint man aber um Chéries Bräutigam. Auch das Ende des Atolls wird anders dargestellt. Im Original sind alle bis auf Stan und Ollie und ihre Freunde ertrunken. In der deutschen Fassung soll aber niemand zu Schaden gekommen sein – wohl um Schwierigkeiten mit dem Jugendschutz zu vermeiden. Problematisch ist außerdem der von Biermann verlangte «planmäßig ausgeweitete» Kommentar. Gelegentlich wirkt er störend, weil er beschreibt, was man ohnehin sieht.

Die Sprachaufnahmen hatten sich nach der *FSK*-Freigabe von Ende September 1951 hingezogen, weil Bluhm erst ab Mitte November zur Verfügung stand. Als Anfang Dezember die deutsche Fassung abgenommen wurde,

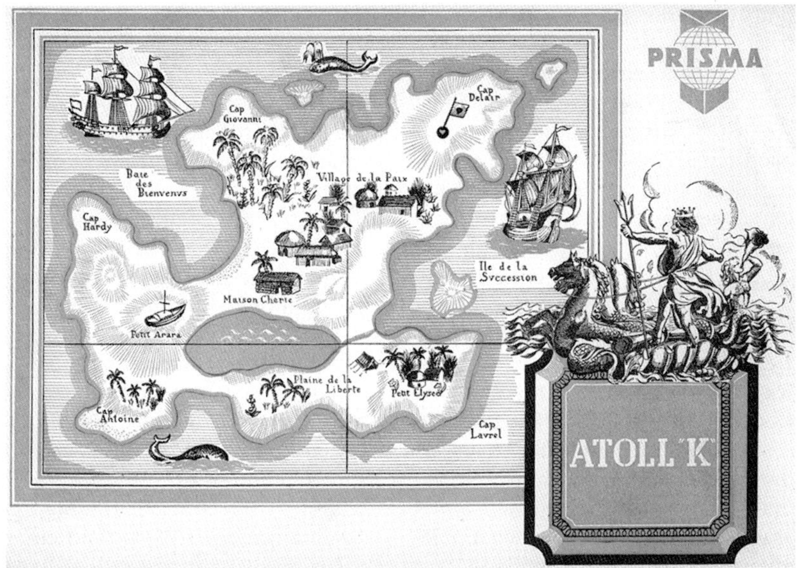

84 Werbebroschüre für ATOLL K mit der Karte des Atolls, 1951

war Eile geboten. *Prisma* hatte bereits Trade Shows und die Erstaufführungen in Wien und München terminiert. Der Werbeaufwand war hoch. Neben einem Werberatschlag gab der Verleih eine 20-seitige Broschüre heraus, das wohl Aufwändigste, was je ein deutscher Verleiher einem Laurel-und-Hardy-Film angedeihen ließ (Abb. 84). Dies war eine deutsch übersetzte Übernahme aus der französischen Werbung. Auch das Plakat für den Film ließ sich sehen (Abb. 85). Der von Hans Nielsen gesprochene Trailer setzte auf sensationslüsterne Ankündigung mit marktschreierischen Anpreisungen wie *Prismas* Schlagzeile «Dick und Doof in den Konflikten der Weltpolitik. Ein internationaler Gemeinschaftsfilm der guten Laune».

Nach fünf Trade Shows in der Zeit vom 11. bis zum 17. Dezember 1951 in Düsseldorf, Frankfurt am Main, Hamburg, München und Berlin wurde die deutsche Fassung ATOLL K am 14. Dezember 1951 in Wien erstaufgeführt. Der deutsche Start folgte am 21. Dezember 1951 in München gleichzeitig im *Großkino im Kongress-Saal des Deutschen Museums* mit 2.300 Plätzen

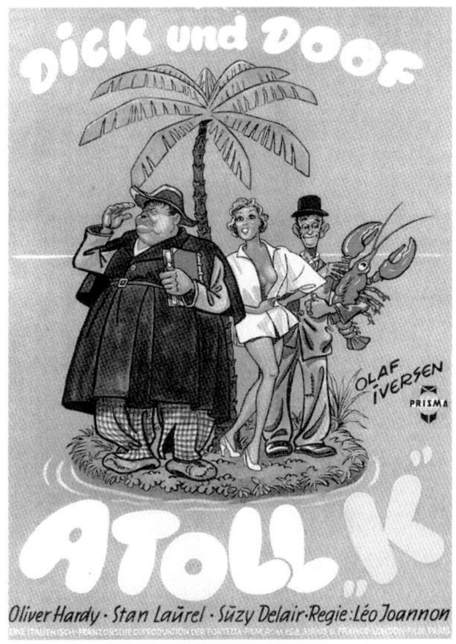

85 Plakat für ATOLL K, 1951

und in den erheblich kleineren *Gabriel-Lichtspielen.*

Vereinzelt wurde bemängelt, dass Drehbuch und Regie auf dem halben Weg zur politischen Satire stecken geblieben seien und es nicht ganz geglückt sei, Laurel und Hardy aus ihrer gewohnten Umgebung zu lösen. *Der Neue Film* fand es überflüssig, dass das Duo Laurel und Hardy zum Quartett erweitert worden war. Der Kritiker der *Welt* lobte, dass die «ernste Problematik des Besitzes» angesprochen wurde. Der katholische *Film-Dienst* widmete Laurel und Hardy diesmal fast eine Kolumne und schwärmte von der «sorgfältigen Regie», der zum Teil mit «neorealistischen Stilmitteln» arbeitenden Fotografie, von den «satirischen und parodistischen Ambitionen» des noch zu straffenden Films, der Tricktechnik und von Laurel und Hardys «unerschöpflichen Gags». Der *Evangelische Film-Beobachter* stimmte in das Lob ein und meinte «letztlich geht man doch nicht ganz ohne inneren Gewinn nach Hause». Der Unterhaltungswert von ATOLL K wurde hoch eingeschätzt: «Naive, lachfreudige Gemüter entdecken übergenug Ursachen zu erleichternder Zwerchfell-Betätigung.»

Im Zuschauerraum «tobte rundherum ein Lachorkan», und das «Publikum war vom Lachen geschwächt» *(Westdeutsches Tageblatt).* Das Geschäft mit ATOLL K flaute Ende Februar 1952 zunächst ab, weil die Kinogänger den Streifen gelegentlich schlecht fanden. Im April 1952 war der Geschäftserfolg jedoch wieder gesichert, und der Einsatz rentierte sich in Städten aller Größenordnungen. Bis wenigstens Juli 1952 war der Film in den Kinos mit «guten» bis «sehr guten» Einspiel-Ergebnissen zu finden, und er blieb bis Herbst des Jahres in *Prismas* Verleih-Programm *(Film-Sonderdienst Ott).* ATOLL K war *Prismas* letzter Laurel-und-Hardy-Film.

9. Salontiroler im Berner Oberland

Kurz vor Jahresende 1951 trat die 1950 ins Leben gerufene Düsseldorfer *Döring Filmverleih GmbH (Döring)* in das Laurel-und-Hardy-Geschäft ein mit DICK UND DOOF IN TIROL und «Soldatenleben», die schon im Januar und Februar 1952 anlaufen sollten. Deswegen wurde die Außenfront der Verleih-Zentrale mit großen Laurel-und-Hardy-Figuren in Schweizer Trachten mit kleinen beleuchteten Weihnachtsbäumen ausgestattet (Abb. 86). *Döring* hatte im Herbst 1951 von *All Star* ein kleines Laurel-und-Hardy-Paket mit PACK UP YOUR TROUBLES (ohne die Kesselszene), SWISS MISS und einer US-Zusammenstellung THE ADVENTURES OF LAUREL AND HARDY mit THE CHIMP angekauft und die Importlizenz schon Anfang Dezember 1951 in Händen. Aus DICK UND DOOF IN TIROL wurde rasch genauso unpassend DICK UND DOOF ALS SALONTIROLER, da der Film nicht in Österreich spielt, sondern in der Schweiz. Die geografische Absonderlichkeit spießte der *Evangelische Film-Beobachter* auf: «Die deutsche Synchronisation wählte als Titelwort SALONTIROLER, denn auch die Tiroler sind lustig, jodeln usw. Und die Entfernung zwischen Emmental und Innsbruck ist ja immerhin kürzer als zwischen Emmental und Hollywood.» In Wien hieß der Film Ende März 1949 ebenfalls unpassend DIE LUSTIGEN TIROLER, in der Schweiz 1962 aber DICK UND DOOF IM BERNER OBERLAND.

Döring schloss mit der *IFU* Verträge über die Synchronisation der beiden Spielfilme und THE CHIMP, der mit PACK UP YOUR TROUBLES zu DICK UND DOOF ALS REKRUTEN gekoppelt werden sollte. Schon vor Vertragsschluss drängte *Döring* auf Eile, weil er DICK UND DOOF ALS SALONTIROLER am 1. Februar 1952 anlaufen lassen wollte. Es fehlten aber die internationalen Tonbänder, sodass Schumann den Streifen musikalisch neu bearbeitete. Er versah ihn passend mit der Ländlerfolge *Im Schwyzer Länd'le*, dem Walzerlied *Hollodrio!*, dem *Grillenlied* im mittleren Foxtrott-Tempo und mit *Du vielgeliebte, wunderschöne Sennerin* im schnellen Foxtrott. Verleih-Chef Döring war so begeistert von Schumanns Musik, dass er sie im Radioprogramm des RIAS unterbrachte und die Noten verlegen ließ.

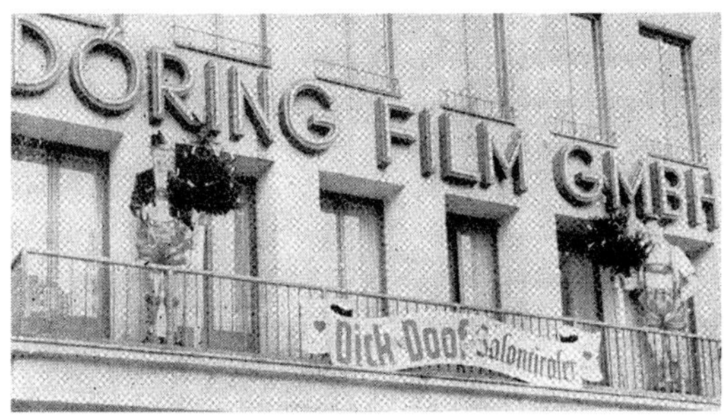

86 Weihnachtswerbung des Döring-Verleihs für DICK UND DOOF ALS SALONTIROLER (SWISS MISS), 1951

Die gefälligen Texte und netten Wortspiele sowie die deutschen Liedertexte verfassten Wolfgang Schnitzler und seine Ehefrau Leonore. Im Hochgefühl seiner Rache lässt der gekränkte Hotelkoch die Zechpreller Stan und Ollie wissen: «Wenn Ihr dieses Hotel jemals verlassen solltet, dann mit eisgrauen Bärten, mit denen Ihr den Fußboden der Küche fegen könnt.» Stans Ratschlag, wie Ollie der angebeteten Sängerin am besten seine Liebe erklärt, lautet: «Mach' es doch einfach so, wie es der Romadur in Italien oder Spanien macht. Wenn der Romadur verliebt ist, geht er im Mondenschein spazieren und singt seiner Liebsten ein Ständchen.» Stan meint natürlich den Troubadour und nicht die ähnlich klingende, sehr würzige und noch stärker riechende belgische Käsesorte. Ein sprachlicher Gag ist in der deutschen Fassung aber verloren gegangen. Als Ollie im Alpenhotel unwissentlich mit Falschgeld bezahlen will, erklärt ihm der Hoteldirektor im Original, das sei nur in Bovenia ein gültiges Zahlungsmittel. Ollie fragt, wo Bovenia liegt, woraufhin ihn der Direktor wissen lässt, dass es Bovenia nicht gibt. Die Synchronregie übernahm Volker J. Becker. Nach ATOLL K brillierte Bluhm als Laurels deutsche Stimme wieder in seinem gewohnten Tonfall. Obwohl die *IFU* Paulsen für Hardy favorisierte, wünschte *Döring* nach dem überzeugenden Erfolg von ATOLL K Pfeiffer in der Rolle. Insgesamt wurde die deutsche Fassung DICK UND DOOF ALS SALONTIROLER eine erfrischende, runde Sache.

Verleih-Chef Döring ließ keine Möglichkeit zur Werbung ungenutzt und berichtete unter anderem auch über die Synchronisation mit Bluhm: «Lachsalven im Synchronatelier» habe es gegeben, die es Schumann, dem Orchester und dem Chor schwergemacht hätten, ernst zu bleiben. Die für den 29. Februar 1952 angekündigte deutsche Erstaufführung von DICK UND DOOF ALS SALONTIROLER fand einen Tag früher im Gelsenkirchener *Union-Filmtheater* in Anwesenheit von Schumann statt. Auf *Dörings* Freigabeantrag von Mitte Februar 1952 wurde der Streifen eine Woche später für Kinder ab zehn Jahren bei Feiertagsverbot freigegeben – bis Mitte 1957 mit einer Ausnahme die übliche Freigabe für alle künftigen Laurel-und-Hardy-Filme in der Bundes-

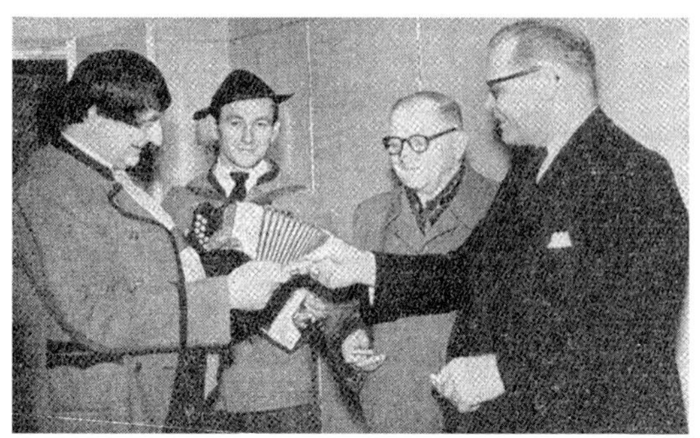

87 Werbeauftritt zur deutschen Premiere von DICK UND DOOF ALS SALONTIROLER (SWISS MISS) in Gelsenkirchen (v.l.n.r.): Hardy-Double (überreicht Mausefalle), Conny Schumann (mit Akkordeon), Kinobesitzer von Sondern, Oberbürgermeister der Stadt

republik Deutschland, nachdem seit Anfang 1952 das *Jugendschutzgesetz* mit neu geordneten Altersgruppen galt.

Döring arrangierte mehrere Aktionen. Per Preisausschreiben wurden in Düsseldorf Laurel-und-Hardy-Doubles gefunden, die schon am Rosenmontag auftraten und am Premierentag mit Schumann in Sepplhosen und Trachtenjacken im Pony-Gespann vom Gelsenkirchener Hauptbahnhof Mausefallen verteilend zum städtischen Presseamt zogen, wobei Schumann Kostproben seiner Filmmusik auf dem Akkordeon spielte. Dem Oberbürgermeister wurde ein Ständchen gebracht (Abb. 87). Von dort aus ging es in den *Ruhr-Zoo*, in dem man einen Elefanten in die Musik einstimmen ließ. Endlich kam der kleine Tross im Kino an, vor dem die Zuschauer Schlange standen. Zum Abtrocknen der zu erwartenden Lach-Tränen waren sie mit großen Taschentüchern ausgerüstet; der Verleih hatte dazu in Zeitungsannoncen und auf Handzetteln aufgefordert. DICK UND DOOF ALS SALONTIROLER wurde begeistert aufgenommen, die Zuschauer «quietschten und quiekten» vor Vergnügen *(Gelsenkirchener Nachrichten)*. Zum Ausklang spielte Schumann am Klavier begleitet von drei Musikern seine Melodien aus dem Film und wiederholte das anderswo. Der Verleiher bot an, über ihn «die singenden und musizierenden Dick-und-Doof-Doubles aufmarschieren zu lassen».

Die *Filmblätter* prophezeiten Lachsalven allerorten, da Laurel und Hardy «in Sepplhosen nebst unvermeidlicher Glocke mit Bravour ihre ältesten Klamottenscherze kredenzen, gemischt mit einigen netten neuen Einfällen». *Der Neue Film* und die *Filmwoche* sahen überall beste Chancen wegen Schumanns «schmissiger» Musik und der guten deutschen Synchronisation. Für den *Evangelischen Film-Beobachter* war es «sonnenklar», dass der Film komisch war, besonders Stans Lachtränen verursachende Täuschung des treuen Bernhardiners. Kurz angebunden war der *Film-Dienst*: «Anspruchslose Unterhaltung für anspruchslose Gemüter. Weniger für Kinder.»

Nach der Premiere gab *Döring* einen Werberatgeber für Kinos und Presse heraus (Abb. 88) mit den deutschen Liedertexten, Berichten über die deutsche Synchronisation, einer Fülle von Schlagzeilen-Vorschlägen wie das krachlederne «Himmi sakra, des is a pfunds Gaudi – da legts di nieda – Bluatsakra, des haut hie» und einmal mehr mit frei erfundenen «Tatsachen». Laurel und Hardy waren nicht erst seit 1932 ein Team, und Laurel davor nie selbstständiger Filmproduzent gewesen. Hardy hatte auch weder die Universität von Georgia besucht noch sich vor dem Ersten Weltkrieg drei Jahre in Australien aufgehalten.

DICK UND DOOF ALS SALONTIROLER erwies sich als besonderer Erfolg. Im März 1952 standen die Kinogänger vor dem Recklinghausener *Union-Theater* Schlange. Bis September 1952 war der Streifen noch ein zuweilen «gutes» Geschäft. Spätestens ab Oktober 1952 veranstalteten Kinobesitzer mit ihm Sondervorstellungen für Kinder und Jugendliche. Da blieben aber nach und nach die Sitzreihen leer *(Film-Sonderdienst Ott).*

Dick und Doof als SALON-TIROLER

Döring Film G.m.b.H.

Nr. 1 (45 mm breit)

UNSERE MATERN

Die hier links abgebildete Anzeigenmater Nr. 1 ist u. E. sehr originell und von starker suggestiver Wirkung.

In die freie Fläche (unten) können Sie noch einige interessante Hinweise, wie »Ein entzückendes musikalisches Lustspiel voller zwerchfellerschütternder Komik« oder sonst irgendwelche, Ihnen zugkräftig erscheinende Schlagzeilen bringen.

(Schlagzeilen sind in großer Anzahl im Ratgeber abgedruckt.)

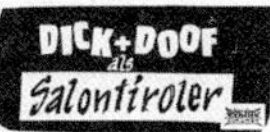

Nr. 2 (45 mm breit)

Die obige kleine Mater ist sehr wirkungsvoll. Es empfiehlt sich, diese bei Nachstoß- oder Streuinseraten zu verwenden. Wegen ihrer geringen Größe kommt diese kleine Mater nicht teurer als ein einfaches Fließsatzinserat.

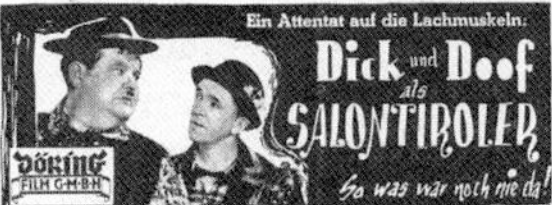

Nr. 3 (90 mm breit)

Die zweispaltige Mater ist ebenfalls sehr wirkungsvoll. Durch ihre verhältnismäßig geringe Höhe bleibt auch der Anzeigenpreis sehr niedrig. Bei Verwendung dieser Mater wollen Sie bitte auch die sich für Sie vorteilhaft auswirkende nebenstehende Empfehlung berücksichtigen.

Um alle Kreise zu erfassen empfehlen wir in den Anzeigen auch darauf hinzuweisen, daß es sich hier um ein außergewöhnliches musikalisches Lustspiel mit entzückenden neuen Melodien handelt.

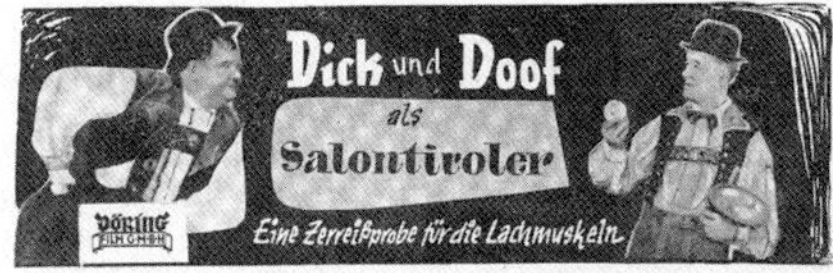

★ **Unser Vorschlag für Ihre Hausfront-Gestaltung** ★

Nr. 4 (135 mm breit)

Die Matern Nr. 3 und 4 werden auch als Grundlage zur Gestaltung der Hausfront empfohlen. – Bei Erstaufführungen raten wie die Mater Nr. 4 zu benutzen; denn diese ist nicht nur sehr wirkungsvoll, sondern auch preislich auf alle Fälle tragbar.

(Die grauen Flächen sind im 28er Raster. Die Matern sind daher für alle Papiere geeignet.)

88 Inserat-Matern für DICK UND DOOF ALS SALONTIROLER (SWISS MISS), 1952

10. Zwei synchronisierte Rekruten und Kurzfilme

Nach Rückkehr in die USA zerschlugen sich für Laurel und Hardy mehrere Kino-Projekte. Wegen Laurels angeschlagener Gesundheit konnten die beiden Komiker nicht die komischen side kicks in dem US-Film TWO TICKETS TO BROADWAY sein. Billy Wilders Plan, einen Film über Laurel und Hardy zu drehen, blieb einer. Aus einer japanischen Anfrage wurde nichts, und für Bühnenauftritte in Italien fehlte dem Duo noch die Kraft. Nachdem Laurel und Hardy sich erholt hatten und Laurel wieder so aussah, wie man ihn kannte und liebte, begaben sie sich auf ihre zweite Bühnentournee durch Großbritannien mit Laurels Sketch «On the Spot» nach ihrem Kurzfilm NIGHT OWLS. Ende Januar 1952 wurden sie in Southampton von tausenden begeisterter Anhänger frenetisch begrüßt, wovon auch in Deutschland berichtet wurde *(Die Welt).* Die Tournee durch 28 britische Städte und mit einem vierwöchigen Abstecher nach Dublin und Belfast wurde ein Riesenerfolg. Zwischendurch dachte die römische *Scalera Film Company* an, mit ihnen in Italien George Bizets *Carmen* als komische Oper zu verfilmen, aber auch dieser Film wurde nicht gedreht. Mitte Oktober reisten die Laurels und die Hardys zurück in die USA.

Unterdessen liefen bei *Döring* die Vorbereitungen für DICK UND DOOF ALS REKRUTEN. THE CHIMP und PACK UP YOUR TROUBLES zu einer Einheit zu verarbeiten, war problematisch, weil die technische Qualität der Kurzfilm-

Schnitte: Dick u. Doof als Rekruten

1 AKT	6½ m	Insert
2 "	4,0 m	Insert
2 "	0,5 m	"
2 "	4,4 m	"
2 "	27,0 m	Szenen mit Wirt
2 "	26,0 m	"
2 "	5,0 m	"
2 "	45,0 m	"
2 "	3,0 m	"
2 "	3,5 m	Doof aus dem Bett
	119,0 m	
4 "	4,0 m	Insert
5 "	40,0 m	Deutsche Soldaten
6 "	3,0 m	Insert
7 "	0,6 m	Insert
7 "	16,2 m	Mädchen
	16,8 m	
8 "	1,5 m	Verfolgung durch Polizei
8 "	4,5 m	Insert
	6,0 m	

89 Übersicht der *IFU* über geschnittene Szenen aus DICK UND DOOF ALS REKRUTEN (THE CHIMP und PACK UP YOUR TROUBLES), 1952

Kopie sehr viel schlechter war als die des Spielfilmes. Aus THE CHIMP wurden die Szenen entfernt, in denen dieselben Nebendarsteller wie in PACK UP YOUR TROUBLES auftreten, ausgenommen Finlayson. Als Zirkusdirektor im Kurzfilm sieht er ganz anders aus als der General im Spielfilm. Der Kurzfilm wurde um etwa ein Viertel reduziert.

Döring rührte schon Ende Januar 1952 kräftig die Werbetrommel. Aber während des *FSK*-Verfahrens kam es zu Verzögerungen. Zuerst stritten *FSK* und Verleih um offene Prüfgebühren, aber dann gab der Arbeitsausschuss der *FSK* den Streifen März 1952 nur unter der Bedingung frei, dass die Szene geschnitten wird, in der Stan und Ollie an der Front deutsche Soldaten in einem Stacheldrahtnetz gefangen nehmen. Diese hatte bereits im Dezember 1933 aus ZWEI MUSKETIERE entfernt werden müssen! *Döring* fügte sich, solange nur der «Klamauk im Panzer» blieb, und ließ knapp 70 Meter schneiden (Abb. 89).

Die deutsche Bearbeitung von DICK UND DOOF ALS REKRUTEN dauerte auch länger, als *Döring* angenommen hatte. Obwohl Regisseur Beckers deutsches Dialogbuch längst vorlag, fanden die Sprachaufnahmen mit Bluhm und Pfeiffer erst Ende April 1952 statt. Die *IFU* war zwischenzeitlich nämlich von der 1948 neu gegründeten Münchner *Deutschen Commerz-Film GmbH (Deutscher Commerz)* mit der Synchronisation der Laurel-und-Hardy-Kurzfilme THE MUSIC BOX und COUNTY HOSPITAL als DAS VERRÜCKTE KLAVIER beziehungsweise HALS- UND BEINBRUCH beauftragt worden. Da diese beiden Streifen nicht viel Text hatten, wollte sie diesen und *Dörings* Auftrag möglichst gleichzeitig erledigen.

Der *Deutsche Commerz* hatte die Auswertungsrechte für seine beiden Streifen aus dem Bestand der *Film Classics* von Bookbinders *All Star* erworben, um sie ins Beiprogramm zweier älterer US-Billig-Western ins Kino zu schicken. Aus THE MUSIC BOX ließ er den Tritt, den Stan dem Kindermädchen versetzt, entfernen, weil die *FSK* daran vermutlich Anstoß genommen hätte. Außerdem gefiel ihm die Länge des Klaviertransportes nicht und wollte den Dreiakter zunächst um 100 Meter kürzen. Er hielt sich aber etwas zurück, sodass der Streifen noch etwas über 25 Minuten lief. Karlheinz Brunnemann verfasste die Dialogbücher und übernahm die Synchronregie. Im VERRÜCKTEN KLAVIER gab er dem aufgeblasenen Professor den Namen Dr. August von Leisetreter und einen Rattenschwanz weiterer Doktortitel. Die deutschen Fassungen der Kurzfilme und von DICK UND DOOF ALS REKRUTEN punkten mit guten, flüssigen Texten und einer guten Besetzung.

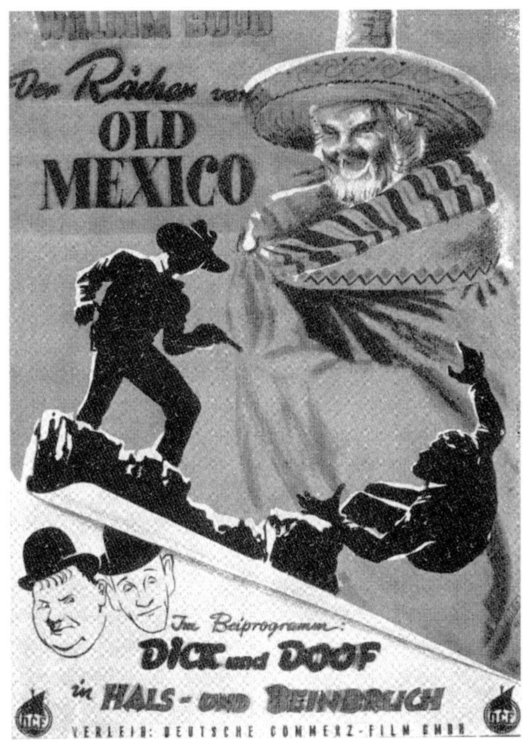

90 Plakat für DER RÄCHER VON OLD MEXICO und HALS- UND BEINBRUCH (COUNTY HOSPITAL), 1952

Der *Deutsche Commerz* erhielt für seine beiden Kurzfilme Ende Mai 1952 die *FSK*-Freigabe, die Freigabekarten aber erst einen Monat später, weil er die Importlizenzen nur nachreichen konnte. Die Werbeunterlagen für die Western mit den Laurel-und-Hardy-Grotesken waren schon zusammengestellt, und die beiden Kurzfilme wurden auf den Plakaten besonders hervorgehoben. Dazu titelte der Verleih: «Das Publikum wird doppelt in Stimmung sein, wenn sie ihm zuvor eine zwerchfellerschütternde Dick-und-Doof-Groteske als Beiprogramm servieren.» Ab dem 9. Mai 1952 wurde DAS VERRÜCKTE KLAVIER und ab dem 23. Mai 1952 HALS- UND BEINBRUCH jeweils mit einem Western in mehreren deutschen Städten gespielt (Abb. 90). Aus unbekannten Gründen ließ der *Deutsche Commerz* Anfang Juni nachträglich den Dialog zwischen dem Pianohändler und der Professorengattin im VERRÜCKTEN KLAVIER von der *IFU* ändern und starte danach die Groteske noch einmal am 6. Juni 1952 im Münchner *Filmtheater am Bahnhof*.

DAS VERRÜCKTE KLAVIER rettete das Programm, denn der Western, kam als «naiver» Streifen mit dem Seitenhieb «im Wilden Westen nichts Neues» nicht gut an. Über Laurel und Hardys Film lachte das Publikum ausgiebig, meist schadenfroh *(Film-Echo)*. Das Geschäft ließ sich für den *Deutschen Commerz* sehen. Jugendliche und das «Laufpublikum» sorgten für «gute» Ergebnisse *(Film-Sonderdienst Ott)*. Größeren Anklang fand das Western-Humor-Gespann mit HALS- UND BEINBRUCH. Als es Ende Juni 1952 in verschiedenen Lichtspieltheatern des Ruhrbezirks vorgeführt wurde, hielt die *Filmwoche* fest, dass man bei der Groteske «vor lauter Lachen kein Wort versteht». Der *Evangelische Film-Beobachter* besprach in aller Regel Spielfilme. Bei Laurel und Hardys Zweiakter machte er jedoch eine Ausnahme, lobte «die tollen Trickaufnahmen von der verrückten Autofahrt» (die doch schlampig produziert waren) und wunderte sich, «wie die eigentlich

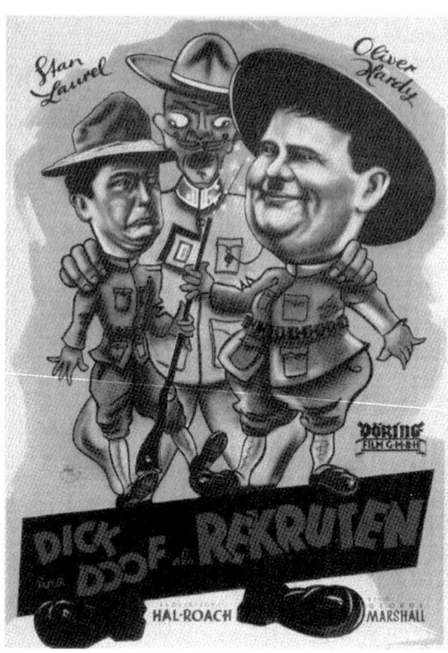

91 Plakat für DICK UND DOOF ALS REKRUTEN (THE CHIMP und PACK UP YOUR TROUBLES), 1952

geist- und harmlosen Späße (teils mit Bart) auch bei ernsthaften Leuten immer wieder wahre Lachsalven auslösen». Noch im Dezember 1952 war der Kassenerfolg des Programms «gut» bis «sehr gut». Aber im Mai 1953 war das Publikum wohl «übersättigt», denn da erschienen in einem Kino nur noch neun zahlende Zuschauer *(Film-Sonderdienst Ott).*

Derweil saß Verleih-Chef Döring wie auf Kohlen. Die Geräuschaufnahmen für DICK UND DOOF ALS REKRUTEN wurden erst Mitte Mai 1952 beendet. Außerdem musste Schumann kleinere Musikpassagen neu komponieren und mit der Originalmusik kombinieren. Bei der geplatzten Heirat hat er Richard Wagners Thema «Treulich geführt» eingebaut. Nach Abschluss der Synchronarbeiten Mitte Juni 1952 kündigte *Döring* DICK UND DOOF ALS REKRUTEN sofort für Juli an. Doch er konnte die Importlizenz für den «aktuellsten Lachschlager der Saison» mit «Lachbombe auf Lachbombe» erst im August 1952 präsentieren und bekam darauf die *FSK*-Freigabekarten.

Angekündigt als «der richtige Sorgenbrecher» und «Trommelfeuer lustiger Einfälle und urkomischster Situationen» wurde DICK UND DOOF ALS REKRUTEN am 8. August 1952 gleichzeitig in mehreren deutschen Städten erstaufgeführt (Abb. 91). Einigen Kritikern gefiel die auf die Tränendrüsen drückende Geschichte um das Waisenkind nicht, und sie warfen dem Synchronautor Becker vor, «diesem anspruchlosen Gericht zu wenig Pfeffer und Salz» beigemischt zu haben (*Filmblätter* und *Filmwoche*). *Der Neue Film* hatte allerdings viel Vergnügen an dem Film mit seinen «einfallsreichen Späßen» und «sich überkugelnden Kapriolen». Damals stufte der *Film-Dienst* den Streifen als «uralten, blödsinnigen Unterhaltungsstreifen im Zirkus- und Soldatenmilieu» ein, Jahrzehnte später aber gefiel ihm PACK UP YOUR TROUBLES, «der neben manchen allzu kitschig-sentimentalen Momenten unbeschwerte Unterhaltung mit viel Situationskomik und einigen vorzüglichen Gags verbindet». Der *Evangelische Film-Beobachter* hatte zu seiner Ursprungsform zurückgefunden: «Dieser zusammengestückelte Streifen ist so viel schlechter als seine Gattungsgenossen und schon so sichtlich im Pensionsalter, dass ein Besuch in jedem Falle unsinnig ist.»

DICK UND DOOF ALS REKRUTEN blieb zunächst deutlich hinter den Erwartungen zurück, denn Kinobesitzer verlängerten den Einsatz nicht. Im November 1952 hatte sich jedoch das Blatt gewendet. Die Kinos meldeten nun bis Juni 1953 «gute» bis «sehr gute» Einnahmen, trotz Warnungen von Mai 1953, das Publikum habe sich diese Art Filme übergesehen *(Film-Sonderdienst Ott)*.

Weder *Döring* noch der *Deutsche Commerz* verliehen danach weitere Laurel-und-Hardy-Grotesken. Der *Deutsche Commerz* ging 1954 in Konkurs, *Döring* im Oktober 1955. Beide wurden Jahre später im Handelsregister gelöscht.

11. Erich J. A. Pietrek betritt die Bühne – und endlich Leibköche

Nun erschien Erich Johann Anton Pietrek auf dem Laurel-und-Hardy-Markt, auf dem er wenigstens bis in die 1970er-Jahre aktiv bleiben sollte (Abb. 92). 1918 geboren war Pietrek seit 1933 im Filmgeschäft für verschiedene Verleiher tätig und erwarb während des Dritten Reiches ein Wuppertaler Kino. Nach dem Zweiten Weltkrieg arbeitete er zunächst bei der britischen *Ufa-Treuhandverwaltung* in Vlotho, von wo er 1950 zu der Ende der 1940er-Jahre gegründeten Düsseldorfer *Viktoria-Film-Verleih-GmbH (Viktoria)* als Filialleiter wechselte und bei ihr rasch Verleih-Chef und Mitgeschäftsführer wurde. Als rühriger Kaufmann hatte er eine gute Nase fürs Geschäft und feilschte hartnäckig bei jeder sich bietenden Gelegenheit. Pietrek hatte das Geschäft mit Laurel-und-Hardy-Filmen beobachtet und für lohnend befunden. Von *All Star* erwarb er für *Viktoria* die Rechte an WAY OUT WEST und an dem Kurzfilm DIRTY WORK von 1933 sowie an Grotesken aus Roachs Kinderserie Our Gang; Letztere brachte er nie ins Kino. WAY OUT WESTs Synchron-Fassung RITTER OHNE FURCHT UND TADEL von 1937 konnte Pietrek nicht auftreiben, sodass er den Spielfilm als DICK UND DOOF IM WILDEN WESTEN gemeinsam mit DIRTY WORK unter dem deutschen Titel DICK UND DOOF ALS SCHORNSTEINFEGER bei der *IFU* neu synchronisieren ließ von Eberhard Cronshagen als Autor und Regisseur. Da Pietrek die deutsche Fassung DICK UND DOOF IN DER FREMDENLEGION mit Bluhm und Paulsen besonders gut gefiel, fanden die Sprachaufnahmen im Juli 1952 mit ihnen statt. DIRTY WORK erhielt eine angemessene deut-

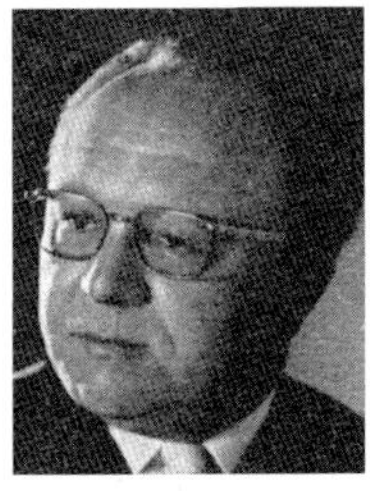

92 VerleiherErich J. A. Pietrek (1965)

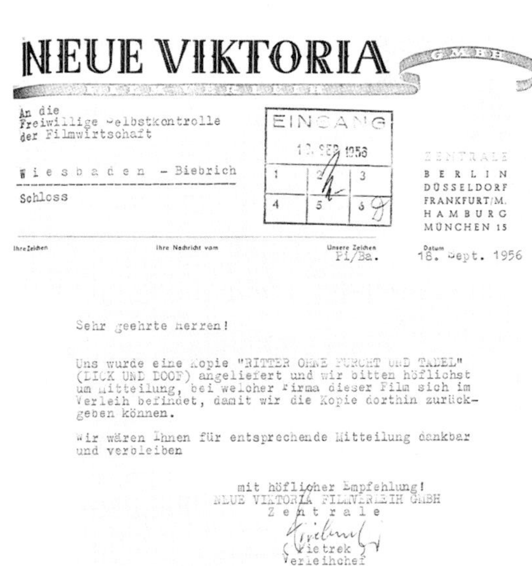

NEUE VIKTORIA

An die
Freiwillige Selbstkontrolle
der Filmwirtschaft

Wiesbaden - Biebrich

Schloss

EINGANG
1?. SEP. 1956

ZENTRALE
BERLIN
DÜSSELDORF
FRANKFURT/M.
HAMBURG
MÜNCHEN 15

Ihre Zeichen | Ihre Nachricht vom | Unsere Zeichen Pi/Ba. | Datum 18. Sept. 1956

Sehr geehrte Herren!

Uns wurde eine Kopie "RITTER OHNE FURCHT UND TADEL" (DICK UND DOOF) angeliefert und wir bitten höflichst um Mitteilung, bei welcher Firma dieser Film sich im Verleih befindet, damit wir die Kopie dorthin zurückgeben können.

Wir wären Ihnen für entsprechende Mitteilung dankbar und verbleiben

mit höflicher Empfehlung!
NEUE VIKTORIA FILMVERLEIH GMBH
Zentrale
(Pietrek)
Verleihchef

93 Pietrek hat 1956 die heute verschollene Synchronfassung von RITTER OHNE FURCHT UND TADEL (WAY OUT WEST) erhalten

sche Fassung. Wie geglückt DICK UND DOOF IM WILDEN WESTEN ist, lässt sich nur eingeschränkt beurteilen. Bis auf den Trailer ist die mit bewährten Stammsprechern der *IFU* besetzte Fassung verschollen. Nach dem knappen Eindruck aus dem Trailer haben Bluhm und Paulsen wahrscheinlich überzeugt. Als Pietrek im September 1956 doch noch an eine Kopie von RITTER OHNE FURCHT UND TADEL kam, nützte sie ihm nichts mehr. Danach verliert sich die Spur auch dieser Fassung (Abb. 93).

Laurel und Hardys bizarre Groteske DIRTY WORK war neu in Deutschland. Als Schornsteinfeger richten Stan und Ollie im Haus eines verrückten Professors, der ein Verjüngungsmittel erfunden hat, ein absolutes Tohuwabohu an. Zum Schluss fällt Ollie in ein Bassin mit dem Elixier und kommt als Schimpanse heraus.

Viktoria reichte der *FSK* Ende Juni 1952 nur die Importlizenz von DIRTY WORK ein, weil *Prisma* die für WAY OUT WEST schon 1949 vorgelegt hatte. Im Juli 1952 wurden Kurz- und Spielfilm ohne Beanstandungen freigegeben. Beide Streifen passten in *Viktorias* Programm mit B-Western. Nach dem Vorbild des *Deutschen Commerz* koppelte Pietrek DICK UND DOOF ALS SCHORNSTEINFEGER mit einem Billig-Western und hob die Groteske auf dem Filmplakat hervor (Abb. 94). DICK UND DOOF IM WILDEN WESTEN erhielt ein eigenes Plakat. *Viktoria* warb mit ihnen auf Titelseiten des Branchenblattes *Film-Echo*. Die Plakate stammen von Heinz Bonné, der seit 1950 in der Filmwerbung arbeitete. Er blieb Pietrek bis in die 1960er-Jahre verbunden, unter anderem mit Werbemitteln für Laurel-und-Hardy-Filme, auf denen die beiden Komiker karikaturhaft mit überdimensionierten Köpfen dargestellt sind. Bonnés erstes Laurel-und-Hardy-Plakat ist das für DICK UND DOOF IM WILDEN WESTEN, hier noch ohne die zu großen Köpfe (Abb. 95).

DICK UND DOOF ALS SCHORNSTEINFEGER und sein Western wurden am 24. August 1952 in einem Stuttgarter Kino erstmals vorgeführt. Laurel und Hardy waren die Attrakti-

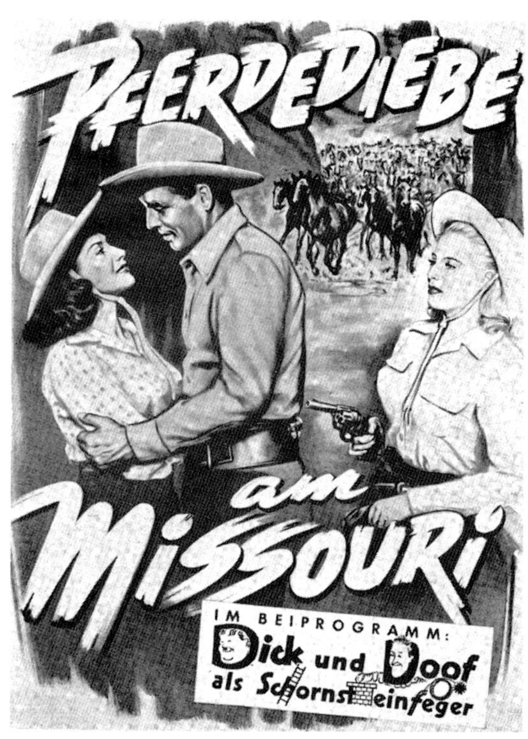

94 Plakat für PFERDEDIEBE AM MISSOURI mit DICK UND DOOF ALS SCHORNSTEINFEGER (DIRTY WORK), 1952

on, während der Western als «Dreitagefilm für ‹Spezialkinos›» durchging und nicht «ausgesprochen das war, was Sensationsliebhaber erwarten» *(Film-Echo)*. Die Groteske «entfesselte hellen Beifallsjubel» *(Film-Sonderdienst Ott)* und war der «Lacherfolg» *(Hamburger Anzeiger, Kölnische Rundschau)*. Der *Film-Dienst* tat den Zweiakter freilich als «primitive Clownereien von sagenhaftem Alter» ab, und auch der *Evangelische Film-Beobachter* konnte sich für ihn nicht erwärmen: «Das alles hat mitunter nicht einmal mehr mit Klamauk-Komik zu tun; es ist oft bloße Albernheit, die wohl nur den Film in die Länge ziehen soll. Freilich lacht jeder mit, die Anspruchslosen am leichtesten und am meisten.» Das Programm war zeitweise ein Kassenschlager. Ende September 1952 war das bis dahin «sehr gute» Geschäft jedoch abgeflaut *(Film-Sonderdienst Ott)*.

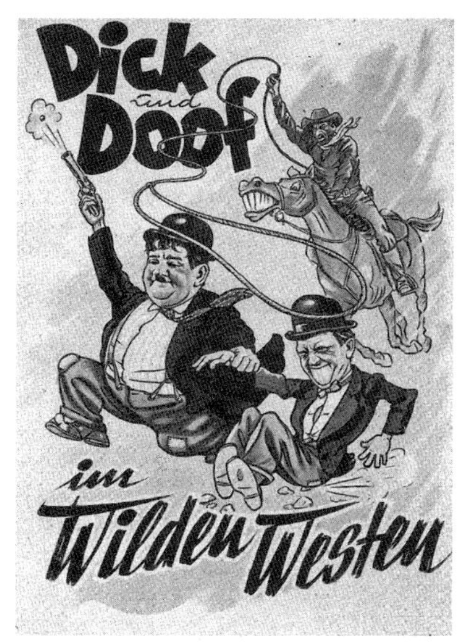

95 Bonnés erstes Dick-und-Doof-Plakat: DICK UND DOOF IM WILDEN WESTEN (WAY OUT WEST), 1952

DICK UND DOOF IM WILDEN WESTEN erlebte seinen deutschen Start am 5. September 1952 in den Hamburger *Stern-Lichtspielen*. Danach erhielt *Viktoria* begeisterte Glückwunsch-Telegramme über das bisher «größte Dick-und-Doof-Geschäft». Im Dezember 1952 gratulierten die Münchner *Gabriel-Lichtspiele* zu dem Film, der «bei Jung und Alt stürmische Heiterkeit erweckt». Bei der Kritik standen «Klamauk in höchster Potenz», «dickste und doofste Trottelei» und «immer wieder gern gesehene Gags» im Vordergrund *(Filmblätter, Filmwoche)*. Laut *Bochumer Morgenpost* brachte der Streifen «ganz jungen Erwachsenen und ganz alten Kindern zwei Stunden anhaltendes Lachen und Heiterkeit». Die *Aachener Volkszeitung* seufzte: «Endlich eine gelungene Parodie auf die Serienproduktion aus Hollywood-Wildwest». «Dieser Kloß und dieses Schafgesicht haben alles schon viel besser und weniger genormt gekonnt», resümierte die *Westdeutsche Rundschau*. Der damals wortkarge *Film-Dienst* erkannte erst Jahrzehnte später im *Lexikon des internationalen Films* WAY OUT WEST als «Klassiker des Burlesk-Films» an. Der *Evangelische Film-Beobachter* schlug die Groteske über einen Leisten mit anderen komischen Filmen: «Jeder Einfall ein Reinfall. Wenn schon in Kurzfilmen dieser Art solche Gewissheit ermüdend wirkt, dann um so mehr hier, denn Wiederholung ist des Witzes Tod. Unserer Mentalität dürften Filme im Dick-und-Doof-Stil nicht entsprechen». Auch als die *Arbeitsgemeinschaft Film der Landesbildstelle Berlin* 1956 darüber beriet, ob DICK UND DOOF IM WILDEN WESTEN in Berliner Jugendfilm-Stunden gezeigt werden könne, war an Laurel und Hardys künstlerische Anerkennung nicht zu denken. Obwohl einige Mitglieder in

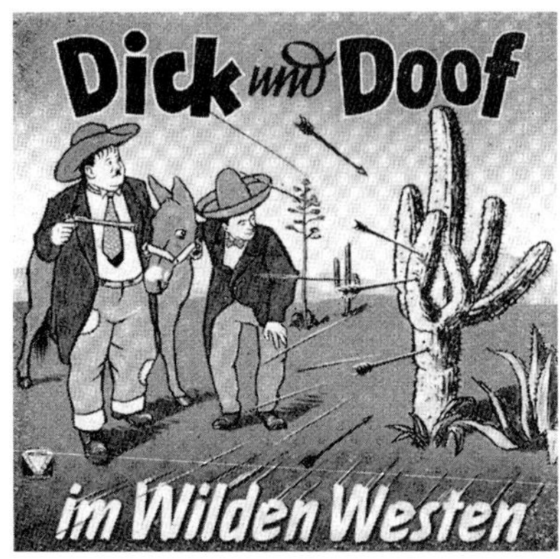

96 Erfundener Indianerüberfall in der Kaktus-Wüste: Diapositiv für DICK UND DOOF IM WILDEN WESTEN (WAY OUT WEST), 1952

dem harmlosen Film «große Präzision» und «vorzügliche Mimik» sahen, überwogen die negativen Einschätzungen: «Das Lachen ist nur Schadenfreude über menschliche Schwächen. Die Darstellung bietet eine völlige Verzerrung des Menschlichen. Die Gags sind überholt, und der Humor ist äußerst primitiv».

Viktorias sparsame Werbematerialien für DICK UND DOOF IM WILDEN WESTEN standen im Zeichen des Klamauks. Die «Lachfabrikanten Nr. 1», die «ganz in ihrem Element» waren, tragen auf den gezeichneten Werbe-Abbildungen in einer Kaktus-Wüste Texas-Hut und mexikanischen Sombrero und werden mit Pfeilen beschossen (Abb. 96). Das hatte zwar nichts mit Laurel und Hardy gemein, war aber marktstrategisch richtig. Das Stuttgarter *U-Kino* schrieb Pietrek Ende Oktober 1952, dass DICK UND DOOF IM WILDEN WESTEN «auch nach der 50. Vorstellung trotz eines Volksfestes noch ein ‹Spitzengeschäft›» war. Das *Film-Echo* meldete im November aus Städten aller Größenordnungen «gute» Kassen. So konnte Pietrek als Erster Laurel und Hardy ins deutsche Fernsehen bringen. DICK UND DOOF IM WILDEN WESTEN lief als Beitrag des Senders Freies Berlin (SFB) im Abendprogramm des 15. April 1953.

Die letzte deutsche Laurel-und-Hardy-Erstaufführung des Jahres fand am 12. September 1952 im Frankfurter *Rex-Filmtheater* mit DIE LEIBKÖCHE SEINER MAJESTÄT (NOTHING BUT TROUBLE) statt. Nun hatte der deutsche *MGM*-Verleih die Importlizenz erhalten und die seit etwa zwei Jahren verwahrten *FSK*-Freigabekarten. Interessanterweise hatte die *FSK* keine Schnitte während der Szenen im Büro der Arbeitsvermittlung verlangt, in der auf US-Kriegsplakaten nationalsozialistische Embleme erscheinen. Stan und Ollie werden als Butler beziehungsweise Koch von einer neureichen Lady engagiert. Als Ollie ein ungenießbares Steak serviert und die Freunde heimlich einen jungen König mit ins Haus bringen, der sich als Waisenkind ausgegeben hat, werden sie gefeuert. Die Freunde können danach ein Mordkomplott gegen den jungen Monarchen vereiteln. Die fade Rahmenhandlung erstickt Laurel und Hardys Komik fast völlig, und der Film enthält auch nur wenige Augenblicke zum Schmunzeln.

Um so erfreulicher ist die deutsche Synchronisation, die schon 1950 von der Synchron-Abteilung der *MGM* in Berlin-Tempelhof mit sprachlichem Schliff ausgeführt worden war mit Bluhm und Paulsen in Hochform, die dem Streifen damit zu besseren Marktchancen verholfen haben werden. Autor und Regisseur der deutschen Fassung sind unbekannt. Vor- und Abspann der deutschen Fassung sind im Stil des US-Originals belassen worden. Die Werbemittel des deutschen *MGM*-Verleihs waren ebenfalls geschmackvoll (Abb.97). Aber inhaltlich knüpfte man an die *Presse- und Propaganda-Hefte* aus dem Dritten Reich an. Hardy hatte angeblich immer noch die Universität besucht, und diesmal bestand das Team Laurel und Hardy schon seit 1924.

Die Zuschauer vergnügten sich mit DIE LEIBKÖCHE SEINER MAJESTÄT trotz der inhaltlichen Schwächen, und die Kritik beurteilte den Film erstaunlich günstig. Die *Filmblätter* entdeckten nur «einige Längen» in der üblichen «Laurel-und-Hardy-Groteskmasche». «Das Filmchen ist mit der ganzen Anspruchslosigkeit seiner Gattung gedreht worden», hieß es im *Film-Echo*. Nach dem *Neuen Film* war die Komödie «herzhaft in der Situationskomik» und eine «sitzende Burleske». Sogar der *Film-Dienst* taute auf bei der «bewährten Spaßmacherei». Dass der *Evangelische Film-Beobachter* den Finger in die Wunde legte und stöhnte «Wenn man wenigstens lachen müsste», ist leider allzu berechtigt. Ein Kinobesitzer klagte: «Dick-und-Doof-Filme haben sich überlebt. Über diesen Film lachen nur noch ein paar Kinder. Kein gutes Renommee für *MGM*, aber auch nicht für unser Theater.» Dennoch war der *MGM*-Film ein «gutes» Geschäft. Als er 1953 weiterhin ordentliche Kassen erzielte *(Film-Sonderdienst Ott)*, brachte der Verleih auch eine Schmalfilm-Fassung auf den Markt.

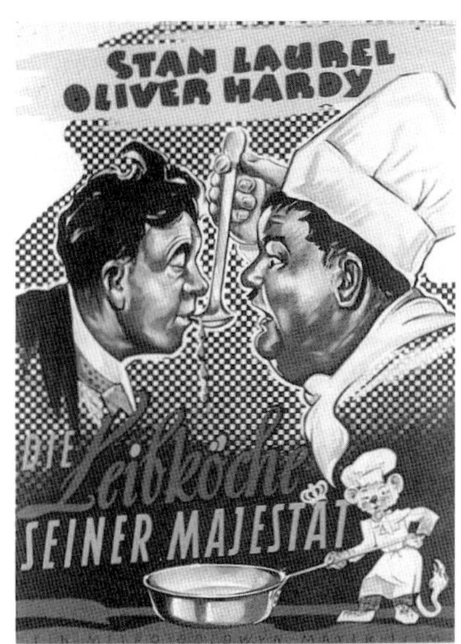

97 Plakat für DIE LEIBKÖCHE SEINER MAJESTÄT (NOTHING BUT TROUBLE), 1952

12. *Gloria* greift ein

In der Vergangenheit hatte die *Republic* viele Sensations-Serials produziert, deren Folgen in den USA von Woche zu Woche gezeigt wurden, um die Zuschauer mit reißerischen Beiprogramm-Stoffen zu neuen Hauptfilmen in die Kinos zu locken. Einige Serials schnitt *Republic* auf Spielfilmlänge zusammen und wertete sie als Hauptfilme aus. Solche Reißer hatten beim jüngeren deutschen Publikum eine hohe Zugkraft, wie *Gloria* feststellen konnte, nachdem der Verleih 1951 und 1952 einige Zusammenstellungen mit Erfolg ins Kino gebracht hatte. Anfang 1953 schickte *Gloria* in seiner «Sensations-Zwischenstaffel» drei weitere jeweils auf die Länge von zwei abendfüllenden Spielfilmen aufgeteilte Serial-Zusammenschnitte ins Rennen: KÖNIG DER RAKENTMÄNNER (KING OF THE ROCKET MEN), DER MANN MIT DER TOTENMASKE (THE CRIMSON GHOST) und UNGA KHAN, DER HERR VON ATLANTIS (UNDERSEA KINGDOM). Jedem Teil wurde als Beiprogramm eine kurze Laurel-und-Hardy-Groteske zur Seite gestellt, die *Gloria* nach und nach der *FSK* vorlegte, die sie bis Mitte April 1953 freigab. Die Auswahl war hervorragend. Bis auf THE MIDNIGHT PATROL und THE LIVE GHOST, die bei *Gloria* DIE HÜTER DES GESETZES beziehungs-

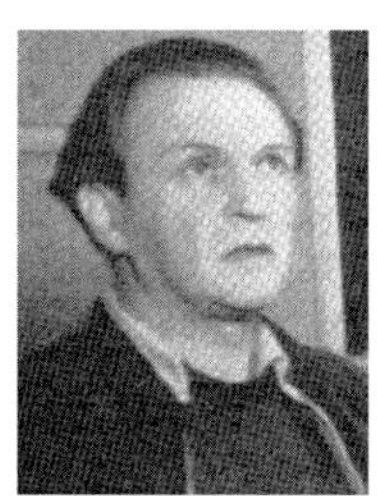

98 Herbert A. E. Böhme (1950) als Hardys deutsche Stimme

weise DAS GESPENSTERSCHIFF hießen, waren die Streifen in Deutschland neu.

In SEGLER AHOI! (TOWED IN A HOLE) von 1932 kaufen sich die Fischhändler Stan und Ollie ein Schrott-Boot, das sie herrichten, um selbst Fisch zu fangen und den Zwischenhandel auszuschalten. Nach haarsträubenden Aktionen ist der Kahn fertig, überrollt das Auto der Freunde und geht selbst zu Bruch.

Die meisterliche Groteske DIE WUNDERSÄGE (BUSY BODIES) von 1933 beobachtet Stan und Ollie als Tischler im Sägewerk. Etwas Vernünftiges bringen sie nicht zustande. Nachdem Stan seinem Freund die Borsten eines Pinsels, den er ihm leimgetränkt ans Kinn gedrückt hat, abrasiert hat, bringen Stan und Ollie noch einen Schuppen zum Einsturz, und ihr Auto wird von einer Bandsäge zerteilt.

DER ZAUBERBRUNNEN (THEM THAR HILLS) von 1934, Vorgänger von TIT FOR TAT, zelebriert den slow burn. Stan und Ollie reisen ins Gebirge, wo Ollie seinen Gichtfuß an frischer Luft und mit viel Quellwasser kurieren soll. In den Brunnen, aus dem die Freunde sich bedienen, haben Schwarzbrenner Schnaps geschüttet, der seinen Teil zu einer heftigen Auseinandersetzung mit einem übelgelaunten Zeitgenossen beiträgt.

DICK UND DOOF MIT DER KUCKUCKSUHR (THICKER THAN WATER), Laurel und Hardys letzter Roach-Kurzfilm, steckt voller typischer Szenen des Duos. Stan wohnt bei Ollie und Frau, und das gibt Krach. Nach einer Auktion ist Ollie alles Geld los, das er auf Stans Rat von der Bank abgehoben hat, und landet durch einen Schlag seiner Frau mit der Bratpfanne im Krankenhaus, wo er sich Blut von Stan übertragen lassen muss. Durch ein Malheur nehmen die Freunde die Persönlichkeit jeweils des anderen an.

Gloria ließ die Laurel-und-Hardy-Grotesken bei der *Elite* von einem unbekannten Autor und einem ebenfalls unbekannt gebliebenen Regisseur deutsch synchronisieren. Bluhm wurde als Laurels deutsche Stimme engagiert, Hardy aber wurde mit Herbert A. E. Böhme besetzt, der seine Sache ganz gut macht (Abb. 98). Er gab seiner Stimme einen bewusst komischen Klang, glitt aber nicht ins Lächerliche ab. Die deutschen Vorspanne wurden grafisch exakt dem Original nachempfunden.

Gloria wollte die Zuschauer der «Sensations-Zwischenstaffel» den Geruch

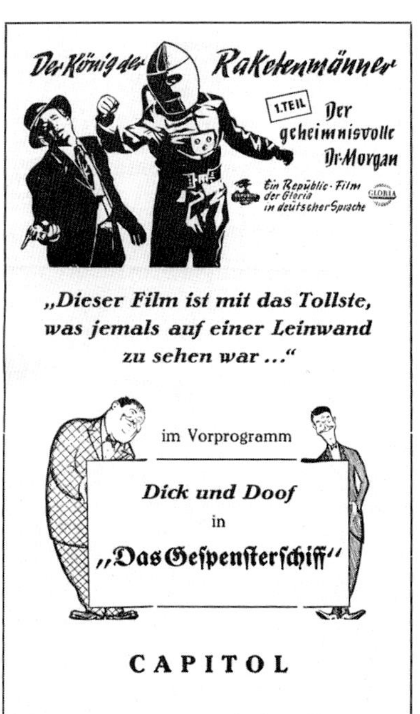

99 Inserat-Mater für DAS GESPENSTERSCHIFF (THE LIVE GHOST), 1953

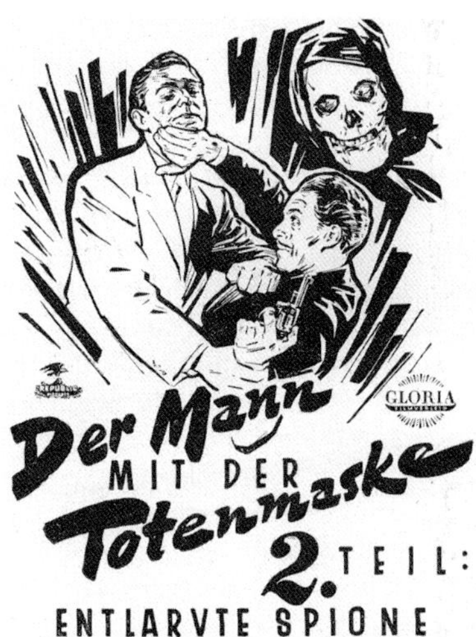

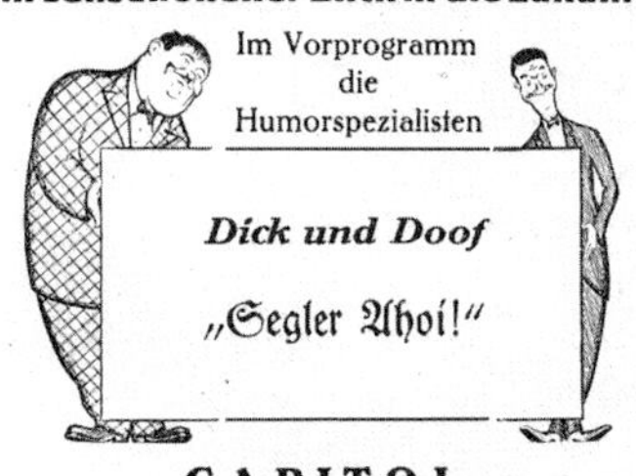

100 Inserat-Mater für SEGLER AHOI! (TOWED IN A HOLE), 1953

der Sensation atmen lassen mit auffällig gestalteten Kino-Außenfronten, im Abenteuer- und Grusel-Look ausgerüsteten Foyers, dick aufgetragenen Schlagzeilen wie «Kein Film für Herzkranke» und Zeitungsannoncen, die ausdrücklich auch auf die Laurel-und-Hardy-Filme hinwiesen (Abb. 99–101).

Das erste Serial-Grotesken-Paket wurde am 20. März 1953 für die Nürnberger *Kammer-Lichtspiele* mit den beiden Teilen des KÖNIGS DER RAKETENMÄNNER geschnürt. Vor dem ersten Teil wurde DAS GESPENSTERSCHIFF gespielt und vor dem zweiten Teil DICK UND DOOF MIT DER KUCKUCKSUHR. «Kniebeuge, Staubwolke – DER KÖNIG DER RAKETENMÄNNER jagt in die Luft und als Ausgleich Dick und Doof», notierte *Der Neue Film* über die «mit utopisch rabiater Übertechnik ausgestattete brodelnde Schauerphantasiekiste mit übermütig drolligen Geschichten um Dick und Doof». Das *Film-Echo* sagte dem Programm wegen Laurel und Hardys «immensen Lacherfolges» ein gutes Geschäft voraus. Bis September 1953 war das auf schnellen Umsatz bei begrenzten Laufzeiten ausgerichtete Geschäft in Großstädten immer noch «gut» bis «sehr gut» *(Film-Sonderdienst Ott)*. DAS GESPENSTERSCHIFF wurde im Januar 1954 auch laufend im Frankfurter *AKI* im Hauptbahnhof gezeigt,

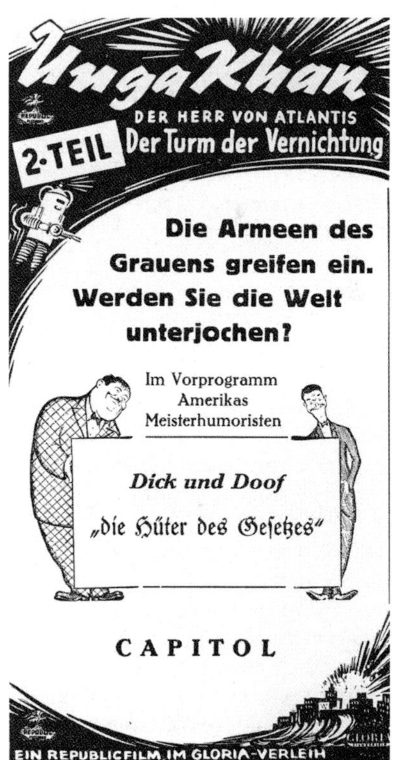

101 Inserat-Mater für DIE HÜTER DES GESETZES (THE MIDNIGHT PATROL), 1953

einem der zwölf Nonstop-Kinos der Frankfurter Kette *AKI-Aktualitäten-Kino Betriebs-GmbH & Co.* Non-Stop-Kinos spielten andauernd wechselnde Programme aus Kurzfilmen, Wochenschauen, kurzen Zeichentrickfilmen und – aus Gründen geringerer Vergnügungssteuer – hin und wieder mit einem prädikatisierten Kulturfilm. Laurel-und-Hardy-Grotesken eigneten sich dafür hervorragend. Die *Frankfurter Allgemeine* hatte DAS GESPENSTERSCHIFF bei einer dieser Vorstellungen bemerkt und trauerte der verloren gegangenen Unbekümmertheit von Kino-Produktionen nach, die sich Laurel und Hardy bewahrt hatten und die Zuschauer mit «surrealistischen Witz hilflos im Netz eines oft falsch verstandenen Realismus zappeln» ließen. Nach der Ansicht des *Evangelischen Film-Beobachters* gab es «über den üblichen Edelstumpfsinn sicher viel zu lachen». Zu DICK UND DOOF MIT DER KUCKUCKSUHR meinte das Blatt, dass das bis «zur letzten Möglichkeit ausgequetschte Wortspiel» das Vergnügen erst recht steigert.

Vor dem ersten Teil von DER MANN MIT DER TOTENMASKE bekamen die «halbstarken Besucher» im Herner *Gloria-Theater* am 16. April 1953 erst einmal den «zünftigen» Laurel-und-Hardy-Film DER ZAUBERBRUNNEN zu sehen und konnten kräftig lachen, ehe die «Nerven an der Garderobe abzugeben» waren *(Der Neue Film)*. Allerdings soll der unfreiwillige Humor des «sensationellen Reißers mit nervenkitzelnden Szenen» die Lachmuskeln der Zuschauer nicht weniger strapaziert haben *(Hünfelder Volkszeitung)*. Vor Teil zwei der Phantom-Geschichte sorgten die beiden «Humorspezialisten» am 20. April 1953 in demselben Kino mit SEGLER AHOI! für Entspannung *(Filmblätter)*. Das Geschäft schwankte. Im Juli 1953 waren die Kassen «gut» bis «zufriedenstellend», im August «mäßig», und im November hatten sie sich wieder erholt *(Film-Sonderdienst Ott)*. Da lief DER ZAUBERBRUNNEN auch im Hamburger *AKI am Hauptbahnhof* als eine «herrlich betrunkene Angelegenheit», bei der «die Primitivität des Klamauks zu einer Artistik von Bravour geworden» war *(Hamburger Morgenpost)*. Der *Evangelische Film-Beobachter* und der *Film-Dienst* entdeckten in SEGLER AHOI! nur geistlose, sich ständig wiederholende Situationen, die angeblich nur «kindlichen Gemütern» Spaß bereiteten.

Dann war UNGA KHAN, DER HERR VON ATLANTIS an der Reihe, dessen Geschichte «utopischen Groschenheften entsprungen» war und in dem «wie wandelnde Badeöfen aussehende Roboter» den «erschütternd billigen Handlungsablauf» mit seinen ebensolchen Dialogen bevölkerten *(Film-Sonderdienst Ott)*. Das «halbwüchsige» Publikum bekam am 24. April 1953 in einem unbekannten Kino vornweg DIE WUNDERSÄGE serviert. Vor dem zweiten Teil lockerten DIE HÜTER DES GESETZES die Vorführung des «feuchten Utopie-Abenteuers für besonders treue Fans trefflich» auf. Im Herbst 1953 waren die Kassen in Großstädten vorübergehend «mäßig» und in mittleren Städten «zufriedenstellend». Dass die Koppelung aus Spannung und Humor im November 1953 in München wieder «gute» Einspiel-Ergebnisse erzielte, könnte an Laurel und Hardy gelegen haben. Denn über UNGA KHAN, DER HERR VON ATLANTIS schimpften manche Kinobesitzer: «Größter Kitsch des 20. Jahrhunderts. Man muss sich schämen, solch einen Film vorzuführen» *(Film-Sonderdienst Ott)*. Während der *Evangelische Film-Beobachter* bei der WUNDERSÄGE von dem «mitunter meisterhaft aufs Pantomimische reduzierten Spiel» der beiden Komiker angetan war, hielt er bei DIE HÜTER DES GESETZES die «aufgewärmte Klamottenkomik für entbehrlich». Als Laurel und Hardys beide Grotesken im Beiprogramm anderer Filme liefen, sorgten sie für großes Vergnügen, so Anfang Januar 1956 in Aachen, wo man allerdings Laurel und Hardy mit Pat und Patachon verwechselte *(Aachener Volkszeitung).*

DIE HÜTER DES GESETZES hatten es zur Jahresmitte 1955 der gerade gegründeten Münchner *Lifa-Filmgesellschaft mbH* besonders angetan. Ohne irgendwelche Rechte daran zu besitzen, verkaufte sie den Streifen als MITTERNACHTS-PATROUILLE an die Düsseldorfer *Herald Film Verleih-und Vertriebs-GmbH,* die ihn in Hamburg und im April 1956 in Düsseldorf als DICK UND DOOF AUF MITTERNACHTS-PATROUILLE spielen ließ. Sie offerierte ihn auch als POLIZEISTREIFE. Die *FSK* klopfte dem Düsseldorfer Verleih auf die Finger, der zusagte, den Laurel-und-Hardy-Film aus dem Angebot zu nehmen. Stattdessen gab er ihn Anfang Juni 1956 wieder als DIE HÜTER DES GESETZES an ein Schwelmer Kino. Die *Herald Film Verleih-und Vertriebs-GmbH* ging 1958 in Konkurs. Die *Lifa-Filmgesellschaft mbH* verkaufte den Streifen auch nach Norddeutschland. Am Mai-Feiertag 1956 wurde er als DICK UND DOOF AUF NACHTSTREIFE während einer Jugendvorstellung gezeigt und Ende September 1956 in Neumünster/Holstein.

Gloria kaufte keine weiteren Laurel-und-Hardy-Filme ein, fügte aber fünf der sechs Kurzfilme zu dem Programm DIE LUSTIGSTEN ABENTEUER VON DICK UND DOOF zusammen; DICK UND DOOF MIT DER KUCKUCKSUHR wurde ausgelassen. Das Programm lief am 20. März 1956 in den deutschen Kinos an. Nach der Einschätzung des *Film-Echos* war es «nicht mit übermäßiger Sorgfalt zusammengeklebt», werde aber «in Jugendvorstellungen ein dankbares Publikum» finden.

13. Pietrek legt nach

Unterdessen hatte *Viktoria* von *All Star* die Aufführungsrechte der Kurzfilme MEN O' WAR, CHICKENS COME HOME und OLIVER THE EIGHTH erworben, die als Vorfilme weiterer B-Western eingesetzt werden sollten. In Deutschland war davon nur CHICKENS COME HOME vor 20 Jahren gelaufen.

Der Zweiakter MEN O' WAR von 1929 ist ein Remake des Stummfilms SHOULD MARRIED MEN GO HOME? mit vielen unvergesslichen Szenen. Die Matrosen Stan und Ollie laden auf Landgang zwei junge Damen ein, obwohl sie sich das eigentlich nicht leisten können. Als sie an einem Spielautomaten etwas Geld gewinnen, wird noch eine Kahnfahrt spendiert, bei der alle Ausflügler im Wasser landen.

OLIVER THE EIGHTH ist originell, als Dreiakter aber zu lang geraten. Ollie meldet sich auf die Zeitungsannonce einer reichen Witwe, die alle Männer mit dem Vornamen Oliver umbringen will. Stan und Ollie kommen unwissend in ihr Haus. Als die Witwe Ollie in der Nacht das Messer an die Gurgel setzt, wacht Ollie aus seinem bösen Traum auf. Nichts passiert!

Die drei Laurel-und-Hardy-Filme befanden sich in einem schlechten Materialzustand ohne die internationalen Tonbänder und wurden unter den deutschen Titeln DICK UND DOOF, DIE VOLLMATROSEN (MEN O' WAR), DICK UND DOOF, DIE MUSTERGATTEN

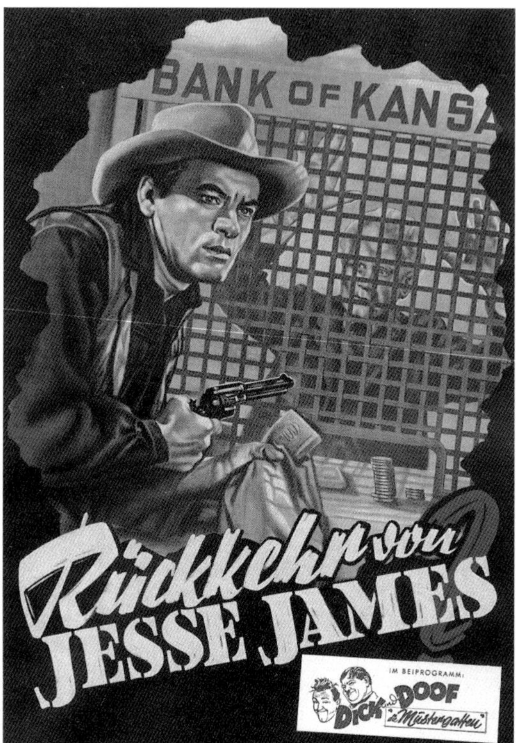

102 Plakat für RÜCKKEHR VON JESSE JAMES? mit DICK UND DOOF DIE MUSTERGATTEN (CHICKENS COME HOME), 1953

(CHICKENS COME HOME) und DICK UND DOOF AUF FREIERSFÜSSEN (OLIVER THE EIGHTH) bei der *IFU* von Fritz Benscher (Buch) und Manfred Köhler (Regie) deutsch bearbeitet. Schumann fasste die Streifen musikalisch neu und verwendete aus früheren Laurel-und-Hardy-Synchronisationen das «burleske Intermezzo» und sein «Seemannsgarn». Bluhm sprach Laurel und überraschend Pfeiffer Hardy. Denn Pietrek hatte für DICK UND DOOF ALS SCHORNSTEINFEGER und DICK UND DOOF IM WILDEN WESTEN ausdrücklich Paulsen verlangt. War er womöglich verhindert? Jedenfalls hatte Köhler wegen Hardys Besetzung auch mit Hans Stiebner verhandelt, der aber zu viel Gage verlangte. Ende 1953 entstanden bei der *IFU* beachtliche deutsche Fassungen mit einem gut aufgelegten Pfeiffer. In DICK UND DOOF, DIE MUSTERGATTEN fügte sich die deutsche Übersetzung des Notenbuch-Titelblattes «Arie des Ertappten aus der Oper: Die Rache der Furie» gut ein. Entgegen dem Original wird Ollie in DICK UND DOOF AUF FREIERSFÜSSEN mit der Beschriftung des Briefumschlages aber als orthografisch nicht sattelfest hingestellt: «Oliver Hardy Haarkünstler, An die Retagtion der Heiratspost, zu Schiffreh Nr. 4711».

Vor der Freigabe der drei Grotesken hatte der Arbeitsausschuss der *FSK* DICK UND DOOF, DIE MUSTERGATTEN Schwierigkeiten bereitet. Die einleitende Texttafel «Jedermann erinnert sich gern seiner Jugend. Jugend kennt keine Tugend. Die Jugendsünden von Laurel und Hardy bedrücken beide sehr (dieser Text muss überhaupt nicht kommen)» deutete vergangene amouröse Ausschweifungen an, was nach Ansicht der Prüfer der Entwicklung jüngerer Kinobesucher «abträglich» sei. Die *FSK* monierte außerdem den «Dirnenjargon der Halbweltdame, der den ganzen Film durchzieht», stieß sich aber nicht an der Erpressung. Jugendliche durften DICK UND DOOF, DIE MUSTERGATTEN erst ab 16 Jahren sehen, im Gegensatz zu den beiden anderen Laurel-und-Hardy-Filmen, die einem jüngeren

Publikum vorgeführt werden konnten. Die missglückte vollständige Jugendfreigabe von DICK UND DOOF, DIE MUSTERGATTEN verursachte bei *Viktoria* Programmänderungen. Deshalb mussten schon fertige Trailer mit anderen Zuordnungen von Vor- zu Hauptfilmen geändert werden.

Die Plakate für die drei Billig-Western wiesen wieder ihre Laurel-und-Hardy-Grotesken aus. Für alle drei Laurel-und-Hardy-Kurzfilme gab es sogar eigene Aushang-Fotos. In den Werbematerialien strich *Viktoria* DICK UND DOOF, DIE MUSTERGATTEN als «köstliche Groteske mit nicht mehr zu überbietender Komik» heraus.

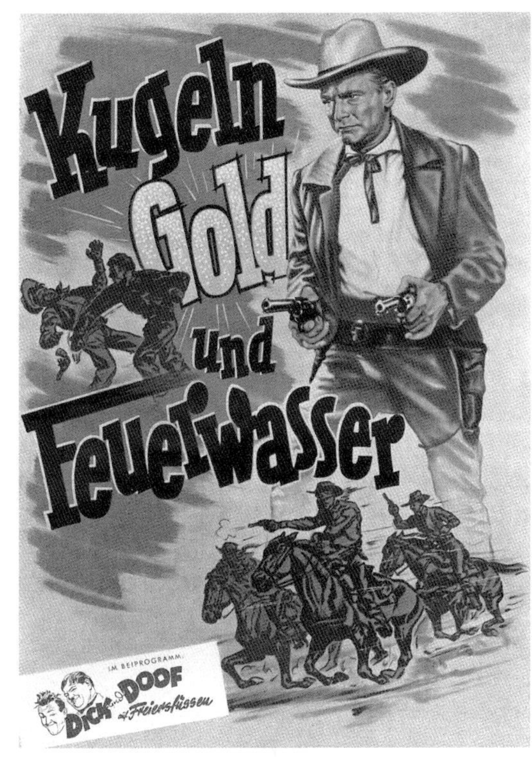

103 Plakat für KUGELN, GOLD UND FEUERWASSER mit DICK UND DOOF AUF FREIERSFÜSSEN (OLIVER THE EIGHTH), 1953

Am 13. Oktober 1953 gingen DICK UND DOOF, DIE MUSTERGATTEN mit ihrem B-Western im Wanne-Eickeler *Lito-Theater* erstmals in Deutschland ins Rennen (Abb. 102). Pietreks Rezept, einen Western mit einer «zünftigen Dick-und-Doof-Groteske» zu kombinieren, ging auf. Das Publikum war zufrieden. Der zweifelhafte Western hatte Laurel und Hardys Schützenhilfe auch bitter nötig. Denn Kinobesitzer hatten offen ausgesprochen, dass «Hollywood mit diesem Film Jesse James und jeglichen Jesse-James-Ersatz endgültig zu Grabe getragen» hat. Mit dem Rückenwind der Groteske ließ sich die Kombination zumindest bis Ende 1953 gut verkaufen. Über DICK UND DOOF, DIE MUSTERGATTEN wurde berichtet, dass Laurel und Hardys «urkomische Rollen schallende Heiterkeit» und «hemmungsloses Gelächter» auslösten *(Film-Sonderdienst Ott)*.

Das nächste Gespann mit DICK UND DOOF AUF FREIERSFÜSSEN wurde am 27. Oktober 1953 in zwei Großstadtkinos erstaufgeführt, im Wanne-Eickeler *Lito-Theater* und im *Rixi-Filmtheater*, Berlin-Neukölln (Abb. 103). Der Western erfüllte «sein Soll an Ritten, Schüssen und Niederschlägen», und auch hier hatte die Groteske wohl keinen geringen Anteil, das Programm bis März 1954 bei den Kinobesitzern unterzubringen. Das Fachblatt *Filmwoche* traf den Nagel auf den Kopf: «Es wurde aus vollem Hals gelacht! Es wird überall Filmfreunde geben, die

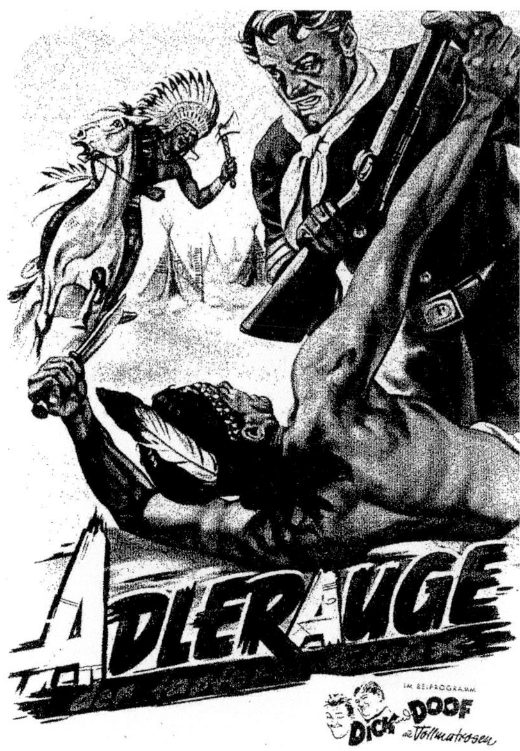

104 Plakat für ADLERAUGE DER TAPFERE SIOUX mit DICK UND DOOF DIE VOLLMATROSEN (MEN O' WAR), 1953

sich schon dieser Groteske wegen das Programm ansehen!» Die *Hannoversche Allgemeine Zeitung* schrieb: «Etwas versöhnt wird man durch die grotesken Heiratsabenteuer von Dick und Doof, die im Beiprogramm ungetrübte Freude verbreiten.» In der *Welt* seufzte ein anderer Kritiker, dass die beiden «vortrefflichen Klamottenkomiker die Dürftigkeit der Mauerblümchen-Produktion» wettmachten. Der *Evangelische Film-Beobachter* zeigte sich ungerührt von dem «Filmchen von unglaublicher Primitiviät, in dem in einer halben Stunde so viele Blödsinnigkeiten über die Leinwand» liefen.

Aus unbekannten Gründen hatte Pietrek in DICK UND DOOF, DIE VOLLMATROSEN die Szene am Bartresen etwas kürzen lassen. In dieser Fassung bestritt der Zweiakter am 23. November 1953 erstmals mit seinem Western im Berliner *Rixi-Filmtheater* das Programm (Abb. 104). Das *Film-Echo* freute sich, dass sich Laurel und Hardys Humor «über ein Vierteljahrhundert hinweg frisch und wirksam erhalten» hatte, während der Western, in dem «Indianerinnen mit blonden Haaren» auftauchten, «billig und primitiv hergestellt und noch nicht einmal im Landschaftlichen interessant war». Der *Evangelische Film-Beobachter* riet seinen Lesern vom Kinobesuch ab, weil Laurel und Hardy wegen des gefundenen Damenhöschens angeblich mit schlüpfrigen Witzen arbeiteten. Bis mindestens März 1954 ließ sich auch diese Kombination «gut» verkaufen *(Film-Sonderdienst Ott)*.

Die verpatzte günstigere Jugendfreigabe von DICK UND DOOF, DIE MUSTERGATTEN ließ Pietrek nicht ruhen. Im Eiltempo sammelte er alle im Umlauf befindlichen Kopien des Streifens von den *Viktoria*-Niederlassungen ein und ließ die *IFU* knapp neun Meter Dialog zwischen Ollie und seiner Verflossenen schneiden und den Begriff «Jugendsündchen» verschwinden. Zum Jahresende 1954 erhielt er die ersehnte übliche Jugendfreigabe der *FSK* für den Streifen. Der katholische *Film-Dienst* kommentierte die Wiederaufführung im Jahr 1955 als «Situationskomik mit geschmackloser Prügelei». Der *Evangelische Film-Beobachter* fand den Film über das «verbrauchte Thema der bürgerlichen Makellosigkeit» schlicht «platt».

Anfang Oktober 1953 hatten Laurel und Hardy ihre dritte und letzte Bühnentournee mit Laurels neuem Sketch «Birds of A Feather» mit Stan und Ollie als Whisky-Testern begonnen. Während der Tournee, die wieder ein Riesenerfolg wurde, plante die BBC eine Radioserie mit Laurel und Hardy. Die erste Folge sollte «Laurel and Hardy Go to the Moon» heißen. Anfang November probte das Duo dafür schon einmal in seiner Theatergarderobe. Doch am 16. November 1953 zerschlugen sich sämtliche Pläne. Hardys Gesundheitszustand hatte sich zusehends verschlechtert. Mitte Mai 1954 erlitt Hardy nach einem Auftritt einen leichten Herzanfall und zog sich eine Lungenentzündung mit Fieber zu. Die ursprünglich noch bis Ende des Monats geplanten Termine mussten abgesagt werden. Nachdem sich Hardys Zustand soweit gebessert hatte, dass er reisen konnte, trafen die Ehepaare Laurel und Hardy Ende Juni 1954 wieder in den USA ein. Auf der Tournee hatten die beiden Komiker ihren künftigen Biografen John McCabe kennen gelernt und ihm erste Interviews gegeben.

14. WER WILL UNTER DIE SOLDATEN – das Ende?

Atlantic und *Türck* waren auf der Suche nach einem preiswerten Vorfilm für den italienischen Streifen DER HELD VON SAN MARINO (CAMICIE ROSSE) über den italienischen Freiheitskämpfer Garibaldi. Im Mai 1954 wurde die *IFU* beauftragt, den Spielfilm DICK UND DOOF IN DER FREMDENLEGION kostengünstig zu dem Kurzfilm WER WILL UNTER DIE SOLDATEN umzubauen, der ganz schnell eingesetzt werden sollte. Doch eine solche Bastelarbeit ließ sich nicht in Handumdrehen erledigen. Von ursprünglich 1.860 Metern Länge blieben nur rund 600 Meter übrig. Da WER WILL UNTER DIE SOLDATEN zum Ausklang der Filmvorführung abgespielt wurde, beginnt der Torso mit folgendem Text: «Warten Sie bitte bis nach dem Hauptfilm! Lachend soll man schlafen gehen! Um den nachhaltigen Eindruck, den der Film DER HELD VON SAN MARINO mit seinen packenden Ereignissen auch bei Ihnen hinterlassen wird, zu mildern, zeigen wir als Abschluss einen Lachschlager, der Sie wieder in beste Stimmung versetzen soll – eine Neuerung, die bisher viel Anklang gefunden hat.» Dann marschieren die Fremdenlegionäre im Wüstenfort auf. Der Kommentar erklärt: «Stan Laurel und Oliver Hardy, die beiden Unverwüstlichen, haben beschlossen, um sich für die Europa-Armee vorzubereiten, für kurze Zeit in die Fremdenlegion einzutreten». Nach extrem gekürzten Abenteuern stürzen Stan und Ollie mit dem Flugzeug ab. Um dessen Folgen abzumildern, ist eine Karikatur der beiden Komiker eingeblendet mit den Worten: «Sie glauben doch nicht im Ernst, dass den Beiden etwas zugestoßen ist – es hat nur so ausgesehen. Daher auf Wiedersehen und gute Nacht.» (Abb. 105)

Diese bis zur Unkenntlichkeit zusammengestrichene Fassung wurde eilends zum Einsatz am 18. Juni 1954 nach Düsseldorf geschickt und die *FSK* dabei übergangen. Wie der Zufall es wollte, besuchte ihr Geschäftsführer Ende September 1954 das Wiesbadener *AKI*, in dem WER WILL UNTER DIE SOLDATEN lief. Er identifizierte den

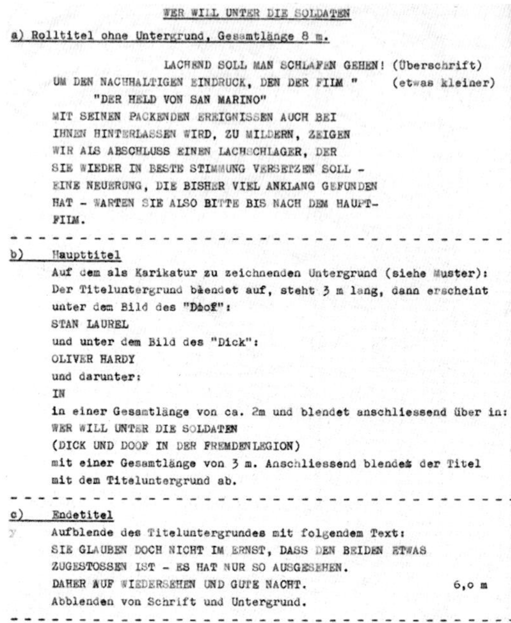

<u>WER WILL UNTER DIE SOLDATEN</u>

<u>a) Rolltitel ohne Untergrund, Gesamtlänge 8 m.</u>

LACHEND SOLL MAN SCHLAFEN GEHEN! (Überschrift)
UM DEN NACHHALTIGEN EINDRUCK, DEN DER FILM " (etwas kleiner)
"DER HELD VON SAN MARINO"
MIT SEINEN PACKENDEN EREIGNISSEN AUCH BEI
IHNEN HINTERLASSEN WIRD, ZU MILDERN, ZEIGEN
WIR ALS ABSCHLUSS EINEN LACHSCHLAGER, DER
SIE WIEDER IN BESTE STIMMUNG VERSETZEN SOLL -
EINE NEUERUNG, DIE BISHER VIEL ANKLANG GEFUNDEN
HAT - WARTEN SIE ALSO BITTE BIS NACH DEM HAUPT-
FILM.

- -

<u>b) Haupttitel</u>

Auf dem als Karikatur zu zeichnenden Untergrund (siehe Muster):
Der Titeluntergrund bàendet auf, steht 3 m lang, dann erscheint
unter dem Bild des "Dàof":
STAN LAUREL
und unter dem Bild des "Dick":
OLIVER HARDY
und darunter:
IN
in einer Gesamtlänge von ca. 2m und blendet anschliessend über in:
WER WILL UNTER DIE SOLDATEN
(DICK UND DOOF IN DER FREMDENLEGION)
mit einer Gesamtlänge von 3 m. Anschliessend blendet der Titel
mit dem Titeluntergrund ab.

- -

<u>c) Endetitel</u>

Aufblende des Tituntergrundes mit folgendem Text:
SIE GLAUBEN DOCH NICHT IM ERNST, DASS DEN BEIDEN ETWAS
ZUGESTOSSEN IST - ES HAT NUR SO AUSGESEHEN.
DAHER AUF WIEDERSEHEN UND GUTE NACHT. 6,o m
Abblenden von Schrift und Untergrund.

- -

105 Einleitung und Titelübersicht für die Kurzfassung WER WILL UNTER DIE SOLDATEN (THE FLYING DEUCES), 1954

Streifen als DICK UND DOOF IN DER FREMDENLEGION, obwohl «der Film dermaßen beschnitten ist, dass eine Handlung kaum noch zu erkennen ist», und stellte fest, dass das «harmlose» Fragment keine *FSK*-Freigabe besaß. Außerdem merkte er an: «Bedenken ruft lediglich hervor, dass der Film in diesem Jahr gezeigt wird, in dem Tausende junger Deutsche in der Fremdenlegion gefallen sind und diese militärische Organisation den Hintergrund für Dick-und-Doof-Streiche bildet.»

Ende 1954 fragte der Düsseldorfer Verleih *Mattner-Jacobs-Film* die *FSK*, ob die Laurel-und-Hardy-Spielfilme THE BOHEMIAN GIRL, BLOCK-HEADS und SAPS AT SEA bereits freigegeben seien und für Zweiakter des Duos Importlizenzen eingeholt werden müssten. Danach war von dem Verleih nichts mehr zu hören. Quelle der Spielfilme war möglicherweise die Den Haager *Import-Film*, die der *Panorama* im November 1955 unter anderem THE BOHEMIAN GIRL, SAPS AT SEA und A CHUMP AT OXFORD anbot; *Panorama* griff nicht zu. A CHUMP AT OXFORD wurde im Verlauf des Jahres 1955 von dem im Vorjahr gegründeten Münchner *Jara-Filmverleih* im Rahmen von Sondervorführungen unter dem bekannten Verleih-Titel DICK UND DOOF ALS STUDENTEN gezeigt. Freigabebescheinigungen hatte der Verleih dafür nicht eingeholt.

1954 brachte Pietrek DICK UND DOOF IM WILDEN WESTEN bei dem ihm verbundenen Schmalfilm-Verleih des Düsseldorfer Ingenieurs Ewald Paikert unter. 1955 ergänzte der *Schmalfilm-Vertrieb Bruno Schmidt* sein Programm um DICK UND DOOF ALS STUDENTEN. Die 1950 in München gegründete Firma *Globus Film*, nicht zu verwechseln mit dem gescheiterten Verleih *Globus Film GmbH*, verkaufte für den Hausgebrauch etwa fünf Minuten lange stumme Ausschnittsfilme der Pariser Firma *Filmoffice* im 8-mm-Format. 1955/1956 erschienen bei *Globus Film*: DICK UND DOOF ALS PFÖRTNER, DICK UND DOOF ALS PLATZANWEISER, DICK UND DOOF IM WOHNWAGEN, DICK UND DOOF UND DER GORILLA sowie LAUREL, DER SCHLAUE DETEKTIV, LAUREL IM MANÖVER und DER LISTIGE LAUREL. Solche Ausschnittsfassungen bestimmten lange das Kino zu Hause.

Es wuchs eine schier unüberschaubare Flut deutscher Titel heran, die die Handlung andeuten, aber selten ihre Herkunft erkennen lassen.

Der *Viktoria*-Verleih war unterdessen in wirtschaftliche Schwierigkeiten geraten. Mitte August 1955 wurde der Konkurs über sein Vermögen eröffnet, und im November 1957 verabschiedete sich die Firma aus dem Handelsregister. Zwischendurch war im März 1954 vorsichtshalber die *Neue Viktoria Filmverleih GmbH (Neue Viktoria)* mit Pietrek als Verleih-Chef gegründet worden, die Ende Juni 1955 schon wieder aufgelöst wurde. Kurz nach der Eröffnung des *Viktoria*-Konkurses wurde die *Neue Viktoria* Ende 1955 aber wiederbelebt, diesmal mit einem anderen Firmensitz und anderen Verantwortlichen, ausgenommen Stehaufmännchen Pietrek als Verleih-Chef. Zwischen dem alten und neuen Verleih gab es kaum Unterschiede. Das Emblem der *Neuen Viktoria* war *Viktorias* zinnenartiges Krönchen mit aufgesetztem «Neue». Neu ins Programm kam Laurel und Hardys DICK UND DOOF WERDEN PAPA, der deutsche Titel für THE BOHEMIAN GIRL. Für die Spielzeit 1956/57 wurde «7 x vorwiegend Spannung und Humor» angekündigt (Abb. 106). Doch auch die Tage der wiederbelebten *Neuen Viktoria* waren längst gezählt. Anfang April 1957 ging sie in Konkurs und verschwand.

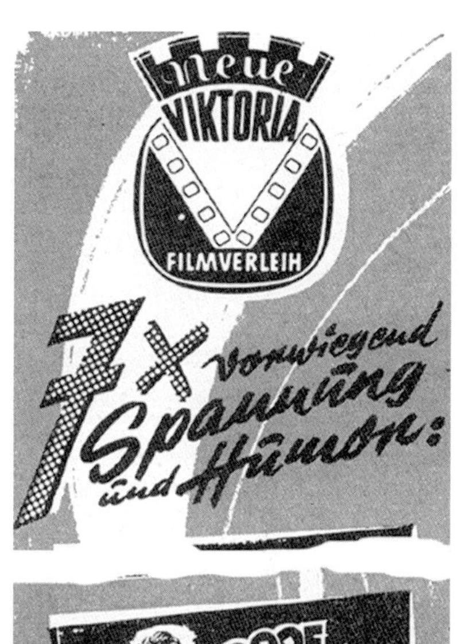

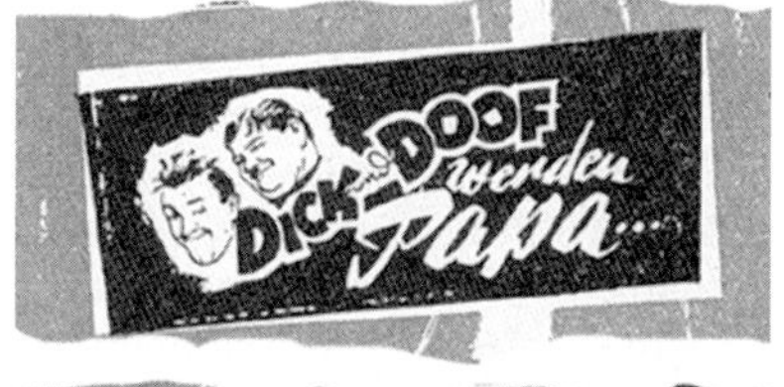

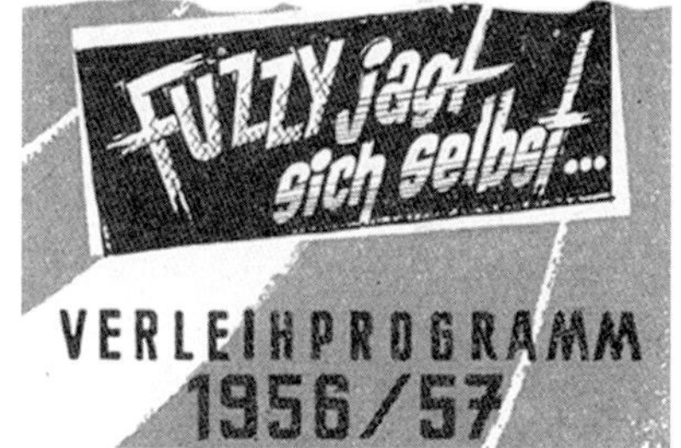

106 Werbung für DICK UND DOOF WERDEN PAPA (THE BOHEMIAN GIRL), 1956

Anfang Dezember 1954 waren Laurel und Hardy Gäste in der US-TV-Show *This Is Your Life*. Dafür hatte man ihre Wiederbegegnung mit Freunden und Bekannten arrangiert. Es wollte aber keine rechte Stimmung aufkommen. Laurel war offensichtlich angesäuert und sagte kaum etwas. Hardy wedelte zu den Plattitüden des TV-Gastgebers mit der Krawatte und zog einige Grimassen. Hal Roach jr. plante eine Serie von TV-Filmen unter dem Titel LAUREL AND HARDY'S FABULOUS FABLES mit Stan und Ollie in märchenhafter Umgebung. Laurel hatte schon die erste Folge BABES IN THE WOODS geschrieben. Doch vor Drehbeginn erlitt er am 25. April 1955 einen Schlaganfall, die TV-Serie fiel aus. Das Ende des Teams Laurel und Hardy war gekommen. Im Sommer 1956 hatte Laurel sich zwar wieder gut erholt, nun aber

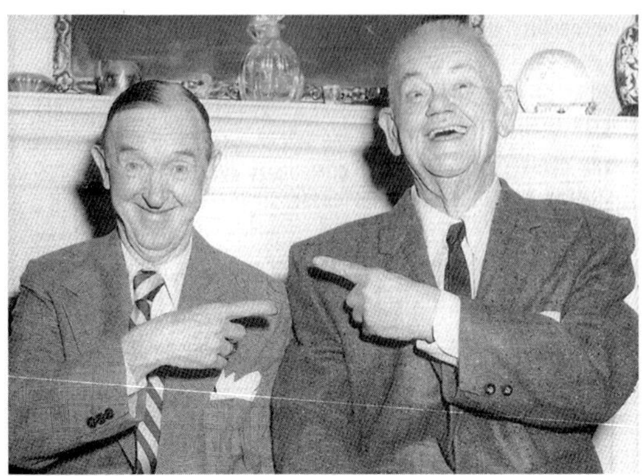

107 Ende 1956: Laurel, gut erholt nach seinem 1954 erlittenen Schlaganfall, und ein stark abgemagerter Hardy

verschlechterte sich Hardys Zustand rapide, sodass sie auch nicht in Michael Todds Großproduktion IN 80 TAGEN UM DIE WELT (AROUND THE WORLD IN 80 DAYS) auftreten konnten. Hardy musste sein Gewicht von dreieinhalb Zentnern auf knapp über zwei Zentner reduzieren und sah danach abgemagert aus (Abb. 107). Er erlitt dann einen Schlaganfall, von dem er sich nicht mehr erholte. Nach seinem Klinikaufenthalt versorgte ihn seine Frau Lucille in der Wohnung ihrer Mutter. Doch Hardy baute weiter ab, verlor noch mehr Gewicht, fiel ins Koma und verstarb am 7. August 1957. Immer wieder hatte die deutsche Presse über seinen gesundheitlichen Verfall berichtet.

Hardys Tod löste weltweite Anteilnahme aus. Und auch in Deutschland erschienen viele Nachrufe und Berichte, die sich mitunter mit Laurel und Hardys Werk und Wirkung befassten. Laurels Reaktion auf den Tod seines Partners stand ebenfalls in deutschen Zeitungen: «Ich werde nie wieder arbeiten» (zum Beispiel Berliner *Nacht-Depesche* und *Hamburger Morgenpost*) (Abb. 108). Gelegentlich gab er noch Interviews und wirkte mit McCabe zusammen an *Mr. Laurel und Mr. Hardy*, dem ersten Buch über Laurel und Hardy, zu dem auch Hardy und seine Witwe beigetragen hatten.

„Doof" will jetzt nicht mehr arbeiten

Hollywood (UP). Der amerikanische Filmkomiker Stan Laurel, der Partner des vorgestern verstorbenen Oliver Hardy, will nicht mehr auftreten. Hardy und Oliver hatten in den letzten 30 Jahren mehr als 200 Filme als „Dick und Doof" gedreht. Als Stan die Nachricht vom Tode seines Partners überbracht wurde, erklärte er: „Ich werde nie wieder arbeiten." Er selbst hat vor längerer Zeit einen Schlaganfall erlitten, und sein linker Arm und sein linkes Bein sind gelähmt.

108 Deutscher Zeitungsartikel, August 1957

III. Teil Die zweite Welle oder Laurel und Hardys langer Marsch durch die Kindervorstellungen zur künstlerischen Anerkennung

1. Ein Phönix namens *NWDF*

Nach der *Viktoria*-Pleite gründete Pietrek Anfang 1956 den *Nordwestdeutschen Filmverleih und Vertrieb (NWDF)*, die Presse- und Werbeabteilung betreute Heinz Bonné. Das erste offizielle Verleih-Programm erschien für die Saison 1957/58. Im April 1956 stieg Pietrek in das Laurel-und-Hardy-Geschäft ein. Nacheinander erwarb er die Lizenzen für 13 Grotesken des Duos, die die *FSK* bis Ende Oktober 1956 für den *NWDF* freigab. Zwölf Filme kamen aus Konkursmassen der Verleihe *Trans Continent*, *Döring*, *Deutscher Commerz* und *Viktoria*. Für die *Viktoria* hatte Pietrek selbst im Herbst 1953 vom Konkursverwalter der *Emka* die Auswertungsrechte an ABENTEUER AUF HOHER SEE beschafft. Außerdem kaufte er die ausgelaufenen Auswertungsrechte des gesunden *Prisma*-Verleihs für LANGE LEITUNG, HINTER SCHLOSS UND RIEGEL und ATOLL K. Titel, die noch nicht Laurel und Hardys deutschen Namen trugen, stellte er um auf Dick und Doof, um die Grotesken des Duos als Serie zu platzieren. Aus ATOLL K wurde zum Beispiel DICK UND DOOF ERBEN EINE INSEL. Die *NWDF*-Filme trugen eine Schutzmarke und begannen mit der formelhaften Einleitung «Erich J. A. Pietrek beehrt sich darzubieten…», begleitet von einer schmetternden Fanfare. Anfang August 1956 wurde auf den *NWDF* der Titel DICK UND DOOF DIE UNVERWÜSTLICHEN ins Titelregister der *SPIO* eingetragen. Das war ein Kurzfilm-Programm für «lustige Jugend-Filmstunden» mit DICK UND DOOF, DIE VOLLMATROSEN, DICK UND DOOF, DIE MUSTERGATTEN, DICK UND DOOF ALS SCHORNSTEINFEGER und DICK UND DOOF AUF FREIERSFÜSSEN (Abb. 109). Für Kinder- und Jugend-Programme sowie Streifen in Non-Stop-Kinos erhob die *FSK* niedrigere Prüfgebühren.

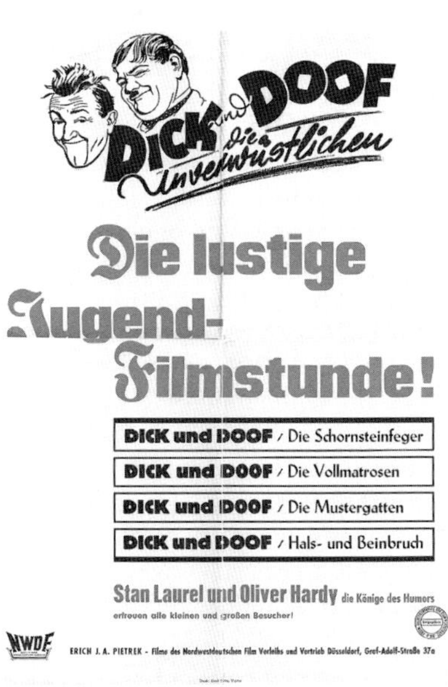

109 Matinee-Plakat für das Programm DICK UND DOOF DIE UNVERWÜSTLICHEN (1956)

Künftig verpflichtete Pietrek sich, seine Laurel-und-Hardy-Filme dort zu zeigen und besiegelte damit Laurel und Hardys Schicksal für die nächsten Jahre. Natürlich unterhielten sie die jungen Menschen aufs Beste, aber Erwachsene besuchten Kinder- und Jugendvorstellungen kaum, und die großstädtischen *AKIs* auch nur gelegentlich.

Neben Dick und Doof etablierte Pietrek außerdem seine Serie mit Fuzzy-Filmen. Beide Serien wurden zu wirtschaftlichen Standbeinen. Am Silvestertag 1956 unterstützte DICK UND DOOF, DIE MUSTERGATTEN im Wiesbadener *Astoria-Theater* einen Fuzzy-Streifen und am 1. März 1957 tat das DICK UND DOOF ALS SCHORNSTEINFEGER.

Im Herbst 1956 existierte noch die *Neue Viktoria*, bei der Pietrek bis zum Schluss blieb. Und so fuhr er zweigleisig. Den gerade für seinen *NWDF* freigegebenen Spielfilm DICK UND DOOF ALS STUDENTEN inserierte er im Branchenblatt *Film-Echo* für die *Neue Viktoria*. DICK UND DOOF ALS STUDENTEN war zu der Zeit offenbar zum Freiwild geworden. Vier andere Verleihe, *Astoria Film* (München), *Berliner Filmverleih*, *Camera Film* (Düsseldorf) und *Saxonia-Film* (Hannover), machten ihn auch zu Geld und benannten ihn wegen der fehlenden Auswertungsrechte um in DICK UND DOOF ... GANZ DOOF – nicht zu verwechseln mit dem gleichnamigen Pietrek-Programm von 1963. Im September 1956 wurde der Streifen verschiedentlich in Düsseldorf gespielt. Laurel-und-Hardy-Wiederaufführungen wurden freudig als «Comeback zweier Doofer» gefeiert, deren Erfolg so nachhaltig war, weil ihr «Humor in seiner Quintessenz pantomimisch und daher echt filmisch ist» und die beiden Komiker «ihre große Popularität auch einer zotenfreien Komik» verdanken *(Herner Zeitung)*.

Parallel erwarb Pietrek Laurel-und-Hardy-Filme, die in der Nachkriegszeit noch nicht gelaufen waren. Von der *Sie-Film* des Berliner Röntgenologen Dr. Kurt Bangert hatte er THE BOHEMIAN GIRL und die Kurzfilme THE LAUREL AND HARDY MURDER CASE, BE BIG sowie THEIR FIRST MISTAKE preiswert aus einem Filmbestand ohne internationale Tonbänder ergattert. In Deutschland unbekannt war THEIR FIRST MISTAKE von 1932, angefüllt mit herrlich komischen Dialogen. Ollies Frau steht Stan und Ollies Freizeitvergnügungen im Wege. Um sie zu beschäftigen, besorgen die Freunde ihr ein Baby, um das sie sich aber selbst kümmern müssen, weil Ollies Frau sich scheiden lassen will. Bei der Kinderbetreuung geht alles schief.

Diese Streifen wollte Pietrek bei der *IFU* synchronisieren lassen. Ab Mai 1956 wandte er sich an sie wie ein Chamäleon mal auf Geschäftspapier der *Neuen Viktoria* und mal auf dem des *NWDF*. Die Verhandlungen zogen sich über zehn Monate hin und brachten die Geschäftsbeziehungen über Jahre zum Erliegen. Pietrek feilschte mit einem angeblich günstigeren Angebot aus Berlin. Dort hatte er allerdings nur für drei Filme nachgefragt. Die Verhandlungen scheiterten endgültig, als Pietrek den *IFU*-Preis mit einer angeblichen Gegenforderung verrechnen und auch keine Anzahlung leisten wollte. Da befand sich die *Neue Viktoria* im Konkurs.

Im Juni 1957 schickte *Atlantic* seinen Renner DICK UND DOOF IN DER FREMDENLEGION mit neuen Kopien und neuem Werbematerial wieder ins Rennen. Der *Schmalfilm-Vertrieb Bruno Schmidt* nahm ihn mit DICK UND DOOF AUF ATOLL K in sein Sortiment auf. Nun meldete sich der deutsche *Centfox*-Verleih mit DICK UND DOOF:

SCHRECKEN DER KOMPANIE (GREAT GUNS) und annoncierte ihn für Mai 1957 als Laurel und Hardys «Comeback». Zu dem Plakat mit karikaturartigen Zeichnungen der beiden Komiker erschien unter anderem folgender Text: «Eine Ausnahme bei der *Centfox*: Kein CinemaScope-Film, sondern eine frühere Normalfilmproduktion, ein Lachschlager mit dem klassischen Komikerpaar Dick und Doof. Eine Garantie für volle Kassen auch im Hochsommer.» (Abb. 110) GREAT GUNS ist absolut kein Lachschlager, sondern meistens todlangweilig. Stan und Ollie haben ihren Charakter verloren und sind zu Deppen ohne Ausstrahlung degradiert worden. Gemeinsam mit NOTHING BUT TROUBLE ist GREAT GUNS heißer Anwärter auf den Titel «schlechtesterLaurel-und-Hardy-Film». Zu recht schrieb das *Lexikon des internationalen Films* 1987: «Der Auftakt der die Laurel-und-Hardy-Filmografie abschließenden *Fox*-Produktionen und schon ein Tiefpunkt.»

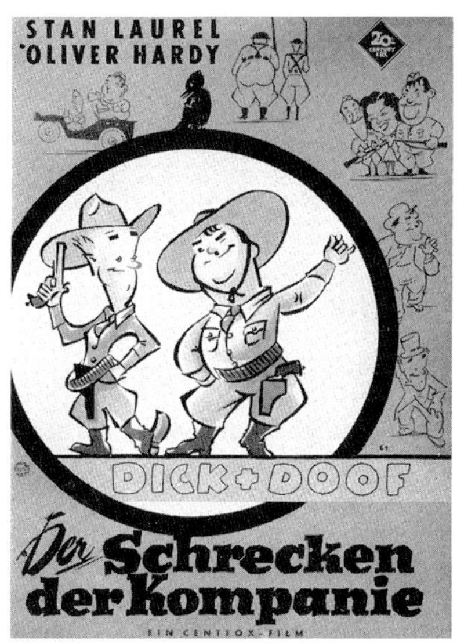

110 Plakat für DICK UND DOOF: SCHRECKEN DER KOMPANIE (GREAT GUNS), 1957

Stan und Ollie wollen ihren Chef, einen jungen, kerngesunden Millionär, der zur US-Army möchte, davor bewahren, eingezogen zu werden. Um ihn zu beschützen, rücken Stan und Ollie selbst ein, doch er hat ihre Hilfe nicht nötig. Nach einem seltsamen Manöver, das die Freunde durcheinander bringen, siegt ihre Truppe und es gibt eine große Parade.

Die aus der *M.P.E.A.*-Synchron-Abteilung hervorgegangene Berliner *Ultra-Film, Vohrer und Wolf oHG (Ultra)* synchronisierte DICK UND DOOF: SCHRECKEN DER KOMPANIE nach dem Buch von Franz-Otto Krüger, der auch Regie führte. Er sparte nicht mit Kalauern und steht für Bearbeitungen, die der Komik des Duos nicht gerecht werden. «Doof, komm rein», «Doof ist die Abkürzung für Dauphin» und «Wir haben den Krieg gewonnen und zwei Liter Vollmilch» sind nur wenige Beispiele für sein Verständnis von Humor. DICK UND DOOF: SCHRECKEN DER KOMPANIE ist aber sehr gut besetzt mit einem kleinen «Who is Who» von Synchronkünstlern, mit Bluhm als Laurels deutsche Stimme und mit Hasse für Hardy. Er ist ein guter Ersatz für Paulsen.

GREAT GUNS ist entgegen den Anpreisungen keine «atemberaubende Groteske» und schon gar kein «Klassiker des Witzes». Er verursacht auch kaum «homerisches Gelächter und endloses Gekicher». Im Juni 1957 bemerkte die *FSK* bei der Freigabe: «Es handelt sich um einen Klamauk-Film, der Kinder und Jugendliche vielfach zum Lachen bringen kann.» Die deutsche Premiere fand am 7. Juni 1957 gleichzeitig in den Münchner Kinos *Gabriel-Lichtspiele* und *Roxy-Filmtheater* statt. Den Zuschauern gefiel der Film – möglicherweise wegen der guten deutschen Sprecher. Die *Film-*

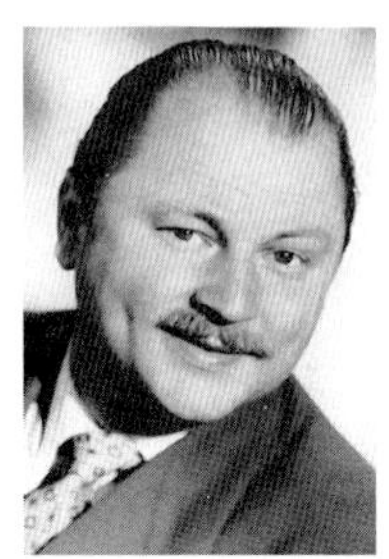
111 Bruno W. Pantel (1957) als Hardy

blätter sprachen von einer «geschickten deutschen Fassung des Klamauks für lachfreudige Gemüter», die *Filmwoche*, die *Rheinische Post* und der West-Berliner *Abend* lobten Laurel und Hardys «ungestümen Spaß». Auch der *Evangelische Film-Beobachter* war milde: «Antiseptikum gegen die Humorlosigkeit unserer Zeit, wenn auch ein billiges». In seiner längeren Besprechung schränkte der *Film-Dienst* ein: «Der Film wird sich vorwiegend mit dem Gelächter jüngerer Besucher begnügen müssen.» Der Spielfilm trotzte «prächtigem Pfingstwetter» und wurde häufig auf eine zweite Woche verlängert. Ein Betreiber mehrerer Großstadtkinos entschloss sich wegen des «überragenden» Geschäfts, ihn in zwei Kinos am Ort gleichzeitig laufen zu lassen *(Film-Sonderdienst Ott).*

Pietrek ließ seine vier Laurel-und-Hardy-Filme nun bei der *BSG* synchronisieren. Auch dort knauserte er. Die *BSG* sollte von der technisch mangelhaften Kopie des Spielfilms THE BOHEMIAN GIRL mit ihrer stark knackenden Tonspur die Musik abnehmen und sie nur bei Bedarf aus dem eigenen Tonarchiv ergänzen. Die *BSG* ließ die vier Filme von Horst Sommer bearbeiten, einem Autor ihrer zweiten Garnitur. Seinen ordentlichen Texten fehlt der Pfiff. Regisseur Klaus von Wahl besetzte die Dialogrollen mit bewährten Synchronsprechern, allen voran Bluhm. Bruno W. Pantel wurde Hardys nächste deutsche Stimme (Abb. 111). In THE BOHEMIAN GIRL wirkt er noch nicht überzeugend, denn er lässt Höhen und Tiefen vermissen. In den drei Kurzfilmen ist seine Stimme schon variabler.

THE BOHEMIAN GIRL wurde für DICK UND DOOF WERDEN PAPA der Kurzfilm THEIR FIRST MISTAKE vorangestellt, sodass die Spielfilmhandlung als Stan und Ollies Traum erscheint, die neben ihrem kleinen Schützling eingeschlafen sind. Um *FSK*-Eingriffe zu vermeiden, wurde im Spielfilm aus Ollies Frau seine Schwester, damit sie ihm unbedenklicher die entführte Grafentochter als Kind unterschieben und mit ihrem Liebhaber durchbrennen konnte. Ihr Flehen, ohne ihren Liebhaber nicht leben zu können, und sein Beharren darauf, nach Belieben ein und aus zu gehen und anderen Frauen seine Liebe zu schenken, wurde geschnitten.

Pietrek schickte THEIR FIRST MISTAKE als DICK UND DOOF ALS KINDERMÄDCHEN auch ins Beiprogramm. Die beiden anderen Kurzfilme THE LAUREL AND HARDY MURDER CASE

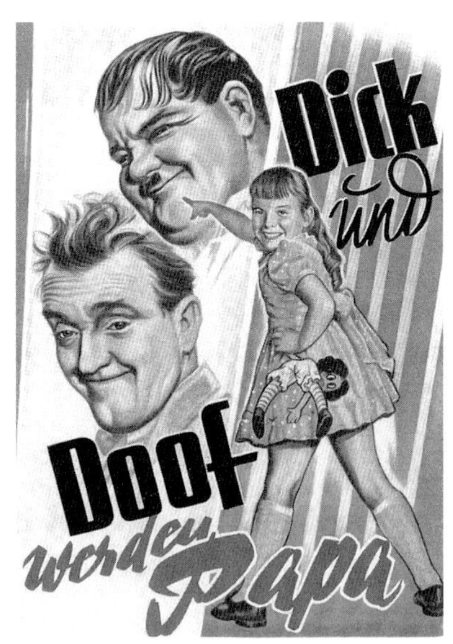

112 Plakat für DICK UND DOOF WERDEN PAPA (THEIR FIRST MISTAKE und THE BOHEMIAN GIRL), 1957

und BE BIG erhielten die deutschen Titel DICK UND DOOF AUF GESPENSTERJAGD beziehungsweise DICK UND DOOF, DIE SCHWERENÖTER.

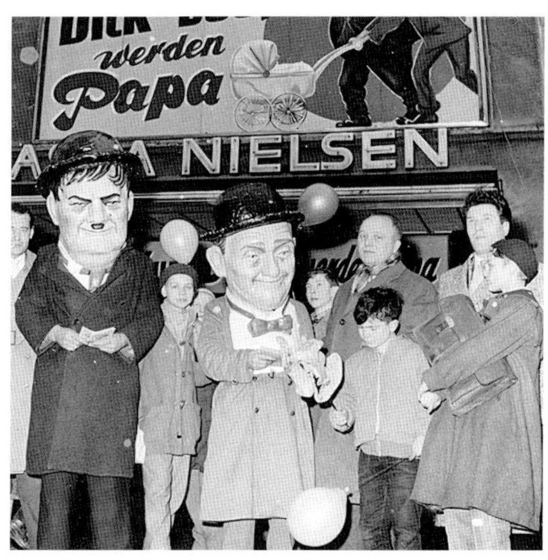

113 Laurel-und-Hardy-Köpfe aus Pappmaché vor dem Düsseldorfer Asta-Nielsen-Theater zu DICK UND DOOF WERDEN PAPA (THEIR FIRST MISTAKE und THE BOHEMIAN GIRL), 1957

Das Bonné-Plakat für DICK UND DOOF WERDEN PAPA hat auch noch nicht den künftigen klamaukhaften Stil der *NWDF*-Plakate (Abb. 112). Laut Werberatschlag waren Laurel und Hardy «Könige des Humors». Als Schlagzeilen wurden «Leckerbissen des Humors, schmackhaft serviert» und «Triumph der drastischen Komik» ausgegeben. Zur deutschen Premiere des Streifens am 23. August 1957 in den Berliner Kinos *Scala-Filmtheater* und *Humboldt-Lichtspielbühne* liefen zwei Personen mit überdimensionalen Laurel-und-Hardy-Köpfen aus Pappmaché Werbung (Abb. 113). Nach der Vorstellung waren sich die Kritiker einig, dass sie «einen turbulenten Angriff auf die Lachmuskeln» miterlebt hatten *(Filmblätter)*, geritten von den «Potentaten des filmischen Humors» *(Filmwoche)*. Das Publikum reagierte mit «schallendem Gelächter», und die Kinos waren ständig ausverkauft *(Film-Echo)*. Insgesamt also «ein glücklicher Griff in die Flimmerkiste, genau dorthin, wo sie am liebenswertesten ist» *(Rheinische Post)*, mit «zwerchfellerschütternder Situationskomik, die von einem Strahl warmer Menschlichkeit überstrahlt ist» *(Lüneburger Landeszeitung)*. Der *Film-Dienst* schwärmte von der «mit einem wunderschönen Aufwand an tiefgefühlter Parodie inszenierten» Groteske. Auch der *Evangelische Film-Beobachter* entdeckte «Szenen voll echter Komik» und «im Ganzen viel Erheiterung und unterhaltsames Vergnügen». Das Hamburger *Millerntor-Theater* meldete Pietrek Mitte September 1957: «Riesenandrang. Gratulieren zum Erfolg. Wir verlängern.» Im Oktober 1957 kabelten sie, wegen «Riesenandrangs» noch einmal zu verlängern. Dann lag im September das Telegramm der Nürnberger *Kammer-Lichtspiele* auf Pietreks Schreibtisch: «Ein Riesenerfolg. Am Sonntag Rekordkasse. Wir gratulieren.» Anfang November 1957 telegrafierte das *Film-Theater Naunyn* in Berlin-Steglitz: «Einer der lustigsten Filme des Komiker-Paars. Publikum kreischte und bog sich vor Vergnügen. Bin sehr zufrieden.»

DICK UND DOOF, DIE SCHWERENÖTER wurde am 11. Oktober 1957 im Berliner *Olympia am Zoo* als Vorfilm eines Bomba-Dschungelabenteuers aufgeführt. Während der junge Dschun-

TRUNKEN, der Anfang Dezember 1957 für Jugendliche ab 12 Jahren freigegeben wurde, für kurze Zeit die gängige Jugendfreigabe für Laurel-und-Hardy-Filme. Die Altersgruppen des *Jugendschutzgesetzes* waren neu geordnet worden.

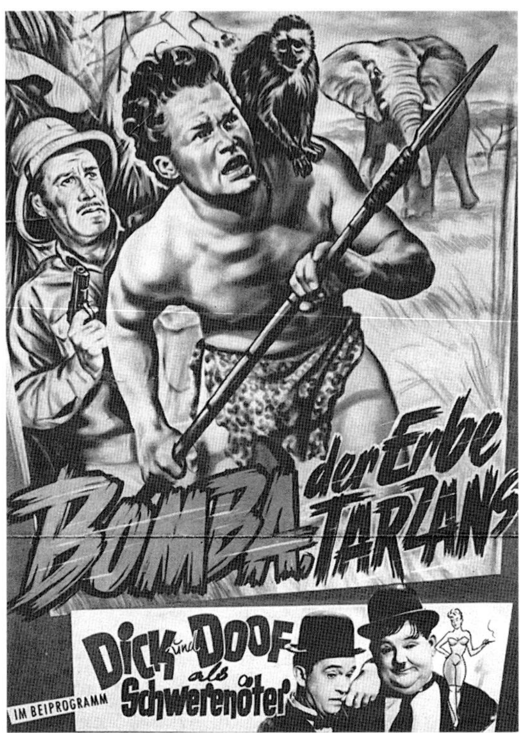

114 Plakat für BOMBA, DER ERBE TARZANS mit DICK UND DOOF ALS SCHWERENÖTER (BE BIG), 1957

2. Hinab und hinauf

Im Mai 1957 kaufte der seit 1934 bestehende *Jugendfilm*-Verleih *(Jugendfilm)* von der Den Haager *Import-Film* die Lizenzen für Laurel und Hardys Vierakter BEAU HUNKS und die Zweiakter GOING BYE-BYE! und HELPMATES. Davon war bisher nur HELPMATES in Deutschland aufgeführt worden.

Ursprünglich als Zweiakter geplant, wuchs BEAU HUNKS 1931 während der Dreharbeiten ständig, gefiel Roach aber so gut, dass er ihn nicht kürzen wollte, obwohl er ihn nur als Zweiakter verkaufen konnte. Der Streifen wurde nach PARDON US als «zweite besonders lange Komödie» des Duos angeboten, wäre aber besser ein Zweiakter geblieben. Jeanie-Weanie hat Ollie den Kopf verdreht und ihm dann den Laufpass gegeben. Er geht in die Fremdenlegion, und Stan muss mit. Dort gibt es noch viele andere Opfer von Jeanie-Weanie. Zu ihnen gehört auch ein aufrührerischer Araber-Anführer, für den Ollie daher um Gnade bittet.

In dem überschäumend grotesken Zweiakter GOING BYE-BYE! hat Stan

gelheld «herzlich einfältig mit treuem Hundeblick» vor Dschungelaufnahmen agierte, denen «man allzu deutlich anmerkte, dass sie im Atelier und gleich um die Ecke herum vom Hollywood-Studio gemacht wurden», erzeugten Laurel und Hardy beim Publikum «quietschendes Vergnügen» *(Der Neue Film, Film-Echo)*. Wie schon bei anderen B-Hauptfilmen wurde besonders mit Laurel und Hardys Groteske geworben (Abb. 114). Sie verhalf bis August 1958 zu einem «guten Mittelklassegeschäft», indem sie den Kinobesuch stärker als der Hauptfilm ankurbelte und «Lachstürme» entfesselte *(Film-Sonderdienst Ott)*.

Pietrek erwarb auch die Auswertungsrechte für HILFE, WIR SIND ER-

und Ollies Aussage den Schwerverbrecher Butch Long lebenslang ins Zuchthaus gebracht. Weil er ihnen Rache schwört, wollen sie fliehen, ausgerechnet mit seiner Geliebten, die ihren just ausgebrochenen Freund im Reisekoffer mitnimmt, aus dem ihn die ahnungslosen Freunde befreien. Nachdem er sich an ihnen gerächt hat, wird er wieder eingefangen.

Jugendfilm koppelte die drei Grotesken als «Kinderfilme» zu dem Programm 3 X DICK UND DOOF, gab den Einzelteilen deutsche Titel und verband sie durch überleitende Kommentare zu einer fortlaufenden Handlung. Nach dem Sieg über die Araber in DICK UND DOOF IN ALGIER (BEAU HUNKS) kehren Stan und Ollie als gefeierte Helden in die Heimat zurück und sagen in DICK UND DOOF VON GANGSTERN VERFOLGT (GOING BYE-BYE!) gegen Butch aus. Nachdem sie mit dem Leben davongekommen sind, feiern sie in DICK UND DOOF ALS STROHWITWER (HELPMATES) ein Fest in Ollies Wohnung, die dabei in einen Trümmerhaufen verwandelt wird.

Der Verleih ließ 3 X DICK UND DOOF bei der Münchner *Riva GmbH* billig synchronisieren. Die banale deutsche Fassung, deren Autor und Regisseur unbekannt sind, lässt das Gespür für Komik vermissen und tötet Wortwitz. Besonders unglücklich wirkt sich der deutsche Dialog in DICK UND DOOF VON GANGSTERN VERFOLGT aus. Die außergewöhnlich lustige Groteske ist dadurch zu einem mäßigen Durchschnittsfilm geraten. Alle männlichen Rollen werden von dem an sich tadellosen Synchronkünstler Dr. Anton Reimer gesprochen (Abb. 115). Hier gelingt es ihm aber nicht, unterschiedliche Charaktere zu vermitteln. Die Gangsterbraut und Ollies dragonerhafte Ehefrau werden ebenfalls nur von einer Sprecherin synchronisiert, die unbekannt geblieben ist.

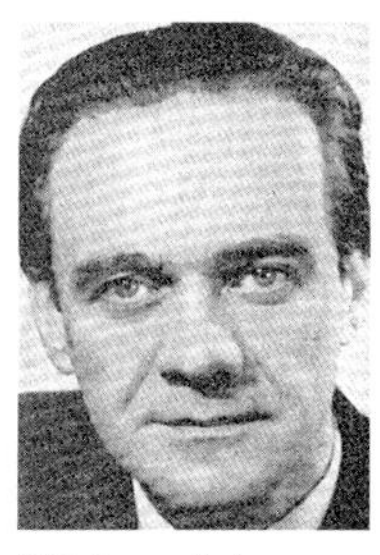

115 Anton Reimer (1947) spricht Laurel und Hardy sowie alle männlichen Rollen

Die beiden zum Teil comicähnlich illustrierten und mit mäßigen, inhaltlich nicht ganz zutreffenden Reimen versehenen Werberatschläge richteten sich an ein junges Publikum (Abb. 116). Schlagzeilen wie «tolle Kapriolen», «pausenlos knisternder Witz» und «Komiker der Meisterklasse» waren gewiss nicht neu. Kurz vor Weihnachten 1957 gab die *FSK* 3 X DICK UND DOOF für Kinder ab sechs Jahren frei, was bis auf wenige Ausnahmen die künftige Freigabe-Entscheidung für die Filme des Duos war. Am 20. Dezember 1957 fand die deutsche Uraufführung des Pro-

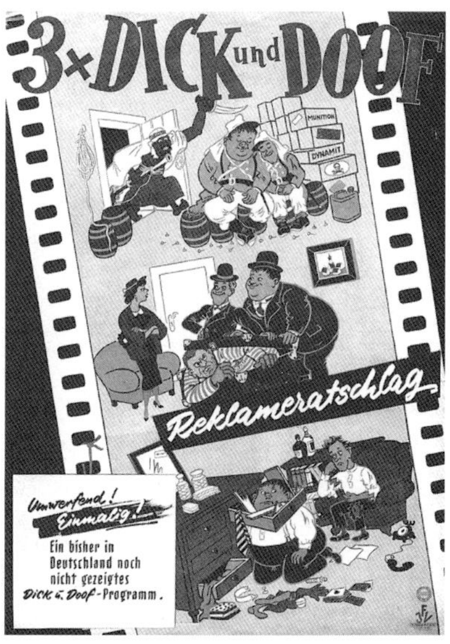

116 Werberatschlag für das Programm 3 X DICK UND DOOF, 1957

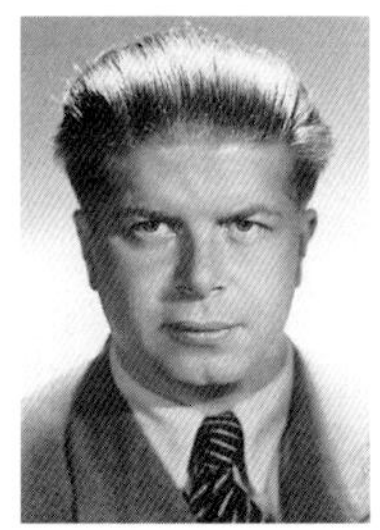

117 Hermann Gressieker (1935) Dialogautor und Synchronregisseur

gramms in den Mainzer *Non-Stop-Lichtspielen* statt. Die Synchronisation schien bei der aus Kindern bestehenden «Dick-und-Doof-Gemeinde» keinen Schaden angerichtet zu haben. Es gab «Lachstürme» *(Filmblätter, Film-Echo)*. Laut *Film-Dienst* besaßen die «filmischen Altertümer eine besondere Note». Jeannie Weenies Foto betrachtete er als «hellsichtige Vorahnung der Pinup-Girl-Industrie, die erst Jahrzehnte später durch die Illustriertenpresse erfunden wurde». Der *Evangelische Film-Beobachter* schätzte die «vergnüglich gestalteten Einfälle» der beiden ersten Kurzfilme, doch bei DICK UND DOOF ALS STROHWITWER entdeckte er «Zusammenhanglosigkeit», «Klamauk», «billige Albernheit» und «unerfreuliche Konzeption». Noch im Juli 1958 war 3 X DICK UND DOOF an den Kinokassen erfolgreich *(Film-Sonderdienst Ott)*. Bis in die zweite Hälfte 1966 behielt *Jugendfilm* das Programm in seinem Angebot und gab die Einzelfilme nach dem Vorbild anderer auch in die *AKIs*. Im Juli 1965 lief zum Beispiel DICK UND DOOF IN ALGIER als HELDEN DER WÜSTE in Berlin.

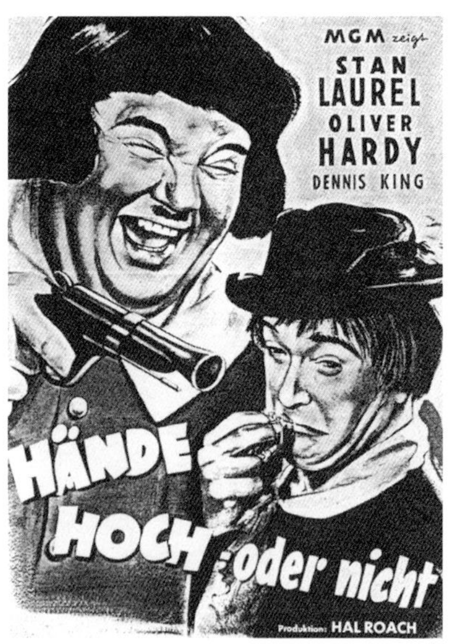

118 Plakat für HÄNDE HOCH – ODER NICHT! (FRA DIAVOLO), 1958

Im Herbst 1957 ließ der deutsche *MGM*-Verleih Laurel und Hardys Spielfilm FRA DIAVOLO als HÄNDE HOCH – ODER NICHT! von seiner Synchron-Abteilung deutsch bearbeiten, nachdem die Vorprüfung der *FSK* im Juli des Jahres keine Bedenken ergeben hatte. Dem Schmuckstück ließ Dialogautor und -regisseur Dr. Hermann Gressieker besondere Sorgfalt angedeihen (Abb. 117). Seine Fassung mit den brillanten Bluhm und Paulsen ist das mustergültige Beispiel einer liebe- und respektvollen deutschen Synchronisation mit geschliffenen deutschen Texten, die sich gleichzeitig eng an das Original halten. HÄNDE HOCH – ODER NICHT! ist bis in die kleinste Rolle ausgezeichnet besetzt.

Der Werberatschlag übertrieb nicht mit Anpreisungen wie «köstlicher Leinwandulk» und «zwerchfellerschütternde Narreteien» des «unübertrefflichen Komikerpaares» in einer «unglaublichen Schildbürgergeschichte», deren Späße «zum lebendigen Bestand der Leinwand gehören». Zu den Werbematerialien der *MGM* gehörte unter anderem ein ansehnliches Plakat (Abb. 118). Die *FSK* hielt den Film zu turbulent für ein jüngeres Publikum, daher durften ihn erst Jugendliche ab zwölf Jahren besuchen. HÄNDE HOCH – ODER NICHT! feierte seine deutsche Premiere am 31. Januar 1958 gleichzeitig in vier Kinos, im Aachener *Scala-Theater*, in der Dortmunder *Tonhalle*, im großen Kölner *Metropol-Theater* und im kleineren Krefelder Kino *Studio im Atrium*. Die Kritik war begeistert. «Situationskomik am laufenden Band», «man ist noch mitten im Gelächter über eine Pointe, da purzelt schon die nächste los» und «ungekünstelte Einfälle aus dem Ärmel geschüttelt ergeben einen Leinwandulk, der in seiner Albernheit schlechterdings genial ist», notierte das *Heidelberger Tageblatt* ähnlich wie andere Zeitungen. Die *Filmwoche* strich heraus, dass Laurel und Hardy «dezent» sind, «gekonnt arbeiten» und auch «beim drastischen Ulk noch Geschmack» beweisen. Laut *Wiesbadener Kurier* wirkten die Auftritte des Duos wie «episodische Einlagen fast nach der Art der Intermezzi in der alten Comedia dell' arte». Recht sperrig zeigte sich der *Film-Dienst*, der Laurel und Hardys «Klamauk» nur wegen Aubers Musik «etwas erträglicher» fand. Der *Evangelische Film-Beobachter* lachte «über den blödesten Blödsinn», zumal Laurel «in einigen – leider – wenigen Augenblicken den Funken zum wirklichen Komiker» hat.

Der deutsche Verleih-Titel ist allerdings unglücklich, was die Kinobesitzer schnell zu spüren bekamen. Manche Besucher erwarteten einen Western statt einer Groteske. Im Februar 1958 klagte ein Kinobesitzer: «Dick und Doof sind bei Kindern beliebt und bekannt. Hier aber kamen wenig Kinder, die glaubten, es handle sich um einen Erwachsenenfilm, und wenig Erwachsene, die glaubten, es handle sich um einen Kinderfilm. Und die wenigen Erwachsenen erwarteten eine Westernparodie, nicht aber eine Opernparodie. Schade.» Ein anderer schrieb enttäuscht im Juli 1958: «Mit solchen Klamotten ist kein Erfolg mehr zu erzielen. Was mögen sich die Importeure solcher Filme wohl denken?» Auf künstlerische Anerkennung musste ausgerechnet FRA DIAVOLO noch fast 30 Jahre warten. Das *Lexikon des internationalen Films* nannte ihn erst 1987 eine «überragende Laurel-und-Hardy-Komödie». Und 1995 schwärmte es endlich auch vom unwiderstehlich-albernen Spiel *Kniechen, Näschen, Öhrchen* und von der «ansteckenden Lachorgie im Weinkeller als Paradestück des Films». Bemerkenswert ist ferner die Bewertung der *Filmbegutachtungskommission für Jugend und Schule*, die die Berliner Senatoren für Jugend und Sport und für Volksbildung Ende der 1950er-Jahre ins Leben gerufen hatten. Nachdem sich das neunköpfige Gremium HÄNDE HOCH – ODER NICHT! angeschaut hatte, lehnte es den Film im März 1960 einstimmig ab, da «die Verquickung von kraftvollem, derbem Humor mit dem feinen, satirischen Humor einer komischen Oper nicht gelungen» sei und Laurel und Hardys «Klamaukeinlagen» vielfach den Handlungsablauf sprengten oder verzögerten. Überhaupt gebe es zu wenig zu lachen, musikalisch bleibe Vieles zu wünschen übrig, die Regie sei dürftig und der Film technisch veraltet.

3. Tanzmeister und Spione in 1000 Nöten

Zu Jahresbeginn 1958 gab es zunächst Ärger mit dem Dreiakter OLIVER THE EIGHTH, der auf einem dubiosen Weg an die Düsseldorfer *Comet-Film* gelangt war. Die Firma musste aber von der *FSK* erfahren, dass Pietrek der Inhaber der Lizenz war. Nach etwas Säbelrasseln zog *Comet-Film* sich wegen der Groteske wieder zurück. Pietrek war längst zur Tagesordnung übergegangen. Im Mai 1958 bot er neben Western, Bomba-Abenteuerstreifen und Kriminalfilmen unter der Überschrift «Heute wie damals. Mit Laurel und Hardy seit 30 Jahren immer ein Geschäft» nicht weniger als 13 Positionen mit Laurel-und-Hardy-Grotesken an, mit dem zwischenzeitlich erworbenen Streifen DICK UND DOOF HINTER SCHLOSS UND RIEGEL (ANY OLD PORT, PARDON US und ONE GOOD TURN). Dabei waren außerdem neu DIE NEUESTEN ABENTEUER VON DICK UND DOOF mit unbekanntem Inhalt und das schon früher zusammengestellte Kurzfilm-Programm DICK UND DOOF, DIE UNVERWÜSTLICHEN. Als «Brillantfeuerwerk des Humors» sollte das Programm DICK UND DOOF IN 1000 NÖTEN in Arbeit sein.

Im Herbst 1957 hatten sich die Altersklassen des *Jugendschutzgesetzes* erneut geändert. Filme, die vor Jahren für Jugendliche unter 16 Jahren freigegeben worden waren, galten nun automatisch als für Jugendliche über zwölf Jahre freigegeben. Außerdem konnten bisher ungünstiger eingestufte Filme der *FSK* erneut zur Prüfung vorgelegt werden, um die Freigabe auch schon für Kinder ab sechs Jahren zu erreichen. Das ließ Pietrek sich nicht zweimal sagen. Ende Juni 1958 stellte er diesen Antrag für seine Dick-und-Doof-Filme. Dabei berichtete er wortreich über das Unverständnis von US-Verleihern und deutschen Kinobesitzern, dass Laurel und Hardys Grotesken in Deutschland für Kinder verboten seien. Er erhielt die gewünschte Freigabe.

1958 hatte der deutsche *Centfox*-Verleih seine Nase wieder vorn, diesmal mit DICK UND DOOF: DIE TANZMEISTER (THE DANCING MASTERS) und wieder gut gelungenen Werbemitteln. In dem an Zusammenhanglosigkeit leidenden Film wollen die Tanzlehrer Stan und Ollie eine Schülerin und ihren Freund unterstützen, eine neu erfundene Strahlenwaffe an den Mann zu bringen. Zwischenzeitlich setzt Ollie alles daran, Stan verunglücken zu lassen, um Geld aus einer vermeintlich bestehenden Unfallversicherung zu kassieren. Nach einer wilden Achterbahn-Fahrt in einem führerlosen Bus landet aber Ollie mit einem Beinbruch im Krankenhaus.

Auch dieser Film wurde bei der Berliner *Ultra* von Krüger als Dialogautor und -regisseur synchronisiert. Krüger kalauerte noch mehr. Zwei Beispiele: In der Tanzschule verabschiedet Stan die Schülerin mit «Bis vorgestern. Freunde in der Not braucht man wie's liebe Brot», und Ollie ergänzt: «Und Du bist ein Idiot.» In der Bibliothek des Waffenfabrikanten bestaunt Stan den «Haufen Bücher» und fragt: «Ob die Hausherren auch Brahms Tierleben haben und den Schiller von Goethe? Sieh mal, die haben Knigges Umgang mit Menschen. Ganz neu verarbeitet.» Darauf Ollie: «Da stehen flotte Sachen drin.», und Stan antwortet: «Ja, zum Beispiel ‹Wie benimmt sich der feine Mann auf dem gewissen Örtchen?›» Überhaupt lässt Krüger Stan gelegentlich grenzdebil erscheinen. Stellenweise verwendet Krüger eine für das Jahr 1958 typische Ausdrucksweise, die nicht zum Produktionsjahr 1943 passt. Stan und Ollie unterrichten den erst in den 1950er-Jahren entstandenen Rock 'n' Roll, und bei der Vorführung der Superwaffe ist die Rede von dem 1957 ins All geschickten Sputnik. Zum Glück ist die Besetzung der deutschen Fassung sehr viel besser als die Dialoge. Bluhm und Hasse harmonieren gut miteinander.

Bei der Freigabe hob die *FSK* Ende März 1958 hervor: «Bemerkenswert bei diesem Streifen war, dass ihm eine leicht zu verstehende und klar durchgeführte Handlung zugrunde lag, der Fülle von Situationskomik ein tragendes Fundament gebend.» Einen Monat früher als geplant startete DICK UND DOOF: DIE TANZMEISTER am 4. April 1958 in den Stuttgarter *Rex-Lichtspielen* (Abb. 119). Laut den *Filmblättern* war der Film «wieder ein Volksfest für die vielen Freunde» von Laurel und Hardy, die mit «tapsiger Grazie ihre köstlichen ‹Spätzündungen› ausbreiteten». Die *Filmwoche* sah in ihm Unterhaltung «für harmlose Gemüter, mit Hanswurstiaden und Clownerien vom Nassen-Hosen-Spaß bis zur Verwechslungsblödelei». Das *Film-Echo* konstatierte: «Dieses ungleiche Paar mit seiner umwerfenden Situationskomik ist nicht totzukriegen.» Andere meinten, man habe «vor 20 Jahren über die gleichen Späße viel herzlicher gelacht» (*Abendpost*-Nachtausgabe, Berlin), und die Synchronisation habe den Streifen «überflüssigerweise verjüngt» *(Westfalenpost).* Dem *Film-Dienst* blieb Letzteres ebenfalls nicht verborgen: «Nötig ist das nicht, denn die ehrliche und gutmütige Komik der beiden Spaßmacher ist zeitlos und wird wohl immer ein amüsiertes Publikum finden, besonders bei Kindern.» Schonungslos ging der *Evangelische Film-Beobachter* mit der deutschen Fassung ins Gericht: «Blödeln will gelernt sein. Sonst ist es blöde! Auf der untersten Stufe der Anspruchslosigkeit.»

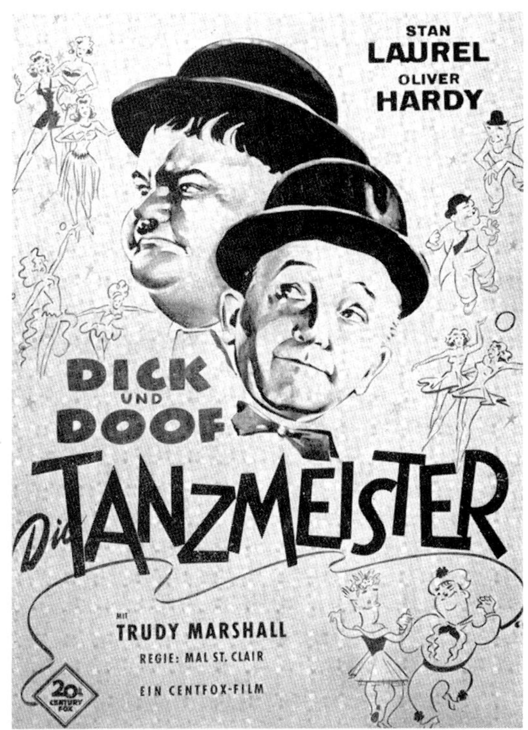

119 Plakat für DICK UND DOOF DIE TANZMEISTER (THE DANCING MASTERS), 1958

DICK UND DOOF: DIE TANZMEISTER war ein solider geschäftlicher Erfolg. Großstädtische Kinobesitzer erzielten im Juni 1958 bei einem hochzufriedenen Publikum «sehr gute» Kassen. Danach konnte man sich in einer norddeutschen Landgemeinde nur noch das Urteil «mäßig» abringen, und wieder andere meldeten «schwache Geschäfte» *(Film-Sonderdienst Ott).* 1959/60 vertrieb der deutsche *Centfox*-Verleih noch eine Schmalfilm-Fassung des Streifens und brachte danach keine weiteren reinen Laurel-und-Hardy-Filme mehr ins Kino. Später übernahm Pietrek den Verleih von Laurel und Hardys *Centfox*-Filmen.

Am 19. Juni 1958 ließ Pietrek den in seiner Werbung hervorgehobenen

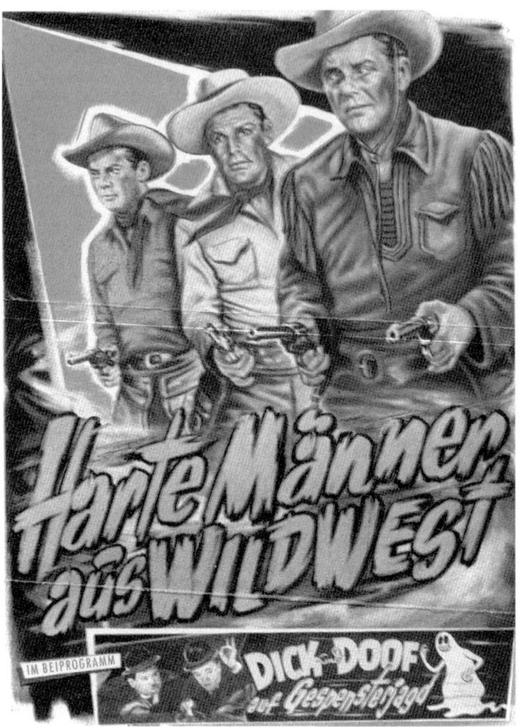

120 Plakat für HARTE MÄNNER AUS WILDWEST mit DICK UND DOOF AUF GESPENSTERJAGD (THE LAUREL AND HARDY MURDER CASE), 1958

Laurel-und-Hardy-Zweiakter DICK UND DOOF AUF GESPENSTERJAGD mit einem Billig-Western im Münchner *Filmtheater am Bahnhof* an den Start gehen (Abb. 120). Die Grusel-Groteske fiel den Kritikern neben dem «zahmen Western mit notdürftigen Landschaftsaufnahmen» auf als «zwerchfellbewegender» Film der beiden «flotten Komiker mit ebenso primitiven wie turbulenten Späßen» *(Stuttgarter Nachrichten)*. Das *Hamburger Abendblatt* aber tadelte «Immer mit dem Holzhammer auf die weiche Birne», und noch krasser die Nürnberger *Gong-Radiowelt*: «Als Beiprogramm wird ein ebenso langer wie einfältiger Dick-und-Doof-Film gezeigt. Sein Ende tritt so sinnlos und abrupt ein, dass man vermuten könnte, er hat sich aus dem Abfallkorb eines Schneidetisches versehentlich ins Verleih-Geschäft verirrt.» Für ein «mittelmäßiges» Geschäft, das Ende September 1958 zurückging, reichte es allemal *(Film-Sonderdienst Ott)*.

Pietrek hatte im Juli 1956 von der New Yorker *American Trading Association* vermutlich sehr preiswert die Rechte für die Laurel-und-Hardy-Zweiakter BELOW ZERO (1931), LAUGHING GRAVY, TIT FOR TAT und THE FIXER UPPERS (1935) gekauft, denn ihre Bildqualität war dürftig. Etwa ein Jahr später erhielt er die Importlizenz. Nun arrangierte er die Streifen zu einer fortlaufenden Handlung für das bereits angekündigte Programm DICK UND DOOF IN 1000 NÖTEN. Neu für Deutschland waren BELOW ZERO und THE FIXER UPPERS.

In dem sehr komischen Zweiakter BELOW ZERO finden die mittellos gewordenen Straßenmusikanten Stan und Ollie zur Winterszeit die Geldbörse eines Polizisten, den sie ahnungslos zum Essen einladen. Als er sein Portemonnaie wiedererkennt, hält er die Freunde für Diebe und lässt sie als Zechpreller verprügeln.

THE FIXER UPPERS stammt aus der Endphase der Kurzfilm-Produktion des Duos und ist schwächer als BELOW ZERO. Die Weihnachtskarten-Verkäufer Stan und Ollie helfen einer unglücklichen Ehefrau ähnlich wie in dem Stummfilm SLIPPING WIVES, ihren Ehemann eifersüchtig zu machen. Mit Erfolg, aber die Freunde müssen fliehen, wobei Ollie auf einen Müllaster gekippt wird.

DICK UND DOOF IN 1000 NÖTEN wurde bei der *BSG* von Horst Sommer als Autor und Bodo Francke als Regisseur deutsch gefasst. Das gelang annehmbar ohne Höhen und Tiefen, wozu die gute Besetzung unter anderem mit Bluhm und Hasse beigetragen hat. Hasse, der Ende Juli 1959 starb, sprach Hardy hier zum letzten Mal.

Der Trailer für DICK UND DOOF IN 1000 NÖTEN wurde auf Klamauk zugeschnitten. Zu Kintopp-Musik und kurzen Kommentaren zerplatzen beim Schriftzug «Schlag auf Schlag» Glühbirnen an Stan und Ollies Geschäft. Akustisch erinnert das an die Maschinengewehr-Garbe im Vorspann von Horst Wendlandts Edgar-Wallace-Filmen. Auf Bonnés Filmplakat erscheinen Laurel-und-Hardy-Karikaturen erstmals mit übergroßen Köpfen (Abb. 121). Pietreks Schlagzeilen waren knallig: «1000 der verrücktesten Einfälle, 1000 übermütige Überraschungen, 1000 urkomische Situationen, geboren aus 1000 Nöten und Verlegenheiten», dazu «eine Fülle unsagbar komischer Abenteuer», die «stürmische Heiterkeit und nicht enden wollendes Gelächter entfesseln».

Das im Mai freigegebene Programm und am 11. Juli 1958 gleichzeitig in etlichen deutschen Städten, unter anderem in den Hamburger *Millerntor-Lichtspielen* angelaufene Programm gefiel den Kritikern. Sie hatten viel Freude an den zahlreichen Gags. *Der Neue Film* stellte fest, dass der «Einfallsreichtum dieser alten Filme trotz all ihrer äußeren Primitivität manchen mit großem Aufwand gedrehten heutigen Film in den Schatten stellen». Das *Film-Echo* fragte sich allerdings, ob man solche «wirklich zu albernen» Kurzfilme als «nichtssagenden Filmspaß für harmlose Gemüter» importieren müsse. Das Blatt hatte auch die schlechte Bildqualität bemerkt, die nach dem Trimmen vom Normal- auf das moderne Breitwand-Format augen-

Heute wie damals
Mit LAUREL und HARDY seit 30 Jahren
Immer ein Geschäft !

Ein Brillantfeuerwerk des Humors

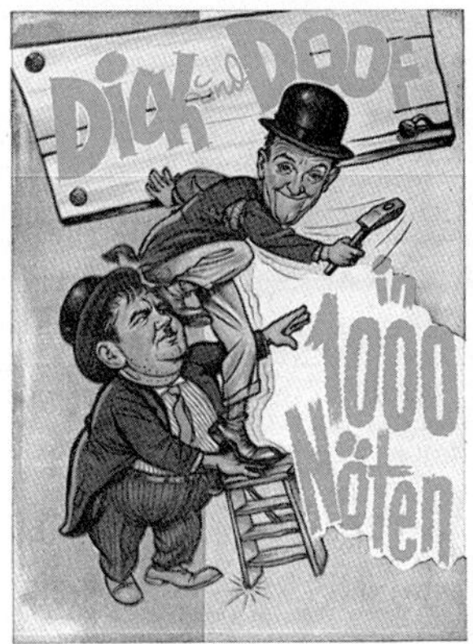

DICK und DOOF werden Papa	ab 6 Jahren
DICK und DOOF im wilden Westen	ab 6 Jahren
Die neuesten Abenteuer von DICK und DOOF	ab 6 Jahren
DICK und DOOF auf hoher See	ab 12 Jahren
DICK und DOOF als Studenten	ab 12 Jahren
DICK und DOOF als Rekruten	ab 6 Jahren
DICK und DOOF als Salontiroler	ab 12 Jahren
DICK und DOOF - Lange Leitung	ab 12 Jahren
DICK und DOOF hinter Schloß und Riegel	ab 12 Jahren
DICK und DOOF - Atoll K	ab 12 Jahren
DICK und DOOF - Hilfe, wir sind ertrunken	ab 12 Jahren
DICK und DOOF, die Unverwüstlichen	ab 6 Jahren

121 *NWDF*-Mitteilungsblatt, mit Plakat für das Programm DICK UND DOOF IN 1000 NÖTEN, 1958

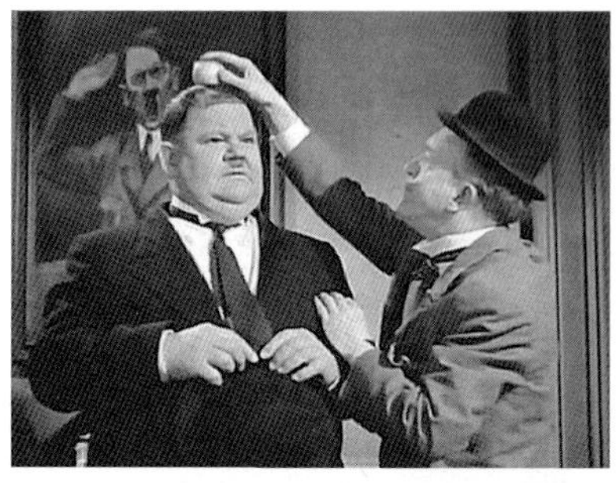

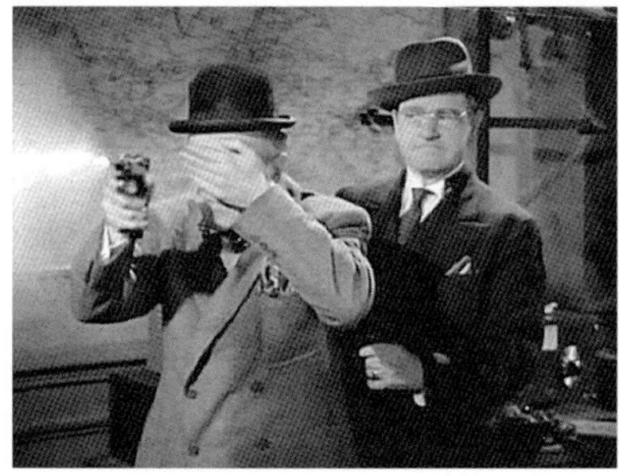

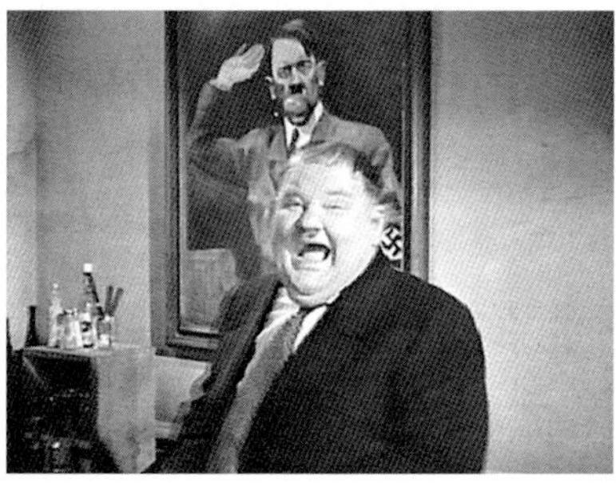

122–124 Den deutschen Zuschauern 1958 in SCHRECKEN ALLER SPIONE (AIR RAID WARDENS) vorenthalten: Stan als Wilhelm Tell. Guten Appetit, Herr Hitler!

fällig wurde. Das *Film-Echo* berichtete, dass sich nur erahnen ließ, was sich im gekaschten Vordergrund abspielt. Dem *Film-Dienst* gefielen besonders die Episoden BELOW ZERO und LAUGHING GRAVY mit ihrem hintergründigen Humor. Mit TIT FOR TAT konnte er aber nichts anfangen und fand Stan und Ollies Auftritt als «Kuppler im Westentaschenformat» in THE FIXER UPPERS «langweilig und albern». Der *Evangelische Film-Beobachter* schwieg zu DICK UND DOOF IN 1000 NÖTEN. Im Mittelpunkt der Kritik standen auch Laurel und Hardy, die sich nach Pat und Patachon wie keine anderen Komiker die Gunst der deutschen Zuschauer erobert hatten *(Wiesbadener Kurier)*.

Bei einer Meldung wie «Sehr gutes Geschäft. So alt diese Filme auch sein mögen, gehen sie geschäftlich doch besser als 90 % der Neuproduktion. Das Haus brüllte vor Lachen. Ein ganz großer Erfolg» konnte Pietrek frohlocken. Er leistete es sich sogar, die abwertende Kritik des *Film-Echos* in seiner Werbung zur Diskussion zu stellen und die Kino-Besitzer aufzufordern: «Nun bitten wir Sie um *Ihr* Urteil.» Ihre klare Antwort: «Gutes Geschäft.» *(Film-Sonderdienst Ott)*. Bald zerlegte Pietrek das Programm in seine Einzelteile und verkaufte sie unter anderem an die *AKI*-Kette. Aus BELOW ZERO wurde DICK UND DOOF, DIE EHRLICHEN FINDER, aus THE FIXER UPPERS nun DICK UND DOOF ALS EHEKITTER, LAUGHING GRAVY hieß DICK UND DOOF IN UNTERMIETE, und TIT FOR TAT wurde DICK UND DOOF ALS ELEKTRIKER genannt. Der *Evangelische Film-Beobachter* rümpfte danach über den «wenig geschmackvollen Schluss» von LAUGHING GRAVY die Nase.

Der deutsche *MGM*-Verleih blieb alsdann mit AIR RAID WARDENS von 1943 unter dem deutschen Titel SCHRECKEN ALLER SPIONE im Laurel-und-Hardy-Geschäft. Stan und Ollie erleben mit all ihren Geschäften eine Pleite. Selbst in der Armee will man sie nicht, und aus der Heimatfront schließt man sie als Luftschutzwarte nach einigen Missgeschicken aus. Dann können die Freunde jedoch im letzten Augenblick einen Anschlag von Nazi-Spionen vereiteln. Für die deutsche Fassung entfernte der

Verleih aus dem Streifen mit seiner unentschlossenen Komik, der etwas an die Roach-Ära erinnert, Stans Apfelschuss, bei dem er das Obststück von Ollies Kopf auf einem Hitler-Gemälde genau im Mund des Diktators fixiert (Abb. 122–124). Außerdem wurden einige kleinere Schnitte veranlasst. Ende Mai 1958 gab die *FSK* den Film für Kinder ab sechs Jahren frei.

Zu dem angeblich «unbeschreiblichen Leinwand-Ulk, von zwei Komikern serviert, die sich gegenseitig übertreffen» gab der Verleih einen Trailer ohne gesprochenen Kommentar in die Kinos, der über die Schwächen hinwegtäuschen sollte. Ähnlich wie in Cecil B. DeMilles Monumentalfilm DIE ZEHN GEBOTE von 1956 wird ein riesiger Berg gezeigt, unterlegt mit bombastischer Musik zu folgendem Text: «Von den Höhen des Olymp dröhnt ein Sturzbach von brausendem Gelächter über die Abenteuer der beiden größten Spaßmacher unserer Zeit! Stan Laurel, Oliver Hardy».

Die sorgfältige deutsche Fassung der Synchron-Abteilung der *MGM* besorgte als Autor und Regisseur Ottokar Runze. Seine gepflegte Sprache brachten anerkannte Synchronsprecher überzeugend und stilvoll auf die Leinwand. Allein Bluhm und Paulsens Zusammenwirken ist ein großer Gewinn.

Die deutsche Erstaufführung von SCHRECKEN ALLER SPIONE am 12. September 1958 im Aachener *Scala-Theater* hatte die erhoffte Reaktion (Abb. 125). Die Tagespresse freute sich ganz einfach, einen neuen Laurel-und-Hardy-Film zu sehen: «Man sieht Laurel und Hardy immer wieder gern» *(Westfalenpost)*. «Zugegeben, das ist blühender Unsinn. Aber so pointiert, so charmant dargeboten und mit soviel Situationskomik und einigen meisterhaften Gags ausgestattet, dass

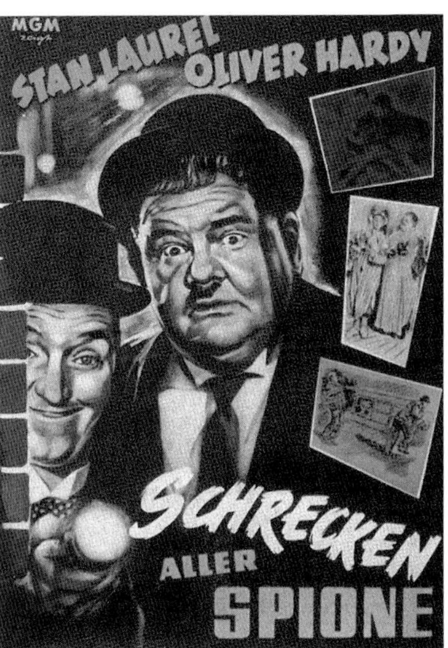

125 Plakat für SCHRECKEN ALLER SPIONE (AIR RAID WARDENS), 1958

man herzhaft lachen muss», schrieben die *Hessen-Nachrichten*. Der *Film-Dienst* war von der Episode mit den Nazi-Spionen nicht erbaut, fand aber im Übrigen freundliche Worte. Der *Evangelische Film-Beobachter*, der dazu neigte, schwächere Laurel-und-Hardy-Filme besser herauszustellen als ihre Meisterwerke, brachte ebenfalls Wohlwollendes zu Papier. Doch wegen der Späße im Milieu des Luftschutzes mochte er den Streifen nicht empfehlen: «Der übliche Klamauk schickt sich für ein solches Thema nicht.»

SCHRECKEN ALLER SPIONE sorgte bis November 1958 für «gute» Einnahmen *(Film-Sonderdienst Ott)*.

4. Robert Youngson und die Folgen

Pietrek hatte seinen Bestand an Filmen der beiden Komiker so weit aufgestockt, dass er vorerst keinen Anlass sah, weitere Streifen einzukaufen und deutsch

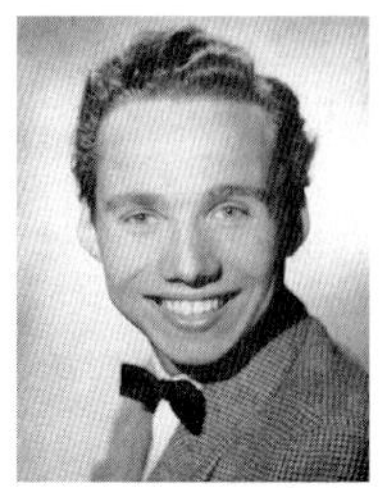

126 Horst Gentzen (1956) als Laurel

synchronisieren zu lassen. Die gestiegene Nachfrage konnte er mit seinen vorhandenen Dick-und-Doof-Filmen befriedigen. Mit DICK UND DOOF ERBEN EINE INSEL griff er im Herbst 1958 auch nach dem Auslandsmarkt in Skandinavien und bot den Streifen in unterschiedlichen Fassungen an. Außerdem ließ Pietrek alte Trailer anderer Verleiher für seinen *NWDF* aufpolieren und neue herstellen.

1959 kam die Anfang 1953 gegründete Münchner *Donau Filmverleih-Gesellschaft (Donau)* mit dem Programm DICK UND DOOFS LACHPARADE auf dem Markt. Die Firma hatte die Auswertungsrechte für die vier Laurel-und-Hardy-Kurzfilme «SCRAM!», BRATS, ME AND MY PAL und TWICE TWO erworben. Die einzelnen Filme wurden außerdem getrennt vermarktet und an die *AKis* gegeben. Dafür bekamen sie die deutschen Titel VAGABUNDENSTREICHE («SCRAM!»), DICK UND DOOF IM KINDERLAND (BRATS), BESSERE HERREN SUCHEN ANSCHLUSS (ME AND MY PAL) und HEIRATEN SOLLTE MAN? (TWICE TWO). Neu für Deutschland waren ME AND MY PAL und TWICE TWO.

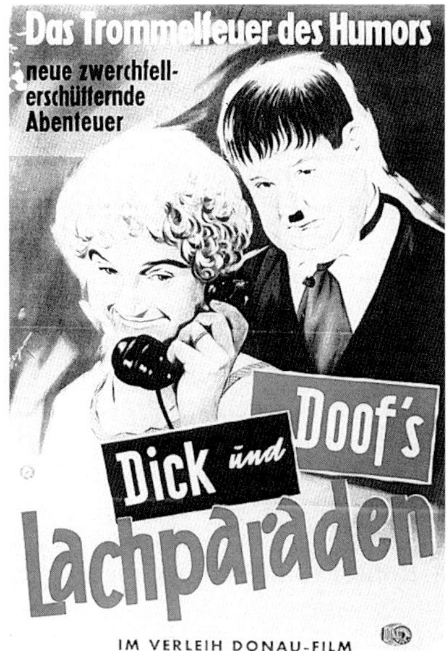

127 Plakat für das Programm DICK UND DOOFS LACHPARADE (hier DICK UND DOOF'S LACHPARADEN), 1959

In ME AND MY PAL platzt die Hochzeit des erfolgreichen Geschäftsmannes Ollie mit der Tochter eines Großindustriellen, weil Stan ihm ein Puzzle geschenkt hat, über das man die Zeit vergessen hat. Der Film ist recht nett, aber bei weitem nicht so grotesk wie TWICE TWO mit vielen haarsträubenden Situationen und einem unglaublich verlegenen Stan. Stan und Ollie sind jeweils mit der Schwester des anderen verheiratet. Laurel und Hardy spielen ebenfalls die Frauenrollen. Beim ersten Hochzeitstag kommt es zu einem großen Familienkrach, und eine Schwägerin wirft der anderen die Festtagstorte ins Gesicht.

DICK UND DOOFS LACHPARADE wurde von der seit 1956 im Geschäft befindlichen Berliner *Cinelux-Filmproduktions-Gesellschaft mbH* deutsch synchronisiert. Das Budget für die deutsche Fassung war offenbar schmal. Diesmal war Horst Sommer Autor und Regisseur in einer Person, und das Ergebnis fiel schwächer aus. Die Kurzfilme wurden zu billig aussehenden Zeichnungen mit gereimten Überleitungen verbunden. Ein Beispiel: «Mal wieder erreicht man nicht das Ziel / und alles wegen diesem Puzzlespiel. / So gibt es manches Missgeschick / auch hier bei dem Familienglück.» Anstatt Bluhm spricht für Laurel Horst Gentzen (Abb. 126), der aber wie Jerry Lewis klingt, dessen deutsche Stimme er war. Nach Hasses Tod wurde Pantel für Hardy engagiert. In DICK UND DOOF IM KINDERLAND und HEIRATEN SOLLTE MAN? sprechen die beiden die Väter und Söhne beziehungsweise die Ehemänner und die Ehefrauen.

Am 2. Oktober 1959 wurde DICK UND DOOFS LACHPARADE im Münsteraner *Metropol-Theater* erstmals vorgeführt, allerdings ohne die Freigabekarten, da der Verleih die Prüfkosten noch nicht bezahlt hatte. Über *Donaus* Werbematerialien (Abb. 127) ist wenig bekannt. «Lachkitzelnder Programmfüller», notierten die *Filmblätter*. «Lachmuskeln werden kräftig strapaziert, und manche Träne kullert vor Vergnügen über die Wangen» und «Hier grassiert die grelle Komik in einem Pointen-Bombardement. Blühender Blödsinn, über den man lacht, selbst wenn man gar nicht will», lauteten Kommentare der *Fürther Zeitung* und des *Darmstädter Echos*. «Vier sehr alte Kurzfilme, deren vordergründiger Klamauk mehr Langeweile als Lachen erzeugt. Die dritte Episode, die es mit dem geschmacklosen Witz von Männern in Frauenkleidern hält, ist besonders geisttötend. Tragbar ab 14. Man muss das nicht gesehen haben», zog der katholische *Film-Dienst* gegen das harmlose Programm zu Felde. Der *Evangelische Film-Beobachter* schloss sich an: «Alles in allem keine Lachparade! Die ersten beiden Kurzfilme sind erträglich, die beiden letzten albern bis peinlich.»

Als *Donau* 1960 und 1962 Freigabeanträge für die Einzelfilme des Programms stellte, kam es zu einem heillosen Titel-Durcheinander. Dazu hatte der Verleih in seinem Prospekt für das Jahr 1961 beigetragen. TWICE TWO wurde versehentlich als FRÄULEIN DICK UND TANTE DOOF beziehungsweise TANTE DICK UND ONKEL DOOF angepriesen, und nicht als HEIRATEN SOLLTE MAN?

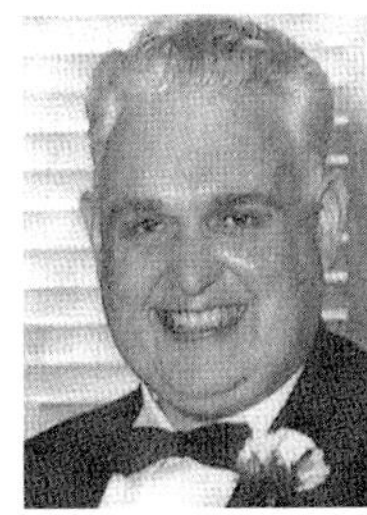
128 Robert Youngson (um 1960)

Zum Jahresende 1959 erschien in Deutschland ein Film, der für Laurel und Hardys Anerkennung und die des stummen Grotesk-Films eine unschätzbare Bedeutung hat: Robert Youngsons Spielfilm-lange Kompilation THE GOLDEN AGE OF COMEDY von 1957. Youngson (Abb. 128) wollte die vergessene amerikanische Stummfilm-Groteske den Kinogängern wieder ins Bewusstsein rufen. Zielstrebig sichtete er jahrelang zahllose Slapstick-Filme aus Mack Sennetts und Hal Roachs Produktion. Seine Kompilation stellte er mit Ausschnitten aus Filmen ehemals bekannter Komiker zusammen, ordnete sie thematisch, schnitt sie zu einem flotten Ablauf, versah sie mit flüssigen, launigen Kommentaren sowie mit flotter Musik und Geräuscheffekten im Stil der Stummfilmzeit. Laurel und Hardy widmete er das Kapitel «Nobody Liked Them But the Public» [«Nur das Publikum liebte sie.»] mit Ausschnitten aus THE SECOND HUNDRED YEARS, THE BATTLE OF THE CENTURY, YOU'RE DARN TOOTIN', TWO TARS, HABEAS CORPUS, WE FAW DOWN und DOUBLE WHOOPEE – und im Vorspann ein ganz kurzer Ausschnitt aus ANGORA LOVE, in dem Ollie in ein tiefes Wasserloch fällt. Als US-Verleih konnte Youngson lediglich die unbekannte *Distributors Corporation of America* gewinnen. Und dann wurde THE GOLDEN AGE OF COMEDY unerwartet ein riesiger Erfolg, Youngson erhielt sogar den

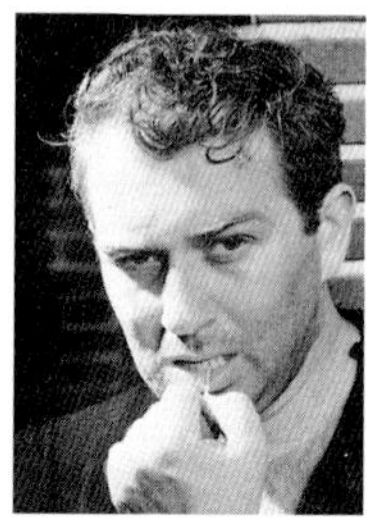

129 Horst Niendorf (1960) spricht Hardy

begehrten Oscar. Danach übernahm die US-*Centfox* die Kompilation in ihren Verleih.

In Deutschland nahm sich der deutsche *Centfox*-Verleih des lukrativen Streifens an und nannte ihn KINTOPPS LACHKABINETT. Aus deutscher Laurel-und-Hardy-Sicht neu waren HABEAS CORPUS, DOUBLE WHOOPEE und ANGORA LOVE.

HABEAS CORPUS von 1928, Laurel und Hardys erster Streifen mit synchronisierter Musik und Geräuscheffekten von Vitaphone-Schallplatte, ist ein etwas behäbiger Ausflug in die Gefilde der Grusel-Komödie. Stan und Ollie sollen für einen verrückten Professor nachts eine Leiche auf dem Friedhof ausbuddeln, mit der er experimentieren will. Dabei kommt ihnen ein Polizist in die Quere, mit dem Ollie in einem Schlammloch versinkt.

DOUBLE WHOOPEE von 1929 ist gagreich und absolut lustig. Stan und Ollie sind Türsteher beziehungsweise Lohndiener in einem Hotel, in dem sie versehentlich mehrfach einen aufgeblasenen Prinzen in einen schmierigen Fahrstuhlschacht plumpsen lassen. Durch Stan und Ollies Einsatz steht außerdem ein fein herausgeputztes Starlet plötzlich im Unterrock.

ANGORA LOVE von 1929 ist Laurel und Hardys letzter reiner Stummfilm. Zum ersten Mal verstecken Stan und Ollie in ihrem möblierten Zimmer ein Tier vor dem handgreiflichen Hauswirt und bereiten damit einen enormen Spaß.

Der deutsche *Centfox*-Verleih ließ auch KINTOPPS LACHKABINETT bei der *Ultra* von Krüger synchronisieren. Seine zusätzlichen verbindenden Texte harmonieren mit der Kompilation, aber ohne Kalauer scheint es bei ihm nicht zu gehen. Unter dem Strich fehlt es am Esprit. Es ist nicht sonderlich einfallsreich, die Zuschauer vor neuen Szenen mit einem «Ach bitte, sehen Sie sich das eben mal an» zu ermuntern. Anstelle der zwei Sprecher in Youngsons Original setzte Krüger sechs ein, neben sich Berliner Kabarettisten, die aber farblos bleiben, während seine eigenen Passagen annehmbar klingen. Die wenigen kurzen Einsprengsel mit Bluhm und Horst Niendorf (Abb. 129) als Laurel und Hardy (bei HABEAS CORPUS gemeinsam und bei THE SECOND HUNDRED YEARS Bluhm allein) sind gut gelungen. Für Niendorf war dies übrigens seine einzige Synchronrolle für Hardy.

Anfang Dezember 1959 gab die *FSK* KINTOPPS LACHKABINETT frei. Wie alle künftigen Youngson-Zusammenstellungen durfte der Streifen an Feiertagen nicht aufgeführt werden. Bei der Werbung für KINTOPPS LACHKABINETT gab der Verleih sich Mühe, wohl nicht zuletzt deswegen, da auch in Deutschland das Interesse für stumme Slapstick-Filme wiederbelebt werden musste, wenn es nicht gerade um Chaplin ging (Abb. 130). Die Presse-Informationen enthielten mehrere Artikel über den Grotesk-Film, die sich mit dieser speziellen Kunstform und ihren Künstlern beschäftigten. Besonders Laurel und Hardy wurden mit viel Feingefühl von der Holzhammer-Komik abgegrenzt, die ihnen so gern zugeschrieben wurde. Plumpere Werbemethoden ließen sich allerdings nicht ausmerzen. Auf ausländischen Plakaten und Inserat-Matern für THE GOLDEN AGE OF COMEDY hatte man Jean Harlow, die in DOUBLE WHOOPEE durch Stans Versehen im Unterrock

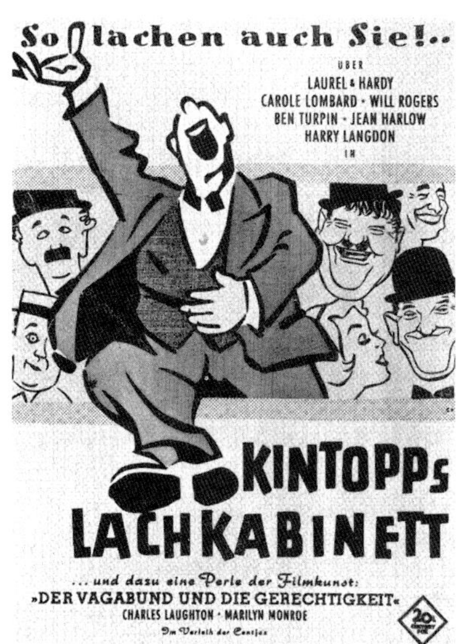

130 Plakat für KINTOPPS LACHKABINETT (THE GOLDEN AGE OF COMEDY), 1958

131 Jean Harlows Strapse für den Herrn gefällig? Inserat-Mater für KINTOPPS LACHKABINETT (THE GOLDEN AGE OF COMEDY), 1958

steht, für die Herren der Schöpfung Strapse angezeichnet, die sie im Film nicht trägt. Auch der deutsche *Centfox*-Verleih übernahm diesen kleinen Blickfang (Abb. 131).

Die deutsche Erstaufführung von KINTOPPS LACHKABINETT fand am 15. Dezember 1959 in den Mannheimer *Alster-Lichtspielen* statt, und erst danach erhielt der Verleih die *FSK*-Freigabekarten, weil er seine Gebühren vorher nicht gezahlt hatte. «Der Griff in die Flimmerkiste erweist sich als Lachbombe ersten Ranges. Die zumeist jüngeren Besucher lachten Tränen. Und das Haus war völlig ausverkauft», berichtete das *Film-Echo*. Die Zeitschrift *Filmkritik* ging auf den subtilen Witz mancher Komiker ein und hoffte auf eine Wiederbegegnung mit anderen Größen des grotesken Filmes, aber mit einer grundsätzlich anderen Präsentation. In einer ungewöhnlich ausführlichen Betrachtung legte der *Film-Dienst* den Kinogängern KINTOPPS LACHKABINETT besonders ans Herz, einmal als entspannendes Filmwerk, zum anderen als «sehenswertes Studienobjekt für Interessenten der Filmgeschichte». «Wie erquickend ist das», schrieb er über Laurel und Hardy. Auch andere Rezensenten erfreuten sich an dem «unvergleichlichen Komikerpaar», in deren Filmen es «von tollen Einfällen wirbelt und die Gags und die Tricks sich nur so jagen» *(Süddeutsche Zeitung)*. Ganz anders der *Evangelische Film-Beobachter*, der es abstoßend fand, dass in YOU'RE DARN TOOTIN' so viele Männer in Unterhosen die Straße bevölkern. Die Kompilation selbst sah er als zusammenhanglos an: «Man hat eben nur größten Klamauk und Unsinn auswählen wollen.»

Die Kinogänger strömten in die Lichtspielhäuser und «trampelten vor Vergnügen» *(Film-Sonderdienst Ott)*.

Mit vollen Kassen war KINTOPPS LACHKABINETT Liebling der Kinobesitzer. In Bayern und in Norddeutschland hielt sich dieser «Lachschlager», für den eine «selten gute Mundreklame» gemacht wurde, mindestens vier Wochen mit einem «rasanten Geschäft». Bis Ende März 1960 rangierten die Einspiel-Ergebnisse zwischen «zufrieden» und «ausgezeichnet», rutschten im Einzelfall aber auch einmal auf «schlecht» ab. Im September des Jahres bezeichneten die Kinobesitzer ihre Einnahmen mit der Kompilation als «zufriedenstellend» bis «gut», im November zeitweilig sogar wieder «sehr gut» bis «hervorragend». Das hielt bis März 1961 an.

Die enorme Resonanz auf THE GOLDEN AGE OF COMEDY löste ein stetig wachsendes Interesse an Laurel und Hardys Filmen in Deutschland aus. Man nahm sie wieder außerhalb der Kinder- und Jugendvorstellungen und der Non-Stop-Kinos wahr. Die so genannte ernsthafte Filmkritik schickte sich tastend an, sich dem Grotesk-Film im Allgemeinen und Laurel und Hardy im Besonderen von einem künstlerischen Standpunkt aus zu nähern.

1960 meldete sich der *NWDF* mit Laurel und Hardy zurück. Pietrek koppelte einen Dschungelstreifen mit einem «Dick-und-Doof-Lustspiel» aus seinem Fundus. Im selben Jahr gab die *FSK* DICK UND DOOF ALS REKRUTEN für den *NWDF* frei, und Pietrek schickte den Film schnurstracks in die Kinos. Die Reaktionen waren gemischt. Das *Coburger Tageblatt* nannte den Spielfilm «einen der besten Dick-und-Doof-Filme» und «*den* Lachschlager», das örtliche Konkurrenzblatt *Neue Presse* tat ihn jedoch ab als «sehr anspruchsloses Gericht mit allzu wenig Pfeffer und Salz».

1960 brachte die *Centfox* Youngsons Forsetzung WHEN COMEDY WAS KING heraus. Wieder klingelten die Kassen, und auch dieser Streifen wurde hervorragend besprochen. In einer bunten Mischung von Ausschnitten standen Laurel und Hardy sogar im Mittelpunkt mit ihrem klassischen Zweiakter BIG BUSINESS von 1929 in hervorragender Bildqualität, einer der berühmtesten Filme des Duos. Stan und Ollie versuchen, Weihnachtsbäume verkaufen, die aber niemand will. Mit dem Hausbesitzer Finlayson liefern sie sich eine enorme Zerstörungsschlacht, nach der sie ins Fäustchen lachen.

Die Presse-Informationen des deutschen *Centfox*-Verleihs schlugen dieselbe Richtung wie zuvor ein. Bei *Ultra-Film* synchronisierte Krüger die deutsche Fassung ALS LACHEN TRUMPF WAR gefälliger als KINTOPPS LACHKABINETT. Dennoch bleiben seine Texte bieder, weil er Gelegenheiten für spritzige, pointierte Kommentare auslässt, die sich aus Youngsons Original anboten. In BIG BUSINESS sprechen Bluhm und Paulsen in einer Mischung aus Synchronisation und voice over. Diese Fassung ist sehr überzeugend und auch im Übrigen sehr gut besetzt.

ALS LACHEN TRUMPF WAR wurde am 3. Juni 1960 im Mainzer *Metropol-Theater* erstaufgeführt (Abb. 132) und lief etwa eine Woche vor einem «einigermaßen zufriedenen» Publikum, aber die meisten Leute fuhren wegen des schönen Wetters lieber ins Grüne *(Film-Echo)*. Die *Filmblätter* fanden die «immer noch wirksamen Klamauk-Reminiszenzen zum Brüllen» und lobten die «reizende» deutsche Kommentierung, bei der das *Film-Echo* Krügers «saftigen Kommentar» hervorhob. Für die *Filmkritik* war BIG BUSINESS der beste Beitrag. Das Blatt rügte aber das Fehlen von Herkunfts- und Besetzungsangaben und den Kommentar wegen seines «feuilletonistisch geschwätzigen Tons». Aufs Neue begeistert zeigte sich der *Film-Dienst*: «Die Reaktion des Publikums auf diese Rückblende – erst stilles Ergötzen, dann oft schallendes Lachen – bestätigt den ‹klassischen› Boden jener Klamauk-Komik: eine tiefe Lebensweisheit, die aufzuzeigen früher das Vorrecht der Hofnarren war.» Beim *Evangelischen Film-Beobachter* war das Eis gebrochen: «Es ist eine wahre Freude, der Mehrzahl dieser kurzen Geschichtchen schmunzelnd zu folgen. Einzelne Szenen wurden sehr geschickt synchronisiert.» Für andere Rezensenten verursachte allein das Wiedersehen mit «Raritäten aus der Flimmerkiste» Lachen *(Badische Neueste Nachrichten)*. Laut *Haller Kreisblatt* war «Hardys fragender schräger Kopf immer noch eine unnachahmliche Meisterleistung echten Komödiantentums».

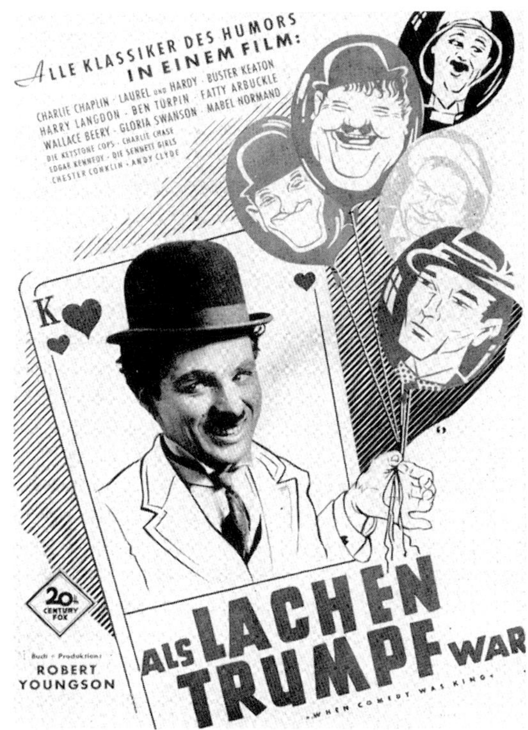

132 Plakat für ALS LACHEN TRUMPF WAR (WHEN COMEDY WAS KING, 1960

Nach einer kurzen Durststrecke holte ALS LACHEN TRUMPF WAR an den Kinokassen stark auf. Im Nürnberger *Ka-Li-Filmtheater* wurde die Spielzeit des Filmes verlängert, da das «hell begeisterte Publikum nur gelacht, gebrüllt und geschrieen» hatte. Der *Emelka-Palast* in Augsburg meldete Ende August 1960 einen «Bombenerfolg» mit «viermal so vielen Zuschauern» wie bei KINTOPPS LACHKABINETT, und im Münchner *Gabriel-Filmtheater* ging der Streifen in die fünfte Woche. Bis jedenfalls Ende 1961 erzielte die Kompilation insgesamt «gute» bis «sehr gute» und manchmal sogar «ausgezeichnete» Besucherzahlen *(Film-Sonderdienst Ott)*. Knapp zwei Jahre später brachte der deutsche *Centfox*-Verleih auch eine Schmalfilm-Fassung von ALS LACHEN TRUMPF WAR auf den Markt.

5. Pietrek expandiert

1960 fusionierte Pietreks *NWDF* mit Paul Lehmanns Verleih *Unitas Film GmbH* aus München. Geschäftsführer war der deutsche Filmpionier Peter Ostermayr. *NWDF* wurde zur *NWDF-Unitas Film GmbH (NWDF-Unitas)*. Au-

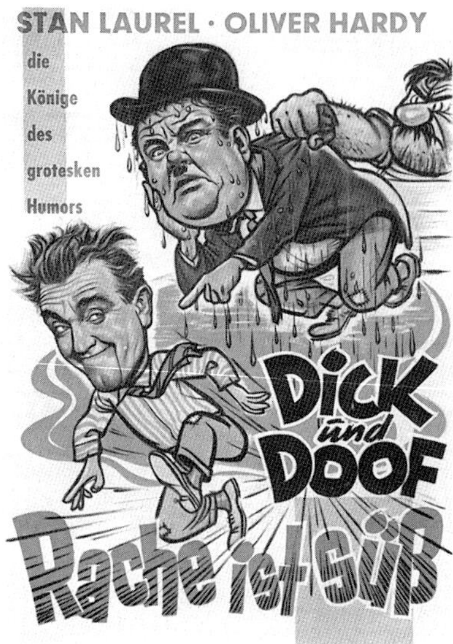

133 Plakat für DICK UND DOOF – RACHE IST SÜSS (BABES IN TOYLAND), 1961

ßerdem übernahm Pietrek den Verleih *Panther-Film Pfetten KG* von Freiherr Marquard von Pfetten-Arnbach und Peter Becker mit einigen Filmen des US-B-Movie-Produzenten *Allied Artists*. Das Geschäft mit Dick-und-Doof- und Fuzzy-Filmen in Kinder- und Jugendvorstellungen wurde fortgesetzt. Zwischen September und November 1960 gab die *FSK* eine Reihe von Laurel-und-Hardy-Filmen auf die *NWDF-Unitas* für Kinder ab sechs Jahren frei. Bei der soundsovielten Aufführung von DICK UND DOOF IM WILDEN WESTEN war man sich einig, dass die beiden Komiker «selbst Melancholiker zum Lachen» bringen *(Göppinger Kreisnachrichten)*. Um die Jahreswende 1962/63 wurde dieser Spielfilm zwei Wochen lang in Münchner Kinos gespielt. Auch für die folgenden Wochen bescheinigte ihm der *Film-Sonderdienst Ott* ein «gutes» Geschäft. Und mittlerweile vollzog sich ein Wandel: Im Zuschauerraum saßen «fast mehr Erwachsene als Jugendliche», und es herrschte eine «großartige Stimmung» *(Münchner Abendzeitung, Münchner Merkur)*.

In der *NWDF*-Verleihstaffel 1959/60 hatte Pietrek den Spielfilm DICK UND DOOF – RACHE IST SÜSS (BABES IN TOYLAND) angekündigt, dessen Auswertungsrechte er aus den USA in der Wiederaufführungs-Fassung REVENGE IS SWEET angekauft hatte. Deren Vorspann unterscheidet sich von BABES IN TOYLAND dadurch, dass die Märchenbuch-Szenen vor einem gezeichneten Hintergrund starr bleiben.

Pietrek ließ DICK UND DOOF – RACHE IST SÜSS bei der *BSG* genauso wie THE BOHEMIAN GIRL deutsch synchronisieren. Daher wurde die Musik des Filmes von der stark knackenden Tonspur übernommen und aus dem Tonarchiv der *BSG* ergänzt. Nach Abschluss der Arbeiten warf Pietrek der *BSG* minderwertige Arbeit vor. Er wollte nur den Preis drücken, und darüber kam es zum Eklat. Die *BSG* beendete die Geschäftsbeziehung. Pietreks Vorwürfe gegen die sprachliche Qualität von DICK UND DOOF – RACHE IST SÜSS sind unbegründet. Auch die musikalischen Überspielungen sind bei weitem nicht so unbefriedigend, wie er es hingestellt hat. Das deutsche Dialogbuch verfasste die vielbeschäftigte Autorin Gerda von Rüxleben. Sie legte eine solide, saubere Arbeit vor, bei der zum Beispiel die Wortwechsel zwischen Stan und Ollie mit ihrem Werkstattmeister oder mit dem Schurken Barnaby treffend herauskommen. Synchronregisseur Bodo Francke führte die Sprecher sicher durch die deutsche Fassung, an ihrer Spitze Bluhm und Pantel.

Kurz vor Weihnachten 1960 gab die *FSK* den «harmlosen Märchenfilm» frei. Zunächst bekam Pietrek eine höhere Rechnung, weil er vergessen hatte anzugeben, den Streifen nur in Kinder-

und Jugendvorstellungen zeigen zu wollen. Er holte das Versäumnis nach und zahlte weniger. Zur deutschen Erstaufführung am 13. Februar 1961 in den Münchner Kinos *Gabriel-Filmtheater* und *Roxy-Filmtheater* (Abb. 133) gab Pietrek dem Spielfilm Laurel und Hardys Kurzfilm HALS- UND BEINBRUCH an die Seite. Eine gute Wahl, denn der Kurzfilm ist dem Spielfilm überlegen. Er wurde daher nicht ohne Grund erst nach dem Spielfilm gezeigt. Ein Kinobesitzer berichtete, dass die richtigen Lachsalven erst beim Kurzfilm zu hören waren. Die *Hannoversche Presse* befand DICK UND DOOF – RACHE IST SÜSS als «grusikalisch» und deshalb als nicht so «urkomisch» wie den Kurzfilm, über den «schallend gelacht» wurde. «Klamauk-Klamotte» lautete der Kommentar der *Filmblätter*. Der *Film-Dienst* fand die Grusel-Szenen am Ende für Kinder schlichtweg «untragbar» und den Streifen insgesamt zu lang. Der *Evangelische Film-Beobachter* entdeckte in dem Film die «unverbildete Lust am Klamauk». Für einige Zeit blieben die Einnahmen der Kinobesitzer mit dem Spielfilm «gut» *(Film-Sonderdienst Ott)*.

Ende November 1960 hatte Pietrek vorausschauend von der New Yorker Firma *Crystal Pictures* für die Laufzeit von fünf Jahren die Auswertungsrechte von elf Laurel-und-Hardy-Kurzfilmen erworben, als er die Rechte für 2 X DICK UND 2 X DOOF – SPUK AUS DEM JENSEITS verlängern ließ: PERFECT DAY, THE HOOSE-GOW, NIGHT OWLS, BLOTTO, HOG WILD, ANOTHER FINE MESS, OUR WIFE, COME CLEAN, ONE GOOD TURN, ANY OLD PORT und CHICKENS COME HOME. Damals waren Laurel und Hardy in den USA ausgesprochen preiswert zu haben. Für das gesamte Paket inklusive internationaler Tonbänder, je zehn Aushang-Fotos pro Film und Transportspesen musste Pietrek nicht mehr als rund 1.600 Dollar zahlen. Allerdings war die Bildqualität der Filmkopien mangelhaft. Konkrete Pläne für die elf Kurzfilme hatte er noch nicht.

1961 berichteten deutsche Zeitungen verspätet von Laurels 70. Geburtstag, den er schon am 16. Juni 1960 begangen hatte. In Berichten wie «Doof wird 70. Hollywoods berühmtester Pensionär: Stan Laurel» ging es um Laurels Gesundheitszustand, der ihn zu strenger Diät zwang. Er wurde zitiert mit: «Ich bin ein Mensch, der am Ende angelangt ist.» Angeblich wurde er vom neuen Hollywood ignoriert (zum Beispiel: *Berliner Morgenpost*). Allerdings erhielt Laurel Mitte April 1961 für seine Lebensleistung als schöpferischer Pionier der Filmkomödie einen Oscar, den der Filmkomiker Danny Kaye für ihn entgegennahm, weil er sich noch nicht wieder von einem leichten Schlaganfall und Beeinträchtigungen seiner Sehkraft erholt hatte. Besondere Aufmerksamkeit erfuhren die Künstler Laurel und Hardy im englischsprachigen Raum durch die Biografie *Mr Laurel und Mr Hardy*. Gerüchte, Laurel lebe in Armut, entsprachen ebenfalls nicht den Tatsachen. Ihm und seiner Frau war genügend geblieben, um sorgenfrei zu leben. Er konnte es sich sogar leisten, Jerry Lewis' Angebot auszuschlagen, für eine Gage von 100.000 Dollar als Komödienberater an dessen Filmen mitzuarbeiten. Außerdem übertrug Laurel 1961 gemeinsam mit Hardys Witwe Lucille dem amerikanischen Comic-Zeichner und -Produzenten Larry Harmon das Recht, die Filmcharaktere Stan und Ollie in beliebiger Form zu verwerten. Allein in Deutschland kamen von 1964 bis 1975 über 200 nicht sonderlich originelle Comics der Serie «Dick und Doof» heraus (Abb. 134). Harmon verkaufte seine Comic-Helden

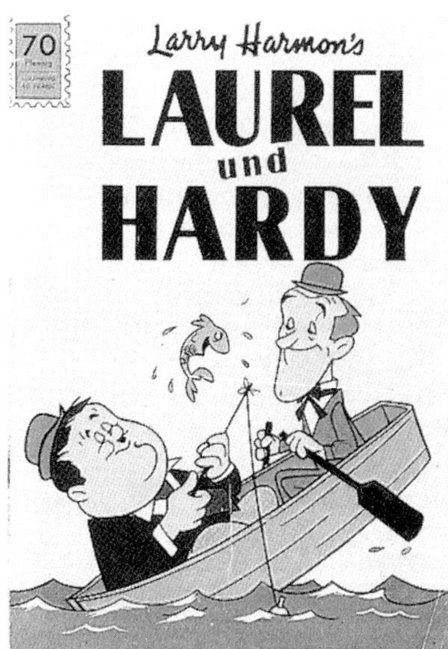

134 Heft 2 der deutschen «Dick und Doof»-Comics von Larry Harmon, hier noch «*Laurel und Hardy*»

außerdem an die Spielzeugindustrie und an das US-Zeichentrickfilm-Studio *Hanna-Barbera*, das 156 kurze Cartoons um Stan und Ollie produzierte. Den Comics und den Zeichentrickfilmen sind die dürftigen Zeichnungen gemein. Mit Stan und Ollie haben beide Vermarktungsformen nichts mehr zu tun. Die Cartoons mussten außerdem wie die meisten jener Zeit mit einer absolut mageren, kaum noch lebendigen Animation auskommen.

1961 montierte Robert Youngson seine dritte Kompilation DAYS OF THRILLS AND LAUGHTER. Diesmal mischte er aber Slapstick und Action der Stummfilmzeit. Neben Pearl White und Houdini agierten viele Filmkomiker, von denen Chaplin herausgehoben wurde. Laurel und Hardy sind mit drei Solofilmen vertreten: Hardy im Billy-West-Film THE HOBO (1917) und in SAY IT WITH BABIES (1926), Laurel in KILL OR CURE (1923).

Der deutsche *Centfox*-Verleih ließ die Kompilation unter dem Titel JUBEL, TRUBEL, SENSATIONEN bei der *Ultra* von Krüger deutsch synchronisieren. Diese Fassung fällt gegenüber ALS LACHEN TRUMPF WAR ab durch unpassende, auf Klamauk zugeschnittene Ausdrücke. Auch der stereotype Satz «Ach, sehen Sie sich das eben mal an» ist wieder dabei. Die Sprecher der deutschen Kommentare bleiben fade. Lichtblicke sind die kurze Szenen aus Laurel und Hardys Solofilmen, in denen sie freilich Dick und Doof genannt werden. Für Laurel und Hardy sind kurz Bluhm und Paulsen zu hören.

Mitte April 1961 gab die *FSK* JUBEL, TRUBEL, SENSATIONEN als «Film ohne Problematik» auch für kleine Kinder frei. Einige Mitglieder des Arbeitsausschusses hatten wegen des folgenden Krüger-Kommentars dagegen gestimmt: «Gehen kann er nicht, aber fremd gehen kann er. Dann hat es die Dame mal mit einer anderen Gewichtsklasse zu tun.» Die Presse-Informationen für den Film knüpften an die Werbung für die vorausgegangenen Kompilationen an. Der Beitrag «Clowns auf der Landstraße des Lebens» ist Laurel und Hardy gewidmet, womit wohl das Fehlen von Ausschnitten aus ihren Teamfilmen verdeckt werden sollte. Bekannte Fehl-Informationen wurden wiederholt. Neu erfunden war, dass Laurel und Hardy sich in ihren Streifen so lange gestritten hatten, dass sie sich zum Ende ihrer Filmkarriere auch im Leben trennten.

JUBEL, TRUBEL, SENSATIONEN wurde am 5. Mai 1961 in etlichen deutschen Städten gleichzeitig gestartet (Abb. 135), darunter in den Hamburger *Kammer-Lichtspielen*. Die *Filmblätter* lobten die «zeitbezogene Kommentierung». Der Einfachheit halber hatte der Berliner *Kurier* einen Pressetext des Werberatschlages unverändert übernommen. Anderswo wurde der Streifen begeistert beschrieben. Beim *Film-Dienst* kam Youngsons dritter Film nicht mehr so gut an, da «Thema und Machart jetzt nicht mehr neuartig» waren, und der «Wechsel zwischen filmkundlich gemeinten Einführungen und patzig-saloppen Begleitbemerkungen» stillos sei. An Laurel und Hardys Solofilmen lobte er die «geradezu subtil dosierten Mittel», im Übrigen den Einfallsreichtum der vielen anderen Grotesken. Der *Evangelische Film-Beobachter* hätte am liebsten manchen Film vollständig gesehen, weshalb er sich von «der Häufung der Aufregung ermüdet» fühlte. Die Zuschauer verhalfen auch JUBEL, TRUBEL, SENSATIONEN zu ansehnlichen Kassenerfolgen. Noch im Oktober 1962 konnte der *Centfox*-Verleih mit dem Telegramm eines Frankfurter Kinos werben: «Sensationeller Erfolg Stop Gehen freiwillig in die zweite Woche». Bis November des Jahres waren die Kinobesitzer «zufrieden» oder nannten die Einnahmen sogar «sehr gut» *(Film-Echo/Filmwoche, Film-Sonderdienst Ott).*

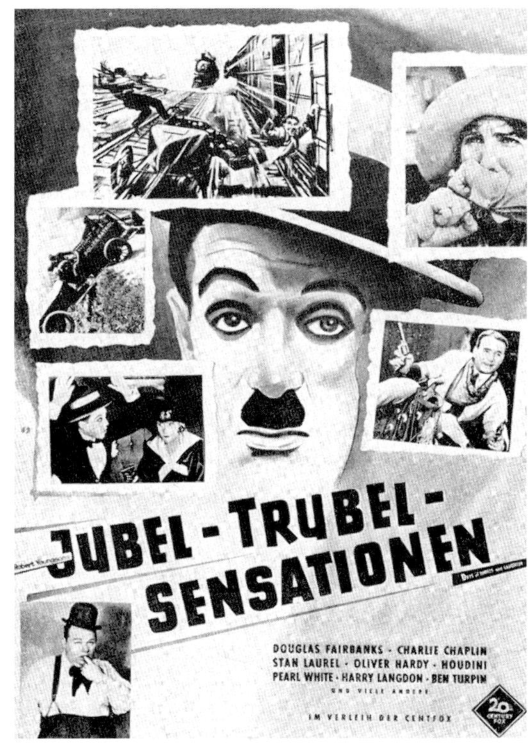

135 Plakat für JUBEL, TRUBEL, SENSATIONEN (DAYS OF THRILLS AND LAUGHTER), 1961

6. Dr. Kirch legt einen Grundstein

Mitte Dezember 1959 gründete der künftige Medienmogul Dr. Leo Kirch (Abb. 136) gemeinsam mit seinem Studienfreund Hans Andresen und mit dem Inhaber der *Constantin Filmverleih GmbH (Constantin)* Dr. Waldfried Barthel in München zunächst die Firma *Beta Film GmbH.* Daraufhin wurde im Januar 1960 die *Beta Film GmbH & Co. Vertriebsgesellschaft (Beta Film)* ins Leben gerufen. Gegenstand dieser Firmen waren der «An- und Verkauf von Filmen und Filmrechten sowie deren Auswertung und alle

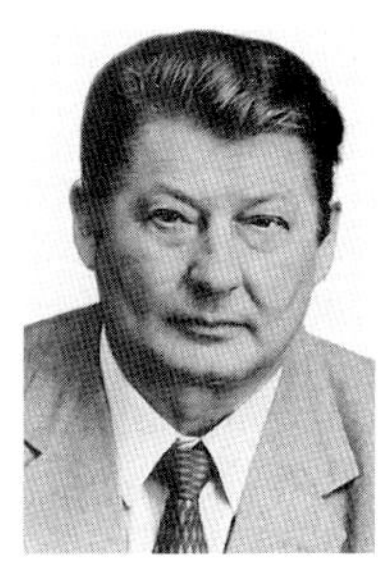

136 Dr. Leo Kirch (1970er-Jahre)

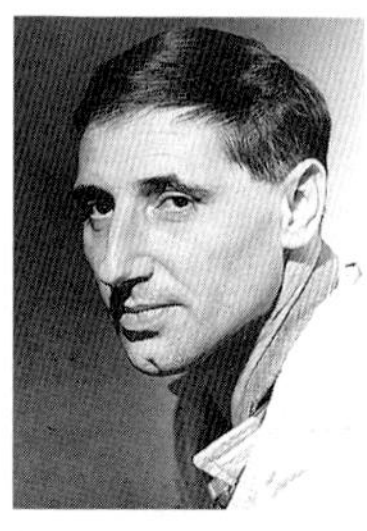

137 Manfred R. Köhler (1960er-Jahre)

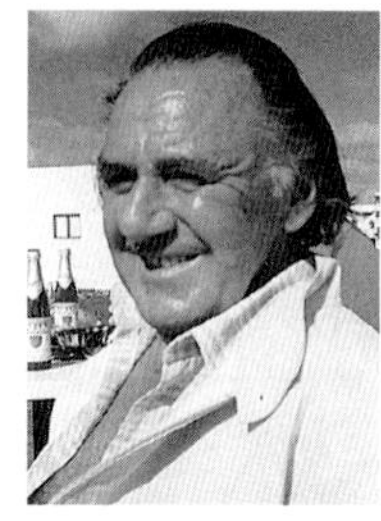

138 Wolfgang Schick (1970er-Jahre)

in der Filmbranche und auf dem Gebiete des Fernsehens vorkommenden Geschäfte». Für Laurel und Hardys Filme mündete dies ab Beginn der 1990er-Jahre in die systematische Vermarktung der meisten ihrer Roach-Filme auf der östlichen Hälfte des Erdballs.

Kirch und Andresen waren nach dem Ankauf der deutschen Auswertungsrechte für Federico Fellinis Klassiker LA STRADA (1954) mit *Constantin*-Chef Barthel ins Geschäft gekommen, der entgegen den Erwartungen ein einmaliger Geschäftserfolg mit sensationellen Kassen wurde. Etwa Ende 1956 erwarb Andresen für die mittlerweile nach München übergesiedelte und von ihm und Kirch betriebene *Sirius-Film* in den USA sehr günstig die umfassenden Rechte für ein Paket amerikanischer Grotesk-Filme. Dazu gehörten 36 Laurel-und-Hardy-Tonkurzfilme. Nach Kirchs und Andresens Vorstellung ließen sie sich in nicht allzu ferner Zeit auch im deutschen Fernsehen vermarkten.

Als Konsequenz von Kirchs Zusammenarbeit mit *Constantin* wurde die *Beta Technik Gesellschaft für Filmbearbeitung m.b.H. (Beta Technik)* gegründet, um Käufern von Filmen quasi aus einer Hand auch deutsche Fassungen fremdsprachiger Filme marktfähig mitzuliefern. Produktionsleiter der *Beta Technik* wurde im Oktober 1960 der ehemalige *IFU*-Produktionsleiter Manfred Köhler (Abb. 137), der seit 1957 die Synchron-Abteilung der *Constantin* leitete. Mit einem Team erfahrener *IFU*-Leute, unter ihnen Filmmusik-Komponist Schumann, bezog man im ersten Quartal 1961 eigene Räume der *Beta Technik* in München und synchronisierte die 36 kurzen Laurel-und-Hardy-Filme.

Die Streifen erhielten einen einheitlichen deutschen Vorspann. Dialogautor war Wolfgang Schick (Abb. 138). Köhler übernahm die Synchronregie. Da die internationalen Tonbänder fehlten, musste Schumann die Filme musikalisch neu bearbeiten. Das Team zeichnete für die folgenden in der Reihenfolge der US-Veröffentlichung aufgelisteten deutschen Fassungen verantwortlich:

- DICK UND DOOF ALS MATROSEN (MEN O' WAR)
- DICK UND DOOF MACHEN EINE LANDPARTIE (PERFECT DAY)
- DICK UND DOOF HINTER SCHWEDISCHEN GARDINEN (THE HOOSE-GOW)
- DICK UND DOOF ALS EINBRECHER (NIGHT OWLS)
- DICK UND DOOF ALS NACHTSCHWÄRMER (BLOTTO)
- DICK UND DOOF UND IHRE SÖHNE (BRATS)
- DICK UND DOOF ALS MUSIKANTEN (BELOW ZERO)
- DICK UND DOOF BAUEN EINE ANTENNE (HOG WILD)
- DICK UND DOOF – OHNE FURCHT UND TADEL (THE LAUREL AND HARDY MURDER CASE)
- DICK UND DOOF ALS WOHNUNGSAGENTEN (ANOTHER FINE MESS)
- DICK UND DOOF UND DIE HERRENPARTIE (BE BIG)
- DICK UND DOOF – AUF DEN HUND GEKOMMEN (LAUGHING GRAVY)

- DICK UND DOOF AUF DEM STANDESAMT (OUR WIFE)
- DICK UND DOOF ALS LEBENSRETTER (COME CLEAN)
- DICK UND DOOF ALS RETTER IN DER NOT (ONE GOOD TURN)
- DICK UND DOOF IN DER WÜSTE (BEAU HUNKS)
- DICK UND DOOF ALS FUSSBODENINGENIEURE (HELPMATES)
- DICK UND DOOF GEHEN VOR ANKER (ANY OLD PORT)
- DICK UND DOOF UND DIE DRAHTKOMMODE (THE MUSIC BOX)
- DICK UND DOOF IN DER MANEGE (THE CHIMP)
- DICK UND DOOF IM KRANKENHAUS (COUNTY HOSPITAL)
- DICK UND DOOF ALS LANDSTREICHER («SCRAM!»)
- DICK UND DOOF ADOPTIEREN EIN KIND (THEIR FIRST MISTAKE)
- DICK UND DOOF KAUFEN EIN SCHIFF (TOWED IN A HOLE)
- DICK UND DOOF ALS EHEMÄNNER (TWICE TWO)
- DICK UND DOOF ALS MITGIFTJÄGER (ME AND MY PAL)
- DICK UND DOOF ALS POLIZISTEN (THE MIDNIGHT PATROL)
- DICK UND DOOF IM SÄGEWERK (BUSY BODIES)
- DICK UND DOOF ALS SCHORNSTEINFEGER (DIRTY WORK)
- DICK UND DOOF ALS EHEKANDIDATEN (OLIVER THE EIGHTH)
- DICK UND DOOF AUF KRUMMEN WEGEN (GOING BYE-BYE!)
- DICK UND DOOF MACHEN EINE KUR (THEM THAR HILLS)
- DICK UND DOOF AUF DEM GEISTERSCHIFF (THE LIVE GHOST)
- DICK UND DOOF BAUEN EIN GESCHÄFT AUF (TIT FOR TAT)
- DICK UND DOOF ALS SCHEIDUNGSGRUND (THE FIXER UPPERS)
- DICK UND DOOF ALS FINANZGENIES (THICKER THAN WATER)

Nicht dazu gehörten also BERTH MARKS, THEY GO BOOM und UNACCUSTOMED AS WE ARE, deren Tonspuren damals unbekannt waren, sowie CHICKENS COME HOME. Erst Jahre später konnte die *Beta Film* die Rechte an den vier Filmen erwerben. Dann wurde für CHICKENS COME HOME die *IFU*-Fassung DICK UND DOOF, DIE MUSTERGATTEN von 1953 verwendet. Sechs der aufgeführten 36 Kurzfilme waren in Deutschland noch nicht gelaufen: PERFECT DAY, THE HOOSE-GOW, NIGHT OWLS, BLOTTO, HOG WILD und COME CLEAN, allesamt im Zeitraum 1929 bis 1931 gedreht und sehr gelungen.

In PERFECT DAY läuft nichts perfekt. Stan und Ollie wollen mit ihren Frauen und dem gichtkranken Onkel ins Grüne fahren, kommen aber aus den verschiedensten Gründen einfach nicht los. Als man sich nach vielen «Auf Wiedersehen» von der Nachbarschaft verabschiedet hat, endet die Fahrt gleich nach der ersten Kurve in einem tiefen Schlammloch.

Stan und Ollie kommen in THE HOOSE-GOW ins Gefängnis und werden einer Straßenbaukolonne zugeteilt. Während des Besuches des Gouverneurs kommt es zur einer Reisbrei-Schlacht, bei der alle bekleckert werden. Stan und Ollies anschließender Fluchtversuch scheitert kläglich.

Ein erfolgloser Streifenpolizist zwingt Stan und Ollie in NIGHT OWLS, beim Polizeichef einzubrechen, damit er sie festnehmen kann, um bei seinem Vorgesetzten gut dazustehen. Jedoch wird der Anstifter mit der Beute in der Hand erwischt. Stan und Ollie entkommen unerkannt.

Stan und Ollie wollen in BLOTTO an Stans Frau vorbei ein neu eröffnetes Varieté besuchen und nehmen von zu Hause eine Flasche Schnaps mit, deren Inhalt die Gattin gegen gpfefferte Seifenlauge ausgetauscht hat. Im Varieté spürt sie die Freunde auf und feuert ihre Jagdflinte auf sie ab.

In HOG WILD versuchen Stan und Ollie, eine Radio-Antenne auf dem Dach von Ollies Haus zu montieren. Nachdem Ollie mehrfach vom Dach gefallen ist, stellt er die Leiter für einen neuen Aufstieg auf Stans Auto, das aber versehentlich startet und wie wild mit Ollie auf der Leiter durch die Gegend fährt.

Ollie und Frau werden in COME CLEAN unerwartet von den Laurels besucht. Als Stan und Ollie Eis für alle besorgen, retten sie eine Selbstmörderin, die ihnen befiehlt, sie mit zu sich nach Hause zu nehmen. Die Freunde versuchen, sie vor den Frauen zu verstecken, bis die Polizei kommt und die verhinderte Selbstmörderin als gesuchte Straftäterin festnimmt.

Schicks meist eng am Original gebliebene deutsche Texte zeugen von hoher Sprachkultur. Sie haben Charme, Wortwitz und Understatement und bringen Zuschauern Laurel und Hardy wirklich nahe. Wie schön, dass Stan in DICK UND DOOF ALS FUSSBODENINGENIEURE von einer Tantalus-Spritze anstatt von einer Tetanus-Spritze spricht. Hinreißend ist auch Ollies Nonsens-Gedicht in DICK UND DOOF ALS SCHEIDUNGSGRUND: «Frohes Fest mein Mütterchen, / Frohes Fest, Mama. / Kann ich Weihnachten nicht kommen, / Bin ich sicher Ostern da.»

Es gibt nur sehr wenig zu kritisieren. Stan begehrt in HELPMATES auf: «What do you think I am: Cinderella?» Schick hat daraus in DICK UND DOOF ALS FUSSBODENINGENIEURE ein etwas mageres «Du glaubst wohl, ich bin Dein Diener» gemacht. Gravierender ist, den Schluss der Szene in diesem Film, in der Stan die mit Benzin übergossene Kamin-Attrappe anzündet, mit Geräuschen einer Detonation zu unterlegen. Im Original hört man nichts und sieht nur die Folgen. Dieser verzögerte Witz geht also verloren. In DICK UND DOOF BAUEN EIN GESCHÄFT AUF raunt Stan Ollie zu, die Eheleute Hall schon einmal im Schwimmbad getroffen zu haben, wo Ollie mit der Frau geflirtet habe. In TIT FOR TAT heißt es schlicht: «Erinnerst Du Dich an den Zwischenfall in unserem Camping-Anhänger?» Der Gag, mit dessen Hilfe Ollie in THE LAUREL AND HARDY MURDER CASE nachweisen will, dass Stan mit dem verstorbenen Onkel verwandt ist, bleibt in DICK UND DOOF – OHNE FURCHT UND TADEL unvollständig. Außerdem heißt es im Zusammenhang mit dem Porträt von General Grant völlig anders als im Original, seltsam und gagfrei: «Ja, natürlich ist das General Grant. Es ist verrückt, aber auf Kisuahelisch würde man es so apostrophieren. Passen Sie auf: Gel pepe dei gaka. Wow, wow, wow / Wow, wow, wow / Schieß bumm, row.» Schließlich ist Ollies Liebeslied zu Beginn von DICK UND DOOF IN DER WÜSTE kürzer als im Original. Der Grund dafür hat sich nicht klären lassen.

Besonders hervorzuheben ist die vorzügliche Besetzung der deutschen Synchronrollen. Das deutsche Traumpaar Bluhm und Paulsen kam endlich bei fast allen kurzen Tonfilmen von Laurel und Hardy zusammen. Ihre Interpretation erfasst die Eigenheiten des Duos und spiegelt die Seele des Originals wider. Dass Köhler sie als Kinder in DICK UND DOOF UND IHRE SÖHNE zu hoch und krähend sprechen ließ, mindert die ansonsten absolut ausgezeichnete Gesamtleistung nicht. Erst viele Jahre später erkannte man den Wert der *Beta-Technik*-Fassungen. 1987 resümierte das *Lexikon des internationalen Films*: «Diese Fassungen sind hervorragend besetzt.» Und

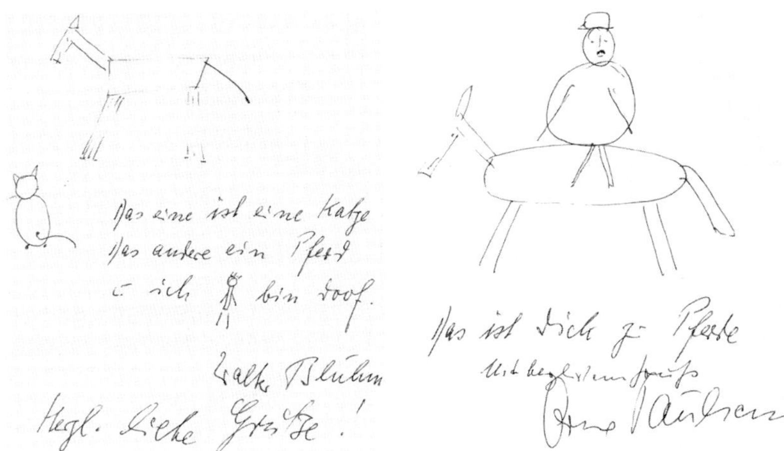

139–140 Gästebucheinträge bei Familie Köhler, Frühjahr 1961: Walter Bluhm (links) und Arno Paulsen

das gilt für sämtliche anderen Rollen, bis zur kleinsten Nebenrolle. Aus der Reihe der hervorragenden Synchronsprecher sollen nur die wichtigsten genannt werden. Mady Rahl und Rosemarie Fendel brillieren als Stan und Ollies weibliche Widersacherinnen. Mit Klaus Werner Krause war *der* Sprecher von James Finlayson gefunden. Eric Jelde als Stimme des Raubeines Walter Long ist unnachahmlich. Man weiß sofort: Hier kommt ein Schurke, der genauso spricht, wie er aussieht. Werner Lieven spricht Autoritäten, wie sie von Billy Gilbert und Rychard Cramer verkörpert werden. Dr. Anton Reimer zum Beispiel als gruseliger Butler und als verrückter Professor zu hören, ist ein Genuss. Umwerfend komisch ist Kurt Zips mit seinen höheren Tonlagen zum Beispiel als Roachs Studio-Alkoholiker vom Dienst Arthur Housman. Erich Eberts Stimme mit dem gewissen Hang zum raschen Wutausbruch ist ideal für Charlie Halls Leinwandcharakter.

Schumanns Musikbearbeitung der Kurzfilme korrespondiert mit der gediegenen sprachlichen Bearbeitung und unterscheidet sich grundlegend von seinen früheren Laurel-und-Hardy-Musiken. Für einige Filme komponierte er auf die Filmhandlungen zugeschnittene Musiken. Gemeinsam mit dem Pianisten Ernst-August Quelle spielte er zum Beispiel wirkungsvolle musikalische Sequenzen für DICK UND DOOF UND DIE DRAHTKOMMODE ein, die dem vertrackten Klavier geradezu Leben einhauchen. Die meisten Filme wurden aber aus Kostengründen mit standardisierten Musiken unterlegt, wobei man sich auf den Anfang und die Höhepunkte beschränkte. Dialoge und optische Gags treten dadurch stärker in den Vordergrund. Schumanns Versatzstücke sind wesentliche Elemente der deutschen Bearbeitungen. Geheimnisvolle Themen gespielt auf Hammondorgel, Querflöte, E-Gitarre und Bass wechseln sich mit hämisch meckernden Saxophonen ab. In die erfrischende Atmosphäre einbezogen ist das musikalische Laurel-und-Hardy-Thema, gespielt auf einem Xylophon. Schumanns Musiksequenzen wurden in das Musikarchiv der *Beta Technik* übernommen und auch für andere Grotesk-Filme verwendet.

Im April 1961 stieß zur *Beta Technik* ein Mitarbeiter, der Jahrzehnte eine tragende Rolle bei der TV-Bearbeitung von Laurel-und-Hardy-Filmen und anderen US-Grotesken haben sollte: Heinz Caloué, mit bürgerlichem Namen Heinrich Landwehr. Zu dem Zeitpunkt waren die Sprachaufnahmen für die Laurel-und-Hardy-Kurzfilme beendet und auch Schumanns neu komponierte Musiken eingespielt. Die Geräusche mussten noch aufgenommen und mit Schumanns Musiken in den Filmen platziert werden. Diese Abschlussarbeiten wurden Caloué übertragen und dauerten bis Anfang Mai 1961. Dann waren die liebe- und respektvollen Fassungen der *Beta Technik* fertiggestellt, die die Reihe anderer vorzüglicher deutscher Laurel-und-Hardy-Bearbeitungen fortsetzten.

Der erste Sendetermin einer TV-Serie mit Grotesken, in der auch die *Beta-Technik*-Fassungen einen Platz finden sollten, stand kurz bevor.

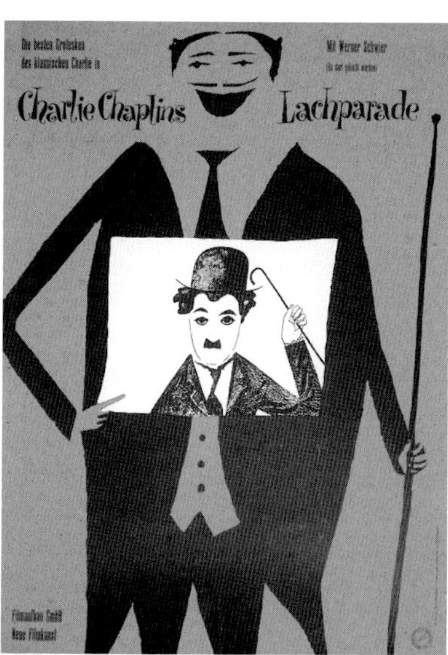

141 Plakat für CHARLIE CHAPLINS LACHPARADE, 1957

7. ES DARF GELACHT WERDEN oder die Geburt der deutschen Grotesk-Film-Serien

Das bundesdeutsche Fernsehen bestand nach wie vor in einem einzigen Programm, und das hatte anders als in den USA noch keine Serie mit Grotesken ausgestrahlt. Mit der Serie ES DARF GELACHT WERDEN des Journalisten und Filmfachmannes Werner Schwier änderte sich das ab Mai 1961. Als Wanderschausteller Werner präsentierte er erstmals in der bundesdeutschen TV-Geschichte einem Kinopublikum zu Klavier- und Geigenmusik wie in frühen Stummfilm-Tagen lustige Filme, die er in einem schwadronierenden Ton als Erzähler kommentierte. Sein Ausspruch «Ich gebe jetzt das Zeichen, vorausgesetzt, dass es der Operateur sieht», mit dem er dem Filmvorführer das Kommando «Film ab» übermittelte, wurde zum Markenzeichen.

Schwier gehörte als filmbegeisterter junger Mann in Göttingen zu den Gründern der Filmzeitschrift *Cineast* und des *Göttinger Filmclubs*, aus dem 1953 der Filmverleih *Neue Filmkunst Walter Kirchner* hervorging. Dessen künstlerischer Leiter war Schwier bis 1956. Auf einem Faschingsfest des Filmclubs führten Schwier und der Pianist Konrad Elfers als Wanderschausteller Werner beziehungsweise Kapellmeister Konrad stumme Grotesken aus dem Fundus eines privaten Filmsammlers vor. Der erste Anlauf war kein Erfolg, weil Schwier seine Kommentare nach einem festen Manuskript gesprochen hatte. Daraufhin improvisierte er, und die Zuschauer tobten. Ab 1955 gingen Schwier und Elfers mit ihrem Programm KINTOPP ANNO DAZUMAL aus dramatischen und komischen Stummfilmen auf Tournee. Die *Filmwoche* schrieb: «Wenn der Sprecher nicht heiser geworden wäre, würde der Film wohl heute noch laufen.» Aufgrund dieser Resonanz drehten Schwier und Elfers für die *Filmaufbau GmbH Göttingen* 1957 CHARLIE CHAPLINS LACHPARADE. Über die Münchener Premiere des Programms im August 1957 hieß es: «Es brachte vorzeitig geradezu Oktoberfest-Stimmung in das Theater. Das Lachen nahm kein Ende» *(Film-Echo)*. CHARLIE CHAPLINS LACHPARADE ist praktisch die Blaupause der TV-Serie ES DARF GELACHT WERDEN, an der für das Fernsehen nur äußerlich ein wenig geändert wurde (Abb. 141).

Kirch war dieser Erfolg zu Ohren gekommen. Das Konzept schien ihm auch der richtige Rahmen für eine TV-Serie mit US-Grotesken zu sein, sodass er Schwier über seine Firmen engagierte. Im Auftrag der *Beta Film* reiste Schwier nach Hollywood, um in Archiven nach stummen Grotesken zu suchen, die Chefeinkäufer Andresen erwerben sollte. Durch Lizenzgeschäfte mit der ARD hatte Kirch den Fernsehdirektor des Hessischen Rundfunks (HR) Werner Hess kennen gelernt. Nachdem Kirch ihm von seinem Fundus an Grotesk-Filmen berichtet hatte, beschloss Hess im Frühjahr 1961, «etwas mit Stummfilmen» zu produzieren. Unklar war, ob Schumann im Studio Klavier spielte und Köhler sich an der Serie beteiligte. Beides verhinderte Schwier. Schumann komponierte daraufhin für die Serie nur zwei Fassungen der Einleitungsmusik. Die zweite Fassung wurde die Titelmusik. Elfers aber blieb der Mann am Piano Forte und erhielt Verstärkung durch den Stehgeiger Géza Janós (Abb. 142). Caloué stellte für die Serie nicht nur die Filme zusammen, sondern bearbeitete sie auch und entwarf für Stummfilme deutsche Zwischentitel. Als «Leiter des Unternehmens» war Produktionsleiter

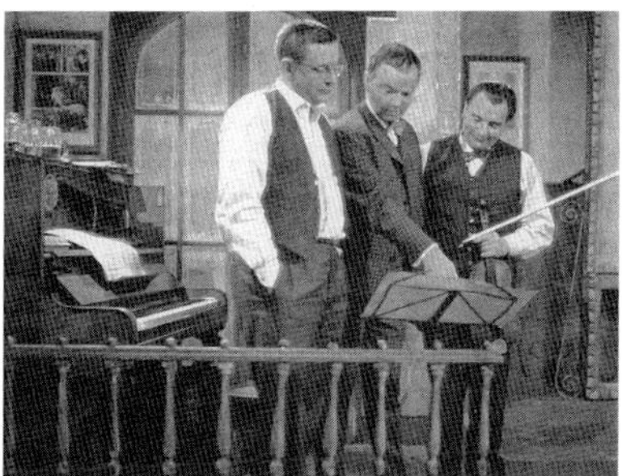

142 V.l.n.r.: Konrad Elfers, Werner Schwier und Géza Janós im Studio für ES DRAF GELACHT WERDEN, 1962

Albert M. Hecker verantwortlich, und Regisseur Klaus Steller «garantierte einen absolut flimmerfreien Ablauf».

Seit Anfang Mai 1961 sendete die ARD neben ihrem ersten Programm als Übergangslösung für ein reguläres zweites deutsches Fernsehprogramm ein eigenes provisorisches «zweites Programm des ersten Programms». Es wurde zunächst nur regional durch den HR ausgestrahlt. Dort wurde ES DARF GELACHT WERDEN am 14. Mai 1961 aus der Taufe gehoben.

Zum Start erschien in der Rundfunk- und Fernsehzeitschrift *HörZu* ein Artikel, in dem es zum Schluss heißt: «Das waren Zeiten, als man sich noch hin und wieder getraute, aus voller Kehle zu lachen! Lachen ist anno 1961 verpönt, ja verboten! Hier nun – Damen und Herren, kommen Sie 'ran – haben Sie endlich einmal wieder Gelegenheit, wie in guten alten Zeiten Ihre Lachmuskeln zu strapazieren. Die großen Clowns der Kintopp-Epoche werden für Sie noch einmal über den Fernsehschirm stolpern.»

Die *HörZu* hatte nicht zu viel versprochen. Bis zur Einstellung von ES DARF GELACHT WERDEN am 8. September 1965 brachte es die Serie in zwei Staffeln auf für die damalige Zeit beachtliche 54 Folgen mit einer Sende-

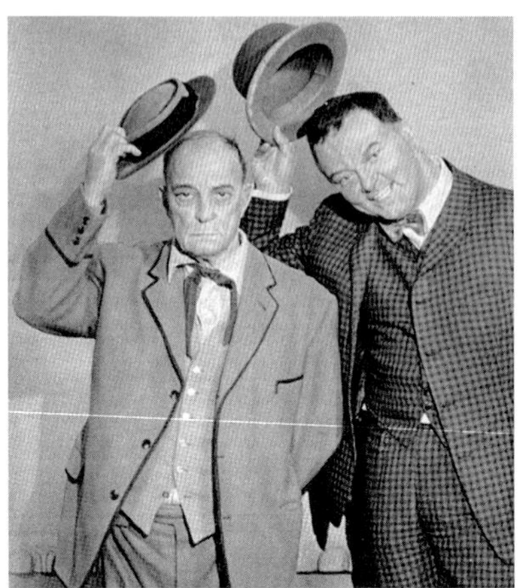

143 Buster Keaton (links) und Werner Schwier am 19.7.1962 in ES DARF GELACHT WERDEN

dauer zwischen 30 und 45 Minuten pro Folge. ES DARF GELACHT WERDEN legte den Grundstein für die zunehmende Auswertung von Grotesken im bundesdeutschen Fernsehen, die in den 1970er-Jahren ihren vorläufigen Höhepunkt haben sollte und in deren Mittelpunkt Laurel und Hardy standen.

In der neuen TV-Serie sollten Filme verschiedener Komiker gezeigt werden. In der ersten Staffel wurden sieben kurze Tonfilme aus dem Laurel-und-Hardy-Paket der *Beta Technik* ausgestrahlt, drei stumme Zweiakter des Duos und außerdem zehn Solofilme der beiden Komiker. Mit den letzteren belebte Schwier diese Facette von Laurel und Hardys Karriere in Deutschland nach über 30 Jahren Abstinenz neu, sieht man von den sehr kurzen Ausschnitten in JUBEL, TRUBEL, SENSATIONEN ab. DICK UND DOOF ALS SCHORNSTEINFEGER und DICK UND DOOF IM SÄGEWERK eröffneten die Serie. Am 11. Juni 1961 ging das zweite Programm der ARD bundesweit auf Sendung, und an diesem Tag lief DICK UND DOOF BAUEN EINE ANTENNE in ES DARF GELACHT WERDEN. In der Folge vom 6. August 1961 wurden DICK UND DOOF ALS POLIZISTEN gekürzt und DICK UND DOOF ALS EHEMÄNNER in voller Länge gesendet. Am 20. August 1961 bestritten unter anderem der auf acht Minuten reduzierte Zweiakter DICK UND DOOF KAUFEN EIN SCHIFF und der vollständige Film DICK UND DOOF UND IHRE SÖHNE das Programm. Beide Fassungen waren später nie öffentlich im Fernsehen oder im Kino zu sehen.

Danach kehrten Schwier und Elfers zu ihrem ursprünglichen Konzept zurück: Künftig wurden ausschließlich Stummfilme präsentiert. Hatten die Folgen mit den Laurel-und-Hardy-Tonfilmen durchaus beachtliche Einschaltquoten erzielt, erreichten Schwier und Elfers nun Höhen bis zu 82 %. Das bedeutete, dass etwa 15 bis 20 Millionen Fernsehzuschauer pro Folge vor ihren Geräten saßen.

Die *Beta Film* verfügte mittlerweile über ein enormes Filmlager in Hamburg, unter anderem mit vielen US-Grotesken verschiedener Produktionen. Nur selten trugen die Grotesken noch die Originaltitel. Für die Wiederaufführungen hatten sie in den USA meist willkürliche neue Titel erhalten. Bis zum Ende der ersten Staffel von ES DARF GELACHT WERDEN am 19. Juni 1962 wurden aus dem Grotesken-Fundus noch drei weitere Filme von Laurel und Hardy ins Programm aufgenommen: am 1. Mai 1962 DAS SÜSSE GEHEIMNIS (LOVE 'EM AND WEEP), am 15. Mai 1962 NUR NICHT DRÄNGELN (LIBERTY) und am 19. Juni 1962 MATROSEN AHOI (SAILORS, BEWARE!). Zum Abschluss der Staffel hatte Schwier Buster Keaton live ins TV-Studio geholt, wo der Pionier der Stummfilm-Groteske einige Fragen beantwortete (Abb. 143).

Die beiden in Deutschland bis dahin nicht gezeigten Streifen LOVE 'EM AND

WEEP und SAILORS, BEWARE! von 1927 sind noch keine Teamfilme von Laurel und Hardy. Der Star von LOVE 'EM AND WEEP, der die Vorlage von CHICKENS COME HOME ist, ist Mae Bush als Erpresserin. Hardy hat als Richter Chigger nur eine kleine Rolle. Laurel hingegen spielt neben Busch in einer weiteren Hauptrolle den Assistenten Romaine Ricketts.

Laurel wird in seinem Solofilm SAILORS, BEWARE! als Taxifahrer Chester Chaste versehentlich an Bord eines Luxusliners mit versnobten Passagieren verfrachtet und muss als Steward unter anderem dem Schiffsoffizier Cryder (Hardy) zur Hand gehen. Die Geschichte dreht sich um ein Betrüger-Paar, das die die reichen Gäste ausnehmen will.

Die drei stummen Zweiakter mit Laurel und Hardy gehörten zu einem Paket, das Andresen für die *Beta Film* in den USA vom Komponisten Jack Saunders erworben hatte. Der hatte stumme Mack-Sennett- und Roach-Grotesken als Programmfüller für das Kinderfernsehen zur Serie COMEDY CAPERS umgearbeitet. Dafür hatte er sämtliche Zwischentitel entfernt, die Filme mit standardisierter durchgehender Musik und Geräuscheffekten versehen und sie sämtlich umgetitelt. Jeder Film lief danach etwa zwölf Minuten. Für die deutsche Ausstrahlung wurde aus den Folgen der COMEDY CAPERS nur das reine Filmmaterial benötigt, da Musik live im Studio gespielt wurde. Andresen hatte außerdem THE MISCHIEF MAKERS angekauft, für die Saunders nach demselben Prinzip vorwiegend stumme Grotesken der Roach-Serie Our Gang bearbeitet hatte. Aus den MISCHIEF MAKERS kam nur THUNDERING FLEAS mit Hardy in ES DARF GELACHT WERDEN zum Einsatz.

Laurel war mit acht Solostreifen vertreten, in HARTE MÄNNER, RAUE SITTEN (THE SOILERS), IM KNAST (DETAINED), AUSGESETZT IM CHINESENVIERTEL (MANDARIN MIX-UP), DER SPÜRHUND (THE SLEUTH), STAN LAUREL AUF FREIERSFÜSSEN (A MAN ABOUT TOWN), PROMPTE BEDIENUNG (SHORT ORDERS), KRAGEN UND MANSCHETTEN (COLLARS AND CUFFS) und MITTAGS UM ZWÖLF (THE NOON WHISTLE). Die beiden Hardy-Solofilme waren DIE SCHLAUEN FLÖHE (THUNDERING FLEAS) und VERRÜCKT NACH FILMRUHM (CRAZY TO ACT).

8. Vorstellungen für Kinder und Erwachsene und ein Wunder

Pietrek hatte unterdessen den Filmjournalisten Karl Ludwig Kraatz für seine Pressearbeit angeheuert, der 1937 für das *Presse- und Propaganda-Heft* des deutschen *MGM*-Verleihs zu RITTER OHNE FURCHT UND TADEL einige Ungereimtheiten über Laurel und Hardy beigesteuert hatte. Nun fabulierte er für Pietrek allerlei Unsinn über die beiden Komiker: Angeblich wohnten Laurel und Hardy in zwei Bungalows, die sich «wie ein Ei dem anderen» glichen. In seiner Jugend war Hardy wieder einmal der Juristerei nachgegangen und hatte vor seinem Film-Debüt auf Rummelplätzen gearbeitet. Ihre 200 Filme hatten Laurel und Hardy erst ab 1932 gedreht, als sie sich zum ersten Mal trafen, und danach war in den folgenden 25 Jahren kein Monat vergangen sein, in dem sie nicht gemeinsam vor der Kamera standen. Diese haarsträubenden «Fakten» hatte Kraatz zum Teil bei anderen zusammengeklaubt und dann selbst kräftig dazu gedichtet. Außerdem schrieb er mehrere längere Artikel zum Neustart von DICK UND DOOF IN DER FREMDENLEGION, die auch nicht frei von

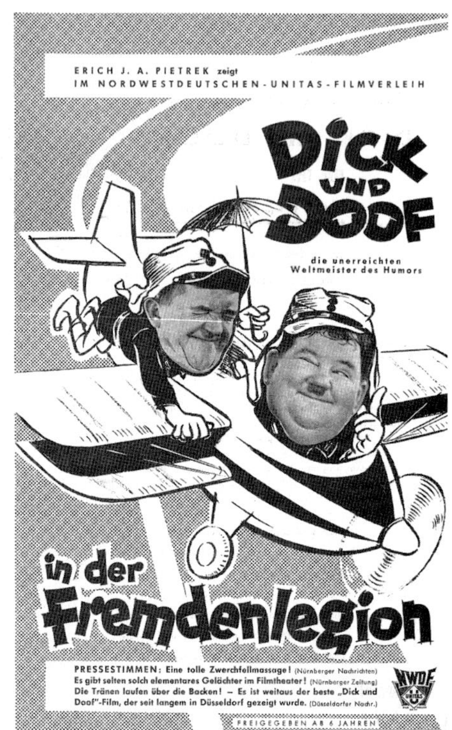

144 Pietreks Werberatschlag für DICK UND DOOF IN DER FREMDENLEGION (THE FLYING DEUCES), 1961

Schnitzern waren: «Dick und Doof sind wieder da!» und «Die gute, alte Kiste des Humors. Nachdenkliches über verblassten Ruhm, zerstörte Hoffnungen und unverwüstliches ‹Immergrün›».

Nachdem die *FSK* im Herbst 1961 DICK UND DOOF IN DER FREMDENLEGION für *NWDF-Unitas* freigegeben hatte, ließ Pietrek zur Wiederaufführung Bonné je zwei neue Werberatschläge und Plakate herstellen (Abb. 144). «Tosende Heiterkeit und Rekordkassen mit den tollen Abenteuern der Könige des Humors Stan Laurel und Oliver Hardy», wurde der Film in den höchsten Tönen gelobt *(Deutsche Saar, Wilhelmshavener Zeitung, Fürther Nachrichten)*, den das *Stuttgarter Wochenblatt* «zu den Meisterwerken des einzigartigen Komiker-Duos» zählte. Im November 1961 gratulierte das Berliner *TAKI-Tageskino am Tauentzien* zu dem «großartigen Geschäft». Im April und Mai 1962 zeigten zwei Münchner Kinos den Film sogar täglich jeweils in zwei Vorstellungen für Erwachsene. Ende August 1968 zog er im Stuttgarter Kino *Delphi* rund 1.750 Besucher an. Pietrek notierte: «Also wie immer! Dick und Doof – ein Geschäft!» Auch die Wiederaufführungen von DICK UND DOOF: HINTER SCHLOSS UND RIEGEL und DICK UND DOOF ALS REKRUTEN wurden besonders freundlich aufgenommen *(Lüneburger Landeszeitung, Holsteinischer Courier)*, und im November 1961 berichtete das Bamberger *Rex-Kino* von «drei Wochen langem vollen Geschäftserfolg».

Pietrek hatte im selben Jahr von der schwedischen Firma *Thule Film* den 1937 gedrehten Pata-und-Patachon-Film BLEKA GREVEN erworben, den er selbst «zu langatmig und langweilig, fast ermüdend» fand. Deswegen kürzte er ihn um etwa ein Drittel, ließ ihn unter dem deutschen Titel PAT UND PATACHON ALS DETEKTIVE von der Hamburger *Reginald Puhl-Filmproduktion* synchronisieren, und füllte den behäbigen schwedischen Streifen mit Ausschnitten aus Laurel und Hardys Kurzfilm DAS GESPENSTERSCHIFF zu PAT UND PATACHON ALS DETEKTIVE JAGEN MIT DICK UND DOOF GESPENSTER auf (Abb. 145). Nach dem abgedroschenen Werberatschlag waren nun auch die beiden Dänen «Weltmeister des Humors» mit «sprühenden Einfällen», die «schwerste Geschütze auf die Lachmuskeln» auffuhren. Anfang Dezember 1961 berechnete die *FSK* Pietrek für die Kombination die halben Prüfgebühren, weil er auch sie nur in Kinder- und Jugendvorstellungen aufführen wollte. Aber schon bei der Premiere am 6. März 1962 lief der Film abends in den Münchner Kinos *Gabriel-Filmtheater* und *Royal-Palast* für Erwachsene. Von der *FSK* zur Rede gestellt schrieb Pietrek: «Es ist ein großes Wunder geschehen, dass die beiden Uraufführungstheater in München zum Fasching keinen jugendfreien Film hatten, der ab sechs Jahre freigegeben ist. So hatten wir das große Glück, dass dieser an und für sich stupide Film, der überhaupt nicht für Erwachsene geeignet ist, dort eine Normalaufführung erlebte. Das dürfte wohl der einzige Start gewesen sein, und dann ist der Film in der Versenkung verschwunden.» Der überhaupt nicht verschwundene Streifen spielte weiter in Abendvorstellungen, wie die *FSK* Pietrek Ende März 1962 wissen ließ: «Das große Wunder, das sich laut ihrem Brief in München ereignete, hat sich nun in Saarbrücken wiederholt, wo der Film täglich 15.45 Uhr, 18.00 Uhr und 20.15 Uhr angekündigt ist.» Nachdem es in Nürnberg, Coburg und Cuxhaven damit weitergegangen war, parierte Pietreks Disponent Mitte Juni 1962 die *FSK*-Rüge mit erfrischender Dreistigkeit und schickte das Gespann unbeeindruckt in neue Münchner, Hamburger und Kölner Abendprogramme. Daher musste Pietrek endlich die vollen Prüfgebühren zahlen.

Pietrek hatte die *FSK* auch wegen der angeblichen Erfolglosigkeit des Streifens beschwindelt. Denn die Kri-

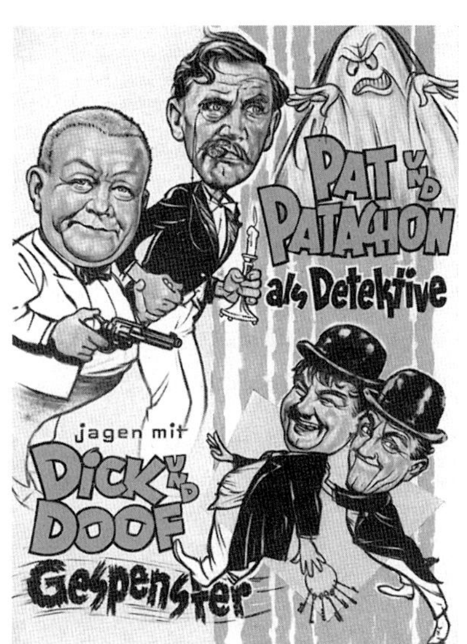

145 Plakat für PAT UND PATACHON ALS DETEKTIVE JAGEN MIT DICK UND DOOF GESPENSTER (BLEKA GREVEN und THE LIVE GHOST), 1962

tiken in der Tagespresse, die Pietrek eifrig sammelte, waren zuweilen sogar überschwänglich: «Ein toller Spaß führt durch alle Varianten des grotesken Humors – vom Schmunzeln bis zum brausenden Lachen. Umwerfende Urkomik» *(Hannoversche Allgemeine)*. Im April 1962 telegrafierten die Nürnberger *Kammer-Lichtspiele*: «Seit zwei Jahren unbestrittener Hausrekord. Täglich ausverkaufte Vorstellungen und tosendes Gelächter. Ganz großer Kassenschlager.» Das Kölner *Cinema-Theater* drahtete im August 1962 eine ähnlich frohe Botschaft: «Ein großer Überraschungserfolg trotz sommerlichen Wetters. Gehen in die dritte Woche.» Wohlwollende Worte fand auch das *Film-Echo* über Laurel und Hardy, die das Blatt den beiden Dänen vorzog. Dem *Evangelischen Film-Beobachter* gefielen hingegen Pat und Patachon besser. Er warf *NWDF-Unitas* vor, die Kinogänger bewusst irre zu führen, da die beiden Komiker-Paare keine Sekunde gemeinsam auftraten – sie hatten ja auch nie gemeinsam gedreht. Auch der *Film-Dienst* hielt den Zusammenschnitt «minderer Qualität aus der Rumpelkammer der Grotesk-Komik» für reine «Bauernfängerei» ohne Sinn.

9. Laurel und Hardy treffen die Filmbewertungsstelle

Im März 1961 kündigte der *Constantin*-Verleih für Juni des Jahres den bundesdeutschen Start der GROSSEN LACHPARADE 1961 an. Sie spielte aber nur in der Schweiz, nach Verleih-Angaben «in Großstädten seit vielen Wochen mit besten Kassen». Für Deutschland wurde umgeplant. Aus der GROSSEN LACHPARADE 1961 wurde DIE GROSSE LACHPARADE 1962. Anfang November 1961 beauftragte *Constantin*-Chef Barthel die *Beta Technik*, sie aus «Kostbarkeiten klassischen Filmhumors» zusammenzustellen: einen noch nicht im Fernsehen gesendeten Chaplin-Film, Buster Keatons THE BOAT, Laurel und Hardys THE MUSIC BOX, außerdem zwei kurze synchronisierte Tonfilme von Andy Clyde. «Die einzelnen Filme sollen durch eine Moritat, die neu gedreht werden muss, verbunden sein, um zu einer Einheit zu gelangen», wünschte Barthel. Statt der Moritat ließ man den Schauspieler Paul Klinger einen langen einleitenden Kommentar sprechen, der ermüdend wirkt.

Die beiden Andy-Clyde-Grotesken EINE SCHUSSFAHRT, DIE IST LUSTIG (THE CANNON BALL) von 1931 und WER IST HIER DER AFFE (ARTISTS MUDDLES) von 1932 wurden mit Sprechern synchronisiert, die auch an den Laurel-und-Hardy-Synchronisationen der *Beta Technik* mitgewirkt hatten. Schumanns dafür komponierte Archivmusiken wurden auch den Clyde-Kurzfilmen zugespielt. Für die Einleitung der GROSSEN LACHPARADE 1962 und die Überleitungen von einem Kurzfilm zum anderen schrieb er neue spritzige Musiken, die den Zuhörer in die Welt des Slapsticks entführen. Bedauerlicherweise gehört dies zu Schumanns letzten Arbeiten. Auf der Fahrt zu Musikaufnahmen für die *Beta Technik* verunglückte er am 14. Dezember 1961 tödlich.

Beta Film beantragte dann in *Constantins* Auftrag Ende Januar 1962 für DIE GROSSE LACHPARADE 1962 bei der *Filmbewertungsstelle Wiesbaden (FBW)* ein Prädikat. Beim Prädikat «wertvoll» ermäßigte sich die Vergnügungssteuer, beim Prädikat «besonders wertvoll» entfiel sie ganz. Damit konnte also die Kino-Auswertung wirtschaftlicher werden. Nach ihrem damaligen Regelwerk hatte die *FBW* grundsätzlich nur solche Filme zu begutachten, deren «kommerzielle Welturaufführung» zum Zeitpunkt des Prädikat-Antrages nicht länger als acht Monate zurücklag. Ausnahmen galten lediglich für «filmhistorisch bedeutsame, nach filmkünstlerischen Maßstäben zu beurteilende und international anerkannte» Filme. Also wurden die vor Jahrzehnte uraufgeführten Kurzfilme der GROSSEN LACHPARADE 1962 als klassische Filmkunst herausgestellt. Der Bewertungsausschuss der *FBW* lehnte ab: «Die Besonderheit der früheren Stummfilm-Pantomime, die in der Absurdität des Bewegungsvorgangs liegt, korrespondiert nicht sinnvoll mit der Groteske des Tonfilms, die Situationskomik in eine realistische Szene trägt. Buster Keaton ist nicht vergleichbar mit Laurel, Hardy oder Andy Clyde, dessen Film in der Wirkung der weitaus schwächere ist, weil er weniger von Fantasie inspiriert ist. Die Bewertungsmöglichkeit nach künstlerischen Maßstäben scheidet hier aus. Eine internationale Anerkennung liegt bei diesem Sachverhalt selbstverständlich nicht vor.»

DIE GROSSE LACHPARADE 1962 war ein Verwirrspiel. Von Beginn an herrschte Unklarheit über den Inhalt des Programms und was genau der *FBW* und später der *FSK* vorgelegt wurde. Im Antrag an die *FBW* taucht Laurel und Hardys THE MUSIC BOX unter dem Titel WOHIN MIT DEM KLAVIER? auf. Ihr Kurzfilm «SCRAM!» wurde zunächst mit BLINDER EIFER SCHADET NUR angegeben und dann mit DICK UND DOOF ALS EHEMÄNNER, wie Schick und Köhler bei der *Beta Technik* aber TWICE TWO genannt hatten. Der *FSK* wurden die beiden Andy-Clyde-Grotesken und der Buster-Keaton-Film WASSER HAT KEINE BALKEN (THE BOAT) eingereicht. Angegeben wurde auch Laurel und Hardys WOHIN MIT DEM KLAVIER?, vorgelegt jedoch «SCRAM!» als BLINDER EIFER SCHADET NUR. Neu war die stumme Neal-Burns-Groteske BABY-BOOGIE (TOOTSIE WOOTSIE) von 1924, die wohl zur GROSSEN LACHPARADE 1961 gehört hatte und DIE GROSSE LACHPARADE 1962 einleiten sollte. In der Freigabekarte der *FSK* erscheint als weiterer Laurel-und-Hardy-Titel ME AND MY PAL mit dem deutschen Titel DICK UND DOOF ALS EHEMÄNNER, also wieder TWICE TWO. Tatsächlich war DICK UND DOOF ALS EHEMÄNNER Bestandteil des Programms, hieß dann aber 2 MAL 2 EHEKRACH. Die *Beta-Technik*-Fassung von ME AND MY PAL trägt den Titel DICK UND DOOF ALS MITGIFTJÄGER und gehörte zu keinem Zeitpunkt zur GROSSEN LACHPARADE 1962.

DIE GROSSE LACHPARADE 1962 wurde am 23. Februar 1962 in vielen bundesdeutschen Städten gleichzeitig erstaufgeführt, unter anderem im Berliner Kino *Die Kurbel*. Laut *Constantins* Werbeplakat sollte BABY-BOOGIE dabei sein (Abb. 146). Tatsächlich beginnt das Programm mit Keatons THE BOAT, nun umgetitelt in DAS BOOT. Darauf folgt die *Beta-Technik*-Synchronisation DICK UND DOOF ALS LANDSTREICHER («SCRAM!»), im Programm BLINDER EIFER SCHADET NUR. Zwischen die beiden Andy-Clyde-Filmen ist Laurel und Hardys DICK UND DOOF ALS EHEMÄNNER (TWICE TWO) als 2 MAL 2 EHEKRACH platziert. Und was war mit WOHIN MIT DEM KLAVIER? beziehungsweise DICK UND DOOF UND DIE DRAHTKOMMODE (THE MUSIC BOX) und BABY-BOOGIE geschehen? In Österreich wurde DIE GROSSE LACHPARADE 1962 jedenfalls mit DICK UND DOOF UND DIE DRAHTKOMMODE anstelle von BLINDER EIFER SCHADET NUR gezeigt, aber auch ohne BABY-BOOGIE!

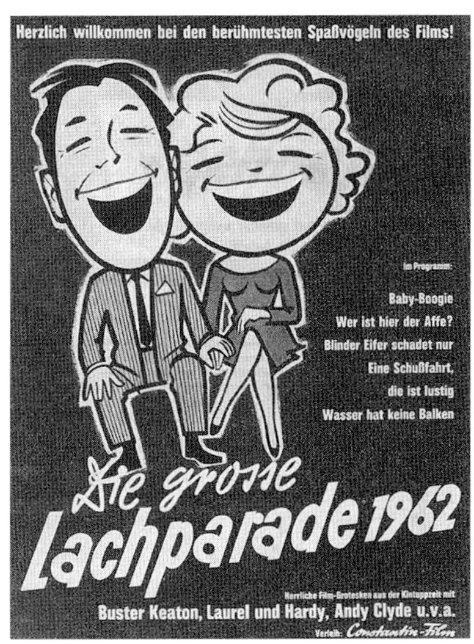

146 Plakat für DIE GROSSE LACHPARADE 1962, mit BABY-BOOGIE, der im Programm nicht vorkomt

Hoffnungslos verhedderte sich der *Evangelische Film-Beobachter*. Er behauptete, DICK UND DOOF ALS EHEMÄNNER heiße im Original ME AND

MY PAL und sei identisch mit HEIRATEN SOLLTE MAN? aus dem *Donau*-Programm DICK UND DOOFS LACHPARADE; *Donau* hatte ME AND MY PAL allerdings BESSERE HERREN SUCHEN ANSCHLUSS genannt. Außerdem war die *Donau*-Fassung DICK UND DOOF IM KINDERLAND angeblich identisch mit 2 MAL 2 EHEKRACH und wurde in BLINDER EIFER SCHADET NUR umbenannt. Doch das sind drei verschiedene Filme mit den Original-Titeln BRATS, TWICE TWO und «SCRAM!». Übrigens behauptete auch das *Lexikon des internationalen Films*, ME AND MY PAL heiße auf deutsch DICK UND DOOF ALS EHEMÄNNER, da «die beiden Freunde jeweils die Schwester des anderen heiraten»!

Die *Filmblätter* fassten sich nach der Premiere der GROSSEN LACHPARADE 1962 kurz: «Fünf Grotesken aus der Kintopp-Zeit. Lachcocktail». Das *Film-Echo* freute sich, dass «die alten Kämpen der Filmgroteske ihrer Zeit vorauszudenken scheinen». In der Tagespresse waren viele Redakteure selig über «Dick und Doof im Quadrat» mit ihren Bravourstücken. Die *Bremer Nachrichten* schätzten, dass Laurel und Hardy eine «köstliche Szene mit nichts als ansteckendem Gelächter» entstehen ließen, offenbar in Anspielung auf «SCRAM!». Die *Filmkritik* war begeistert von Laurel und Hardys «mimischem Meisterstück als Ehemännern und Ehefrauen». Ausführlicher besprach der *Evangelische Film-Beobachter* den Einfallsreichtum des «Klamaukfilms». Noch genauer untersuchte der *Film-Dienst* den «mit Sorgfalt und Könnerschaft ausgearbeiteten Klamauk» und lobte bei «Dick und Doof das ausgewogene Wechselspiel zweier Typen, die sich in unbehebbarer leichter Spannung so raffiniert ergänzen, wie die lustigsten Figuren der Commedia dell' arte.» Davon blieb Jahre später im *Lexikon des internationalen Films* übrig: «Keine hochstehende Zusammenstellung, doch weitgehend amüsanter Zeitvertreib». Immerhin: Die konfessionellen Filmbesprechungen haben hier ein Gespür für die subtileren Dimensionen der Komik von Laurel und Hardy. Hatten sie sich von der *Constantin*-Werbung inspirieren lassen? Die Pressemappe zur GROSSEN LACHPARADE 1962 enthält mehrere kleine liebevolle Artikel über die Verdienste der alten Film-Grotesken. Es gibt auch Betrachtungen über «Die Grazie des Klamauks» und «Die Anatomie des Gags».

Der *Wuppertaler Generalanzeiger* zeichnete düstere Geschäftsaussichten der GROSSEN LACHPARADE 1962: «Man nehme einige betagte Film-Grotesken aus der Stummfilmzeit und den Anfängen des Tonfilms, pulvere sie durch Dialoge und Cakewalk-Klaviermusik auf, reihe sie aneinander und führe sie als GROSSE LACHPARADE 1962 vor. Wer aber soll nun lachen? Wer steht bereit, um zu kitzeln, damit gelacht werde?» Die Antwort ist sehr einfach: Das Publikum natürlich, und das tat es auch, ohne gekitzelt zu werden. Denn die Resonanz auf die GROSSE LACHPARADE 1962 war «sehr gut» und ließ «jung und alt begeistert» zurück *(Film-Sonderdienst Ott)*.

Constantin engagierte sich auf diesem Sektor nicht weiter. Der ehemalige Branchenprimus handelte in den kommenden Jahren mit zu vielen Streifen von geringem Niveau und ging schließlich Konkurs.

10. ES DARF GELACHT WERDEN, zum Zweiten

Im September 1962 machte Pietrek mit dem Filmplakat seines Dauerbrenners DICK UND DOOF IN DER

FREMDENLEGION auf der Titelseite des Branchenblattes *Filmblätter* auf sich aufmerksam. *Donau* verlieh die Einzelfilme aus DICK UND DOOFS LACHPARADE an die *AKIs* und *TAKIs*, Pietrek lieferte ihnen DICK UND DOOF, DIE VOLLMATROSEN, und *Jugendfilm* schickte aus 3 X DICK UND DOOF im Juli 1965 in Berlin HELDEN DER WÜSTE (BEAU HUNKS) ins Non-Stop-Rennen. Im Juli und August 1962 kooperierten die wirtschaftlich miteinander verflochtenen Verleihe *Donau* und *Atlas-Filmverleih GmbH* wegen DICK UND DOOFS LACHPARADE gegenüber dem Frankfurter Schmalfilm-Verleih *Goldeck Film*, der in Absprache mit *Donau* neue Freigabekarten für die beiden Programm-Bestandteile VAGABUNDENSTREICHE («SCRAM!») und BESSERE HERREN SUCHEN ANSCHLUSS (ME AND MY PAL) bestellte. 1962 wurde auch Hardys Solofilm IN LETZTER SEKUNDE wiederaufgeführt, nun aber im Verleih der *Materna-Filmverleih GmbH*, Frankfurt/Main. Dazu bot Schwier Ende Juni 1962 auf der Messe *Internationale Fernsehfilm-Schau 1962* in den *Ufa-Studios* in Berlin-Tempelhof die Serie ES DARF GELACHT WERDEN zum Kauf an.

Das Konzept von Schwiers Serie wurde für die zweite Staffel nicht geändert. Allerdings beteiligte sich der Westdeutsche Rundfunk (WDR) an der Produktion, und der Vorspann bekam aber ein neues Gesicht. Künftig enthielt der bunte Zusammenschnitt aus den verschiedensten Stummfilm-Grotesken winzige Augenblicke aus Laurel und Hardys THE FINISHING TOUCH und TWO TARS. Am 9. Januar 1963 lud Schwier die Fernsehnation zu neuen Abstechern ins Reich der stummen Groteske ein, mit Laurel und Hardys WER NICHT HÖREN WILL, MUSS RAUSGEHEN (YOU'RE DARN TOOTIN'). Die beiden Komiker blieben auch in der zweiten Staffel mit zehn gemeinsamen Streifen und zwölf Solofilmen Stammgäste, darunter MIT GRUSS UND SCHUSS (WITH LOVE AND HISSES). Dieser Streifen ist auch noch kein Stan-und-Ollie Film, denn Laurel und Hardy spielen gegeneinander arbeitende Charaktere. Schon auf der Fahrt ins Ausbildungslager geraten der Rekrut Cuthbert Hope (Laurel) und der Feldwebel Banner (Hardy) aneinander. Auf einem Gepäckmarsch verbrennen die Uniformen, und Banners Zug kehrt nach einem Bienenangriff zerstochen und verschwollen zurück.

In der Folge vom 27. November 1963 konnte Schwier den auf Werbe-Tournee befindlichen Harold Lloyd im Studio begrüßen (Abb. 147) und präsentierte neben einem Ausschnitt aus einem Harold-Lloyd-Film Laurel und Hardys WAS TRAGEN DIE SCHOTTEN DARUN-

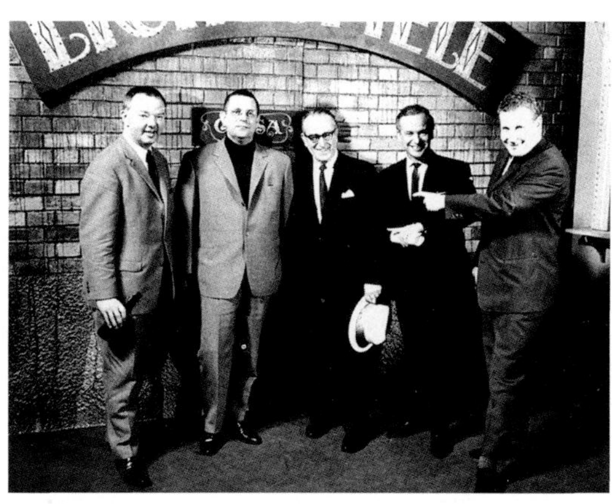

147 Treffen vor der Sendung ES DARF GELACHT WERDEN vom 27.11.1963 (v.l.n.r.): Werner Schwier, Konrad Elfers, Harold Lloyd, Produzent M. Hecker, Regisseur Klaus Steller.

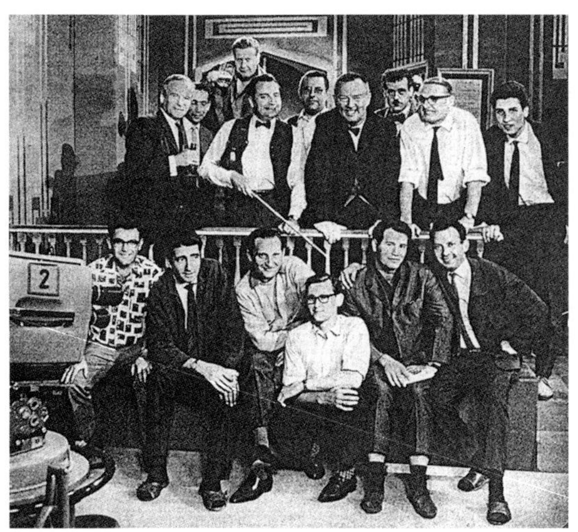

148 Das Produktionsteam in der Kulisse von ES DRAF GELACHT WERDEN, 1965. Bildmitte, hinter dem Geländer (v.l.n.r.): Géza Janós, Konrad Elfers, Werner Schwier

(THE SAWMILL). Laurel war vertreten mit BLAU WIE EIN VEILCHEN (PIE-EYED), DIE HOLZHAMMER-NARKOSE (WHITE WINGS) und DER GROSSWILDJÄGER (ROUGHEST AFRICA). Die eingeplanten Solofilme THE SNOW HAWK und HALF A MAN mit Laurel sowie BE YOUR AGE mit Hardy wurden nicht gesendet.

Eine dritte Staffel von ES DARF GELACHT WERDEN wurde nicht mehr produziert, aber nicht, weil die Serie sich totgelaufen hätte. Bis zum Schluss erzielte sie hohe Einschaltquoten. Der

TER (PUTTING PANTS ON PHILIP). Am 8. September 1965 richtete Schwier dem Duo eine «Galavorstellung» aus mit DOUBLE WHOOPEE und BIG BUSINESS. Die anderen Laurel-und-Hardy-Filme der zweiten Staffel von ES DARF GELACHT WERDEN wurden in der Zeit vom 9. Februar 1963 bis zum 10. März 1965 gesendet: DER LETZTE SCHLIFF (THE FINSIHING TOUCH), LACHGASE (LEAVE 'EM LAUGHING), SUPPE, SAHNE UND SALAT (FROM SOUP TO NUTS), EINE SCHÖNE BESCHERUNG (SUGAR DADDIES) und ZWEI TEERJACKEN (TWO TARS). Die weiteren elf Laurel-und-Hardy-Solofilme wurden von Februar 1963 bis September 1965 eingebaut. Hardy war zu sehen in VATERLIEBE AUF IRRWEGEN (WANDERING PAPAS) mit Clyde Cook, mit Bobby Ray in DER TAPEZIERER UND SEIN GEHILFE (STICK AROUND) und HALLO, PAGE! (HOP TO IT!), mit Charley Chase in BROMEO UND JULIA (BROMO AND JULIET), LIEBESTOLLWUT (CRAZY LIKE A FOX) und mit Larry Semon in HOLZHACKEREIEN

mittlerweile zum Intendanten des HRs beförderte Hess war der Auffassung, besser aufzuhören, wenn der Erfolg am größten ist (Abb. 148).

ES DARF GELACHT WERDEN lebte aber auf dem Heimkino-Markt weiter. Noch während die zweite Staffel gesendet wurde, bestellte die *Foto Quelle GmbH* des Großversandhauses *Quelle* für sich und die Schwesterfirma *Revue* im Juni 1964 bei der *Beta Film* zahlreiche etwa fünf Minuten lange Ausschnitte stummer Grotesken aus der Serie, um das Heimkino-Angebot im Normal-8-Format zu erweitern. Die Konkurrenz-Firma *Globus* hatte ihr Heimfilm-Sortiment seit Mitte der 1950er-Jahre kontinuierlich ausgebaut. Auch die 1963 gegründete Nordhorner Schmalfilm-Firma *Bergknecht-Film* und die Firma *Schongerfilm* hielten unter anderem zwischen 17 und 30 Meter lange Laurel-und-Hardy-Streifen parat. Dieser Markt brachte neue Flut nichtssagender oder mehrdeutiger deutscher Filmtitel hervor. Der Besitzer einer nordrhein-westfälischen Tanzbar hatte außerdem vorgemacht, wie sich solche Ausschnittsfilme auch einsetzen ließen. Im Frühjahr 1963 hatte er während der Tanzpausen 8-mm-Filme der beiden Komiker musikalisch untermalt von der Hauskapelle vorgeführt. Die Resonanz der Gäste war enorm gewesen. «Am beliebtesten sind die Geschichten von Dick und Doof als Weihnachtsbaumverkäufer», hatte der Veranstalter den Film BIG BUSINESS kommentiert. Und auch die Kasse hatte gestimmt: «14 Tage Filmvorführung kostet weniger als zwei Tage für eine Kapelle.»

Für die *Foto Quelle GmbH* bereitete Caloué die gewünschten Streifen mit neuen Titeln auf, darunter gemeinsame Filme von Laurel und Hardy und einige ihrer Solofilme. Sie wurden einheitlich präsentiert als «Revue-Spielfilm aus der Fernsehserie ES DARF GELACHT WERDEN». Auf den Verkaufskartons zieht Schwier als Wanderschausteller Werner freundlich lächelnd den Hut (Abb. 149). Diese Ausschnittsfassungen waren so erfolgreich, dass im Mai und Juni 1965 weitere Streifen mit dem Zusatz «bekannt als Dick und Doof» nachbestellt wurden. Im April 1966 stieg die *Foto Quelle GmbH* auf das im September 1965 eingeführte Super-8-Format um und kaufte auch dafür etliche Laurel-und-Hardy-Stummfilme, die ebenfalls Caloué schnitt und mit neuen deutschen Titeln versah. Im Oktober 1966 nahm die *Foto Quelle GmbH* ihre ersten Grotesken aus dem Sortiment, Dick-und-Doof-Titel wurden aber weiter über den *Quelle*-Katalog vertrieben. Damit blieb man noch viele Jahre im Super-8-Geschäft. Auch der *Quelle*-Konkurrent *Neckermann* kaufte bei der *Beta Film* Ausschnittsfassungen von Grotesken, die Caloué bearbeitete und sich abermals neue deutsche Titel einfallen lassen musste.

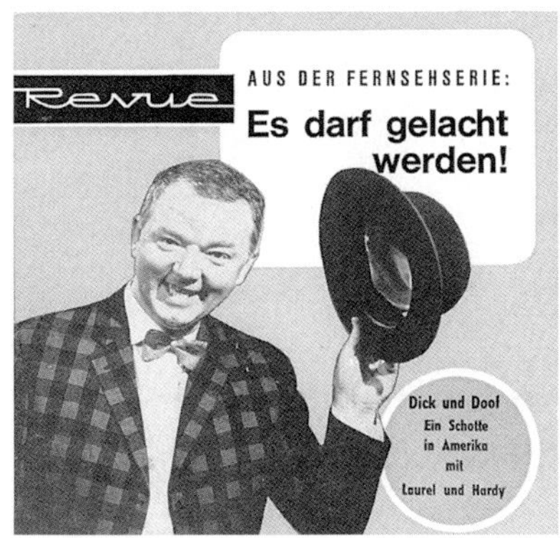

149 Revue-Verkaufskarton von EIN SCHOTTE IN AMERIKA (PUTTING PANTS ON PHILIP), Mitte 1960er-Jahre

11. Laurel und Hardy in der DDR

In der DDR war der deutsche Laurel-und-Hardy-Kino-Boom ein Fremdwort. Filmpolitiker der *SED* taten sich lange Zeit schwer, US-Grotesk-Filme in der DDR zu dulden. Bis 1962 hatten offiziell nur zehn US-Filme ihren Weg in die Kinos der DDR gefunden. Unbekannt waren Laurel und Hardy dort gleichwohl nicht, denn ältere Kinogänger erinnerten sich noch an fröhliche Stunden mit ihnen in den 1920er- und 1930er-Jahren. Außerdem konnte man in der DDR auch das bundesdeutsche Fernsehprogramm, das so genannte «West-Fernsehen» empfangen und damit Schwiers ES DARF GELACHT WERDEN. Seltsame Aktionen wie das «Unternehmen Ochsenkopf», bei dem junge FDJ-Brigadisten Dachantennen von West- auf Ost-Empfang umdrehten, hatten das nicht verhindern kön-

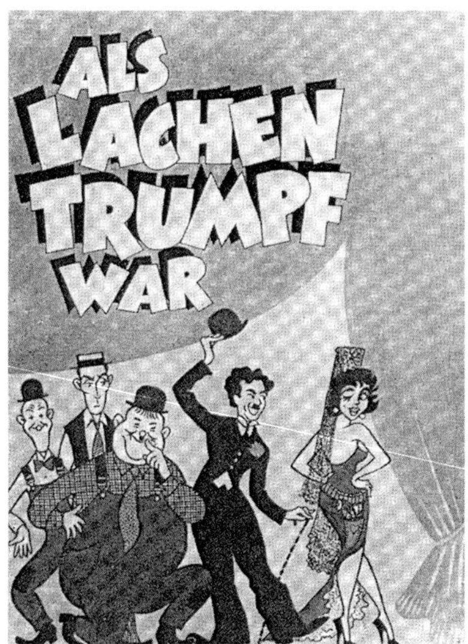

150 DDR-Plakat für ALS LACHEN TRUMPF WAR (WHEN COMEDY WAS KING), 1963

nen, da die Antennen nach der Aktion von den Hausbewohnern wieder in die Ausgangsstellung zurückgedreht wurden.

Außer zwei Chaplin-Filmen im Mai 1955 und Mai 1958 waren Grotesken in der DDR lange ein unbeackertes Terrain, dem sich das Fernsehen der DDR nur zögernd zuwandte. Von 1959 bis 1962 führte Willi Schwabe in seiner TV-Serie *Rumpelkammer* einige wenige kurze Ausschnitte aus Filmen von Chaplin, Buster Keaton und Harold Lloyd vor. Im August 1962 stellte Herbert Köfer in der 70-minütigen Sendung MENSCH HALT DIE TRÄNE FEST «beliebte Komiker von gestern und heute» vor, unter ihnen Chaplin und Lloyd. Ab Ende 1963 wurden dann über die nächsten Jahre sporadisch Chaplin-Stummfilme ausgestrahlt, meist im Abendprogramm.

Filme aus dem Ausland wurden vom Reiseteam des *VEB DEFA Außenhandels* beschafft. Es bestand aus je einem Vertreter dieses «volkseigenen Betriebes», des DDR-Ministeriums für Kultur, der *DEFA* und des staatlichen Filmverleihs *Progress*. 1962 reiste ein solches Team in die Bundesrepublik Deutschland und erwarb eine geringe Anzahl bundesdeutscher Film-Sychronisationen für die Kinos der DDR. Der kalte Krieg und Devisenknappheit waren vielfach die Ursache, fremdsprachige Filme in der DDR selbst deutsch zu synchronisieren. Diesmal wurde Krügers Fassung ALS LACHEN TRUMPF WAR mit BIG BUSINESS eingekauft. Laurel und Hardys erster offizieller DDR-Auftritt im Kino fand daraufhin am 11. Januar 1963 statt (Abb. 150). In den Werbezeilen seufzte *Progress*: «Was wäre der Film ohne sie...?» Der *Filmspiegel* fabulierte bei der Besprechung von ALS LACHEN TRUMPF WAR über Laurel und Hardy ähnlich wie seine Kollegen in der Bundesrepublik Deutschland. Angeblich war dem Duo der Übergang zum Tonfilm nicht gelungen. Noch falscher hieß es: «Da ihre Filme meist ohne allgemeingültiges Anliegen entstanden, sind sie vergessen. Trotzdem wird aber doch bei jedem, der sie heute sieht, ‹Lachen Trumpf› sein.» Gut ein Jahr nach der DDR-Premiere wurde ALS LACHEN TRUMPF WAR am 29. Februar 1964 im DDR-Fernsehen ausgestrahlt.

Knapp vier Monate nach der Sendung kam auch Youngsons erste Zusammenstellung THE GOLDEN AGE OF COMEDY in die DDR-Kinos. Diesmal wurde die bundesdeutsche Synchron-Fassung KINTOPPS LACHKABINETT abgelehnt und die Kompilation vom *VEB DEFA-Studio für Synchronisation (DEFA-Synchron)* in Berlin-Johannisthal deutsch gefasst unter dem Titel LACHPARADE. Darin fehlten die Filmausschnitte mit Carole Lombard, und das dritte sowie das vierte Kapitel der

Kompilation wurden zu einem vereinigt. Die Gründe dafür sind nicht bekannt. Das deutsche Dialogbuch und die Synchronregie wurden Wolfgang Krüger übertragen, der als Spitzenkraft des Studios galt. Die LACHPARADE war bei ihm in den besten Händen, denn er verstand, die visuelle Komik mit spritzigen, gewitzten Texten voller Understatement ironisch auf die Spitze zu treiben, und er kam anders als sein bundesdeutscher Namensvetter ohne Kalauer aus. Wolfgang Krügers Texte sind allerdings weit entfernt von den Original-Kommentaren. Unnötigerweise streute er in das Will-Rogers-Kapitel «Der Supermann kann alles» politische Sticheleien gegen die USA ein. Auch in der DDR war Laurel und Hardys deutscher Name Dick und Doof ein Begriff geblieben, und Krüger baute ihn in seine Bearbeitung ein. Laurel und Hardys Kapitel erhielt den deutschen Titel «Der eine war Dick, der andere war Doof», was natürlich keine Übersetzung der Original-Überschrift «Nobody Liked Them but the Public» ist. Die Ausschnitte von TWO TARS im Kapitel «A Classic Comedy» liefen unter dem Motto «Reisen bildet nicht nur». Im Abschnitt «Two Men On A Street» stellte Krüger mit seiner deutschen Überschrift die Frage «Wozu ist die Straße da?» Er beantwortete sie, als Stan und Ollie sich in YOU'RE DARN TOOTIN' gemeinsam in der übergroßen Hose davon machen: «Zum Marschieren!» Mit dem ausgezeichneten Sprecher Klaus Piontek tat Krüger den richtigen Griff (Abb. 151). Piontek verstand es als Kommentator und Sprecher aller Frauen- und Männerrollen der Kompilation, Krügers Texte mit der erforderlichen Untertreibung zu servieren.

Die Werbe- und Pressetexte des *Progress*-Verleihs für die LACHPARADE ähnelten denen aus der Bundesrepublik. Man empfahl den Zuschauern einen «Filmbesuch bei Dick und Doof, Ben Turpin, Will Rogers und Harry Langdon» und ermunterte sie: «Das kann man auch heute noch sehen! Das sollte man sehen: denn Lachen ist gesund». Der Slogan «Superlativ-Komik – immer noch komisch» durfte auch nicht fehlen. Außerdem machte der *Filmspiegel* seinen Lesern mit einem schlagwortgespickten Artikel den Mund wässrig. Am 12. Juni 1964 wurde die LACHPARADE in den DDR-Kinos gestartet (Abb. 152, 153), gut zwei Jahre später, am 19. September 1966, lief sie im Abendprogramm DDR-Fernsehens.

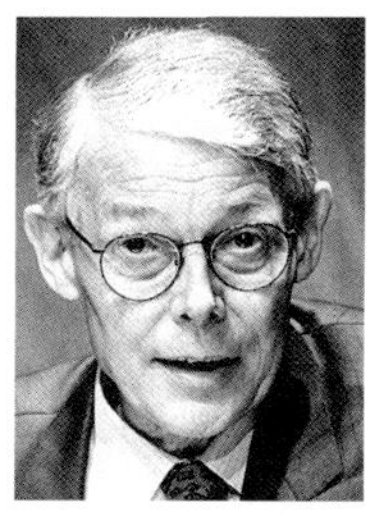

151 Kommentator Klaus Piontek (1990er Jahre)

Unterdessen war in den USA 1963 Youngsons vierte Zusammenstellung

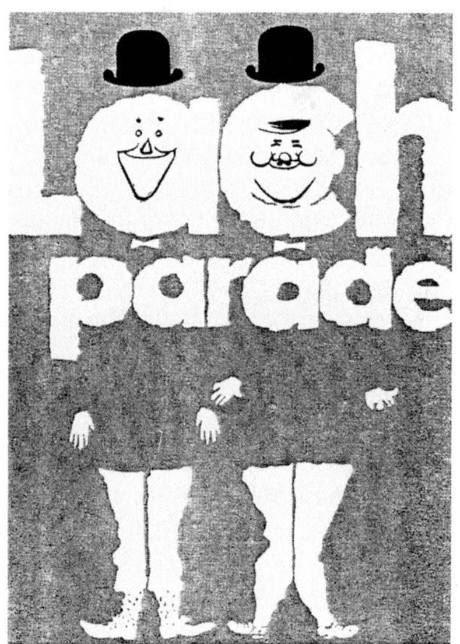

152 DDR-Plakat für LACHPARADE (THE GOLDEN AGE OF COMEDY), 1964

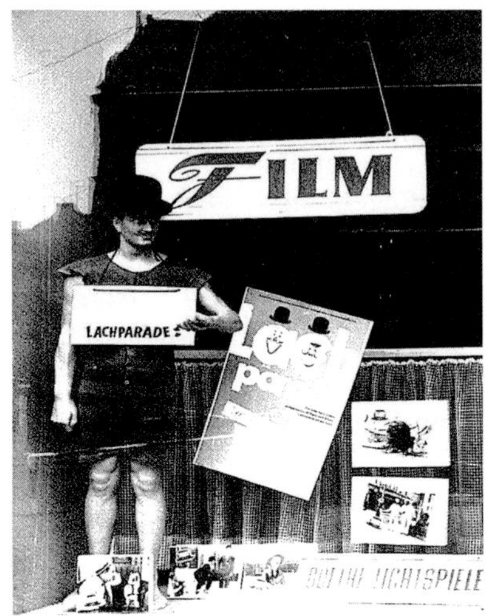

153 DDR-Schaufenster-Werbung für LACHPARADE (THE GOLDEN AGE OF COMEDY), 1964

unter dem Titel 30 YEARS OF FUN erfolgreich angelaufen. Youngson schlug einen Bogen von den «heiteren 1890er-Jahren» bis zu den «tollen Zwanzigern». Im Vordergrund stehen Chaplin und Buster Keaton. Laurel und Hardy sind mit THE LUCKY DOG vertreten, Hardy außerdem mit einem Ausschnitt aus der Max-Davidson-Groteske WHY GIRLS SAY NO von 1927, die das Ende des neun Monate später veröffentlichten Zweiakters PUTTING PANTS ON PHILIP vorwegnimmt, in dem Philip seinen Schottenrock auf der matschigen Straße ausbreitet.

Der deutsche *Centfox*-Verleih hatte Anfang März 1963 die Auswertungsgenehmigung für 30 YEARS OF FUN in der Tasche und ließ den Film diesmal bei *Elite* unter dem Titel 30 JAHRE SPASS deutsch bearbeiten (Abb. 154). Das Studio engagierte Fritz A. Koeniger als Dialogautor und als Sprecher Georg Thomalla. Der Synchronregisseur ist unbekannt. Das Ergebnis lässt sich nicht beurteilen, denn die deutsche Fassung ist verschollen.

Nach der *FSK*-Freigabe im Mai 1963 wurde für 30 JAHRE SPASS geworben: «Hier fährt eine neue Batterie von Lachkanonen auf.» Die Presse-Informationen steuerten den Artikel «Sprache der stummen Kamera» mit einem Augenmerk auf Laurel und Hardys damals gerade wiederentdeckten Film THE LUCKY DOG bei, datiert auf 1918 und übersetzt mit DER UNGLÜCKLICHE HUND. Dass Laurel und Hardy darin angeblich schon «viele der Gags zeigten, die sie später berühmt machten», war eine hemmungslose Übertreibung. Nach der deutschen Erstaufführung am 31. Mai 1963 im Düsseldorfer *Kristall-Palast* waren die Kritiken zunächst wohlwollend. «Douglas Fairbanks, Stan Laurel, Oliver Hardy und Charlie Chaplin, vier amerikanische Kanonen auf einen Anhieb – Wer da nicht lacht, dem ist nicht zu helfen. Das Gelächter des Publikums überschlug sich», meldeten die *Nürnberger Nachrichten*. Die *Filmblätter* fanden Gefallen am Kontrast zwischen den «Schlaglichtern großer Kino-Komik» und den zeitgenössischen Aktualitäten, die durch einen Kommentar verbunden wurden «mit leichter Ironie, wenn auch nicht immer konsequent». Doch in der Folgezeit sank die positive Aufnahme. Auf das Fachblatt *Film-Echo/Filmwoche* wirkte die «Mischung allzu sehr als Potpourri», und nicht wie ein «geschlossenerer Spaß». Der *Film-Dienst* schien Youngsons Bearbeitungen überdrüssig geworden zu sein und konnte auch an den «sattsam bekannten Chaplin-Grotesken» nichts Besonderes finden. Einige Szenenfolgen waren nach seinem Dafürhalten sogar «jämmerlich schlecht». Am deutschen Kommentar ließ er kein gutes Haar: «Auch der Kommentar, der sich zu Anfang mit haspelig kalauerndem Witz um Zeigestock-Erläuterungen bemüht, wird schließlich immer müder und bringt nicht einmal mehr oberflächliche Pointen an.» Dem *Evangelischen Film-Beobachter* mundete 30 JAHRE SPASS im Prinzip, doch nicht der Kommentar: «Wäre da nicht der dumme und einfältige Kommentar, könnte man mit dem Film, so wie er ist, zufrieden sein. Er ist eine glatte Unmöglichkeit. Billige Witzchen werden gemacht, haarsträubende Belanglosigkeiten verzapft. Der Film bedarf keiner bundesrepublikanischen Lustspiel-Witzchen, er spricht für sich selbst.» Im August 1963 rangierten die Kassenergebnisse zwischen «zufriedenstellend» und «schlecht». Nach diesem Durchhänger besserte sich das, und die Kinobesitzer waren «trotz tropischer Hitze» wieder versöhnt. Sie setzten 30 JAHRE SPASS auch noch gern bis Januar 1965 ein, und das mit «gutem» Erfolg, da «der Griff in die Schatzkiste heiter kommentiert und ausgezeichnet gesprochen wird von Georg Thomalla» *(Film-Sonderdienst Ott).*

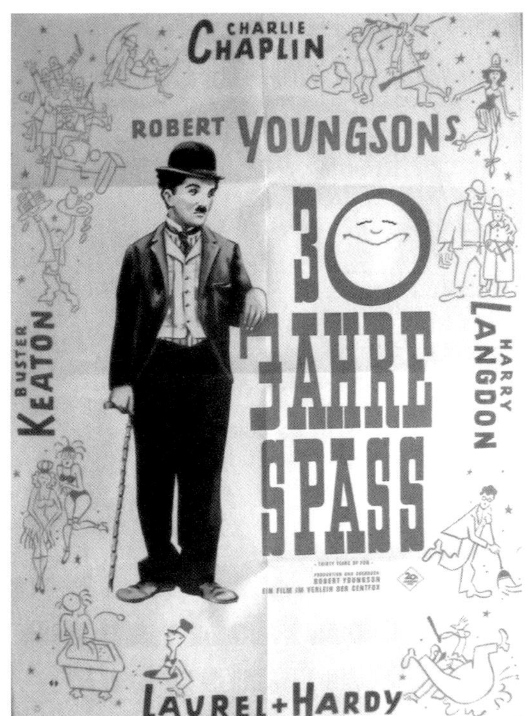

154 Plakat für 30 JAHRE SPASS (30 YEARS OF FUN), 1963

12. Pietrek lässt nicht locker

Seit Herbst 1961 trug Pietrek sich mit dem Gedanken an eine LUSTIGE KURBELKISTE mit Kurzfilmen von Buster Keaton und Dick und Doof, die er nach der GROSSEN LACHPARADE 1962 und dem Neustart von ES DARF GELACHT WERDEN auf den Weg bringen wollte. Damit wandte er sich an den neuen *IFU*-Produktionsleiter Horst H. Roth und bat um einen Kostenvoranschlag. Für die Mixtur sollten drei Fuzzy-Filme, ein Dick-und-Doof-Zweiakter aus dem von *Crystal Pictures* gekauften Paket, eine kurze Chaplin-Groteske, einige Meter aus PAT UND PATACHON ALS DETEKTIVE, Heinz Rühmanns QUAX DER BRUCHPILOT sowie die Tierfilme WOCHENENDE BEI DER TIERFAMILIE und HOLIDAY IN HOLLYWOOD verwurstet werden. WDR-Fernsehansagerin Mady von Mannstein sollte dies alles mit einem Seitenhieb auf die damaligen Lustspiel-Produzenten präsentieren. Pietrek bat Roth: «Aber bitte nicht Werner Schwier kopieren, ES DARF GELACHT WERDEN. Er ist nicht komisch.» Roths Kalkulation schmeckte Pietrek jedoch gar nicht. Nach längerem Schweigen behauptete er Ende August 1963, das Hamburger Studio *Real-Film* verlange für die Aufbereitung sehr viel weniger. Man wurde sich nicht handelseinig. DIE LUSTIGE KURBELKISTE wurde auf Eis gelegt.

Nun wollte Pietrek aus den elf kurzen Laurel-und-Hardy-Grotesken von *Crystal Pictures* mehrere Kurzfilm-Programme zusammenzustellen. Bis auf CHICKENS COME HOME waren sie in den deutschen Kinos einzeln noch nicht zu sehen gewesen, und HOG WILD war im Juni 1961 nur in ES DARF GELACHT WERDEN ausgestrahlt worden. Von den meisten der *Beta-Technik*-Synchronisationen aus dem Frühjahr 1961 konnte Pietrek nichts wissen. Mit Ausnahme von CHICKENS COME HOME ließ er die anderen zehn Filme des Paktes bei der *IFU* trotz bereits «aus Berlin, Hamburg und München vorliegender Kostenangebote aus alter Freundschaft» deutsch synchronisieren. Pietreks drei Programme wurden DICK UND DOOF – GANZ DOOF, DICK UND DOOF – JUBEL, TRUBEL, HEITERKEIT und DICK UND DOOF, DIE MUSTERGATTEN genannt und auf je vier Kurzfilme ausgelegt. Die elf *Crystal- Pictures*-Filme wurden deswegen um den 1957 deutsch synchronisierten Streifen DICK UND DOOF, DIE SCHWERENÖTER (BE BIG) aufgestockt.

Das deutsche Dialogbuch und die Synchronregie für die zehn Kurzfilme übernahm Helmut Harun. Seine deutschen Dialoge sind sprachlich sorgfältig und halten sich eng an das Original. Auch die Sprecher-Besetzung ist ausgezeichnet, mit Bluhm und Paulsen an der Spitze. Harun verfasste außerdem die Einleitungen der Programme und die Überleitungen von einem Kurzfilm zum anderen. Doch die wirken plump und aufgesetzt. THE HOOSE-GOW wird mit den Worten eingeleitet: «Und wer sich auf Abwege begibt, landet – mitgefangen, mitgehangen – in der grünen Minna.» Angeblich beschließen Laurel und Hardy dann, nach ihrem Gefängnisaufenthalt als Walfänger nach Grönland zu gehen, von wo aus sie die Reise in die Heimat antreten, um in ANY OLD PORT bei Mugsie Long abzusteigen. Vor OUR WIFE muss sich der Zuschauer anhören: «In der Heimat angekommen fängt ein neues Leben an. Eine Frau wird sich genommen, Kinder, Kinder, ist das eine Aufregung.» Im Übergang zu CHICKENS COME HOME heißt es: «Dick hat es schon immer gewusst, dass er zu etwas Höherem berufen war. Aber für Doof muss es erst ganz dick kommen, bis er klug wird», und nach BE BIG: «Das ist seelische Grausamkeit. Dick ist nicht doof genug, um das noch länger mitzumachen.» Auf eine besondere Musikbearbeitung verzichtete Pietrek wie gehabt. Es fehlten zwar wieder die internationalen Tonbänder, aber die *IFU* löste das Problem in der Weise, dass die Originalmusik herunter geregelt wurde, wenn Sprache darüber zu legen war.

DICK UND DOOF – GANZ DOOF besteht aus PERFECT DAY, THE HOOSE-GOW, NIGHT OWLS und ANY OLD PORT. Das zweite Programm DICK UND DOOF – JUBEL, TRUBEL, HEITERKEIT setzt sich zusammen aus OUR WIFE, ONE GOOD TURN, BLOTTO und BE BIG und das dritte, DICK UND DOOF, DIE MUSTERGATTEN, aus ANOTHER FINE MESS, HOG WILD, COME CLEAN und CHICKENS COME HOME. Nach dem Abschluss der Synchronarbeiten Ende Oktober/Anfang November 1963 beantragte Pietrek bei der *FSK* die Freigabe für den geplanten Einsatz in Kindervorstellungen und in den *AKIs*. Da die restliche Lizenzzeit für fast alle Kurzfilme keine zwei Jahre mehr betrug,

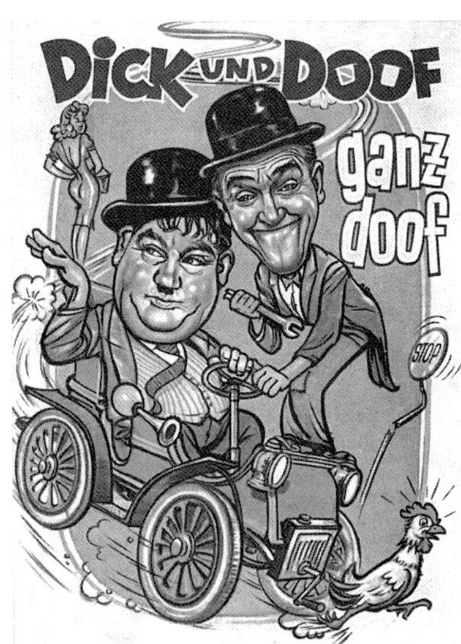

155 Plakat für das Programm DICK UND DOOF – GANZ DOOF, 1963

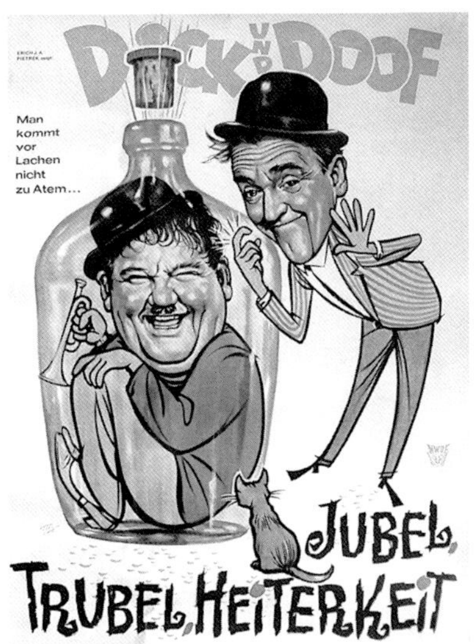

156 Plakat für das Programm DICK UND DOOF – JUBEL, TRUBEL HEITERKEIT, 1963

drängelte er. Bis Mitte Dezember 1963 wurden die Programme freigegeben. Sie mussten mit einem gemeinsamen Werberatschlag auskommen, aber jedes Programm erhielt ein Bonné-Plakat und eigene Inserat-Matern. Auf die Schlagzeilen wurde keine gesteigerte Mühe verwendet. Die schon seit Jahren bewährten Texte wurden einfach etwas durcheinander gewürfelt.

Die Städte und Kinos, in denen die drei Programme erstaufgeführt wurden, sind nicht bekannt. Am 13. Dezember 1963 startete DICK UND DOOF – GANZ DOOF (Abb. 155) und wurde mit offenen Armen empfangen. Die Komiker als «Spießbürger, boxende Seeleute und Einbrecher» nahmen die Zuschauer mit «Klamauk bester alter Schule, sicherem Sinn für Effekt und einer sich selbst überschlagenden Show» für sich ein *(Bergische Tageszeitung)*. Das *Darmstädter Echo* siedelte Laurel und Hardy zwar «eine Etage tiefer als Chaplin» an, war aber selig über das viele Lachen, das die beiden Komiker spendeten. Die konfessionelle Presse lachte mit. Begeistert empfahl der *Film-Dienst* seinen Lesern, sich die «bekannten Gags am laufenden Band» nicht entgehen zu lassen. Der *Evangelische Film-Beobachter* stimmte zu. «Besser denn je» lief das «erstaunlich gut synchronisierte» Programm, das auch die Faschingszeit unangefochten überstand und zumindest bis Juni 1964 überwiegend «gute» Kassen erzielte *(Film-Sonderdienst Ott)*.

Am 28. Januar 1964 brachte Pietrek DICK UND DOOF – JUBEL, TRUBEL, HEITERKEIT heraus (Abb. 156) und am 31. Januar 1964 DICK UND DOOF, DIE MUSTERGATTEN (Abb. 157). Laurel und Hardy hatten ihr festes Publikum, das «ihnen alles abnimmt». Die Einspiel-Ergebnisse waren genauso erfreulich wie bei DICK UND DOOF – GANZ DOOF. Der *Film-Dienst* meinte allerdings, DICK UND DOOF – JUBEL, TRUBEL, HEITERKEIT sei «lustlos zu-

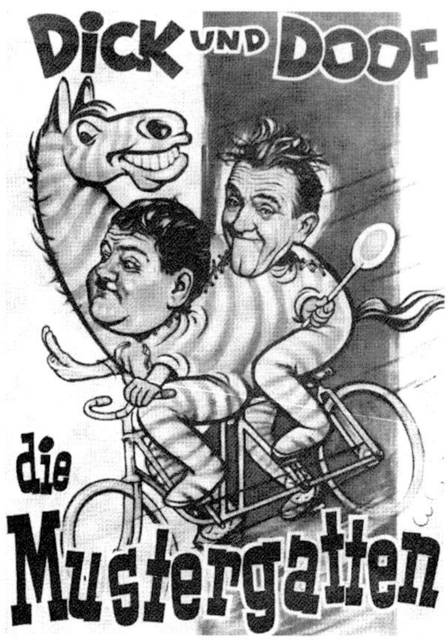

157 Plakat für das Programm DICK UND DOOF, DIE MUSTERGATTEN, 1963

sammengestellt», was vielleicht auf die zweifelhaften Überleitungen gemünzt war. Den Kurzfilmen aber «triviale moralische Quintessenzen» zu unterstellen, schießt jedoch übers Ziel hinaus. Als Zugabe kolportierte der Rezensent obendrein, Laurel und Hardy hätten sich gegen Ende ihrer Karriere verkracht, und das merke man den Kurzfilmen des Programms an. Die Kurzfilme wurden indessen viele Jahre vor dem letzten Film ATOLL K gedreht. Bei den Kurzfilmen standen Laurel und Hardy auf dem Höhepunkt ihrer Karriere, und sie waren nie zerstritten. Der hochzufriedene *Evangelische Film-Beobachter* entdeckte in BE BIG ein «Kabinettstück grotesker Hilflosigkeit», bei der «die Blödelei stellenweise in höheren Unsinn über geht». Etwas reservierter betrachtete er das Programm DICK UND DOOF, DIE MUSTERGATTEN, zu dem der *Film-Dienst* schwieg. Dem *Evangelischen Film-Beobachter* war aber aufgefallen, dass ANOTHER FINE MESS zum Programmtitel nicht recht passte, weil weder Stan noch Ollie in dem Kurzfilm verheiratet sind. Im Übrigen bemerkte er zutreffend, dass man moralische Fragen in Laurel und Hardys Grotesken nicht auf die Goldwaage legen dürfe: «Man sucht bei Dick und Doof die unschuldigen Blödeleien, die sich immer wiederholen und jegliche Handlung zur Nebensache degradieren. Deshalb wäre es auch ganz verfehlt, an diese Geschichtchen mit ethischen Maßstäben heranzugehen.»

Nachdem die drei Kurzfilm-Programme ihre Schuldigkeit getan hatten, verkaufte Pietrek die Einzelfilme an die *AKIs*. HOG WILD und COME CLEAN haben sich in Haruns Fassungen bislang nicht finden lassen.

13. Prädikat-Anlauf, Recycling und TV-Start

Youngsons Erfolg führte dazu, dass die US-*MGM* ihn mit zwei Zusammenstellungen aus ihrem Filmstock beauftragte. Der erste Film sollte ein Querschnitt durch den gesamten *MGM*-Fundus sein, ohne Beschränkung auf reine Grotesken. Für *MGM*'S BIG PARADE OF COMEDY holte Youngson Buster Keatons letzten großen Erfolg THE CAMERAMAN von 1928 zurück ans Tageslicht. Aus BONNIE SCOTLAND und HOLLYWOOD PARTY wählte er Stan und Ollies Ankunft im schottischen Dorf und ihren mit flotter Musik unterlegten Tanz auf dem indischen Kasernenhof und aus HOLLYWOOD PARTY die Eierszene. Das kombinierte er mit komischen Szenen aus Filmen berühmter *MGM*-Stars wie Clark Gable, Greta Garbo, Cary Grant, Katherine Hepburn und Spencer Tracy. Außerdem stellte er Szenen unter anderem mit Abbott und Costello, den Marx Brothers und den Three Stooges zusammen. Zum Schluss kam eine längere Passage mit dem US-Komiker Dave O'Brien über die Tücke des Objekts und groteske Alltagssituationen. Das Problem des Programms war die irritierende Fülle meist allzu kurzer Szenen.

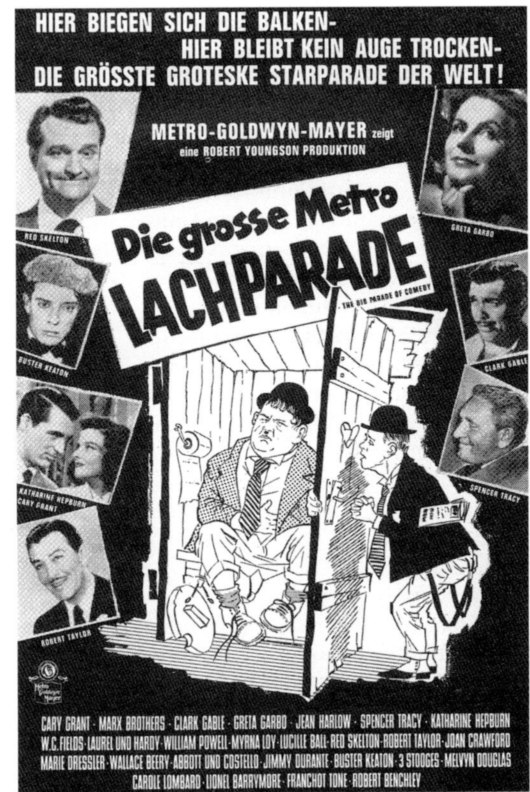

158 Plakat für DIE GROSSE METRO-LACHPARADE (*MGM*'S BIG PARADE OF COMEDy), 1964

MGM'S BIG PARADE OF COMEDY wurde nach der US-Premiere in Deutschland anlässlich des 40-jährigen Bestehens der *MGM* in die Jubiläumsstaffel des deutschen *MGM*-Verleihs aufgenommen. Unter dem Titel DIE GROSSE METRO-LACHPARADE wurde die Kompilation in der Synchron-Abteilung der *MGM* mit gewohnter Sorgfalt von einem unbekannten Dialogautor und -regisseur deutsch gefasst. Friedrich Schoenfelder spricht die gut gelungenen verbindenden Texte des überfrachteten Programms. Für die Laurel-und-Hardy-Szenen war der Aufwand gering. Stan in den Ausschnitten aus BONNIE SCOTLAND und Ollie in der Szene aus HOLLYWOOD PARTY haben je nur einen Satz, den Bluhm für Laurel und Gerd Duwner für Hardy übernahm.

Der Antrag des Verleihs von Ende Juni 1964, DIE GROSSE METRO-LACHPARADE bei der *FBW* mit einem Prädikat zu versehen, wurde abgelehnt: «Der Film beginnt, flott und witzig, in straffer Bildfolge und mit einem erfreulich zugespitzten Kommentar. Es erweist sich freilich bald, dass dieser knappe erste Teil der einzige Vorzug des Films ist. Denn es folgt dann ein recht billig aneinander geschnittenes Potpourri aus berühmten Filmen der *MGM*. Man hat augenscheinlich recht willkürlich Ausschnitte präsentiert, die für den heutigen Betrachter nicht einmal in ihrem inhaltlichen Zusammenhang verständlich gemacht werden. Der Kommentar wird immer umständlicher. Schon der ganz beliebige Ausklang des Films beweist, dass man um eine dramaturgische Ordnung nicht sehr besorgt war.» Vergeblich versuchte das *Film-Echo*, eine Lanze für die Kompilation zu brechen.

Die Werbung der deutschen *MGM* wollte mit dem Überangebot an Stars punkten. Ins Zentrum des Plakates und der Inserat-Matern wurde eine Karikatur von Laurel und Hardy gerückt, eingerahmt von anderen Leinwandgrößen. Doch geschmackvoll ist das nicht: Ollie sitzt mit heruntergelassener Hose auf einem Plumpsklo und hält sich den Bauch, während Stan vor dem Toilettenhäuschen händeringend mit bereits gelösten Hosenträgern steht und Ollie anfleht, sich zu beeilen (Abb. 158).

Die Schwächen der GROSSEN METRO-LACHPARADE wurden nach der gleichzeitig am 11. September 1964 in vielen deutschen Städten stattfindenen deutschen Erstaufführung bemerkt. So schrieb die *Rheinische Post*: «Die Knalleffekte feiern Urständ, die feingeschliffenen Dialoge, der grobkörnige Situationsklamauk, das allbekannte Mätzchen, die verknotete Konfusion. Konfus wird's auch nach den sauber sortierten Szenen aus sauber sortierten Streifen, denn dann geht's unversehens über in ein bloßes Aneinander-Reihen von mehr oder weniger lachenswerten Bildfolgen ohne jeglichen Zusammenhang.» Als Fest des Lachens mochte auch die *Süddeutsche Zeitung* die «Reim-dich-oder-ich-fress-dich-Anthologie» nicht bezeichnen: «Gelächter gab es bei dieser ‹Lachparade› nur bei Buster Keaton und bei Laurel und Hardy, alias Dick und Doof.» Der *film-dienst* (seine Schreibweise hatte sich geändert) meinte, der zerfahrene Film ermüde, weshalb «mindestens die Hälfte der Gag-Fetzen die Archive gar nicht hätte verlassen sollen.» In Österreich wurde gespottet: «Die Lachparade als solche ist sogar für die sieben Zwerge zu winzig.»

Pro und Contra spiegelten sich an den Kinokassen wider. In einer saarländischen Großstadt beurteilte das Publikum den Film im Dezember 1964 als «sehr schlecht», und so waren auch die Kino-Einnahmen. Dagegen sorgten begeisterte Besucher in einer südwestdeutschen Stadt für pralle Kassen. Bis April 1965 hatte sich die Situation stabilisiert, und die positive Resonanz hielt zumindest bis in den Dezember an *(Film-Echo/Filmwoche)*.

Fünf Wochen vor der deutschen Premiere von DIE GROSSE METRO-LACHPARADE war Pietrek mit der nächsten Laurel-und-Hardy-Verwertung auf dem Markt. Aus den USA hatte er einige 1950/51 für das US-Fernsehen produzierte Folgen der *Buster Keaton Show* – auch bekannt als *Life With Buster Keaton* – erworben und fasste sie zum Teil gekürzt zu BUSTER KEATON IN WILDWEST zusammen. Da er das Keaton-Material für obskur hielt, ließ er bei der Neusser *Hadeko Filmkopieranstalt GmbH* aus seinem Lieblingsfilm DICK UND DOOF IN DER FREMDENLEGION als «Kinder-Beiprogramm» und für die *AKI*s eine elf-minütige Kurzfassung unter dem Titel DICK UND DOOF IN AFRIKA stricken. Die *FSK* gab diesen Torso Mitte August 1964 frei. Da hatten BUSTER KEATON IN WILDWEST und DICK UND DOOF IN AFRIKA ihre bundesdeutsche Erstaufführung vom 7. August 1964 schon eine Woche hinter sich (Abb. 159).

Gut einen Monat danach bereitete Pietrek den Neustart von DICK UND DOOF ALS STUDENTEN vor. Da Kinder vermutlich mit dem Begriff «Studenten» nicht allzu viel anzufangen wussten, nannte er den Film in DICK UND DOOF IN DER SCHULE um. Bonnés Plakat spiegelte daher Stan und Ollies Schulbesuch vor, den es in A CHUMP AT OXFORD nicht gibt. Mit DICK UND

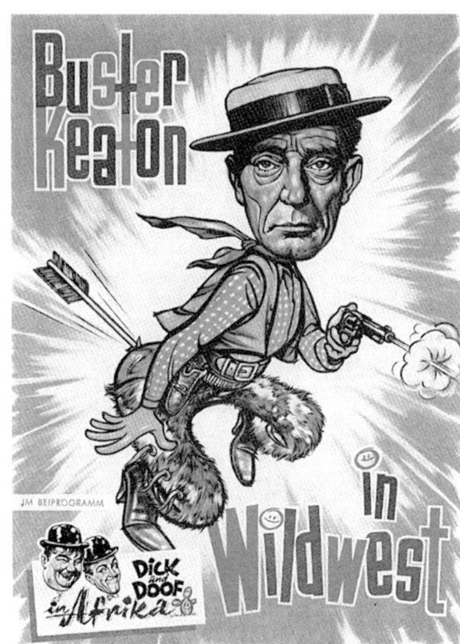

159 Plakat für das Programm KEATON IN WILDWEST mit DICK UND DOOF IN AFRIKA (Kurzfassung von THE FLYING DEUCES), 1964

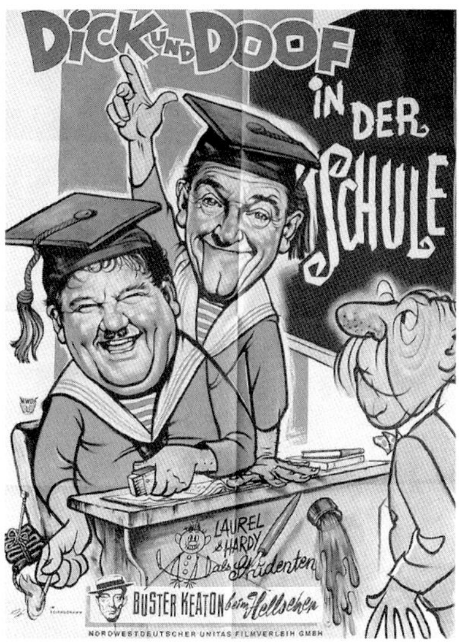

160 Plakat für DICK UND DOOF IN DER SCHULE (A CHUMP AT OXFORD) mit BUSTER KEATON BEIM HELLSEHER, 1964

DOOF IN DER SCHULE verfuhr er umgekehrt wie mit dem Keaton-Programm. Er koppelte den Spielfilm mit dem knapp neun-minütigen Streifen BUSTER KEATON BEIM HELLSEHER (THE TIME MACHINE) aus BUSTER KEATON IN WILDWEST (Abb. 160).

Nach ES DARF GELACHT WERDEN wandte sich das ZDF im Herbst 1964 mit der Serie OPAS KINO LEBT stummen Grotesken zu. Die Firma *ARPA-Film* nahm die Vorabendserie in die Hand. In den ersten vier ab dem 17. Oktober 1964 ausgestrahlten Folgen kommentierten verschiedene Sprecher Filmausschnitte aus der Frühzeit des europäischen Kinos, meist komische Filme. Die fünfte Folge vom 9. Februar 1965 enthielt stumme US-Grotesken. Nach einer mehrmonatigen Pause erschien die Serie mit ihren etwa 25 Minuten langen Folgen in einem neuen Gewand. Die Musik im Vor- und Abspann war ausgetauscht, und fortan wurden COMEDY-CAPERS-Grotesken mit Saunders' Musik-Fassung gezeigt (Abb. 161–166). In den Credits wurde kein Produzent mehr genannt. Die Filme stammten jedenfalls von *Beta Film,* die die deutschen Rechte für die COMEDY CAPERS innehatte. Wurde die Serie nach dem Neustart bei der *Beta Technik* bearbeitet? Einzelheiten haben sich nicht mehr herausfinden lassen. Feststeht, dass der Kabarettist Hanns Dieter Hüsch launige Kommentare für diese Folgen verfasste. Die *HörZu* schrieb über seine «maßvoll ironischen» Bearbeitungen: «Ähnlich wie Werner Schwier im ersten Programm griff er tief in die Flimmerkiste und förderte Filme aus Opas Jugendzeit zutage. Es sind heitere Geschichtchen von allerlei Pechvögeln und Witzbolden.» Statt der müde wirkenden Sprecher der ersten fünf Serien-Folgen sprach der Schauspieler Hans Clarin (Abb. 167) in einer Person Kommenta-

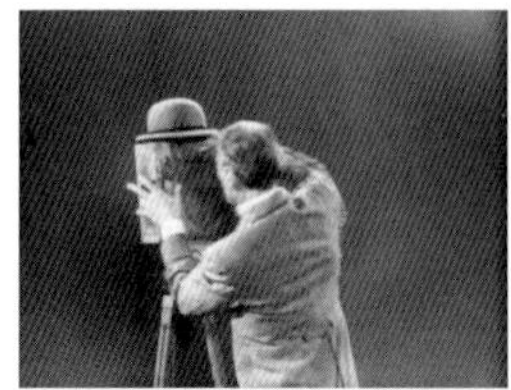
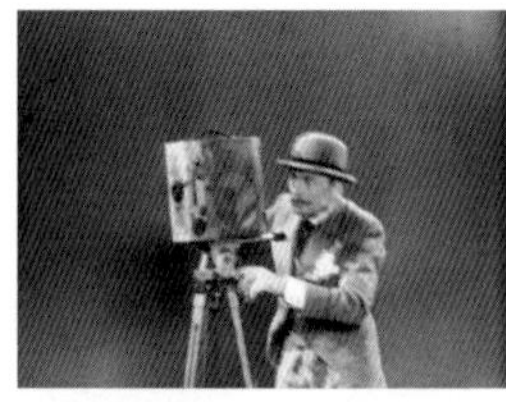
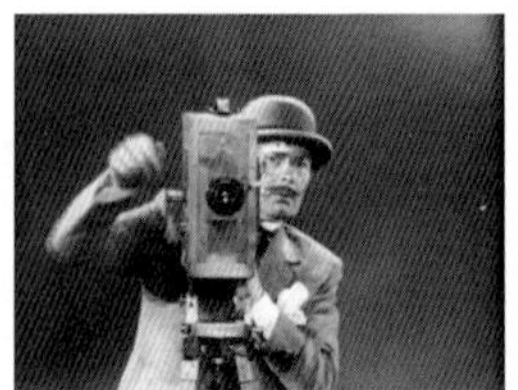
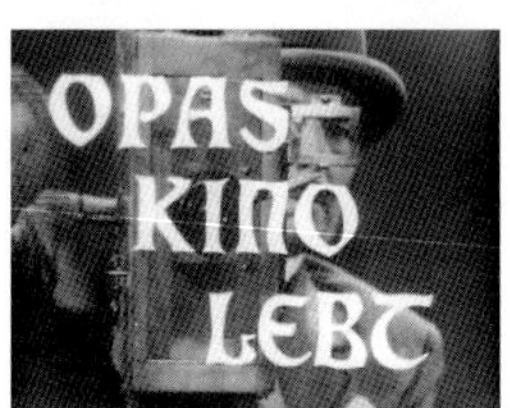

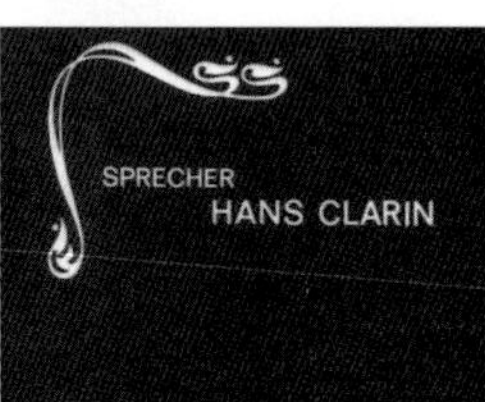

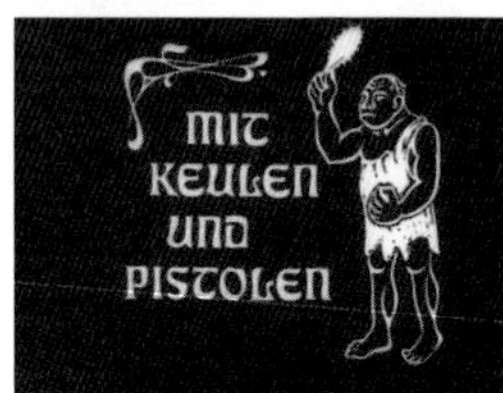

161–166 Vorspann der ZDF-Serie OPAS KINO LEBT (1966)

re und verschiedene Akteure der Streifen mit unterschiedlichen Stimmen. «Wenn es sein muss, bellt er auch wie ein Hund», notierte die *HörZu*.

In acht neuen Folgen von OPAS KINO LEBT sind Laurel und Hardy vertreten, überwiegend mit Solofilmen. Am 12. Dezember 1966 sollten laut *HörZu* in der Folge LAUTER SCHWIERIGKEITEN «Stan Laurel und Snub Pollard mit einem fremden Baby Abenteuer erleben». Doch das Blatt hatte Laurel mit dem Komiker Pollard verwechselt, der mit Marvin Loback zu sehen ist. Beide erinnern etwas an Laurel und Hardy.

KÖNNER, GÖNNER, SCHWERENÖTER enthält unter anderem Laurel und Hardys SLIPPING WIVES. In der Folge ACHTUNG GANGSTER! vom 4. Juni 1966 war erstmals in Deutschland DO DETECTIVES THINK? zu sehen. Hüsch nannte die Hauptfiguren Ferdinand Finkleberry (Laurel) und Sherlock Pinkham (Hardy) schlicht Laurel und Hardy, denn die Zwischentitel mit den Filmnamen hatte Saunders ja entfernt. Die beiden Detektive sollen einen Richter vor der Rache eines aus dem Zuchthaus entwichenen Raubmörders beschützen, der sich bereits unerkannt als Butler ins Haus des Gesetzeshüters eingeschlichen hat. Durch puren Zufall können sie den Verbrecher dingfest machen.

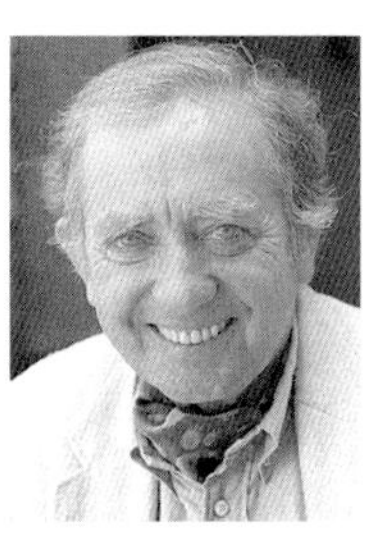

167 Hans Clarin (1990er-Jahre)

Am 10. August 1966 lief in MIT KEULEN UND PISTOLEN erstmals FLYING ELEPHANTS von 1928 in Deutschland und dazu Laurels ROUGHEST AFRICA. Laurel und Hardy haben in FLYING ELEPHANTS gleichwertige Rollen, sind aber kein Team. In der Steinzeit müssen alle Männer so schnell wie möglich heiraten. Rivalen um die Gunst einer Steinzeit-Maid sind Hardy als Hühne Mighty Giant, den Hüsch Sigurd der Dicke nennt, und Laurel als Fischer Twinkle Star, bei Hüsch Thorolf der Dünne. Der Filmtitel rührt daher, dass Mighty Giant beim Flirten erklärt, die «Elefanten fliegen Richtung Süden». Sie tun es wirklich!

Hardy war in OPAS KINO LEBT außerdem mit Billy West in THE CHIEF COOK, THE VILLAIN, THE PEST und FIDDLIN'

AROUND zu sehen und mit Larry Semon in GOLF. Laurel spielte solo in SHORT ORDERS, PICK AND SHOVEL und SAVE THE SHIP. In der Folge MUSIKANTENSCHICKSAL wurde außerdem STARVATION BLUES mit Clyde Cook und Syd Crossley von 1925 gezeigt, Vorgänger von Laurel und Hardys Tonfilm BELOW ZERO.

14. Hanns Eckelkamp und *Atlas*: Laurel und Hardy sind viel besser als nur Dick und Doof!

Laurel beantwortete in seinen letzten Lebensjahren geduldig seine zahlreiche Fanpost. Für die Vereinigung der *Sons of the Desert*, der Vereinigung der Laurel-und-Hardy-Freunde, die sein Biograf John McCabe ins Leben rufen wollte, verfasste er eine Nonsens-Satzung. Denn nach seinen Vorstellungen sollte es gerade nicht wie in einem Verein zugehen. Knapp drei Monate nach Laurels Tod fand die Gründungssitzung der *Sons of the Desert* in New York statt. Erster Grandsheik wurde Laurel-Biograf McCabe. Am 23. Februar 1965 starb Laurel in seinem Wohnort Santa Monica an einem Herzanfall. Wenige Minuten vor seinem Tode bewies er ein letztes Mal Sinn für Humor. Als ihm eine Krankenschwester eine Spritze setzen wollte, sagte er: «Am liebsten würde ich jetzt Ski laufen.» Ganz verwundert fragte ihn die Schwester, ob er Skifahrer sei. «Nein», war seine Antwort, «aber ich würde lieber Skilaufen, als mich stechen zu lassen.» Drei Tage nach seinem Tod fand unter großer Anteilnahme Hollywoods eine Trauerfeier statt, auf der der Schauspieler Dick van Dyke bewegende und fröhliche Worte als gebührende Anerkennung für den Meisterkomiker sprach, auf dessen Grabstein steht: «Stan Laurel, ein Meister der Komödie. Sein Genie in der Kunst der Komik schenkte der Welt, die er liebte, Frohsinn.» Laurels Tod löste weltweit Nachrufe aus, auch in beiden Teilen Deutschlands. Das Fernsehen der DDR nahm Laurels Tod am 12. April 1965 zum Anlass für einen ABEND MIT DICK UND DOOF, mit vier unbekannt gebliebenen Filmen des Duos. Der DDR-*Fernsehdienst* meldete dazu: «Wenn über weltbekannte Komiker der Kinematographie gesprochen wird, so fallen neben Charlie Chaplin sofort zwei Namen: Oliver Hardy und Stan Laurel. In der Stummfilmzeit gab es keinen Kinobesucher, der diese beiden Komiker nicht in ihren Dick-und-Doof-Filmen gesehen hat. Kleine und größere Filmstreifen waren es, in denen mit unverwüstlichem Humor, sehr derb und handgreiflich und mit einer Fülle von Gags die Lachmuskeln der Kinobesucher gereizt wurden. Oliver Hardy starb vor einigen Jahren, und vor wenigen Wochen ist nun auch sein Partner, Stan Laurel, verschieden.»

1965 war für Laurel und Hardy in der Bundesrepublik Deutschland ein Jahr der Wende. Die beiden Komiker standen alsbald im Fokus als Künstler des grotesken Genres, die man früher als zweitklassige Clowns verkannt hatte, die angeblich nur Klamauk-Filme gedreht hatten. Endlich traute man ihnen mehr zu als nur Hau-drauf-Komik. Für diesen Umbruch stehen drei Namen: Der *Atlas*-Verleih, sein Inhaber Hanns Eckelkamp und Werner Schwier.

Hanns Eckelkamp (Abb. 168) war über das väterliche Münsteraner Kino *Gertrudenhof-Lichtspiele* ab Mai 1946 im Filmgeschäft. Nach und nach eröffnete er gemeinsam mit seinem Vater in Duisburg mehrere Kinos, darunter den großen *Europa-Palast* und das Film-

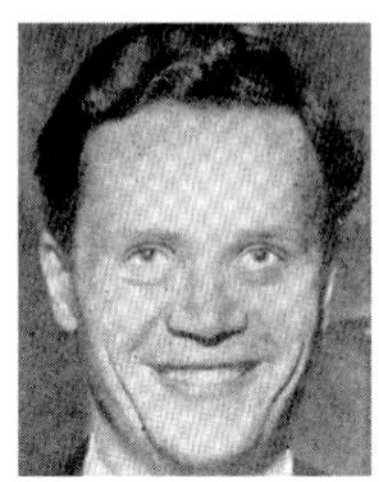

168 Hanns Eckelkamp (1965) Chef des *Atlas* Filmverleihs

kunst-Kino *Studio*. Es wurden Filmkunst-Wochen mit «Filmen für Leute, die das Besondere lieben» veranstaltet, wozu Filmbriefe herausgegeben wurden, die 1955 bereits 3.400 feste Abonnenten hatten. Mit den so genannten Studio-Filmen konnte Eckelkamp fast überall wochenlang sein Kino-Programm bestreiten. Die offizielle Premiere von Schwiers und Elfers Tournee-Programm KINTOPP ANNO DAZUMAL fand Anfang 1955 in den *Getrudenhof-Lichtspielen* statt. Das viel gespielte Programm DICK UND DOOFS LACHPARADE hatte seine Premiere im Oktober 1959 im familieneigenen *Metropol-Theater*, und der Senior war außerdem am *Donau*-Verleih beteiligt. Zu der Zeit hatte sich Hanns Eckelkamp mit der sensationell erfolgreichen Wiederaufführung des Western-Klassikers ZWÖLF UHR MITTAGS (HIGH NOON) seine ersten Sporen im Verleih-Geschäft verdient. Mit der *Atlas-Filmverleih GmbH (Atlas)* sollte er dann bundesdeutsche Verleih-Geschichte schreiben.

Den Schritt ins selbstständige Verleih-Geschäft wagte Eckelkamp 1960. Zunächst gründete er die *Donau-Film-Nord-West K. H. Dietz & Co. KG* und nach dem Tode seines Vaters im November des Jahres mit dem finanziellen Rückhalt der familiären Kinobetriebe den *Atlas*-Verleih. Er war Inhaber, Geschäftsführer und Verleih-Chef in einer Person. Den Einkauf der Filme übernahm Ernst Liesenhoff, ein Weggefährte Schwiers aus Göttinger Zeiten, der die Kinos der Familie Eckelkamp geleitet hatte. Eckelkamp und Liesenhoff setzten den in den Eckelkampschen Kinos vorgezeichneten, von Qualität geprägten Weg fort, brachten Filmklassiker in die deutschen Kinos und setzten mit künstlerischem Anspruch einen Kontrapunkt gegen Filmkaufleute, für die Film und Kunst nichts miteinander zu tun haben mussten und die Filme als eine beliebige Ware betrachteten.

Eckelkamp war mit Kirch befreundet, der *Atlas'* «großer Lieferant» war. Umgekehrt hatte *Atlas* für Kirch eine stetig wachsende Bedeutung, weil der Verleih von Beginn an beste Ergebnisse erzielte und Kirch daher die erfolgreich im Kino gelaufenen Filme zu lukrativen Preisen ans Fernsehen verkaufen konnte. Den entscheidenden Aufschwung erzielte *Atlas* Anfang 1964 mit dem von der *Beta Film* gelieferten Ingmar-Berman-Film DAS SCHWEIGEN (TYSTNADEN). Bei der Auswahl seines Programms ließ Eckelkamp sich von bekannten Fachleuten beraten. Plakate wurden von renommierten Grafikern gestaltet. Außerdem gab der Verleih die *Atlas Filmhefte* heraus, die von bekannten Journalisten verfasste Informationen über die Filme enthielten, ihre «Macher» näher beleuchteten und sich in Aufsätzen mit den Charakteristika von Künstlern und ihren Werken befassten. Bekannt war *Atlas* für ausgefallene Werbeaktionen.

Zu den erfolgreichen *Atlas*-Reprisen gehörten Klassiker der Filmkomik von Buster Keaton und Chaplin aus dem Bestand der *Beta Film*. Lanciert hatte das Schwier, den Eckelkamp über Liesenhoff kennen gelernt hatte. Eckelkamp hatte sich um die Kino-Auswertungsrechte für Laurel und Hardys Filme bemüht, doch Kirch war ihm bereits 1961 zuvorgekommen. So konnte *Atlas* für seinen 1965 ins Leben gerufenen Schmalfilm-Verleih zunächst auch nur auf ATOLL K zurückgreifen, an dem Kirch keine Rechte besaß. In den Begleitinformationen des Eckelkampschen Schmalfilm-Programms wurde Laurel und Hardys Kunst neu betrachtet: Bereits ihre Stummfilme enthielten «wahre Perlen moderner absurder Poesie». Schwier brach für das Duo außerdem eine Lanze und hielt es für die künftige Präsentation der Laurel-und-Hardy-Filme im Kino für erforderlich, sie neu zu synchronisieren.

Als Eckelkamp sich 1965 entschloss, Grotesken der beiden Komiker in neuen deutschen Fassungen auf den Markt zu bringen, musste er die Kinorechte von Kirchs *Beta Film* kaufen. Pro Film wurden sie ihm für eine Laufzeit von fünf Jahren übertragen. Ursprünglich sollte im Juni 1965 als erster Laurel-und-Hardy-Spielfilm FRA DIAVOLO unter dem neuen deutschen Titel DIE RÄUBER bei *Atlas* herauskommen. Die Importlizenz lag schon seit Dezember 1964 vor, aber das Vorhaben scheiterte. Als erster Laurel-und-Hardy-Film unter dem *Atlas*-Banner sollte stattdessen WAY OUT WEST ins Rennen geschickt werden. In der angekauften Fassung war die Saloon-Szene zu Beginn des Films unvollständig.

Pietrek bereitete jedoch juristische Probleme. Als Erstmonopolist besaß er noch bis Ende Januar 1966 die Kino-Auswertungsrechte für den Film. Die *Beta Film* erhielt die Auswertungsgenehmigung für WAY OUT WEST im April 1966, als ihr Vertrag mit *Atlas* über den Streifen längst unter Dach und Fach war. Schon 1964 hatte sie Pietrek die Rechte an WAY OUT WEST streitig gemacht und ihn verklagt. Als *Atlas* ihn im Frühsommer 1965 herausbrachte und *Beta Film* sich obendrein um die Auswertungsrechte für OUR RELATIONS bemühte, an dem Pietreks Rechte ebenfalls in Kürze ausliefen, verklagte er die *Beta Film*. Erst Anfang der 1970er-Jahre legten die Kontrahenten nach mühsamen Verhandlungen beide Prozesse bei.

Eckelkamp ließ WAY OUT WEST bei der *BSG* von Schwier als Autor und Regisseur deutsch synchronisieren. Als glühender Verehrer des Duos wollte Schwier mit einer künstlerisch anspruchsvollen, möglichst nahe am Original bleibenden Synchronisation Laurel und Hardys bizarre Komik als bisher unentdeckte Kunst aufwerten und die beiden Komiker als verkannte Genies präsentieren. Die Western-Parodie erhielt den Titel ZWEI RITTEN NACH TEXAS, und *Atlas* kündigte an, «einem der erfolgreichsten und modernsten Filme der beiden Filmkomiker den Weg in die ihnen angemessenen besten Filmtheater zu erschließen». Trotz eines nicht allzu üppigen Budgets gelang Schwier eine vorbildliche, bahnbrechende deutsche Bearbeitung. Er hielt sich eng an das Original, übersetzte aber nicht etwa wörtlich, was mit Sicherheit das deutsche Sprachgefühl verfehlt hätte, sondern fing mit gepflegtem, ungekünstelten Deutsch den Geist Laurel und Hardyscher Komik ein. Selbstverständlich besetzte er Laurel und Hardy mit Bluhm und Paulsen und auch die übrigen Synchronrollen goldrichtig.

Da die internationalen Tonbänder fehlten, wurde WAY OUT WEST musikalisch neu bearbeitet. Dem Komponisten und Arrangeur Peter Schirmann (Abb. 169) wurden künstlerisch keine Vorgaben gemacht. Aber aus Kostengrün-

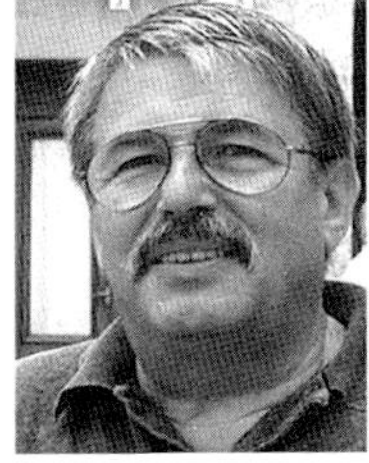

169 Komponist Peter Schirmann (1980er-Jahre)

den musste er sich anstelle eines Orchesters mit einer kleinen Besetzung (Gitarre, Bass, Geige, Klarinette und Schlagzeug) begnügen. Seine Kompostionen brachte er mitunter im Atelier zu Papier und nahm sie gleich danach auf. Da das Geld auch für eine durchgehende musikalische Untermalung nicht reichte, musste er sich auf Szenen konzentrieren, die Musik verlangen. Über optische und verbale Gags konnten die Zuschauer auch so lachen. Mit seinen sparsam arrangierten Musiken erzielte Schirmann ein Optimum an Wirkung. Wie Schumann hatte auch er Laurel und Hardy verstanden und besaß die Gabe, dies prägnant in Musik umzusetzen. Seine musikalische Einleitung rankt sich um das bekannte Laurel-und-Hardy-Thema und stellt den Bezug zu Reitern her, die man meint vorbeitraben zu hören. Dazu bewegen sich rhythmisch Stan und Ollies stilisierte Bowler, die optisch die Geräusche von Pferdehufen vermitteln. Mickey Finns Saloon wird mit einem fröhlichen, temporeichen Musikstück vorgestellt, unter anderem mit einer bewusst schräg gespielten Geige, um eine Saloon-Atmosphäre mit verstimmtem Klavier entstehen zu lassen. Während Stan und Ollie nachts in den Saloon einsteigen, steigern Basstöne die Wirkung des Geschehens. Künftig gehörten Schirmanns Musiken für ZWEI RITTEN NACH TEXAS zu den Archivmusiken der *BSG* und wurden in anderen deutschen Laurel-und-Hardy-Bearbeitungen verwendet.

Als Beiprogramm für ZWEI RITTEN NACH TEXAS wurde der Kurzfilm TIT FOR TAT in der *Beta-Technik*-Fassung DICK UND DOOF BAUEN EIN GESCHÄFT ausgewählt, die den deutschen Titel WIE DU MIR, SO ICH DIR erhielt, um den Begriff Dick und Doof zu vermeiden. Die offiziell als *Gesamtprogramm* bezeichnete Kombination begann mit der kurzen Groteske «als Vorspeise und Einstimmung, zur Feier des Wiedersehens mit zwei liebenswerten Schauspielern: Laurel und Hardy».

An der Werbung sparte *Atlas* nicht. Der einst von Laurel geförderte Pantomime Marcel Marceau ließ sich spontan für den Trailer des *Gesamtprogramms* engagieren, der sich von herkömmlichen Trailern unterscheidet. Eine Bombe mit brennender Lunte. Bei tickendem Countdown kündigt der Sprecher an, sie werde im Kino platzen. Ob die Zuschauer nicht lieber gehen wollen? Selbst Stalin schwärmte doch für diese Bombe, und auch Marceau will sie nicht verpassen, daher ist er in seiner Ente unterwegs zum Kino. Unterlegt mit Schirmanns Einleitungsmusik explodiert die *Atlas*-Bombe schließlich und gibt den Blick frei auf Stan und Ollies Tanz vor dem Saloon. Dem *Atlas Filmheft* für ZWEI RITTEN NACH TEXAS stellte Schwier das Motto voran: «Laurel und Hardy sind die siamesischen Zwillinge der Komik. Ihre Wirkung ist wahrhaft weltweit von Dylan Thomas bis Henry Miller, bis zu Churchill und Stalin, sie reicht von China bis Europa und von Amerika bis Russland, Marcel Marceau feierte die beiden als große Lehrmeister der modernen Pantomime.» In seinem leidenschaftlichen Artikel «Sind Laurel und Hardy dick und doof? Anmerkung zu einer längst fälligen Rehabilitierung» zeigt Schwier auf, wie sehr in Deutschland Laurel und Hardys surrealistische Komik missverstanden worden sei und man ihre Filme auch gern mal auf deftigen Klamauk synchronisiert habe. Seine neuen Bearbeitungen sollten nun die wortlose Komik und den hintergründigen Witz von Laurel und Hardys Dialogen erschließen. Außerdem formulierte er sein Credo: «Stan

Laurel und Oliver Hardy, die viel besser sind als nur dick und doof». *Atlas* bat die Kinobesitzer um den «konzentrierten Einsatz aller Werbemittel» und erläuterte sein Anliegen, Laurel und Hardy zu rehabilitieren: «Wir wollen das Publikum davon überzeugen, dass Stan Laurel und Oliver Hardy weitaus besser sind als nur dick und doof, dass sie einfach zu schade sind, wenn sich ihre Filme in Nachmittags-Vorstellungen für Halbwüchsige verbrauchen. Stan Laurel und Oliver Hardy müssen salonfähig werden, damit auch einem seriösen Publikum die Möglichkeit gegeben wird, die groteske Komik dieser beiden überragenden Schauspieler überhaupt erst zu sehen und damit als ernstzunehmende Unterhaltung anzuerkennen.» Daher sei eine Reihe von Laurel-und-Hardy-Filmen geplant mit SONS OF THE DESERT als nächstem Streifen in Schwiers Bearbeitung. Schwier veröffentlichte seinerseits im August 1965 in der ursprünglich von ihm mitverlegten Zeitschrift *Film* Auszüge seines deutschen Dialogbuchs zu ZWEI RITTEN NACH TEXAS. Auf dem Titelbild prangen «Laurel und Hardy in Wildwest». Im Heft steht außerdem Schwiers Artikel «Die Toren, die das Gute wollen», in dem er Laurel und Hardys unzulängliches Streben nach dem Guten in einer schlechten Welt behandelt und zu dem Ergebnis gelangt, dass die Handlung ihrer Filme lediglich Vorwände liefert, «ihre urkomische Zweisamkeit auszuleben».

Folgerichtig beantragte *Atlas* bei der *FBW* ein Prädikat, und der Durchbruch gelang! Am 29. Juni 1965 erhielt das *Gesamtprogramm* als filmhistorischer «Dokumentarfilm» das ersehnte Prädikat «wertvoll» mit folgender Begründung: «Wenn die beiden zu einem abendfüllenden Programm zusammengefügten Filme in ihrem Wert auch sehr unterschiedlich sind – der zweite, ZWEI RITTEN NACH TEXAS, ist sehr viel besser –, gebührt nach Meinung des Bewertungsausschusses diesem Resümee eines Kapitels der Filmgeschichte ein Prädikat. Die beiden Namen Stan Laurel und Oliver Hardy haben eine ganz eigene Linie der Filmkomik entwickelt, in die freilich alles, was sonst schon entdeckt und praktiziert war, mit eingebaut wurde. Abgesehen vom dokumentarischen Interesse sind Filme wie ZWEI RITTEN NACH TEXAS auch heute noch sehr vergnüglich.»

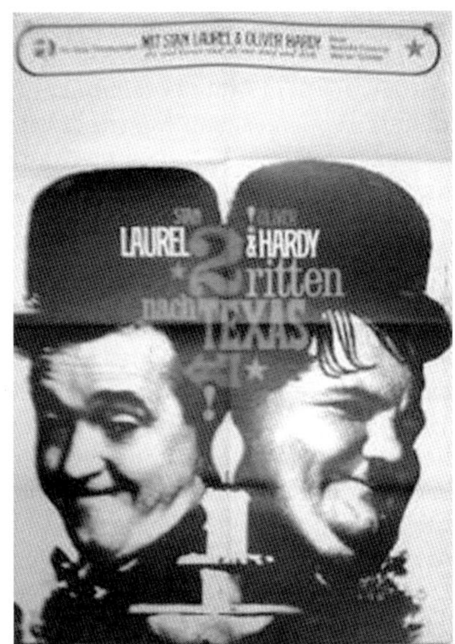

170 Plakat für ZWEI RITTEN NACH TEXAS (WAY OUT WEST), 1965

WIE DU MIR, SO ICH DIR und ZWEI RITTEN NACH TEXAS wurden etwas früher als geplant am 9. Juli 1965 gleichzeitig in vielen deutschen Städten gestartet, darunter in den Kinos *Luitpold-Lichtspiele* (Augsburg), *Dammtor-Theater Non-Stop* (Hamburg) und *Alemannia-Filmtheater* (Frankfurt am Main) (Abb. 170). Vor jedes Kino, in dem das *Gesamtprogramm* anlief, wurden zwei als Laurel und Hardy ausstaffierte Männer mit einem Esel geschickt. Kinder bekamen Bonbons und durften auf dem Grautier reiten. Mitte August 1965 «geschah es» vor Eckelkamps Duisburger Kino *Europa-Haus*, dass der Esel «ausbrach» und just zum Anpfiff des Fußball-Bundesligaspiels des *Meidericher SV* gegen den *1. FC Kaiserslautern* auf das Spielfeld des Wedau-Stadions trabte, das Derby anstieß und danach vom Schiedsrichter des Platzes verwiesen wurde. Ende Juli 1965 konnte sich *Atlas* sogar über eine kostenlose Werbung freuen, als der WDR anlässlich der Bochumer Erstaufführung des *Gesamtprogramms* einen dreiminütigen Filmbericht sendete.

Das Branchenblatt *Filmblätter* registrierte wohlwollend *Atlas* Bemühungen um Laurel und Hardys Ehrenrettung. Besonders freute es sich über ihre «ganz schwerelosen Grotesken» und auch über Bluhms Leistung als Laurels Sprecher. Die begeisterte *Frankfurter Allgemeine Zeitung* lobte sowohl Schwier als «vorzüglichen Interpreten» seiner Fernsehsendungen als auch seinen Einsatz, mit dem er Laurel und Hardys unverwüstliche und «überraschend sensible Spielart» als «abendfüllenden Genuss» sichtbar gemacht hatte. «Schluss mit Dick und Doof», notierte die Düsseldorfer *Neue Rhein-Zeitung*. Endlich war klar, dass Laurel und Hardy «Könige ihres Fachs» sind, die «souverän die Lachmuskeln beherrschen und mit einer Kettenreaktion von Einfällen zum Vibrieren bringen». Das Hamburger *Abendecho* brachte es auf den Punkt: «So sollte ein Lustspiel geschneidert sein. Und das ist 30 Jahre alt.» Plötzlich waren es laut *Frankfurter Rundschau* auch nur «unverständliche Verleih-Konzeptionen» und «für den anspruchslosen Tagesverschleiß zusammengeschnittene Programme mit einer miserablen Synchronisation» gewesen, die die «humorvollen Philosophen» zu «Dick und Doof degradiert» hatten. Dabei machte man sich natürlich nicht die Mühe, die vielen gelungenen deutschen Laurel-und-Hardy-Bearbeitungen zu erwähnen, allen voran Gressiekers meisterliche Synchronisation HÄNDE HOCH – ODER NICHT! Es war auch in Vergessenheit geraten, dass Kritiker immer wieder schnell bereit gewesen waren, Laurel und Hardy mit ätzender Tinte zu attackieren. Die *Filmkritik* war freilich unverdächtig. Sie nannte diese Bigotterie beim Namen, denn nach ihrer Erinnerung hätte man trotz der Vermarktung der Filme des Duos unter dem Namen Dick und Doof in Klamotten-Kinos schon viel früher so manchen Laurel-und-Hardy-Schatz heben können: «Dass diese Filme, solange sie von Verleihern wie *NWDF-Unitas, Donau* und *Viktoria* vertrieben wurden, von der seriösen Kritik ignoriert wurden und diese sich ihre ‹Entdeckung› durch den Umstand diktieren lässt, dass sich nun die bestrenommierte *Atlas* ihrer annimmt, muss zu denken geben: Welcher Film als Teil der ‹Elitekultur› zur Kenntnis genommen und welcher als zu ‹Massenkultur› gehörig ignoriert wird, das entscheidet also der Filmmarkt mit seiner fragwürdigen Differenzierung nach Groß-, Kunst- und Winkel-Verleihen.» Der *film-dienst* schwieg. Heute nennt das *Lexikon des internationalen Films* WAY OUT WEST «einen der gelungensten» Laurel-und-Hardy-Langfilme und «einen Klassiker des Burlesk-Films, sorgfältig inszeniert und mit einer Fülle von Gags angereichert, die vom reinen Klamauk des Kintopps bis zur subtilen Form der Komödie reichen»! Der *Evangelische Film-Beobachter* verfiel zum Neustart zwar nicht in Jubel, betrachtete das Unterfangen aber beifällig. Nur WIE

DU MIR, SO ICH DIR kam bei ihm nicht gut davon: «*Atlas* hätte aus der Fülle der Kurzfilme ein Streifchen besserer Machart herausfischen können.»

Das mitunter als «Kunstkino» glossierte *Gesamtprogramm* brachte *Atlas* sehr viel Geld ein. Allein im Frankfurter *Alemannia-Filmtheater* hielt es sich fünf Wochen, in den beiden anderen bekannten Erstaufführungskinos der Stadt je vier Wochen und in anderen Lichtspielhäusern mindestens zwei. Bis Ende August 1965 hatten allein sieben ausgewählte Kinos rund 294.000 DM eingespielt, wie *Atlas* stolz in einer ganzseitigen Anzeige im Branchenblatt *Film-Echo/Filmwoche* unter der Überschrift «Man trägt wieder Humor» verkündete. Danach sanken die Kassen-Ergebnisse, und im April 1966 waren die Möglichkeiten des *Gesamtprogramms* weitgehend ausgeschöpft. In den ersten sechs Monaten seit der Premiere hatten immerhin 600.000 Kinobesucher WIE DU MIR, SO ICH DIR und ZWEI RITTEN NACH TEXAS gesehen, im Endeffekt überschritt die Anzahl der Zuschauer sogar die Millionengrenze. Schwiers vorbildliche Bearbeitung ZWEI RITTEN NACH TEXAS wurde darüber hinaus die am häufigsten aufgeführte deutsche Fassung eines Laurel-und-Hardy-Spielfilms, nicht nur im Kino und Fernsehen, sondern auch auf Video und auf DVD. Der finanzielle und künstlerische Erfolg dieses Filmes ließ 1965 einen Ruck durch das bundesdeutsche Verleih-Geschäft gehen. Allein 1965 zog ZWEI RITTEN NACH TEXAS weitere fünf Laurel-und-Hardy-Bearbeitungen für das Kino nach sich, 1966 noch einmal drei. Bis 1968 hatte sich ihre Zahl sogar auf 16 Neubearbeitungen summiert – ein neuer Laurel-und-Hardy-Boom. Nach der gelungenen Rehabilitation konnte *Atlas* den nächsten Spielfilm des Duos anlaufen lassen.

15. Roach-Ehrung in Berlin, DDR kommt in Fahrt

Auf den 15. *Internationalen Filmfestspielen Berlin*, der *Berlinale*, richtete sich die Aufmerksamkeit auf Laurel und Hardys Erfolgsproduzenten Roach. Er wurde am 4. Juli 1965 im Kino *City im Europa-Center* von Nicolas Pillat mit der Goldmedaille des 1930 gegründeten *Comité International Pour la Diffusion des Arts et des Lettres Par le Cinéma*, kurz *CIDALC*, anlässlich seines 50-jährigen Filmjubiläums geehrt (Abb. 171). Als Vizepräsident und Generalsekretär der Organisation würdigte Pillat Roachs Beitrag zum Lachen in der Welt in einer Ansprache: «Indem Hal Roach insbesondere mit Laurel und Hardy Filme voller Komik schuf, hat er glänzend bewiesen, dass ‹das Lachen das ureigenste Gut der Menschen ist›. Die Devise des *CIDALC* ‹Völkerverständigung durch das Bild› hätte eine viel größere seelische und menschliche Tragweite, wenn sie ‹Völkerverständigung durch das Lachen› lautete. Wenn die Menschen, ob jung oder alt, sich lachend begegneten, gäbe es weniger

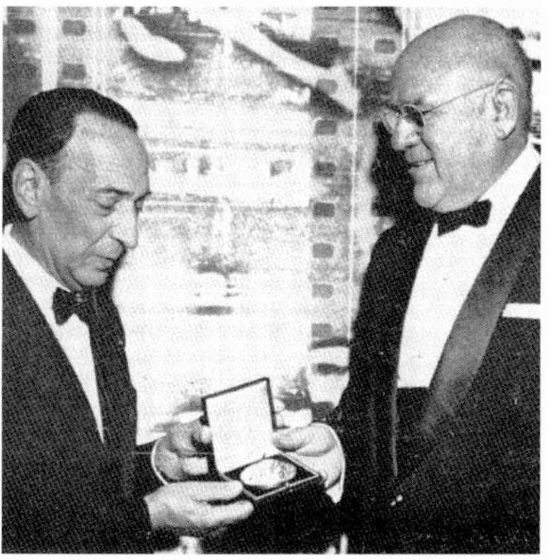

171 Hal Roach (rechts) empfängt am 4.7.1965 in Berlin von Nicolas Pillat die CIDALC-Medaille

THE GALLERY OF MODERN ART
Including the Huntington Hartford Collection (New York)
Raymond Rohauer—Film Curator & Program Director
presents

HAL ROACH'S
"THE CRAZY WORLD OF LAUREL & HARDY"
PRODUCED BY HAL ROACH   A JAY WARD PRODUCTION

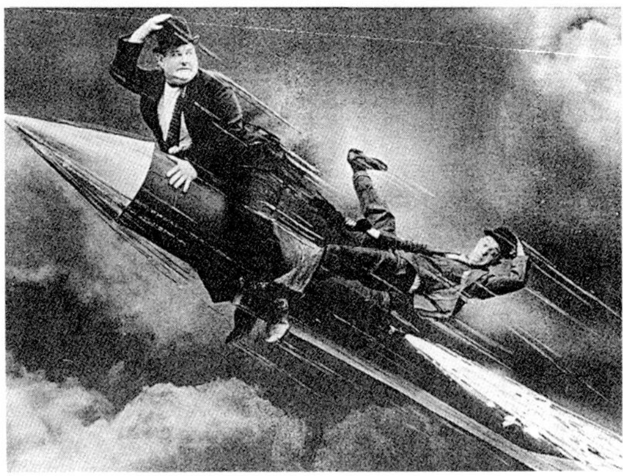

172 US-Werbeheft für THE CRAZY WORLD OF LAUREL AND HARDY), 1965

Streit, gäbe es vielleicht sogar weniger Kriege, bestimmt aber würde eine viel größere Herzlichkeit herrschen.»

Roach hatte zu diesem Anlass einen Film mitgebracht, der direkt im Anschluss an den Festakt seine Weltpremiere in stummer Fassung erlebte, die ein unbekannt gebliebener deutscher Sprecher kommentierte und ein ebenfalls nicht genannter Musiker am Klavier begleitete: DICK UND DOOFS VERRÜCKTE WELT, eine knapp 90-minütige Kompilation von 23 Laurel-und-Hardy-Filmen der Roach-Ära, die im Original THE CRAZY WORLD OF LAUREL AND HARDY heißt. Sie wurde am selben Tag noch zweimal gezeigt. Es blieben die einzigen deutschen Vorführungen, da sich kein deutscher Verleiher fand. Als Roach auch am 8. Juli 1965 im *Münchner Stadtmuseum* geehrt wurde, würdigte man ihn mit einem anderen Filmprogramm. THE CRAZY WORLD OF LAUREL AND HARDY geht auf eine Idee von Raymond Rohauer zurück, der gemeinsam mit Roach und dem Produzenten Bill Scott nach Berlin gekommen war. Der ehemalige Kinobesitzer Rohauer hatte so gut wie alle klassischen Buster-Keaton-Filme seiner riesigen Filmsammlung einverleibt und sicherte sich das Copyright an zahllosen Stummfilmen. Seine Geschäftsmethoden waren fragwürdig. Roach firmierte für THE CRAZY WORLD OF LAUREL AND HARDY nur auf dem Papier als Produzent, Rohauer ernannte sich zum Mitproduzenten. Die im freundlichen Plauderton präsentierte Zusammenstellung leidet an der Menge der ausgewerteten Streifen, aber auch unter Musik und lauten Geräuscheffekten, die Laurel und Hardys Werk nicht angemessen sind. Gags sind thematisch zusammengestellt und wiederholen sich deswegen gelegentlich. Das Schwergewicht liegt auf Tonfilmen. Unter den drei berücksichtigten Stummfilmen befindet sich der bis 1965 in Deutschland unbekannte Zweiakter BACON GRABBERS von 1929. Die Gerichtsvollzieher Stan und Ollie pfänden mühevoll ein Radio, für das seit Jahren keine Raten gezahlt wurden. Das Gerät wird aber von einer Dampfwalze platt gefahren und genauso das Dienstfahrzeug der beiden Freunde. In den USA war THE CRAZY WORLD OF LAUREL AND HARDY kein Erfolg. Es kam über einige Einsätze in der Weihnachtszeit 1965 nicht hinaus, und auch ein neuer Anlauf zwei Jahre später änderte kaum etwas (Abb. 172).

Von Januar bis November 1965 wurde im DDR-Fernsehen die erste Staffel der Serie LACHPARADE mit dem Kabarettisten Horst Kube als «Rekommandeur» gesendet, die der stummen US-Groteske gewidmet war. Die Folge WELTBEKANNTE KOMIKER DER STUMMFILMZEIT vom 2. November 1965 enthielt unter anderem WITH LOVE AND HISSES mit Laurel und Hardy. Die TV-Redaktion gab Folgendes mit auf den Weg: «Laurel und Hardy, Ben Turpin, Charley Chase, Charlie Chaplin – Namen, die dem Kintopp-Publikum der zwanziger Jahre eine absolute Garantie dafür gaben, rührend-komische und grotesk-handfeste Situationen auf der flimmernden Leinwand zu sehen». Jahre später, 1968, lief in der LACHPARADE die Folge STAN VON DER POST (POSTAGE DUE). In dem Jahr präsentierte auch Wolfgang Lohse die Serie SPASS AM SPASS mit stummen US-Grotesken, Einzelheiten sind nicht bekannt.

Von Juli bis Oktober 1966 waren die beiden Komiker mit mehreren Streifen außerhalb einer Serie im DDR-Fernsehen vertreten. Den Anfang machte DER SCHORNSTEINFEGER KOMMT (DIRTY WORK) mit folgender Ansage: «DER SCHORNSTEINFEGER KOMMT und damit Stan Laurel und Oliver Hardy. Es ist ein Streifen aus der ersten Zeit des Tonfilms, aber die Komik dieser beiden ‹Helden› ist so allgemeinverständlich, dass Sie diesen Spaß gewiss verstehen, ohne englisch zu können. Viel Spaß!» Eine Woche später wurden weitere kurze Tonfilme gesendet: HARTE MÄNNER – WEICHE HERZEN (MEN O' WAR?), EIFERSUCHT mit Laurel und Hardy als «tapferen Seefahrern» (wahrscheinlich ANY OLD PORT) und ein «schreckliches Ehedrama» (BE BIG?). Nach dem Stummfilm VERFÜHRTE UNSCHULD (wohl SLIPPING WIVES) wurden WENN DER KATER BRUMMT (HELPMATES) und IM 6. HIMMEL (LIBERTY) ausgestrahlt, dann wohl als Wiederholung MÜDE HELDEN (WITH LOVE AND HISSES) und neu Laurels Solofilm LUKULLUS WIDER WILLEN (SHORT ORDERS). Hinter Laurels weiterem Solofilm ES LÄCHELT DER SEE, in dem es unter anderem ums Zelten geht, verbirgt sich wohl SAVE THE SHIP. Laurel und Hardy machten sich außerdem als Polizisten ans Werk in RITTER OHNE FURCHT UND TADEL (THE MIDNIGHT PATROL). Als zur Weihnachtszeit zwei dieser Beiträge wiederholt wurden, war das für die *Leipziger Volkszeitung* zu viel des Guten. Obwohl sie die Streifen gut fand, meinte sie, Laurel und Hardy seien mittlerweile «im Übermaß strapaziert» worden.

Nach diesen TV-Ausflügen kam das *Atlas-Gesamtprogramm* WIE DU MIR, SO ICH DIR und ZWEI RITTEN NACH TEXAS am 31. März 1967 in die DDR-Kinos (Abb. 173). Der *Progress*-Verleih titelte: «Männer mit Melone – aber kein alter Hut», und dann gingen die Meinungen auseinander. Der *Neue Weg* begrüßte das «Tandem der Filmkomik» herzlich. Im Artikel «Da kamen zwei Wanderer» schrieb die *Neue Zeit*: «Diese Komik reicht bei Laurel und Hardy von absurdester Sinnlosigkeit ihres Tuns bis zu den bekannten Kämpfen mit der Tücke des Objekts; Klamauk ist durch Nuancen-Reichtum gleichsam veredelt. Solche Wiederaufführungen alter Filmlustspiele lassen jedenfalls immer wieder den Gedanken aufkommen, dass der Klamotten-Klamauk zwar nicht die einzige, aber

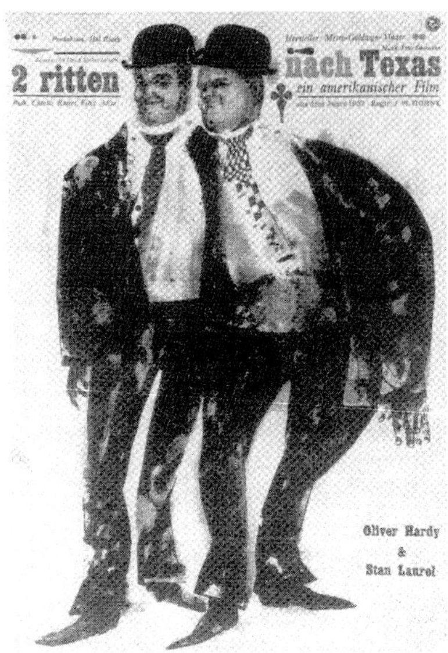

173 DDR-Plakat für ZWEI RITTEN NACH TEXAS (WAY OUT WEST), 1967

doch die wesensgemäßeste Form der Filmkomik ist, immer wieder wirksam, immer wieder umwerfend.» Der *Weltbühne* hingegen schmeckte ZWEI RITTEN NACH TEXAS gar nicht: «Sollen hier die Grenzen der Slapstickiade vorgeführt werden? Ich bin bereit, über Stan Laurel und Oliver Hardy, wenn sie durch Holzdächer krachen und Schlagcrème-Bombardements überstehen, eine halbe Stunde zu lachen. Aber die Wiederholung ist keinesfalls die Mutter des Humors. Vielleicht hätte man das Geld, das der texanische Eselsritt von Dick und Doof kostete, für die ernstere Heiterkeit auf die hohe Kante legen sollen»

16. Pietrek fährt mit

Die Nachricht von Laurels Tod brachte Pietrek auf die Idee, ohne hohe Produktionskosten mit einer Zusammenstellung namens DICK UND DOOF – EINE SUPERSCHAU DES LACHENS aus den beiden Komikern Kapital zu schlagen. Anhand von Ausschnitten aus den Spielfilmen DICK UND DOOF ERBEN EIN INSEL, DICK UND DOOF IN DER FREMDENLEGION und DICK UND DOOF – RACHE IST SÜSS sollte eine Würdigung von Laurel und Hardys langjähriger Zusammenarbeit konstruiert und ein glossierender Vergleich mit Chaplin, Buster Keaton und Harold Lloyd angestellt werden. Mit diesem Aufguss beauftragte Pietrek im März 1965 die *IFU*. Vorsorglich ließ er schon einmal das zukünftige Filmplakat der SUPERSCHAU auf dem Cover der *Filmblätter* abdrucken. Außerdem hielt er Ausschau nach Spielfilmen des Duos, die man in Deutschland noch nicht kannte. Im Juni 1965 erwarb er von der US-*Centfox* die Auswertungsrechte für den in DICK UND DOOF IN GEHEIMER MISSION von 1951 nur fragmentarisch vorhandenen Streifen A-HAUNTING WE WILL GO und für JITTERBUGS.

JITTERBUGS ist einer der besseren Laurel-und-Hardy-Filme der 1940er-Jahre, aber die beiden Komiker haben in der Verkleidungskomödie ihre vertrauten Rollen verlassen. Ein Trickbetrüger kann angeblich mit einer «Benzinpille» Wasser in Benzin verwandeln, und die arglosen Musiker Stan und Ollie machen für ihn Werbung, bis der Schwindel auffliegt. Dann helfen sie der Mutter seiner Freundin, Geld zurückzuholen, um das Gangster sie geprellt haben.

Da *Atlas* als nächsten Film schon DIE WÜSTENSÖHNE angekündigt hatte, war es für Pietrek höchste Zeit zu handeln. Er zog JITTERBUGS der seit Ende Juli 1965 in Bearbeitung befindlichen SUPERSCHAU vor und erteilte der *IFU* Anfang August den Synchronauftrag für die deutsche Fassung DICK UND

DOOF UND DIE WUNDERPILLE. Die Bearbeitung nach Dr. Eberhard Storecks Buch ging in der Regie des *IFU*-Produktionsleiters Roth zügig voran, sodass die Sprachaufnahmen schon Mitte August stattfanden. Herauskam eine sorgfältige deutsche Fassung mit ausgezeichneten Synchronkünstlern, allen voran Bluhm und Paulsen. Die Originalmusik wurde beibehalten und der Soundtrack nur um einige Geräusche ergänzt.

Ende September 1965 präsentierte Pietrek der *FSK* die fertige deutsche Bearbeitung DICK UND DOOF UND DIE WUNDERPILLE in der Erwartung, zügig die übliche Freigabe für Kinder ab sechs Jahren zu erhalten. Doch der Arbeitsausschuss der *FSK* gab den Film erst für Jugendliche ab zwölf Jahren frei wegen der «lärmerfüllten beängstigenden Szene des drohenden Schiffszusammenstoßes im Halbdunkel und der Annäherung des sich unheimlich vergrößernden Schiffs» am Ende des Streifens. Das Gutachten des Arbeitsausschusses lautet: «Wer einmal Gelegenheit hatte, an so genannten Kindervorführungen teilzunehmen, wird wissen, zu welch phonstarken Stürmen der Begeisterung oder Lärmstufen der Ablehnung Kinder überhaupt fähig sind. Und ohne Zweifel spielen bei diesen Demonstrationen, die in der Masse oder im Dunkel viel schneller zustande kommen oder auf die Spitze getrieben werden, Suggestion und Hypnose eine sehr bedeutende Rolle. Nicht selten kann man eine regelrechte, zeitweilige Massenhysterie erleben, wie sie jetzt für die sehr viel Älteren bei Veranstaltungen mit den ‹Beatles› oder ‹Rolling Stones› üblich geworden sind. Die Jüngsten sind nun aber keineswegs in ihrer körperlichen und geistigen Entwicklung soweit und entsprechend gefestigt, dass sie ohne schädigende Folgen davonkämen.» Pietrek legte wutentbrannt Berufung ein: «Wir haben den Produzenten in Amerika von der Entscheidung unterrichtet, der in einen Lachkrampf ausbrach und uns sagte, die Deutschen verbieten alles, was sie nur können. Nur Kinderfilme, die können sie nicht machen. Dick-und-Doof-Filme wären für Kinder gemacht und liefen auf der ganzen Welt, vom Nordpol bis nach Feuerland. Noch nie wäre ein Kind durch Dick und Doof verdorben oder aufgeregt worden.» Daraufhin gab der Hauptausschuss der *FSK* DICK UND DOOF UND DIE WUNDERPILLE Anfang Oktober 1965 für Kinder ab sechs Jahren frei, aber mit zwei Auflagen: «1. Aus der Schluss-Szene sind die Bildeinstellungen zu entfernen, wenn zum zweiten und dritten Mal der Schiffsbug in Großaufnahme auf das Show-Boot und damit auf den Beschauer zukommt. 2. Bei der Panik auf dem Show-Boot am Schluss des Films sind die Angstschreie entweder wesentlich zu kürzen oder in der Lautstärke zurückzunehmen.» Pietrek fügte sich und ließ den Film um drei Meter kürzen.

Bonné ließ er auf das Plakat und in den Werberatschlag setzen: «Das achte Weltwunder. Eine für Deutschland völlig neue große Lustspiel-Spitzenproduktion» (Abb. 174). Pietrek reagierte auch auf das gewachsene Interesse junger Menschen an Musik, sodass Laurel und Hardy auf einmal Popmusikern Konkurrenz machten: «Laurel und Hardys überwältigende Musical-Show lässt Beatles, Rolling Stones und alle anderen Krawallbands vor Neid erblassen.» Genauso übertrieben waren die Anpreisungen «Eine wahre Oase köstlicher Späße – ein unvorstellbares Amüsement» und «Lachstürme erschüttern das Theater – die Kinodecke droht einzustürzen!»

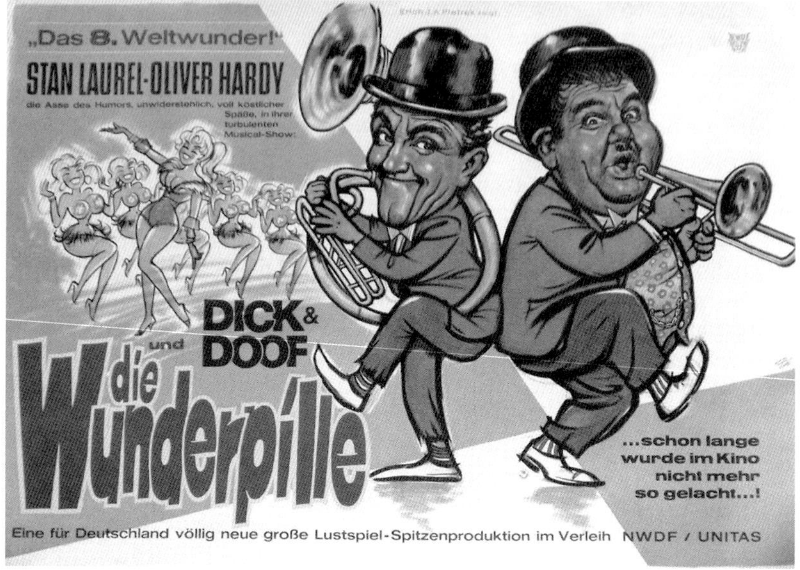

174 Plakat für DICK UND DOOF UND DIE WUNDERPILLE (JITTERBUGS), 1965.

Am 9. November 1965, einen Tag vor der deutschen Erstaufführung in Bad Godesberg, veranstaltete die Bonner Lakritzfirma *Haribo* eine Oldtimer-Ralley als Werbung für DICK UND DOOF UND DIE WUNDERPILLE, bei der die überlebensgroßen Laurel-und-Hardy-Köpfe aus Pappmaché spazieren gefahren wurden (Abb. 175). Tags darauf standen die Kinogänger an der Kasse der *Kurlichtspiele* Schlange. Nach der Vorführung gaben Pietrek und *Haribo*-Vertreter einen kleinen Empfang für die hochzufriedenen Zuschauer. Gleichzeitig war DICK UND DOOF UND DIE WUNDERPILLE auch im Kieler *Kino 2* angelaufen, dort aber ohne Ralley. «Viel Klamauk, der selbst den größten Griesgram zum Lachen bringt», notierte *Film-Echo/Filmwoche*. Mit Lob wurde nicht gespart: «Sternstunde des Humors», «Kriminalstory, die den deutschen Edgar Wallace-Verfilmungen in nichts nachsteht», «Darbietung verblüffender Einfälle» und Laurel und Hardys «Zwei-Mann-Glenn-Miller-Orchester» sind einige Beispiele. Ein zweifelhafter Reim kam auch dabei heraus: «Kille, kille – Wunderpille» *(Gelsenkirchener Stadt-Anzeiger). Atlas'* Qualitätsoffensive hatte bereits ihre Spuren hinterlassen, denn der Wuppertaler *Generalanzeiger* kritisierte, dass es den «*NWDF* nicht abschreckte, DIE WUNDERPILLE wiederum unter der albernen Etikettierung Dick und Doof in die Kinos zu bringen. Nun ist DIE WUNDERPILLE keiner jener Filme des unsagbar komischen Gespanns, für den es sich lohnte, auf die Barrikaden zu steigen. Aber da sind Momente, die zeigen, was Filmkomik ist». Der *film-dienst* und der *Evangelische Film-Beobachter* hatten sich trotz der Schwächen des Streifens die neue Wertschätzung des Duos zu eigen gemacht: «Am Rand gibt es freilich auch hier noch Originelles und Originäres um die beiden Komiker, deren Bedeutung inzwischen durchaus zu Recht auch von den Cineasten entdeckt worden ist.»

Pietreks Kassen klingelten wie noch nie bei einem seiner Dick-und-Doof-Filme, auch wenn der *Film-Sonderdienst Ott* wieder vor dem aktuellen Überangebot an Laurel-und-Hardy-Streifen gewarnt hatte. Viele Kinos verlängerten DICK UND DOOF UND DIE WUNDERPILLE, in einem Münchner Lichtspieltheater blieb er drei Wochen im Programm. Aus Heilbronn wurde Pietrek von einem «ausgezeichneten Weihnachtsgeschäft» berichtet. Noch bis wenigstens Juli 1966 war der Spielfilm durchgehend ein «sehr gutes» Geschäft. Auch 1968 lockte er noch Zuschauer an. Die *AKI*-Zentrale in Frankfurt/Main schickte Pietrek dazu folgendes Telegramm: «Trotz Western, Krimi, Sex und Mord, Dick und Doof schaffen Hausrekord. Wunderpille wunderbar!» Reim' Dich oder ich fress' Dich: Diesen Slogan nahm Pietrek sofort in sein Werberepertoire auf.

Zwischendurch fand am 9. Dezember 1965 der Massenstart von DAS GROSSE RENNEN RUND UM DIE WELT (THE GREAT RACE) statt. Regisseur Blake Edwards hatte den Film «Mr. Laurel und Mr. Hardy gewidmet». Der deutsche *Warner-Brothers*-Verleih hatte in seinen Presse-Informationen einen Schwerpunkt auf «Groteskkomik – gestern und heute» gelegt, und der *Münchner Merkur* sah «von Charlie Chaplin, Harold Lloyd und Dick und Doof eine direkte, legitime Linie», die zu Edwards' Streifen führt. Tony Curtis, Jack Lemmon und Peter Falk sollten die Zeit des Slapsticks in die 1960er-Jahre hinüberretten mit der Geschichte eines großangelegten Autorennens anno 1908, dazu eine enorme Sahnetorten-Schlacht à la THE BATTLE OF THE CENTURY. Der rasant und sehr

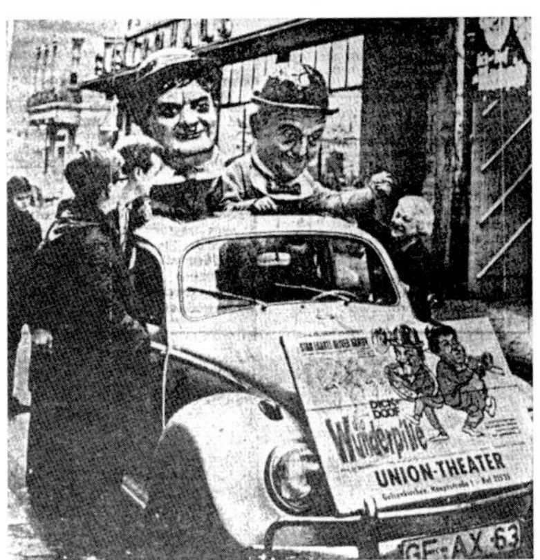

175 Straßenwerbung in Gelsenkirchen für DICK UND DOOF UND DIE WUNDERPILLE (JITTERBUGS), 1965

lustig beginnende Film fällt aber rasch ab. Im Zeitalter von Breitband, Cinemascope und Panavision konnte man offenbar keine unbefangenen Komödien mehr drehen, wie Laurel und Hardy sie vor über 30 Jahren scheinbar am laufenden Band aus dem Handgelenk geschüttelt hatten. Zur Tortenschlacht bemerkte die *Rheinische Post*, dass die Kuchenschlachten aus der guten alten Kinozeit organischer gewesen seien. Die Zuschauer hatten natürlich die Durchhänger des Films bemerkt, und deswegen ließ der deutsche *Warner-Brothers*-Verleih DAS GROSSE RENNEN RUND UM DIE WELT von 160 Minuten Laufzeit auf 135 Minuten schneiden. Damit kam der Film «ins Laufen» und erzielte als Spätzünder bis Ende 1966 «gute» Kassenergebnisse *(Film-Echo/Filmwoche)*. Als Mitte der 1970er-Jahre der *Pilot*-Verleih den Streifen unter dem Titel DIE TOLLEN RENNER IN IHREN RATTERNDEN KISTEN wieder aufführte, schrieb er Laurel und Hardy reichlich hochgestochen eine «akzidentiell-zufällige Genialität» zu. Obendrein unterschob die *Frankfurter Rundschau* dem immer noch zu

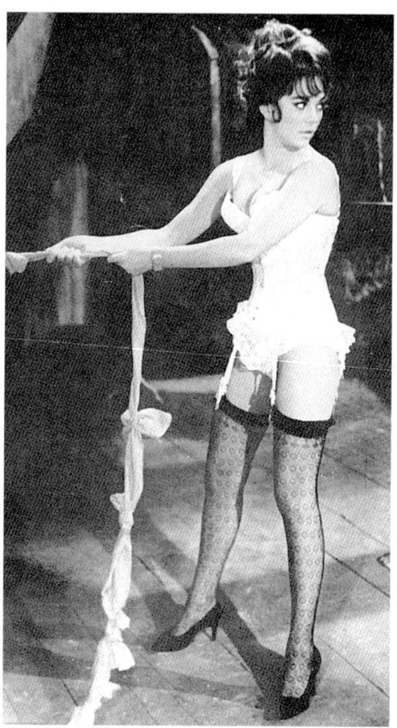

176 Eine leicht bekleidete Natalie Wood in DAS GROSSE RENNEN RUND UM DIE WELT (THE GREAT RACE), 1965: «Abträglich für die sittliche Entwicklung Jugendlicher»?

langen Spielfilm eine «komplizierte Dialektik». In der DDR lief DAS GROSSE RENNEN RUND UM DIE WELT am 11. November 1966 an. Die *Neue Zeit* schrieb, dass der Film völlig zu recht Laurel und Hardy gewidmet sei und einen «riesengroßen Vorteil» habe: «Er ist lustig. Er ist von vorn bis hinten Klamauk».

Bei der *FSK*-Prüfung von Aushang-Fotos für den Film hatte sich Übrigens etwas Bemerkenswertes zugetragen. Zwei von ihnen zeigen die weibliche Hauptdarstellerin Natalie Wood unvollständig bekleidet mit Korsett und Strapsen (Abb. 176). Die gab der Arbeitsausschuss der *FSK* Anfang November 1965 nicht frei, weil sie «jugendliche Beschauer sexuell stimulierten». Die Berufung des Verleihs, der unter anderem auf eine deutschlandweite Werbekampagne der Damenunterwäsche-Firma *Triumph* mit überlebensgroßen Abbildungen junger Frauen in Dessous verwies, blieb ohne Erfolg. Denn der Hauptausschuss der *FSK* erkannte in Natalie Woods Haltung und Gesichtsausdruck einen «starken erotischen Gehalt», der die sexuelle Fantasie Jugendlicher im Entwicklungsalter anrege und «ihrer sittlichen Entwicklung abträglich» sei.

Auf DICK UND DOOF UND DIE WUNDERPILLE wollte Pietrek so schnell wie möglich den anderen *Centfox*-Streifen folgen lassen. Die im September 1965 begonnenen Vorarbeiten für DICK UND DOOF ALS GEHEIMAGENTEN BEIM FBI stockten, weil das Original-Dialogbuch für die Rohübersetzung aus Schweden beschafft werden musste. Diesmal führte *IFU*-Produktionsleiter Roth nicht nur Regie, sondern verfasste auch die deutschen Dialoge. Seine gepflegte deutsche Sprache und die gewohnt gute Besetzung, unter anderem mit Bluhm und Paulsen, machten auch DICK UND DOOF ALS GEHEIMAGENTEN BEIM FBI zu einer gelungenen deutschen Fassung des faden Films. Vor den kurzen Spielfilm ließ Pietrek Stan und Ollies Selbstmordversuch aus DICK UND DOOF IN DER FREMDENLEGION kleben. Da DICK UND DOOF ALS GEHEIMAGENTEN BEIM FBI von vornherein einem breiteren Publikum gezeigt werden sollte, zahlte Pietrek der *FSK* zähneknirschend die normalen Prüfgebühren.

DICK UND DOOF ALS GEHEIMAGENTEN BEIM FBI wurde am 18. Februar 1966 in den beiden Frankfurter Kinos *Hansa-Lichtspiele* und *Roxy-Filmtheater* erstaufgeführt (Abb. 177). Die Werbung trug dick auf: « Das Tollste, was diese beiden Komiker sich je geleistet haben». Die ansprechende Synchronisation des Streifens zahlte sich aus, denn er erschien als «alter Schatz der Komödie» *(Westfälische Rundschau)* und als «herrlich gemachter liebenswürdiger Unsinn, dass man gern einen James Bond dafür stehen lassen würde» *(Rheinische Post)*. Das integrierte Pietrek sofort in seine Werbung und versprach nun eine «Atomexplosion des Lachens». Die *Amberger Zeitung* erachtete den Film sogar als «Denkmal für Stan Laurel und Oliver Hardy, an das der Nachruhm noch einen Kranz hängt». Der *film-dienst* nannte den Film eine «muntere Kriminalgeschichte mit Clownerien». Diesmal muss man dem *Evangelischen Film-Beobachter* einen klaren Blick bescheinigen, der den «staubbedeckten Streifen» mit «reichlich zerdehntem und ziemlich dünnem Humor» als Vehikel erkannte, in dem Laurel und Hardy «glatt an den Rand gedrängt und mehr oder weniger zu Komparsen degradiert» werden.

Wenigstens bis November 1968 blieb DICK UND DOOF ALS GEHEIMAGENTEN BEIM FBI auf dem Spielplan der Kinos, weil «das Lachen im Parkett kaum abreißt» *(Pforzheimer Kurier)*. Pietrek forcierte das Geschäft. Unter dem Motto «Spitzen-Lustspiele sind Kassenknüller!!» schickte er DICK UND DOOF UND DIE WUNDERPILLE und DICK UND DOOF ALS GEHEIMAGENTEN BEIM FBI gemeinsam in die Kinos. Im Angebot waren außerdem DICK UND DOOF IN DER FREMDENLEGION, DICK UND DOOF – RACHE IST SÜSS, DICK UND DOOF ERBEN EINE INSEL – und DICK UND DOOF – EINE SUPERSCHAU DES LACHENS.

Harun bastelte die SUPERSCHAU zusammen und verfasste sowohl die Einleitung als auch die Kommentare

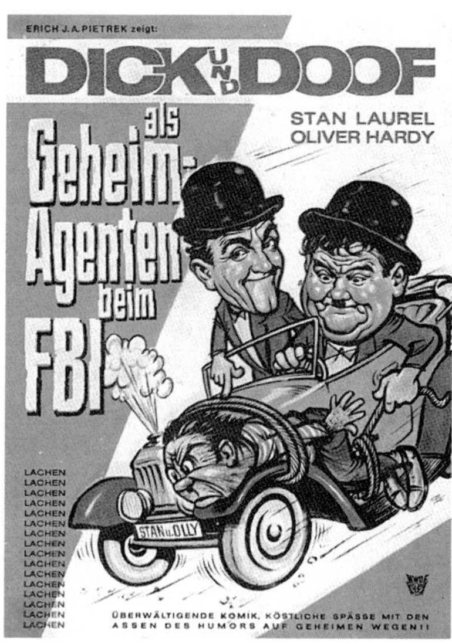

177 Plakat für DICK UND DOOF ALS GEHEIMAGENTEN BEIM FBI (THE FLYING DEUCES und A-HAUNTING WE WILL GO), 1966

zu den Filmausschnitten. Laurel und Hardy, die «zusammengehören wie Film und Kino», werden wie folgt charakterisiert: «Oliver Hardy, der große Macher, der Super-Manager, der sich im Übereifer selbst an die Wand spielt, der Elefant im eigenen Porzellan-Laden. Stan Laurel, das tumbe Brüderlein, der ewige Prügelknabe.» Haruns Einwand, DICK UND DOOF – RACHE IST SÜSS passe nicht zu Stan und Ollie als Fremdenlegionäre und als Siedler, wischte Pietrek zur Seite. So beginnt der Zusammenschnitt damit, dass Stan dem Bösewicht Barnaby als falsche Braut untergeschoben wird. Kernstück ist die zusammengefasste Handlung von DICK UND DOOF ERBEN EIN INSEL. Dann ist Ollie in Paris unglücklich verliebt. Auch der Trailer, der von «einer Blütenlese der köstlichsten Gags aus dem 30-jährigen Schaffen der unvergleichlichen Komiker» trompetete, konnte die billige Machart

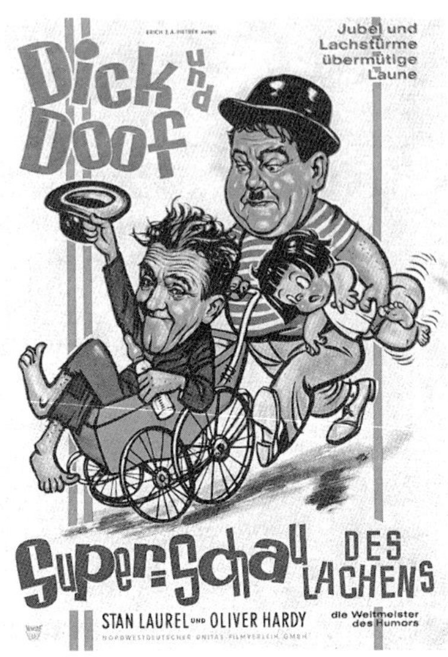

178 Plakat für die Zusammenstellung DICK UND DOOF – SUPERSCHAU DES LACHENS, 1966

der SUPERSCHAU DES LACHENS nicht übertünchen. Aber immerhin fiel die Rechnung der *IFU* unerwartet niedrig aus, und Pietrek brauchte auch nur geringere *FSK*-Gebühren zu zahlen, weil die verarbeiteten Spielfilme vor Jahren schon einmal geprüft worden waren.

Um Laurel auf den Aushang-Fotos zu ATOLL K günstiger aussehen zu lassen, griff Bonné zu Schere und Retuschier-Pinsel und ersetzte Laurels Mitleid erregendes Konterfei durch ein Bild aus den 1930er-Jahren. Im Juni 1966 lief die SUPERSCHAU DES LACHENS an und heimste Lob ein (*Westfalenblatt* und *Freie Presse*) (Abb. 178). Der *film-dienst* und der *Evangelische Film-Beobachter* waren reserviert. Nach ihrer Einschätzung ragte nur der hintergründige Humor der Szenen aus DICK UND DOOF ERBEN EINE INSEL aus der «üblichen Situationskomik» hervor. Das Geld sprudelte. «Sehr gutes Geschäft», las Pietrek hocherfreut im Spätsommer 1966. Bis mindestens Juli 1967 blieb die SUPERSCHAU DES LACHENS, die das *Erlanger Tageblatt* sogar als «Dick und Doofs gesammelte Werke» ansah, ein Geschäft.

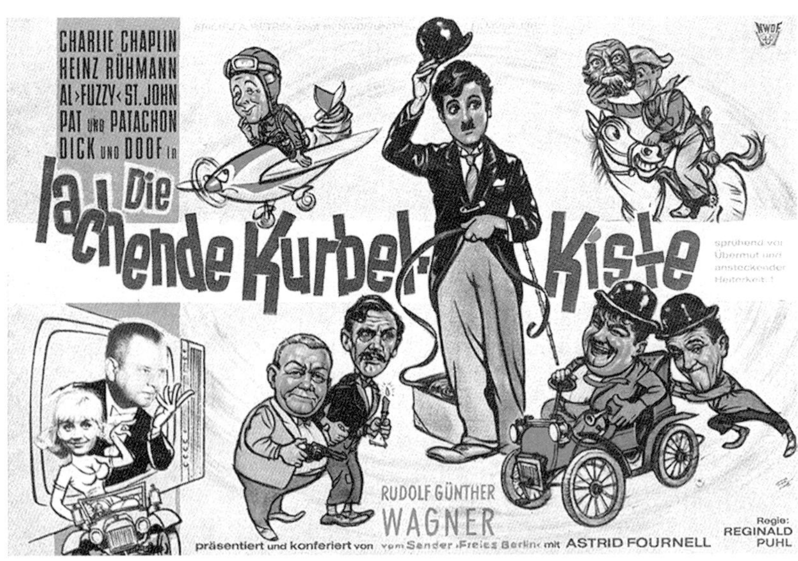

179 Plakat für die Zusammenstellung DIE LACHENDE KURBELKISTE, 1965

Nun holte Pietrek seine LUSTIGE KURBELKISTE wieder hervor, strich die Tierfilme, vergrößerte den Laurel-und-Hardy-Anteil um Szenen aus DICK UND DOOF IN DER FREMDENLEGION, dachte sich eine Rahmenhandlung mit dem Rundfunksprecher Rudolf Günther Wagner und der Schauspielerin Astrid Fournell aus und nannte das Ganze DIE LACHENDE KURBELKISTE, die er bei der *Reginald Puhl-Filmproduktion* herstellen ließ. Ende 1965 jubelte Pietrek den wieder sehr billig hergestellten Zusammenschnitt hoch zu einer «internationalen Prominentenschau des Lachens» mit «sieben Königen des Humors aus sechs Jahrzehnten Filmgeschichte» (Abb. 179). Da das Programm und sein Trailer verschollen sind, lässt sich nicht beurteilen, ob Wagner Pietreks Anpreisungen gemäß «in der spritzigen anspruchsvollen Rahmenhandlung mit Geist und Witz konferierte». Wenn Pietrek und Wagner wie 1968 Hand an Laurel und Hardy legten, muss man wohl das Schlimmste befürchten. Im März 1966 schob Pietrek den ähnlich produzierten Zusammenschnitt VERRÜCKTE ZEITEN nach, diesmal ohne Laurel und Hardy. Geplant war schließlich ein dritter Teil der LACHENDEN KURBELKISTE. Daraus wurde DIE LUSTIGE TIERSCHAU. Ob sie je das Licht der Welt erblickt hat, und was ihr Inhalt war, bleibt unbekannt.

17. *Atlas Filmvergnügen* und eine Zäsur

Als *Atlas Filmvergnügen Nr. 2* wurden der Kurzfilm VATERFREUDEN (BRATS) und der Spielfilm DIE WÜSTENSÖHNE vorbereitet. Der Kurzfilm folgt auf DIE WÜSTENSÖHNE mit der einleitenden Textkarte «sieben Jahre später», sodass es nach dem finalen Ehekrach zwischen Ollie und seiner Frau eine Versöhnung gegeben zu haben schien. Schwier verlieh den beiden Streifen mit seinen Dialogen, mit Bluhm und Paulsen in Hochform und einer hervorragenden Besetzung im Übrigen ein würdiges Gewand. Die Diagnose, die er dem Tierarzt auf Ollies vorgeschwindelten Nervenzusammenbruch in den Mund legt, ist wunderbar: das Doppeldackeldelirium! VATERFREUDEN ist Schicks und Köhlers DICK UND DOOF UND IHRE SÖHNE überlegen, weil die beiden Sprecher in den Kinderrollen nicht chargieren.

Für beide Filme fehlten die internationalen Tonbänder. Schirmann kam mit wenigen neuen Kompositionen aus, und beließ im Spielfilm Ollies Gesang zur Ukulele sowie die Musikeinlagen auf dem Treffen der Wüstensöhne im Original. Den Vorspann unterlegte er mit der Einleitungsmusik von ZWEI RITTEN NACH TEXAS quasi als Erkennungsmelodie, die in das Thema *Honolulu Baby* übergeht, das Schirmann in traditionellen Jazz kleidete. Dazu springen auf der Leinwand Stan und Ollies Bowler aus Sektflaschen hervor. In VATERFREUDEN platzierte Schirmann geschickt Archivmusiken, die auf die kommenden turbulenten Ereignisse und das finale furioso einstimmen.

Das *Atlas Filmheft* zum *Atlas-Filmvergnügen Nr. 2* ähnelt dem für ZWEI RITTEN NACH TEXAS. Es enthält unter anderem das Resümee «Der Weg zur Rehabilitierung von Laurel und Hardy scheint frei» und Auszüge aus einem Interview, das Schwier mit Marcel Marceau über den Kern von Laurel und Hardys surrealistischer Kunst geführt hatte. Neben dem üblichen Werbematerial stellte *Atlas* den Kinobesitzern auch einen Tonbandtext über die «siamesischen Zwillinge des Filmhumors» zur Verfügung. Eckelkamps Prädikats-

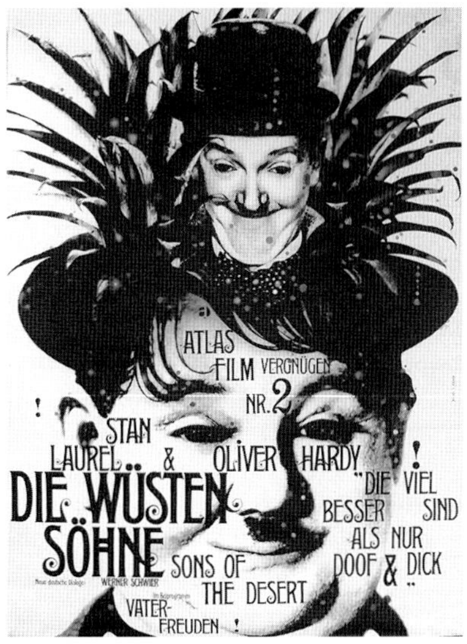

180 Plakat für DIE WÜSTENSÖHNE (SONS OF THE DESERT), 1965

antrag von Anfang September 1965 für die DIE WÜSTENSÖHNE und VATERFREUDEN wies die *FBW* zwei Tage vor der deutschen Premiere zurück, weil DIE WÜSTENSÖHNE dem Zuschauer zu viel Unsinn zumuteten und beide Filme «durch ihre überzogene und ohnehin immer wiederkehrende Masche» langweilten. Auf *Atlas'* Widerspruch bescheinigte der Hauptausschuss der *FBW* Laurel und Hardy, dass ihre Tonfilme gegenüber ihren Stummfilmen angeblich abgefallen seien. Die beiden vorgelegten Streifen seien überdies besonders schwach, und die deutsche Synchronisation habe ihnen auch noch geschadet! – Man kann es kaum fassen. Dem Versuch des Verleihs, weltanschaulichen Tiefgang in VATERFREUDEN auszumachen («schön geordnete Welt» und «naive Umkehrung durch kindliche Komik»), erteilte die *FBW* ebenfalls eine Abfuhr. Der Film «ist kaum eine Parodie, mehr ein ständiges Hin und Her interessebedingter Ideengemeinschaften, auf die ganz und gar kein gesellschaftlich bedeutsamer Generationskonflikt aufzubauen war.»

Atlas konnte die Importlizenzen erst Anfang Dezember 1965 beibringen, sodass die *FSK* das *Atlas-Filmvergnügen Nr. 2* freigab, als DIE WÜSTENSÖHNE und VATERFREUDEN schon am 26. November 1965 in den Kinos *Camera* (Köln), *Atlantik-Palast* (Nürnberg) und *Union* (Saarbrücken) angelaufen waren (Abb. 180).

«Hohe Schule der Slapstick-Komödie» werde zelebriert, berichtete der Berliner *Tagespiegel*. Auch *Atlas* Interpretationsversuche verfehlten nicht ihr Ziel. Denn in der Kritik wurden die Grotesken zu «akademischen Übungen von Etüden» – wenn es denn so etwas gibt – und Laurel und Hardy zu «bösartig-unschuldigen utopischen Traumwesen und kleinen Kindern, die das Trauma unserer Zeit spielen: Die Perspektiven sind austauschbar geworden» *(Frankfurter Allgemeine Zeitung)*. Dem widersprach die *Filmkritik*, da ihrer Ansicht nach Laurel und Hardy «eine gemäßigte These des sublimen ‹fun for fun› verfechten». Das *Atlas-Filmvergnügen Nr. 2* sei im Übrigen unbefriedigend. Der *film-dienst* hingegen schwelgte in den «bemerkenswerten Gags» und in Laurel und Hardys Kunst. Der *Evangelische Film-Beobachter* schwieg – vielleicht weil er beide Filme in anderen deutschen Fassungen früher schon einmal besprochen hatte.

An den Erfolg von WIE DU MIR, SO ICH DIR und ZWEI RITTEN NACH TEXAS konnte das *Atlas-Filmvergnügen Nr. 2* nicht anknüpfen. Sein Geschäft war nur noch «gut» bis «zufriedenstellend» und stagnierte gegen Jahresende, obwohl durchaus anerkannt wurde, «was *Atlas* aus alten Filmen macht.» Der *Film-Sonderdienst Ott* zog Bilanz: «Ein fröhliches Wiedersehen mit Dick und Doof. Leider kommen aber doch zu wenig Besucher. Aber wer kam, war zufrieden.» Pietrek, der auf künstlerischen Anspruch verzichtete und mit «Zwerchfellmassage», «Lachstürmen» und «Weltmeistern des Humors» auskam, hatte immerhin die schwachen Spielfilme DICK UND DOOF UND DIE WUNDERPILLE und DICK UND DOOF ALS GEHEIMAGENTEN BEIM FBI zu kleinen Kassenmagneten gemacht.

Atlas beschloss, auch ein drittes und sogar ein viertes Laurel-und-Hardy-Programm zu produzieren. Pietrek hatte die Auswertungsrechte für OUR RELATIONS nur noch bis Mitte November 1965 inne. Daher ließ Eckelkamp den Film für den Einsatz im kommenden Jahr von Schwier bei der *BSG* als DIE DOPPELGÄNGER VON SACRAMENTO gemeinsam mit der kurzen Groteske OUR WIFE als UNSERE HOCHZEIT deutsch synchronisieren. DIE DOPPELGÄNGER VON SACRAMENTO korrespondiert mit dem opulenten optischen Eindruck des Films, es gesellte sich Stil zu Stil. Allein die deutsche Besetzung mit Bluhm und Paulsen an der Spitze und Krause als Finn gibt allen Anlass zum Schwärmen. Schwier sind allerdings in zwei Szenen in Denker's Biergarten Verwechslungen unterlaufen. Alf spricht Bert mit «nicht wahr, Ollie» an, obwohl er Ollie gar nicht kennt. Dann hält Finn Stan und Ollie, die mit ihren Ehefrauen zusammensitzen, für Alf und Bert. Ollie erklärt seiner Frau, Finn noch nie gesehen zu haben. Im Original sagt Ollie zu Stan «Isn't it?» Schwier hat daraus «Nicht, Stan?» gemacht, doch dann hätte Finn auf der Stelle merken müssen, nicht Alf und Bert vor sich zu haben. UNSERE HOCHZEIT ist die dritte deutsche Fassung von OUR WIFE mit Bluhm und Paulsen innerhalb von nur vier Jahren, und alle sind einander ebenbürtig. Denn auch Schwiers Bearbeitung ist vorzüglich.

Schirmanns neue Musik passt den DOPPELGÄNGERN VON SACRAMENTO wie angegossen. Der Vorspann des neuen *Gesamtprogramms* mit Stan und Ollies Bowlern und mit Alf und Berts Matrosenmützen ist mit jazzbetonter Musik unterlegt, gefolgt vom Laurel-und-Hardy-Thema, das von einer Seemannsweise abgelöst wird und sich mit anderen Musiken vermischt. Laurel und Hardy werden in ihren unterschiedlichen Doppelrollen auch musikalisch unterschieden. Beim ersten Blick auf den Seelenverkäufer Uferschnecke ist kurz ein bombastisch angelegter Marsch mit kleiner Besetzung zu hören und bei den Szenen im prächtigen Piraten-Club eine zeittypische Ballroom-Musik, diesmal aber mit Orchester eingespielt. Wie VATERFREUDEN stattete Schirmann auch UNSERE HOCHZEIT mit Archivmusiken aus.

Nach der *FSK*-Freigabe im März 1966 legte *Atlas* auch das *Atlas-Filmvergnügen Nr. 3* der *FBW* vor, die dem Programm das Prädikat «wertvoll» zuerkannte. Der Bewertungsausschuss hatte Bedenken gehabt, weil er meinte, die verwickelte Handlung des Spielfilms und die gediegene Ausstattung des Piraten-Clubs störten Laurel und Hardys Komik. Daher sei UNSERE HOCHZEIT der typischere Laurel-und-Hardy-Film, wenn auch nicht besser als der Spielfilm.

Das *Atlas Filmheft* DIE DOPPELGÄNGER VON SACRAMENTO setzte Laurel und Hardys Doppelrollen geschickt um: Stan und Ollie in gewohnter Kleidung mit ihren Hüten auf dem Titelbild, ihre Gesichter dahinter sichtbar in einer kreisrunden Ausstanzung, sodass nach dem Aufschlagen des Heftes Alf und Bert mit Matrosenkappen erscheinen. Das Heft befasst sich unter anderem mit slow burn. Nach der deutschen Erstaufführung von UNSERE HOCHZEIT

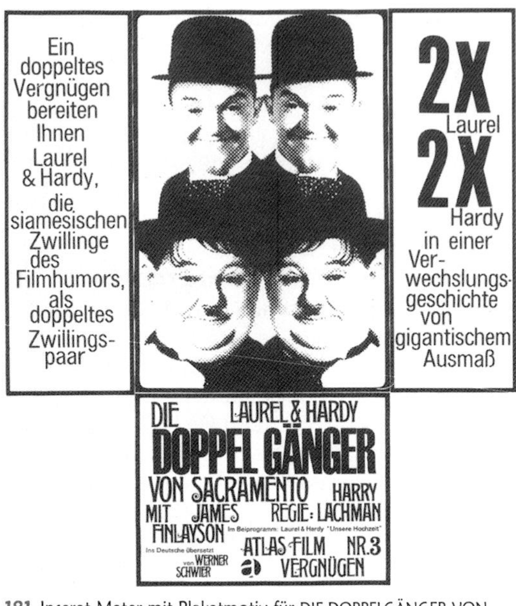

181 Inserat-Mater mit Plakatmotiv für DIE DOPPELGÄNGER VON SACRAMENTO (OUR RELATIONS), 1966

und DIE DOPPELGÄNGER VON SACRAMENTO am 6. Mai 1966 (Abb. 181) im Saarbrücker *Scala-Filmpalast* berichtete die Tagespresse von einem «vor Vergnügen brüllenden Publikum» und von einem «Doppeltreffer der Unterhaltung» *(Die Welt)*, deren Motto «Es darf gelacht werden» war *(Wiesbadener Kurier)*. Der *Pforzheimer Kurier* stellte fest, dass Laurel und Hardys komische Wirkung auch nach 30 Jahren nicht nachgelassen hatte. Die *Filmkritik* sah Kurz- und Spielfilm randvoll mit «originellen und sorgfältig kalkulierten Situations-Gags», denen die verbalen Gags qualitativ in nichts nachstanden. Wieder schwieg der *Evangelische Film-Beobachter*. Der *film-dienst* gab sich spröde und hielt den «in erster Linie auf lauten Klamauk angelegten» Spielfilm für den schwächeren Teil des Programms, da Laurel und Hardy sich hier «mit vordergründiger Komik ohne soziale Bezüge begnügen». Heute lautet die katholische Filmkritik: «Eine verzwickte Doppelgänger-Groteske, die mit ungewöhnlichem Aufwand produziert wurde und zu den besten Filmen des Duos gehört; jenseits des extremen Lachkino-Vergnügens entwickelt das Paar ein Stück Lebensphilosophie.»

Die Einspiel-Ergebnisse von UNSERE HOCHZEIT und DIE DOPPELGÄNGER VON SACRAMENTO blieben noch hinter denen von DIE WÜSTENSÖHNE und VATERFREUDEN zurück. Sie bröckelten nach einem guten Start gegen August 1966 ab. Im August 1967 lief es allerdings wieder mit «guten» und «sehr guten» Kassen *(Film-Sonderdienst Ott)*.

Laut Abspann des *Atlas-Filmvergnügens Nr. 3* sollte es weitergehen: «Ende für heute…, aber wenn Sie mal wieder lachen wollen, dann versäumen Sie nicht das *Atlas-Filmvergnügen Nr. 4*. DIE TEUFELSBRÜDER sehr frei nach FRA DIAVOLO mit Stan Laurel & Oliver Hardy, die viel besser sind als doof und dick.» Schon am 8. Juli 1966 sollten Laurel und Hardy als «liebenswerte Spaßmacher den Kinofreunden die Pistole als Räuber auf die Brust setzen mit ihrem international bekanntesten Film», begleitet von der MUSIKBOX.

Schwier hatte Laurel und Hardys Oscar-Preisträger bereits mit Bluhm und Paulsen und sich selbst als Professor Dr. Phrasendrescher vorbildlich deutsch synchronisiert. Schirmann war bei der Musikbearbeitung eigene Wege gegangen und ließ das Instrument in der Kiste wie ein richtiges Klavier klingen, obwohl *Atlas* den Klang eines verstimmten Kintopp-Klaviers bevorzugte. Schwiers Synchronisation DIE MUSIKBOX markiert eine Zäsur: Paulsen war unwiderruflich zum letzten Mal Hardys deutsche Stimme, denn er konnte krankheitsbedingt künftig keine Engagements mehr annehmen und starb am 17. September 1969.

Obwohl Schwier auch schon das deutsche Dialogbuch für DIE TEUFELSBRÜDER verfasst hatte und Eckelkamp ganz begeistert von Stan und Ollies Lachanfall im Weinkeller berichtete, scheiterte diese Synchronisation in einem frühen Stadium, sodass es zu Sprachaufnahmen mit Bluhm und Paulsen nicht mehr kam. Die fehlenden internationalen Tonbänder und der schmale Etat verhinderten die von Schirmann favorisierte musikalische Bearbeitung in Stil der komischen Oper des Originals. Dafür hätte er ein großes Orchester benötigt, und das hätte die Kosten gesprengt.

18. ALS DIE BILDER LAUFEN LERNTEN und SPASS MUSS SEIN mit kleinen Strolchen

Im Herbst 1965 zog der Norddeutsche Rundfunk in Hamburg (NDR) mit einer Slapstick-Serie nach. Der britische Komiker Bob Monkhouse hatte während eines US-Aufenthaltes Folgen einer Slapstick-Serie gesehen, sich auf seine riesige Stummfilm-Sammlung besonnen und daraus die Idee für die TV-Serie MAD MOVIES entwickelt. Zu zündender Musik seines Freundes und Geschäftspartners Malcolm Mitchell präsentierte er darin rasant ablaufende Ausschnitte aus stummen Grotesken verschiedenster Komiker. Um Ärger zu vermeiden, arrangierte Monkhouse sich mit Rohauer, der die

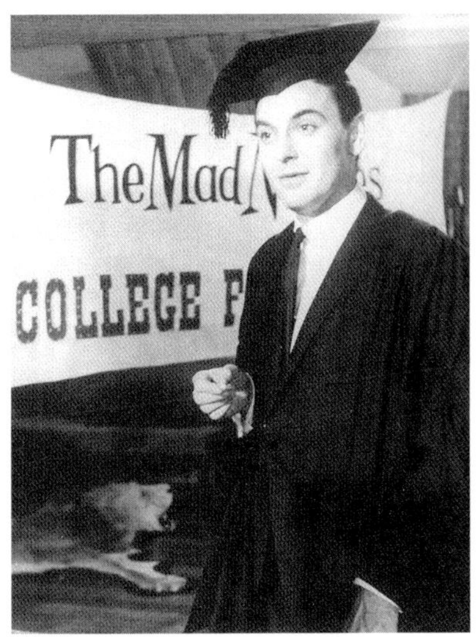

182 Bob Monkhouse als Gastgeber der MAD MOVIES – ALS DIE BILDER LAUFEN LERNTEN (1965)

Rechte an allen möglichen alten Filmen für sich reklamierte und gegen Filmsammler jederzeit unerbittlich juristisch vorging. Rohauer reiste auf Monkhouse's Kosten nach Großbritannien, sichtete, was gesendet werden wollte, wurde mit 10 % an den weltweiten Serien-Einnahmen beteiligt und in den Credits erwähnt. Nach einer Pilot-Folge mit Ausschnitten aus Buster Keatons COPS (1922) und Mack Sennetts LOVE IN A POLICE STATION (1927), bestellte der britische Sender ABC TV nach und nach insgesamt 39 Folgen der Serie. Monkhouse widmete jede Folge einem bestimmten Thema und baute in seine Präsentationen gelegentlich optische Tricks oder kleine Szenen ein (Abb. 182). Anfang 1965 schlugen die MAD MOVIES ein wie eine Bombe. Die Serie wurde in den kommenden 16 Jahren in 38 Länder verkauft, in Deutschland an den NDR. Dieser strahlte die ersten 13 Folgen vom 26. September 1965 bis zum 3. April 1966 unter dem Titel ALS DIE

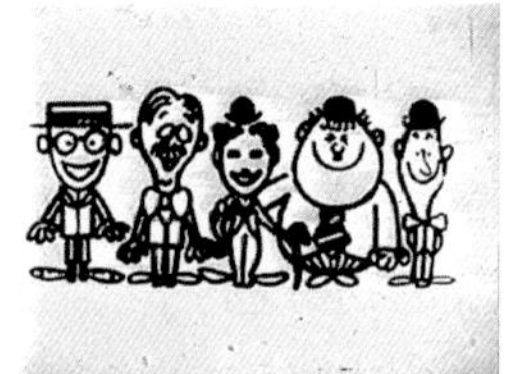

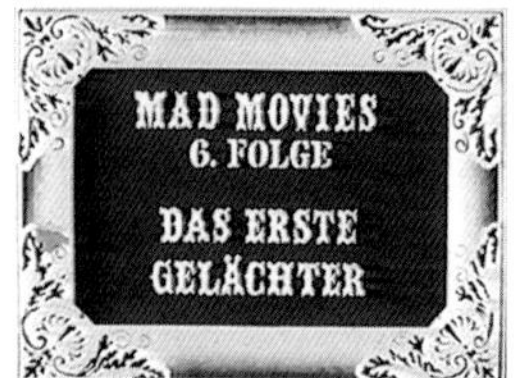

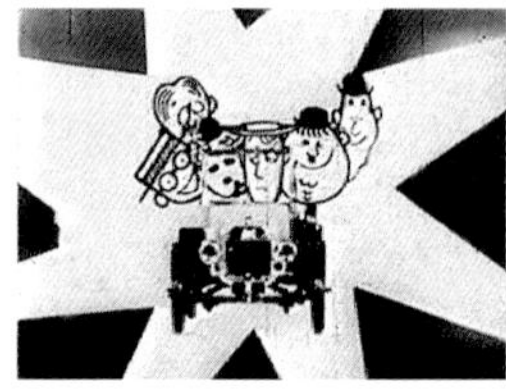

183–185 Vorspann MAD MOVIES – ALS DIE BILDER LAUFEN LERNTEN (1965), mit Laurel-und-Hardy-Karikaturen

BILDER LAUFEN LERNTEN deutsch untertitelt in seinem regionalen dritten Programm in einem unregelmäßigen Rhythmus sonntags nach der Tagesschau aus (Abb. 183–185). Zum Auftakt charakterisierte er seine neue Serie: «Ein Panoptikum mit Bob Monkhouse – Ausschnitte aus zum Teil im Fernsehen noch nie gezeigten Stummfilmen, die besonders ‹mad› – verrückt – erscheinen. Dabei wird viel Interessantes über Hintergründe und Entstehung sowie Technik und Machart der alten Filme gesagt.»

Die MAD MOVIES kamen hervorragend an, sodass der NDR weitere 13 Folgen kaufte, die vom 25. September 1966 bis zum 16. April 1967 im Abendprogramm ebenfalls deutsch untertitelt gesendet wurden. Dann wechselte die Serie ins bundesweite Abendprogramm der ARD. Dafür wurden die bisher vom NDR gezeigten 26 Folgen von Schwier bei der *BSG* mit Eckart Dux als Monkhouse's deutsche Stimme ausgezeichnet synchronisiert (Abb. 186). Diese Episoden wurden in der Zeit vom 21. Juni 1967 bis 26. März 1969 in unregelmäßigen Abständen ausgestrahlt. Aufgrund der begeisterten Zuschauer-Reaktionen erwarb die ARD auch die restlichen 13 Folgen. Dux blieb Monkhouse's Sprecher, aber die deutschen Bücher schrieb bei der *BSG* Fritz A. Koeniger, Regie führte Hans Dieter Bove. Diese ebenfalls gediegenen Bearbeitungen wurden vom 20. April 1969 bis zum 8. März 1970 gezeigt.

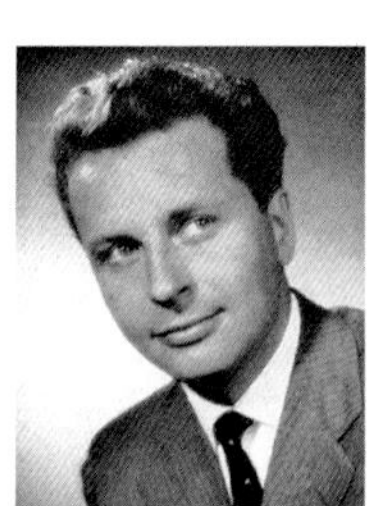

186 Eckart Dux (1965) spricht Bob Monkhouse

Die Serie enthält Ausschnitte aus Laurel und Hardys THE LUCKY DOG, FROM SOUP TO NUTS und THE FINISHING TOUCH und aus 26 ihrer Solofilme, von denen fünf aus deutscher Sicht neu waren: Laurel in MUD AND SAND (1922) und in SHOULD TALL MEN MARRY? (1928) und Hardy mit Larry Semon in THE BELLHOP (1921), THE SHOW (1922) und THE PERFECT CLOWN (1925). Von vier Folgen der MAD MOVIES ist der Inhalt allerdings unbekannt.

Nach dem Ende von ES DARF GELACHT WERDEN wollte der WDR-Redakteur Gert K. Müntefering, der Vater der SENDUNG MIT DER MAUS, für die jüngeren Fernsehzuschauer Stummfilm-Grotesken im Nachmittagsprogramm der ARD unterbringen. Im Herbst 1964 war dort unter der Überschrift SPASS MUSS SEIN eine Eigenproduktion über Musikclowns und Akrobatik-Tänzer ausgestrahlt worden. SPASS MUSS SEIN versah Müntefering mit dem Untertitel DIE LUSTIGE FLIMMERKISTE. Der WDR wurde mit der *Beta Film* handelseinig. Der Einfachheit halber wurden in den ersten Folgen der Serie Beiträge aus der ersten Staffel von ES DARF GELACHT MIT WERDEN mit Buster Keaton, Chaplin und Al St. John mit Schwier als Gastgeber verwendet; an der zweiten Staffel hatte der HR Ausstrahlungsrechte noch bis 1968. In der ersten Folge von Februar 1966 lief CHARLIE CHAPLIN ALS VAGABUND (THE VAGABOND). Bald aber war der vorproduzierte kindergeeignete Fundus ausgeschöpft. Daher wählte Müntefering fortan mit Caloué andere Grotesken aus dem Bestand der *Beta Film* aus (Abb. 187). Caloué ersetzte die originalen Zwischentitel durch deutsche Textkarten, und der Komponist Hans Posegga, von dem die Erkennungsmelodie der SENDUNG MIT DER MAUS stammt, spielte gemeinsam mit dem Pianisten Ernst-August Quelle vierhändig am Honky-Tonk-Piano fröhliche Slapstick-Musiken. Zu dem Mitte April 1970 gesendeten Streifen DICK UND DOOF MACHEN RADAU (YOU'RE DARN TOOTIN') passte dies jedoch nicht, weil im ersten Teil des Filmes Stan und Ollie im Blasorchester auftreten. Posegga komponierte daher eine burleske Orchestermusik.

SPASS MUSS SEIN fand großen Anklang. Es wurden insgesamt 64 kurze Grotesken in elf kleinen Paketen für SPASS MUSS SEIN – DIE LUSTIGE FLIMMERKISTE zusammengestellt, die in unregelmäßigen Abständen bis 1973 gesendet und noch jahrelang in den dritten TV-Programmen der ARD wiederholt wurden. Von Juli 1969 bis Dezember 1970 waren acht Laurel-und-Hardy-Filme dabei, darunter DICK UND DOOF IN: DER IRRTUM (WRONG AGAIN) und DICK UND DOOF FINDEN EINE ZIEGE (ANGORA LOVE). Außerdem enthielt die WDR-Serie vier Solofilme von Laurel und Hardy, unter anderem BILLY ALS MEISTERFRISÖR (HIS DAY OUT) mit dem Chaplin-Imitator Billy West und Hardy.

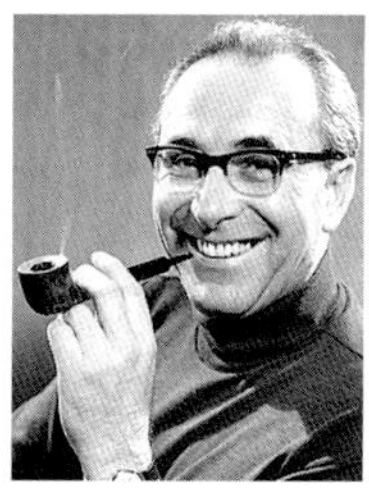

187 Heinz Caloué (1960er-Jahre), Bearbeiter

1967 begann das ZDF die Our-Gang-Serie DIE KLEINEN STROLCHE, die der Sender von der *Beta Film* eingekauft hatte. Dies waren Saunders' Bearbeitungen der Serie THE MISCHIEF MAKERS. Bei der *Beta Technik* sprach dazu Jürgen Scheller seine selbst verfassten kindgerechten deutschen Kommentare. Das von Saunders komponierte einprägsame Erkennungslied im Vorspann wurde übersetzt und von einem Kinderchor gesungen. Das ZDF sendete mehrere Staffeln der Serie, die gute Einschaltquoten erzielten. Drei Folgen enthielten Soloauftritte von Laurel und Hardy: DIE KLASSENFAHRT (SEEING THE WORLD) mit Laurel und mit Hardy DAVID'S BRUDER (THE BABY BROTHER) sowie den schon genannten Beitrag DER FLOHZIRKUS (THUNDERING FLEAS).

19. Schotten im Flegelalter vor dem *Atlas*-Ende

Youngson zweite Auftragsproduktion der *MGM* war LAUREL AND HARDY'S LAUGHING TWENTIES. Darin erzählt er die Geschichte des Duos bis zum Ende ihrer Stummfilm-Periode anhand von einigermaßen chronologisch geordneten Filmausschnitten. Dazu streute er Szenen aus Grotesken der Roach-Komiker Charley Chase und Max Davidson ein. Im Vorspann zieht Ollie wie in THICKER THAN WATER bei jedem Wechsel der Credits Kulissen mit den nächsten Vorspann-Titeln über die Filmbühne. Seinen Streifzug beginnt Youngson mit Ausschnitten aus

Solofilmen: FATTY'S FATAL FUN und ALONG CAME AUNTIE mit Hardy und KILL OR CURE mit Laurel. Es folgen einige wenige Bilder aus THE LUCKY DOG und Laurel und Hardys einzige gemeinsame Szene in 45 MINUTES FROM HOLLYWOOD, danach Passagen aus SUGAR DADDIES und aus CALL OF THE CUCKOOS. Ziemlich vollständig sind die klassischen Teamfilme FROM SOUP TO NUTS, THE FINISHING TOUCH und LIBERTY enthalten, aber auch PUTTING PANTS ON PHILIP und WRONG AGAIN hat Youngson einigen Platz eingeräumt. Zum Schluss brennt er ein wahres Feuerwerk kurzer Ausschnitte ab aus THE BATTLE OF THE CENTURY, TWO TARS, DOUBLE WHOOPEE, LEAVE 'EM LAUGHING, YOU'RE DARN TOOTIN', THE SECOND HUNDRED YEARS, HABEAS CORPUS und WE FAW DOWN – launig kommentiert und von einer kleinen Band musikalisch im Stil der Stummfilmzeit untermalt.

WRONG AGAIN war bisher in Deutschland nicht gezeigt worden. Als die Stallknechte Stan und Ollie hören, dass Blue Boy gestohlen wurde, bringen sie dem spleenigen Eigentümer ein Pferd mit dem Namen und stellen es auf sein Klavier. Die Diebe hatten sich jedoch mit dem gleichnamigen Gemälde von Gainsborough aus dem Staub gemacht.

LAUREL AND HARDY'S LAUGHING TWENTIES kam im Juni 1965 auf den US-Markt. Danach verklagte Roach die *MGM* in den USA auf gut 1,7 Millionen Dollar Schadensersatz, unter anderem weil er in den Credits weder dieser Kompilation noch in denen von Youngsons *MGM*'S BIG PARADE OF COMEDY genannt worden war. Ein Urteil in dieser Sache gab es aber nie. Da der deutsche *MGM*-Verleih bereits im September 1962 mit seiner New Yorker Muttergesellschaft einen Rahmenvertrag über die künftige Auswertung ihrer Laurel-und-Hardy-Filme in Deutschland geschlossen hatte, griff er zu und hielt die Einfuhrgenehmigung für LAUREL AND HARDY'S LAUGHING TWENTIES im September 1965 in Händen. Er befürchtete aber, dass der deutsche Laurel-und-Hardy-Markt durch die *Atlas*- und *NWDF-Unitas*-Filme vorübergehend übersättigt war. Daher hielt er LAUREL UND HARDY IM FLEGELALTER, wie LAUREL AND HARDY'S LAUGHING TWENTIES deutsch genannt wurde, als besondere Attraktion für den Sommer 1966 zurück.

Bei der Synchron-Abteilung der deutschen *MGM* schrieb der Kabarett-Autor Günther Neumann (nicht zu verwechseln mit Klaus-Günter Neumann, dem «klavierenden Bürgermeister von Berlin») das kurzweilige deutsche Buch. Durch die Zusammenstellung, deren Regisseur unbekannt ist, führt Georg Thomalla im Plauderton. Bei der Freigabe Ende Mai 1966 stellte die *FSK* Bedenken zurück: «Obwohl das Niveau denkbar gering ist, zeigt der Film aber doch keine erregenden oder entsittlichenden Episoden». Ein Prädikat lehnte die *FBW* ab: 90 Minuten aneinander gereihter lustiger Szenen schwächten die komische Wirkung und würden Laurel und Hardy nicht gerecht.

Die Werbung des deutschen *MGM*-Verleihs für das «Festival der donnernden Lachsalven» trug gar nicht zu dick auf. Ob allerdings die durchaus als Anti-Werbung zu verstehende Schlagzeile «Ungehobelt, hölzern, linkisch, dümmlich – und doch immer wieder erfolgreich sind die eindrucksvollen ‹Spaß-Artisten› der Leinwand» hilfreich war, ist zweifelhaft. Tadellos hingegen ist Klaus Dills Filmplakat mit Stan und Ollie als Matrosen vor einer bekritzelten Schultafel (Abb. 188).

LAUREL UND HARDY IM FLEGELALTER wurde am 1. Juli 1966 im Berliner *MGM-Theater Fenster zur Welt* zum ersten Mal in Deutschland aufgeführt. Die Zuschauer stürmten in der Folgezeit die Kinos und schütteten sich vor Lachen aus. Sicherlich haben sie nicht die laut Trailer in dem Streifen enthaltenen 253 Lacher nachgezählt.

Der *Film-Sonderdienst Ott* sagte dem «für Freunde dieser Art zwerchfellerschütternder Schauspielkunst» gemachten Film für die kommenden Monate «sehr gute» Kassen voraus. Die meisten Kritiker streckten lachend die Waffen, denn «die Pointen sitzen noch heute. Wenn Laurel und Hardy ein Haus bauen, das ein Spatz auf dem Schornstein zum Einsturz bringt – wer könnte sich dem Lachen verschließen» *(Filmblätter)*. «Das Erstaunliche bei Laurel und Hardy ist, dass sie auch für den unreflektierten Zuschauer um so komischer wirken, desto komplizierter und konstruierter ihre Späße sind. Ihre Kuchenschlacht ist vollendeter historischer Film-Pop», erkannte die *Frankfurter Allgemeine Zeitung*. Die *Stuttgarter Zeitung* staunte über die «intelligente Abfolge der gleichen Situationen aus verschiedenen Filmen» und sah in Laurel und Hardy «zwei Geschöpfe aus einer anderen Welt». Laut dem *Evangelischen Film-Beobachter* war die Zusammenstellung «nicht sehr durchdacht» und der «reichlich oberflächliche Kommentar manchmal recht bemüht lustig». Der *film-dienst* hatte Einiges auszusetzen, ganz besonders aber an Stan und Ollies Kletterpartie in LIBERTY, die «für Jüngere etwas zu erregend» sei. Als Künstler kamen Laurel und Hardy in den konfessionellen Augen aber gut davon. Ab 1972 vertrieb der Verleih eine Schmalfilm-Fassung der Kompilation, ehe sie 1976 zur Firma *Fox-MGM* wechselte

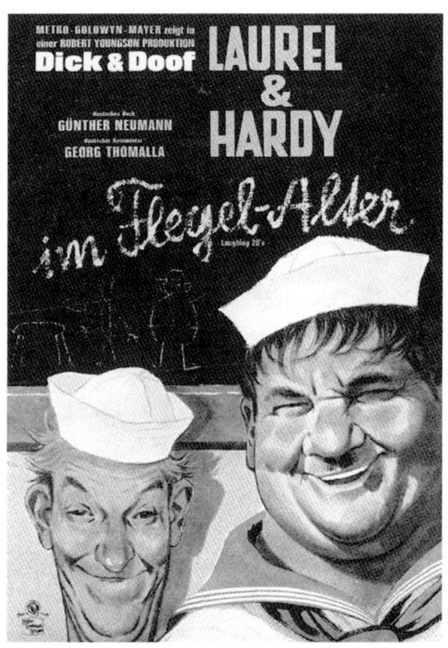

188 Plakat für LAUREL UND HARDY IM FLEGELALTER (LAUREL AND HARDY'S LAUGHING TWENTIES), 1966

und 1978 als DICK UND DOOF IM FLEGELALTER zu *Cinema International*, beide *MGM*-Nachfolger.

Im Juli 1969 kaufte das Reiseteam des *DEFA Außenhandels* die bundesdeutsche Bearbeitung von LAUREL UND HARDY IM FLEGELALTER in Frankfurt am Main für die Kino-Auswertung in der DDR, die für Kinder ab sechs Jahren zugelassen wurde und am 26. Juni 1970 anlief. Der *Progress*-Verleih wies bei dem «Wiedersehen mit den Besten der Situationskomik» darauf hin, dass das Fehlen sozialkritischer Ansätze bei Laurel und Hardy durch die «lautstarke Heiterkeit» während ihres beispiellosen Kampfes gegen die Tücke des Objektes aufgewogen wird. Ein dickes Lob erntete die deutsche Bearbeitung im *Filmspiegel*: «Zusätzlichen Reiz gab dem Episodenfilm die moderne deutsche Bearbeitung Günther Neumanns, die, ohne sich in den Vordergrund zu drängen, so manchem Pfützenbad

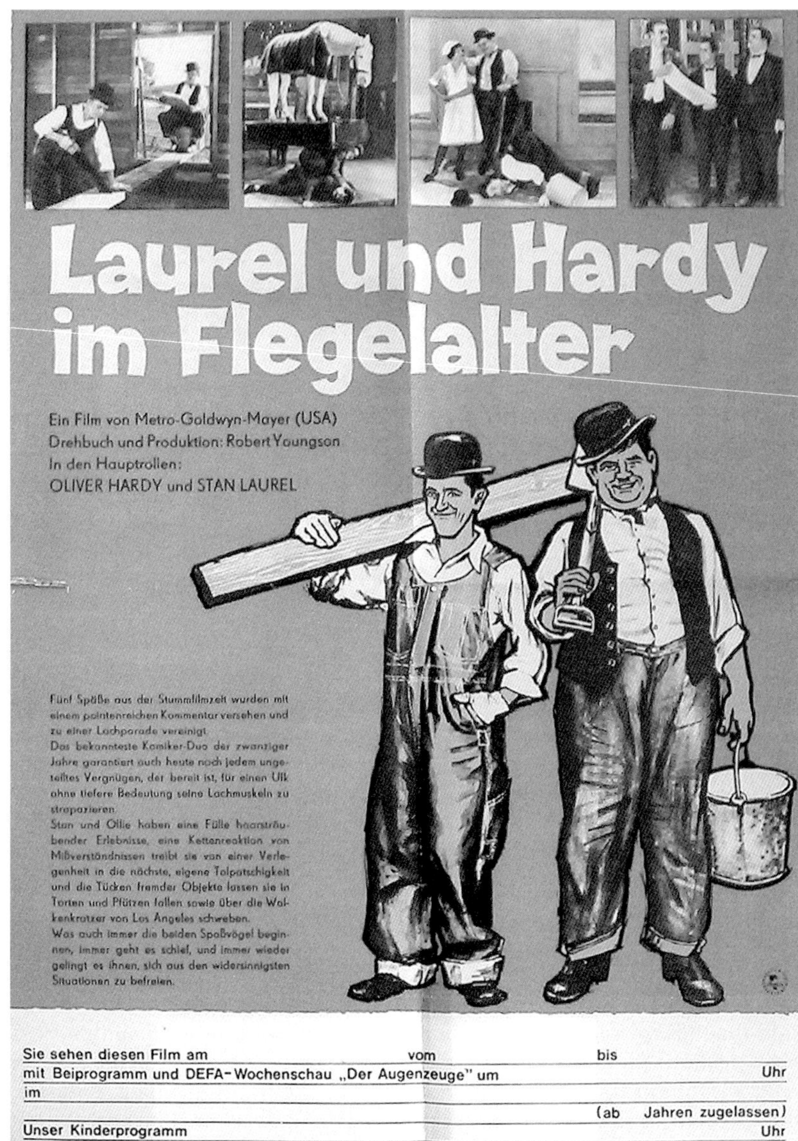

189 DDR-Plakat für LAUREL UND HARDY IM FLEGELALTER (LAUREL AND HARDY'S LAUGHING TWENTIES), 1970

und diversen Tortenschlachten durch intelligent pointierte Fußnoten eine Dimension hinzufügte.» Der interne Informationsdienst *Kino der DDR* war sich sicher, dass Laurel und Hardys «meisterhafte Routine in urkomischen Situationen überall verstanden wird – in den abgelegensten Gegenden Südamerikas und Dörfern Asiens ebenso wie inmitten der Vereinigten Staaten oder Europas». LAUREL UND HARDY IM FLEGELALTER wurde auch in der DDR ein beträchtlicher finanzieller Erfolg (Abb. 189).

Der deutsche *MGM*-Verleih ließ als nächsten Film BONNIE SCOTLAND unter dem Titel WIR SIND VOM SCHOTTISCHEN INFANTERIE-REGIMENT Mitte Juni 1966 in der Berliner Synchron-Abteilung von einem unbekannten Autor und einem unbekannten Regisseur ausgezeichent deutsch synchronisieren. Laurels Part sprach ausnahmsweise wieder Horst Gentzen, Paulsen wurde von Gerd Duwner abgelöst, der sich in die Rolle ganz und gar einlebte (Abb. 190).

Auf dem Filmplakat stehen stilisiert gezeichnet Stan und Ollie in Schottenuniform mit Bowlern, dazu die Aufschrift: «Eine Perle der lachenden Leinwand – ein quietschendes Vergnügen» (Abb. 191). Etwas früher als geplant startete der Spielfilm am 9. September 1966 im Hannoveraner *City-Theater* und in vielen anderen deutschen Städten. Es gab lautstarken Applaus für die «Gaudi im Kilt» von den Zuschauern, die nach 90 Minuten «herzerfrischendem Lachen erlöst» wurden *(Trierischer Volksfreund)*. Die *Hannoversche Allgemeine* fasste zusammen: «Die Fülle der Spaß bereitenden Ideen ist kaum zu übertreffen. Drehbuchverfasser und Regisseur hätten einen Orden für diese fröhlichen Stunden verdient.» Aber der *Wiesbadener Kurier* zeigte auf die Schwäche des Films, die «sentimentale Herzensromanze im plüschenen Klischee der Zeit». Der *film-dienst* erachtete den Streifen als «Ehrenrettung der beiden Komiker weniger diskutabel». Durchweg positiv beurteilte ihn der *Evangelische Film-Beobachter*. Bis Spätherbst 1966 waren die Kassen für WIR SIND VOM SCHOTTISCHEN INFANTERIE-REGIMENT «sehr gut» *(Film-Sonderdienst Ott)*.

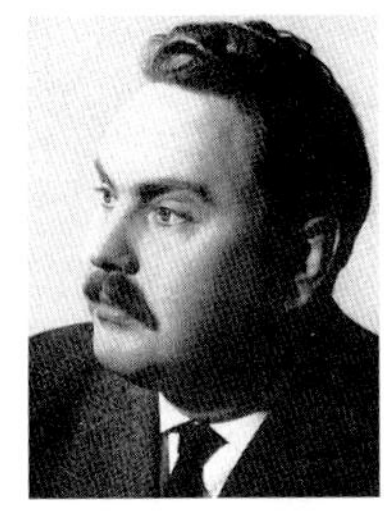

190 Gerd Duwner (1962) spricht Hardy

Unterdessen braute sich im Herbst 1966 Unwetter über dem *Atlas*-Verleih zusammen. Es war zu Fehlkalkulationen gekommen. Nach der günstigen Überschussbilanz für 1965 brachte der Schritt mit der *Hanns Eckelkamp Filmproduktions GmbH* in die Filmproduktion einen ersten finanziellen Ausfall. Weitere beachtliche Verluste folgten 1966. Einige der teuren Produktionen spielten viel zu spät Geld ein. Allein TATIS HERRLICHE ZEITEN (PLAYTIME) hatte 14 Millionen DM verschlungen – *Atlas'* Sargnagel. Mit dem Konkurs der

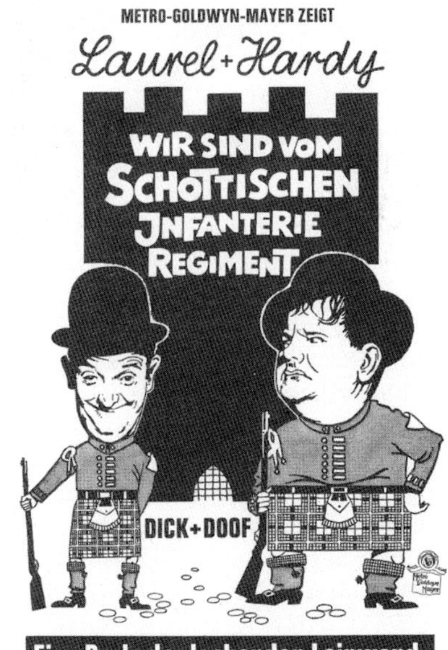

191 Inserat-Mater mit Plakatmotiv für WIR SIND VOM SCHOTTISCHEN INFANTERIE-REGIMENT (BONNIE SCOTLAND), 1966

Münchner *Deutschen Verlags- und Fernsehgesellschaft*, in der Eckelkamp sich ebenfalls finanziell engagiert hatte, war das Ende gekommen. Eben noch gelobt, warf man Eckelkamp nun unvertretbare Waghalsigkeit vor (*8-Uhr-Abendblatt*, Berlin). Dass er sich auch auf dem Schmalfilm-Markt einen Namen gemacht hatte, unter anderem die 36 von der *Beta Technik* synchronisierten Laurel-und-Hardy-Kurzfilme verlieh und den Heimkino-Markt aus dem Schmalfilm-Fundus mit Normal-8- und Super-8-Filmen bediente, war jetzt nicht mehr als ein Tropfen auf den heißen Stein.

20. Vier bewegte Laurel-und-Hardy-Monate

Pietrek hatte mittlerweile auch mit dem *Goldeck*-Verleih fusioniert und betrieb in Düsseldorf das kleine Filmkunst-Kino *Bambi* als Stätte für den «Tag des guten Films». 1966 beging er das zehnjährige Bestehen seines Verleihs mit einem Programm «sorgsam und für jedes Theater ausgewählter Produktionen», dabei natürlich Laurel und Hardys DICK UND DOOF IN DER FREMDENLEGION.

Bei *Atlas* aber ging es stürmisch zu. Zum Jahresbeginn 1967 begannen Gläubiger, gegen Eckelkamp und seine Privatfirmen Konkursanträge zu stellen, denn es hatte sich kein finanzstarker Partner für den *Atlas*-Filmstock gefunden. Als Ausweg wurden vier Firmen gegründet, unter anderem die *Eckelkamp Verleih GmbH & Co. KG* (*Eckelkamp*-Verleih) zur Auswertung der *Atlas*-Filme. Eckelkamp blieb ohne offizielle Funktion der Mann hinter den Firmen. Geschäftsführer des neuen Verleihs wurde Horst P. Hesemann, der die Parole «Das Risiko vermeiden» ausgab. Dann ging *Atlas* in Konkurs. Der Konkursverwalter beauftragte die *Film-Börse*, eine weitere der vier neu gegründeten Firmen, das *Atlas Filmvergnügen Nr. 4* so schnell wie möglich in die Kinos zu bringen. FRA DIAVOLO wurde gegen PACK UP YOUR TROUBLES – ohne Kesselszene – ausgetauscht, aber der deutsche Titel DIE TEUFELSBRÜDER beibehalten, denn man hatte damit bereits geworben und Verträge darauf abgeschlossen. Schwier synchronisierte den Film sorgfältig, jedoch rutschte ihm durch, die deutschen Soldaten im Schützengraben «die Engländer kommen» rufen zu lassen, obwohl US-Landser anrückten. Wieder fehlte Bluhm als Laurels deutsche Stimme. Für ihn sprang Helmut Ahner ein, der sich an Laurels Stimmlage orientierte, Bluhm aber nicht ersetzen konnte (Abb. 192). Duwner war als Hardys Stimme ausgezeichnet, wie auch die Besetzung mit Synchron-Fachleuten. Schirmann musste bei der musikalischen Bearbeitung noch stärker haushalten. Er richtete DIE TEUFELSBRÜDER mit Musiken aus ZWEI RITTEN NACH TEXAS und DIE DOPPELGÄNGER VON SACRAMENTO ein.

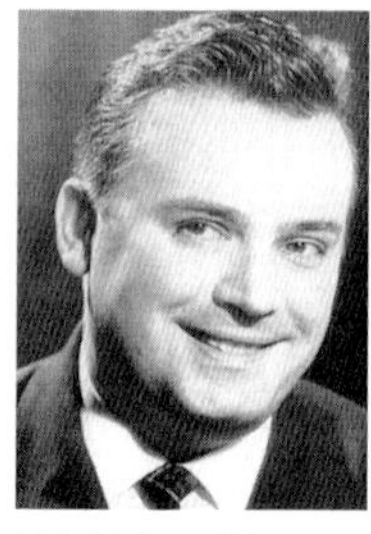

192 Helmut Ahner (1966) spricht Laurel

Atlas' Freigabeantrag für das vierte *Gesamtprogramm* von Anfang 1966 führte nun ein Jahr verspätet der *Eckelkamp*-Verleih im Auftrag der *Film-Börse* bei der *FSK* fort. Dabei wurde PACK UP YOUR TROUBLES immer wieder mit FRA DIAVOLO verwechselt. In Österreich ging der *Iris*-Verleih *(Iris)*, der dort die *Atlas*-Filme vertrieb, dem Hin und Her um deutschen Titel

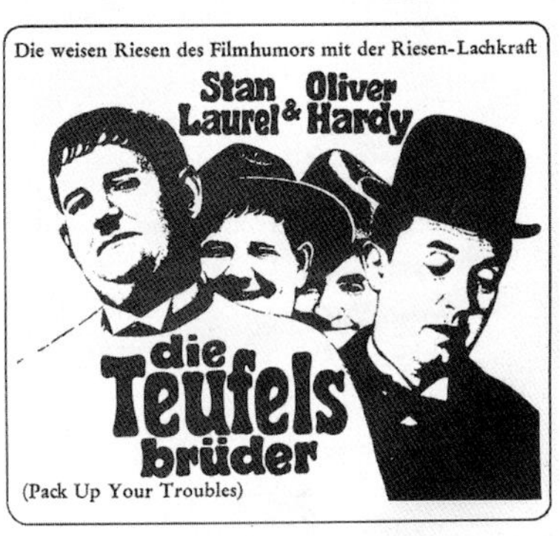

193 Werberatschlag für DIE TEUFELSBRÜDER (PACK UP YOUR TROUBLES), 1967

DIE TEUFELSBRÜDER aus dem Weg. Er schickte das Programm im Juli 1967 unter dem klaren Titel DIE RETTER DER KOMPANIE ins Kino. Gegenüber der *FSK* verwechselte der *Eckelkamp*-Verleih außerdem Schwiers Kurzfilm-Fassung DIE MUSIKBOX mit DICK UND DOOF UND DIE DRAHTKOMMODE.

Zur Freigabe von DIE TEUFELSBRÜDER und DIE MUSIKBOX hatte sich der Arbeitsausschuss der *FSK* Anfang Mai 1967 einigermaßen durchringen müssen, weil die Kriegsszenen und Laurel und Hardys Entführung von Eddies Baby aus den Fängen der lieblosen Pflegeeltern der kindlichen Psyche womöglich schaden könnten. Er stellte aber die Bedenken zurück, da Kinder «die Knallerei und Schießerei als spaßigen Lärm empfinden» und Stan und Ollie sich durch die ausführlich erzählte Vorgeschichte «als liebenswerte und vertrauenserweckende Personen vorgestellt» hatten. Auch den *Atlas*-Antrag auf ein *FBW*-Prädikat verfolgte der *Eckelkamp*-Verleih weiter, jedoch ohne Erfolg. Die *FBW* führte aus: «Es zeigt sich sehr rasch die Monotonie immer wieder der gleichen Mittel und Gags, sodass schon bald die Langeweile verhindert, noch einen Sinn für den Witz oder auch den Humor dieser Streifen zu entwickeln. Es kommt hinzu, dass auch besseren Filmen dieses Genres die Darbietung in einer Überdosis geschadet hat.»

Filmhefte wie bei *Atlas* gab es nicht mehr. Der Werberatschlag war unauffällig und bot außer der Schlagzeile «Die weisen Riesen des Filmhumors mit der Riesen-Lachkraft» nichts Neues (Abb. 193). Das *Gesamtprogramm* hatte seine deutsche Premiere am 12. Mai 1967 in den Kinos *Prinzess-Theater* (Mainz), *Schloß-Theater* (Heidelberg), *Union-Theater* (Saarbrücken), *Alemannia*-Theater (Frankfurt/Main) und *Central-Theater* (Singen Hohentwiel), und es kam gut an. «An Stan Laurel und Oliver Hardy wird man immer wieder seine Freude haben. Sie sind wahrhaft unsterbliche Komiker. Welche Erholung!», feierte der *Wiesbadener Kurier* die beiden Streifen, die nach Einschätzung des *Darmstädter Echos* «Jux im Extrakt, Handelsklasse A» waren. Wohlwollend war auch die *Filmkritik*, hatte aber die schwächere Konstruktion des Spielfilms erkannt, den der *film-dienst* als «anspruchslose Unterhaltung mit üblicher Situationskomik und einigen gelungenen Gags» bezeichnete. Der *Evangelische Film-Beobachter* behauptete, PACK UP YOUR TROUBLES sei 1932 als DICK UND DOOF IM KRIEG in Deutschland gelaufen. Doch das war 1933 gewesen, und da hatte der Film ZWEI MUSKETIERE geheißen. Ansonsten meinte der Rezensent, dass das unterhaltsame Programm «filmische Ansprüche höherer Art wohl nicht zu erfüllen» brauche.

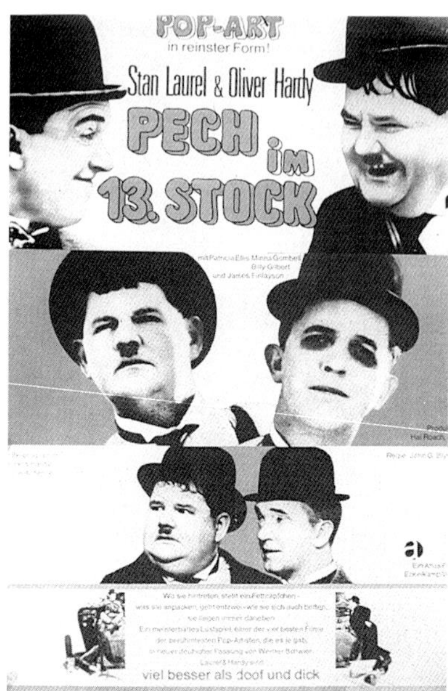

194 Österreichisches Plakat für DIE KLOTZKÖPFE (BLOCK-HEADS), hier unter dem Titel PECH IM 13. STOCK, 1967

Auch wenn das heiße Wetter im Frühsommer 1967 dem *Gesamtprogramm* zusetzte, war das schwankende Geschäft unter dem Strich bis zum Sommer noch ertragreich. Ein besseres Ergebnis war nach der Einschätzung des *Film-Sonderdienstes Ott* aber nicht zu erreichen, denn «dieser Laurel-und-Hardy-Film war nicht so stark wie seine Vorgänger; dementsprechend auch das Geschäft».

Der *Eckelkamp*-Verleih legte ein fünftes *Gesamtprogramm* nach mit BLOCK-HEADS unter dem Titel DIE KLOTZKÖPFE und mit dem Kurzfilm HOG WILD in der *Beta-Technik*-Fassung DICK UND DOOF BAUEN EINE ANTENNE, der umgetitelt wurde in DIE ANTENNE. Die bei der *Beta Film* eingekaufte Kopie des Spielfilms war unvollständig. Sie enthält nicht die Szene, in der Stan versehentlich den Sandlaster auf das blitzblank polierte Automobil von Ollies Frau mit Ollie am Steuer entleert. Schwier nahm sich als Autor und Regisseur Laurel und Hardys bizarrem Meisterwerk BLOCK-HEADS mit viel Liebe an. Seine vorbildliche deutsche Fassung ist LANGE LEITUNG von 1949 klar überlegen. Endlich ist Bluhm wieder dabei, der sich mit Duwner wunderbar ergänzt. Schirmann versah den Film mit einigen neu komponierten Passagen, die wieder ins Archiv der *BSG* kamen. In Österreich nannte der *Iris*-Verleih den Spielfilm PECH IM 13. STOCK (Abb. 194).

Für DIE KLOTZKÖPFE und DIE ANTENNE blieb ebenfalls ein *FBW*-Prädikat aus. Möglicherweise hatte der *Eckelkamp*-Verleih seinen Antrag von Mitte Juni 1967 zurückgezogen, denn eine Entscheidung der *FBW* hat sich nicht finden lassen. Die Freigabebescheinigungen der *FSK* wurden erst am Erstaufführungstag per Telegramm an das Würzburger *Corso-Theater* (Großes Haus) und die Bamberger *Luitpold-Lichtspiele* versandt, wo das *Gesamtprogramm* am 14. Juli 1967 anlief; der Verleih hatte übersehen, die Prüfgebühren früher zu begleichen (Abb. 195). Die meisten Kritiker waren begeistert und feierten Laurel und Hardys «Erfindungsreichtum, das subtile Spiel mit den Realitätselementen, besonders das Prinzip des slow burn und der präzise kalkulierten Pausen», was sich «zuweilen ... in ionescomische Höhen spiralt» (*Kölner Stadtanzeiger* und *Der Spiegel*). Die nicht sonderlich attraktive Verleih-Werbung, die Laurel und Hardy anachronistisch gar als «Pop-Art-Künstler» verkaufen wollte, verfing beim *Hamburger Abendblatt* nicht. Kunst und die beiden Komiker ließen sich laut der *Süddeutschen Zeitung* nicht miteinander vereinbaren: «Um das nur äußerlich ungleiche Paar wirklich komisch zu finden, bedarf es der Hingabe an eine schon pervers zu nennende Infantilität. Laurel-und-Hardy-Filme sind Schmankerl für Kinder und Leute, denen der Unterschied von kindlich und kindisch wenig bedeutet.» Der *film-dienst* erwähnte DIE KLOTZKÖPFE nicht. Fast 30 Jahre später enthielt der Spielfilm aber laut *Lexikon des internationalen Films* «einige der schönsten Auftritte» der beiden Komiker mit «‹Running-Gags› von faszinierender Poesie». Der *Evangelische Film-Beobachter* beschäftigte sich mit formalen Mängeln der Handlung und bescheinigte dem Streifen gar eine «Neigung zu Beschaulichkeit», sodass der Zuschauer «selbst Humor mitbringen muss, wenn er sich nicht langweilen will.» Aber es gab für das Blatt auch «Situationen, die manchmal dem Absurden reichlich nahe sind.»

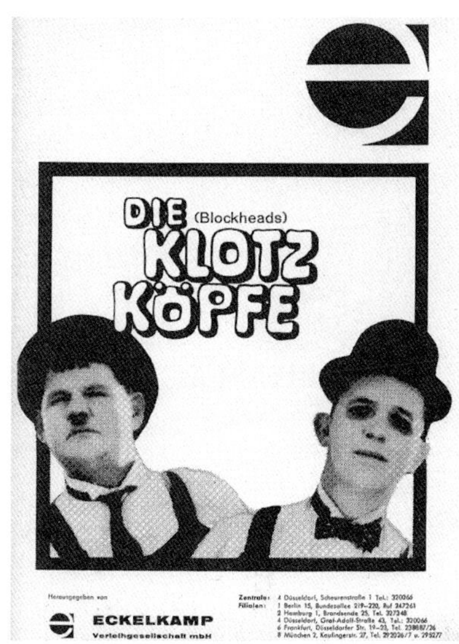

195 Werberatschlag für DIE KLOTZKÖPFE (BLOCKHEADS), 1967

DIE KLOTZKÖPFE und DIE ANTENNE waren das letzte Laurel-und-Hardy-Programm des *Eckelkamp*-Verleihs. Es dominierten bereits Italo-Western und Grusel-Krimis, mit denen sich aber der erhoffte Umsatz von 15 Millionen DM nicht erzielen ließ. Im Spätherbst 1967 musste auch der *Eckelkamp*-Verleih das Handtuch werfen. Einen großen Teil des *Atlas*-Filmstockes gab er der *Film-Börse* zurück, darunter Laurel und Hardys DIE DOPPELGÄNGER VON SACRAMENTO und DIE TEUFELSBRÜDER.

Der *Eckelkamp*-Verleih kam in andere Hände. Nach mehreren kurzfristigen Stationen ließ sich ein Vergleichsverfahren nicht vermeiden, und das ging zügig ins Konkursverfahren über. Anfang 1968 gelang es Eckelkamp aber, Regelungen mit den Gläubigern zu treffen, sodass die laufenden Konkursverfahren eingestellt wurden. 1969 gründete er die *Atlas Filmverleih GmbH* neu und stieg bis auf Weiteres ins Reprisen-Geschäft ein. Nach und nach konnte er seine Aktivitäten ausdehnen und schließlich sämtliche Gläubiger befriedigen. Laurel und Hardy wurden unter dem *Atlas*-Emblem noch mobiler, denn sie fanden sich auch auf hoher See und in der Hotelbranche wieder. Die *Atlas-Maritim Film und AV-Service GmbH & Co.* legte rund um den Erdball 160 Filmdepots mit einem Bestand von 2.000 Film-Kopien an, aus dem sie 160 deutsche Handels- und Kreuzfahrtschiffe sowie Ferienhotels mit monatlich je vier bis sechs Filmen versorgte. Aus dieser Zeit stammen Kopien von Laurel-und-Hardy-Kurzfilmen in Fassungen der *Beta Technik*, deren animierter Vorspann «*Atlas Bordkino* lebt» lautet.

Am 11. Juni 1967 wurde im ZDF-Nachmittagsprogramm Hardys Solofilm ZENOBIA DER JAHRMARKTSELEFANT (ZENOBIA) gesendet (Abb. 196). Der praktische Arzt Dr. Tibbitt (Hardy) heilt das kranke Elefantenweibchen

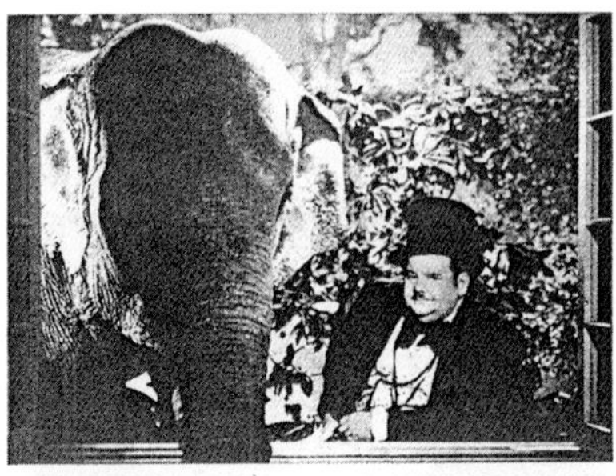

16.05 Dr. Tibbet (Oliver Hardy) muß den Verlauf des Prozesses, der gegen ihn geführt wird, von außen durchs geöffnete Fenster verfolgen. Denn dauernd ist ihm die ElefantendameZenobia auf den Fersen. Der gutmütige Arzt hat dem Tier geholfen, ohne vorauszusehen, wie dankbar und anhänglich die ungewöhnliche Patientin sich dafür erweisen würde . . .

PERSONEN:

Dr. Tibbett	Oliver Hardy
Professor McCrackle	Harry Langdon
Mrs. Tibbett	Billie Burke
Mrs. Carter	Alice Brady
Jeff Carter	James Ellison
Mary Tibbett	Jean Parker

und andere

196 TV-Ankündigung von ZENOBIA, DER JAHRMARKTSELEFANT (ZENOBIA), 11.6.1967

Zenobia, das sich in ihn verliebt, sodass ihr Besitzer den Doktor verklagt, ihm das Tier entfremdet zu haben. Es gibt aber ein Happy End.

Die deutsche Fassung von ZENOBIA ließ das ZDF bei der 1946 gegründeten Hamburger Synchronfirma *Alster Industrie GmbH* herstellen. Paula Lepa verfasste das Dialogbuch, Ingeborg Grunewald führte Regie – beide unumstrittene Synchron-Künstlerinnen. Duwner spricht auch in dieser Fassung für Hardy und trägt mit den anderen Sprechern zu einer hübschen deutschen Fassung bei. Mit ZENOBIA hat sich damals kaum jemand befasst. Zu den wenigen, die das taten, zählte der *film-dienst*. Er beklagte, dass auch Hardy «sich in dem vergnüglich-besinnlichen Film für die ganze Familie dem Komödienstil anpasste».

Dass Hardy auch in dem Fred-Astaire-Film THE STORY OF VERNON AND IRENE CASTLE von 1939 mitgespielt hat, ist ein Gerücht. Auf den ersten Blick scheint Hardy während einer von Astaires Tanznummern dabei zu sein. Doch der vermeintliche Hardy war anno 1939 in dem Streifen viel zu jung und auch nicht annähernd so beleibt wie der echte Komiker. Die Einlage ist nur eine Hommage an ihn.

LAUREL AND HARDY'S LAUGHING TWENTIES setzte Youngson 1967 mit THE FURTHER PERILS OF LAUREL AND HARDY nicht mehr für die *MGM* fort, sondern für die US-*Centfox*. Und diesmal kam das neue Werk gezielt in die Kindervorstellungen! Youngson baute seinen neuen Film allerdings nicht weniger überzeugend als den Vorgänger auf und verwendete noch mehr Ausschnitte aus Grotesken anderer Komiker wie Charley Chase, Jean Harlow und Snub Pollard. Dennoch gibt die weitgehend chronologisch geordnete und mit der Musik einer kleinen Besetzung gut unterlegte Zusammenstellung genug Möglichkeit zum Lachen. Sie enthält einige Ausschnitte aus Hardys Solofilmen THE VILLAIN, THE HOBO und HIS DAY OUT mit Billy West sowie aus Laurels JUST RAMBLING ALONG. Für Laurel und Hardys Stummfilmzeit hat Youngson Ausschnitte aus FLYING ELEPHANTS, SUGAR DADDIES, DO DETECTIVES THINK?, THE SECOND HUNDRED YEARS, LEAVE 'EM LAUGHING, YOU'RE DARN TOOTIN', HABEAS CORPUS, THAT'S MY WIFE, ANGORA LOVE, SHOULD MARRIED MEN GO HOME? und EARLY TO BED ins Programm genommen. In dem in Deutschland noch nicht gezeigten Zweiakter THAT'S MY WIFE von 1929 zerstört Stans Anwesenheit Ollies Ehe. Er muss Ollies Frau mimen, als der Erbonkel zu Besuch kommt. Während eines gemeinsamen Nachtclub-Besuchs wird Stan versehentlich demaskiert.

Nachdem der deutsche *Centfox*-Verleih im Sommer 1967 von der US-Muttergesellschaft die deutschen

Auswertungsrechte für THE FURTHER PERILS OF LAUREL AND HARDY erworben hatte, ließ er die Kompilation bei der *BSG* von Krüger als Autor und Regisseur unter dem Titel DICK UND DOOF WIE IMMER AUF EIGENE GEFAHR synchronisieren. Da die deutsche Fassung verschwunden und nur Krügers deutsches Dialogbuch erhalten geblieben ist, lässt sich die Qualität der deutschen Fassung nur bedingt beurteilen. Die Texte bewegen sich auf dem Niveau von ALS LACHEN TRUMPF WAR und gleiten nur vergleichsweise selten in den Krüger eigenen Humor ab. Doch die Verse, die er für die viele der Laurel-und-Hardy-Ausschnitte schmiedete, sind harter Tobak. Zwei Kostproben zu DO DETECTIVES THINK? und HABEAS CORPUS sollen genügen: «Als Detektiv in Feld und Flur / geh'n mit Bravour / wie nach Dressur / der Dick und Doof auf ihre Tour.» und «Doch Stan, den Doofen, juckt es. / Er zündet eine Lampe an. / Und stellt sich auf 'ne Kröte. / Die wackelt mit der Lampe dann / und Dick denkt – ist die ‹blöte›?» Hoffentlich hat Thomalla, der durch das Programm führt, die eine oder andere Scharte aus Krügers Feder akustisch ausgewetzt.

Am 11. August 1967 startete DICK UND DOOF WIE IMMER AUF EIGENE GEFAHR im Düsseldorfer Kino *Alhambra-Theater*, in den Hannoveraner Lichtspielen *Theater am Kröpcke* und in den Reutlinger *Kammer-Lichtspielen* (Abb. 197). Die Rezensenten waren vom Feuerwerk Laurel und Hardyscher Komik beeindruckt, das Thomalla «mit spürbarem Vergnügen kommentiert und conferiert» *(Hannoversche Allgemeine Zeitung)*. Die Zuschauer waren «bestimmt auf ihre Kosten gekommen» und die «eigene Gefahr» bestand wohl nur darin, dass man «sich Bauschmerzen holen

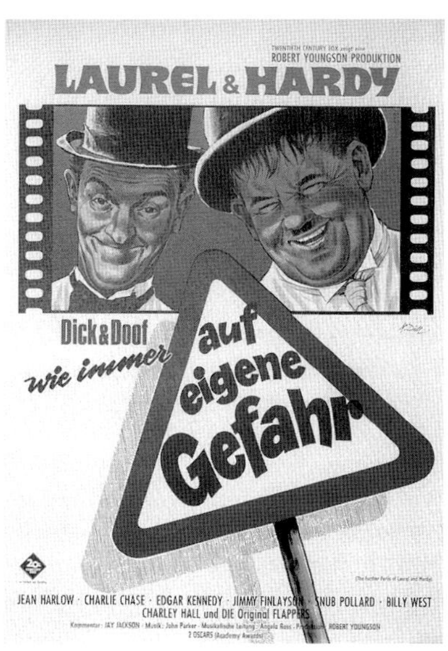

197 Plakat für DICK UND DOOF WIE IMMER AUF EIGENE GEFAHR (THE FURTHER PERILS OF LAUREL AND HARDY), 1967

kann vor Lachen» *(Heidenheimer Zeitung)*. Das in dem «gutmütigen Spaß» steckende «recht ernste Thema ‹der Mensch in Schwierigkeiten mit der Gesellschaft» ging laut des Berliner *Petrusblatt* im allgemeinen Gelächter unter. Der *film-dienst* beurteilte DICK UND DOOF WIE IMMER AUF EIGENE GEFAHR wesentlich positiver als den stärkeren Vorgänger und frohlockte über das «Element des Menschlichen» in der Komik von Laurel und Hardy, deren «Mimik zeitweise die Züge eines in unseren Tagen in Mode gekommenen Understatement hat, das sie aus Typen zu Menschen macht.» Der zurückhaltend wohlwollende *Evangelische Film-Beobachter* entdeckte in den auf «Imitation und Wiederholung angelegten zeitgängigen Gags mehr Kindisches als Komisches».

DICK UND DOOF WIE IMMER AUF EIGENE GEFAHR wurde in der DDR nicht gezeigt. Das Reiseteam des *DEFA Au-*

ßenhandels sah sich den Streifen bei seiner Reise in die Bundesrepublik Deutschland im Juli 1969 zwar an, er wurde dann aber «nicht zum Ankauf zugelassen». Weiteres ist nicht dokumentiert.

21. Wissen ist Macht für Unzertrennliche

Der *Eckelkamp*-Verleih wurde ausgehöhlt. Er verlor nicht nur einen großen Teil schon vermarkteter Produktionen wie die Laurel-und-Hardy-Filme, im November 1967 wanderten auch sieben ehemalige leitende *Atlas*-Mitarbeiter ab und gründeten in München gemeinsam mit dem Synchronstudio-Betreiber Ingo Hermes und der *Film-Börse* als Hauptinhaberin den Verleih *Alpha-Film GmbH & Co. KG (Alpha)*, dessen Firmenzeichen dem *Atlas*-Emblem ähnelt. Im Dezember 1967 kündgte *Alpha* an, dass am 26. April und am 12. Juli 1968 zwei weitere Laurel-und-Hardy-Spielfilme neu synchronisiert erscheinen sollten: SEEFAHRT TUT NOT (SAPS AT SEA) mit den Komikern als «Teufelsbrüdern zur See» und WISSEN IST MACHT (A CHUMP AT OXFORD) unter dem Motto «Kampf dem Bildungsnotstand». SEEFAHRT TUT NOT wurde Anfang Februar 1968 zum Titelregister der *SPIO* angemeldet, aber mehr geschah damit nicht. WISSEN IST MACHT hingegen kam mit einigen Monaten Verspätung auf die Leinwand. Da hatte Pietrek schon wieder die Nase vorn gehabt.

1967 hatte er aus den USA die Kino-Rechte für die Stummfilme PUTTING PANTS ON PHILIP und LEAVE 'EM LAUGHING gekauft, die er mit anderen Streifen aus seinem Bestand zu dem Programm DICK UND DOOF, DIE UNZERTRENNLICHEN zu verpacken gedachte. Diesmal sollte Rudolf Günter Wagner (Abb. 198) mit der Rundfunksprecherin Ruth Breitag im Münchner *Deutschen Museum* die einzelnen Filme mit Zwiegesprächen «lustig» einleiten und die Stummfilme kommentieren. Rahmenhandlung und Texte entwarf Pietrek höchstpersönlich und ließ das Ganze bei der seit 1957 aktiven Münchner Firma *Elan Film Gierke und Co.* in Helmut Haruns Regie billig produzieren, was an allen Ecken und Enden offenbar ist.

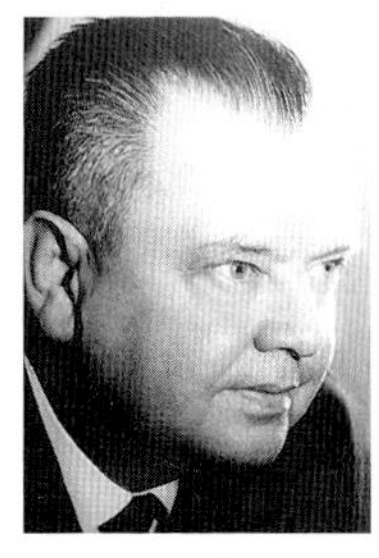

198 Rudolf Günter Wagner (1966)

DICK UND DOOF, DIE UNZERTRENNLICHEN beginnt mit Wagners und Breitags rund zehnminütiger, quälend langer, belangloser Unterhaltung im Museum. Im Vorführraum angekommen, kommentiert Wagner mit farbloser Stimme und naiv am Mikrofon PHILIP ZIEH DIE HOSEN AN (PUTTING PANTS ON PHILIP). Dann bittet er seine Kollegin, es ihm bei DICK UND DOOF BEIM ZAHNARZT (LEAVE 'EM LAUGHING) gleich zu tun. Nach etwas Zieren löst Wagner sie von ihrem plumpen Versuch ab, macht es aber wieder nicht besser. Pietrek hatte es ein Paar «extravaganter» Salzstreuer in der Form von Laurel-und-Hardy-Köpfen besonders angetan. Sie stehen als Tischdekoration im Studio, und die Gastgeber unterhalten sich minutenlang darüber. Die Salzstreuer sind sogar auf einem Aushang-Foto des Programms zu bewundern (Abb. 199). Endlich leiten Wagner und Breitag zu DICK UND DOOF ALS ELEKTRIKER (TIT FOR TAT) aus DICK UND DOOF IN 1000 NÖTEN über. Natürlich durfte DICK UND DOOF IN DER FREMDENLEGION auch nicht fehlen. In dem Ausschnitt DICK UND DOOF WOHNEN MÖBLIERT stößt Stan sich immer wieder den Kopf an der Dachschräge des Pariser Hotelzimmers. Wagner und Breitag unterhalten sich anschließend allgemein über Dick und Doof. Einander zuprostend nennt Breitag Wagner «mein kleines Dickerchen» und er sie «mein kleines Doofi»! Davon befreit der Zweiakter DICK UND DOOF IM BOXRING (ANY OLD PORT) aus dem Programm DICK UND DOOF – GANZ DOOF die Zuschauer, und Pietreks Machwerk ist zu Ende.

Bei der *FSK* feilschte Pietrek im Januar 1968 um die Prüfgebühren für das angebliche Kinder-Programm. Die *FSK* halbierte schließlich die Gebühren. Im Werberatschlag für die «turbulesken Dick-und-Doof-Abenteuer» wurde die «interessante Kameraführung» von DICK UND DOOF, DIE UNZERTRENNLICHEN gepriesen. Die Presse-Informationen lauteten im Pietrek-Stil: «Überfall – Mord – Vergewaltigung – Zerstückelung – und was es alles an Grauen, Schrecken und Sensationen gibt! Ist das wirklich das Rezept, das die Besucher wieder in die Filmtheater locken kann? Wir haben einen Versuch gemacht. Einem Theaterpublikum, das den Film nicht brutal genug und erotisch genug bekommen konnte, wurde DICK UND DOOF, DIE UNZERTRENNLICHEN gezeigt. Und das Wunder geschah: Man amüsierte sich köstlich, es entstand keine Minute der Langeweile, und einstimmig galt das Urteil: ‹So haben wir schon lange nicht mehr gelacht›.» Als Zugabe gab es noch die erfundene Geschichte, nach der diesmal Laurel durch die Begegnung mit vielen Menschen in seinem Rechtsanwaltsbüro zum Film gekommen war und Hardy als Ausrufer auf dem Rummelplatz aufgegabelt hatte. Was soll man dazu sagen? Am besten Pietreks

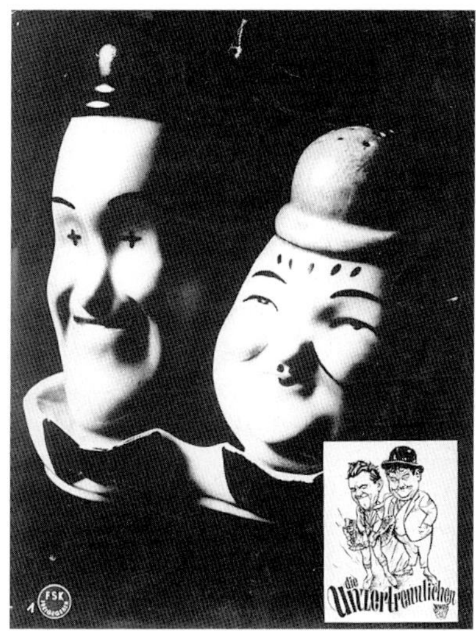

199 «Klasse»-Werbung: Laurel und Hardy als Pfeffer- und Salzstreuer auf dem Aushangfoto mit Plakatmotiv für das Programm DICK UND DOOF, DIE UNZERTRENNLICHEN, 1968

Schlagzeile: «Da lacht Kind und Kegel – Da husten sogar die Vögel».

Nach der Premiere des Programms am 21. März 1968 im Münchner *Bali-Filmtheater* bedienten sich die Zeitungen eifrig aus Pietreks Werbetexten, sodass selten eine Kritik dabei war. Der *film-dienst* beschränkte sich mit einer «Vornotiz» zum «harmlosen Vergnügen». Doch der *Evangelische Film-Beobachter* schien nun endgültig Laurel-und-Hardy-Fan geworden zu sein und hatte Stans pantomimische Auftritte in DICK UND DOOF ALS ELEKTRIKER und DICK UND DOOF IM BOXRING als die «besten Clown-Nummern, die es im komischen Kino zu sehen gibt», ins Herz geschlossen. Wagners und Breitags «ebenso überflüssige wie sprachlich überladene» Beiträge wusste er aber von Laurel und Hardy sauber zu trennen.

DICK UND DOOF, DIE UNZERTRENNLICHEN war Pietreks letzte Laurel-und-

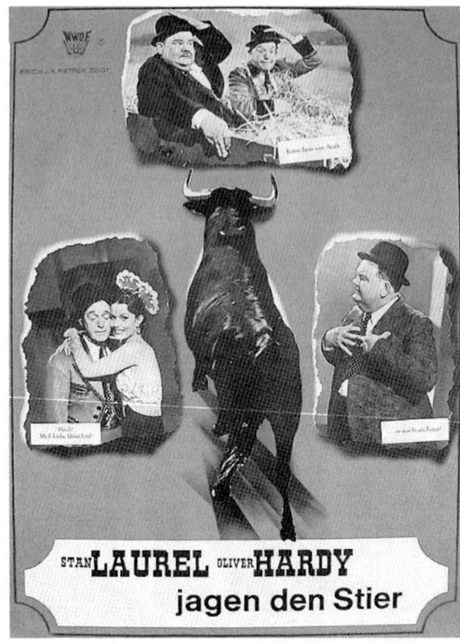

200 Plakat für STAN LAUREL UND OLIVER HARDY JAGEN DEN STIER (THE BULLFIGHTERS), 1968

Hardy-Bastelarbeit. Beim Fernsehen klopfte er mit Senderechten für Laurel-und-Hardy-Filme an und offerierte internationale «Europa-Lizenzen» ihrer Streifen nicht nur für die Balkanländer, Polen, die CSSR und die UdSSR, sondern auch für Norwegen, Finnland, Holland, Belgien, Spanien, Portugal, Griechenland, Türkei, Malta und Zypern. Außerdem ließ er Filme des Duos ständig wiederaufführen, natürlich auch DICK UND DOOF IN DER FREMDENLEGION. 1968 erwarb Pietrek noch die Rechte an drei Laurel-und-Hardy-Spielfilmen der *Centfox* und der *MGM*: DICK UND DOOF: SCHRECKEN DER KOMPANIE, SCHRECKEN ALLER SPIONE und STIERKÄMPFER WIDER WILLEN. Die beiden bisher nicht auf Dick und Doof getrimmten Titel stellte er sogleich um auf DICK UND DOOF: SCHRECKEN ALLER SPIONE und DICK UND DOOF JAGEN DEN STIER und schickte die drei Streifen nach der *FSK*-Freigabe mit neuem Werbematerial umgehend durch die Kinos (Abb. 200). Für dieses kleine Laurel-und-Hardy-Spielfilm-Paket hatte er Ilse-Ruth Kreker den Artikel «Unzertrennlich – unvergesslich. 50 Jahre Dick und Doof» verfassen lassen, der mit neuen Dichtungen aufwartet. Nun hatte Roach Hardy auf dem Rummel aufgelesen, als der «Mittel gegen Haarausfall, Rheumatismus und Hühneraugen» unter die Leute zu bringen versuchte. Roach hatte angeblich auch berühmten Grotesk-Komikern wie Roscoe «Fatty» Arbuckle, Buster Keaton, Al St. John und Ben Turpin zu Weltruhm verholfen, die er aber auf ihrem Weg zum Ruhm nie unter Vertrag hatte. Auch Krekers Informationen über den Umfang von Pietreks Laurel-und-Hardy-Aktivitäten seit 1950 stimmten nicht so recht. Sie hatte sich ordentlich verzählt, und Pietrek war in das Geschäft mit den beiden Komikern auch erst 1952 eingestiegen.

Die *AKI*-Zentrale in Frankfurt/Main hatte in einem Telegramm an Pietrek gereimt: «Nach Western, Krimi, Sex und Mord, Dick und Doof schaffen Hausrekord». Das erkor der Verleih-Chef zum neuen Motto. DICK UND DOOF: SCHRECKEN ALLER SPIONE an der US-Heimatfront und DICK UND DOOF JAGEN DEN STIER ließen die Kassen bis September 1968 erneut klingeln. Bei einer neuen Kinogänger-Generation und der Presse hatten Laurel und Hardy wieder «die Lacher auf ihrer Seite», wenn sie ihren «Bombenangriff auf das Zwerchfell» führten und nebenbei aufs Neue bewiesen, dass sie gar nicht so doof waren, wie ihre deutsche Namen vermuten ließen *(Reutlinger Nachrichten)*. DICK UND DOOF: SCHRECKEN DER KOMPANIE wurde gar zu einem «der besten und erfolgreichsten Lachschlager» von Laurel und Hardy hochstilisiert, der «Anlass zu pausenlosem Lachen» gab *(Leonberger Kreiszeitung)*.

«Eine Augenweide, mitanzusehen, wie sie scheitern», «immer noch neu und immer noch umwerfend», stimmten die *Stuttgarter Nachrichten* à la Pietrek ein. 1972 kehrte Pietrek außerdem nach einem Geschäft mit der *Beta Film* noch einmal mit Laurel-und-Hardy-Filmen in die Kinos zurück. Mehr darüber im vierten Teil.

Daneben handelte Pietrek mit Kurzfilm-Programmen aus seinem Laurel-und-Hardy-Bestand. 1958 hatte er nach DICK UND DOOF, DIE UNVERWÜSTLICHEN das Programm DIE NEUESTEN ABENTEUER VON DICK UND DOOF mit unbekanntem Inhalt im Angebot. Zehn Jahre später meldete er beim Titelregister der *SPIO* an: DICK UND DOOF AUSSER RAND UND BAND, DICK UND DOOF HAUEN AUF DIE PAUKE und DICK UND DOOF – SPASS MUSS SEIN. Einzelheiten haben sich nicht herausfinden lassen. Ende November 1968 gab er DICK UND DOOF – TOTAL VERRÜCKT mit den Zweiaktern DICK UND DOOF AUF DEM GEISTERSCHIFF (THE LIVE GHOST), DICK UND DOOF ALS POLIZISTEN (THE MIDNIGHT PATROL), DICK UND DOOF IM SÄGEWERK (BUSY BODIES), DICK UND DOOF, DIE MATROSEN (MEN O'WAR) und DICK UND DOOF ALS FINANZGENIES (THICKER THAN WATER) in die Kinos.

Der geplante Starttermin von WISSEN IST MACHT war unterdessen verstrichen. Das neue Laurel-und-Hardy-*Gesamtprogramm* wurde mit dem Kurzfilm SCHIFF AHOI! (TOWED IN A HOLE) komplettiert, den Krüger gemeinsam mit dem Spielfilm als Autor und Regisseur bei der *BSG* deutsch fasste; warum für den Zweiakter nicht die *Beta-Technik*-Fassung DICK UND DOOF KAUFEN EIN SCHIFF genommen wurde, bleibt dunkel. Krüger stopfte in sein Dialogbuch für WISSEN IST MACHT mehr Kalauer denn je. Im Original weist Ollie in einem normalen Ton den Gästen der Vandeveres die Plätze an der Tafel zu, bei Krüger klingt das aber fast ordinär. Aus Ollies Ankündigung «All from Soup to Nuts», die die Gäste auf Speis und Trank neugierig machen soll, ist bei Krüger die Drohung geworden, dass «bis auf die Suppe alles genießbar» sei. Stan antwortet dem Bankdirektor auf die Frage nach der Bildung der Freunde anders als im Original: «Wir sind dumm wie ein Schuh». Darin kommt auch der gequälte Reim «Es wollen selbst nicht Ochsen fort aus unserer Uni in Oxford» nicht vor, den Krüger Stan und Ollie in den Mund legt. Reichlich geschmacklos lässt er außerdem Stan als Lord Paddington über den laut Ollie «spinnenden» Butler sagen: «Das kann man wohl sagen. Er hat nicht alle Latten am Zaun und eine Meise unter dem Pony.» Erträglicher ist Krügers deutsches Buch für SCHIFF AHOI!, aber der Film hat auch weniger Dialoge, an denen er sich vergehen konnte. Die Synchronsprecher des *Gesamtprogramms* sind glücklicherweise erste Wahl, angeführt von Bluhm und Duwner. Die musikalische Untermalung musste mit Archivmusiken von Schirmann und Schumann auskommen, zu Beginn von WISSEN IST MACHT mit Schirmanns Einleitungsmusik von ZWEI RITTEN NACH TEXAS, gefolgt von Schumann-Kompositionen für die *Beta-Technik*-Fassungen. Im Labyrinth unterstreicht die bassbetonte Musik aus ZWEI RITTEN NACH TEXAS die Stimmung.

Äußerlich erinnert *Alphas* Werberatschlag etwas an die *Atlas Filmhefte*, doch die Schlagzeilen sind sturmerprobt: «Zwei Funzeln der ‹Wissenschaft› leuchten Ihnen heim: Dick und Doof!» und mit «Gehirnschmalz – Dick aufgetragen und Doof serviert!» Das hätte auch von Pietrek stammen können.

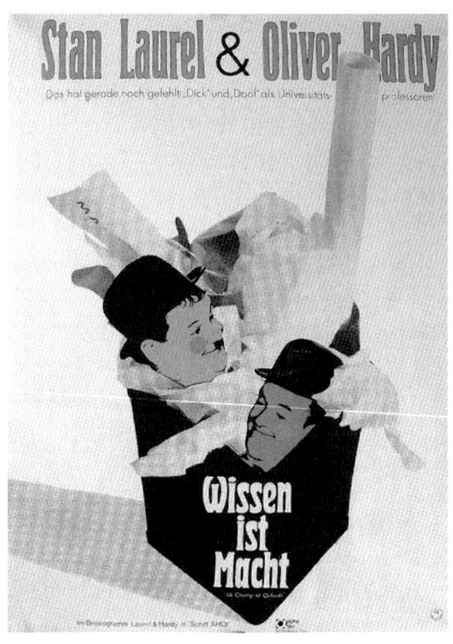

201 Plakat für WISSEN IST MACHT (A CHUMP AT OXFORD), 1968

Das *Gesamtprogramm* wurde Ende November 1968 von der *FSK* freigegeben und am 29. November 1968 erstmals in den Bacharacher *Apostelhof-Lichtspielen*, im Darmstädter *Thalia-Theater*, im Uelzener *Kammer-Theater* und im Wiesbadener *Theater am Park* aufgeführt (Abb. 201). Die Freigabe-Bescheinigungen wurden dafür telegrafisch an die Kinos übermittelt. Den Prüfgebühren musste die *FSK* freilich hinterherlaufen, sie waren auch noch im April 1969 offen.

Das neue *Gesamtprogramm* wurde freundlich aufgenommen (zum Beispiel: *Spandauer Volksblatt*). Der *Evangelische Film-Beobachter* taxierte SCHIFF AHOI! als schwach: «Hardy würde wohl immer noch ausrutschen und in den Dreck klatschen, wenn der Film nicht ziemlich bald an geistiger Schwindsucht eingehen würde». Jedoch revidierte er seine frühere vernichtende Einschätzung von A CHUMP AT OXFORD als Fall «erniedrigender Blödigkeit» und nannte WISSEN IST MACHT einen «guten Film», in dem Laurel «einmal mehr beweist, dass er ein großer Komiker und ein guter Pantomime war.» Der *film-dienst* schwieg. 30 Jahre später war WISSEN IST MACHT im *Lexikon des internationalen Films* ein bis auf «wenige Sequenzen wenig ambitioniertes Serienprodukt», Laurel und Hardy aber wurden gelobt: Die «Dick-und-Doof-Renaissance ist eine der lustigsten der Geschichte des Films», der das «Serienprodukt» keine Zügel anzulegen vermochte. Das neue Laurel-und-Hardy-*Gesamtprogramm* brachte bis Ende September 1969 «gute» Einspiel-Ergebnisse, danach ging die Nachfrage der Kinobesitzer zurück *(Film-Sonderdienst Ott)*.

22. Eine Ära geht zu Ende

In Youngsons Fahrwasser stellte James L. Wolcott THE BEST OF LAUREL AND HARDY aus einigen kurzen Tonfilmen der Roach-Ära und aus den Spielfilmen PARDON US und OUR RELATIONS als Ausschnittsprogramm wie ein Fotoalbum zusammen, in dem geblättert wird. Die Aneinanderreihung von Szenen aus NIGHT OWLS, BELOW ZERO, ONE GOOD TURN, THE LIVE GHOST, PARDON US, LAUGHING GRAVY, BE BIG, COUNTY HOSPITAL, OUR WIFE und THEIR FIRST MISTAKE im ersten Drittel des Streifens ist wegen der Themenvielfalt recht kurzweilig. Doch dann gerät der Zusammenschnitt mit den ausschließlich aus RELATIONS entnommenen, für sich gewiss ausgezeichneten Szenen aus dem Gleichgewicht. Die Ergänzungen der Originalmusiken für THE BEST OF LAUREL AND HARDY wirken außerdem wenig ansprechend.

Der deutsche *MGM*-Verleih erhielt nach dem US-Start von THE BEST OF LAUREL AND HARDY im Jahr 1967 die Importlizenz des Bundesamtes für die gewerbliche Wirtschaft im Juni 1968 und ließ die Kompilation bei der Synchron-Abteilung der *MGM* von Michael Günther als Autor und Regisseur als RINDVIECHER UNTER SICH eindeutschen. Die eingeblendeten Kapitel-Überschriften wurden im voice over fast wörtlich deutsch übersetzt. Günthers flotte, leicht flapsige Dialoge lagen im Trend der Zeit, was aber auf Kosten sprachlicher Feinheiten ging, die in anderen Laurel-und-Hardy-Synchronisation gepflegt worden waren. Im Ausschnitt aus BELOW ZERO rät Stan Ollie, den Schneeball im Gesicht «Gar nicht zu ignorieren». In OUR RELATIONS werden Ausdrücke wie «Überwolke» benutzt. Das korrespondierte damit, wie Günther Bluhm und Duwner Laurel und Hardy sprechen ließ, die grundsätzlich ein Gewinn für die deutsche Fassung sind. Als Alf lispelt Bluhm entgegen dem Original, und Duwners Bert hat eine etwas höhere, heisere Stimme. Die anderen Synchronrollen besetzte Günther ebenfalls mit erfahrenen Sprechern.

In seiner Werbung bot der deutsche *MGM*-Verleih bessere Schlagzeilen an, als der deutsche Titel RINDVIECHER UNTER SICH vermuten lässt, zum Beispiel: «Unvergessen, eindrucksvoll und genial: die Meisterkomiker Laurel und Hardy!» Auch die Inserat-Matern sind vergleichsweise dezent überschrieben mit «Die Weltmeister der Komik im Festival der Lachsalven». Im gewissen Gegensatz dazu steht das Filmplakat mit Stan und Ollie, die sich als Dick und Doof bezeichnet in einer vollen Regentonne befinden, in die über ihre Köpfe Wasser nachläuft (Abb. 202). In den Presse-Informationen ist der Beitrag «Dick und

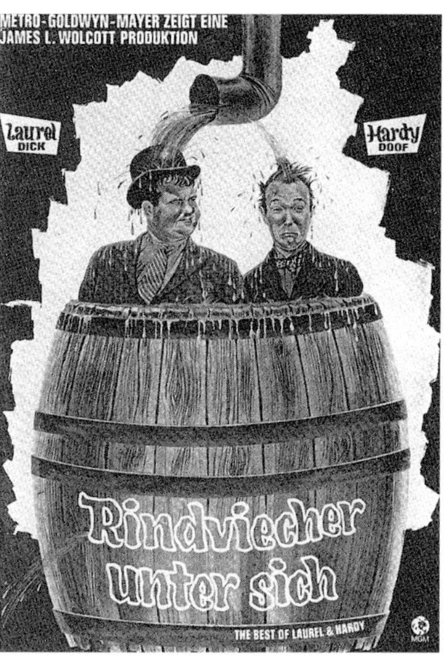

202 Plakat für RINDVIECHER UNTER SICH (THE BEST OF LAUREL AND HARDY), 1969

Doof oder die Kunst des Absurden» mit einigen neu erdachten Einzelheiten aus Hardys Werdegang bestückt. Hardy hatte angeblich nach seinem Jura-Studium beim Betrachten von Filmen in seinem eigenen Kino «Das kannst Du auch» gesagt und war schnurstracks ins nächste Film-Atelier marschiert, wo er vom Fleck weg engagiert wurde.

Das Datum der deutschen Premiere von RINDVIECHER UNTER SICH steht nicht fest. Am 14. Februar 1969 war die Zusammenstellung jedenfalls im Wiesbadener Kino *Arkaden am Ring* zu sehen. Kritiker reagierten enttäuscht, besonders die *Frankfurter Rundschau*: «Was hier als das ‹Beste von Laurel und Hardy› angepriesen wird, ist ein beschämender Zusammenschnitt von zwölf Filmen der beiden Komiker, die, dem Niveau des deutschen Titels entsprechend, bei diesem Totalausverkauf von Restbeständen der *MGM* und Hal Roach zu dummen Deppen degradiert werden. Geblieben sind nur so genannte Raritäten aus der Flimmerkiste, die zu sehen sich kaum lohnt. Denn wer möchte sich schon der Mühe unterziehen, in diesem Restesalat ein paar Filme zu identifizieren, die einmal gut waren, als man sie noch in voller Länge sehen konnte.» Ähnlich stufte der *Evangelische Film-Beobachter* den «recht willkürlich zusammengeschnitten» Streifen «eher ermüdend als amüsant» ein. Auch die *Filmkritik* erblickte in dem Film ein «extremes Beispiel für die alte Unsitte, die Gattung des amerikanischen burlesken Filmes grundsätzlich als Rohmaterial für Schnittübungen zu betrachten.» Aber einen Trost hatte das Blatt parat: «Von den meisten Fragmenten sind bei uns im Vorprogramm oder in Zusammenstellungen die vollständigen Versionen zu besichtigen. Es empfehlen sich *Akis*, *Wokis* und Kindervorstellungen Sonntag mittags.» Der *Tagesspiegel* und die *Nacht-Depesche* in Berlin sahen einen «banalen Rückfall in alte Tage», als Laurel und Hardys «hintergründiger Witz» noch nicht erkannt wurde, währen der *film-dienst* die Zusammenstellung als «pointenreiche und turbulente Lach-Unterhaltung für alle» empfahl. Der Kassenerfolg von RINDVIECHER UNTER SICH mag entsprechend wechselhaft gewesen sein. Niemand hat davon als Renner berichtet. 1975 erwarb die *Cine-Erotica Boutiquen-Betriebsgesellschaft mbH* die Auswertungsrechte für RINDVIECHER UNTER SICH von der *National Films Corporation Ltd.* mit Sitz auf den Bahamas und gab den Film an die Verleih-Firmen *Favorit Film GmbH* in Düsseldorf, an *Apollo Film* in Frankfurt/Main und *Titanus Film* in München weiter.

Ebenfalls von 1967 stammt Vernon P. Beckers Chaplin-Zusammenschnitt THE FUNNIEST MAN IN THE WORLD, der sich neben einem biografischen Abriss auf die copyright-freien Stummfilme bis zum Ende der *Mutual*-Periode beschränkt und auch auf den Imitator Billy West zu sprechen kommt, zu dem ein Ausschnitt aus THE HOBO mit Hardy gezeigt wird. Laut Werbung des deutschen *MGM*-Verleihs von 1969 wünschten sich «viele Theaterbesitzer eine Wiederbegegnung mit dem größten Clown der Erde». Beckers Zusammenstellung lag da in den USA aber immer noch wie Blei in den Regalen. Mitte 1969 kam die von der Synchron-Abteilung der *MGM* besorgte deutsche Fassung DER KOMISCHSTE MANN DER WELT in die Kinos. Das fand wenig Gegenliebe, zumal die deutsche Bearbeitung den Film ins Lächerliche zog. 20 Jahre später wurde der Streifen für die TV-Ausstrahlung im ZDF am 15. April 1989 neu synchronisiert, und nun ließ sich ihm etwas abgewinnen.

Alpha wollte am liebsten Gressiekers FRA-DIAVOLO-Fassung HÄNDE HOCH – ODER NICHT! wiederaufführen, konnte aber keine Kopie auftreiben. Daher begann der Verleih die Arbeiten an einer neuen deutschen Fassung bei der *BSG* 1968 noch vor der Herstellung von WISSEN IST MACHT und SCHIFF AHOI!. Einen Begleitfilm gab es diesmal nicht mehr. Aus unbekannten Gründen kam es zu Verzögerungen. Fest steht, dass *Alpha* die neue Synchronisation der *FSK* im Sommer 1969 unter dem unpassenden, wenig schmeichelhaften Titel DIE SITTENSTROLCHE einreichte, der sich wohl an den Wortschöpfungen der deutschen Sexfilm-Welle orientiert hat. In Österreich mochte sich *Iris* nicht anschließen und nannte ihn DIE TEUFELSBRÜDER, wie Schwier es ursprünglich vorgesehen hatte (Abb. 203). Allerdings hatte nicht Schwier, sondern Krüger Hand angelegt. Verglichen mit WISSEN IST MACHT ist diese Bearbeitung niveauvoller, HÄNDE HOCH –

ODER NICHT! und DIE SITTENSTROLCHE liegen aber künstlerisch weit auseinander. Krügers Lady Rocburg, die er Cockburn nennt, spricht überzogen, gelegentlich auch im Umgangsdeutsch. Ein Ausruf wie «Er hat mein Medallion geklaut» wirkt bei diesem Film anachronistisch. Zu Beginn lässt Krüger Ollio zu Stanlio sagen: «Du sitzt da wie Karo As und träumst.» Und später klagt Ollio: «Für dieses Geld haben wir jahrelang geschuftet wie die Kümmeltürken.» An der Besetzung gibt es nichts zu bemängeln. Bluhm und Duwner werden von erstklassigen Synchron-Künstlern unterstützt. Schirmanns Absicht von 1966, der deutschen Fassung von FRA DIAVOLO mit einem großen Orchester den richtigen musikalischen Rahmen zu verleihen, wurde nicht umgesetzt. Wie schon bei anderen Gelegenheiten wurde die Musiklautstärke des Originals bei den Übergängen zu den Dialogen herunter geregelt. Die Arien wurden im Original belassen. Fra Diavolos nächtlicher Gesang als Signal zum Diebstahl und Stanlios Version von Zerlinas Schlaflied wurden jedoch eingedeutscht, Stanlios Lied singt Bluhm. Außerdem wurden einige Archivmusiken von Schirmann zugespielt, als ein wütender Ochse die Sänfte des Räuberhauptmannes demoliert und beim Abfüllen von Wein im Keller des Gasthofes. Das stammt aus der Szene von DIE KLOTZKÖPFE, in der Stan das Auto von Ollies Frau in der Garage zu Schrott fährt. Am Schluss ist die Erkennungsmelodie von ZWEI RITTEN NACH TEXAS zu hören.

Bei der *FSK* wurden die Bedenken an dem spekulativen deutschen Titel nur deswegen überwunden, weil der Streifen inhaltlich harmlos ist. Die Zahlung der bereits halbierten Prüfgebühren (der Film hatte der *FSK* vor Jahren schon vorgelegen) bereitete *Alpha* offenbar Schwierigkeiten, denn die *FSK* wartete nach der Freigabe von Anfang Juli 1969 noch Monate danach auf den Zahlungseingang.

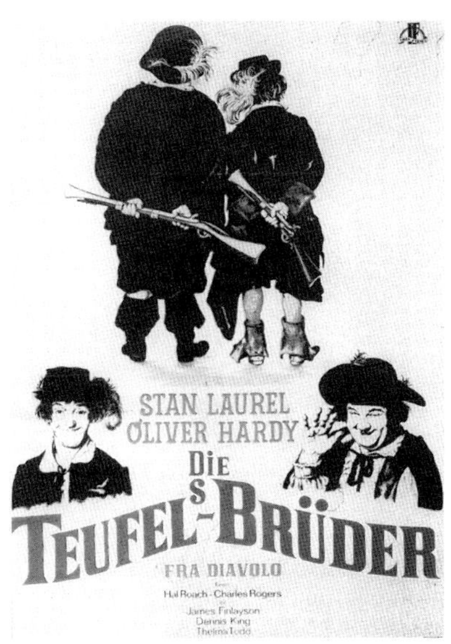

203 Österreichisches Plakat für DIE TEUFELSBRÜDER (FRA DIAVOLO), 1969

Alphas Werberatschlag ging nicht gerade einfallsreich und einfühlsam zu Werke: «Hier wird geschossen, geprügelt, aufgehängt, geräubert und geklaut. Die Moral ist eine ganz miserable: Also fast ein Italo-Western – nur viel lustiger!» oder «Eine umwerfend zwerchfellerschütternde Mischung aus Komischer Oper, Großer Oper, Pferde-Oper, Op und Pop nach dem Motto: Opers Kino ist nicht tot!» Außerdem mobilisierten die Inserat-Matern und das Kinoplakat Laurel und Hardys deutsche Namen: «Stan Laurel und Oliver Hardy als Dick und Doof».

DIE SITTENSTROLCHE wurden spätestens am 18. Juli 1969 im Wiesbadener *Walhalla-Theater* zum ersten Mal gezeigt (Abb. 204). Der *Münchner Merkur* staunte, dass Laurel und Hardys Späße und mimische Künste die

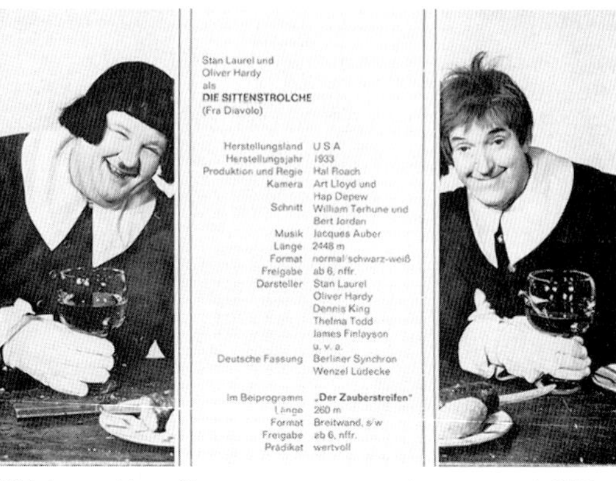

204 Inserat-Mater für DIE SITTENSTROLCHE (FRA DIAVOLO), 1969

Mode überdauerten und immer noch zum Lachen reizten. Den deutschen Titel sah das Blatt indessen als Ärgernis an: «Der Titel ist nichts als eine Konzession an die Konjunktur. Laurel und Hardy haben eine solche ‹Aktualisierung› nicht nötig.» Laut *Frankfurter Rundschau* bestand der Streifen freilich nur «aus Versatzstücken der großen Stummfilm-Komödien». *filmdienst* und *Evangelischer Film-Beobachter* waren gegenüber ihren Kritiken von 1957 mittlerweile freundlicher eingestellt: Über den «unterhaltsamen Film» mit seinen «naiven Späßen» konnten mittlerweile immerhin jung und alt gemeinsam lachen. Bis etwa November 1969 schwankte das Geschäft mit den SITTENSTROLCHEN zwischen «schwach» und «gut». Einige Kinobesitzer schoben das auf die TV-Konkurrenz *(Film-Sonderdienst Ott)*. Waren damit Nachmittags- und Vorabendserien wie SPASS MUSS SEIN (WDR), DIE KLEINEN STROLCHE und PAT UND PATACHON (beide ZDF) gemeint?

DIE SITTENSTROLCHE war *Alphas* letzter Laurel-und-Hardy-Film. Obwohl sich der Verleih im Gegensatz zu *Atlas* von der Film-Produktion ferngehalten und Risiken gemieden hatte, hatte *Alpha* unter anderem mit zu niedrigen Leih-Mieten kalkuliert, die die Kosten nicht herein brachten. Die Eröffnung des Anfang Februar 1971 beantragten Konkursverfahrens wurde mangels Masse der überschuldeten *Alpha* abgelehnt. Im August 1971 erhielt der *Ring Film-Verleih Peter Koch* aus Ottobrunn die Importlizenz für die «Resteauswertung» von DIE SITTENSTROLCHE in den Verleih-Bezirken Frankfurt/Main und München. Daran beteiligte sich der *Carlo Schmidt Filmverleih* aus Neuss/Rhein.

1969 beauftragte die US-*Centfox* Youngson mit einer letzten Kompilation stummer Grotesken als «Freudenfest des Humors» für ein jugendliches Publikum. Nach seinen beiden Laurel-und-Hardy-Vorläufern wertete er für das neue Projekt Szenen aus Stummfilmen des Duos aus, die er für zweite Wahl hielt und füllte dies mit Ausschnitten aus Buster-Keaton- und Charley-Chase-Filmen auf Spielfilmlänge auf. Das neue Werk nannte er deswegen 4 CLOWNS. Von Rohauer mussten jedoch die Keaton-Rechte teuer eingekauft werden, und er war nicht großzügig. Denn er rückte den Spielfilm SEVEN CHANCES von 1925 heraus, den Keaton als seinen schwächsten Stummfilm bezeichnete, der aber vielen Grotesken anderer Komiker immer noch turmhoch überlegen ist. Außerdem verlangte Rohauer, in den Credits als «associate producer» genannt zu werden. Der musikalische Rahmen von 4 CLOWNS wurde aus copyrightfreien Melodien mit einer kleinen Besetzung und Archivmusiken aus Youngsons ersten drei Kompilationen zusammengestellt, tontechnisch leider unbefriedigend. 4 CLOWNS lässt die Zuschauer dennoch auf ihre Kosten kommen. Auch die aus Youngsons Sicht schwächeren Szenen aus Laurel und Hardys THE SECOND HUNDRED YEARS, BIG BUSINESS, DOUBLE WHOOPEE, PUTTING PANTS ON PHILIP und TWO TARS sind hervorragend. Und THEIR PURPLE MOMENT hatten die Kinogänger bei ihm ohnehin noch nicht zu sehen bekommen. Dabei waren außerdem Ausschnitte aus den Solofilmen HIS DAY OUT, THE HOBO, KILL OR CURE, FLUTTERING HEARTS und NO MAN'S LAW.

Der deutsche *Centfox*-Verleih erwarb 1970 die deutschen Auswertungsrechte für 4 CLOWNS. Seine Presse-Informationen hatten zwar Hand und Fuß, doch Schlagzeilen wie «Eine große Star-Parade aus der Glanzzeit der Filmgroteske» und «Ein Paradestück unsterblicher Filmkomik» konnten letztlich nicht darüber hinwegtäuschen, dass Youngson mit 4 CLOWNS am Ende des Weges angekommen war. Im April 1970 synchronisierte Schwier als Autor und Regisseur die Kompilation mit Georg Thomalla als Sprecher bei der *BSG* unter dem Originaltitel. Seine deutsche Fassung ist verschollen. Die deutsche Erstaufführung fand am 18. Juni 1970 im Berliner Kino *Studio* am Kurfürstendamm statt (Abb. 205). Während der *film-dienst* bei Chase und Keaton viele «lustige und überraschende Gags» entdeckte, fand er die Laurel-und-Hardy-Szenen «kaum befriedigend». Der *Evangelische Film-Beobachter* wertete den nur «mäßig witzigen» Film insgesamt ab: «Die unmotivierte Auswahl widerspricht dem Charakter dieser Filmgattung und ergibt ein unerquickliches

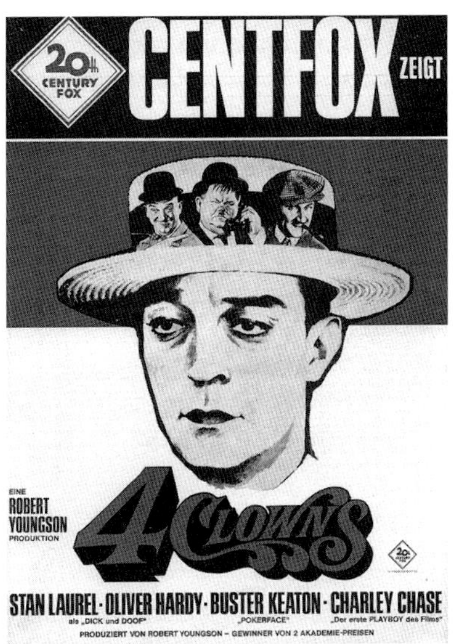

205 Plakat für 4 CLOWNS, 1970

Durcheinander». Obwohl das Publikum das Aufgebot so ausgezeichneter Grotesk-Komiker lobte (*Der Abend*, Berlin, *Berliner Morgenpost*), reichte es für lange Spielzeiten nicht mehr.

4 CLOWNS war Schwiers endgültiger Abschied von den Laurel-und-Hardy-Bearbeitungen. Der Synchronisation blieb Schwier noch einige Zeit treu. Seine Idee, W. C. Fields Tonfilme deutsch zu synchronisieren, verlief aber im Sande. Als Fragesteller des langjährigen NDR-Quiz KENNEN SIE KINO? überdauerte Schwier nur drei Folgen. Seine für Frühjahr 1975 im Münchner *Hanser-Verlag* geplante Monografie über die Stummfilm-Groteske erblickte nie das Licht der Welt. Schwier starb verarmt am 3. Mai 1982.

Auch Laurel und Hardys große Kinozeit in Deutschland war vorüber. Nach 4 CLOWNS wurden keine Laurel-und-Hardy-Filme mehr für das Kino in der Bundesrepublik Deutschland synchronisiert.

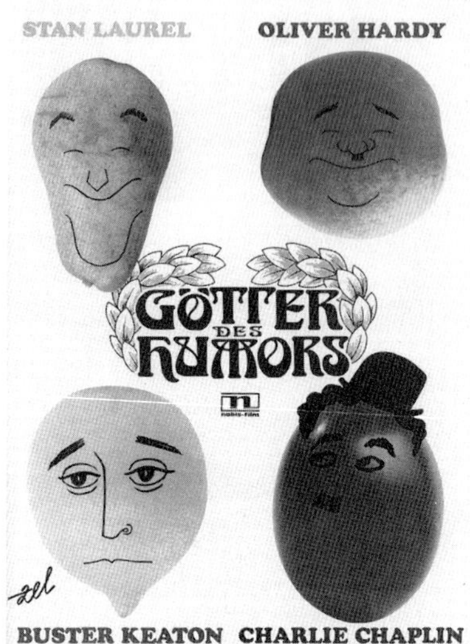

206 Plakat für GÖTTER DES HUMORS (WHEN COMEDY WAS KING), 1972

23. Reprisen

Nach der *Alpha*-Pleite machten sich vier ihrer ehemaligen leitenden Mitarbeiter mit der *Nobis-Film GmbH (Nobis)* als Verbund selbstständiger Verleih-Firmen in den vier deutschen Verleih-Bezirken selbstständig. *Nobis* wertete im Agenturverhältnis die Filme der zahlungsunfähigen *Alpha* aus. 1972 erwarb die *Nobis* in Frankfurt am Main die Rechte an Youngsons ALS LACHEN TRUMPF WAR und titelte den Film um in GÖTTER DES HUMORS, der daraufhin im Oktober des Jahres in den *Filmtheater-Betrieben Closmann* in Marburg/Lahn als «Kino – wie es lobt und tobt: ein Freudenfest des Humors!» wieder anlief (Abb. 206). Die Götter sind Chaplin, Buster Keaton und Laurel und Hardy, und *Nobis* forderte die Zuschauer zur Stimmabgabe auf. Auf dem Wahlzettel stehen Laurel und Hardy an dritter Stelle mit der Partei FDP, was «Favoriten der Popularität» bedeutet. Ihr Parteiprogramm: «Sie haben die Politik der kleinen Schritte dick, weil sie langsames Tempo doof finden.»

Im Herbst 1974 brachte der *Neue Filmkunst Walter Kirchner Import Export Verleih* Buster Keatons THREE AGES als BUSTER KEATON – DREI ZEITALTER mit neuer Musik und neuen deutschen Zwischentiteln heraus, in dem Hardy möglicherweise eine kleine Rolle hat. Die Einzelfilme des *Jugendfilm*-Programm 3 X DICK UND DOOF von 1957 kamen 1976 wieder ins Kino aufgrund der Kooperation von *Atlas* mit *Jugendfilm*, HELPMATES in der *Riva*-Fassung dabei unter dem *Beta-Technik*-Titel DICK UND DOOF ALS FUSSBODENINGENIEURE. *Jugendfilm* erreichte zwei Laurel-und-Hardy-Premieren mit DICK UND DOOF ERLEBEN DAS ENDE DER WELT (GOING BYE-BYE!). Die Groteske wurde von der *FSK* Mitte Oktober 1976 feiertagsfrei freigegeben und erhielt außerdem drei Wochen darauf als erster Laurel-und-Hardy-Kurzfilm allein das *FBW*-Prädikat «wertvoll», da der Streifen von «beträchtlichem filmhistorischen Wert» viele Überraschungen in sich berge. Die dürftige deutsche Fassung hatte offensichtlich nicht gestört. *FBW*-Prädikate dienten Verleihern und Kinobesitzern mittlerweile aber nur noch als Werbung, da die Vergnügungssteuer nach Jahrzehnten des Kampfes zu Beginn der 1970er-Jahre in fast allen Bundesländern abgeschafft worden war.

Von November 1977 bis Juli 1978 erreichte *Jugendfilm FBW*-Prädikate für vier weitere Laurel-und-Hardy-Kurzfilme jeweils für fünf Jahre. Die Dauer wurde für alle einmal um fünf Jahre verlängert, eine weitere Verlängerung danach aber abgelehnt. Drei der vier Grotesken stammen aus DICK UND DOOFS LACHPARADE. Alle Aufführungsrechte wurden von *Beta Film* bezogen. DICK UND DOOF IN VAGABUNDENSTREICHE («SCRAM!») erhielt Anfang November 1977 das Prädikat «besonders wertvoll», weil «dieser Film mit Dick und Doof so viel amüsante Einfälle zeigt, dass hier ein besonders exemplarisches Beispiel intelligenter und variantionsreicher Stummfilm-Pantomime sichtbar wird.» Der zweite Verlängerungsantrag im Oktober 1988 scheiterte, weil die eingereichte Filmkopie technisch derart mangelhaft war, dass sich nicht feststellen ließ, ob es sich um den früher vorgelegten Streifen handelte. Am Rande befasste sich der Ausschuss mit der Synchronisation: «Der Ausschuss hat nicht diskutiert, ob die vorliegende Synchronisation nicht ebenfalls die Erteilung eines Prädikates nach seinem Urteil unmöglich machen würde.» Obwohl die *FBW* die Synchronisation von HEIRATEN SOLLTE MAN? (TWICE TWO), vorgelegt unter dem Titel DICK UND DOOF ALS EHEMÄNNER, als «überzogen» und «ermüdend» bemängelte, wurde der Streifen im Januar 1978 mit 2:2 Stimmen mit «wertvoll» bedacht. Dem zweiten Verlängerungsantrag machte die deutsche Fassung aber den Garaus, weil sie nach der Auffassung der *FBW* Laurel und Hardys Komik verfälschte. Man brachte aber Verständnis dafür auf, dass die Fassung in einer Zeit hergestellt worden war, «als der filmgeschichtliche Rang von Stan Laurel und Oliver Hardy noch nicht erkannt war». *Jugendfilm* legte Einspruch ein: «Wie soll man denn Laurel und Hardy neu synchronisieren? Wollen Sie das Kunstwerk zerstören? Das kann doch gar nicht gehen, denn Sie müssen ja dieselbe Diktion haben wie damals – und die Stimmen sind doch im Zweifel tot.» Der Einspruch blieb ohne Erfolg. Im Juli 1978 bekamen schließlich die *Beta-Technik*-Fassung DICK UND DOOF AUF DEM GEISTERSCHIFF (THE LIVE GHOST) und DICK UND DOOF IM KINDERLAND (BRATS) unter dem *Atlas*-Titel VATERFREUDEN das Prädikat «wertvoll».

Außerdem hatte die *Astor Filmverleih GmbH & Co. Vertriebs KG* in Weßling Mitte März 1978 für die von der *Beta Film* erworbene COMEDY-CAPERS-Folge BODY GUARDS (DO DETECTIVES THINK?) das *FBW*-Prädikat «besonders wertvoll» erhalten: «Abgesehen vom dokumentarischen Wert des Streifens ist festzustellen, dass dieser Film den Durchschnitt der Dick-und-Doof-Filme erheblich überragt. Er besitzt eine durchgehende, schlüssige Dramaturgie, jede Szene ist zugleich eine Pointe. Ausgezeichnet schon die Exposition; eine der besten Szene ist die auf dem Friedhof.» In den 1990er-Jahren sicherte sich der *Globus*-Verleih die Kinorechte an BODY GUARDS und koppelte die Groteske mit WICKIE UND DIE STARKEN MÄNNER!.

Am 8. April 1977 kehrten Laurel und Hardy mit ganz kurzen Ausschnitten aus THE BATTLE OF THE CENTURY, WE FAW DOWN, THE SECOND HUNDRED YEARS, HABEAS CORPUS und LEAVE 'EM LAUGHING im Rahmen der groß angelegten *MGM*-Revue HOLLYWOOD HOLLYWOOD – DAS GIBT'S NIE WIEDER, 2. TEIL bundesweit in die Kinos zurück; am 6. Mai 1979 lief sie auch im ZDF. Die schwachen Wortbeiträge der betagten Moderatoren Gene Kelly und Fred Astaire wurden von ihren nach wie vor eleganten Tanzeinlagen überdeckt. Wie schon zwölf Jahre zuvor DIE GROSSE METRO-LACHPARADE war auch diese Revue überfrachtet mit zu vielen zu kurzen Ausschnitten mit zu vielen Schauspielern. Der *film-dienst* notierte über das «einmal dies, einmal

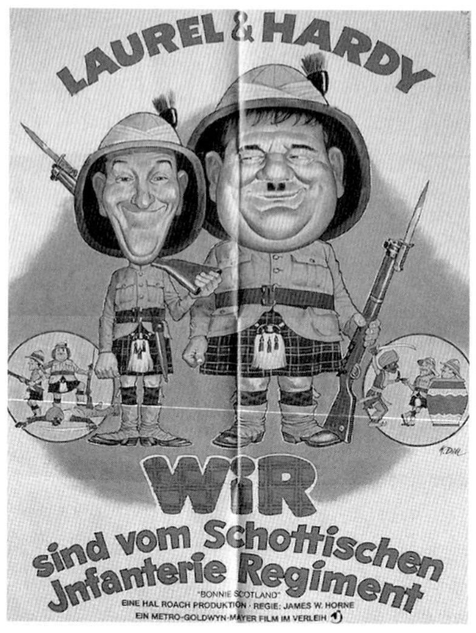

207 Wiederaufführungsplakat für WIR SIND VOM SCHOTTISCHEN INFANTERIE-REGIMENT (BONNIE SCOTLAND), 1977

das» enttäuscht: «Man hat Kelly und Astaire Plattitüden in den Mund gelegt, die man besser überhören sollte.»

Jugendfilm erwarb nun auch die Aufführungsrechte an WIR SIND VOM SCHOTTISCHEN INFANTERIE-REGIMENT. Mit neuem Werbematerial, einem Filmplakat von Klaus Dill (Abb. 207) und kleinen Artikeln für die Presse wie «Oft kopiert und nie erreicht» schickte der Verleih den Film nach der *FSK*-Freigabe vom Juli 1977 in die Wiederaufführung. Laurel und Hardys zeitlose Komik «trieb die Jugend auch jetzt noch zu Lachkrämpfen».

Anfang März 1979 erhielten die Verleihe *Avis Film-Verleih* (Hamburg), *Postel-Film* (Düsseldorf) und *Kaster-Film* (Saarbrücken-Dudweiler) die *FSK*-Karten für DICK UND DOOF – RACHE IST SÜSS (BABES IN TOYLAND), angekauft bei der *Beta Film*. Zu dem *NWDF*-Trailer sprach Hartmut Neugebauer einen neuen Text, und neue Schlagzeilen hießen «ein ausgelassenes Filmspektakel mit Dick und Doof» und «ein Vergnügen für Jung und Alt» (Abb. 208).

Das eigentliche Ende von Laurel und Hardys bundesdeutscher Kinozeit war aber schon 1970 besiegelt, als das Duo sich die Mattscheiben in den Wohnstuben eroberte.

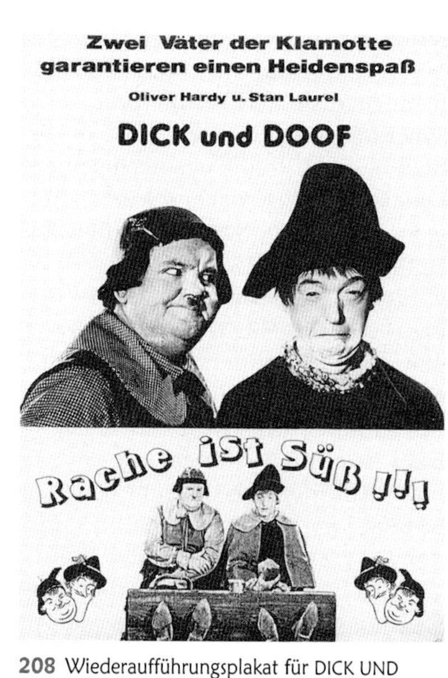

208 Wiederaufführungsplakat für DICK UND DOOF – RACHE IST SÜSS (BABES IN TOYLAND), 1979

IV. Teil Fernsehstars Laurel und Hardy und die Massenmedien

1. Vorspiel: PAT UND PATACHON und SACHEN ZUM LACHEN

Um 1967 beschloss der ZDF-Unterhaltungsredakteur Gert Mechoff (Abb. 209), eine Serie mit Grotesken des dänischen Gespanns Pat und Patachon im 25-Minuten-Format von OPAS KINO LEBT ins ZDF zu bringen, nachdem sie in der Anfangszeit des Senders über drei Sendetermine nicht hinausgekommen waren. Mechoff betrachtete die alten Filme als Rohmaterial, das nach einer Bearbeitung nicht mehr der ursprünglichen Fassung entsprechen musste. Die Filme beschaffte Mechoff von der *Beta Film*. Da sie Spielfilmlänge hatten, mussten sie als Fortsetzungen auf mehrere Folgen verteilt werden. Die Aufbereitung sollte Caloué in die Hand nehmen. Musiken sollten grundsätzlich dem Archiv der Unterföhringer *Beta Technik* entnommen und nur ausnahmsweise neu eingespielt werden. Dazu sollten spezielle Geräuscheffekte kommen.

Caloués Exposé legte das Grundmuster für die beliebten TV-Serien des ZDF mit Grotesk-Filmen fest: «Die Kürzung der Filme kann ohne Einschränkung der Eigenart dieser Film-Grotesken so durchgeführt werden, dass dramaturgisch unwichtige Parallel- oder Nebenhandlungen (ohne die Hauptdarsteller) herausgenommen oder entsprechend gekürzt werden. Dramaturgisch ergeben sich durchaus keine Schwierigkeiten. Im Gegenteil, die vorliegenden Filme werden in der Regel durch die sich ergebende Raffung beträchtlich gewinnen.» Zur Textbearbeitung hielt er fest: «Der unterlegte Text sollte dem trockenen Humor der Nord-länder entsprechen, ohne dabei – infolge Überspitzung – an Allgemein-Verständlichkeit zu verlieren. Da der gezeigte, *stumme* Film über große Strecken der Handlung absolut verständlich ist, sollte nicht *zu viel* – überflüssiger – *Text* verwandt werden! Stilistisch könnte ich mir eine leicht ironische ‹Plauderei› vorstellen: Das Zeitlose dieser *Väter-und-Großväter-Filme* könnte mit gelegentlichen Einwürfen und Hinweisen auf die Gegenwart gewürzt werden. Das Zeitbedingte sollte ironisiert werden.» Die Abstimmung von Bild, Text und Musik stellte er sich wie folgt vor: «Der endgültige Schnitt des Bildes wird zusammen mit dem *Schnitt* des Musik-Bandes durchgeführt. Unter Umständen wird sich der Bild-Schnitt nach den Erfordernissen des Musik-Schnittes verschieben müssen! Diesbezügliche *Schwierigkeiten* können überbrückt werden, wenn der Text-Autor an diesen kritischen Schnittstellen seinen *Text* unterlegt, sodass der Musik-*Schnitt* durch Auf- und Abblendung der Musik umgangen werden kann.»

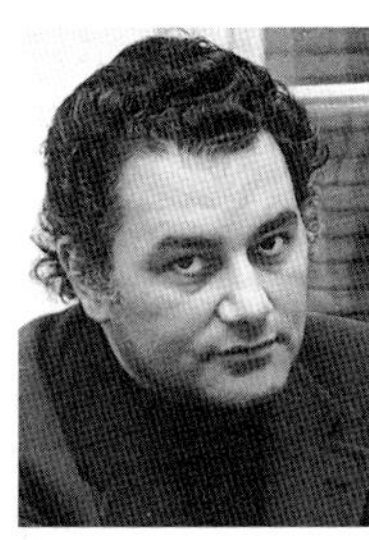

209 Gert Mechoff (1972)

Die wenigen Tonfilme der beiden Dänen sollten lippensynchron deutsch gefasst werden, während für die Stummfilme ein einziger Sprecher Kommentare und Dialoge sprechen sollte, wie Clarin für OPAS KINO LEBT. Im Endeffekt wurden aber auch die Tonfilme als Stummfilme behandelt. Caloués Wunschsprecher Herbert Bötticher wurde von Mechoff abgelehnt. Stattdessen wurde Hüsch ausgewählt, dessen Vortragskunst und präziser Sinn für Komik ihn befähigten, Szenen mit mehreren Personen glaubhaft allein zu sprechen. Mit OPAS KINO LEBT hatte er Erfahrungen in der Bearbeitung stummer Grotesken gesammelt. Nachdem Störer seinen Auftritt beim *Festival Chanson-Folklore-International* auf der Burg Waldeck Mitte Juni 1968 zu einem politischen Tribunal gegen ihn umfunktioniert hatten, musste er sein Programm nach nur 20 Minuten abbrechen. Das machte Schule, und Hüsch trat längere Zeit kaum noch in Deutschland auf. In dieser Situation wirtschaftlicher Instabilität sicherte seine Mitarbeit an den ZDF-Serien mit einer Gage von 300 DM pro Folge seine Existenz. Hüsch verstand es als Erzähler, Kommentator und Sprecher aller Rollen in einer Person hervorragend, von der einen auf die andere Aufgabe umzuschalten und alles wie aus einem Guss zu präsentieren.

Caloué wurde der Autor der neuen Serie, nachdem Mechoff sich gegen andere mögliche Autoren ausgesprochen hatte. Seine in eigener Regie umgesetzten Neuschöpfungen haben Niveau und Esprit, da sie mit Wortwitz, prägnanter Sprache und lustigen, einprägsamen Namen echtes Vergnügen bereiten – und damit unterhaltsamer sind als Hüschs Bearbeitungen für OPAS KINO LEBT. Auf die Primaballerina Transpira Hopsaskaja (in der Serie VÄTER DER KLAMOTTE) muss man erst einmal kommen. Ansätze für diese Art der Bearbeitung hatten bereits Caloués Textkarten für ES DARF GELACHT WERDEN erkennen lassen, zum Beispiel, als er in PUTTING PANTS ON PHILIP den von Hardy gespielten Piedmont Mumblethunder in Eusebius Windmacher umbenannte. Caloués Bearbeitungen sind bis zum heutigen Tage umstritten. Die einen schelten ihn einen Vandalen, der Filme wie ein Ersatzteillager ausgeschlachtet hat. Für die anderen aber ist er Inbegriff einer unvergleichlichen Fernsehunterhaltung, die die Zuschauer viele Jahre freitags vor dem Bildschirm begeistert hat. Bemerkenswert ist, dass die Kritik Caloué nicht schon bei PAT UND PATACHON entgegenschlug, sondern erst, als seine Laurel-und-Hardy-Bearbeitungen ausgestrahlt wurden.

Nachdem die Produktion der Serie PAT UND PATACHON Anfang 1968 bei der *Beta Technik* begonnen hatte, wurde die erste Folge Ende September 1968 ausgestrahlt, wenige Wochen nach der Einstellung von OPAS KINO LEBT. Bis Anfang Juni 1970 kam die Serie auf 50 Folgen. Bedauerlicherweise ist sie verschollen. Die Mitte der 1980er-Jahre gesendete Serie PAT UND PATACHON ist Caloués Neubearbeitung mit Hüsch und mit neuer Musik.

PAT UND PATACHON war ein großer Erfolg, an den Mechoff anknüpfen wollte. Während der laufenden Arbeiten an der Serie hatte Mechoff bei der *Beta Film* nach einer mindestens ebenso langen Serie mit anderen Komikern gefragt, woraufhin ihm die Laurel-und-Hardy-Filme angeboten wurden. Im März 1969 schlossen das ZDF und die *Beta Film* einen Rahmenvertrag über 3.000 Sendeminuten mit Grotesken des Duos, die auf 100 Episoden DICK UND DOOF verteilt werden sollten, soweit erforderlich mit einem neuen deutschen Outfit aus Text, Musik und Geräuschen, das sich nach Mechoff Wünschen richten sollte. Mechoff wählte aus, legte die Zusammen-

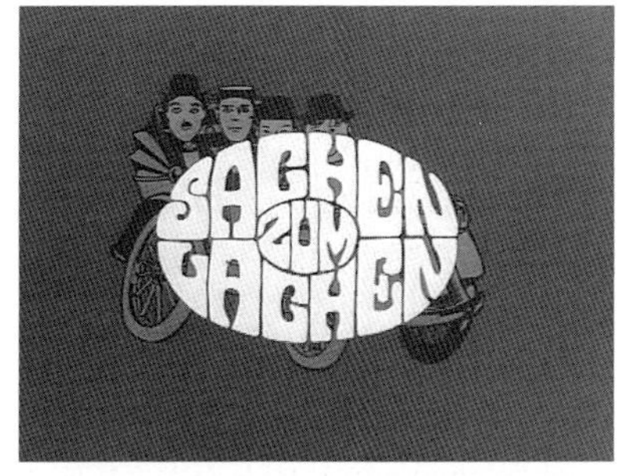

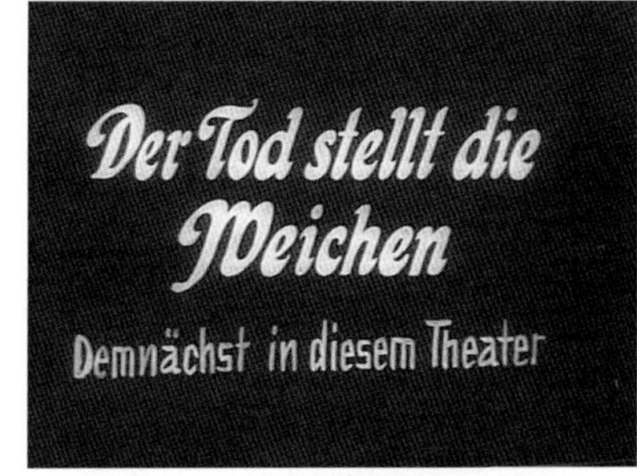

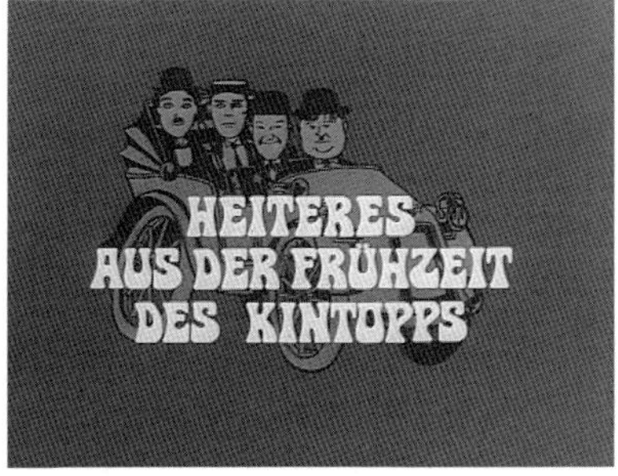

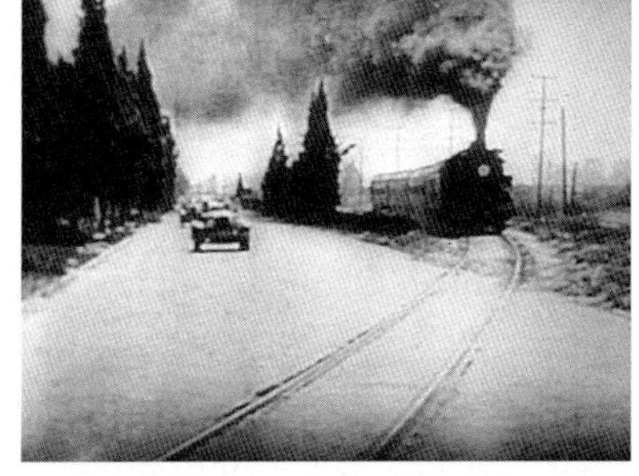

210–211 Aus dem Vorspann der ZDF-Serie SACHEN ZUM LACHEN, 1969

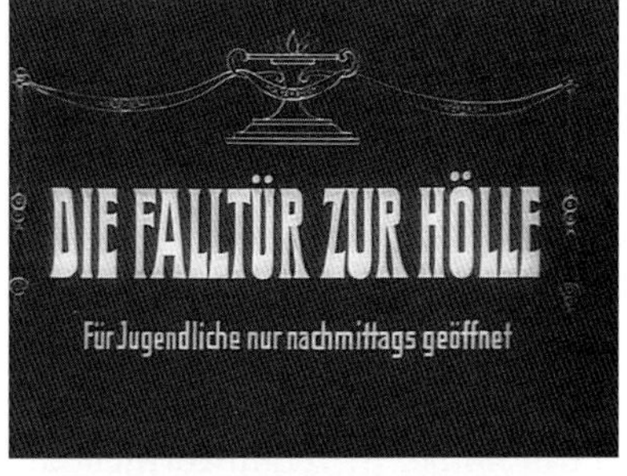

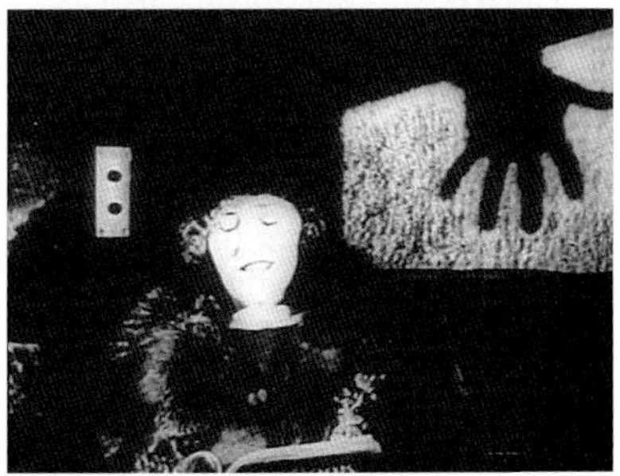

212–215 Aus dem Vorspann der ZDF-Serie AUS DEN KINDERTAGEN DES FILMS, 1970

stellung der Folgen mit Caloué fest und überwachte die Bearbeitung.

Zwischen der letzten Folge von PAT UND PATACHON und der ersten von DICK UND DOOF sendete das ZDF die vierteilige Miniserie SACHEN ZUM LACHEN – HEITERES AUS DER FRÜHZEIT DES KINTOPPS, die ebenfalls in Mechoffs und Caloués Zusammenarbeit entstanden war. Im Vorspann der Serie sitzen auf einem stilisierten Bild Chaplin, Buster Keaton und Laurel und Hardy in einem Oldtimer (Abb. 210–211). 1968 hatte das ZDF von *Beta Film* einen Teil der US-Serie SILENTS PLEASE! mit Stummfilm-Bearbeitungen fertig synchronisiert eingekauft. Der Schwerpunkt der Serie liegt auf dramatischen Streifen, und solche Folgen sendete das ZDF bis Oktober 1970 in seiner Serie AUS DEN KINDERTAGEN DES FILMS (Abb. 212–215). Zu SILENTS

PLEASE! gehören aber auch fünf Folgen mit stummen US-Grotesken. Eine davon hatte die ARD am 19. August 1962 als Beitrag des SFB unter dem Titel DIE TRAURIGEN CLOWNS nachmittags deutsch synchronisiert gesendet. Eine weitere Folge mit dem Originaltitel THE CLOWN PRINCES OF HOLLYWOOD lag in einer deutschen Fassung der Wiener *Produktion am Küniglberg* vor, die der Sprecher so staubtrocken präsentierte, dass dies dem Slapstick widersprach. Vier der fünf Slapstick-Folgen wurden nun von Caloué mit Hüsch als Sprecher Ende 1969 / Anfang 1970 bei der *Beta Technik* neu bearbeitet; warum die fünfte Folge ausgelassen wurde, hat sich nicht klären lassen. Caloué schrieb witzige Kommentare. Personen, Geschäften und Institutionen gab er durchweg neue Namen, zum Beispiel Karlchen Sausewind, Direktor Schlochheimer, Bankier Ambros Moneymaker, Nick Spargelbein, Playboy Hubertus von Zickendraht und die Bäckerei Schmandfeger und Krümel. Hüschs Interpretation von Caloués Texten steigern den Spaß enorm. Für die schmissige Musikbearbeitung der SACHEN ZUM LACHEN zeichnen der Komponist Fred Strittmatter und der Komponist, Musiker und Arrangeur Qurin Amper jr. verantwortlich, die beide Erfahrung mit der musikalischen Untermalung von Filmen besaßen. Der tschechische Tonmeister und Musikregisseur Jirí Kanzelsberger verwendete auch Archiv-Musiken von Schirmann und Schumann und passte sie gemeinsam mit Strittmatters und Ampers Musikblöcken und -brücken Bild und Sprache an. Die Mini-Serie sorgte für ausgezeichnete Unterhaltung.

Die erste Folge SACHEN ZUM LACHEN enthält unter anderem Hardy als Ambros Moneymaker und Larry Semon als Nick Spargelbein in THE BAKERY. Außerdem ist Hardy in der Charley-Chase-Groteske CRAZY LIKE A FOX und in CRAZY TO ACT zu sehen und Laurel in A MAN ABOUT TOWN. Über den Laurel-Film schrieb Caloué in den ZDF-*Programminformationen*: «Stan Laurel, der schüchterne junge Mann, wird beim Anblick einer zarten Schönheit buchstäblich vom Stuhl gerissen – so sehr traf ihn Amors Pfeil.» Zwei Folgen von SACHEN ZUM LACHEN gaben künftigen ZDF-Serien den Titel: MÄNNER OHNE NERVEN und VÄTER DER KLAMOTTE.

2. Frisch aufpoliert

Der Serien-Titel DICK UND DOOF zementierte Laurel und Hardys deutsche Namen aufs Neue. Wahrscheinlich vermutete Mechoff ein Bedürfnis der Zuschauer nach Klamauk und ging mit dem Titel auf Nummer Sicher. Dabei versäumte er, gleichzeitig Laurel und Hardys hohe Kunst der Komik herauszustellen. Von Geringschätzung ist die Serie DICK UND DOOF jedoch weit entfernt. Caloué nannte die beiden Meisterkomiker in keiner seiner Bearbeitungen Dick und Doof, sondern stets Stan und Ollie, gelegentlich auch Sir Stanley Laurel und Sir Oliver Hardy.

Vor dem Abschluss des Laurel-und-Hardy-Vertrags zwischen *Beta Film* und ZDF hatte Caloué im Februar 1969 den Filmstock der *Beta Film* auf geeignete Filme gesichtet und war mit 43 Stummfilmen (19 gemeinsame Grotesken und Teamfilme sowie 24 Solofilme), den 36 von der *Beta Technik* synchronisierten kurzen Tonfilmen und 20 Spielfilmen fündig geworden. Sie reichten überschlägig für 2.500 Sendeminuten. Anfang Dezember 1969 besprachen unter anderem Mechoff und Caloué die Einzelheiten der Aufbereitung der Filme und hielten das in einem Protokoll fest: «1. Komplex *Stummfilme*: Es werden 12 Sendungen à ca. 24:30 Minuten geschnitten und nach der Methode der PAT-UND-PATACHON-Serie bearbeitet. Sprecher: H. D. Hüsch 2. Komplex *Vertonte Kurzfilme:* Aus diesem Komplex werden 36 Sendungen à ca. 24:30 Minuten geschnitten. Davon sind acht Filme lediglich zu kürzen, 28 Filme sind durch Stummfilme aus dem Repertoire der Stan Laurel-und-Oliver-Hardy-Stummfilme oder aus Resten von Komplex 1 zu ergänzen. 3. Komplex *Spielfilme*: Aus diesem Komplex werden mindestens 52 Sendungen à ca. 24:30 Minuten hergestellt. Die Spielfilme sind durch dramaturgisch richtige Schnitte in Fortsetzungs-Folgen zu unterteilen und auf die oben angegebene Länge zu bringen. Die jeweils entstandene Unterbrechung der Spielhandlungen muss durch einen kurzen Kommentar ergänzt beziehungsweise überbrückt werden. Zu Beginn jeder Fortsetzung ist ein Resümee der letzten Folge zu geben, am Schluss muss ein Hinweis auf eine mögliche Fortsetzung gegeben werden. Der Kommentar erfolgt durch einen Sprecher. Bei der Bearbeitung dieses Komplexes ist darauf zu achten, welcher Synchronsprecher der beiden Hauptrollen jeweils eingesetzt worden ist. Es liegen nämlich unterschiedliche Synchronisationen vor.»

Mechoff nahm gelegentlich auf Sendetitel und Dialoge Einfluss, aber Caloué hatte im Endeffekt weitgehend freie Hand. Er schnitt kurze Tonfilme und Spielfilme auf das Serien-Format, kombinierte Stumm- und Tonfilme oder auch mehrere Stummfilme zu einer Folge. Die Textkarten der Stummfilme wurden stets entfernt. Es entstanden Streifen, die so nie gedreht worden waren. Sie erhielten alle neue Titel. Ein Puzzlespiel. Für die Stummfilme ersann Caloué neue Namen. Einige Beispiele: Reißnägel-Fabrikant Eugene Jonathan Pinnmoser (ROUGHEST AFRICA und SUGAR DADDIES), Klatschbase Trine Giftzahn (THEIR PURPLE MOMENT), Prinz Emil August Zwo aus dem Hause Knarz-Knarz, ältere Linie (DOUBLE WHOOPEE), Chirurg Professor Dr. Arsenius Blasenstein (HABEAS CORPUS), die hamadamische Hauptstadt Sidi-Ban-Krott (UNDER TWO JAGS) und Bad Obermies an der Nulle, in dem das Kurkonzert stattfindet (YOU'RE DARN TOOTIN').

Über die Aufbereitung der Filme berichtete er in der *HörZu* später: «Aus den verschiedensten Dick-und-Doof-Filmen schneide ich mir die passenden Stücke heraus. Zum Teil lasse ich langatmige Handlungselemente ganz heraus oder baue sie verkürzt anderswo ein. Diese langen Autofahrten, Kletterpartien oder Spaziergänge waren damals ja sowieso nur als Füllhandlung in die Komiker-Szenen der beiden eingebaut. So entstehen ganz neue Episoden, die dann noch mit einem manchmal satirisch aufgemotzten Text versehen werden. Neben den vielen positiven Zuschriften sind immer wieder Briefe von Leuten dabei, die darüber empört sind, dass die ‹alten Kunstwerke der Stummfilmzeit derart zerschnippelt› dargeboten werden. Aber man kann doch nicht nur ehrfürchtig vor diesen Sachen stehen und den vielen Leerlauf mit ansehen, der da oft drin ist.»

Weniger gelungen ist wohl nur die Folge DER MANN IM WEIBERROCK aus der ersten Serien-Phase. Aus Laurel und Hardys Stummfilmen FLYING ELEPHANTS und PUTTING PANTS ON PHILIP, die in der Steinzeit beziehungsweise im 20. Jahrhundert spielen, ließ sich schwerlich eine glaubhafte Hand-

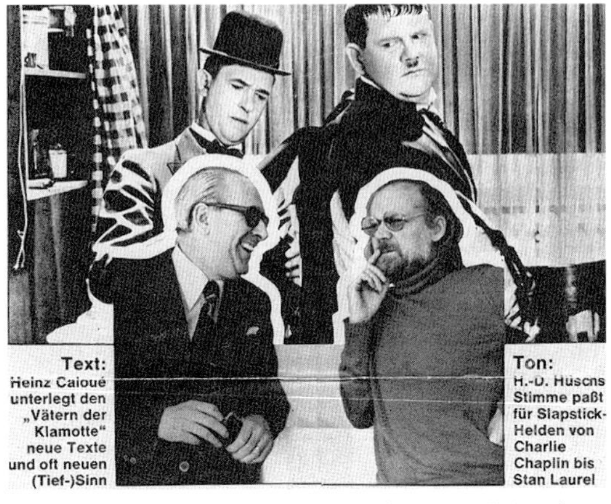

216 Heinz Caloué und Hanns Dieter Hüsch in einem Zeitungsbericht über ihre Laurel-und-Hardy-Bearbeitungen (ca. 1975)

lung konstruieren. Caloué schnitt Szenen aus PUTTING PANTS ON PHILIP in FLYING ELEPHANTS ein als Beispiel dafür, dass sich das menschliche Zusammenleben seit der Steinzeit nicht geändert hat. Die Steinzeit-Sequenzen wurden mit Urlauten untermalt.

Eckpfeiler des Erfolges war Caloués und Hüschs Zusammenarbeit (Abb. 216–217). Hüsch sah in Caloué «den Mann, der alles auf die Beine gebracht hat. Ohne ihn wäre die Serie nicht so erfolgreich geworden». Später berichtete er über die Arbeit an den Grotesk-Filmen: «Heinz Caloué hat mir eigentlich fast alles beigebracht: Die vielfältigen Techniken, die verschiedenen Stimmen, sie nicht nur zu sprechen, sondern auch abzusetzen, zu färben, was besonders wichtig ist, wenn zum Beispiel nach der hochtönenden Oma in Not der tiefe Bass des nahenden Gesetzeshüters kommen sollte. Das war ganz harte Arbeit. Morgens um neun ging's ins Studio, Mittagspause, dann weiter bis abends um sechs. Ich saß den ganzen Tag über alleine im abgedunkelten Studio, vor mir ein Textpult und eine kleine Leinwand, hinter mir, durch eine Glasscheibe getrennt, Heinz Caloué. Wir arbeiteten so lange, bis die Szene perfekt war. Es gab Tage, an denen ich 220 unterschiedlich lange Einzelsequenzen besprochen habe. Nicht selten bin ich abends sofort ins Hotel gefahren und bis zum nächsten Morgen in den Kissen versunken.»

Einige Stummfilme synchronisierte Caloué lippensynchron. So kam Bluhm als Laurels deutsche Stimme mit neuen deutschen Laurel-und-Hardy-Fassungen auch ins Fernsehen. Duwner wurde nicht engagiert, weil seine Gagen-Forderungen zu hoch waren. Deshalb wurde Bruno W. Pantel als Hardys deutsche Stimme reaktiviert und blieb der DICK-UND-DOOF-Serie bis zu ihrem Ende treu. Bluhm und Pantel harmonierten gut miteinander, und beide schätzten die Zusammenarbeit mit Caloué, der außerdem Finlayson mit Krause besetzte.

Aus Kostengründen sollten die Stummfilm-Anteile möglichst aus dem Musikarchiv der *Beta Technik* musikalisch untermalt werden. Strittmatter und Amper jr. (Abb. 218–219) komponierten aber einige neue Illustrationsmusiken sowie Brücken zwischen zusammengefügten verschiedenen Filmen, was Kanzelsberger für die Serienfolgen einrichtete. Bei einem Musikblock wird die Spannung mit kräftig betonten Taktschlägen aufgebaut, um sich in der Atmosphäre einer Verfolgungsjagd zu entladen. Er wurde viele Jahre später Laurel-und-Hardy-Stummfilmen auf britischen Videos zugemischt. Von Strittmatter und Amper jr. stammt auch die Erkennungsmelodie der

DICK-UND-DOOF-Serie. Sie wurde zum Ohrwurm. Dramaturgisch-unterstützende Geräusch-Effekte ließen sich mittlerweile noch plastischer erzeugen. Sie wurden durchweg neu aufgenommen und in den TV-Folgen platziert. Dies übernahm Caloué.

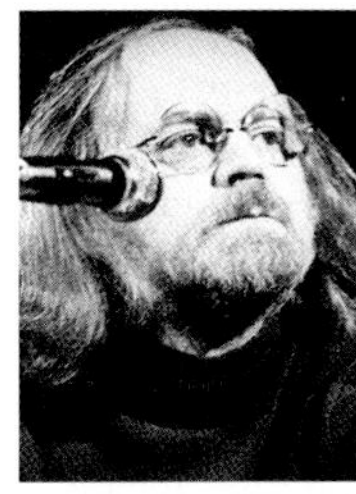

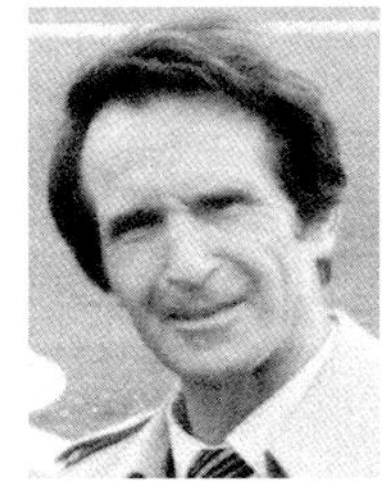

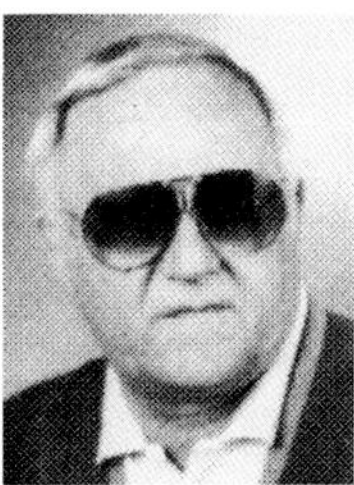

217–219 Beteiligte der Serie DICK UND DOOF (v.l.n.r.): Hanns Dieter Hüsch (1972), Sprecher; Fred Strittmatter (1980er-Jahre), Komponist; Qurin Amper jr. (1990er-Jahre), Komponist und Arrangeur

Bei den kurzen Tonfilmen wählte Caloué bis auf wenige Ausnahmen grundsätzlich Schicks und Köhlers Tonkurzfilm-Bearbeitungen für die *Beta Technik* aus, weil ihm Schicks Dialoge besonders zusagten. Nach knapp zehn Jahren kamen damit konzentriert die hervorragenden *Beta-Technik*-Fassungen zum Zuge. Aus dem Fundus dieser 36 Synchronisationen wurden 33 Fassungen gesendet.

Alle Folgen haben einen gleichleibenden Vor- und Abspann. Laut Vorspann, der Auszüge aus THE MUSIC BOX enthält (Abb. 220–222), haben Caloué und Mechoff die Filme «frisch aufpoliert». Im Abspann sind einige Momente aus BUSY BODIES zu sehen, bevor die nächste Folge angekündigt wird.

Die *Beta Film* übertrug dem ZDF die TV-Rechte an der Serie bis Ende 1974. Mit den ersten 13 Folgen von DICK UND DOOF sollte laut ZDF-*Programminformation* getestet werden, ob die Serie ankam. Ihr Schnitt war Mitte Februar 1970 abgeschlossen, Mechoffs Endabnahme zog sich aber bis Ende Juli 1970 hin. Zum Serien-Start stimmte das ZDF die Zuschauer auf Laurel und Hardy ein, die als Stan und Ollie vergeblich danach streben, ganz normale Menschen zu sein: «Sie begeistern ihr Publikum seit etwa 40 Jahren immer wieder aufs Neue. In dieser Serie stellen sie zwei Greenhorns dar, die in eine bessere Gesellschaft geraten und sich mühsam der Etikette dieser feinen Leute anpassen. Stan Laurel hat versucht, den Grund für einen solchen Erfolg zu finden: ‹Die Leute haben uns gern, weil sie glauben, uns weit überlegen zu sein, und dabei gibt es Millionen Laurels und Hardys in der Welt›.»

DICK UND DOOF wurde am 17. Juli 1970 mit DER ZERMÜRBENDE KLAVIERTRANSPORT (THE MUSIC BOX) eröffnet – ein würdiger Anfang (Abb. 220–222). Da Caloué die kombinierte Bild- und Tonkopie für DICK UND DOOF UND DIE DRAHTKOMMO-

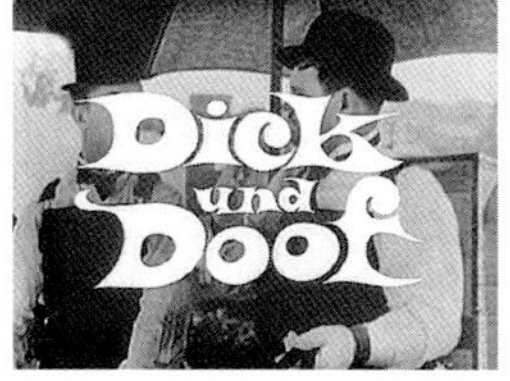

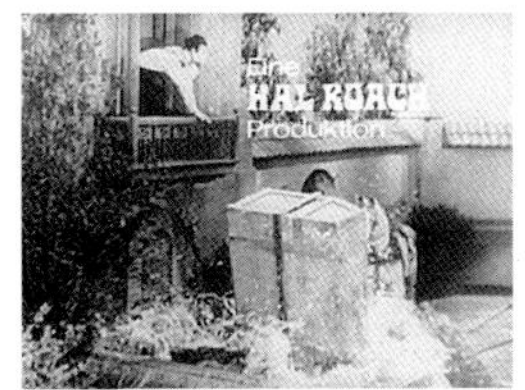

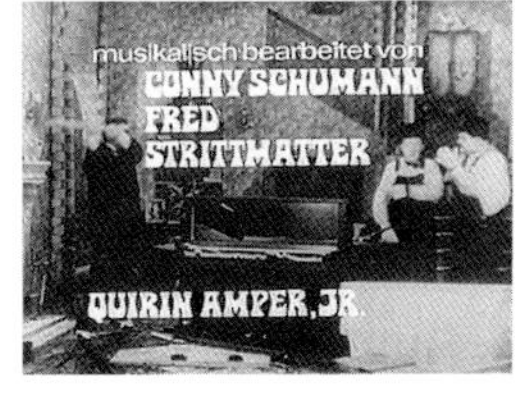

220–222 Vorspann der ZDF-Serie DICK UND DOOF (1970/71) mit Laurels und Hardys THE MUSIC BOX

DE nicht gefunden hatte, griff er auf Schwiers DIE MUSIKBOX zurück. Der Streifen gehörte zu den acht Kurzfilmen, die gemäß Protokoll von Anfang Dezember 1969 zu kürzen waren, weil sie das Sendeformat überschritten. Der zweite dieser gekürzten Streifen in der ersten Serien-Phase ist DIE NACHT IM MORDHAUS (THE LAUREL AND HARDY MURDER CASE). Wer die vollständigen Originale nicht kannte, bemerkte die Kürzungen nicht. Nach den ersten acht Folgen mit Tonfilmen wurden fünf Folgen ausgestrahlt, für die entweder Stumm- und Tonfilme oder nur Stummfilme gekoppelt wurden. Die Folge VON GEFAHREN UMLAUERT beginnt mit Laurels Solofilm SCORCHING SANDS, der bis in die 1990er-Jahre international als verschollen galt. Bis zum 13. November 1970 waren die ersten 13 DICK-UND-DOOF-Folgen gesendet und hatten den Nerv der Zuschauer getroffen. Mit einer durchschnittlichen Sehbeteiligung von 38 % war Mechoff hoch zufrieden. Die Folgen DER MANN IM WEIBERROCK und UNTERSCHLAGENE NOTEN (YOU'RE DARN TOOTIN' und BELOW ZERO) hatten sogar mit 47 % gepunktet: Etwa 16 Millionen Zuschauer hatten sich zugeschaltet! Das war zwar von Schwiers Traum-Quoten für ES DARF GELACHT WERDEN weit entfernt. Seitdem hatte sich die Fernsehlandschaft aber verändert. Die Einführung des Farbfernsehens hatte die Zahl der Haushalte mit Fernsehgeräten sprunghaft ansteigen lassen. ARD und ZDF strahlten mittlerweile ein komplettes Tagesprogramm aus, und regional waren dritte ARD-Programme zu empfangen.

Mechoff gab also grünes Licht für die Fortsetzung. Unter den bis zum 5. Mai 1971 gesendeten 13 Folgen der zweiten Phase waren fünf weitere geschnittene Tonkurzfilme; der letzte reduzierte kurze Tonfilm lief in der Schluss-Phase der Serie. Die durchschnittliche Sehbeteiligung erhöhte sich auf durchschnittlich 44 % pro Folge. An der Spitze lagen DIE QUAL MIT DEN STIEFELN (BE BIG) und DIE GATTENMÖRDERIN (OLIVER THE EIGHTH) mit 50 % beziehungsweise 51 %.

Schon bald wurde kritisiert, dass das ZDF seine Serie nicht «Laurel und Hardy» genannt hatte. Die *Süddeutsche Zeitung* schrieb: «Heute macht man sich allmählich daran, diesen beiden Komikern ihren Platz in der Geschichte des Films einzuräumen. Es lohnt sich also, die vom ZDF jetzt ausgestrahlten Laurel-und-Hardy-Filme – es ist eine vorzügliche Auswahl – anzusehen. Schade, dass das ZDF dem neuen Laurel-und-Hardy-Verständnis nicht Rechnung trug, sondern die Streifen weiterhin unter DICK UND DOOF ausstrahlt. Nicht zuletzt haben diese dümmlichen Namen dazu beigetragen, bei uns den Blick auf zwei der eigenwilligsten Komiker des amerikanischen Films zu verstellen.»

3. Materialnot: Pietrek kehrt zurück

Die 13 DICK-UND-DOOF-Folgen der dritten Phase liefen in der Zeit vom 14. Mai bis zum 17. September 1971, darunter Laurels Solofilm UNDER TWO JAGS. Mit Bluhm und Pantel hatte Caloué drei komplette Stummfilme synchronisiert und außerdem Teile von anderen stummen Grotesken des Duos: DAS UNFERTIGE FERTIGHAUS (LEAVE 'EM LAUGHING und komplett THE FINISHING TOUCH), BLINDE WUT (lippensynchron nur WRONG AGAIN), SKLAVEN DES REICHTUMS (BACON GRABBERS, YOU'RE DARN TOOTIN' und komplett EARLY TO BED). Für DAS UNFERTIGE FERTIGHAUS hatte Caloué eine Kopie der Export-Fassung von THE FINISHING TOUCH zur Verfügung gestanden mit alternativen Großeinstellungen von der Krankenschwester im Rohbau. Für die Folge SCHIFF MIT KLEINEN LÖCHERN mit dem Hauptfilm TOWED IN A HOLE musste Caloué mit Krügers SCHIFF AHOI! Vorlieb nehmen, weil er das vollständige Material der *Beta-Technik*-Fassung DICK UND DOOF KAUFEN EIN SCHIFF (TOWED IN A HOLE) auch nicht gefunden hatte. In dieser Phase der Serie wurden die ersten Spielfilm-Bearbeitungen auf jeweils zwei Folgen aufgeteilt platziert: Schwiers DIE WÜSTENSÖHNE und ZWEI RITTEN NACH TEXAS unter den Haupttiteln INFAME LÜGNER beziehungsweise DAS UNTERSCHLAGENE TESTAMENT. Die restlichen Folgen bestanden aus kombinierten Stumm- und Tonfilmen.

Die durchschnittliche Einschaltquote für diese 13 Folgen war auf 33 % gesunken. Spitzenreiter waren die beiden Teile des UNTERSCHLAGENEN TESTAMENTS mit je 39 % Sehbeteiligung. In seiner ZDF-internen «Erfolgsaufstellung» für die DICK-UND-DOOF-Serie konnte Mechoff immer noch von einem «seltenen Erfolg der Serien im Vorprogramm» berichten. Er war auch zufrieden, der ARD, die sich bis auf weiteres mit den MAD MOVIES – ALS DIE BILDER LAUFEN LERNTEN bescheiden musste, zuvorgekommen zu sein. Vorsichtshalber hatte er mit Caloué schon weitere stumme Grotesken für künftige ZDF-Serien ausgewählt, wofür ihm der Titel VÄTER DER KLAMOTTE vorschwebte. Vorübergehend dachte er auch daran, sie ab Oktober 1971 abwechselnd mit DICK UND DOOF zu senden, um die Zuschauer nicht mit Laurel und Hardy zu überfüttern. Da Laurel und Hardy durch DICK UND DOOF in Deutschland aber populärer denn je waren, lief VÄTER DER KLAMOTTE erst zwei Jahre später an. Das Ziel, den freitäglichen Sendetermin als «Tag für die Filmgroteske» etablieren, hatte Mechoff längst erreicht.

Bei der Aufbereitung von DIE WÜSTENSÖHNE und ZWEI RITTEN NACH TEXAS wurde offenkundig, dass *Beta Film* den Vertrag mit dem ZDF nicht erfüllen konnte. Es waren Schnittreste von etwa 20 Minuten Dauer pro Spielfilm angefallen, die sich für weitere Folgen nicht sinnvoll verwenden ließen, und Ähnliches drohte bei den anderen Spielfilmen. Es wurde überlegt, die noch nicht in die Serie einbezogenen Spielfilme künftig in zwei Teile ohne Reste zu zerlegen. Das hätte aber für zumindest einen Teil der Schnittfassungen ein längeres Sende-Format verlangt, für das es keinen Sendeplatz gab und den das ZDF auch nicht einrichten wollte. Das Problem der *Beta Film* war aber noch größer, denn sie verfügte nicht einmal über sämtliche Auswertungsechte an den Spielfilmen aus der Anfangsplanung von 1969. Bis Ende 1972 sollten zwar die TV-Auswertungsrechte für FRA DIAVOLO, BONNIE SCOTLAND, JITTERBUGS, AIR RAID WARDENS und NOTHING BUT TROUBLE auf *Beta Film* übergehen. Für die Rechte an GREAT GUNS und THE BULLFIGHTERS musste man sich aber noch bis 1978 gedulden. Neun weitere Spielfilme fehlten. Seit geraumer Zeit war Caloué auf der Suche nach Kopien der deutschen Fassungen von PARDON US, BABES IN TOYLAND, THE BOHEMIAN GIRL, SWISS MISS, SAPS AT SEA, A-HAUNTING WE WILL GO und THE BIG NOISE, deren Rechte Pietrek für sich reklamierte. Er hielt außerdem die Hand auf THE FLYING DEUCES und ATOLL K. Das Missliche: Die *Beta Film* prozessierte mit Pietrek schon seit

1964. Dass Caloué im Januar 1972 die deutsche Fassung DICK UND DOOF IN GEHEIMER MISSION mit THE BIG NOISE auftat, linderte das Dilemma nicht. Caloué errechnete einen voraussichtlichen Fehlbestand von 17 TV-Folgen. Man musste Mechoff reinen Wein einschenken. Sein ursprünglicher Vorschlag, DICK UND DOOF und VÄTER DER KLAMOTTE abwechselnd zu senden, war aber nicht mehr aktuell.

Auch die Verhandlungen von Kirchs Tochterfirmen *Cinematographische Commerzanstalt (CCA)* in Liechtenstein und *Neptune Enterprises* (Sitz auf Malta) mit den *Hal Roach Studios Inc.* führten zu keiner Entspannung. Die *KirchGruppe* wollte sich nach dem Konkurs der *Hal Roach Studios Inc.* vom März 1962 die Rechte an allem sichern, was Hal Roach je produziert hatte. Am 19. November 1971 schlossen Kirchs Tochterfirmen mit der *Portcomm Communications Corporation Ltd.* als neuer Eigentümerin der *Hal Roach Studios Inc.* einen Vertrag, wonach die *CCA* exklusive Eigentümerin sämtlicher Rechte einschließlich des Copyrights an der *Hal Roach Library* für die «Eastern Hemisphere», der Welt außerhalb von Nord- und Südamerika wurde; Inhaber der Rechte an der *Hal Roach Library* für die «Western Hemisphere» ist seit März 2012 *Sonar Entertainment*. Davon ausgenommen waren einige Roach-Filme, an denen die *MGM* das Copyright besaß. Der Vertrag verschaffte aber kein Fimmaterial und beseitigte auch nicht Pietreks Rechte.

Als Mechoff Mitte September 1971 auf Vertragserfüllung drängte, blieb nur die Möglichkeit, mit Pietrek handelseinig zu werden. Der ließ sich auf Verhandlungen mit Kirch persönlich ein, weil seine Rechte an Laurel-und-Hardy-Filmen bis auf DICK UND DOOF IN DER FREMDENLEGION (THE FLYING DEUCES), DICK UND DOOF: SCHRECKEN DER KOMPANIE (GREAT GUNS), DICK UND DOOF ALS GEHEIMAGENTEN BEIM FBI (A-HAUTING WE WILL GO), DICK UND DOOF UND DIE WUNDERPILLE (JITTERBUGS), DICK UND DOOF JAGEN DEN STIER (THE BULLFIGHTERS) und DICK UND DOOF ERBEN EINE INSEL (ATOLL K) ausgelaufen waren und er auf ein lukratives Geschäft hoffte. Schließlich verkaufte er *Beta Film* seine Filmkopien von DICK UND DOOF: HINTER SCHLOSS UND RIEGEL (darin PARDON US), DICK UND DOOF WERDEN PAPA (mit THE BOHEMIAN GIRL), DICK UND DOOF ALS SALONTIROLER (SWISS MISS), ABENTEUER AUF HOHER SEE (SAPS AT SEA) und außerdem DICK UND DOOF – RACHE IST SÜSS (BABES IN TOYLAND) nebst den Rechten an den deutschen Fassungen. Im Gegenzug wurden die wechselseitigen Prozesse beendet, und *Beta Film* übertrug Pietrek für die Zeit bis Mitte 1979 die Kino-Auswertungsrechte für 28 Laurel-und-Hardy-Tonkurzfilme.

Knapp drei Wochen nach der Einigung mit Pietrek erhielt die *Beta Film* über *Warner Brothers* die Fernsehrechte für JITTERBUGS und A-HAUNTING WE WILL GO. Kirch und Pietrek verhandelten weiter. Als Gegenleistung für die Übertragung seiner noch verbliebenen Laurel-und-Hardy-Spielfilm-Rechte auf die *Beta Film* bot Kirch ihm die Kino-Auswertungsrechte für SONS OF THE DESERT, OUR RELATIONS, WAY OUT WEST, BLOCK-HEADS und A CHUMP AT OXFORD an. Ende Oktober 1971 war dieses Geschäft wenigstens zum Teil unter Dach und Fach. *Beta Film* konnte danach für DICK UND DOOF über die deutsche Fassung DICK UND DOOF, DIE MUSTERGATTEN (CHICKENS COME HOME), die Pietrek draufgelegt hatte, über DICK UND DOOF ALS GEHEIMAGENTEN BEIM FBI und DICK UND DOOF UND DIE WUNDERPILLE verfügen. Die Materialfront hatte sich beruhigt. Caloué konnte Mechoff mitteilen, dass wohl mit 94 DICK-UND-DOOF-Folgen zu rechnen sei.

Weiterhin fehlten *Beta Film* THE FLYING DEUCES, GREAT GUNS, THE BULLFIGHTERS und ATOLL K. *Warner Brothers* waren nicht bereit, Pietreks Rechte an den beiden *Centfox*-Filmen vor Ende 1977 auf *Beta Film* zu übertragen. Für DICK UND DOOF IN DER FREMDENLEGION konnte *Beta Film* die Rechte für die Fernsehauswertung nicht vor 1975 erhalten, weil Pietrek sie an den HR verkauft hatte, der den Film Silvester 1971 ausstrahlte, wodurch der Streifen für DICK UND DOOF ohnehin uninteressant geworden war. ATOLL K konnte Pietrek nicht veräußern, da der Produzent des Films noch die Lizenzrechte besaß und sich mit Pietrek nicht über die Änderung früherer Abmachungen einigen konnte.

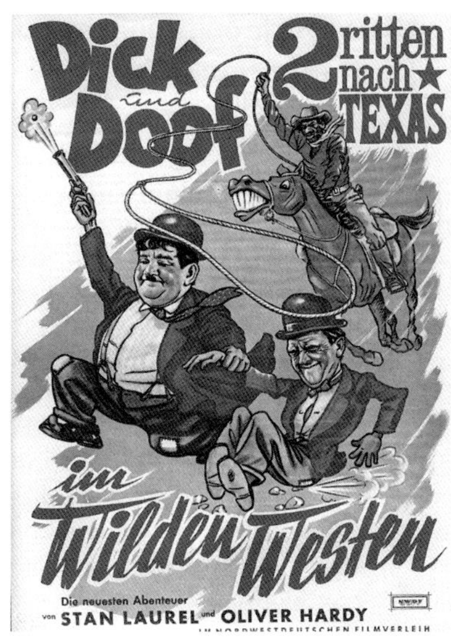

223 Plakat für DICK UND DOOF – ZWEI RITTEN NACH TEXAS (WAY OUT WEST), 1972

In der vierten Phase der DICK-UND-DOOF-Serie wurden 13 Folgen von Oktober 1971 bis Februar 1972 gesendet, dabei neun Folgen mit Spielfilm-Bearbeitungen. Zu Beginn des ersten Teiles von SCHWARZE SCHAFE (OUR RELATIONS) stellten sich Mechoff und Caloué den Zuschauern etwa drei Minuten lang persönlich vor. Zu den übrigen vier Folgen gehört die deutsche Erstaufführung des Laurel-Solofilms ORANGES AND LEMONS. Die durchschnittliche Sendebeteiligung war auf knapp 47 % geklettert mit den beiden Folgen von ABENTEUER IM SPIELZEUGLAND (BABES IN TOYLAND) in der Vorweihnachtszeit 1971 als Spitzenreitern. Mechoff signalisierte der *Beta Film* im Februar 1972, das ZDF werde sich auch mit 95 Folgen DICK UND DOOF zufrieden geben.

Neu mit Laurel und Hardy ausgerüstet brachte Pietrek im Juli 1972 unter dem Slogan «Spannung mit Witz – Albernheit mit Stil – grotesker Humor» und mit Unterstützung der reaktivierten Laurel-und-Hardy-Köpfe aus Pappmaché zwei Spielfilme groß heraus: DICK UND DOOF: HINTER SCHLOSS UND RIEGEL, umbenannt in DICK UND DOOF IM GEFÄNGNIS, und HILFE – BEINAHE WÄREN WIR ERTRUNKEN!, früher HILFE – WIR SIND ERTRUNKEN, mit dem Torso DICK UND DOOF IN AFRIKA. Nachdem DICK UND DOOF IM GEFÄNGNIS am 27. Juli 1972 im Berliner Kino *Bellevue* gelaufen war, berichteten die Rezensenten verschiedener Tageszeitungen, dass Laurel und Hardys Komik «keinerlei Patina angesetzt» hatte und die Zuschauer sich wie in alten Kinotagen amüsiert hatten. Für die Besucher des Spätprogramms hielt Pietrek als «besondere Heiterkeitspille» die Original-Fassung von TWICE TWO bereit, die für «pausenloses Gelächter» sorgte *(Der Tagesspiegel, Berliner Morgenpost)*. Später schob Pietrek noch das erste *Atlas-Gesamtprogramm* WIE DU MIR, SO ICH DIR und ZWEI RITTEN NACH TEXAS (Abb. 223) nach.

4. Neue Synchronisationen und gestreckte Filme

Von Anfang März bis Anfang Juni 1972 strahlte das ZDF in der fünften Phase der Serie zehn Folgen nur mit Spielfilmen aus. Dieser Block war mit vielversprechenden Einschaltquoten zwischen 46 und 49 % für die drei Folgen des KRACHS IM ALPENHOTEL (SWISS MISS) gestartet. Doch bei Laurel und Hardys A-HAUNTING WE WILL GO und THE DANCING MASTERS aus den 1940er-Jahren sanken sie auf rund 33 %. Für die gesamte Phase blieb aber die durchschnittliche Sehbeteiligung von knapp 40 % beachtlich.

Phase sechs war mit 17 Folgen die umfangreichste der Serie. Fünf Folgen nahmen Kurzfilme ein, elf Folgen die Spielfilme, dabei Gressiekers deutsche Bearbeitung HÄNDE HOCH – ODER NICHT! (FRA DIAVOLO), und der letzte Beitrag war eine Besonderheit. Bisher hatte Caloué sich bei den Spielfilmen darauf beschränken können, sie zu zerlegen. Doch bei PACK UP YOUR TROUBLES und A CHUMP AT OXFORD taten sich besondere Schwierigkeiten auf, nachdem er im Juli 1971 mit dem Zuschnitt begonnen hatte. Statt der geplanten vier Folgen ließen sich erst einmal nur drei zusammenstellen. Erst im September 1972 konnte er daraus Mechoff eine vierte Folge präsentieren. Die Ergebnisse der Neuschnitte der beiden Spielfilme wurden von Ende August 1972 bis Anfang April 1973 gesendet. In der Folge OPA, KIND UND HEISSE WÜRSTCHEN (25. August 1972) fehlen wesentliche Teile der Handlung von PACK UP YOUR TROUBLES. Stan und Ollies Erlebnisse in der Armee übergeht Hüsch mit dem Hinweis, dass die beiden Freunde am Ersten Weltkrieg teilgenommen haben. Die Szenen an der Front hatte Caloué bewusst ausgespart, weil er sie wegen seiner eigenen Kriegserlebnisse nicht komisch fand. Aus Szenen von PACK UP YOUR TROUBLES und A CHUMP AT OXFORD zusammengesetzt ist DAS PEINLICHE GASTMAHL (5. Januar 1973). Die Bestandteile mussten inhaltlich, sprachlich und stimmlich glaubhaft miteinander verknüpft werden. Da Bluhm aber nur in der deutschen Fassung WISSEN IST MACHT zu hören ist, synchronisierte Caloué DAS PEINLICHE GASTMAHL mit Bluhm und Pantel neu. Die Folge ist ein unterhaltsames Ganzes. DAS FENSTER IM NACKEN (6. April 1973) ließ sich aus WISSEN IST MACHT zusammenschneiden und auf den Kern der Handlung des Spielfilmes reduzieren. Der Bogen wird von Stan und Ollies Ankunft in der Universitätsstadt bis zu Stans Rückverwandlung gespannt. Die Reste der beiden Spielfilme hatte Caloué in DER LÜMMEL IM KINDERWAGEN (9. Februar 1973) untergebracht, zusammengesetzt aus Ausschnitten aus dem Stummfilm SAILORS, BEWARE!, der gestörten Hochzeitsfeier aus PACK UP YOUR TROUBLES und dem gescheiterten Banküberfall aus A CHUMP AT OXFORD. Die beiden Spielfilm-Fragmente synchronisierte Caloué neu mit Bluhm, Pantel. Überleitende Worte sprach Hüsch.

In Phase sechs waren außerdem die auf je zwei Folgen verteilten Spielfilme PARDON US und SAPS AT SEA untergekommen. Deren deutsche Kino-Fassungen DICK UND DOOF: HINTER SCHLOSS UND RIEGEL beziehungsweise ABENTEUER AUF HOHER SEE lehnte Mechoff ab, und auch DICK UND DOOF WERDEN PAPA (THEIR FIRST MISTAKE und THE BOHEMIAN GIRL). Die Tonqualität von Pietreks Kopien war nicht nur schlecht, sondern Mechoff hielt die Synchronisationen auch nicht mehr für zeitgemäß. Caloué synchronisierte daher PARDON US, THE BOHEMIAN GIRL und SAPS AT SEA im Frühjahr 1972 mit Bluhm und Pantel neu. Seine erfrischenden Fassungen MEUTEREI HINTER GITTERN, DIE ENTLAUFENE PRINZESSIN und IMMER WENN ER HUPEN HÖRTE weisen wenige Eintrübungen auf. Durch die Neubearbeitung von PARDON US ging zwangsläufig Paulsen als Hardys deutsche Stimme verloren. In THE BOHEMIAN GIRL gab Caloué dem Grafen Arnheim den unglücklichen Namen Silvanus Anselm Herzog von und zu Arnhem-Knackstedt. Einem zu Boden gegangenen Darsteller schob er in den Mund, doch nicht James Bond zu sein – ein Anachronismus. Weil Caloué die Original-Fassung des Streifens nicht vorlag, musste er mit Sommers inhaltlich veränderter Fassung arbeiten. IMMER WENN ER HUPEN HÖRTE ist die beste deutsche Fassung von SAPS AT SEA. Bedauerlicherweise ist sie wie die beiden anderen Fassungen wegen des Sendeformates zwangsläufig unvollständig.

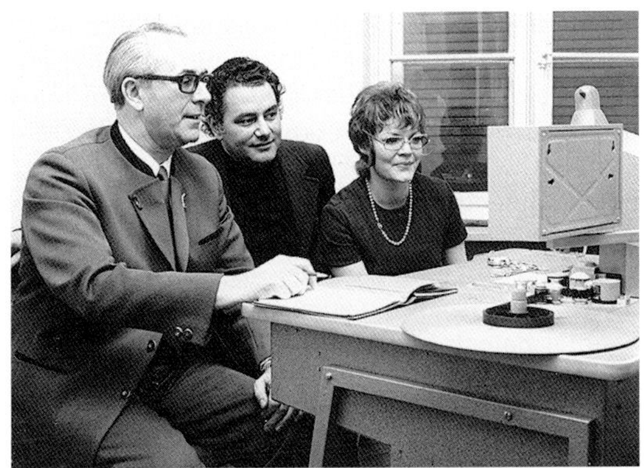

224 1972 am Schneidetisch von 1972 für die DICK-UND-DOOF-Serie: (v.l.n.r.) Heinz Caloué, Gerd Mechoff und Heike Becker (Cutterin)

DIE SILVESTERPROBE vom 29. Dezember 1972 ist aus mehreren Streifen zusammengesetzt. In der Folge, die Caloué und Mechoff (Abb. 224) persönlich mit einer kleinen Rahmenhandlung servieren, proben Stan und Ollie, wie man richtig Silvester feiert, und in PIE-EYED hat Stan damit schon einmal angefangen. Im Lokal geraten die Freunde mit Finn in Streit (OUR RELATIONS), besuchen mit einer Flasche Muntermacher aus «Pfeffer, Knoblauch, Essig, Seifenlauge, Senf und Glyzerin» den Regenbogen-Club (BLOTTO), gabeln auf der Flucht vor Stans um sich schießender Ehefrau die Affendame Ethel auf (THE CHIMP), werden von einem späten Zecher versehentlich in das Haus des bärbeißigen Senators Beaumont gebracht, der «zu Feiern und festlichen Anlässen ungegorenen, sauren Kürbissaft» bevorzugt («SCRAM!»), um sich danach im Piraten-Club zu erholen (OUR RELATIONS). DIE SILVESTERPROBE schlug zwei Fliegen mit einer Klappe: Die Folge war neu und wurde auf den Vertrag angerechnet, ohne noch nicht ausgewertete Filme dafür verwenden zu müssen.

Spitzenreiter in Phase sechs war der dritte Teil von SCHOTTISCHE MILLIONEN (BONNIE SCOTLAND) mit einer Einschaltquote von 49 %, die über dem ohnehin hohen Durchschnitt der 17 Folgen von 41 % lag.

5. Ziel erreicht

In den neun Folgen der siebten Phase von Anfang Januar bis Anfang März 1973 hatten Kurzfilme ein leichtes Übergewicht, und es gibt einige Besonderheiten. Für DER SPORT AM SONNTAG war es schwer, GOLF mit Larry

Semon und Hardy und den Zweiakter PERFECT DAY miteinander zu verknüpfen. Caloué fand eine Lösung. Nachdem Hardy am Ende von GOLF Semon Dynamit-Stangen hinterher geworfen hat, kommentiert Hüsch: «An diesem Verhalten unseres Freundes Ollie kann man unschwer erkennen, dass er die rechte Einstellung zum Sport am Sonntag damals im Gegensatz zu heute, wie wir gleich sehen werden, noch nicht so recht gefunden hatte.»

Die Folge DER HUNGRIGE MATROSE besteht überwiegend aus Laurel-Solofilmen und beginnt in einer chinesischen Waschküche (MANDARIN MIXUP). Eingeschnitten ist das mit Bluhm und Pantel neu synchronisierte Ende des Laurel-und-Hardy-Zweiakters HELPMATES, in dem Stan gemäß Caloués Dialogbuch Ollie nach der Rückkehr von einer Protestveranstaltung der reitenden Marineveteranen vergeblich versucht, eine Marinegeschichte zu erzählen. Ollie will sie nicht hören, da er andere Sorgen hat, denn Stan hat während seiner Abwesenheit das Haus in die Luft gejagt. Die Marinegeschichte besteht aus dem zweiten Teil von HALF A MAN und dem vollständigen Streifen NAVY BLUE DAYS.

Für die Folge DAS KIND IN DER WANNE mit dem Zweiakter BRATS gab Caloué bewusst der Schwier-Fassung VATERFREUDEN den Vorzug. Auch ihm gefiel nicht, wie Bluhm und Paulsen in DICK UND DOOF UND IHRE SÖHNE in den Kinderrollen chargierten. Die Episode beginnt mit Laurels für deutsche Zuschauer unbekanntem Solofilm NEAR DUBLIN. Vor dem hinreißenden Zweiakter HOG WILD war in der Folge PANIK AUF DER LEITER außerdem der bis dahin hierzulande noch nicht gezeigte Laurel-Solofilm ON THE FRONT PAGE zu sehen.

Diese Serienphase erzielte den Rekorddurchschnitt von 50 % Sehbeteiligung. Den größten Erfolg konnten dabei die beiden Teile von Caloués Neubearbeitung DIE ENTLAUFENE PRINZESSIN mit 52 % und 53 % verbuchen – zugleich die beiden höchsten Einschaltquoten der gesamten DICK-UND-DOOF-Serie.

In der achten und letzten Phase waren sieben der zehn Folgen den Spielfilmen vorbehalten. Für DIE SELBSTLOSEN (AIR RAID WARDENS) sprach ein unbekannt gebliebener Sprecher die Ein- und Überleitungen. Um mit dem Spielfilm auf drei Folgen zu kommen, baute Caloué die Auktionsszene aus THE DANCING MASTERS ein, die nach dem Schnitt für GEHOPST WIE GESPRUNGEN übrig geblieben war. Dadurch sind in der betreffenden Folge zwei Hardy-Sprecher zu hören: Paulsen in SCHRECKEN ALLER SPIONE und Hasse in der Auktionsszene. Die schon für die deutsche Kino-Fassung geschnittene Apfelschuss-Szene aus AIR RAID WARDENS fehlt, ebenso der japanische und der deutsche Offizier auf dem U-Boot in KENNWORT «GEHEIMKUGEL» (THE BIG NOISE). Der erste Teil dieses Streifens wurde von einem Komponisten unter die Lupe genommen, der meinte, von ihm verfasste Klänge vernommen zu haben, als der Erfinder Ollies Anzug mit einem Staubsauger behandelt. Er verlangte vergeblich eine Entschädigung, denn Caloué hatte das Geräusch aus dem Archiv der *Beta Technik* zugespielt, zu dem der Musikus rein gar nichts beigetragen hatte.

Die Episode VOM WAHNSINN UMZINGELT beginnt mit einem weiteren Ausschnitt aus YOU'RE DARN TOOTIN', an den sich BIG BUSINESS anschließt, wofür Caloué eine Filmkopie des alternativen Kameranegativs für den europäischen Export verwendete. Darin grinst Stan breit, als Ollie an einer Haustür einen Schlag mit dem Hammer auf den Kopf bekommt. In der US-Fassung verzieht Stan kein Gesicht. Beide stummen Filme dieser DICK-UND-DOOF-Folge synchronisierte Caloué komplett mit Bluhm und Pantel.

Im Endspurt um die Erfüllung des ZDF-Vertrags konnte *Beta Film* Anfang 1973 ihren Bestand um die beiden Stummfilme SHOULD MARRIED MEN GO HOME? und THAT'S MY WIFE sowie den frühen, in Deutschland noch nicht gelaufenen Tonfilm THEY GO BOOM aufstocken. Stan will im gemeinsamen möblierten Zimmer den schrecklich erkälteten Ollie kurieren. Da die versehentlich mit Gas aufgepumpte Luftmatratze ihres Bettes explodiert, ist das Zimmer nur noch ein Trümmerhaufen.

An den Anfang der mit Bluhm und Pantel synchronisierten Folge DAS FEUCHTE HOTELBETT stellte Caloué als Einleitung des etwas verkürzten Zweiakters THEY GO BOOM den bisher nicht verwendeten Beginn des Vierakters BEAU HUNKS. Daher reisen Stan und Ollie in ein Berghotel anstatt in die Fremdenlegion zu gehen.

Die Abschiedsfolge BITTE NICHT WEINEN vom 18. Mai 1973 ist ein letzter Fall von Zweitauswertung, für die kein neues Material eingesetzt werden musste. Caloué und Mechoff warten vor laufender Kamera gemeinsam auf Stan und Ollie, die nach Mainz anreisen wollen. Ihre Ankunft verzögert sich, wie die mit Ausschnitten aus sechs verschiedenen Kurzfilmen konstruierte Geschichte zeigt, die mit Bluhm und Pantel synchronisiert wurde. Außerdem sprechen Hüsch und Gert Günther Hoffmann Kommentare aus dem Off. Nachdem Stan und Ollie es natürlich nicht ins Studio geschafft haben, besteht die restliche Folge aus der Ankündigung und aus einigen Kostproben der Nachfolge-Serie SPASS MIT CHARLIE, ebenfalls von Caloué und Mechoff betreut.

Bis dahin waren 98 Folgen DICK UND DOOF gesendet worden. Obwohl also zwei Folgen fehlten und *Beta Film* noch SHOULD MARRIED MEN GO HOME? und THAT'S MY WIFE hereinbekommen hatte, erklärte das ZDF den Vertrag mit der *Beta Film* für erfüllt. Die ständige Jagd nach Filmmaterial hatte bei allen Beteiligten Spuren hinterlassen. Daher war man froh, als die Serie endlich beendet war.

Die durchschnittliche Zuschauerbeteiligung in der letzten Phase lag bei gut 41 %. Das war gleichzeitig der Gesamtdurchschnitt der gesamten Serie und ein enormer Erfolg, den Mechoff 1969 vorausgesagt hatte. «Na, was denn! Laurel und Hardy laufen doch wie die Feuerwehr», hatte er der *Rheinischen Post* gesagt. Das ZDF hatte auch die Zuschauer befragt. 96 % der Befragten fanden Stan und Ollies Erlebnisse «sehr lustig und humorvoll», 81 % die beiden Komiker «schauspielerisch gut» und 54 % «menschlich ansprechend» *(Heim und Welt)*.

Wiederholungen von DICK UND DOOF waren nur eine Frage der Zeit. Das ZDF ließ sich die Senderechte verlängern. Die Serie lief bis Juni 1985 mehrfach im ZDF, nach ihrer Erstsendung allerdings nie wieder komplett. Absolut ausgenommen von Wiederholungen waren die drei Folgen von SCHWARZE SCHAFE (OUR RELATIONS) und die Abschluss-Episode BITTE NICHT WEINEN. Nachdem die Senderechte des ZDF endgültig ausgelaufen waren, meldete sich die Serie ab Ende der 1980er-Jahre zurück im Kirch-Imperium. Sie lief bei Pro7, SAT.1 und Kabel 1 sowie bei den Pay-TV-Kanälen DF1 und Premiere World. Vor- und Abspann der Serie wurden verschiedentlich verändert, und stets fehlten viele Folgen.

Die Beliebtheit der DICK-UND-DOOF-Serie ließ Bluhm und Pantel als Syn-

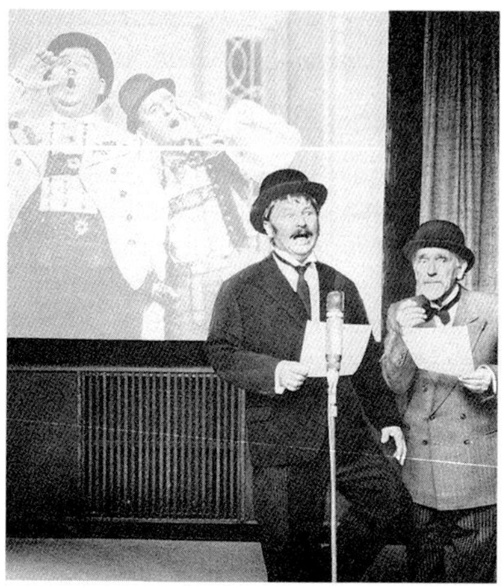

225 Ca. 1973: Bruno W. Pantel (links) und Walter Bluhm als Laurel und Hardy, im Hintergrund Bild aus SWISS MISS

chronsprecher ins ungewohnte Rampenlicht rücken. Sie gaben Interviews über ihre Arbeit als Laurel und Hardys deutsche Stimmen. Bluhm erinnerte sich an die Zeit, als er Laurels Sprecher wurde und räumte ein, dass Laurel ihm «fast wie ein Bruder ans Herz gewachsen» war. Die beiden Sprecher träumten auch davon, im Fernsehen als Laurel und Hardy vor die Kamera zu treten. Jedenfalls wurden sie in ihrer Eigenschaft als Sprach-Doubles gern auf Gesellschaften eingeladen (Abb. 225). «Wir ziehen dann immer eine Nummer à la ‹Dick und Doof› ab. Damit bringen wir jede Party in Schwung», so Bluhm laut *Bildzeitung*. Einige Jahre später wurde er auch im ABENDJOURNAL des Süddeutschen Rundfunks (SDR) als «die Stimme des Herrn Doof» vorgestellt.

Im Fahrwasser von DICK UND DOOF wurden Ausschnitte aus Laurel-und-Hardy-Filmen auch in anderen Fernsehbeiträgen gezeigt, so in der um 1973 eingeführten Reihe SOWIESO des Kinderfernsehens der ARD Passagen aus THE MUSIC BOX und aus THE FLYING DEUCES Stans Nachtkonzert auf der Bettfeder-Harfe. In der 1976 und 1977 gesendeten ARD-Serie HANS UND LENE berichtete Lina Carstens als hochbetagte Babysitterin einem kleinen Jungen von ihren Kinobesuchen und von Laurel und Hardy, als sie noch jung war, und dazu wurde ein Ausschnitt aus einem der Filme der beiden Komiker gezeigt. In der Nostalgie-Reihe WIEDERSEHEN MACHT FREUDE – ELMAR GUNSCH PRÄSENTIERT KABINETTSTÜCKCHEN war Ende der 1970er-Jahre die Eierszene aus HOLLYWOOD PARTY zu bewundern.

Zeitschriftenartikel beschäftigten sich wieder mit Laurels Privatleben. Laurels geschiedene Ehefrau Virginia Ruth arbeitete mittlerweile mit Unterstützung eines Ghostwriters an ihren Memoiren, worüber sie in Interviews gern berichtete. Die künftigen Einnahmen daraus wollte sie sich «fifty-fifty mit Stans Tochter, Lois, teilen» *(Die Welt)*; beide Frauen hatten ein gutes Verhältnis zueinander. Virginia Ruth

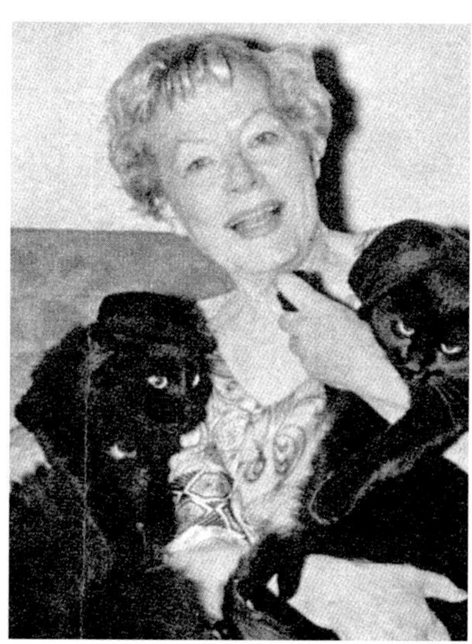

226 1973: Virginia Ruth Laurel mit ihren Katzen «Laurel und Hardy» samt Bowler-Hüten

vergaß auch nicht zu erwähnen, dass Laurel sie früher mit «Diamanten überschüttet» habe. Nun besaß sie zwei Katzen namens Laurel und Hardy, denen sie bei Fototerminen Bowler-Hüte aufsetzte (Abb. 226). Ihre Memoiren und Tagebuch-Aufzeichnungen erschienen 1980 nach ihrem Tod in Fred Lawrence Guiles' Buch *Stan. The Life of Stan Laurel*, das sich etwas mehr auf Laurels Schlafzimmer als auf seinen Schreibtisch konzentrierte.

6. DDR-Ableger

Dass die Komiker mit dem ersten *Atlas-Gesamtprogramm* und Youngsons LAUREL UND HARDY IM FLEGELALTER ihren «Siegeszug des Lachens» auch im DDR-Kino angetreten hatten (*Wochenpost*, Leipzig) und sich nach Einschätzung verantwortlicher Stellen das DDR-Fernsehen «schon sehr um die Verbreitung der Laurel und Hardy-Streifen gekümmert» hatte, lag wieder Jahre zurück. Die DICK-UND-DOOF-Serie des ZDF konnte mittlerweile ohne Gefahr von Sanktionen über die DDR-Mattscheiben flimmern, wenn der West-Empfang möglich war. 1971 hatte der DDR-Staatsratsvorsitzende Erich Honecker de facto das Westfernseh-Verbot aufgehoben, nachdem er dem für zu langweilig befundenen DDR-TV eine Reform verordnet hatte. Der *Progress*-Verleih schickte sich an, mit Laurel-und-Hardy-Eigenproduktionen aktiv zu werden.

Ende Juli / Anfang August 1970 hatte das Reiseteam des *VEB DEFA Außenhandels* das seit geraumer Zeit in Pula auf der Halbinsel Istrien jährlich stattfindende internationale Filmfestival besucht und an dessen Rand von der Firma *Jugoslavija Film* 15 kurze stumme Roach-Grotesken erworben. Aus ihnen sollten Laurel-und-Hardy-Programme fürs Kino zusammengestellt werden, das erste unter dem Titel LAUREL UND HARDY SUCHEN ANSCHLUSS. Die «ökonomische Zielvorstellung» dafür peilte man mit Einkünften von 800.000 Mark an. Außerdem wurden die TV-Rechte für fünf Zweiakter aus dem Filmpaket eingekauft: LEAVE 'EM LAUGHING, THE FINISHING TOUCH, BIG BUSINESS, DOUBLE WHOOPEE und BACON GRABBERS. Was genau damit geschehen sollte, stand nicht fest. Mitte Oktober 1971 übertrug der *VEB DEFA Außenhandel* dem *Progress*-Verleih für fünf Jahre die Kinorechte an fünf anderen Roach-Filmen der *Jugoslavija Film*: MARINEZASTER (SHOULD SAILORS MARRY?) von 1926 mit Clyde Cook und Hardy, in Pula angekauft unter dem Titel NAVY GRAVY, und die Laurel-und-Hardy-Filme LUSTGREISE (SUGAR DADDIES), DU BIST EIN VERDAMMTER NARR (YOU'RE DARN TOOTIN'), ZWEI MATROSEN (TWO TARS) und FREMD WIE WIR SIND (UNACCUSTOMED AS WE ARE). Anfang Dezember kam als sechster Streifen DAS IST MEINE FRAU (THAT'S MY WIFE) dazu. Die teilweise schlechte fotografische und mechanische Qualität der Filme erlaubte immer noch ihre Auswertung.

Laurel und Hardys erster Tonfilm UNACCUSTOMED AS WE ARE war auch als Stummfilm gekauft worden. Erst Mitte der 1970er-Jahre tauchte der Ton von einer Vitaphone-Schallplatte wieder auf. In diesem Streifen wendet sich Ollie zum ersten Mal mit dem Satz «Warum tust Du denn nichts, um mir zu helfen?» verzweifelt an Stan. Der verheiratete Ollie bringt Stan mit nach Hause. Im Spielfilm BLOCK-HEADS ist die Handlung des Films später weiter ausgebaut worden.

Bei der deutschen Bearbeitung durch *DEFA-Synchron* in Berlin-Johannisthal wurden die Zwischentitel entfernt und

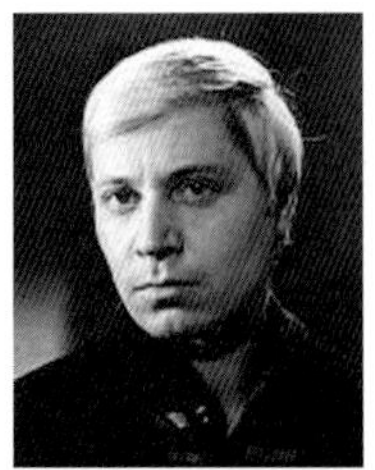
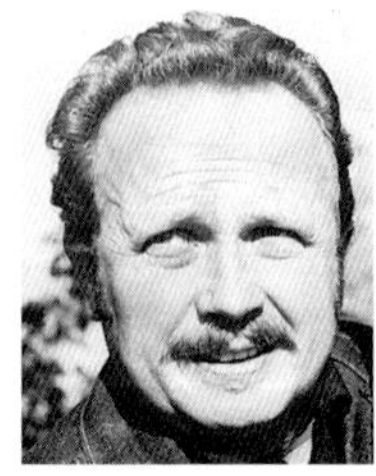

227–228 Kurt Kachlicki (links, 1960er-Jahre) und Erhard Köster (1980er-Jahre), Laurel und Hardys Stimmen in FREMD WIE WIR SIND (UNACCUSTOMED AS WE ARE), 1972

durch Kommentare mit Hinweisen auf die Entstehung der Filme ersetzt, den Manfred Krug sprechen sollte. Dazu eine interne Arbeitsnotiz: «Er ist kein filmhistorischer Kommentar, sondern mit dem Abstand der Gegenwart zu den Jugendjahren des Films würzt er in heiter-ironischer Weise das Bild auf der Leinwand und schafft die Übergänge von einem zu anderen Teil». Wolfgang Krüger setzte die Vorgaben als Dialogautor und Synchronregisseur fast durchweg überzeugend mit ironisierenden Texten in LAUREL UND HARDY SUCHEN ANSCHLUSS um, die sich gelegentlich gezielt doppeldeutig neben der Handlung bewegen. Auf die deutsche Textkarte «Ruhe, Sie sehen einen Stummfilm», folgt die gesprochene Begrüßung «Ach, da seid ihr ja, ihr braven Menschen. Hier ist auch ein Braver». Weitere Angaben sind «ohne Gewehr». Die Credits unterstellen Krüger «Wortklaubereien» und dem Musiker Karl Heinz Schröder «selbstgehäkelte Noten an der Bierorgel und Schießbude», begleitet von «mehrgängigen Toneffekten» und vom «temposicheren Organ» des Sprechers. Der war nicht Krug, sondern Klaus Piontek. Die Gründe für den Austausch sind unbekannt.

Krügers trockener Humor kommt zum Beispiel bei ZWEI MATROSEN zur Geltung. Der Film endet mit dem Satz: «Und zum Schluss ein Wort aus der Geschichte des Automobils: Als Schienenfahrzeug wurde es schon vor Jahren von der Lokomotive abgelöst». Das ist auf die Autoverfolgungsjagd gemünzt, die im Eisenbahntunnel endet. Das Orchester-Konzert in DU BIST EIN VERDAMMTER NARR durch den Kommentar zu einem Fußballspiel umzufunktionieren, ist allerdings fragwürdig. Warum Krüger in DAS IST MEINE FRAU Ollies Frau zu dessen Braut gemacht hat, erscheint rätselhaft. FREMD WIE WIR SIND wurde sehr gut lippensynchron eingedeutscht mit Kurt Kachlicki und Erhard Köster als Stan beziehungsweise Ollie, aber moralisch entschärft, um ihn auch Kindern zeigen zu können (Abb. 227–228). Der Polizist Flirty prahlt in Krügers Fassung vor Stan und Ollie nicht mehr mit Seitensprüngen. Auf das DDR-Publikum zugeschnitten ist die Bemerkung von Ollies Frau «Ich gehe zur Mitropa essen», als sie wütend aus der Wohnung stampft. Damit sind die staatlich geführten Speisegaststätten der DDR gemeint.

In LAUREL UND HARDY SUCHEN ANSCHLUSS gibt es kaum Geräuscheffekte. Karl Heinz Schröders sehr gut an die Stummfilme angepasste Musik setzt sich aus sehr alten deutschen Ohrwürmern wie «Lang, lang ist's her» und «Alte Kameraden» zusammen. FREMD WIE WIR SIND hat aber keine musikalische Untermalung und muss ohne Geräusche auskommen, was mitunter stört. Allerdings fehlten Krüger die akustischen Informationen der Tonfassung. Die gereimten Tiraden im Rhythmus der Schallplatten-Musik, die Ollies Frau auf ihren Mann niederprasseln lässt und ihre Wut lächerlich erscheinen lässt, hätten sich ohne Kenntnis des originalen Tons kaum übertragen lassen. Der Streit in der Wohnung des Polizisten ohne Geräusche und Stans lautloser Sturz ins Treppenhaus wirken in der deutschen Fassung hingegen absolut unnatürlich.

Da LAUREL UND HARDY SUCHEN ANSCHLUSS deutsch bearbeitet wurde, wurde das Programm beim Ministerium für Kultur, Hauptverwaltung Film, Sektor Filmzulassung und -kontrolle in zwei Zensurdurchgängen geprüft. Zunächst wurde die Synchronisation Anfang Februar 1972 im so genannten B-Protokoll mit dem Jugendprädikat P 6 für Kinder ab sechs Jahren zugelassen und nach Prüfung des filmischen Inhalts Anfang März 1972 mit dem A-Protokoll das Programm auch «für den Einsatz in den Lichtspieltheatern der DDR». Auf seiner Messe für die Vertreter der Bezirksfilmdirektionen der 15 DDR-Bezirke und für die Nationale Volksarmee stellte der *Progress*-Verleih auch LAUREL UND HARDY SUCHEN ANSCHLUSS vor. Davon wurden 41 Filmkopien bestellt mit einer Auswertungsberechtigung von fünf Jahren. 33 Kopien wurden am 14. April 1972 landesweit in die Kinos gegeben, acht Kopien gingen an die Nationale Volksarmee, und eine weitere Kopie kam ins *Progress*-Archiv.

Bei der Vorstellung des Programms verwechselte das Magazin *Kino der DDR* die beiden Komiker miteinander und stellte weiterhin Krug als Sprecher vor. In Anspielung auf die beliebte DDR-TV-Serie WILLI SCHWABES RUMPELKAMMER heißt es: «Die RUMPELKAMMER des Fernsehens macht Schule. Also, Damen und Herren, statt Breitwand und Totalvision zurück zum Kintopp. Dabei führen wir Ihnen Stan Laurel und Oliver Hardy vor, den Dicken und den Dünnen des amerikanischen Stummfilms. Was ein richtiger Stummfilm ist, der braucht zu den zappelnden Bildern natürlich auch einen Erklärer. Haben wir, haben wir! Manfred Krug war so freundlich, seine Nonchalance zur Verfügung zu stellen. Auch dieser Kommentar geizt nicht mit kuriosen Einfällen.» Die Werbezeilen unterscheiden sich letztlich kaum von Pietreks Sprüchen: «Paraderollen für Stan Laurel und Oliver Hardy», «Slapstickkomik – zum Kugeln komisch» und «Zwerchfellattacken und Lachstürme par excellence». LAUREL UND HARDY SUCHEN ANSCHLUSS wurde als «wahres Gagfeuerwerk von Laurel und Hardy, die in Deutschland lange als Dick und Doof unter Wert verkauft worden waren», begrüßt (*Wochenpost*, Leipzig). Laut *Filmspiegel* blieb die «perfekt vorgetragene Situationskomik nicht ohne Wirkung auf die Lachmuskeln der Betrachter.» Dem *Neuen Weg* missfiel allerdings Krügers «einigermaßen geschwätziger» Text, der «sogar die gerade durch ihre Wortlosigkeit besonders wirkungsvollen Gags von Dick und Doof zerredet». Einspiel-Ergebnisse sind nicht bekannt.

Progress erwarb die Kino-Auswertungsrechte auch für fünf weitere Laurel-und-Hardy-Grotesken in ebenfalls schlechter technischer Qualität. Versehentlich wurde dabei THAT'S MY WIFE ein zweites Mal gekauft, sodass das neue Programm sich auf IN FREIHEIT (LIBERTY), HABEAS CORPUS, VON SUPPE ZU NÜSSEN (FROM SOUP TO NUTS) und FRÜH SCHLAFENGEHEN (EARLY TO BED) beschränken musste. Dafür erhoffte man sich Einkünfte von 400.000 Mark.

Anfang 1973 fasste Krüger die Grotesken zu dem dramatischen «Filmroman» LAUREL UND HARDY AUF DER JAGD NACH DEM MAMMON zusammen, in dem Krüger Stan und Ollie auf die Spur des mächtigen Ring-Vereins Mammon setzt. Weil ein kompletter Stummfilm fehlte, verfasste Krüger als Füllmasse Zusammenfassungen im Anschluss an jede Groteske. Außerdem fügte er zahlreiche Werbetafeln

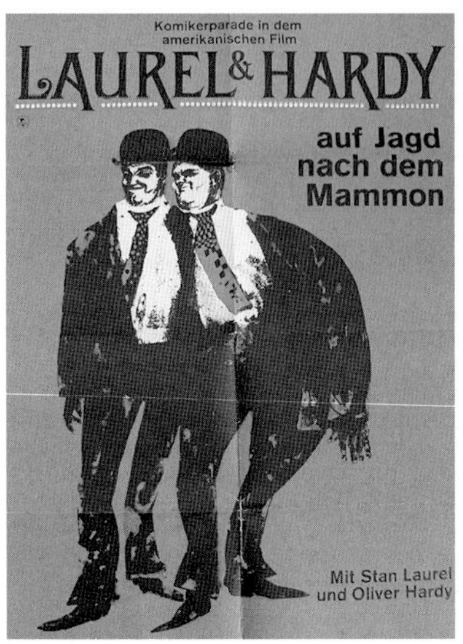

229 DDR-Plakat für LAUREL UND HARDY AUF DER JAGD NACH DEM MAMMON (1973) mit dem Motiv des DDR-Plakats zu ZWEI RITTEN NACH TEXAS (WAY OUT WEST) von 1967

der erfundenen Rheingold-Rasanz-Reklame ein, die die Filme ständig unterbrechen mit Werbung für Mittelchen gegen Rheuma und Hexenschuss, für Wäschestärke, Präparate gegen Wachstumsstörungen («vorher: 1,19 Meter – nachher: 2,19 Meter»), Wunderpillen gegen das Rauchen und für ein Mineralwasser zur Be- und Entwässerung – und das alles auf der Basis von Eukalyptus in jeder Form. Doch die lockere Stimmung des Vorgänger-Programms war in der bizarren Bearbeitung LAUREL UND HARDY AUF DER JAGD NACH DEM MAMMON dahin. Zum Beispiel knüpft die erste Episode DEM HIMMEL EIN STÜCK NÄHER (LIBERTY) mühsam an die gelungenen Kommentare zu ZWEI MATROSEN an. Als Stan und Ollie auf dem Hochgerüst über einen Stahlträger robben, kommentiert Piontek: «Vorsichtig machen sie sich mit dem Streckenprofil vertraut.» In TOTE SIND NICHT AUF ROSEN GEBETTET (HABEAS CORPUS) ist der verrückte Professor Mammons unliebsamer Konkurrent, dessen Aktivitäten die Organisation durch einen eingeschleusten Agenten unterbinden will. Die unglückliche Idee eines «Filmromans», zu lange und unpassende Texte, ein merkwürdig hektisch sprechender Piontek, Schroeders Musik aus internationalen Themen wie «Lache Bajazzo», «Salomé» mit modernen Einsprengseln, die mit dem Lied «Komm' hilf mir mal die Rolle drehn, du bist so dick und stramm» auch noch auf das peinliche Niveau bierseliger Stammtischbrüder absinkt, und obendrein die überflüssigen, ablenkenden Werbespots verderben den Spaß. Dass es am Schluss des Programms recht witzig heißt «In Ermangelung einer repräsentativen Zuschauermeinung über die Rentabilität eines fünften Teiles gibt es keinen fünften Teil», rettet auch nichts mehr.

Anfang Februar 1973 wurde LAUREL UND HARDY AUF DER JAGD NACH DEM MAMMON für die Dauer von fünf Jahren zum Einsatz in der DDR für Kinder ab sechs Jahren zugelassen. Für die 15 Bezirksfilmdirektionen wurden etwa 30 Kopien hergestellt, acht weitere Kopien für die Nationale Volksarmee, und wieder gab *Progress* eine Kopie ins eigene Archiv. Am 9. März 1973 ging das Programm unter der Überschrift «Evergreens der Stummfilm-Komik» in den DDR-Kinos an den Start (Abb. 229), begleitet von Werbezeilen wie «Wie Laurel und Hardy das Gruseln lernten», «Zwischen Gespenstern, Wolkenkratzern und Riesentorten» und «Gags und Überraschungen am laufenden Band». Der *Filmspiegel* befand, man müsse bei solchen «Dauerbrennern komödiantischer Verrücktheiten und Jagdszenen aus einer total verrückten Welt» nur Laurel und Hardys Namen nennen, um die Zuschauer davon zu überzeugen, dass sie im Kino schallend lachen werden. Die *Sächsischen Neuesten Nachrichten* gähnten allerdings eher über die «schon bekannten Gags», die «die lauten Lacher nicht so richtig herauskommen» ließen.

LAUREL UND HARDY SUCHEN ANSCHLUSS und LAUREL UND HARDY AUF DER JAGD NACH DEM MAMMON blieben die letzten neuen deutschen Laurel-und-Hardy-Bearbeitungen fürs Kino. Nach ihrer Kino-Auswertung liefen sie nacheinander am 27. Dezember 1974 und am 5. Oktober 1975 im ersten Programm des Fernsehens der DDR (DDR1). Zuvor wurde ihr «politisch-ideologischen Inhalt» und ihre «publizistisch-künstlerische Qualität» von der Chefredaktion Spielfilme geprüft. Obgleich die «Sozialstruktur der Hauptakteure eindeutig dem Kleinbürgertum zuzurechnen» war, sah die Chefreaktion die beiden Filme als «reine Unterhaltung» an. Im Pressetext zu LAUREL UND HARDY SUCHEN ANSCHLUSS wurde herausgestrichen, dass Laurel und Hardy weit mehr als simple Klamotten-Gags vorführten, da sie sich in jeder Situation selbst treu blieben. Grund genug, dass «jetzige und künftige Zuschauer lachend Hochachtung empfinden vor den beiden Pionieren der Filmkomödie».

Im September 1976 entschloss sich *Progress*, ab November 1976 auch den «größtenteils sehr komischen Streifen» und für Kinder ab sechs Jahren zugelassenen Zweiakter BIG BUSINESS im Original mit deutschen Zwischentiteln als DAS GROSSE GESCHÄFT für einen Sondereinsatz mit 28 Kopien in die DDR-Kinos zu bringen. Neben der obligatorischen Kopie für das *Progress*-Archiv erhielt die Nationale Volksarmee vier weitere Kopien zum internen Gebrauch.

7. GOLDEN SILENTS, Cartoons und TED

1969 ließ der Komödiant Michael Bentine (Abb. 230) nach einem Anruf seines Freundes Michael Mills auf seiner Tournee alles stehen und liegen und eilte nach London ins BBC Televison Centre.

Dort bot man ihm nach der Sichtung zahlloser Clips aus einem riesigen Fundus stummer US-Grotesken an, sie in einer Serie für das britische Fernsehen im *National Film Theatre* vor laufender Kamera einem geladenen Publikum live zu präsentieren. Bentine sagte sofort zu. Es wurden 26 thematisch geordnete Halbstunden-Programme unter dem Titel GOLDEN SILENTS zusammengefasst und jeweils zwei Folgen nacheinander gefilmt. Nach 20 Folgen zwang ein BBC-Streik, die restlichen Folgen mit Bentine allein im Studio aufzunehmen und frühere Publikumsaufnahmen dazu zu spielen. Vier Folgen wurden den *Hal Roach Studios* gewidmet. In einer interviewte Bentine den nach London angereisten Roach live. Für die von Bob Monkhouse und Malcolm Mitchell mitproduzierte Serie schrieb Mitchell die Musik. Wegen der Erfahrungen mit MAD MOVIES wurde Rohauer als filmischer Berater auf dem Papier engagiert. Nach dem BBC-Start im September 1969 wurden die GOLDEN SILENTS ein Hit. Die Serie wurde ebenfalls in die ganze Welt verkauft, 1971 auch nach Deutschland, da der NDR für die ausgelaufenen MAD MOVIES Nachschub suchte. 23 Fol-

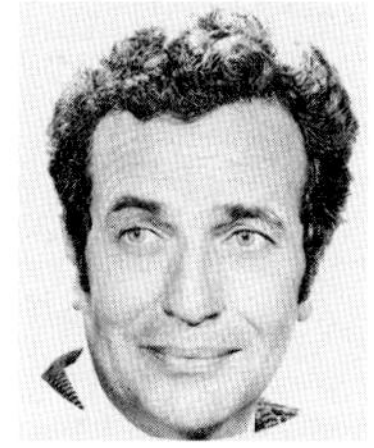
230 Michael Bentine (1970er-Jahre), Gastgeber der Serie GOLDEN SILENTS

gen wurden von vornherein für das Gemeinschaftsprogramm der ARD bei der *BSG* deutsch synchronisiert von Gerda von Rüxleben und Ruth Leschin, Regie führte Dietmar Behnke. Wahrscheinlich war Friedrich Schoenfelder Bentines deutsche Stimme. Zu den ausgelassenen Folgen gehört A TRIBUTE TO HAL ROACH, in der der Produzent unter anderem über Laurel und Hardys Entdeckung berichtete. Wie die MAD MOVIES erhielten die ab August 1972 gesendeten GOLDEN SILENTS den Zusatz ALS DIE BILDER LAUFEN LERNTEN (Abb. 231). Zum Jahreswechsel 1973/74 strahlte N3 die ersten sechs Folgen noch einmal im Original mit deutschen Untertiteln aus. Bis auf einige grobe Übersichten ist von der Serie nichts zu finden. Nach denen sind einige Ausschnitte aus Laurel und Hardys THE LUCKY DOG und BACON GRABBERS gezeigt worden sowie Ausschnitte mit Laurel in HUNS AND HYPHENS (mit Larry Semon), MUD AND SAND, NAVY BLUE DAYS und DR. PYCKLE AND MR. PRIDE. Die Einschaltquoten der einzelnen Folgen rangierten zwischen 16 % und 22 %.

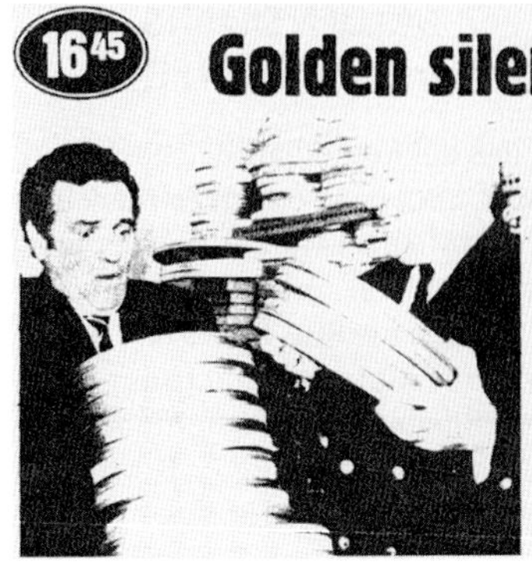

16⁴⁵ **Golden silents**

Die gute alte Kintopp-Zeit

Michael Bentine stellt u. a. zwei Filmemacher der „ersten Kino-Stunde" vor: Hal Roach und Mac Sennett. Sie produzierten die ersten Filme mit Hardy und Laurel, die damals noch nicht zusammen filmten, sondern einzeln auftraten.

Michael Bentine (l.) mit Produzent Hal Roach

231 Ankündigung einer Folge der GOLDEN SILENTS mit Michael Bentine und Hal Roach

In einem der regionalen Vorabendprogramme der ARD tauchten bis Mitte der 1970er-Jahre nach und nach 55 der kurzen LAUREL UND HARDY CARTOONS von Larry Harmon auf, etwa ein Drittel der Gesamtproduktion. Die *Degeto GmbH* hatte sie für die ARD angekauft und bei den Hamburger *Alster Studios* deutsch synchronisieren lassen. Dialogautor und Regisseur Wolfgang Draeger bearbeitete die dürftigen Zeichentrickfilme sorgfältig und besetzte den

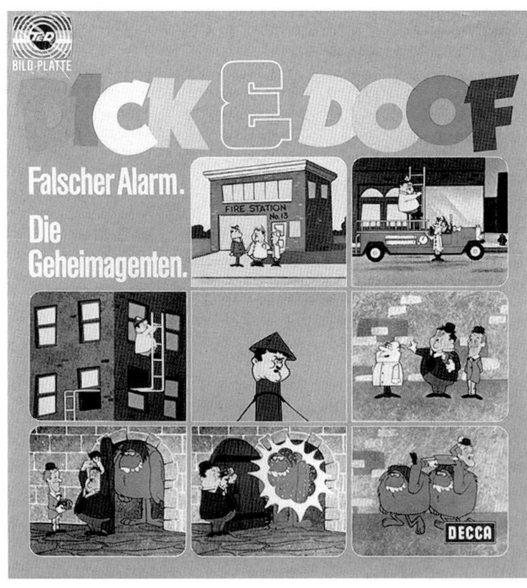

232 TED-Bildplatte mit zwei Episoden der DICK-UNDDOOF-Zeichentrickserie, 1975

Cartoon-Stan durchgehend mit Bluhm, der auffallend gleichförmig ohne Höhen und Tiefen spricht. Als Cartoon-Ollie ist gelegentlich Duwner zu hören. Einige dieser Bearbeitungen wurden als Super-8-Filme verkauft und auch als 3-D-Bilderserien des damals sehr beliebten *Viewmaster*-Systems. In der Werbung hieß es, das diese «Streifen keine Kopien der realen Dick-und-Doof-Situationen, sondern eigenwillige Neuschöpfungen» sind (Abb. 232).

Im Juli 1975 erstritten Laurel und Hardys Witwen gegen die *Hal Roach Studios* das Recht, Laurel-und-Hardy-Lizenzen an T-Shirts und TV-Serien zu vergeben. Sie gingen auch gegen die *Larry Harmon Pictures* vor. Danach musste künftig jeder Hersteller von Laurel-und-Hardy-Lampen, -Malbüchern, -T-Shirts, -Gipsstatuen, -Uhren, -Rasierklingen und sogar -Mähdreschern die Witwen prozentual am Gewinn beteiligen. Die jährlichen Tantiemen wurden auf etwa 10.000 Dollar pro Witwe geschätzt.

Ebenfalls 1975 erschienen Laurel und Hardy auf TED-Bildplatten, Vorläufer des Video- und DVD-Zeitalters. Mit dem von *AEG-Telefunken* und *Teldec* entwickelten TED-Bildplattenspieler ließ sich eine flexible PVC-Folie von etwa zehnminütiger Laufzeit abspielen, deren Bildqualität nicht besser war als eine mäßige Video-Kopie – weshalb das System nach dem Aufkommen von Video-Rekordern 1983 sang- und klanglos verschwand. Gleich zum Start der TED-Bildplatten gab es drei Ausgaben mit je zwei der deutsch bearbeiteten LAUREL UND HARDY CARTOONS. Außerdem hatte Pietrek die Bildplatten-Rechte für DICK UND DOOF IN DER FREMDENLEGION an die Firma *UFA-ATB* verkauft, die den gekürzten Spielfilm auf fünf TED-Bildplatten vertrieb (Abb. 233).

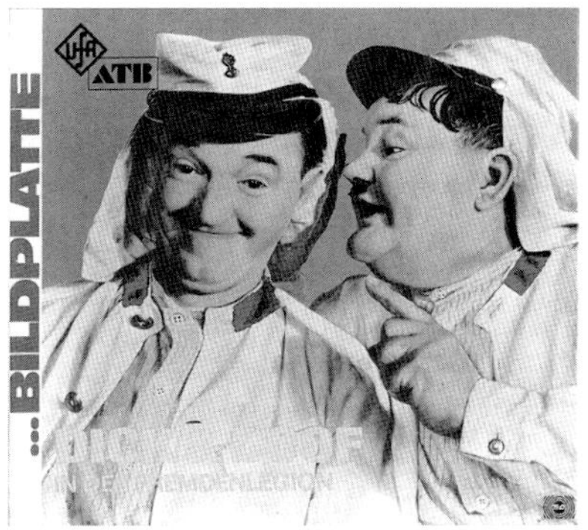

233 TED-Bildplatten mit DICK UND DOOF IN DER FREMDENLEGION (THE FLYING DEUCES), 1975

8. Intermezzo: Schmalfilme und Super 8

Trotz des Fernsehens behauptete sich der Schmalfilm-Markt noch etwa bis zum Ende der 1970er. Die seit Ende der 1960er-Jahre von der *Atlas Schmalfilm Verleih GmbH (Atlas Schmalfilm)* vertriebenen 36 *Beta-Technik*-Fassungen von Laurel-und-Hardy-Tonkurzfilmen übernahm der Düsseldorfer Schmalfilmvertrieb *Ing. Ewald Paikert*. *Atlas Schmalfilm* kehrte Anfang der 1970er-Jahre zurück mit mehreren Laurel-und-Hardy-Kurzfilm-Programmen und mit Youngsons Kompilation DICK UND DOOF WIE IMMER AUF EIGENE GEFAHR, die ab 1973 vom deutschen *Centfox*-Verleih vertrieben wurde. Die eigenen Titelschöpfungen führten gelegentlich zur Verwechslung unterschiedlicher deutscher Fassungen. Zum Beispiel kursierten unter dem Titel DEN GLÜCKLICHEN SCHLÄGT KEINE FRAU Kopien verschiedenen Inhalts. Eine kündigt CHICKENS COME HOME an, angeblich von Schwier und Schirmann bei der *BSG* bearbeitet. Das war aber Haruns *IFU*-Fassung von BLOTTO aus dem Jahr 1963 (Abb. 234). Eine andere Kopie enthält tatsächlich

Abend-füllende Kurzfilm-programme

Stan Laurel & Oliver Hardy

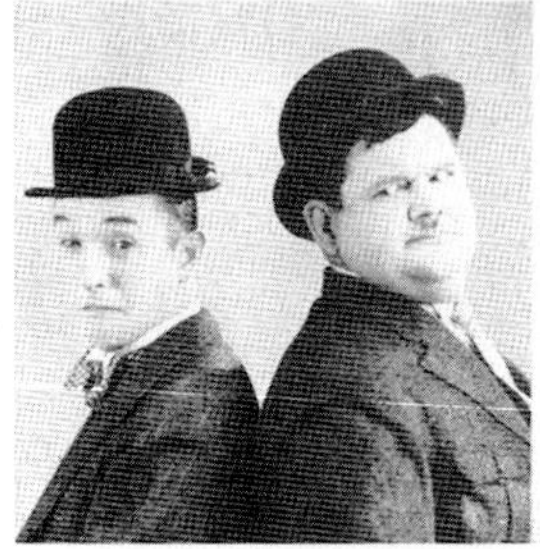

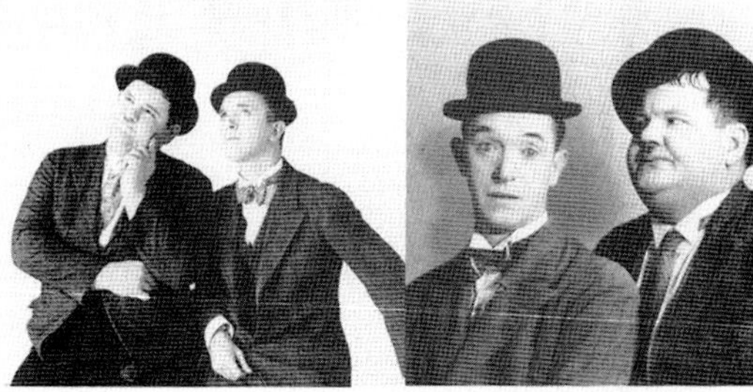

Laurel & Hardy in der Wüste

mit den Episoden

In der Wüste
(Beau Hunks, 1931)
Stan und Ollies Wüstenabenteuer als Fremdenlegionäre, die mannhaft und listenreich einen tückischen Anschlag feindlicher Araber auf das Fort vereiteln.

Laurel & Hardy als Landstreicher
(Scram, 1932)
Vom Richter als Landstreicher aus der Stadt gewiesen, verbergen sich Stan und Ollie in dem vermeintlichen Haus eines betrunkenen Menschenfreundes, der sie aus Versehen in das Haus des Richters geführt hat.

Vaterfreuden
(Brats, 1930)
Stan und Ollie müssen, derweil ihre Frauen ausgegangen sind, ihre Kinder hüten, die in einer Doppelrolle ebenfalls von Stan und Ollie gespielt werden.

Der betrunkene Geist
(The Life Ghost, 1934)
Stan und Ollie glauben, jemanden umgebracht zu haben und geraten in Panik, als der Tote leibhaftig vor ihnen steht.

Laufzeit insgesamt: 90 Minuten
Preisgruppe 1

Laurel & Hardy und die Frauen

mit den Episoden

Der Mitgiftjäger
(Me and My Pal, 1933)
Zur Sicherung seiner Zukunft beabsichtigt Ollie, die Tochter seines vermögenden Chefs zu heiraten. Das Puzzle-Spiel, das Stan seinem Freund zur Hochzeit schenken will, verhindert, daß Ollie pünktlich zur Trauung erscheint.

Laurel & Hardy als Frauen
(Twice Two, 1933)
In einer Doppelrolle spielen Stan und Ollie sich selbst und die Ehefrau des anderen. Das vergnügliche Doppelspiel ist eine kuriose Mischung aus Fetischismus und einer Karikatur der Ehe.

Die Strohwitwer
(Help Mates, 1931)
In Abwesenheit ihrer Frauen feiern Stan und Ollie eine wilde Party, die mit der völligen Zerstörung des Hauses endet.

Den Glücklichen schlägt keine Frau
(Chickens Come Home, 1931)
Ollie entführt Stan in eine Bar. Der geklaute Schnaps, den Stan zu Hause erbeutet hat, erweist sich als scheußlich schmeckende Flüssigkeit, die Stans Frau aus Rache in die Flasche gefüllt hat.

Laufzeit insgesamt: 90 Minuten
Preisgruppe 1

385

234 *Atlas*-Schmalfilmprogramme von 1978: früher DICK UND DOOF IN DER WÜSTE und DICK UND DOOF UND DIE FRAUEN, jetzt LAUREL UND HARDY IN DER WÜSTE und LAUREL UND HARDY UND DIE FRAUEN (mit DEN GLÜCKLICHEN SCHLÄGT KEINE FRAU und Inhalt von BLOTTO)

die *IFU*-Fassung von CHICKENS COME HOME aus dem Jahr 1953, doch die stammt von Benscher und Köhler mit Musik von Schumann. Es wurden auch Haupttitel vor falsche Filme geklebt. Haruns *IFU*-Fassungen von THE HOOSE-GOW und ANY OLD PORT waren ohne neue Musikbearbeitung ausgekommen. In den Vorspannen von *Atlas Maritim* wurden aber Schwier als Autor und Regisseur sowie Schirmann als Komponist angegeben. Unter dem *Beta-Technik*-Titel DICK UND DOOF UND IHRE SÖHNE bekam man mal Schicks und Schumanns Fassung zu sehen, mal Schwiers Bearbeitung VATERFREUDEN. Vorübergehend vertrieb die *Atlas Schmalfilm* auch den Spielfilm DIE DOPPELGÄNGER VON SACRAMENTO, ab 1973 verliehen von der *Materna-Filmverleih GmbH* und ab 1978 von der *Meteor Schmalfilm GmbH*. Letztere hatte DICK UND DOOF ALS GEHEIMAGENTEN (A-HAUNTING WE WILL GO) im Programm. Zusammenstellungen aus den ehemaligen *Atlas Filmvergnügen* gab *Atlas Schmalfilm* ebenfalls in den Umlauf. Ab 1978 hieß die Firma *Atlas Film + AV GmbH & Co.*, und ihr Programm war üppig wie nie. Nach dem Erwerb weiterer Vertriebsrechte von der *Beta Film* verlieh sie 62 Laurel-und-Hardy-Kurzfilme (60 Team- und zwei Solofilme) und acht

Spielfilme in ungekürzten Original-Fassungen. Um zu belegen, dass sich «die Liebe zu Stan Laurel und Oliver Hardy von Generation zu Generation überträgt», wurden die Streifen auf 24 chronologisch geordnete Programme verteilt, die zuweilen mit einem Solofilm von Laurel oder Hardy eingeleitet wurden – zum Beispiel mit FRAUDS AND FRENZIES und GOLF. Dazu kamen neun Auswahl-Programme mit je einem kurzen Stummfilm, einer kurzen Tonfilm-Groteske und einem Spielfilm. Drei dieser Programme präsentierten «die erfolgreichsten Filme» von Laurel und Hardy.

Zu Beginn der 1970er-Jahre wuchs das Angebot von Laurel-und-Hardy-Filmen auf dem Super-8-Markt weiter. Der Landshuter *Spezialbetrieb für Heimkinos Fleischmann-Film* handelte unter anderem mit Original-Fassungen und Synchronisationen. *Globus* warb mit einer nicht gekannten Fülle an stummen Ausschnittsfassungen der unterschiedlichsten Länge und stach quantitativ die Firma *AS Film A. Scheideler* aus, die erstmals Tonfilme von Laurel und Hardy im Super-8-Format verkaufte und als Vorreiter den gekürzten Spielfilm DICK UND DOOF IN DER FREMDENLEGION in drei Fortsetzungen anbot. Die Frankfurter Firma *Internfilm* und die *Piccolo-Film*, deren Angebot identisch war mit dem der *Quelle*-Tochter *Revue*, weiteten ihre Paletten mehr oder weniger stark gekürzter Laurel-und-Hardy-Filme in deutsch synchronisierten Fassungen aus (Abb. 235). Um die Zeit warf die Hamburger *Weco-Film* den Super-8-Film DICK UND DOOF: KASSENPATIENT IM HOSPITAL (COUNTY HOSPITAL) auf den Markt. Diese deutsche Fassung stellt inhaltlich das *Jugendfilm*-Programm 3 X DICK UND 3 X DOOF aus dem Jahr 1957 in den Schatten. Der Kabarettist

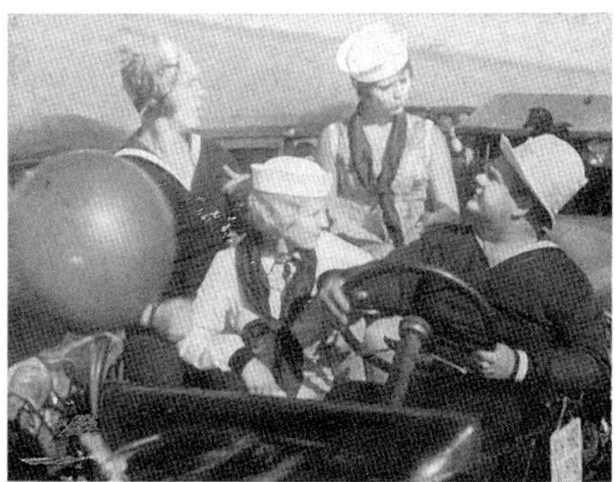

235 Super-8-Hülle von Piccolo-Film: DICK UND DOOF ALS MATROSEN (TWO TARS), 1970er-Jahre

Henning Venske (Abb. 236) spricht im voice-over über den im Hintergrund noch zu hörenden Originalton sämtliche Rollen. Darin jagen einander Zeilen wie «Wie geht's denn unserm Schweißfuß heute?» (Frage des Arztes an Ollie) und «Den würd' ich gern mal amputieren!» (Bemerkung der Krankenschwester über Ollies Gipsbein), die Venske verfasst hatte. Auf der Verpackung des Streifens wird er als «Kalauer-König» gepriesen.

Zur Saison 1972/73 legte die *UFA-ATB* eine Super-8-Ausschnittsfassung von DICK UND DOOF IN DER FREMDENLEGION vor und 1974/75 in drei Teilen DICK UND DOOF – RACHE IST SÜSS. Ab etwa 1975/76 befanden sich die Super-8-Fassungen auf dem Rückzug. *UFA-ATB* brachte nur noch eine mehrteilige, gekürzte Fassung von DICK UND DOOF ERBEN EINE INSEL heraus, die viele Jahre im Programm blieb. *Piccolo-Film* vertrieb 1972/73

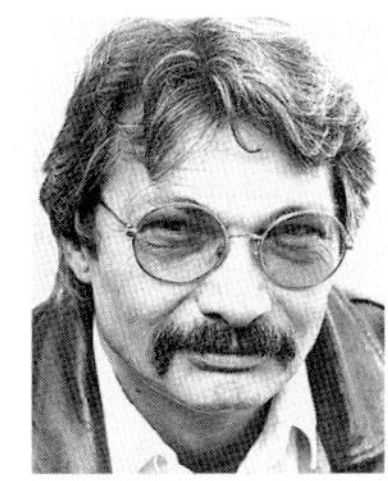

236 Autor und Sprecher Henning Venske (1980er-Jahre)

LAUREL UND HARDY CARTOONS mit und ohne Ton, ab 1980/81 auch Laurel-und-Hardy-Kurzfilme in deutschen Fassungen, die Pietrek ab 1956 entweder aus anderen Beständen aufgekauft hatte oder seit 1957 selbst hatte eindeutschen lassen. Aus dem Kurzfilm-Programm DICK UND DOOF, DIE MUSTERGATTEN von 1963 stammt ONE GOOD TURN, bei *Piccolo-Film* DICK UND DOOF BEI TANTE KLARA. Als *Piccolo-Film* ihn herausbrachte, hatte die *UFA-ATB* den Vertrieb von stummen Laurel-und-Hardy-Filmen so gut wie aufgegeben, dafür aber acht Folgen aus der ZDF-Serie DICK UND DOOF unter ihren Sendetiteln ins Angebot aufgenommen.

Die Zeit lief gegen das Heimkino, weil ab der zweiten Hälfte der 1970er-Jahre Video-Systeme auf den Markt kamen, von denen sich schließlich VHS durchsetzte. Super-8-Fassungen vollständiger Laurel-und-Hardy-Filme konnte man aber noch lange Zeit kaufen.

9. Serien, Serien: VÄTER DER KLAMOTTE mit ZWEI HERREN DICK UND DOOF ohne Nerven

Die DICK-UND-DOOF-Anschluss-Serie SPASS MIT CHARLIE wurde im Herbst 1971 abgelöst von den VÄTERN DER KLAMOTTE, von denen 131 Folgen bis Anfang Dezember 1977 ausgestrahlt wurden. Dazu kamen bis Ende April 1979 unter demselben Serientitel noch weitere 27 halb so lange Episoden, ehe von 1984 bis 1986 noch einmal 20 normal lange Folgen nachgelegt wurden. Die VÄTER DER KLAMOTTE zeigen US-Grotesken vieler verschiedener Komiker aus der Stumm- und Tonfilmzeit. Ein Schwerpunkt der ersten Serie liegt auf Charley Chase. Bis Anfang März 1979 waren Laurel und Hardy bei den VÄTERN DER KLAMOTTE mit vier gemeinsamen Filmen vertreten und in 14 Episoden mit Solostreifen (Abb. 237–238).

Mechoff und Caloué blieben die federführenden Personen, Caloué hatte sich aber mit der *Solar-Film GmbH* selbstständig gemacht und belieferte das ZDF im Auftrag der *Beta Film*. Er verfasste nicht mehr sämtliche deutschen Bücher, sondern wechselte sich mit Rudolf Krause und Eberhard Storeck ab. Die Arbeiten fanden wie bisher bei der *Beta Technik* statt. Als weitere Sprecher neben Hüsch kamen die Kabarettisten Hans-Jürgen Diedrich (Abb. 239) und Ernst H. Hilbich dazu. Die musikalische Bearbeitung lag meistens in den Händen von Strittmatter, Amper jr. und Kanzelsberger, in wenigen Fällen schrieben aber Ernst Müller und Kristian Schultze die Musik. Die Melodie des mitreißenden Er-

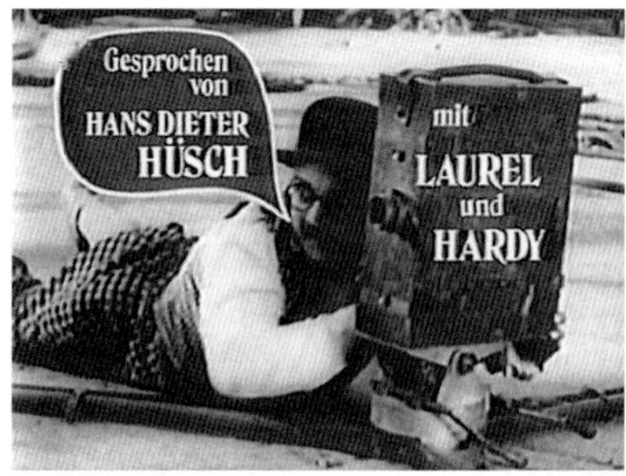

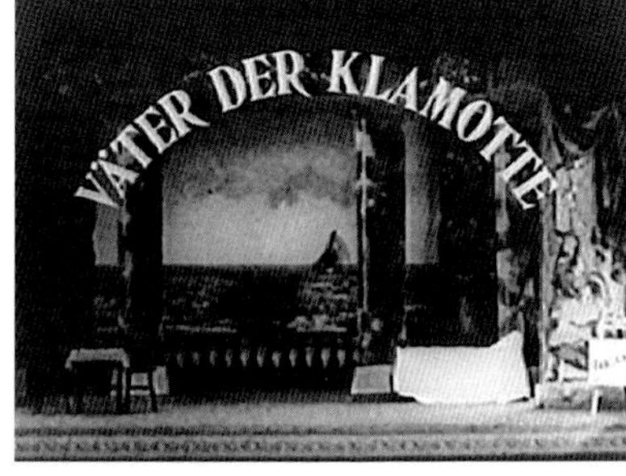

237–238 Vorspann der ZDF-Serie VÄTER DER KLAMOTTE, 1973

kennungsliedes «Guten Abend, liebe Leute» stammt von Strittmatter und Amper jr., Caloués Liedtext wurde von einem Chor gesungen. Eingeschnitten in den Serien-Abspann sind zwei kurze Momente von Stan und Ollies Big-Band-Auftritt aus JITTERBUGS.

In der Folge ZWEI HERREN IM DREIVIERTELTAKT vom 11. Oktober 1974, die eine Einschaltquote von 35 % erzielte, ist Laurel und Hardys Gastauftritt als Anhalter in dem Charley-Chase-Zweiakter ON THE WRONG TREK enthalten. Die deutsche Bearbeitung stammt von Rudolf Krause.

Die beiden Stummfilme THAT'S MY WIFE und SHOULD MARRIED MEN GO HOME?, für die es in der DICK-UND-DOOF-Serie keinen Platz mehr gegeben hatte, kamen bei den VÄTERN DER KLAMOTTE unter, beide von Caloué mit Hüsch als Sprecher bearbeitet. Am 23. Mai 1975 lief in DER STURZ AUF DEN GATTEN die Groteske THAT'S MY WIFE mit WANDERING PAPAS als Vorfilm, darin Hardy an der Seite von Clyde Cook. Darauf folgte am 26. September 1975 GOLFSPIELER IM MORAST mit dem ersten Teil von Laurels Solofilm MANDARIN MIX-UP und SHOULD MARRIED MEN GO HOME?. Pro Folge schalteten sich 28 % der TV-Haushalte zu.

Am 14. April 1978 füllte DIESE DAME IST EIN KERL (45 MINUTES FROM HOLLYWOOD) eine kurze Folge aus, gesprochen von Diedrich nach Caloués Text. Er präsentierte das haarsträubende Geschehen in einem Tonfall, als ob nichts geschehen sei. Die Einschaltquote betrug 26 %.

In den langen und kurzen Folgen von VÄTER DER KLAMOTTE aus den 1970er-Jahren war Laurel nur einmal vertreten, mit seinem Solofilm ON THE FRONT PAGE in der Folge SIE FAHREN IM HEMD?. Hardy hingegen war insgesamt dreizehnmal zu sehen, unter anderem in THE HERO und THE ROGUE mit Billy West, in SHOULD SAILORS MARRY? mit Clyde Cook und in YES, YES, NANETTE mit Finlayson.

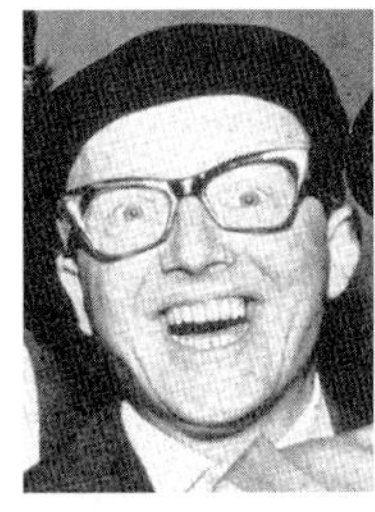

239 Sprecher Hans-Jürgen Diedrich (1960)

Zwischendurch hatte der Bayerische Rundfunk (BR) 1974 aus Italien Larry-Semon-Grotesken eingekauft. Semon wurde dort Ridolini genannt, was so viel wie Lachtablette heißt. Am 17. Juni 1974 startete der Sender im Kinder-Programm GRIPS & TRICKS – FOKUS POKUS die Semon-Streifen mit all ihren «möglichen und unmöglichen» Situationen *(Gong)*. In RIDOLINI IM GEFÄNGNIS (FRAUDS AND FRENZIES) spielt Laurel mit, Hardy in RIDOLINI IM SÄGEWERK (THE SAWMILL), RIDOLINI ALS BOXER (HORSESHOES), RIDOLINI ALS MIETEINTREIBER (THE RENT COLLECTOR), RIDOLINI ALS HOTELBOY (THE BELLHOP) und RIDOLINI ALS DETEKTIV (HER BOY FRIEND).

Auf die jungen Fernsehzuschauer ausgerichtet war eine Neubearbeitung von Roachs Erfolgsserie Our Gang für die ARD. Wann genau, in welchem Umfang und mit welchen Folgen sie dort im Nachmittagsprogramm ausgestrahlt wurde, ist ein ungelöstes Rätsel geblieben. Daher liegt auch im Dunklen, ob Laurel und Hardys gemeinsamer Gastauftritt als Babies in der Folge WILD POSES dazu gehörte. Feststeht Folgendes: Die *Wagner-Hallig-Film GmbH* in Frankfurt am Main übertrug ihre Auswertungsrechte Mitte der 1970er-Jahre an 39 Tonfilmen der Kinderserie an den HR zur Ausstrahlung im ARD-Gemeinschaftsprogramm. Hartmut Neugebauer synchronisierte die Episoden nach seinen Büchern mit einer fröhlichen Schar von zehn bis zwölf Kindern, darunter seine beiden Töchter. Wie im ZDF hieß die Serie DIE KLEINEN STROLCHE, was zur Auseinandersetzung zwischen der *Wagner-Hallig-Film GmbH* und der *Beta Film* führte. Man einigte sich. Die von Neugebauer synchronisierten Folgen sollten im Kinderprogramm der ARD (in der Reihe SPASS AM MONTAG oder SPASS AM DIENSTAG?) laufen, während *Beta Film* weitere bei der *Beta Technik* deutsch gefasste Our-Gang-Folgen an das ZDF lieferte. WILD POSES erlebte in der Original-Fassung spätestens anlässlich der 42. *Berlinale* 1992 seine deutsche Erstaufführung.

Auch die ZDF-Serie VÄTER DER KLAMOTTE erfreute sich großer Beliebtheit, den außergewöhnlichen Erfolg von DICK UND DOOF vermochte sie jedoch nicht zu überbieten. Daher war Mechoff für das ZDF an einer Laurel-und-Hardy-Nachfolgeserie interessiert. Während der Verhandlungen mit der *Beta Film* schien es, dass sie noch reichlich anderes Material des Duos in ihrem Fundus hatte. Man wurde handelseinig. Doch viel mehr als die längst gezeigten Streifen hatten die beiden Komiker nicht gedreht, und die wenigen ausstehenden Filme konnte die *Beta Film* vorerst nicht zur Verfügung stellen. Da die DICK-UND-DOOF-Serie erst im Mai 1973 ausgelaufen war, ließen sich deren Folgen auch nicht einfach unter neuen Titeln wiederholen. Mechoff und *Beta Film* vereinbarten, die Stummfilme des Duos neu zu bearbeiten. Die Tonfilme sollten vorerst nur in einer Best-Of-Zusammenstellung neu verwertet werden. Aus dem zweiten Vertrag des ZDF mit der *Beta Film* gingen schließlich vier neue Serien mit Laurel und Hardy hervor, die insgesamt bis Anfang März 1983 ausgestrahlt wurden. Die Stummfilme machten den Anfang.

Keiner der um die Zwischentitel gekürzten Stummfilme war lang genug, um eine TV-Folge von 25 Minuten Sendedauer zu füllen. Zwei Streifen passten allerdings in etwa in eine Folge. Mechoff wollte den Sendeplatz am Freitag beibehalten, aber möglichst nicht mehr verschiedene Streifen zu einer Folge zusammenführen. Die Lösung war, statt einer Serie mit Folgen von 25 Minuten Länge zwei Serien mit je halber Sendedauer zu produzieren. Freitags sollte von jeder Serie je eine Folge ausgestrahlt werden, nur getrennt durch die Werbung im Vorabend-Programm. Diese beiden Serien hießen ZWEI HERREN DICK UND DOOF und MÄNNER OHNE NERVEN, das ZDF durfte sie zehn Jahre nutzen. ZWEI HERREN DICK UND DOOF blieb den Laurel-und-Hardy-Filmen vorbehalten. In MÄNNER OHNE NERVEN wechselten sich Solofilme des Duos mit Grotesken anderer Komiker ab, doch zweimal waren in der Serie doch wieder beide Komiker zu sehen. Bis auf wenige Ausnahmen wurde Mechoffs Wunsch erfüllt, pro Folge immer nur einen Original-Film zu verarbeiten. Die Serien wurden am 7. März 1975 gemeinsam gestartet und liefen danach unterschiedlich lange. ZWEI HERREN DICK UND DOOF war zunächst auf 24 Folgen ausgelegt, die bis Ende November 1976 gesendet wurden. Von Mitte September bis Anfang Oktober 1980 erschienen drei Nachzügler-Episoden. MÄNNER OHNE NERVEN hingegen lief mit 82 Folgen bis Ende November 1979. Wegen der Diskrepanz im Umfang der beiden Serien vereinbarten das ZDF und die *Beta Film* nachträglich, Folgen von MÄNNER OHNE NERVEN auf ZWEI HERREN DICK UND DOOF anzurechnen.

Beim Vor- und Abspann von ZWEI HERREN DICK UND DOOF bewies Caloué mit Stan und Ollies Tanz aus WAY

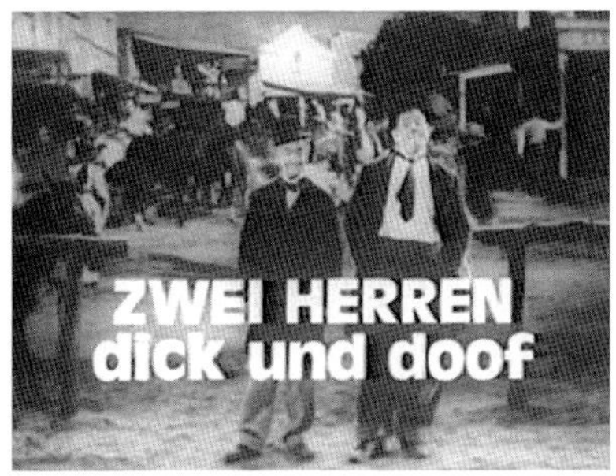

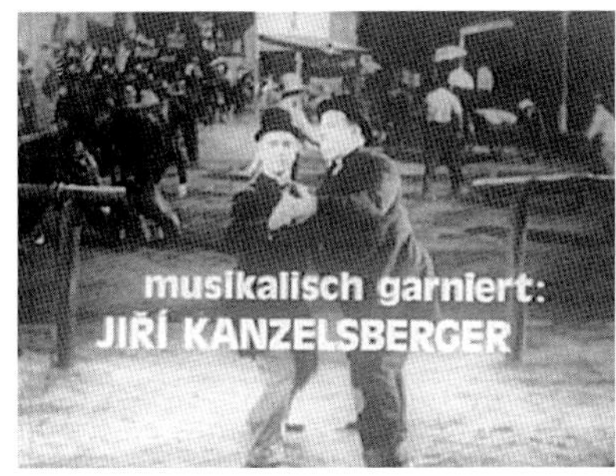

240–241 Vorspann von ZWEI HERREN DICK UND DOOF (1975) mit Stan und Ollies Tanz aus WAY OUT WEST

OUT WEST erneut eine glückliche Hand (Abb. 240–241). Der rasante Vorspann der MÄNNER OHNE NERVEN mit dem Motto «Drama – Liebe – Wahnsinn» nach einem herbeischwebenden Flugzeug mit Szenen, in denen geprügelt, geschossen und im Schaufelrad eines Dampfers gelaufen wird, während ein Auto in luftiger Höhe auf nur zwei Reifen über einen Baumstamm fährt und sich der Kragenknopf eines vor Angst erstarrenden schwarzhäutigen Beifahrers von selbst schließt, lässt den Zuschauer nichts anderes als Slapstick erwarten (Abb. 242–243). Sprecher von ZWEI HERREN DICK UND DOOF war stets Hüsch. Bei MÄNNER OHNE NERVEN wechselte er sich mit Diedrich ab.

Die neue Fassung der Laurel-und-Hardy-Filme musste sich von Caloués vorangegangenen Bearbeitungen unterscheiden, sollte aber genauso locker klingen. Caloué ist das gelungen. Besonders gut gerieten die Folgen EIN BRUTALER HOSENKAUF (PUTTING PANTS ON PHILIP), DER BELEIDIGTE BLÄSER (YOU'RE DARN TOOTIN'), DAS ZERLEGEN VON KRAFTWAGEN (TWO TARS) und DIE NÄCHTLICHE ZIEGENWÄSCHE (THE BATTLE OF THE CENTURY und ANGORA LOVE). DER BELEIDIGTE BLÄSER glänzt außerdem mit der musikalischen Bearbeitung. Strittmatter und Amper jr. nahmen für das Freilichtkonzert Musik in einer kleineren Besetzung auf, und immer dann, wenn in der Groteske Bläser am Werk sind, ist eine burlesk-volkstümelnde Musik zu hören, die gemeinsam mit genau passenden Geräuschen die Wirkung steigert. Caloué ließ sich wieder neue Namen einfallen: Honora di Pi-

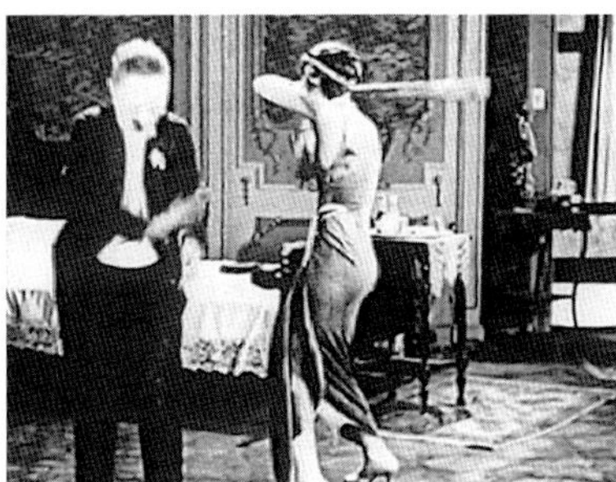

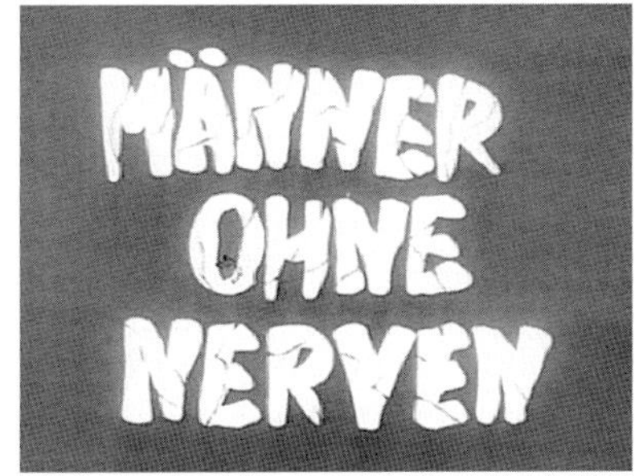

242–243 Vorspann der ZDF-Serie MÄNNER OHNE NERVEN, 1975

epos (SAILORS, BEWARE!), Generalmusikdirektor Lionel Bimstein (YOU'RE DARN TOOTIN') und Marschall Zack zu Protzenberg, der im Hotel Tabularasa absteigt (DOUBLE WHOOPEE). Es gibt auch den hartnäckigen Schuldner Ottmar Sparstrumpf (BACON GRABBERS).

Probehalber wurden für die erste Phase von ZWEI HERREN DICK UND DOOF sieben Folgen produziert. Die Zuschauerreaktion war so gut, dass die Serie fortgesetzt wurde. Wegen der Arbeiten daran entstand von April bis Anfang Oktober 1975 eine Pause. Diese und andere Unterbrechungen der Serie wurden mit Folgen der VÄTER DER KLAMOTTE überbrückt. Bis Ende November 1975 wurden in der zweiten Phase von ZWEI HERREN DICK UND DOOF acht weitere Folgen ausgestrahlt. Die neun Folgen der dritten Phase wurden von Anfang Oktober bis Ende November 1976 gesendet. Caloué deutschte für die Serie drei Filme erstmals ein, weil sie für DICK UND DOOF noch nicht zur Verfügung gestanden hatten: IN EINEM BETT (BERTH MARKS), DIE BRENNENDE NACHBARIN (UNACCUSTOMED AS WE ARE) und IM STRUDEL DER GOSSE (WE FAW DOWN). Zu den Tonfilmen UNACCUSTOMED AS WE ARE und BERTH MARKS hatte Caloué nur stummes Filmmaterial vorgelegen. IN EINEM BETT wurde am 8. Oktober 1976 ausgestrahlt. Da die beiden anderen Filme erst danach beschafft wurden, wurden sie erst im Herbst 1980 zum Abschluss der Serie gezeigt. Da musste dem ZDF immer noch eine Episode geliefert werden. Caloué gestaltete dafür den Tonfilm THEY GO BOOM zu einem Stummfilm um.

Der Start von ZWEI HERREN DICK UND DOOF löste wieder Presseberichte über Laurel und Hardy aus. Ein Artikel der *Berliner Morgenpost* verfiel ins Fabulieren. Unter anderem sollten Laurel und Hardy beide mittellos verstorben sein, Laurel sogar regelrecht verarmt. Nach den ersten sieben Folgen nahm der *Kulturspiegel* des *Tages-Anzeigers* die Serie Ende November 1975 in seinem Beitrag «Laurel und Hardy, das ungleiche Paar» näher unter die Lupe – mit einem vernichtenden Resümee: «Was die Fernsehanstalt in Mainz in Auftrag gegeben hatte, war nichts als eine arrogante Verschandelung, wie gewohnt versehen mit Hüschs blödelnden Kommentaren. Dass sich hinter den geschwätzigen Stilblüten Stummfilme verbargen, musste man Fachbüchern entnehmen. Es schien, als habe das Geplapper sich die Meinung jener Fernsehzuschauer zu eigen gemacht, die glauben, der Apparat sei kaputt, wenn nicht dauernd geredet werde. Unartikuliertes Geraunze machte die Filme akustisch gänzlich ungenießbar.» Die Zuschauer ließen sich den Spaß freilich nicht verderben. An den durchschlagenden Erfolg von DICK UND DOOF konnten ZWEI HERREN DICK UND DOOF zwar nicht heranreichen. Aber mit einer durchschnittlichen Einschaltquote von rund 25 %, dabei 33 % als höchste Quote für die Startfolge MIT DEM ESSEN IM GESICHT (THEIR PURPLE MOMENT) und einer solchen von 28 % für die Schlussfolge IM STRUDEL DER GOSSE, konnte sich die Serie auf die Schulter klopfen.

An bezeichnenden Namen aus Caloués Feder fehlte es auch in MÄNNER OHNE NERVEN nicht. Laurel besucht in TRUNKENBOLD IM NACHTLOKAL (PIE-EYED) den Club Blauer Strumpf. Der schurkische Mountie in KOCHENDE WUT IM FROSTIGEN WALD (THE SNOW HAWK) heißt Captain Longfinger, die Geschichte von EIN SACHLICHES GESPRÄCH (THE SOILERS und A MAN ABOUT TOWN) spielt in Little Bleitown. Der Manager und Mäzen in MIT

DEM KOPF IN DER ABFALLGRUBE (KID SPEED) trägt den Namen Oswald Kugelmann, während der Haarkünstler in EIFERSUCHT UND SEIFENSCHAUM (HIS DAY OUT) auf Donatus Kräuselfinger hört. Oberstudienrat Stuhldrücker bestellt in EIN ORDINÄRER GAST (SHORT ORDERS) das einfach nicht zu zerschneidende zähe Steak. In DAMENWAHL IM ORIENT (BEAU HUNKS und UNDER TWO JAGS) tritt ein Ölscheich namens Haschmal-des-Benzino auf, und in EIN AUFDRINGLICHER STRAUSS (ROUGHEST AFRICA) führt die Reise nach Idiaminien. Der erste von insgesamt 28 Solofilmen in MÄNNER OHNE NERVEN war Anfang November 1975 MARTYRIUM EINES FABRIKANTEN (THE SAWMILL) mit Semon und Hardy. Nur ausnahmsweise wurden mehrere Filme zu einer Episode montiert, so in EIN SACHLICHES GESPRÄCH, DAMENWAHL IM ORIENT und in LIEBE, LUST UND LEIDENSCHAFT (NEAR DUBLIN und KILL OR CURE). Die von Diedrich gesprochene Folge WIR WOHNEN NEBENAN vom 30. März 1979 ist die deutsche Fassung der Max-Davidson-Groteske CALL OF THE CUCKOOS mit Laurel und Hardys Gastauftritt.

Die Folgen der Serie MÄNNER OHNE NERVEN mit Laurel und Hardy erwiesen sich noch robuster als ZWEI HERREN DICK UND DOOF. Durchschnittlich 30 % der Haushalte mit Fernsehern schalteten sich bei ihnen zu, WIR WOHNEN NEBENAN lag mit 32 % sogar leicht darüber. Auch die Serien ZWEI HERREN DICK UND DOOF, MÄNNER OHNE NERVEN und VÄTER DER KLAMOTTE wurden künftig wiederholt, vor allem im Privatfernsehen, MÄNNER OHNE NERVEN und VÄTER DER KLAMOTTE bislang nicht wieder vollständig.

10. Theo Lingen präsentiert: LACHEN SIE MIT STAN UND OLLIE

Da sich abzeichnete, dass die *Beta Film* beziehungsweise die mittlerweile in der *KirchGruppe* für den An- und Verkauf von Filmrechten für den deutschsprachigen Markt zuständige *Taurus-Film GmbH & Co. (Taurus-Film)* bis 1978 über die TV-Auswertungsrechte fast aller Laurel-und-Hardy-Spielfilme verfügen würde, sah Mechoff 1975 darin die Gelegenheit, eine weitere Laurel-und-Hardy-Serie anlaufen zu lassen und sie im Abendprogramm des ZDF Erwachsenen sogar als cineastische Retrospektive zu präsentieren. Außerdem verkaufte Pietrek 1978 der *Taurus-Film* seine Rechte an DICK UND DOOF IN DER FREMDENLEGION (THE FLYING DEUCES) für die Zeit bis Ende 1999, die für DICK UND DOOF ERBEN EINE INSEL (ATOLL K) unbegrenzt aber erst Mitte 1985. Der Schritt ins Abendprogramm verlangte nach Mechoffs Überzeugung, sich von Dick und Doof zu trennen. Da in den deutschen Kino-Fassungen der Spielfilme die Laurel-und-Hardy-Sprecher wechselten, entschied Mechoff weiter, sämtliche Streifen neu von der *Beta Technik* synchronisieren zu lassen. Er verkaufte das als «integrale Fassungen» und «Wiedergutmachung».

Die neue Serie wurde LACHEN SIE MIT STAN UND OLLIE genannt, umfasste 21 Spielfilme und behauptete ihren Sendeplatz bis August 1976. Einige Streifen wurden ausgenommen. Von THE ROUGUE SONG existierten seit Jahrzehnten nur wenige Fragmente, THE HOLLYWOOD REVUE OF 1929, HOLLYWOOD PARTY und PICK A STAR enthielten nur Gastauftritte von Laurel und Hardy. Den harmlosen Märchenfilm BABES IN TOYLAND strich Mechoff wegen der angeblich

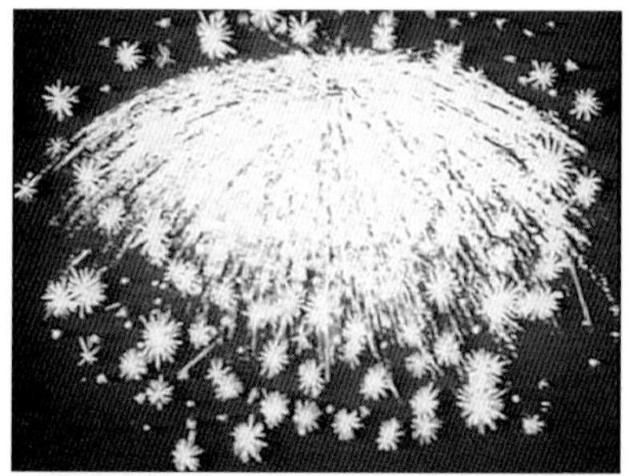

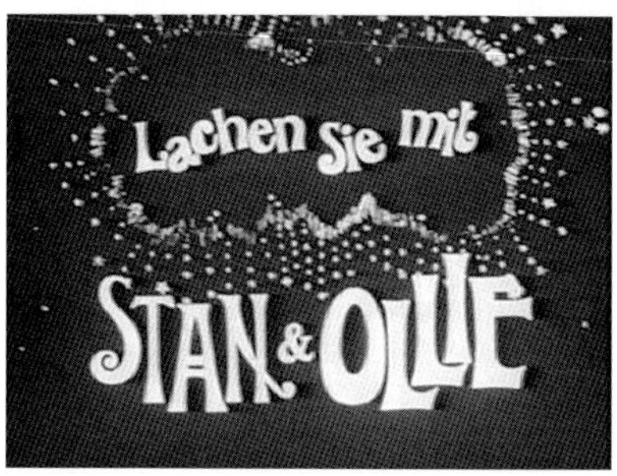

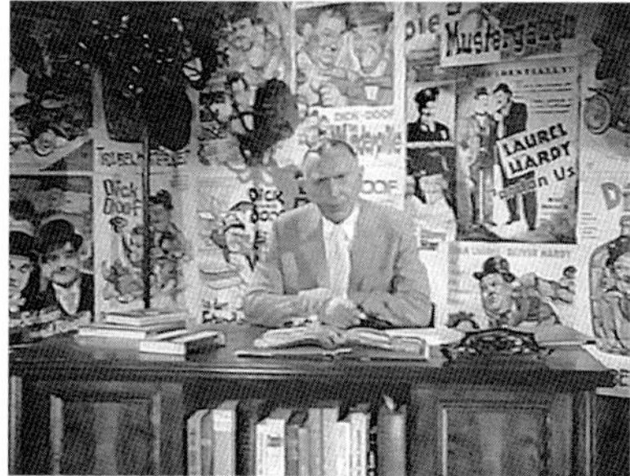

244–246 Vorspann von LACHEN SIE MIT STAN UND OLLIE, präsentiert von Theo Lingen, 1975

furchterregenden Szenen mit den Bogey-Men im Finale. Eine zweifelhafte Entscheidung, denn der Film war 1961 von der *FSK* anstandslos für Kinder ab sechs Jahren freigegeben worden und unter Mechoffs Aufsicht als ABENTEUER IM SPIELZEUGLAND im vorweihnachtlichen Programm des Jahres 1971 in der DICK-UND-DOOF-Serie mit besonders hohen Einschaltquoten gelaufen.

Um die Spielfilme in die Serie einzupassen, wurden ihre originalen Vor- und Abspanne entfernt. Im Serien-Vorspann baut sich der Titel LACHEN SIE MIT STAN UND OLLIE zu einer Fanfare und einem kleinen tricktechnischen Feuerwerk auf (Abb. 244–246). Der gleichbleibende Abspann enthält musikalisch untermalt den Originaltitel des jeweiligen Spielfilms, sein Produktionsjahr sowie knappe Angaben zur Besetzung und zur deutschen Bearbeitung.

Der Charakter der Serie als Retrospektive verlangte, Laurel und Hardys filmhistorischen Stellenwert herauszuarbeiten. Deshalb wurde der für die *KirchGruppe* tätige Filmjournalist Joe Hembus beauftragt, für jeden Spielfilm eine Einleitung zu verfassen (Abb. 247). Hembus griff die Bemühungen des *Atlas*-Verleihs aus den 1960er-Jahren auf. Seine kurzen, informativen Texte beschäftigen sich mit Laurel und Hardy und den Aspekten ihrer Komik und gewinnen durch ihre sprachliche Gewandtheit die Aufmerksamkeit der Zuschauer. Die Einleitungen bedurften nach Mechoffs Auffassung einer besonderen Präsentation. Dafür wurde der beliebte Schauspieler Theo Lingen engagiert. Schon 1969 und 1970 hatte er die Serie THEO LINGEN PRÄSENTIERT mit Slapstick-Filmen (ohne Laurel und Hardy) im regionalen Vorabend-Programm des HR begleitet. Unter der Regie von Wolfgang F. Henschel wurden Lingens Einleitungen etwa um die Jahresmitte 1975 hinter-einander weg im Synchronatelier der *Beta Technik* gefilmt. Lingen sitzt an ei-

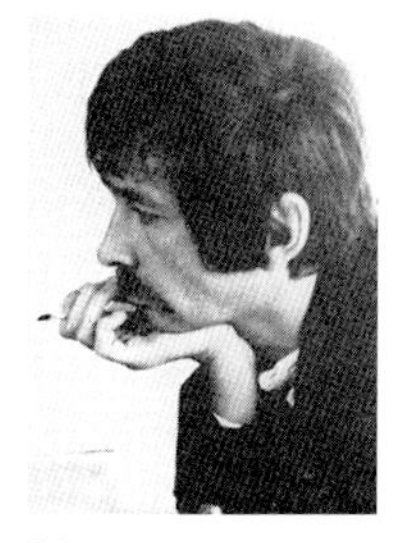

247 Joe Hembus (1970er-Jahre)

nem gemütlichen Schreibtisch mit Filmliteratur. Dahinter ist die Wand mit großformatigen Laurel-und-Hardy Fotos, Aushang-Fotos und mit Filmplakaten aus den USA und Deutschland dekoriert, was von Film zu Film wechselt. Lingen liest zuweilen aus verschiedenen Büchern oder Zeitschriften über Laurel und Hardy oder den Grotesk-Film vor. Zum Beispiel erfährt der Zuschauer von Graham Greenes euphorischer Vorfreude auf A CHUMP AT OXFORD. Oder Lingen zitiert genüsslich aus der Satzung der *Sons of the Desert*. Hin und wieder unterhält er sich auch mit Stan und Ollie. Zu diesem Zweck entwarf Regisseur Henschel Dialoge zwischen dem Duo und Lingen, wofür kurze Szenen aus einigen Tonkurzfilmen und dem in der Serie fehlenden Spielfilm BABES IN TOYLAND neu synchronisiert wurden. Die witzigen Zwischenbemerkungen und Antworten sind so geschickt kombiniert, dass die Illusion von Dialogen funktioniert.

Allerdings stimmte in den Einleitungen auch nicht alles. Zu Beginn von WÜSTENSÖHNE wird die längst ausgeräumte Legende von «mehr als 200 gemeinsamen kurzen und langen» Laurel-und-Hardy-Filmen wiederbelebt. Vor der WUNDERPILLE werden Regisseur Leo McCarey davon sogar 100 zugeschrieben – beinahe Laurel und Hardy komplettes Lebenswerk. Thelma Todds «schöne Stimme» in FRA DIAVOLO wird gepriesen, doch die Schauspielerin war keine Sängerin und hatte in dem Film auch keine einzige Note gesungen.

Die Autohupen-Fabrik in AUF HOHER SEE soll eine Posaunen-Firma sein, und die erst 1965 gegründeten *Sons of the Desert* hatten sich angeblich schon 1958 formiert. Den Filmtitel GREAT GUNS in der Einleitung zu GROSSE KALIBER wörtlich mit GROSSE KANONEN zu übersetzen, ist aber nur ein kleiner Fauxpas. Zu Beginn von STIERKÄMPFER heißt es, Hardy sei nur 57 Jahre alt geworden; er wurde 65. Aus dem Kapitel «Hollywood's Biggest Losers» eines unbekannten Büchleins referiert Lingen außerdem, Laurel und Hardy seien nach ihrem letzten US-Spielfilm auf die Straße gesetzt worden sind, und man habe es abgelehnt, ihnen jemals wieder eine Chance zu geben. Deswegen seien sie 1955 arbeitslose, abgetakelte Komiker gewesen. Hembus hatte diese Erfindung nicht hinterfragt.

Laurel und Hardys deutscher Name kommt in den Einleitungen auch wieder zum Vorschein. Vor WIR BITTEN UM GNADE (PADON US) werden Bud Spencer und Terence Hill mit Dick und Doof verglichen. Auf den Film GENIES IN OXFORD werden die Zuschauer damit eingestimmt, dass Laurel als Lord Paddington Dinge tut, «die Doof dem Dick sonst nie antun würde». Und vor dem Beginn von DIE LIEBEN VERWANDTEN (OUR RELATIONS) verkündet Lingen, der Film sei «nichts Geringeres als die Dick-und-Doof-Version von Shakespeares Komödie der Irrungen».

Wolfgang Schick, der vor rund 14 Jahren so ausgezeichnet viele kurze Laurel-und-Hardy-Tonfilme für die *Beta Technik* bearbeitet hatte, war Autor und Regisseur der neuen Spielfilm-Fassungen. Doch sie gerieten zuweilen enttäuschend. Das lag nicht zuletzt am knappen Budget des ZDF. Um Kosten zu sparen, übernahm Schick weitgehend die Dialogbücher früherer Kino-Synchronisationen. Einige von ihnen waren sicherlich vorzüglich. Eine von Grund auf neue Erarbeitung der deutschen Bücher mit neuen Rohübersetzungen hätte aber bestehende Fehler beseitigen und wirklich die von Mechoff gewünschte Wiedergutmachung bedeuten können. Selbst Schwier waren bei DIE DOPPELGÄNGER VON SACRAMENTO (OUR RELATIONS) und DIE TEUFELSBRÜDER (PACK UP YOUR TROUBLES) kleine, nicht besonders ins Gewicht fallende Fehler unterlaufen, aber Schick beseitigte sie nicht. Schwerwiegender ist, dass Franz-Otto Krügers Kalauer nicht vollständig getilgt wurden. Andere Ungereimtheiten und Unzulänglichkeiten überdauerten ebenfalls die Zeit. Durch die Beibehaltung von Sommers Synchron-Buch für DICK UND DOOF WERDEN PAPA ist Ollies Frau seine Schwester geblieben, und der entfernte leidenschaftliche Dialog zwischen Ollies Frau und ihrem Liebhaber fehlt weiterhin, wie auch der in DICK UND DOOF ALS SALONTIROLER untergegangene Wortgag um das Falschgeld aus Bovenia. Unklar ist, wie die Materiallage der Spielfilme bei der *Taurus-Film* war und ob man dort gemerkt hatte, dass Szenen fehlten. Jedenfalls blieben WAY OUT WEST, BLOCK-HEADS, AIR RAID WARDENS und THE BIG NOISE in LACHEN SIE MIT STAN UND OLLIE unvollständig. Obwohl der deutschen Kino-Fassung WISSEN IST MACHT die Export-Fassung von A CHUMP AT OXFORD mit dem Remake von FROM SOUP TO NUTS zugrunde liegt und diese deutsche Fassung für DICK UND DOOF verwendet worden war, mussten sich die Zuschauer mit der kürzeren US-Fassung des Spielfilmes bescheiden.

Die Produktion der Serie griff aber auch in die Filme ein. IM FERNEN WESTEN ist sogar noch kürzer als die Kino-Fassung ZWEI RITTEN NACH TEXAS von Schwier. Es fehlt auch die Szene, in der Stan versucht, Ollie von der Kellerluken-Klappe zu befreien, die ihm in der Küche des Saloons zu nächtlicher Stunde auf den Kopf gefallen ist. Statt Stan und Ollies Erkennungsmelodie, die in BONNIE SCOTLAND auf dem Amboss gespielt wird, ist in DIE TAPFEREN SCHOTTEN nur unmelodischer Hammerschlag zu hören. Stans quietschender Zahn ist in WIR BITTEN UM GNADE in einen pfeifenden umfunktioniert worden. Entgegen dem Original wollen Stan und Ollie bei Schick das schwarz gebraute Bier nicht auch selbst trinken, sondern nur verkaufen. Zum Schluss von FRA DIAVOLO hat Schick sogar einen Gag eingeschmuggelt. Beim Abschied von Lady Rocburg lässt er den Räuberhauptmann, der den Zuschauern den Rücken zuwendet, sagen: «Auf Wiedersehen, auf Nimmer Wiedersehen, Gnädigste.» Im Original schweigt er jedoch.

Für FLIEGENDE TEUFELSBRÜDER (THE FLYING DEUCES) und GROSSE KALIBER schrieb Schick neue Bücher, da ihm deren beiden Kino-Synchronisationen nicht zusagten. THE BIG NOISE musste er schon deswegen umfangreicher neu bearbeiten, weil der Film in DICK UND DOOF IN GEHEIMER MISSION abgesehen von der U-Boot-Szene nur unvollständig vorlag. Stan und Ollies bei der *IFU* radikal gekürzter Dialog von PARDON US in der Dunkelhaft wurde auch von Schick nicht ergänzt, aber er verbesserte Weseners frühere fragwürdige Übersetzung dieser Szene. Stan fragt Ollie, wie lange sie «noch rumstehen» müssen. Bei Schick antwortet Ollie: «Vielleicht lebenslänglich», sodass Stan sich lieber erst einmal setzen will. In der *IFU*-Fassung hat Ollie stattdessen geantwortet: «Acht Tage lebenslänglich». Stan möchte daher «gleich stehen bleiben».

Aufs erste betrachtet schien Bluhm als Laurel wieder die absolut richtige Wahl. Doch zu Beginn der Arbeiten an LACHEN SIE MIT STAN UND OLLIE war er mittlerweile 70 Jahre alt und offenbar krank. Nur kurze Zeit nach Abschluss der Synchronisationen verstarb er am

1. Dezember 1976 an Magenkrebs. Wie schon bei der Synchronisation der LAUREL UND HARDY CARTOONS war die frühere Leichtigkeit dahin. Bluhm konnte seiner Stimme nicht mehr den frischen Klang für Stans hellen Tonfall verleihen. Besonders deutlich ist der Kontrast zwischen der Kino-Fassung DICK UND DOOF ALS SALONTIROLER von 1952 und DAS SCHWEIZERMÄDEL in der Szene, in der Stan den wachsamen Bernhardiner überlistet. Auch die neue Fassung VERGISS DEINE SORGEN (PACK UP YOUR TROUBLES) enthält Abstriche gegenüber Schwiers DIE TEUFELSBRÜDER. Es ist aber schwer, sich zwischen beiden zu entscheiden, da Bluhm 1967 leider nicht Laurel sprach. Auf jeden Fall gewann die Folge AUF HOHER SEE (SAPS AT SEA) durch Bluhms Mitwirkung gegenüber ABENTEUER AUF HOHER SEE von 1949.

Noch problematischer war allerdings die neue Besetzung von Hardys deutscher Stimme. Nachdem Pantel aus Gesundheitsgründen seinem Beruf nicht mehr nachgehen konnte und Duwner schon bei DICK UND DOOF aus Kostengründen ausgeschieden war, wurde der 31-jährige Michael Habeck engagiert, der in späteren Jahren zur ersten Kategorie der Synchronsprecher zählte. Habecks Stimme war 1975/76 für Hardy noch zu jung. Erst rund 14 Jahre später sprach er Hardy ganz ausgezeichnet. Anfang Juni 1976 traten Bluhm und Habeck übrigens als Laurel und Hardys Stimm-Doubles zum Thema «Wer verdeutscht wen?» gemeinsam im ZDF-Magazin DREHSCHEIBE auf (Abb. 248).

Zudem hat der Kostendruck verhindert, akustisch klar zwischen Szenen in geschlossenen Räumen und im Freien zu unterschieden. Die Sprachaufnahmen klingen daher merkwürdig steril. Das ist bedauerlich, weil

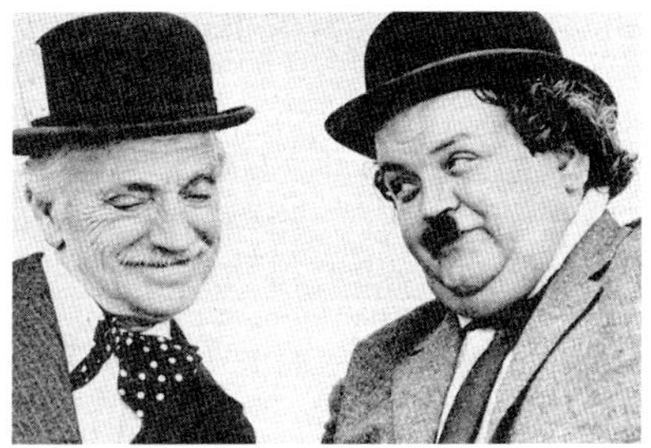

248 Walter Bluhm (links) und Michael Habeck als Laurel und Hardy, 1976

die anderen Synchronrollen wirklich gut besetzt sind mit hervorragenden Synchron-Künstlern. Zum Beispiel ist Leo Bardischewski in der Serie als Finlaysons deutsche Stimme Klaus Werner Krauses würdiger Nachfolger, und kein geringerer als Gert Günther Hoffmann spricht in FRA DIAVOLO den Räuberhauptmann.

Strittmatter und Amper jr. komponierten für LACHEN SIE MIT STAN UND OLLIE die fröhliche Musik für den Vor- und Abspann, außerdem einige wenige Standardmusiken, die Kanzelsberger dramaturgisch auf die Filme anpasste. In Szenen, deren Komik sich langsam aufbaut, sind schnarrende, kratzende Geräusche, leicht verfremdete Blasinstrumente vereint mit einer Tuba zu hören. Andere Musiken sind hingegen beliebig, zum Beispiel eine unentschlossene Spannungsmusik, der es nicht gelingt, die Atmosphäre zu unterstützen geschweige denn zu steigern. Weder in WIR BITTEN UM GNADE beim Gesang der Baumwollpflücker und beim gemeinsamen Musizieren auf der Plantage, noch in FAULER ZAUBER (A-HAUNTING WE WILL GO), wenn Gangster Stan und Ollie im Varieté in die Mangel nehmen und Stan hypnotisiert wird, kommt die richtige Stimmung auf, auch nicht in DER GROSSE KNALL, wenn die mordlustige Tante des Erfinders mit dem Messer durchs

Haus zieht. Unbefriedigend musikalisch untermalt ist in DER GROSSE KNALL zudem die Pillenmahlzeit. Im ersten Drittel von FLIEGENDE TEUFELSBRÜDER (THE FLYING DEUCES) stört die Archivmusik sogar. Mit der geringen Bandbreite der wenigen standardisierten Musiken hatte es Kanzelsberger natürlich auch schwer, alle 21 Spielfilme überzeugend musikalisch auszustatten. FRA DIAVOLO musste daher sogar mit magerer Instrumentierung und zum Teil mit einem modernen Chor auskommen, der dem Flair des 18. Jahrhunderts absolut nicht angemessen ist. Glücklicherweise wurden aber auch Original-Musiken belassen. Andererseits ist der standardisierte musikalische Rahmen zum Schluss von DIE LIEBEN VERWANDTEN wirkungsvoll ergänzt durch Schirmanns Musik für DIE DOPPELGÄNGER VON SACRAMENTO. AUF HOHER SEE hat überhaupt ein tadelloses musikalisches Gewand erhalten. Kanzelsberger hat in dem Film außerdem einen netten musikalischen Gag untergebracht: Beim Öffnen des Kühlschrankes in der Wohnung einer älteren Nachbarin erklingt die Erkennungsmelodie der DICK-UND-DOOF-Serie. Auch WÜSTENSÖHNE, DIE TAPFEREN SCHOTTEN, DAS MÄDEL AUS DEM BÖHMERWALD, IM FERNEN WESTEN, NICHTS ALS ÄRGER und STIERKÄMPFER haben dank der gelungenen Einbeziehung von Original-Musik nicht an Qualität verloren, und DAS SCHWEIZERMÄDEL enthält Schumanns Kompositionen für DICK UND DOOF ALS SALONTIROLER.

Am 3. September 1975 kündigte Theo Lingen um 21.45 Uhr WÜSTENSÖHNE als ersten Spielfilm der Serie an. Mechoff wollte danach bis September 1976 monatlich einen Spielfilm senden. Doch die 13 Termine schmolzen auf acht zusammen. Bis dahin hatten sich durchschnittlich 23 % der Haushalte mit Fernsehern den Spielfilmen zugeschaltet. Die beiden höchsten Einschaltquoten erzielten WÜSTENSÖHNE (26 %) und DIE LIEBEN VERWANDTEN (29 %). Als die zweite Phase der Serie Ende Januar 1978 mit STIERKÄMPFER startete, war die Serie ins Nachmittagsprogramm verlagert worden. Bis Anfang September 1979 folgten elf weitere Filme. Dabei war DIE TANZMEISTER übersehen worden. Er wurde als letzter Film der Serie am 29. Dezember 1980 nachgereicht und lockte nur noch 7 % der Zuschauer vor die Mattscheibe. Die zweite Phase der Serie erreichte ebenfalls die durchschnittliche Einschaltquote der ersten Phase. Die meisten Spielfilme durfte das ZDF noch bis Ende 1985 wiederholen, die vier *MGM*-Filme FRA DIAVOLO, DIE TAPFEREN SCHOTTEN, BOMBENKERLE und NICHTS ALS ÄRGER sogar bis Ende 1995. Diese waren daher von der Ausstrahlung der Serie bei SAT.1, Pro7, Kabelkanal und im Kirchschen Pay-TV-Sender Premiere bis auf Weiteres ausgeschlossen. Im Kabelkanal erlebte LACHEN SIE MIT STAN UND OLLIE im Mai 1993 einen Neustart, jedoch zum Teil unter Kino-Titeln, zum Beispiel HÄNDE HOCH – ODER NICHT! und LEIBKÖCHE SEINER MAJESTÄT statt FRA DIAVOLO beziehungsweise NICHTS ALS ÄRGER.

Nach dem Start von LACHEN SIE MIT STAN UND OLLIE jubilierte die *Süddeutsche Zeitung* «Stan und Ollie zeigen, was sie können», weil die Zeiten vorbei waren, dass die Filme in «schäbigen Jugendvorstellungen» als «angeblicher Schwachsinn» liefen oder sie fürs ZDF in DICK UND DOOF «bedenkenlos zerschnipselt» wurden. Mit LACHEN SIE MIT STAN UND OLLIE würdige das ZDF die beiden Komiker endlich mit neuen, den Original-Filmen möglichst nahen deutschen Fassungen, sodass die «puristischen Cineasten», die Laurel und Hardy bisher sträflich vernachlässigt hätten, endlich aus ihrem Dornröschenschlaf erwacht seien. Der *Tages Anzeiger* lobte LACHEN SIE MIT STAN UND OLLIE schon deswegen, weil in jeder Folge der Original-Titel und das Produktionsjahr standen. Er sah aber die Kurzfilme als Laurel und Hardys Hauptwerk an und meinte, generell sei es problematisch, fürs Kino gedrehte Filme im Fernsehen zu zeigen. Am Rande berichtete das Blatt daher auch von Laurels vergeblichem Angebot, seine Filme für TV-Ausstrahlungen neu zu schneiden. 1976 widmete das *Frankfurter Kommunale Kino* dem Duo eine Retrospektive mit fast 100 Filmen. Die *Frankfurter Rundschau* zeigte sich darüber in dem Artikel «Vom Lachen, das in die Knochen fährt» entzückt, nach früheren «grauenvollen Verstümmelungen den Mechanismus von Laurel und Hardys Komik genauer kennenzulernen.»

Um die Zeit des Starts von LACHEN SIE MIT STAN UND OLLIE wurde Urs Widmers Theaterstück «Stan und Ollie in Deutschland» im Münchner *Theater am Sozialamt* mit den Schauspielern Philip Arp und Jörg Hube aufgeführt. Im Himmel stimmen Stan und Ollie auf Harfe und Posaune die Internationale an, weshalb der liebe Gott und der ehemalige Bundeskanzler Konrad Adenauer sie aus dem Himmel werfen. Sie landen in Deutschland, das sie nach einigen bizarren Begegnungen für ein Irrenhaus halten. Deswegen begehen sie Selbstmord und kommen in die Hölle, in der sie die Internationale ungestraft spielen dürfen.

Im Frühjahr 1976 erzählte die Fernsehzeitung *Bild und Funk* aus Anlass von LACHEN SIE MIT STAN UND OLLIE «die erstaunliche Geschichte von Dick und Doof» unter der Überschrift «Fürstlich gelebt, bettelarm gestorben». Alte Gerüchte wurden zum x-ten Male aufgewärmt. 1978 jammerte Virginia Ruth als angebliche Witwe in TV *Hören und Sehen*, arm zu sein und an dem Geschäft mit Merchandising-Artikeln der beiden Komiker nicht beteiligt zu werden. Sie war aber nicht Laurels Witwe, da er nach der Scheidung von ihr Ida geheiratet hatte. Als *Atlas Film + AV GmbH & Co.* umfangreiche Laurel-und-Hardy-Schmalfilm-Programme verlieh, geißelte der *Stern* in dem Artikel «Dick ja – aber bestimmt nicht doof» das «Wandalenwerk» der deutschen Kino-Verleiher und des Fernsehens. Wie andere auch übersah das Magazin geflissentlich, dass eine Fülle deutscher Laurel-und-Hardy-Bearbeitungen überhaupt keine «plumpen Dialoge» hatten und längst nicht alle Filme in Deutschland «verschnitten und verkürzt» worden waren.

11. Zweimal MEISTERSZENEN und AUS ALT LACH NEU

Am 7. September 1979 begann die vierte ZDF-Serie mit Laurel-und-Hardy-Filmen aus dem zweiten Vertragspaket. MEISTERSZENEN MIT STAN LAUREL UND OLIVER HARDY umfasste 30 Folgen zu je etwa 13 Minuten Länge. Caloué hatte sie noch zu Bluhms Lebzeiten Anfang 1976 hergestellt, und Mechoff hatte sie paketweise im April und im Juli 1976 abgenommen. Parallel hatte Caloué mit Bluhm und Habeck einen synchronisierten Laurel-und-Hardy-Werbeclip für die *Deutsche Bundespost* produziert.

Die meisten Folgen enthalten Ausschnitte aus zwei verschiedenen Filmen, selten nur aus einem Streifen, zu denen Hüsch von Caloué verfasste

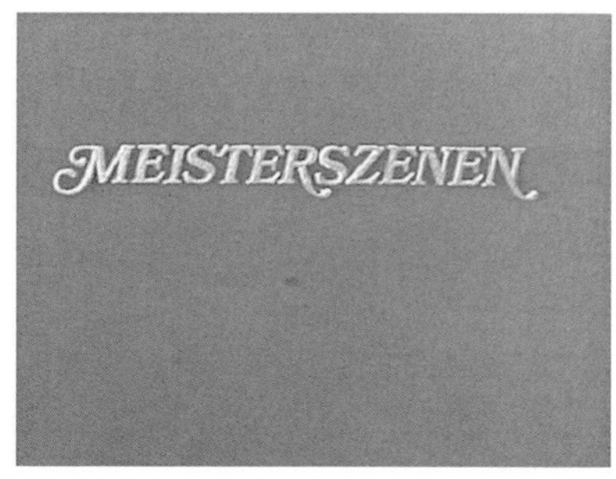

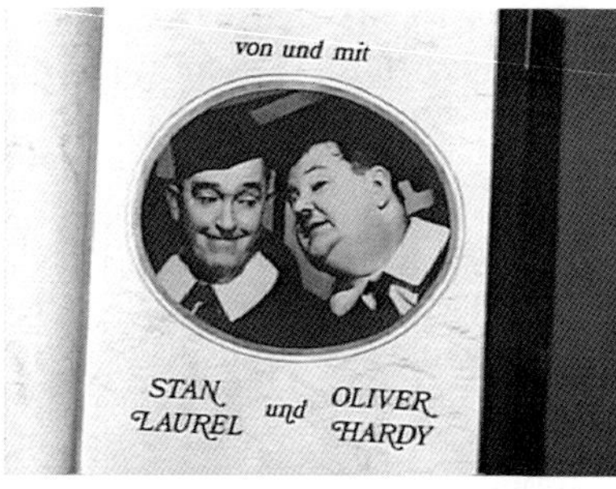

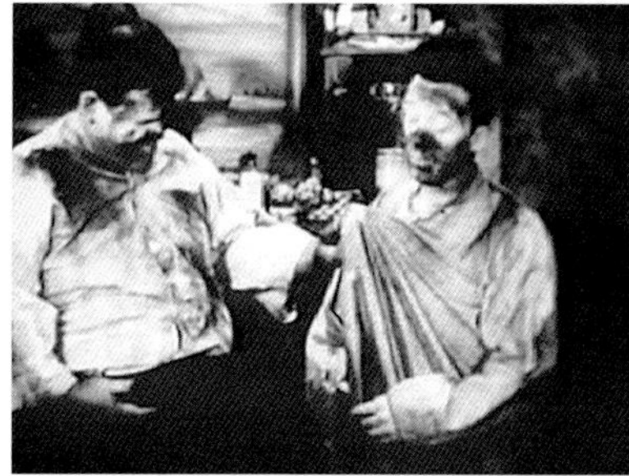

249–251 Vor- und Abspann von MEISTERSZENEN MIT STAN LAUREL UND OLIVER HARDY, 1979

ein- und überleitende Kommentare spricht. Es werden deutsche Filmtitel ohne die Titelbestandteile «Dick und Doof» genannt. Strittmatter und Amper jr. komponierten lediglich die Erkennungsmelodie neu. Gelegentlich ersetzte Kanzelsberger Musiken der Streifen durch Archivmusiken vorwiegend aus der Serie LACHEN SIE MIT STAN UND OLLIE, wenn Brücken erforderlich wurden. Die einzelnen Folgen sind quasi als Kapitel eines großen, dicken roten Buches angelegt, das im Abspann zugeschlagen wird (Abb. 249–250). Stan und Ollie stehen dann in einer Szene aus LAUGHING GRAVY verschmutzt da und beklagen sich mit Bluhms und Habecks Stimmen. Ollie: «Wie sehen wir jetzt aus? Müssen sie uns in so'n kleines Buch reinquetschen?» – Stan: «Sie wollen uns doch nur ein Denkmal setzen.» – Ollie: «Denkmal setzen! Ich pfeif' drauf!» (Abb. 251)

Die Ausschnitte aus den Kurzfilmen entnahm Caloué bis auf Schwiers UNSERE HOCHZEIT den *Beta-Technik*-Bearbeitungen. Spielfilm-Ausschnitte stammen bis auf PACK UP YOUR TROUBLES, dessen Ausschnitte in zwei Folgen gesendet wurden, aus Kino-Fassungen. Für diesen Film griff Caloué sowohl auf Schwiers Kino-Bearbeitung als auch auf Schicks Fassung für LACHEN SIE MIT STAN UND OLLIE zurück.

Die MEISTERSZENEN MIT STAN LAUREL UND OLIVER HARDY wurden erst nach dem vermeintlich letzten Spielfilm von LACHEN SIE MIT STAN UND OLLIE gestartet, um zu vermeiden, dass zwei Laurel-und-Hardy-Serien gleichzeitig im Programm waren. In der ersten Phase wurden 13 Folgen bis Ende November 1979 ausgestrahlt. Weitere sieben Folgen liefen in der zweiten Phase von Anfang März bis Ende April 1980. Die zehn Folgen der letzten Phase waren von Mitte Oktober bis Mitte Dezember 1980 zu sehen. Die durchschnittliche Einschaltquote kletterte nach einem vergleichsweise schwachen Start mit 16 % auf 27 %. Bei einer Lizenzzeit bis 1985 wiederholte das ZDF die MEISTERSZENEN MIT STAN LAUREL UND OLIVER HARDY, die danach bei Privatsendern und im Pay-TV Premiere World wieder auftauchten.

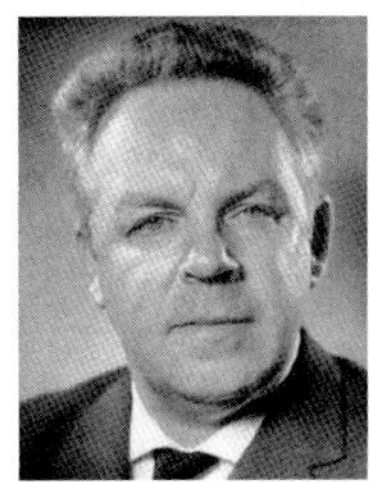
252 Sprecher Hans Elwenspoek (1960)

In der 40-teiligen am 6. Februar 1981 angelaufenen ZDF-Serie MEISTERSZENEN DER KLAMOTTE mit kompletten Grotesken, die fast alle schon einmal in den Serien VÄTER DER KLAMOTTE und MÄNNER OHNE NERVEN gezeigt worden waren, wurden drei Solofilme von Hardy gesendet. Für die Nachauswertung verfasste Caloué neue deutsche Texte, die er mit Diedrich und dem neuen Sprecher Hans Elwenspoek aufnahm (Abb. 252). Kanzelsberger unterlegte die Folgen mit Archivmusiken von Strittmatter und Amper jr. aus den bisherigen Serien. Der Vorspann ähnelt dem der MEISTERSZENEN MIT STAN LAUREL UND OLIVER HARDY (Abb. 253–255). Die bis Anfang März 1983 ausgestrahlte Serie durfte bis 1985 im ZDF gezeigt werden und erreichte eine durchschnittliche Einschaltquote von 20%. Später wurden auch die MEISTERSZENEN DER KLAMOTTE im Privat-TV wiederholt.

1980 stellte der TV-Produzent Gerhard Schmidt gemeinsam mit Maarten van Rooijen für das Westdeutsche Werbefernsehen (WWF) und die *Degeto* in der Regie von Kaspar Heidelbach zwei Staffeln der Serie AUS ALT LACH NEU zu je 18 meist dreieinhalb Minuten und manchmal auch achteinhalb Minuten langen Folgen mit vielen Ausschnitten aus seltenen stummen US-Grotesken her, die September 1980 und im März 1981 im ARD-Regionalprogramm des WDR als Programmfüller gesendet wurde. Von 1972 bis 1976 hatte van Rooijen aus seinem umfangreichen Filmarchiv bereits für das niederländische Fernsehen unter

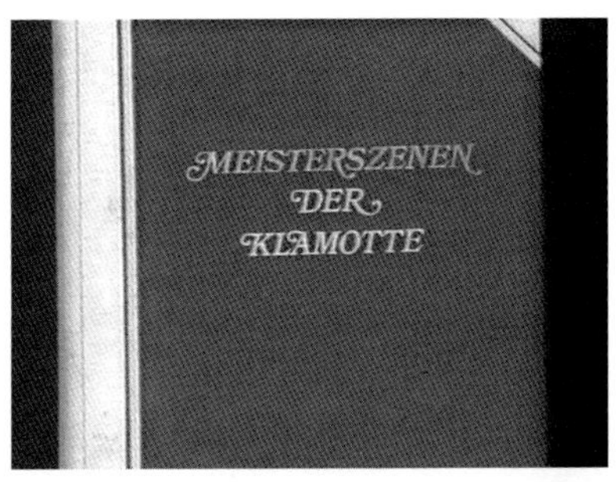

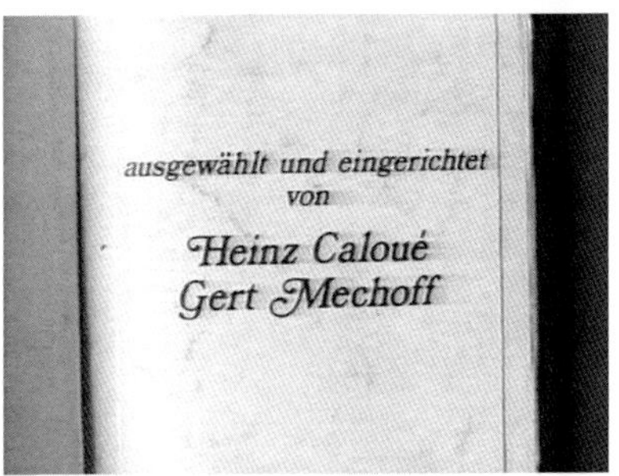

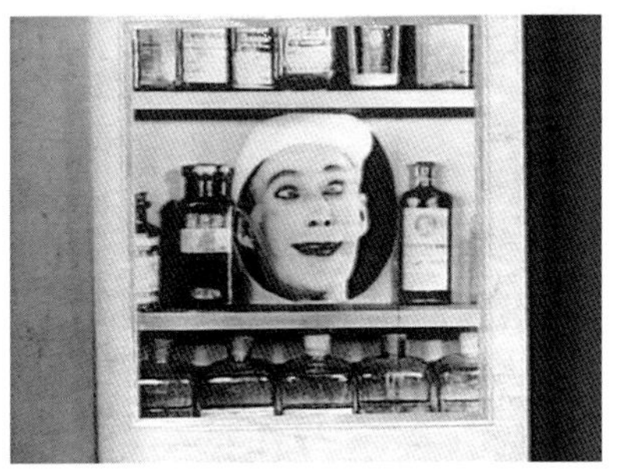

253–255 Vorspann von MEISTERSZENEN DER KLAMOTTE, 1981

dem Titel ZWIJGEN IS GOUD! [«Schweigen ist Gold»] viele ähnliche Folgen thematisch geordnet zusammengestellt und kommentiert. Das etwas an die MAD MOVIES erinnernde Konzept wiederholte er für die deutsche Serie, in der er seine kenntnis- und einsichtsreichen, zuweilen abgelesenen Kommentare auf Deutsch vorträgt. Dabei sitzt er entweder in einer Reihe von Kinosesseln vor Filmbüchsen und -spulen, oder dann inmitten des

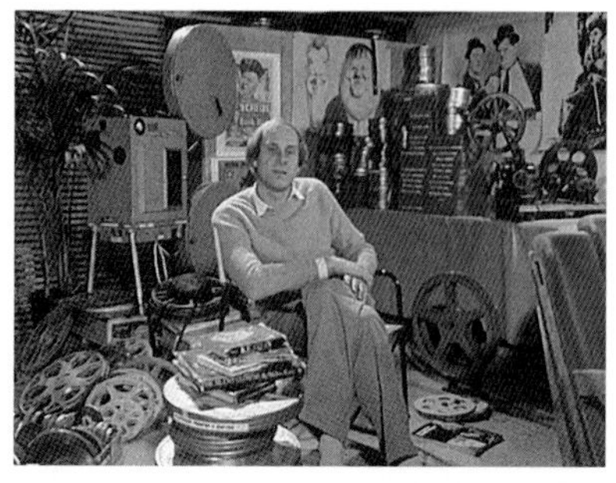

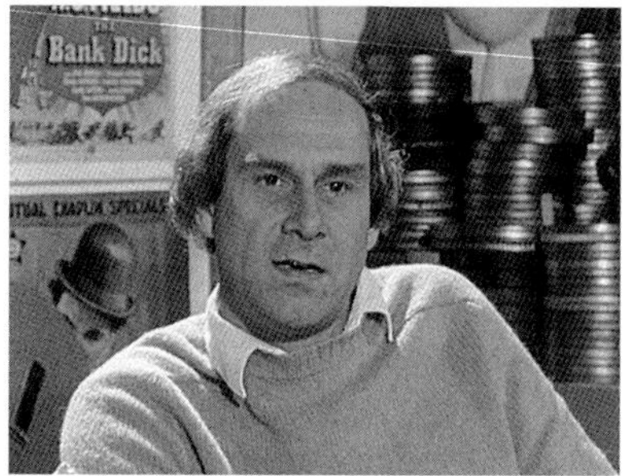

256–257 Serie AUS ALT LACH NEU mit Maarten van Rooijen, 1980/81

Materials. Die Wandflächen des Studios sind mit Filmplakaten und Filmfotos verkleidet (Abb. 256–257). Zu den Filmausschnitten sind slapstickartige Archivmusiken eingespielt, und es schließt sich der Kreis mit Malcolm Mitchell's häufiger zu hörender Musik für die MAD MOVIES. Die Musik des Vor- und Abspannes von AUS ALT LACH NEU stammt von Trevor Duncan. In beiden Staffeln brachte van Rooijen Ausschnitte aus Filmen mit Laurel und Hardy und aus ihren Solofilmen unter. Zur Folge TORTENSCHLACHT mit dem Fragment von THE BATTLE OF THE CENTURY berichtete er von der «Torte als Lieblingsrequisit der Slapstick-Filmer, der Buttercremetorte als Wurfgeschoss. In der Tortenschlacht werden Aggressionen abgebaut, ohne dass jemand zu Schaden kommt. Bevorzugte Opfer: Polizisten, honorige Herren und blasierte, elegante Damen». 2010 ist die kurzweilige Serie unter dem Titel CHAMPIONS DER KLAMOTTE vollständig auf DVD erschienen.

Im September 1980 hatten Hamburger Kinogänger in den Kinos *Alabama* und *Medienzentrum Blimp* auch ihr Vergnügen an einem über zwei Wochen verteilten «Laurel-und-Hardy-Festival» mit 20 Kurzfilmen und sechs Spielfilmen des Duos in deutschen Kino-Fassungen. Dabei waren die Pietrek-Programme DICK UND DOOF – GANZ DOOF und DICK UND DOOF, DIE MUSTERGATTEN und ein neues Programm mit dem Titel HOSEN RUNTER mit HELPMATES, THE CHIMP und THE MUSIC BOX.

12. STARS DER STUMMFILMÄRA mit Larry in der KLAMOTTENKISTE

Das ZDF war mit seinen US-Grotesken-Serien unangefochtener Marktführer. Anfang 1978 meldete sich aber wieder einmal ein ARD-Sender mit Slapstick-Filmen. 1977 hatte die der *KirchGruppe* nahe stehende Münchner Firma *Omega-Filmvertrieb GmbH (Omega)* einen Posten stummer US-Grotesken für die 16-teilige Serie STARS DER STUMMFILMÄRA an den BR verkauft, die Dr. Rolf G. Schuenzel (Abb. 258) für seine *PROfilm GmbH (PROfilm)* deutsch gefasst hatte mit verschiedenen unbekannt gebliebenen Sprechern. Die deutschen Texte stammten von ihm selbst. Für die Serie wurde keine neue Musik komponiert, sondern die Folgen wurden mit Archivmusiken aus dem Bestand der Musiker Delle Haensch (Abb. 259) und Hans Conzelmann (Abb. 261) unterlegt. In der ersten, noch im dritten Programm des BR ausgestrahlten Folge vom 28. Januar 1978 wurde der Zweiakter 45

MINUTES FROM HOLLYWOOD gezeigt, der wiederholt wurde, als die Serie etwa ein Jahr später ins Nachmittagsprogramm der ARD wechselte und dann STARS DER STUMMFILMZEIT hieß. Wegen der guten Resonanz kaufte der BR Larry-Semon-Grotesken von *Omega*, die ebenfalls von *PROfilm* synchronisiert wurden. Von Mitte Juli bis Ende September 1980 wurden sie in der kleinen Serie ABENTEUER MIT LARRY ausgestrahlt.

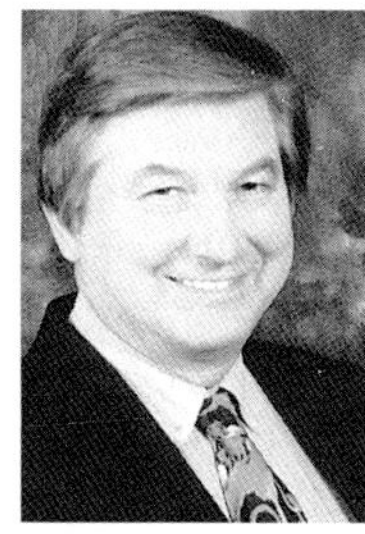

258 Dr. Rolf G. Schünzel (1990er-Jahre), Synchronregisseur

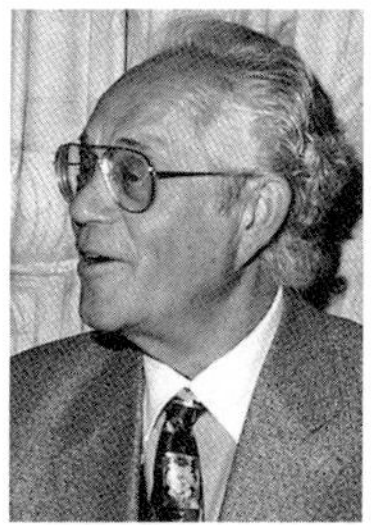

259 Gerhard «Delle» Haensch (1980er-Jahre), Komponist

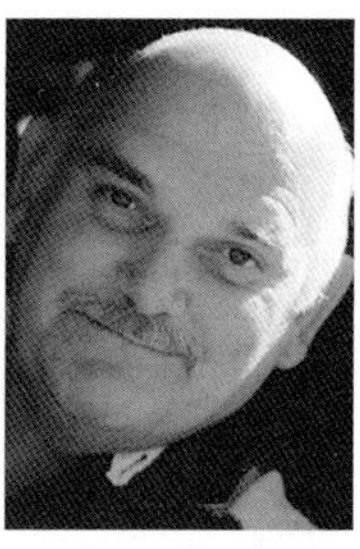

260 Hartmut Neugebauer (1997), Texter und Sprecher

Die beiden Serien, in denen auch Hardy zu finden war, sind Vorläufer der 120-teiligen TV-Serie KLAMOTTENKISTE. Schuenzel selbst hatte in den USA viele stumme US-Grotesken ohne Zwischentitel eingekauft, dabei 20 Solofilme von Laurel und Hardy unter anderem in einem Block mit Larry-Semon-Filmen. Drehbücher hatte er nicht mehr auftreiben können. Gemeinsam mit dem HR, dem NDR, dem Südwestfunk (SWF) und dem WDR produzierte der BR die etwa 14 Minuten langen Folgen der KLAMOTTENKISTE für das gemeinschaftliche Nachmittagsprogramm. Sie wurden bei *PROfilm* ähnlich wie Stummfilme in den ZDF-Serien mit Hartmut Neugebauer (Abb. 260) als Erzähler und Sprecher aller Rollen ab Ende 1980 / Anfang 1981 in Schuenzels Regie deutsch bearbeitet. Autor der ersten zehn Folgen war Hermann W. Dippe, der bislang Texte für Reisefilme verfasst hatte und mit den Grotesken scheiterte. Neugebauer löste ihn ab und erdachte für die restlichen Folgen passende Geschichten mit dem nötigen trockenen Humor ohne Schlüpfrigkeiten. Seine Sprachaufnahmen waren schnell «im Kasten». Über die Eingriffe in die US-Grotesken regte sich niemand auf, wohl weil die Serie nachmittags für Kinder und Jugendliche lief. Die Komponisten Conzelmann und Haensch, die bei den Aufnahmen mitspielten, schrieben für die Serie Slapstick-Musik pur, deren Wirkung durch treffende Geräusche gesteigert wird. Rasant geht es schon im Vorspann mit Szenen aus Larry Semons THE SHOW zu.

Die erste Staffel der Serie war Ende 1980 fertig gestellt, sodass die KLA-

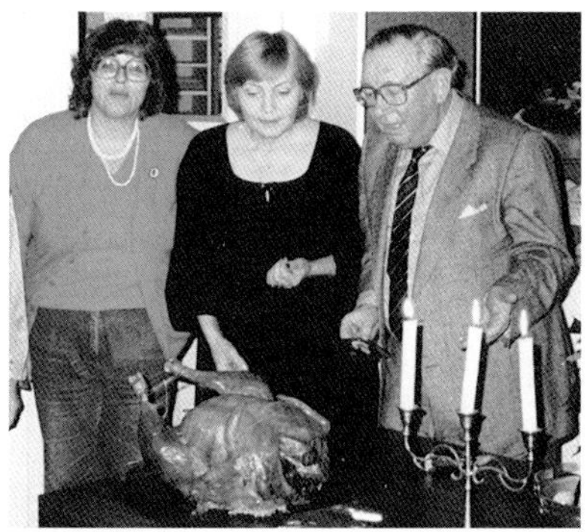

261 Truthahn-Essen bei Dr. Rolf G. Schünzel (1981) nach Abschluss der Arbeiten an der KLAMOTTENKISTE (v.l.n.r.): Barbara Riekel und Helga Bernetti (Cutterinnen), Hans Conzelmann (Komponist)

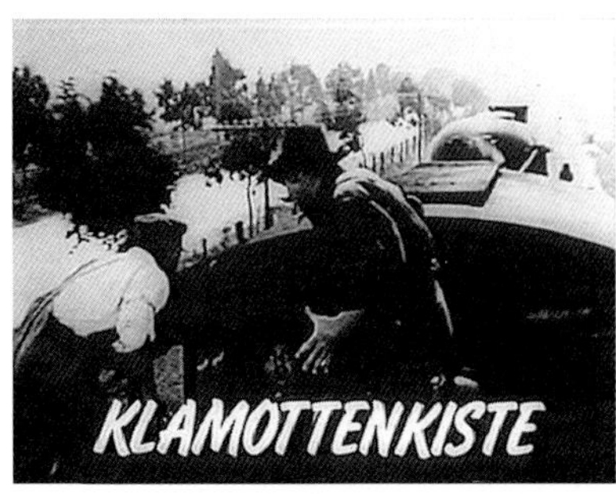

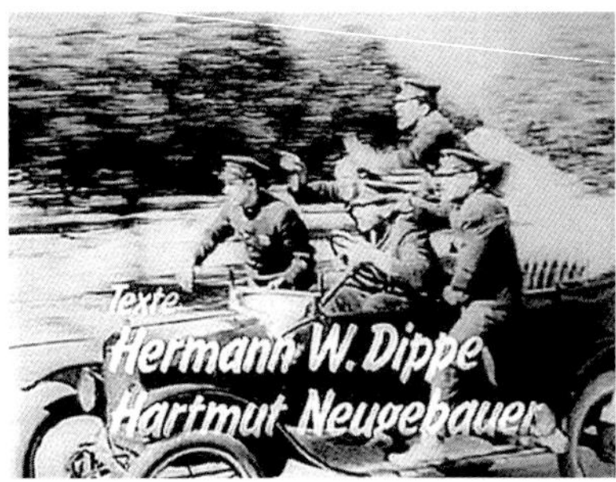

262–263 Abspann der KLAMOTTENKISTE, 1981

MOTTENKISTE am 9. Januar 1981 in BR3 auf Sendung gehen konnte (Abb. 262–263). Zum Start der Serie schrieb der ARD-*Pressedienst* über Neugebauer: «Er verhilft allen stummen Darstellern zu stimmlichem Ausdruck, und zwar mit seiner eigenen, höchst wandlungsfähigen Stimme. Er lässt die Frauen piepsig sprechen, die dicken Männer aus der Bauchhöhle brummen, und den Hauptdarstellern gibt er einen zaghaften Tenor. In seiner eigenen Stimmlage erzählt Hartmut Neugebauer den Handlungsfaden. Ohne diese ‹Brücken› würden vor allem Kinder kaum begreifen, was in den Stummfilm-Komödien vor sich geht.» Neugebauer selbst dazu: «So viele Stimmen und soviel lustigen Unsinn aus sich herauszuschütteln, das macht zwar einen wahnsinnigen Spaß, aber es verlangt auch ein Höchstmaß an Konzentration. Man muss sprechen können wie ein geölter Blitz.» Im Frühjahr 1981 war auch die zweite Staffel der KLAMOTTENKISTE sendebereit. Zur Fortsetzung am 2. Juli 1981 teilt die ARD mit: «Die KLAMOTTENKISTE enthält eine Menge Schätze. Ein guter Teil der Slapstick-Episoden feiert auf den Fernsehschirmen seine deutsche Erstaufführung. Den Kindern, die sich ihr Nachmittagsprogramm angucken, mag das egal sein. Aber den erwachsenen Stummfilm-Fans und den Cineasten sei gesagt: es werden allerlei unbekannte Leckerbissen geboten.»

Besonders häufig wurden Semon- und Chaplin-Grotesken gesendet. Im Verlauf der Serie gab es mehrere Solofilme von Laurel und Hardy. Drei Folgen mit Laurel wurden nur einmal ausgestrahlt, weil die ARD dafür keine Senderechte erworben hatte. IRISCHE HELDEN (NEAR DUBLIN und THE SOILERS) und REINGEFALLEN (KILL OR CURE und THE SLEUTH) liefen am 31. August beziehungsweise am 20. September 1984 im Programm des bayerischen Kabel-Pilotprojekt-Senders Kabel Kanal 8 (er ging zunächst in den Bayern-Kanal über und dann in die ARD-Sender 1Plus und 3sat), der nur wenige hundert Haushalte in den Münchner Stadtteilen Haidhausen/Au und Neuperlach belieferte. GROSSE WÄSCHE (COLLARS AND CUFFS und THE NOON WHISTLE) war am 24. September 1984 im Nachmittagsprogramm der ARD zu sehen.

Die Erstausstrahlungen der Serie zogen sich hin bis Ende März 1994. Damit hatte sich die KLAMOTTENKISTE als besonders langlebig erwiesen. Zugleich war sie der Schlusspunkt der Art von Serien mit Grotesken, die Mechoff und Caloué 1968 ins Leben gerufen hatten. Künftige filmhistorisch ausgerichtete Serien unterschieden sich davon absolut. Mit Ausnahme der drei Laurel-Folgen durften die anderen Episoden der KLAMOTTENKISTE noch bis zum 31. Dezember 1995 beliebig oft im bundesdeutschen öffentlich-rechtlichen Fernsehen eingesetzt werden. Dort wurde sie hoch und runter gespielt, zum Beispiel im KÄPT'N BLAUBÄR-CLUB, im Programm von 1Plus und in den dritten Programmen, und wuchs sich zu einem Riesenerfolg aus. Jahre davor hatte der *Internationale Programmaustausch* des Fernsehens der DDR 100 Folgen angekauft und sie über vier verschiedene Serien verteilt von Februar 1985 bis August 1988 bei DDR1 mit je zwei Folgen pro Sendetermin ausgestrahlt: WENN DIE TORTEN FLIEGEN, WENN DIE KORKEN KNALLEN, WENN DIE FETZEN FLIEGEN und WENN DIE BREMSEN QUIETSCHEN. Am 22. November 1986 war die in der Bundesrepublik gesperrte Laurel-Folge GROSSE WÄSCHE dabei (Abb. 264).

1985 hatte das zweite Programm des Fernsehens der DDR (DDR2) auch die Serie LACHPARADE von 1965 und 1968 wiederbelebt, diesmal mit Edgar Külow als Filmerklärer. Er führte durch fünf je 30 Minuten lange Folgen unbekannten Inhalts, musikalisch untermalt von Hajo Fiebig «als Orchester». In der letzten Folge vom 14. Dezember 1985 waren womöglich Laurel und Hardy dabei. 1991 kehrte die LACHPARADE ein letztes Mal mit unbekannten Inhaltes Folgen zurück. Das waren möglicherweise Wiederholungen.

Chefredaktion TV-Dramatik/Serie Berlin, den 3.10.86

Pressetext - "FF-DABEI"

Titel: WENN DIE FETZEN FLIEGEN
(6) - Große Wäsche
Alter Käse

Sendung: Samstag, 22.11.86, 19.00 Uhr, 1.

Stan Laurel, besser bekannt unter seinem Namen "Doof", tritt heute in Aktion. Ort seiner Taten und Missetaten ist ein ganz gewöhnliches Waschhaus. Normalerweise wäscht man hier ganz friedlich seine Kleidungsstücke. Nicht so "Doof", denn er schafft es spielend; einen solch banalen Reinigungsprozeß umzufunktionieren.

R. Minnel
Dramaturg

1 Foto
(bitte Stan Laurel-links abkaschen)

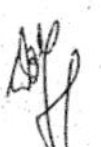

264 TV-Informationen vom 3.10.1986 zu den KLAMOTTENKISTE-Folgen «Große Wäsche» und «Alter Käse» unter dem DDR-Serientitel WENN DIE FETZEN FLIEGEN

13. Neue Aktivitäten

Zwei Jahrzehnte hatte sich das erste Programm mit Filmrechten von Kirch versorgen lassen, um den Zuschauern immer mehr Spielfilme im Fernsehen zeigen zu können. Dazu gehörte zum Beispiel die Laurel-und-Hardy-Hommage DAS GROSSE RENNEN RUND UM DIE WELT (THE GREAT RACE), die ans Fernsehen beider deutscher Staaten verkauft wurde. DDR1 zeigte sie am 27. Juni 1981, die ARD am 1. Mai 1983. Im Herbst 1982 war für die ARD die Zeit gekommen, sich von Kirch abzunabeln. Für die *Degeto* reisten hochrangige ARD-Bevollmächtigte zur US-*MGM*, um aus dem reichen Angebot von *MGM*-, *United-Artists*- und *Warner-Brothers*-Produktionen Filmpakete direkt einzukaufen. Es erschienen aber auch Kirch-Vertreter, und ihr Chef tat alles, um einen Vertragsschluss zwischen

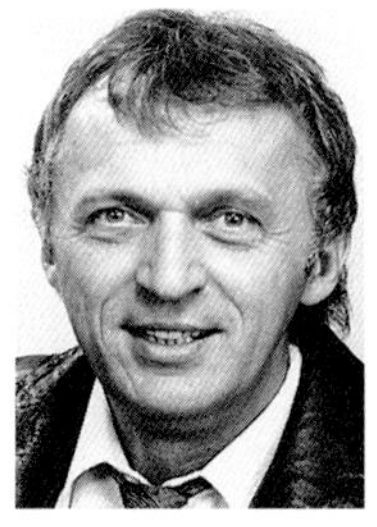
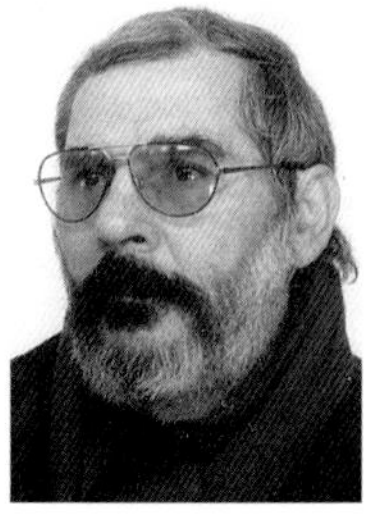

265–266 Gert Kießling (1980, links) als Laurel und Hans-Joachim Leschnitz (2002) als Hardy

MGM und ARD zu verhindern. Jedem einzelnen Mitglied der ARD-Delegation ließ er in den USA eine Schadensersatzklage über je 114 Millionen Dollar zustellen. Doch im Februar 1984 war die Sensation im perfekt. Für 80 Millionen Dollar konnte die ARD 1.350 Spielfilme auswählen, darunter als besonderes Sahnestück alle bereits gedrehten und künftig noch zu produzierenden James-Bond-Filme, außerdem eine Handvoll Streifen mit Laurel und Hardy. Am Nachmittag des 21. Juni 1985 strahlte die ARD Youngsons Kompilation LAUREL UND HARDY IM FLEGELALTER aus. HOLLYWOOD, HOLLYWOOD! – DAS GIBT'S NIE WIEDER, TEIL 2 mit den kurzen Laurel-und-Hardy-Ausschnitten wechselte vom ZDF zur ARD und lief in ihrem Silvesterprogramm 1988.

Weniger spektakulär war eine deutsche Radiopremiere. WDR2 sendete am 16. November 1985 in dem Beitrag «Old Time Comedy» Ausschnitte aus einem Laurel-Interview und einen kurzen Auszug aus Laurel und Hardys Radiosketch «The Wedding Night» von 1943 im Original und im Anschluss daran dessen vollständige deutsche Fassung mit Gerd Duwner als Hardys Stimme. Der Sketch greift Situationen aus den Zweiaktern BIG BUSINESS und OUR WIFE auf. Um die Zeit war das Interesse an Laurel und Hardy in deutschen Fan-Kreisen Deutschland soweit gestiegen, dass im November 1985 das erste deutsche Laurel-und-Hardy-Tent der *Sons of the Deserts* in Solingen gegründet wurde, dem seither weitere deutsche Tents folgten. Pietrek wurde Ehrenmitglied.

Die DDR hatte sich weiter gegenüber westlichen Produktionen geöffnet. Unter anderem wurde der Marx-Brothers-Film GO WEST! von 1940 eingekauft, was vor Jahren allein wegen des Titels unmöglich gewesen wäre. 1985 erwarb das Fernsehen der DDR die TV-Rechte an drei Laurel-und-Hardy-Spielfilmen der *MGM* für eine Lizenzzeit von zehn Jahren: FRA DIAVOLO, BONNIE SCOTLAND und NOTHING BUT TROUBLE (AIR RAID WARDENS war womöglich ein rotes Tuch), dazu die bundesdeutsche Synchronisation WIR SIND VOM SCHOTTISCHEN INFANTERIE-REGIMENT.

FRA DIAVOLO und NOTHING BUT TROUBLE wurden im Juli 1986 bei *DEFA-Synchron* neu synchronisiert als DIE TEUFELSBRÜDER beziehungsweise LEIBKÖCHE SEINER MAJESTÄT. Hannelore Fabrys flüssige, abgerundete deutsche FRA-DIAVOLO-Bearbeitung wird dem Geist des Originals gerecht. Regisseur Klaus-Michael Bauer besetzte die Rollen mit Sprechern, die DDR-Zuschauern vertraut waren. Laurel und Hardys deutsche Stimmen Gert Kießling und Hans-Joachim Leschnitz erinnern etwas an Bluhm und Pantel (Abb. 265–266). Bedauerlicherweise führte der Kostendruck zu einer sterilen Atmosphäre der Sprachaufnahmen. Im Original wurden Arien und Chöre belassen, ansonsten spielte ein kleines Orchester ohne Stilbruch Musiken ein. Am 12. April 1987 wurden DIE TEUFELSBRÜDER bei DDR2 um 20 Uhr ausgestrahlt. Der Fernsehansagerin hatte die Redaktion noch rasch eine Notiz für die richtige Aussprache der Namen Laurel, Hardy und Hal Roach zugesteckt.

Für die Synchronisation von LEIBKÖCHE SEINER MAJESTÄT schrieb der TV-Dramaturg *DEFA-Synchron* vor: «Ziel der Bearbeitung sollte eine amüsante Klamotte mit Dick und Doof ohne die politischen Bezüglichkeiten und den historischen Kontext sein. Das erfordert eine starke Schnittbearbeitung des ohnehin schon kurzen Filmes, besonders am Anfang in der Exposition auf dem Arbeitsamt in den USA (keine Hakenkreuzplakate!). Der junge Exilmonarch sollte nicht als solcher betitelt werden – denkbar wäre ein phantasievoller, fiktiver Name der Figur und ihres Herkunftslandes.» Daher wurde die Szene im Arbeitsamt erheblich geschnitten, sodass keine Kriegsanleihen-Plakate mit nationalsozialistischen Emblemen mehr zu sehen sind. König Christopher behielt Namen und Titel, er wurde sogar als Monarch und Herrscher bezeichnet. Dafür mutierte der bedeutungslose Prinz Prentiloff von Marshovia in Christophers Hotelsuite zu Prinz Prentiloff von Dummjanien. Regisseur Wolfgang Thal stellte ein gutes Ensemble zusammen, in dem Kießling wieder Laurel spricht, allerdings etwas chargiert. Roland Hemmo passt mit tiefer, dunkler Stimme gut auf Hardy (Abb. 267). Aber auch LEIBKÖCHE SEINER MAJESTÄT leidet wegen des Kostendrucks unter einer sterilen Atmospähre. Um von den Schwächen des Streifens abzulenken, legte die TV-Spielfilm-Chefredaktion zur Ausstrahlung am 29. Oktober 1988 bei DDR2 im Pressetext das Schwergewicht auf Laurel und Hardys filmhistorische Bedeutung und auf Laurels Pionierleistungen für die Filmkomödie.

Da WIR SIND VOM SCHOTTISCHEN INFANTERIE-REGIMENT im Milieu des britischen Kolonialismus spielt, gab die TV-Redaktion der Fernsehansagerin Folgendes mit auf den Weg: «Unbedingt erwähnen: Produktionsjahr des Films und dass zu dieser Zeit Indien noch Kolonie war.» Am 28. Dezember 1988 wurde der Film von DDR1 gesendet und erschien nach der deutschen Wiedervereinigung erst wieder am 11. September 1999 auf den Bildschirmen, dann im Vormittagsprogramm der ARD.

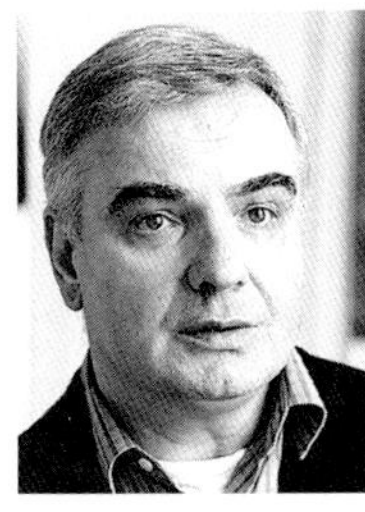

267 Roland Hemmo (2002) als Hardy

Nach weiteren Änderungen des *Jugendschutzgesetzes* konnten Filme nun auch ohne Altersbeschränkung freigegeben werden. Das ließ Pietrek, der noch einige Kino-Rechte an Laurel-und-Hardy-Filmen besaß, sich nicht zweimal sagen und stellte Ende Juni 1985 bei der *FSK* neue Freigabe-Anträge, für die er aber nichts zahlen wollte. Ob man sich einigte, steht nicht in den Akten. Jedenfalls wurden keine neuen *FSK*-Freigabekarten ausgestellt. Diese Anträge gehörten zu Pietreks letzten Aktivitäten als Verleiher. Er verstarb 1989.

1988 erwarben die Brüder Michael und Rainer Kölmel für ihren 1984 in Göttingen gegründeten Stuttgarter *Kinowelt*-Verleih von *Taurus-Film* die deutschen Kino-Rechte für 30 Laurel-und-Hardy-Kurzfilme und drei Spielfilme. Die Kurzfilme wurden unter bestimmten Aspekten des Laurel-und-Hardy-Kosmos zu acht Programmen zusammengefasst und wie die Spielfilme im Original mit deutschen Untertiteln gezeigt. «Laurel und Hardy original» erlebten ab 18. Mai 1988 eine Renaissance im Kino für Erwachsene, vornehmlich in Universitätsstädten (Abb. 268). Zum Beginn der Offensive sprach der Verleih sein intellektuelles Publikum an: «Das Wetter wird wär-

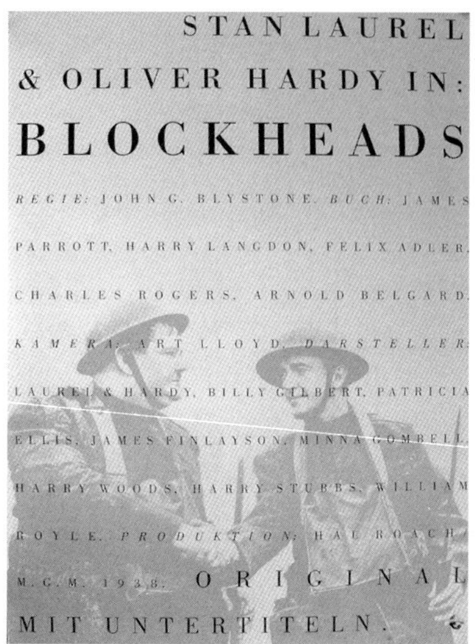

268 Plakat für BLOCKHEADS, 1988

mer – die Elefanten fliegen schon südwärts. Die Welt gerät aus den Fugen. Spätestens seit Schopenhauer oder auch Beckett sollte ein jeder Kulturmensch es wissen: Sein Bemühen ist töricht, vergeblich, absurd. Der bundesdeutsche Bürger scheint jedoch von dieser ebenso tragischen wie komischen Erkenntnis kaum durchdrungen.» Die Presse reagierte ähnlich wie 1965 auf *Atlas*' Laurel-und-Hardy-Rehabilitation. «They Ever Come Back», titelte die Filmzeitschrift *Cinema*. Feuilletonisten gruben bei den Philosophen tief nach. Nun waren Laurel und Hardy «eigentlich nicht von dieser Welt», sondern «Sisyphos' Erben», die «Gags von gestern für Leute von heute» parat haben (*Stuttgarter Zeitung* und *Süddeutsche Zeitung*). Die «alten Anarchos bliesen zur Attacke» und zelebrierten mit ihrer «Kunst der Destruktion» die Lust, «alles kurz und klein zu schlagen» (*Kölner Stadtanzeiger* und *Der Spiegel*). Kurzum: «Lacht kaputt, was euch kaputtmacht», feierte die renommierte *Zeit* die «triumphale Rückkehr» der beiden «Götter der Klamotte» und der «Kinder des Schreckens» ins Kino. *Kinowelt* hatte hervorragend in seine Zukunft investiert. Die Firma mauserte sich in den nächsten Jahren zu einem Großverleih und stieg in den aufstrebenden Video- und DVD-Markt ein.

Ebenfalls im Mai 1988 begann die ARD-Serie VILLA FANTASTICA ihre «Hitparade der Unterhaltung der letzten 60 Jahre», die man «den großen Entertainern widmete, ohne deren Kunst die Welt um einiges trauriger und farbloser wäre». Kommentiert vom Synchronsprecher Sebastian Fischer gaben sich «Kleinkunst, Großkunst, Musik und Theater, Film und Zirkus, Kitsch und Klamauk, Herz und Schmerz» ein Stelldichein. Innerhalb der ersten sechs Folgen wurden einige Ausschnitte aus Laurel-und-Hardy-Filmen eingestreut, und eine Frage des obligatorischen VILLA-FANTASTICA-Quiz lautete: «In welchem Film traten Stan und Ollie das erste Mal als Team auf?» Für die richtige Antwort konnte man unter anderem eine Video-Kassette gewinnen.

1981 plante der US-Amerikaner Alan Douglas für seine Firma *Douglas Brothers Corporation* die Laurel-und-Hardy-Zusammenstellung DANCE OF THE CUCKOOS mit Filmausschnitten in Farbe. Er hatte von den *Hal Roach Studios* das Recht erworben, deren Schwarzweiß-Filme einschließlich 75 Laurel-und-Hardy-Streifen computergestützt zu kolorieren, nutzte das aber nicht. Dafür standen andere in den Startlöchern, darunter das 1983 gegründete *Hal-Roach-Studios*-Tochterunternehmen *Colorization Inc.*. Als erste Roach-Spielfilme wurden TOPPER und Laurel und Hardys WAY OUT WEST koloriert. Cineasten schimpften, und Regie-Veteran John Huston mokierte sich: «Das ist so, als würde man der Venus von Milo Lippenstift auf die

Lippen schmieren.» Doch Kolorierungen schwarzweißer Filme kamen gut an und waren wirtschaftlich interessant, denn mit ihrer Hilfe ließ sich ein eigenes Copyright an den Streifen erwerben. Roach bezweifelte zwar den künstlerischen Sinn, sah aber das Geschäft und reiste 1987 hochbetagt nach London, um persönlich für kolorierte Filme des Duos zu werben. Anfang der 1990er-Jahre hatte die *Colorization Inc.* bereits elf Spielfilme und 36 Kurzfilme von Laurel und Hardy eingefärbt. Die Bildqualität ist allerdings leicht verwaschen, und bei der Einfärbung hatte Laurel statt seiner blauen Augen und rötlichen Haare dunkle Augen und Haar bekommen. Ab Mai 1988 vertrieb die *Taurus-Video GmbH (Taurus-Video)* die noch unbefriedigende Farbfassung von Laurel und Hardys WAY OUT WEST mit dem ebenfalls kolorierten deutschen Vorspann von ZWEI RITTEN NACH TEXAS als Video-Kassette zum Verleih durch Videotheken (Abb. 269). Bei der SAT.1-Ausstrahlung der kolorierten Fassung am 31. Dezember 1988 wirkte die Bildqualität schon besser, wie die Qualität der Kolorierungen im Laufe der Zeit überhaupt technisch gesteigert wurde. Das bewies 1991 die *American Film Technologies, Inc.* mit MARCH OF THE WOODEN SOLDIERS (Wiederaufführungstitel von BABES IN TOYLAND). Diese Kolorierung ließ den Film so aussehen, als wäre er in klaren Farben gedreht worden. Selbst Puristen zollten der Bearbeitung Lob.

In Deutschland, Österreich und Italien hatte die *CCA* keine Schwierigkeiten, ihre Exklusiv-Rechte an der *Hal Roach Library* auszuwerten. Aber in Frankreich, Spanien, Großbritannien, Neuseeland und anderen englischsprachigen Ländern hatte ihr sie Mitte der 1970er die Firma *Overseas Programming* aus San Franzisco streitig gemacht. Dem

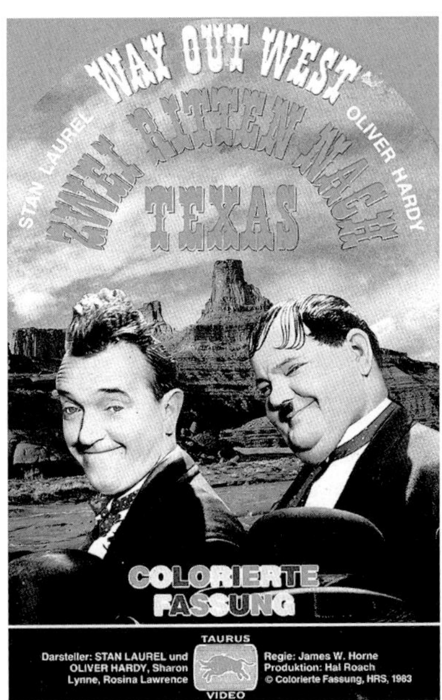

269 Cover der Farbfassung von ZWEI RITTEN NACH TEXAS (WAY OUT WEST), Video-Kassette 1988

Versuch der *CCA*, den Streit vor ein europäisches Gericht zu bringen, kam der Gegner in den USA unter anderem mit einer Klage über 600.000 Dollar Schadensersatz zuvor. In den 1980er-Jahren ging es bereits um jährliche Einnahmen von 250.000 Dollar aus den betreffenden Regionen. Nach endlosen Verhandlungen verglich man sich Ende der 1980er-Jahre, und die *CCA* war unangefochtene Inhaberin der *Hal Roach Library* in der «Eastern Hemisphere». Die *KirchGruppe* plante die expansive internationale Vermarktung der Laurel-und-Hardy-Filme auf Video-Kassetten.

Von diesem Streit war die ARD unberührt, als die beiden bislang in Deutschland nicht erschienenen *MGM*-Spielfilme HOLLYWOOD PARTY und PICK A STAR mit Laurel-und-Hardy-Gastauftritten im Auftrag der *Degeto* für das ARD-Programm deutsch syn-

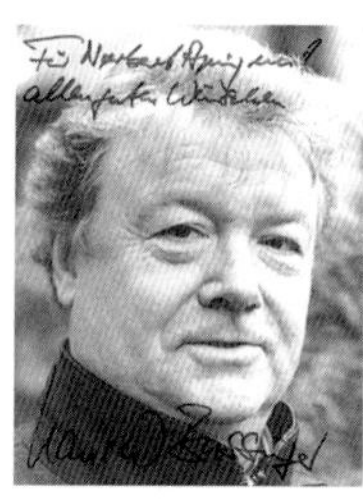

270 Hans-Werner Bussinger (1999) als Laurel in HOLLYWOOD PARTY

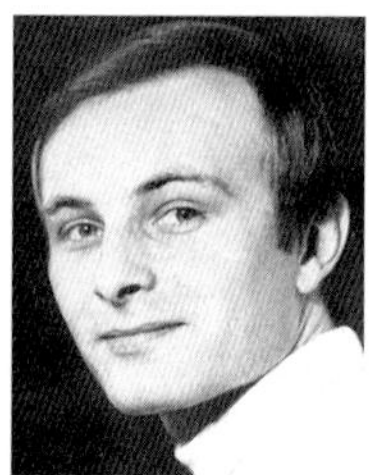

271 Uwe Paulsen (1968) als Hardy in HOLLYWOOD PARTY

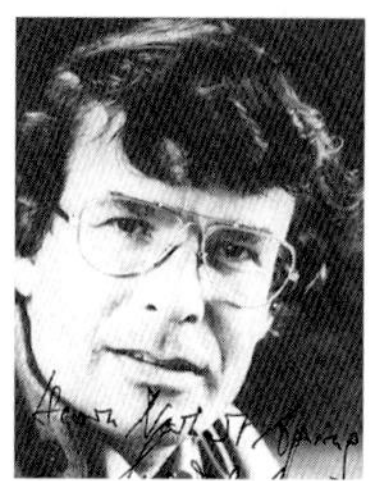

272 Tonio van der Meden (1999) als Laurel in STERNSCHNUPPEN

chronisiert wurden. HOLLYWOOD PARTY war im Dritten Reich verboten worden und die fröhliche Komödie PICK A STAR gar nicht mehr nach Deutschland gekommen. Darin möchte eine junge Kleinstädterin in Hollywood Filmkarriere machen. Unter anderem trifft sie Laurel und Hardy im Filmstudio. Die beiden Komiker sind in drei Szenen zu sehen, die dritte ist ein umwerfend komisches Meisterstück, in dem Stan und Ollie einen Mundharmonika-Wettstreit austragen.

Autor und Regisseur Jürgen Neu synchronisierte HOLLYWOOD PARTY bei der Berliner *Interopa* sprachlich gewinnend mit den überzeugenden Sprechern Hans Werner Bussinger (Abb. 270) als Laurel und Arno Paulsens Sohn Uwe Paulsen (Abb. 271) als Hardy. Es bereitet Vergnügen, Bussinger vor Schnarzans Villa unschuldig von 50.000 Dattel-Quattel Falschgeld reden zu hören, das Baron Münchhausen Stan und Ollie angedreht hat. Am 27. Mai 1989 hatte HOLLYWOOD PARTY seine deutsche Premiere im Nachmittagsprogramm der ARD und lief später auch im Zweikanalton in dritten ARD-Programmen. Etwa gleichzeitig hatte Autor Eberhard Storeck gemeinsam mit Regisseur Michael Brennicke PICK A STAR bei der Münchner *Bavaria* unter dem Titel STERNSCHNUPPEN solide deutsch bearbeitet mit Tonio von der Meden (Abb. 272) und Michael Habeck als Laurel beziehungsweise Hardys deutsche Stimmen. Von der Meden kommt Laurels Tonfall sehr nahe, und Habeck ist ein absolut würdiger Hardy-Sprecher. Seine Stimme war seit den Arbeiten an LACHEN SIE MIT STAN UND OLLIE gereift. STERNSCHNUPPEN hatte seine deutsche Erstaufführung am 3. Juni 1989 im ARD-Programm.

Danach kaufte die *Degeto* im September 1989 für die Zeit bis 1996 die TV-Rechte an den LAUREL AND HARDY CARTOONS preiswert von der Münchner Firma *Atelier Film und Video Verleih GmbH*. Weil sie als reine Programmfüller so recht in kein Sende-Format passten, gab es nur wenige Interessenten. Hartmut Neugebauer hatte die Serie deutsch gefasst. Er gab den einzelnen Cartoons deutsche Titel und sprach sowohl Stan als auch Ollie. Zunächst lief die Zeichentrickfilm-Serie ab etwa Mai 1990 schleppend in den Regionalprogrammen einiger ARD-Sender, doch dann erfreuten sie sich allmählich zunehmender Beliebtheit. Nach Ablauf der Lizenzzeit erwarb RTL2 alle 156 synchronisierten LAUREL AND HARDY CARTOONS und strahlte sie mehrfach aus.

14. Video-Achterbahn

Video-Rekorder für den Hausgebrauch wurden immer populärer, und Ende der 1970er-Jahre eröffneten die ersten Videotheken. Die ersten bespielten

Video-Kassetten kosteten nur etwas weniger als 200 DM, aber die astronomischen Preise sanken kontinuierlich auf etwa 30 DM pro Kassette. 1980 erschien bei der *Bertelsmann*-Tochter *Ufa* die erste Laurel-und-Hardy-Video-Kaufkassette mit DICK UND DOOF IN DER FREMDENLEGION in einer ansprechenden Hülle und ein Jahr später auch als Verleih-Kassette für Videotheken (Abb. 273).

Im Mai/Juni 1981 brachte die Frankfurter *Interpathé*, vorher *Internfilm*, die Videos DICK UND DOOF 1–3 aus dem *Video-Archiv Film Gagoz (VAF)* im Liechtensteinschen Balzers in nicht sonderlich originellen Verpackungen heraus, teils von Super-8- und teils von *Blackhawk*-Filmen umkopiert auf das Video-Format. Dabei war Schwiers Fassung DIE MUSIKBOX. Zu den stummen Grotesken, die mit einigen Geräuscheffekten versehen wurden, sprach Ralf Steuernagel bei der Frankfurter *Video Industrie Service* die deutsch übersetzten Titel, Credits und Textkarten. Von den burlesken Perlen der ZDF-Serien war diese billige Bearbeitung meilenweit entfernt. Mitte der 1980er-Jahre erschienen DICK UND DOOF 1–3 mit überwiegend anderen Filmen in gleicher Aufmachung und überklebten Inhaltsgaben. Später vertrieb *Interpathé* eine Video-Kassette wohl englischer Herkunft mit MARCH OF THE WOODEN SOLDIERS und außerdem unter dem Titel DICK UND DOOF IM SPIELZEUGLAND die deutsche Kino-Synchronisation DICK UND DOOF – RACHE IST SÜSS. Dazu wurden zwei Video-Kassetten mit den COMEDY-CAPERS-Folgen STAN IM SÄGEWERK (THE NOON WHISTLE) und PANIK IM WASCHSALON (COLLARS AND CUFFS) für stolze 40 DM das Stück verkauft. Diese Kassetten vertrieb auch die Duisburger *Neue Atlas Medien GmbH*. Da der ständige Vertreter

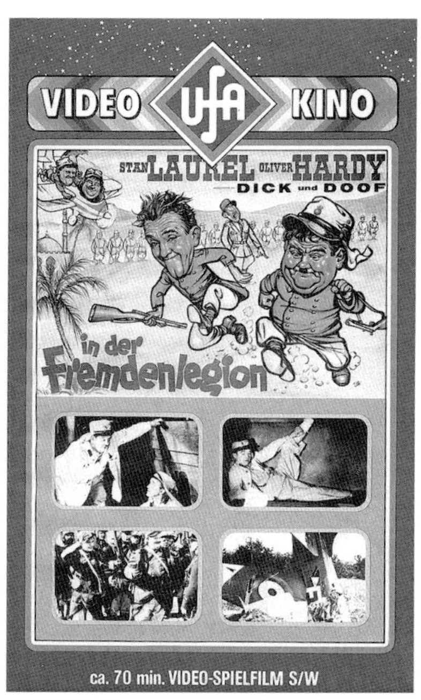

273 DICK UND DOOF IN DER FREMDENLEGION (The Flying Deuces), Ufa-Video 1980

der obersten Landesjugendbehörden der Bundesrepublik Deutschland seit 1985 in einem vereinfachten Verfahren selbstständig Video-Programme prüfen und freigeben konnte, ohne den *FSK*-Arbeitsausschuss zu bemühen, waren Prüfgebühren viel niedriger. Um das Freigabe-Emblem zu erhalten, legte *Interpathé* bis auf DICK UND DOOF IM SPIELZEUGLAND sein gesamtes Video-Programm vor, das Ende April 1985 ohne Altersbeschränkung freigegeben wurde. Anfang der 1990er-Jahre brachte *Interpathé* Schwiers DIE MUSIKBOX als DICK UND DOOF: DER KLAVIERTRANSPORT neu verpackt auf magere sechs Minuten geschrumpft und abrupt mitten in der Handlung endend gemeinsam mit einer Snub-Pollard-Groteske heraus. Später wurden die drei DICK-UND-

DOOF-Videos in großen Kaufhäusern mit dem Material aus dem zweiten Aufguss mit nur noch 30 Minuten Laufzeit pro Kassette verkauft und neu dazu DICK UND DOOF 4 mit dem Dreiakter LÜGEN HABEN KURZE BEINE, ein neuer Titel für DICK UND DOOF, DIE SCHWERENÖTER (BE BIG) von 1957.

Zu einem unbekannten Zeitpunkt erschien bei der obskuren Firma *SMK* mit dem Titel DIE LUSTIGSTE LACHPARADE ALLER ZEITEN eine Video-Kassette in miserabler Bildqualität mit Zeichentrickfilmen, BIG BUSINESS aus ALS LACHEN TRUMPF WAR und TWICE TWO aus DICK UND DOOFS LACHPARADE. Im Frühjahr 1984 verkaufte *VPH Video* eine Chaplin-Video-Kassette mit dem Streifen CHARLIE DER AUSREISSER. Das war Billy West in HIS DAY OUT mit Hardy.

1983 vertrieb *Silwa Video* aus Essen-Ruhr als «Kinderstunde» fünf Videos mit den in den 1970er-Jahren synchronisierten 55 LAUREL AND HARDY CARTOONS für erstaunliche 84,00 DM pro Stück. *Silwa* verkaufte außerdem zehn mit je einem LAUREL AND HARDY CARTOON bespielte Video-»Leerkassetten voll Vergnügen». Den «kostenlosen Spaß» konnte man sammeln, «selbstverständlich aber auch löschen». Die *Scala Video-Vertriebs GmbH* in Schlüchtern brachte danach 1990 und 1991 wesentlich preisgünstiger 17 Video-Kassetten mit überwiegend von Neugebauer deutsch synchronisierten 102 LAUREL AND HARDY CARTOONS heraus. Mitte 1991 schob die zum *Bertelsmann*-Konzern gehörende *Miller International* unter dem Label *Europa Video Zeichentrick* sechs weitere Videos mit noch einmal 30 dieser Cartoons nach. Alle Video-Kaufkassetten wurden ohne Altersbeschränkung freigegeben.

Die Firma *Fritz E. Fleischmann* aus Landshut kopierte ihre 16-mm-Fassungen von Laurel-und-Hardy-Kurzfilmen auf Video um und stellte daraus 1991 zwei Video-Kassetten ohne eigene Verkaufspackungen zusammen mit deutschen Fassungen der *Beta Technik*, der *Elite-Film* und der *IFU*, Filmaufnahmen von Laurel und Hardys England-Besuch aus dem Jahr 1932 und stummen Ausschnitten aus dem Tonfilm THE DANCING MASTERS. Über die deutschen Fassungen behauptete Inhaber Fleischmann frei erfunden: «Die deutschen Laurel-und-Hardy-Filme sind aus den 1930er-Jahren, also etwas anders als die Filme aus der Nachkriegszeit. Es sind jedoch die gleichen deutschen Sprecher.»

Im Verlauf des Jahres 1983 vertrieb die Kirch-Firma *Taurus-Video* unter dem Label *Videobox* zwei Kaufkassetten in guter Bildqualität mit zusammen vier Folgen aus der ZDF-Serie ZWEI HERREN DICK UND DOOF als Kinderfilme zum Preis von damals moderaten 39,90 DM pro Stück. In Zusammenarbeit mit dem Hamburger Verlag *Gruner und Jahr* war im Oktober 1983 unter dem Label *Marifon/Taurus-Video* die fünfteilige Video-Kassetten-Reihe ES DARF GELACHT WERDEN im «Sonderangebot» für 59,00 DM pro Kassette erhältlich, dabei DICK UND DOOF IM FERNEN WESTEN (WAY OUT WEST) aus der ZDF-Serie LACHEN SIE MIT STAN UND OLLIE und Youngsons ALS LACHEN TRUMPF WAR (Abb. 274). Nach der erwähnten Verleih-Kassette ZWEI RITTEN NACH TEXAS in kolorierter Fassung erschienen im Herbst 1989 in Zusammenarbeit von *Taurus-Video* und *Bild am Sonntag* in der *Bild am Sonntag Videothek* beim Label *Goldenes Videoland* drei weitere Kauf-Videos: Schwiers CHARLIE CHAPLINS LACHPARADE von 1957, Youngsons JUBEL, TRUBEL, SENSATIONEN und unter dem Titel ZWEI RITTEN NACH TEXAS

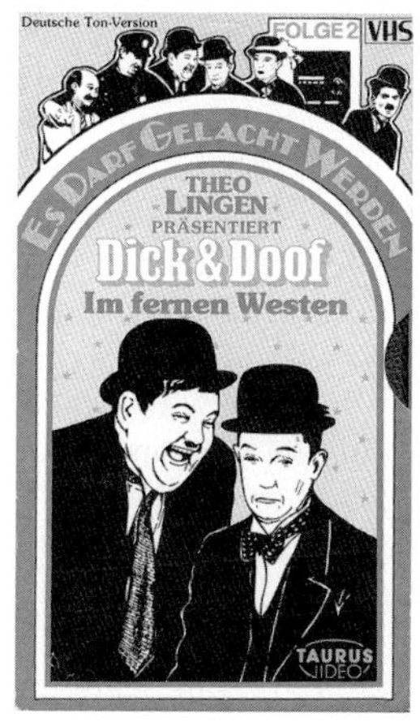

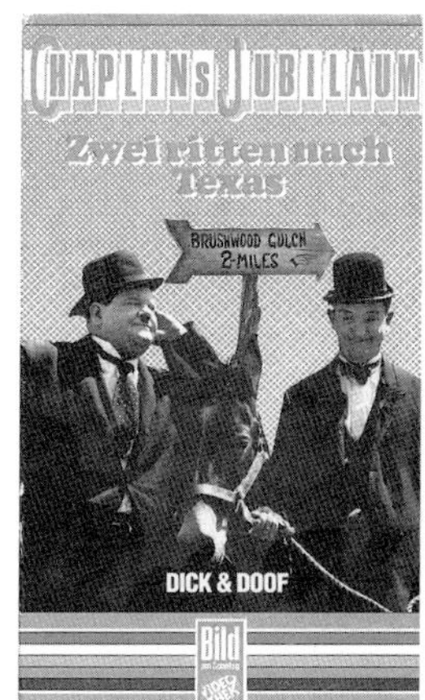

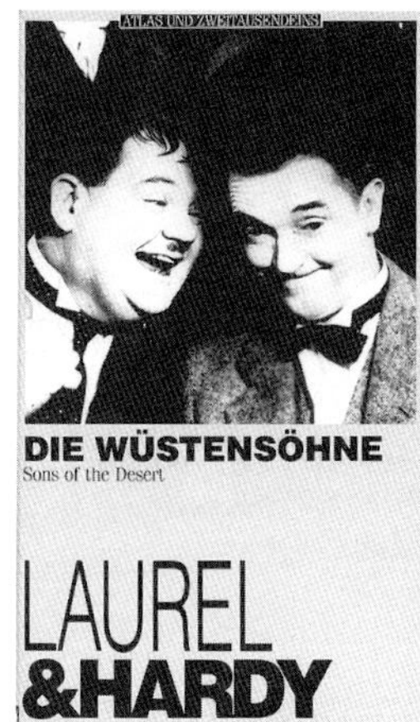

274–276 Zwei unterschiedliche Titel, aber dieselben Fassungen: DICK UND DOOF IM FERNEN WESTEN (*Taurus/Marifon-Video*, 1983, links) und ZWEI RITTEN NACH TEXAS (*Goldenes Videoland / Taurus*, 1988, Mitte); außerdem: DIE WÜSTENSÖHNE (SONS OF THE DESERT) (*Atlas/Zweitausendeins-Video*, 1990)

noch einmal die ZDF-Fassung IM FERNEN WESTEN (Abb. 275).

Im Vorfeld von Laurels 100. Geburtstag zeigte das ARD-Magazin FILM-PALAST am 14. Mai 1990 einen zweiminütigen Zusammenschnitt aus drei Laurel-und-Hardy-Spielfilmen und eine kurze Passage aus der Wochenschau *Welt im Film* von 1947 über die Ankunft der beiden Komiker in Paris. Das *Staatliche Filmarchiv der* DDR beging das Jubiläum vom 22. und 26. Juni 1990 im Ost-Berliner Kino *Babylon* mit einem *Stan-Laurel-Programm* bestehend aus EIN HUNDEWETTER (LAUGHING GRAVY) und DICK UND DOOF ALS STUDENTEN (Abb. 277). Den runden Geburtstag nutzte der Frankfurter *Zweitausendeins*-Versand in Zusammenarbeit mit *Neue Atlas Medien GmbH* in Lizenz von *Taurus-Film* Ende Januar 1990 für den Verkauf von fünf Video-Kassetten mit Laurel-und-Hardy-Spielfilmen zum Stückpreis von 29,95 DM (Abb. 276). Darauf befanden sich ZDF-Fassungen unter den Titeln von Schwiers Bearbeitungen der 1960er-Jahre, begleitet von Texten unter anderem aus den *Atlas Filmheften*. Bei der ersten Auslieferung der Kassetten schlich sich ein Fehler ein. Die Kassette DIE TEUFELSBRÜDER (PACK UP YOUR TROUBLES) war nicht wie angegeben bespielt, sondern mit dem Spielfilm FLIEGENDE TEUFELSBRÜDER (THE FLYING DEUCES). Das Versehen wurde umgehend korrigiert. Die fünf Videos blieben lange im Angebot von *Zweitausendeins* und erweckten den Eindruck, nicht Paulsen, sondern Ha-

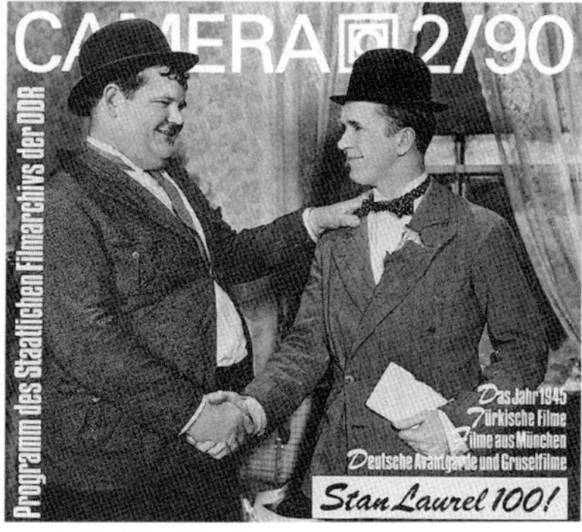

277 *Camera*-Programm Nr. 2/1990 mit Szenenbild aus der damals in der BRD noch unveröffentlichten dreiaktigen Fassung von LAUGHING GRAVY

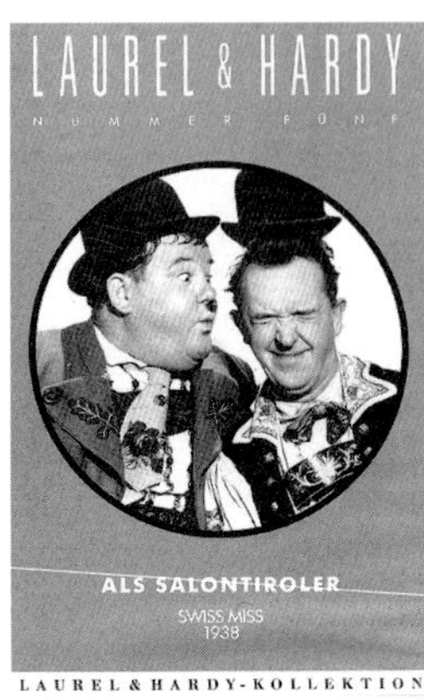

278 LAUREL UND HARDY ALS SALONTIROLER (SWISS MISS), *Taurus-Video* 1990

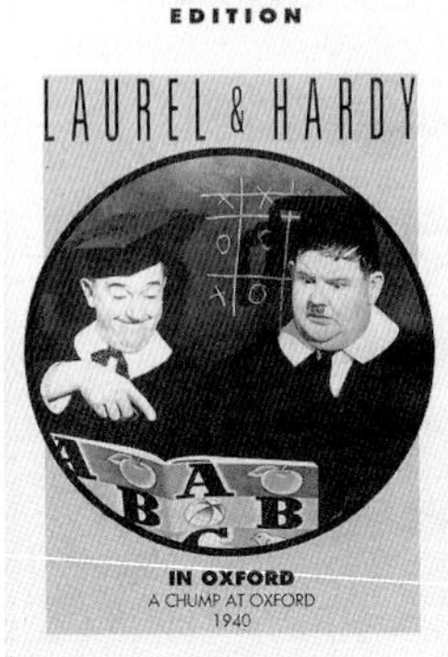

279 LAUREL UND HARDY IN OXFORD (A CHUMP AT OXFORD), SAT.1-Geburtstagskollektion 1992

beck sei an Bluhms Seite Hardys deutscher Standard-Sprecher gewesen.

Zu Laurels 100. Geburtstag am 16. Juni 1990 erschienen in der deutschen Presse viele Artikel unterschiedlichen Umfangs. Auch ein Interview mit Laurels Tochter Lois wurde abgedruckt. Hüsch meldete sich mit seinem *Welt*-Artikel «Ein Aufstand gegen das Leben». Darin schrieb er nicht nur über den Jubilar und die künstlerische Bedeutung des Duos, sondern auch ausführlich über seine eigene Arbeit an ihren Filmen bei der *Beta Technik*. Das ZDF strahlte DIE TAPFEREN SCHOTTEN aus. Für umfangreichere Wiederholungen von Laurel-und-Hardy hatte der Sender nicht mehr die Ausstrahlungsrechte.

Im Herbst 1990 brachte *Taurus-Video* LAUREL UND HARDY ALS SALONTIROLER mit der ZDF-Fassung DAS SCHWEIZERMÄDEL heraus (Abb. 278). Weitere Spielfilme folgten, aber die deutschen Titel passten weiterhin nicht zu den aufgespielten Fassungen. Außerdem wurde die bereits 1988 von Caloué zusammengestellte Video-Kaufkassette LAUREL AND HARDY'S MUSICAL MOMENTS mit 22 Musiknummern aus Laurel und Hardys Tonfilmen vertrieben, darunter viele Ohrwürmer; es fehlten aber einige bekannte Lieder. Danach erschienen bei *Taurus-Video* ALS LACHEN TRUMPF WAR mit dem *Nobis*-Vorspann GÖTTER DES HUMORS. Im September 1991 strahlte der Kirchsche Pay-TV-Sender Premiere außerdem drei Spielfilme aus, zwei davon zum ersten Mal im Fernsehen: am 8. September 1991 DICK UND DOOF ERBEN EINE INSEL, dann als Neuauflage FLIEGENDE TEUFELSBRÜDER und am 22. September 1991 DICK UND DOOF: RACHE IST SÜSS.

Da nach Laurels rundem Geburtstag am 14. und 18. Januar 1992 auch Roachs beziehungsweise Hardys 100. Geburtstage anstanden, nutzten *Taurus-Film* und *Taurus-Video* im Verlauf des Jahres 1991 die Gelegenheit, einen 100-jährigen Geburtstag des Teams Laurel und Hardy vorzubereiten, den es natürlich nicht gab. Dafür sollten ab Ende 1991 Laurel-und-Hardy-Spielfilme bei SAT.1 gesendet werden, und *Taurus-Video* fasste die bisher erschienenen Video-Kassetten mit Laurel-und-Hardy-Spielfilmen, Caloués MUSICAL MOMENTS und eine Kassette mit Stummfilmen der kleinen Strolche zur *Geburtstagskollektion* «100 Years Laughter Unlimited» zusammen. Die beiden *Videobox*-Kassetten mit den Folgen aus der ZDF-Serie ZWEI HERREN DICK UND DOOF wurden neu aufgelegt, und parallel erschien eine fünfteilige *SAT.1-Edition* mit Laurel-und-Hardy-Spielfilmen in ZDF-Fassungen (Abb. 279). 1992 verkaufte *Taurus-Video* zum Stückpreis von 60 DM auch drei Laserdiscs mit Spielfilmen in der Größe von Langspielplatten, die die Video-Kassetten abzulösen schienen, aber selbst bald vom Markt verschwanden, weil sich die DVD durchsetzte. Zwei der Laserdiscs enthalten die deutschen Kino-Fassungen DIE KLOTZKÖPFE und WISSEN IST MACHT und die dritte die ZDF-Fassung AUF HOHER SEE (Abb. 280).

Außerhalb der Laurel-und-Hardy-Welle war im Januar 1993 bei *Atlas-Video* Buster Keatons DREI ZEITALTER (THREE AGES) als Video-Kaufkassette erhältlich, sodass man nachschauen konnte, ob Hardy vielleicht doch mit von der Partie ist. Im September des Jahres aber erweiterte *Taurus-Video* sein Laurel-und-Hardy-Programm um den Spielfilm RACHE IST SÜSS in der deutschen Kino-Fassung und um die Laurel-und-Hardy-Hommage EIN DANKESCHÖN AN DIE JUNGS, deren deutsche Fassung bei der *Beta Technik* hergestellt wurde. Im Original heißt sie A TRIBUTE TO THE BOYS, wurde von Jeff Weinstock und Gene Rosow für *RHI Entertainment Inc.* aus Interviews und Filmausschnitten, viele koloriert, zusammengestellt und vom US-Komiker Dom DeLuise fröhlich präsentiert. Man war damit Joe Adamsons geplanter Dokumentation STAN & OLLIE: TWO MINDS WITH NOT A SINGLE THOUGHT zuvorgekommen. Die durchschnittlich wirkende Hommage enthält kleine Fehler. Nicht Roach, sondern Leo McCarey ist der Entdecker des Teams Laurel und Hardy. Laurel hielt Hardy auch nicht bis zu dessen Tod im Krankenhaus die Hand, denn Hardy starb im Hause seiner Schwiegermutter, ohne dass Laurel an seinem Sterbebett saß. Im Filmausschnitt aus BEAU HUNKS himmelt Ollie versehentlich

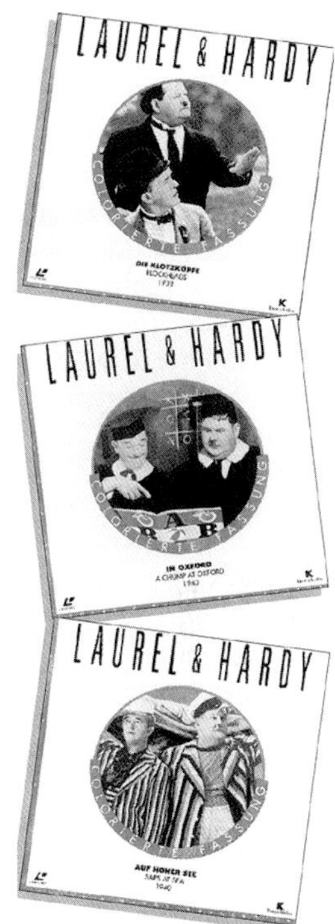

280 *Taurus*-Laserdiscs DIE KLOTZKÖPFE (BLOCKHEADS), IN OXFORD (A CHUMP AT OXFORD) und AUF HOHER SEE (SAPS AT SEA)

die falsche Jeannie Weannie an, denn es ist nicht Jean Harlows Foto zu sehen, sondern das von Babe London aus OUR WIFE. Dabei ist in deutscher Premiere ein Ausschnitt aus dem letzten Teil der dreiaktigen Fassung von LAUGHING GRAVY. Unter den verwendeten deutschen Synchronisationen befinden sich zwei Überraschungen: Bei BRATS und TOWED IN A HOLE sind Bluhm und Paulsen in DICK UND DOOF UND IHRE SÖHNE beziehungsweise DICK UND DOOF KAUFEN EIN SCHIFF zu hören. Außerdem hat Schwiers Bearbeitung UNSERE HOCHZEIT ein kleines Comeback, und der Ausschnitt aus ONE GOOD TURN ist mit dem Ton der *IFU*-Bearbeitung HINTER SCHLOSS UND RIEGEL unterlegt.

Es kamen auch *MGM*-Filme von Laurel und Hardy auf den Video-Markt. Die

Warner Home Video GmbH (Warner Home) brachte Ende September 1993 DIE SITTENSTROLCHE (FRA DIAVOLO), HOLLYWOOD PARTY und Youngsons LAUREL UND HARDY IM FLEGELALTER zum Preis von 39,98 DM das Stück heraus. Auf jeder Kassette befinden sich die Original-Fassung und die deutsche Synchronisation, zum Teil auch die Original-Trailer. Für DIE SITTENSTROLCHE wurde nicht Krügers Fassung verwendet, sondern die ZDF-Fassung FRA DIAVOLO. Im November 1994 schob *Warner Home* STERNSCHNUPPEN und WIR SIND VOM SCHOTTISCHEN INFANTERIE-REGIMENT nach. Als *Warner Home* im April 2001 DIE SITTENSTROLCHE und WIR SIND VOM SCHOTTISCHEN INFANTERIE-REGIMENT in neuer Aufmachung noch einmal veröffentlichte, fehlten die Original-Fassungen.

15. 100 JAHRE LAUREL UND HARDY und Roach-Hommage

Im November 1991 kündigte SAT.1 den TV-Journalisten zum Jahresende eine zehnteilige Reihe restaurierter Laurel-und-Hardy-Spielfilmean,wobei man sich von Dick und Doof distanzierte. Zunächst sollte im Hauptprogramm jeder Spielfilm in kolorierter Fassung gesendet werden und um Mitternacht noch einmal in schwarzweiß. Das wurde allerdings fragwürdig umgesetzt. Denn auf die verwaschenen Farbfassungen folgten ebenso verwaschene schwarzweiße Bilder, weil auch um Mitternacht kolorierte Fassungen gesendet wurden, bei denen lediglich die Farbe herausgeregelt wurde. Außerdem wurde ein Streifen nur farbig und ein anderer nur schwarzweiß gezeigt. Ein Teil der Filme war überdies gekürzt, weil die kolorierten Fassungen aus den USA übernommen wurden, wo sie auf das Sendeformat der LAUREL AND HARDY SHOW angepasst worden waren. Um Werbekunden zu gewinnen, wurden die Filme als Zugpferde zur besten Sendezeit durch Werbeblöcke unterbrochen. Die Filme wurden mit deutschen Fassungen unterlegt, und dabei erlebten einige Synchronisationen ihre deutsche TV-Premiere. Doch dabei gab es wieder ein Durcheinander. Denn die Titel deckten sich selten mit den verwendeten Fassungen und stimmten auch nicht mit deutschen Verleih-Titeln überein, die SAT.1 der Presse mitgeteilt hatte.

Am Silvesterabend 1991 begann die Reihe 100 JAHRE LAUREL UND HARDY mit ZWEI RITTEN NACH TEXAS in der gekürzten *Atlas*-Fassung (Abb. 281–283). Am Neujahrstag 1992 folgte Schwiers gekürzte Fassung DIE WÜSTENSÖHNE. Danach wurde am 5. Januar 1992 zunächst WISSEN IST MACHT ausgestrahlt, um Mitternacht aber die ZDF-Fassung GENIES IN OXFORD. Schwiers gekürzte Fassung DIE KLOTZKÖPFE war am 12. Januar 1992 nur koloriert zu sehen, aber unter dem ZDF-Titel, also ohne Artikel. Bemerkenswert war ABENTEUER AUF HOHER SEE (SAPS AT SEA) am 26. Januar 1992, die deutsche Kino-Fassung von 1949. Nach der Sendung kam das seltsame Gerücht auf, das sei eine DDR-Fassung, doch dort war SAPS AT SEA weder synchronisiert noch aufgeführt worden. Am 9. Februar 1992 wurde die Reihe mit Schwiers DIE TEUFELSBRÜDER (PACK UP YOUR TROUBLES) fortgesetzt. Unter dem ZDF-Titel DAS MÄDEL AUS DEM BÖHMERWALD (THE BOHEMIAN GIRL) wurde am 23. Februar 1992 die deutsche Kino-Fassung DICK UND DOOF WERDEN PAPA von 1957 gesendet. Der deutsche Titel DIE LIEBEN VERWANDTEN (OUR RELA-

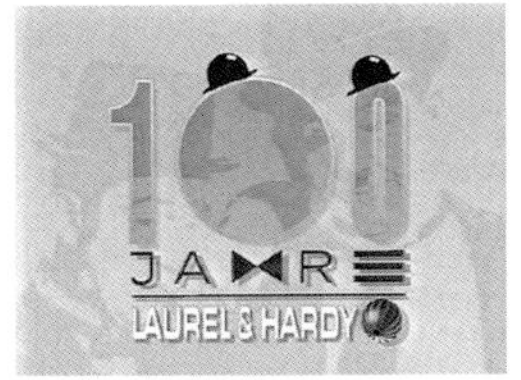

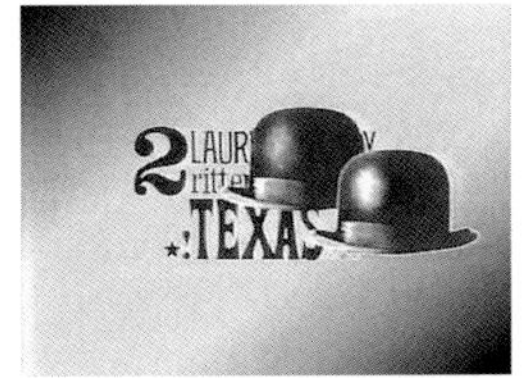
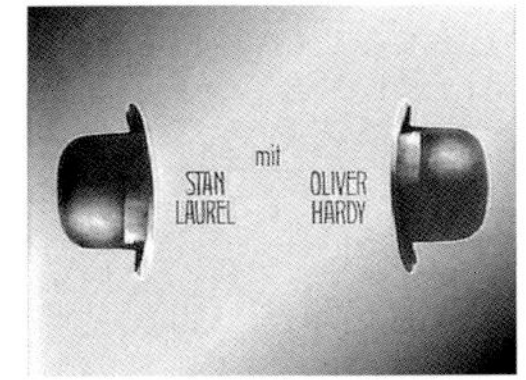

281–283 Vorspann zu ZWEI RITTEN NACH TEXAS (WAY OUT WEST) aus der SAT.1-Reihe 100 JAHRE LAUREL UND HARDY, 1991/92

TIONS) stimmte am 1. März 1992 auch nicht, da Schwiers Bearbeitung DIE DOPPELGÄNGER VON SACRAMENTO zu sehen war, die zu später Stunde nur schwarzweiß und nur gekürzt lief. Für den 16. Februar 1992 war DAS SCHWEIZERMÄDEL (SWISS MISS) eingeplant, wurde aber wegen einer Tennis-Live-Übertragung abgesetzt, die bessere Werbeeinnahmen garantierte. SWISS MISS wurde erst am 10. Mai 1992 gesendet, und zwar in der gekürzten *IFU*-Fassung DICK UND DOOF ALS SALONTIROLER von 1952, jedoch unter dem ZDF-Titel DAS SCHWEIZERMÄDEL. Den Abschluss bildete am 24. Mai 1992 der ursprünglich für den 2. Februar 1992 vorgesehene Film WIR BITTEN UM GNADE (PARDON US), der ebenfalls dem Tennis-Zirkus hatte weichen müssen. Dies war die Premiere der bis dahin in Deutschland unbekannten 64-minütigen, aber für das US-Sende-Format ihrerseits wieder gekürzten Preview-Fassung des Spielfilms, die einige Minuten länger ist als Laurels Original-Fassung, die er nach der Preview geschnitten hatte. Unterlegt wurde diese Sendung mit dem deutschen Ton der *IFU*-Fassung HINTER SCHLOSS UND RIEGEL von 1950. Die 1985 wiederentdeckte Preview-Fassung enthält unter anderem eine dialoglose Szene während des Gesangs der Sträflinge auf dem Gefängnishof, bei der Stan Ollie raten lässt, in welcher Hand sich nach dem Mischen ein Papierknödel befindet. Die Szene, in der Stan auf dem Baumwoll-Feld Pflanzen mit Stumpf und Stiel aus dem Erdboden rupft, ist zweimal zu sehen, vor und nach der abendlichen Feier. In der Originalfassung gehört sie nur vor die Feier.

Nach dem Start von 100 JAHRE LAUREL UND HARDY warf die *Böblinger Zeitung* dem Sender vor, Dick-und-Doof-Filme gezeigt zu haben, und lobte die ZDF-Serie LACHEN SIE MIT STAN UND OLLIE als die einzig authentischen deutschen Bearbeitungen über den grünen Klee. Der Rezensent hatte sich natürlich keine Mühe gemacht, irgendetwas zu vergleichen und sich wohl auch keine Schwier-Fassung zu Gemüte geführt.

Zu seinem 100. Geburtstag am 14. Januar 1992 war der noch erstaunlich rüstige und geistig rege Roach Ehrengast auf der 42. *Berlinale*, und zu dem Anlass wurde eine umfangreiche Retrospektive von 110 kurzen und langen Filmen seiner Produktion aus dem Kirchschen Filmstock gestartet, darunter am 16. Februar 1992 die Our-Gang-Komödie WILD POSES mit Laurel und Hardys Gastauftritt als Babys in Schlafanzügen mit Mützchen. Außerdem hatte man nach langer Suche mittlerweile elf (statt bisher dreieinhalb) Minuten von THE BATTLE OF THE CENTURY zusammentragen können. Zu sehen war auch Laurels Solofilm SMITHY von 1924. Für SAT.1 war

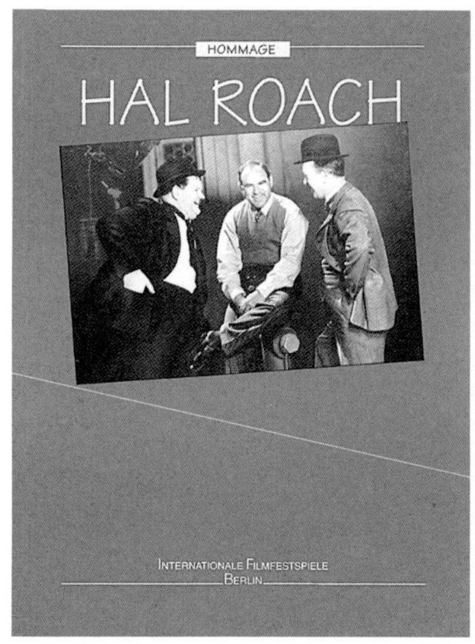

284 Hommage Hal Roach, Berlinale 1992

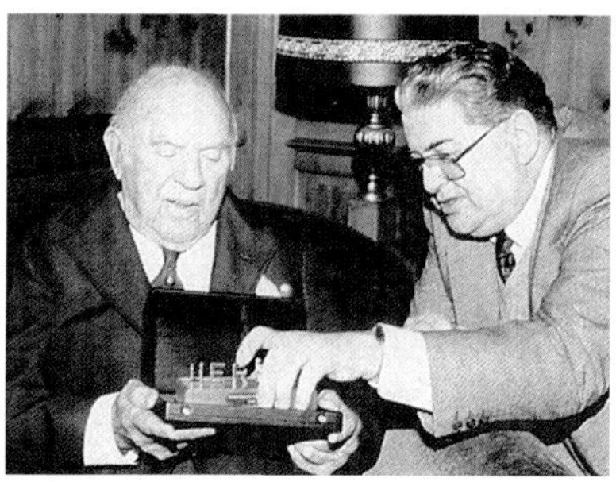

285 Hal Roach erhält von Festspielleiter Moritz de Hadeln am 18.2.1992 die Berlinale Camera

Roach schon in den USA exklusiv interviewt worden. Auszüge erschienen Mitte Januar 1992 in der 15-minütigen Sendung HAL ROACH ZUM 100. GEBURSTAG. Außerdem gab die *Stiftung Deutsche Kinemathek* mit finanzieller Unterstützung der *KirchGruppe* und von SAT.1 den Begleitband *Hal Roach Hommage* heraus (Abb. 284). Am 18. Februar 1992 wurde Roach in Berlin für sein Lebenswerk mit der *Berlinale Camera* ausgezeichnet (Abb. 285). Zuvor hatte er in der Präsidentensuite des Berliner Hotels *Kempinski* eine Pressekonferenz abgehalten. Erstaunten Reportern sagte er: «Ich habe keine Ahnung, weshalb ausgerechnet ich so alt geworden bin. Ich habe all das getan, was man nicht hätte tun sollen und wovor immer wieder gewarnt wird. Alkohol und Zigaretten habe ich erst im letzten Jahr auf Rat meines Arztes aufgegeben. Ich weiß, dass ich ein Jahrhundert alt bin, aber meistens wache ich morgens auf und fühle mich großartig.» Zwei Tage nach der Ehrung widmete das ARD-Magazin KULTURREPORT Roach einen längeren Beitrag mit Ausschnitten unter anderem aus Laurel-und-Hardy-Filmen. Viel später hätte all das nicht geschehen dürfen: Roach verstarb am 2. November 1992.

Außerdem wurde die *Beta Technik* zum Jubiläum des Veteranen beauftragt, fünf Spielfilme aus dem Roach-Fundus deutsch zu synchronisieren und vier KLEINE-STROLCHE-Programme zusammenzustellen, die im Anschluss an die *Berlinale* ausgestrahlt werden sollten. Caloué schrieb daraufhin die deutschen Dialogbücher für die Spielfilme, führte Synchronregie und wählte die Grotesken für die Our-Gang-Programme aus. Die Ausstrahlungen begannen am 8. März 1992 bei SAT.1.

Nach der *Berlinale* fanden immer wieder Veranstaltungen mit Laurel-und-Hardy-Filmen statt. Vom 19. September bis zum 20. Oktober 1993 lief in Stuttgart ein *Laurel-und-Hardy-Festival* mit 34 ihrer Kurzfilme. Während des *12. Bonner Sommerkinos* wurden Ende August 1996 Solofilme von Laurel und Hardy in vollständigen Original-Fassungen aufgeführt, dazu restaurierte Vollbild-Fassungen der Laurel-und-Hardy-Klassiker LIBERTY und DOUBLE WHOOPEE. Auf den 43. *Internationalen Kurzfilmtagen Ober-*

hausen vom 24. bis zum 29. April 1997 waren mehrere Programme mit stummen US-Grotesken zu sehen, dabei Filme mit Hardy, WHY GIRLS SAY NO und SHOULD MEN WALK HOME?. Ein Teil des Oberhausener Programms war auch auf den *Internationalen Stummfilmtagen* des *13. Bonner Sommerkinos* von Mitte bis Ende August 1997 zu sehen. Am 24. August 1997 wurde in der *Bonner Brotfabrik* THE NICKEL HOPPER mit Hardy präsentiert und während des *Bonner Sommerkinos* am 20. August 1998 zu Live-Musik Laurels Solofilm DR. PYCKLE AND MR. PRIDE.

16. Laurel and Hardy Better Than Ever

Die *Hal Roach Library* wurde kontinuierlich ausgebaut. Es wurden nicht nur Lücken geschlossen, sondern man suchte auch ständig nach hochqualitativen Quellen, um das bereits vorhandene Filmmaterial bis zur optimalen Qualität zu verbessern. Die Suche kam mitunter einer Odyssee gleich. Mittlerweile hatten auch die stummen Grotesken DUCK SOUP und WHY GIRLS LOVE SAILORS beschafft werden können. In DUCK SOUP von 1926, dem Vorläufer von ANOTHER FINE MESS, wirken Laurel und Hardy zufällig wie ein Team zusammen, das aber erst später entstand. WHY GIRLS LOVE SAILORS ist ein Laurel-Solofilm, in dem Hardy eine Nebenrolle spielt. Laurel flirtet als Frau verkleidet mit mit einem Schiffs-Kapitän.

In den 1920er- und 1930er-Jahren wurden Filme kaum aufbewahrt, und wenn doch, dann nicht gegen Feuchtigkeitseinflüsse und Temperaturschwankungen geschützt. Alte Filme waren meist abgespielt und befanden sich häufig in einem technisch schlechten Zustand. Staatliche Filmarchive wurden erst Jahrzehnte nach der Geburt des Kinos eingerichtet. Der Kirchsche Filmstock hingegen wurde in Unterföhring unter idealen physikalischen Bedingungen gelagert, um die Filme als dauerhaftes Kapital zu erhalten. Außerdem wurde versucht, Filme zu restaurieren. Das war schwierig, wenn sie während der Jahrzehnte durch viele Hände gegangen und immer wieder verändert worden waren. Wie hatten sie ursprünglich ausgesehen? Eine intensive filmhistorische Quellenforschung war vonnöten.

Im Laufe der Zeit konnten für die *Hal Roach Library* etwa 900 der insgesamt rund 1.200 Roach-Produktionen zusammengetragen werden, viele davon in der angestrebten bestmöglichen Qualität. Zu den wichtigsten Quellen gehörte die *US-Library of Congress* in Washington D. C., die älteste Bundeseinrichtung der USA und zugleich die größte Bibliothek der Welt mit mehr als 120 Millionen Sammlungsstücken. US-Filmproduzenten mussten Belegkopien ihrer Filme an sie liefern. Dadurch gehörten zum Bestand der Bibliothek rund 350 Roach-Grotesken, unter ihnen viele Laurel-und-Hardy-Streifen (leider nicht auch HATS OFF!) in technisch hervorragendem Zustand und von ausgezeichneter Bildqualität, jedoch alle auf feuergefährlichem Nitratfilm. Die im Bunker des Luftwaffenstützpunktes Wright-Patterson nordöstlich von Dayton/Ohio eingelagerten Streifen mussten aus Sicherheitsgründen auf Sicherheitsfilm umkopiert werden, der *Library of Congress* fehlten dafür aber die erforderlichen Geldmittel. In der Situation handelten die *KirchGruppe* und die *RHI Entertainment Inc.*, diese als Inhaberin der Rechte an der *Hal Roach Library* für die «Eastern Hemisphere». Sie verpflichteten sich, die Kosten für

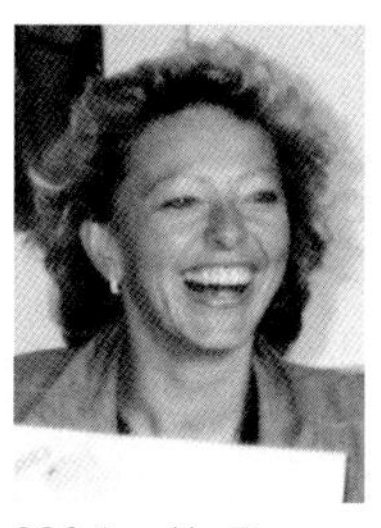

286 Angelika Zimmermann (2002), Heinz Caloués Nachfolgerin

das Umkopieren zu tragen. Im Gegenzug durfte jeder von ihnen von jedem umkopierten Film für eigene Zwecke ein kombiniertes Dup-Positiv, ein Dup-Negativ und bei Tonfilmen das dazugehörige Lichtton-Negativ ziehen. Die Nitratfilme wurden in Los Angeles im Kopierwerk *Film Technology Company* auf Sicherheitsfilm kopiert. Das war ein langwieriges Unterfangen, da die *Library of Congress* die Filme nur Stück für Stück dorthin gab, das heißt, ein Film musste umkopiert und in die *Library of Congress* zurückgekehrt sein, bevor der nächste Streifen auf den Weg gebracht wurde. Wegen der Explosionsgefahr wurden die Filme das ganze Jahr über ausschließlich auf dem Landweg quer über den Kontinent transportiert. Danach war der letzte Roach-Film 2001 umkopiert. Die lukrativen Laurel-und-Hardy-Filme waren allerdings in der ersten Hälfte der 1990er-Jahre vorgezogen worden. *Taurus-Video* machte sich daran, eine *Laurel-und-Hardy-Kollektion* auf den Weg zu bringen.

Deren aufwändige Koordination nahm Caloués Nachfolgerin Angelika Zimmermann in die Hand (Abb. 286). Die optimale Präsentation von Laurel und Hardys Stummfilmen blieb schwierig, da die *KirchGruppe* auf ausgezeichnete Fassungen des mittlerweile verstorbenen Anbieters Richard Feiner keinen Zugriff hatte. Unter anderem musste die Beschaffenheit und Vollständigkeit der Filme überprüft und dabei entschieden werden, ob sie zu ergänzen und ob und welche Zwischentitel in welcher Schrift zu rekonstruieren waren. Als Quelle der Rekonstruktion dienten zum Beispiel andere Filmkopien, noch vorhandene Dialoglisten und Veröffentlichungen über die Streifen. Die technischen Arbeiten wurden bei der *Beta Technik* ausgeführt, die sich im Laufe der Zeit mit ihrem Know-how auf diesem Gebiet einen ausgezeichneten Ruf erworben hatte. STAR-WARS--Produzent George Lucas lobte: «Wenn ich die bestmögliche Kopie von einem meiner Filme brauchte, würde ich mich zuerst an die *KirchGruppe* wenden.»

Besonders problematisch war, die stummen Grotesken möglichst originalgetreu mit zeitgenössischen Musiken zu versehen. Feste Musiken für die stummen Laurel-und-Hardy-Filme gab es in den *Hal Roach Studios* nicht, bevor gegen Ende der 1920er-Jahre Lauel-und-Hardy-Grotesken zum Teil mit synchronisierter Musik und mit synchronisierten Geräuscheffekten auf Vitaphone-Schallplatten ausgestattet wurden. Diese haben allerdings nicht die Qualität der Ohrwürmer von LeRoy Shield und Marvin Hatley aus den 1930er-Jahren. Ende 1991 hatte der Rotterdamer Grafiker und Verleger Piet Schreuders, der seit Mitte der 1980er-Jahre deren Musiken rekonstruierte, das *Beau Hunks Orchestra* gegründet (Abb. 287). Im Frühjahr 1995 vertonte er mit dem Orchester im Auftrag der *KirchGruppe* Laurel-und-Hardy-Stummfilme für die *Laurel-und-Hardy-Kollektion* im Stil von Shield und Hatley und versah die Streifen mit Geräuscheffekten. Die im gleichen Stil gehaltene Einleitungsmusik der Kollektion stammt von Orchestermitglied Jan Robijns. Für die *Laurel-und-Hardy-Kollektion* erhielten einige der Musiken des *Beau Hunks Orchestras* den Vorzug vor den Original-Musiken, so im Fall von WE FAW DOWN, weil Schreuders Fassung «frischer klingt und den Film erst so richtig zum Leben bringt» und die Musik von der Vitaphone-Schallplatte nur von «akademischen Interesse» sei (Richard Baum).

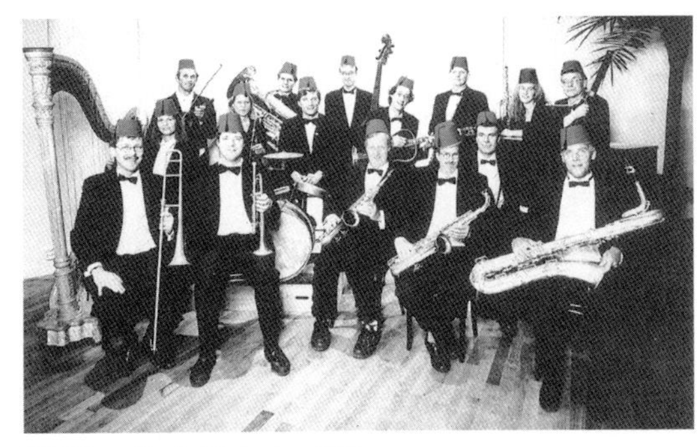

287 Beau Hunks Orchestra, 1992

Die originalen Tonfassungen von BERTH MARKS, THEY GO BOOM und UNACCUSTOMED AS WE ARE sowie die dreiaktige Fassung von LAUGHING GRAVY gelangten mit der *Laurel-und-Hardy-Kollektion* zum ersten Mal nach Deutschland. Manche Tonfilme hatten im Zuge der Wiederaufführungen den Vorspann und einleitende Textkarten eingebüßt. Der Vorspann von NIGHT OWLS, in dem zum ersten Mal das *Coo-Coo*-Thema verwendet wurde, blieb verschwunden. Ein Fauxpas unterlief allerdings mit dem Vorspann von THE MUSIC BOX, in den das *Coo-Coo*-Thema in der Fassung für WAY OUT WEST eingesetzt wurde. Andere Vorspanne konnten wiederhergestellt werden. Aus Versehen blieb jedoch der Vorspann von THE CHIMP, in dem Clowns ein rundes Trampolin halten, das nach jedem Credit zerreißt, um den nächsten zum Vorschein kommen zu lassen, in der Schublade. So erscheint in der Kollektion der *Film-Classics*-Vorspann aus den 1940er-Jahren.

Da sich nicht sämtliches Film-Material der Uraufführungsfassungen auffinden ließ, fehlen einige Szenen, so diejenige zu Beginn von BEAU HUNKS, in der Ollie auf dem Klavier den *Pagan Love Song* spielt, dazu summt und in das bekannte Lied *You are the Ideal of My Dreams* übergeht. Bei BLOTTO muss man auf zwei Passagen im Nachtclub verzichten, in denen Stan Ollie mit Sodawasser bespritzt und Sänger einen längeren Auftritt haben. Die einfallsreichen einleitenden Textkarten von PERFECT DAY, BLOTTO, BRATS, BEAU HUNKS und COUNTY HOSPITAL waren im Bild auch nicht mehr vorhanden. Doch ihr Wortlaut ist bekannt, sodass sie sich hätten rekonstruieren lassen. Bedauerlicherweise wurden auch nicht die beiden alternativen Fassungen von THE FINISHING TOUCH und BIG BUSINESS und die stumme Fassung von BERTH MARKS berücksichtigt.

Zwölf der 13 Laurel-und-Hardy-Spielfilme der *Laurel-und-Hardy-Kollektion*, darunter die Export-Fassung von A CHUMP AT OXFORD, besitzen die originalen Einleitungen. Bis auf THE FLYING DEUCES sind die Filme auch komplett, insbesondere PACK UP YOUR TROUBLES (Kesselszene), THE BOHEMIAN GIRL (Dialog zwischen Ollies Frau und ihrem Liebhaber), WAY OUT WEST (Saloon-Szene und Szene mit Ollies Kopf in der Kellerluken-Klappe) und BLOCK-HEADS (Stan entleert den Sandlaster auf das Auto von Ollies Frau).

PARDON US läuft auf der Video-Kassette 67 Minuten. Dafür wurde die 56-minütige Original-Fassung mit den Szenen aus der Preview-Fassung und dem Ende der spanischen Sprachversion DE BOTE EN BOTE zu einem Kunstprodukt kombiniert. Mit Laurels Vorstellungen deckte sich das schwerlich.

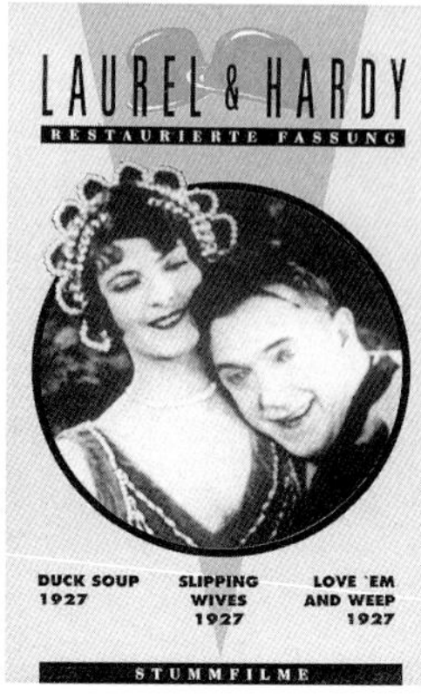

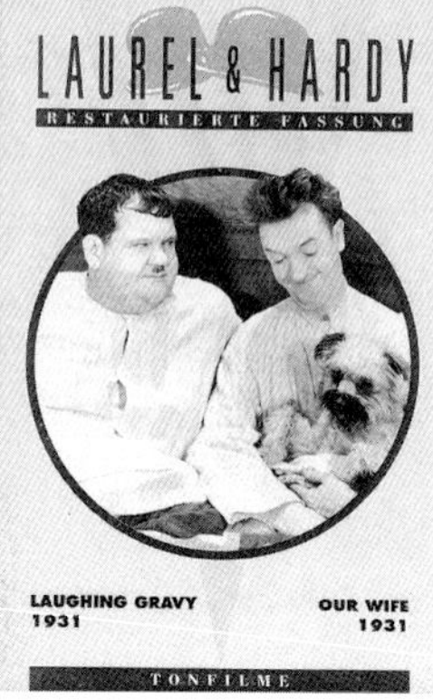

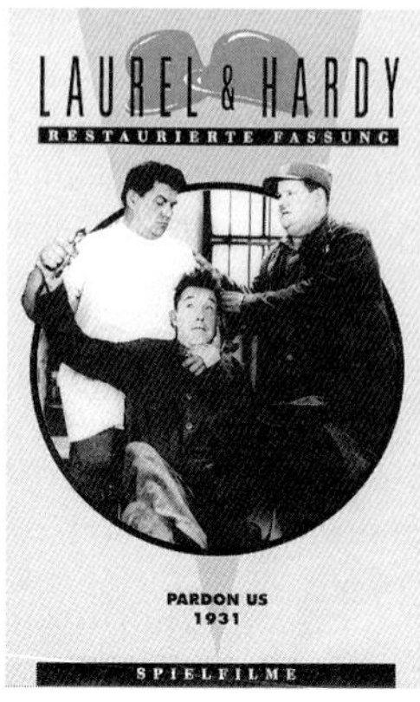

288–290 Laurel-und-Hardy-Kollektion, 1995, mit einigen bis dahin noch nie in Deutschland gezeigten Filmen: DUCK SOUP, SLIPPING WIVES, LOVE 'EM AND WEEP, die dreiaktige Fassung LAUGHING GRAVY, OUR WIVE und PARDON US (Hybrid-Fassung)

In der Hybrid-Fassung lernt man zum Beispiel den Gefängnis-Direktor von einer ganz anderen Seite kennen. Für die angefügten Szenen aus der spanischen Sprachversion wurden Stan und Ollies spanische Satzfetzen durch englische Worte aus anderen Laurel-und-Hardy-Streifen ersetzt. Die Hilferufe der Tochter des Direktor wurden nachsynchronisiert.

Mit dem Roach-Zitat «Das Lachen ist eine sehr wichtige Sache. Man sollte die Menschen der ganzen Welt so oft wie möglich zum Lachen bringen, denn man kann kaum etwas Böses tun, wenn man lacht», ließ sich gute Werbung betreiben, und natürlich besonders mit der Restaurierung so vieler Filme. Daher wurde der Slogan «Laurel and Hardy Better Than Ever» ausgegeben.

Für den Verkauf der *Laurel-und-Hardy-Kollektion* in Deutschland wurden sämtliche Filme bis auf ATOLL K, der nur in deutscher Fassung veröffentlicht wurde, mit deutschen Untertiteln versehen, die man anders als heute bei der DVD nicht ausblenden konnte. Die *Laurel-und-Hardy-Kollektion* wurde 1995 in drei Stufen veröffentlicht. Am 7. Juni 1995 erschienen zehn Spielfilme. Ein knappes Vierteljahr später folgten am 4. September 1995 die Tonkurzfilme auf 18 Video-Kassetten und darauf am 23. Oktober 1995 noch einmal elf Kassetten mit Stummfilmen. Die Kollektion wurde am 22. April 1996 mit den Spielfilmen BABES IN TOYLAND, THE FLYING DEUCES und DICK UND DOOF ERBEN EINE INSEL (ATOLL K) abgeschlossen. Jede Video-Kassette kostete damals 29,95 DM (Abb. 288–290).

THE FLYING DEUCES verdient allerdings nicht die Bezeichnung «Original-Fassung». Die Bildqualität ist zwar ausgezeichnet, aber der Film ist um 10 Minuten gekürzt. Vollständig fehlt, wie Stan versucht, sich unter der Dachschräge des Hotelzimmers zu waschen, was den Rest der Szene mit Ollies unerwünschter Dusche aus dem wassergetränkten Kissen unverständlich macht. Stan und Ollies Flucht mit dem Flugzeug, einer der Höhepunkte des Films, ist bis zur Unkenntlichkeit zusammengeschnitten worden.

17. HAL ROACH STUDIO TOUR und letzte Videos

Am 16. August 1996 erschien bei *Taurus-Video* ein mehrfach verschobenes neues Produkt, das nach dem Austausch der Herstellungsfirma und Streitigkeiten um Honorare unfertig auf den Markt geworfen worden sein soll, um die Produktionskosten von 200.000 DM möglichst schnell hereinzuholen. Für stolze 99 DM können sich PC-Besitzer mit der CD-ROM HAL ROACH STUDIO TOUR virtuell auf dem *Lot of Fun* bewegen, manches über Stars und Mitarbeiter des Studios erfahren und auch Filmszenen betrachten (Abb. 291). Das mit einem mageren Booklet ausgestattete Produkt lässt den Nutzer allerdings mit zwiespältigen Gefühlen zurück, denn zuweilen ist die Benutzerführung mangelhaft. Zum Beispiel ist nicht immer klar, wie sich der gewünschte Zugriff erreichen lässt, und erläutert wird nichts. Eine kompakte Darstellung über Laurel und Hardy und ihr Werk fehlt. Bilder sind verwechselt und falsch zugeordnet. Wichtige Künstler aus den Laurel-und-Hardy-Filmen werden übergangen. Recht interessant sind Heinz Caloués Artikel über Stan und Ollie und ihre Filmehefrauen. Die Filmausschnitte stammen nicht alle aus der *Laurel-und-Hardy-Kollektion*, sondern auch aus nicht restaurierten Quellen. Mit einem Ausschnitt ist der Kurzfilm THE STOLEN JOOLS von 1931 vertreten, in dem Stan und Ollies klappriges Auto beim Einparken zusammenbricht und in seine Bestandteile zerfällt.

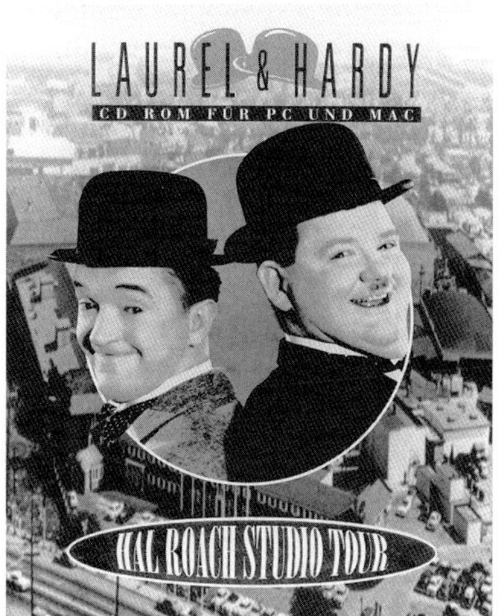

291 CD-ROM HAL ROACH STUDIO TOUR, 1996

Für den 6. September 1996 kündigte der Münchner Privatsender tm3 Laurel und Hardys HÄNDE HOCH – ODER NICHT! an. Doch gesendet wurde nicht Gressiekers Synchron-Fassung, sondern Krügers DICK UND DOOF, DIE SITTENSTROLCHE. Der Abend hielt eine weitere Enttäuschung parat, denn der im Anschluss ausgestrahlte Film LEIBKÖCHE SEINER MAJESTÄT war nicht die deutsche Kino-Fassung von 1950. Zu sehen waren nur deren Vor- und Abspann, dazwischen aber musste man mit der ZDF-Fassung NICHTS ALS ÄRGER Vorlieb nehmen. Bei den häufigen Wiederholungen beider Streifen in verschiedenen ARD-Programmen änderte sich nichts. Gelegentlich konnten die jungen Zuschauer des Kinderkanals per Telefon unter mehreren Spielfilmen ihren Wunschfilm auswählen. Auf diese Weise kamen Laurel und Hardy mindestens zweimal in den Kindersender, am 13. Juli 1997 mit DIE GROSSE METRO-LACHPARADE und Ende November 1998, von 50 % der Anrufer gewünscht, mit DICK UND DOOF, DIE SITTENSTROLCHE als HÄNDE HOCH – ODER NICHT!.

Schon im Frühjahr 1996 war eine sechsteilige Video-Kassetten-Reihe mit Folgen der ARD-Serie KLAMOTTENKISTE des Münchner Labels *VPS* zum Stückpreis von knapp 10 DM im Handel, mit der Folge LARRY UND DIE PIO-

NIERE (BEARS AND BAD MEN) mit Laurel. Die am 1. April 1998 ebenfalls für etwas unter 10 DM von *United Video* aus Konken erhältliche Video-Kaufkassette CHARLIE CHAPLIN SPEZIAL-EDITION führt in die Irre. Sie enthält mitnichten die «besten Filme des Weltmeisters des Humors», sondern unter anderem wieder einmal die Billy-West-Groteske CHARLIE DER AUSSREISSER (HIS DAY OUT) mit Hardy. Der Bonus-Film ANNO 1920 als «Parodie auf Dick und Doof, PAT UND PATACHON, Charlie Chaplin, Buster Keaton und andere, eine Gaunerkomödie, in der ein Gag den anderen ablöst» hat nicht den leisesten Bezug zu Laurel und Hardy.

Im Juni 1998 erschien bei *Taurus-Video* die erste Video-Kassette der geplanten *Charley-Chase-Kollektion* mit zwei stummen Chase-Grotesken, bei CRAZY LIKE A FOX spielt Hardy mit. Es blieb bei dieser einen Ausgabe. Die Vorführung von Chase-Grotesken am 30. Juni 1998 auf dem *Filmfest München* zu Live-Musik verhalf der Kollektion trotz ausgezeichneter Reaktionen nicht zum Durchbruch. Die *Charley-Chase-Kollektion* scheiterte auch, weil die defizitär gewordene *Taurus-Video* aufgeben musste. Lagerbestände der *Laurel-und-Hardy-Kollektion* und der CD-ROM HAL ROACH STUDIO TOUR

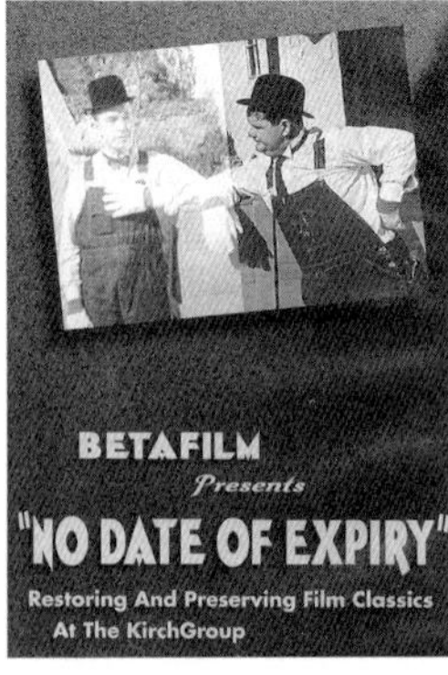

292 Werbevideo NO DATE OF EXPIRY, 1998

wurden aufgelöst. Ab August 1998 waren die Laurel-und-Hardy-Videos unter dem Label *Kinowelt Home Entertainment GmbH* (künftig auch: *Kinowelt*) auf dem Markt, lizensiert von *Taurus Film* bis Dezember 2005. Entscheidende Impulse erfuhren die Chase-Streifen ferner nicht dadurch, dass einige von ihnen im DVD-Zeitalter Laurel-und-Hardy-Programmen beigegeben wurden und das *Filmmuseum München* im Mai und Juni 2003 über mehrere Wochen Chase-Programme zeigte.

1998 produzierte Angelika Zimmermann für *Taurus-Video* schließlich noch zwei Videos als Werbematerial und Kundengeschenke, von denen 2000 ein Teil bei einem Laurel-und-Hardy-Quiz der *KirchGruppe* verlost wurde, als die beiden Komiker mit einer eigenen website des Konzerns online gegangen waren. Die erste Kassette NO DATE OF EXPIRY enthält eine 24-minütige Dokumentation über Restaurierungen der *Taurus Media-Technik*, wie die *Beta Technik* nun hieß (Abb. 292). Die zweite Kassette THE BEST OF HAL ROACH. A COMPILATION besteht aus acht vollständigen, restaurierten Kurzfilmen der *Hal Roach Library*. Neben BIG BUSINESS und TOWED IN A HOLE ist in bestechender Bildqualität ON THE LOOSE von 1931 mit Zasu Pitts und Thelma Todd in den weiblichen Hauptrollen enthalten, die Stan und Ollie nach Coney Island ausführen möchten, wohin die beiden jungen Frauen absolut nicht mehr wollen.

18. COMEDY CAPERS im europäischen Kulturkanal und zwei Sensationen

Der deutsch-französische Kulturkanal arte strahlte gelegentlich Retrospektiven restaurierter alter Filme aus. Am

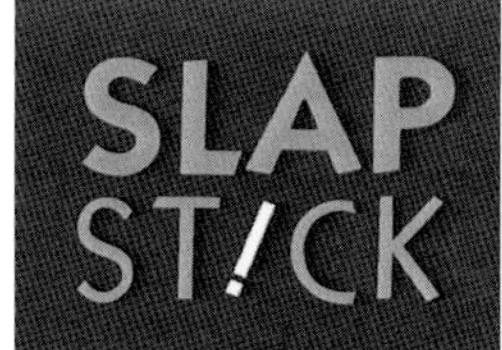

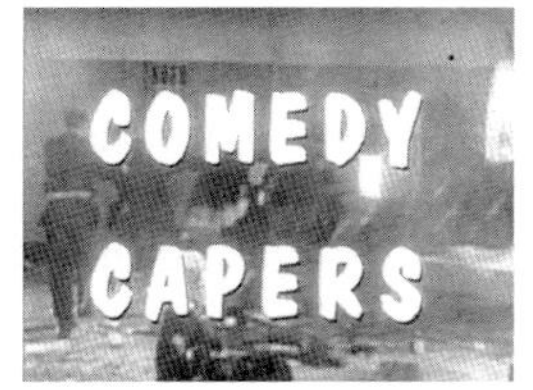

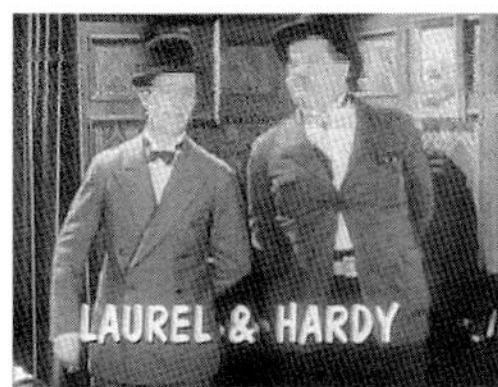

293–295 Vorspann der Serien SLAPSTICK (1994; links) und COMEDY CAPERS

27. März 1994 begann die langlebige Serie SLAPSTICK, in der zahlreiche stumme Grotesken deutsch untertitelt gesendet wurden (Abb. 293). Die französische Firma *Eclipse* konnte dafür aus dem Archiv des französischen Sammlers und Filmproduzenten Serge Bromberg, der 1985 *Lobster Film* gegründet hatte und mittlerweile Eigentümer der *Blackhawk Films Library* ist, schöpfen. Jede Folge dauert 25 Minuten und wird zu passend kombinierten Schlaglichtern aus Grotesken eingeleitet mit einem guten Vortrag, den in der deutschen Fassung Wolfgang Draeger spricht (Abb. 296). Häufig bilden ein Zweiakter und Ausschnitte aus einer anderen Groteske eine Folge. Die Serien-Musik stammt von Alan Collard und wirkt wie andere Musiken für Restaurierungsprojekte zuweilen farblos. Manch einer wird sich nach den Slapstick-Musiken der TV-Serien MAD MOVIES, DICK UND DOOF und KLAMOTTENKISTE gesehnt haben. Gleich die erste Folge SLAPSTICK besteht aus Laurels Zweiakter HALF A MAN und einem Ausschnitt aus KILL OR CURE. Eine weitere Folge enthält THE LUCKY DOG. Bis Ende November 1994 wurden insgesamt 14 Solofilme von Laurel und zwei von Hardy ausgestrahlt.

Parallel zu SLAPSTICK startete arte im Oktober 1994 die deutsch untertitelte Serie ONE REELERS – DIE ERSTEN SLAPSTICKS mit einaktigen stummen US-Grotesken. Einleitende Kommentare gab es dazu nicht. Auch hier war keine Slapstick-Musik zu hören. Von Oktober 1994 bis Juni 1995 liefen fünf Solofilme von Laurel und zwei mit Hardy.

Am 7. und 8. Januar 1995 strahlte arte zwei Themenabende KOMIK aus. Während des ersten Abends lief das fast dreistündige Programm SLAPSTICK FESTIVAL mit stummen Grotesken, kurz nach Mitternacht kam Hardys Einakter YES, YES NANETTE. Im Beitrag ALS DAS LACHEN LAUFEN LERNTE über die stumme Filmgroteske war ein kurzer Ausschnitt aus Laurels MUD AND SAND enthalten. Den Abschluss des Slapstick-Wochenendes bildete die kolorierte, deutsch untertitelte vollständige Original-Fassung von Laurel und Hardys WAY OUT WEST.

Von Ende März 1997 bis etwa April 1999 schickte *Taurus Film* 74 Folgen der COMEDY CAPERS in die Abteilung «Cine Comedy» des Pay-TV-Programms DF1 (Abb. 294–295). Die COMEDY CAPERS waren die Quelle zahlreicher Folgen deutscher TV-Serien mit US-Grotesken gewesen. Für die *KirchMedia* waren sie auch wirtschaftlich interessant, weil sie sich ohne nennenswerten Aufwand in jedem Sprachraum einsetzen ließen. Saunders hatte sämtliche Textkarten der

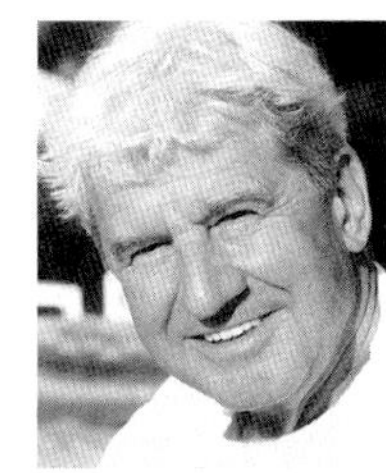

296 Wolfgang Draeger (2002), Sprecher

Original-Grotesken entfernt. Cine Comedy zeigte fünf Folgen mit Laurel-und-Hardy-Filmen und 17 Folgen mit Sologrotesken der beiden Komiker sowie die Folge DIE TROUBADOURE mit BELOW ZEROs Vorbild STARVATION BLUES, insgesamt etwa 30 % des Sende-Umfanges. In der Folge DER FAMILIENAUSFLUG soll laut Vorspann Hardy mitwirken. Doch es handelt sich um eine Ralph-Graves-Groteske mit dem wohlbeleibten Marvin Loback, der auch in der ZDF-Serie OPAS KINO LEBT mit Hardy verwechselt worden war.

Bis 1994 waren im Auftrag von *RHI Entertainment Inc.*, *King World* und *Taurus Film* 53 Tonkurzfilme von Roachs Our Gang koloriert worden. Nach dem Ende von *Taurus Video* wurde die Kinderserie bei Pro7 untergebracht und dafür bei der *Taurus MediaTechnik* deutsch synchronisiert. Autorin und Regisseurin Andrea Wagner besetzte die Kinderrollen nur mit Kindern, um die spezifische Atmosphäre zu bewahren. Die Arbeiten verlangten viel Geduld, doch das Ergebnis ist ausgezeichnet. Am 27. September 1997 sendete Pro7 die deutsche Fassung SPANKY BEIM FOTOGRAFEN (WILD POSES) mit Laurel und Hardys Kurzauftritt.

Danach wurde am 22. Dezember 1997 während des arte-Themenabends über Juwelen vollständig THE STOLEN JOOLS mit Laurel und Hardy im Original mit deutschen Untertiteln gezeigt. Am Neujahrstag 1998 strahlte der Sender Rowan Atkinsons komödiantische Vorlesung VISUAL COMEDY – VISUELLE KOMÖDIE mit zwei Ausschnitten aus THE FLYING DEUCES aus, die seit Oktober 1994 als *Ufa Video* im Handel war.

Am 24. Februar 1998 lief bei DF1 ein halbstündiger Beitrag über Laurel und Hardy aus der französischen Serie UNSTERBLICHES KINO mit Ausschnitten aus THE FLYING DEUCES und Solofilmen des Duos. Zur Entstehung von THE FLYING DEUCES wird behauptet, Harry Langdon habe verhindert, dass Stan und Ollie darin nach der ursprünglichen Drehbuchfassung als boshafte, linkische Zeitgenossen erschienen. Die deutsche Fassung der TV-Folge wartet außerdem mit einigen falschen deutschen Titelzuordnungen auf: DICK UND DOOF: EINE SUPERSCHAU DES LACHENS und DICK UND DOOF – DIE UNZERTRENNLICHEN sind nicht die deutschen Titel von THE FLYING DEUCES und PUTTING PANTS ON PHILIP, genauso wenig wie THE MUSIC BOX jemals unter dem deutschen Titel DICK UND DOOF ALS REKRUTEN aufgeführt wurde.

Wie leicht man sich im Dschungel der deutschen Laurel-und-Hardy-Titel verirren kann, bewies arte am 16. August 1998 im Vorspann seiner Serie KLEINE UND ANDERE STROLCHE. Die überdimensionalen Requisiten aus dem stummen Our-Gang-Film MARY, QUEEN OF TOTS von 1925 werden darin mit denen aus BRATS verglichen, dessen deutscher Titel angeblich DICK UND DOOFS LACHPARADE ist.

Zwischendurch tauchten die beiden Komiker bei Pro7 am 30. März 1998 in der Folge DER HELLSEHER aus der TV-Fernsehserie AKTE X mit der Skelett-Szene aus THE BULLFIGHTERS auf, unterlegt mit den Stimmen von Bluhm und Habeck aus der ZDF-Fassung STIERKÄMPFER. Der Original-Titel heißt CLYDE BRUCKMAN'S FINAL REPOSE. Bruckman war Regisseur mehrerer stummer Laurel-und-Hardy-Filme. Ähnlich war auch schon Stan und Ollies Mundharmonika-Wettstreit aus PICK A STAR in den US-Kinderfilm DOT GOES TO HOLLYWOOD von 1987 eingebaut worden, der am 30. Juli 1994 von RTL2 als KNÖPFCHEN GEHT NACH HOLLYWOOD ausgestrahlt worden war.

Im arte-Themenabend KOMIK vom 27. Dezember 1998 gab es eine Laurel-und-Hardy-Sensation. Denn Serge Bromberg hatte in seinem Beitrag DIE GAG-FABRIK (SUR LA PISTE DU GAG) zwei Laurel-und-Hardy-Szenen untergebracht, die niemand kannte. Sie stammen aus einen französisch synchronisierten *MGM*-Trailer von 1936 mit Stan und Ollie auf dem Dach eines Hochhauses, wo Stan ungeschickt mit einem riesigen Teleskop hantiert (Abb. 297–299).

Danach war die nächste Sensation perfekt. Am 18. Juni 1999 wurde in der Sammlung des *Dänischen Filmmuseums* in Kopenhagen der Trailer der verschollenen deutschen Sprachversion HINTER SCHLOSS UND RIEGEL entdeckt und im Mai 2000 der staunenden Öffentlichkeit vorgestellt. Die Nachricht schwappte sofort nach Deutschland über und war zur besten Sendezeit eine Meldung in der 20-Uhr-Ausgabe der ARD-TAGESSCHAU wert. Auch im deutschen Blätterwald wurde der Fund gefeiert.

Keine Sensationen enthält die einstündige Zusammenstellung DIE BESTE COMEDY, die SAT.1 am 29. November 1999 im Rahmen seiner JAHRHUNDERTWOCHE SAT.1 SPEZIAL ausstrahlte. Damit sollten die großen Filmkomiker geehrt werden, unter ihnen Laurel und Hardy, die laut Kommentar in Deutschland «treffend» Dick und Doof heißen. Unter den meist kolorierten Ausschnitten befindet sich einer aus der dreiaktigen Fassung von LAUGHING GRAVY. Die Auszüge aus YOU'RE DARN TOOTIN' und THE BATTLE OF THE CENTURY sind unpassend mit dem Hardrock-Titel «You Gotta Fight for Your Right» unterlegt. Dazu kommen einige Film-Aufnahmen von Laurel und Hardy aus den Jahren 1932, 1947 und 1951.

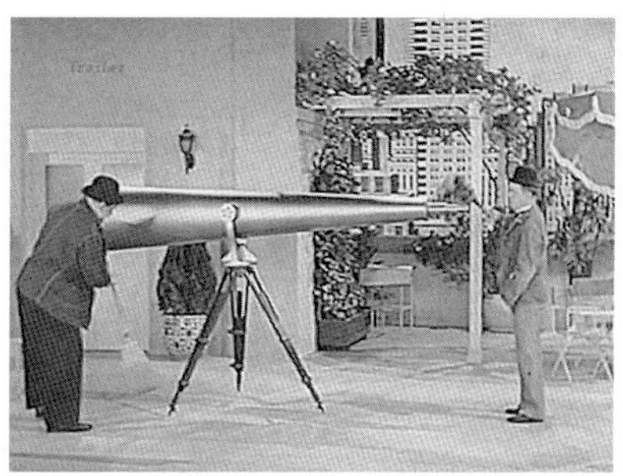

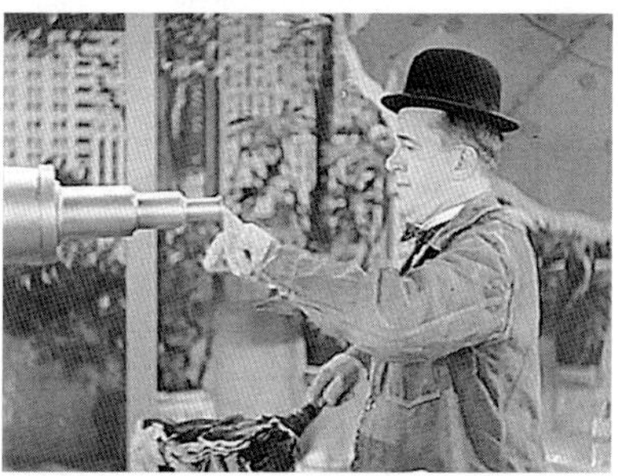

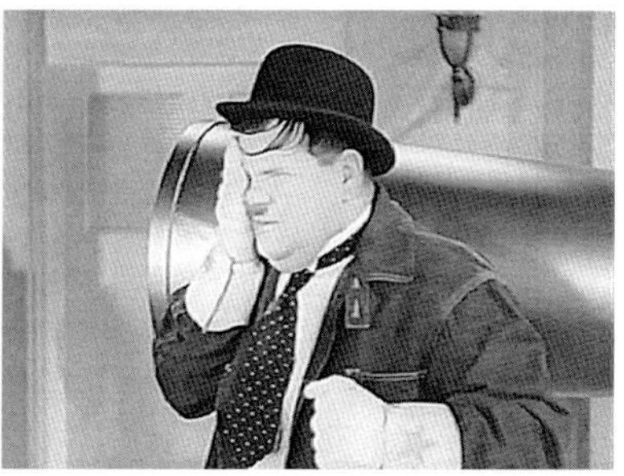

297–299 Wieder mal ein Stich in Ollies Auge. Fernrohr-Gag aus dem COMING ATTRACTIONS-Trailer, 1936

19. Fernsehen mit Weltpremiere

Am 1. Mai 1999 hatte die *KirchMedia* in Zusammenarbeit mit der britischen Firma *Vision Video Limited* die offizielle Laurel-und-Hardy-website ins Internet gestellt. Kernstück des Internet-Auftrittes waren Richard Banns Artikel unter anderem über Filme des Duos und ihre Restaurierung. Danach wurde zum

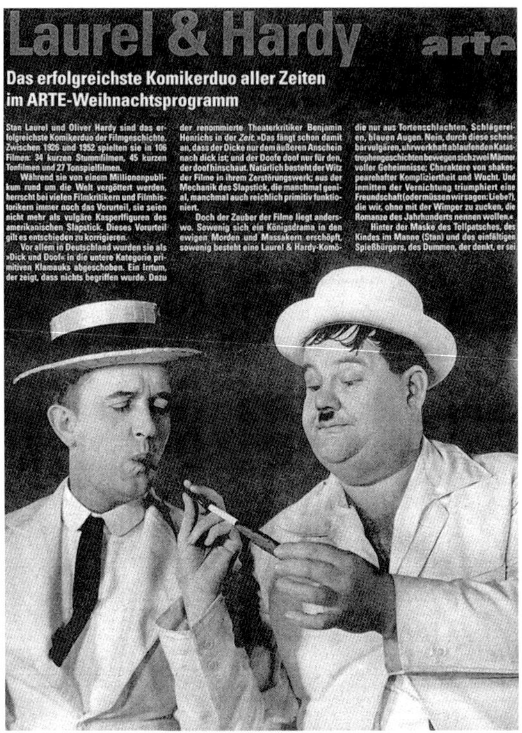

Laurel & Hardy

arte

Das erfolgreichste Komikerduo aller Zeiten im ARTE-Weihnachtsprogramm

Stan Laurel und Oliver Hardy sind das erfolgreichste Komikerduo der Filmgeschichte. Zwischen 1926 und 1952 spielten sie in 106 Filmen: 34 kurzen Stummfilmen, 45 kurzen Tonfilmen und 27 Tonspielfilmen.

Während sie von einem Millionenpublikum rund um die Welt vergöttert werden, herrscht bei vielen Filmkritikern und Filmhistorikern immer noch das Vorurteil, sie seien nicht mehr als vulgäre Kasperlfiguren des amerikanischen Slapstick. Dieses Vorurteil gilt es entschieden zu korrigieren.

Vor allem in Deutschland wurden sie als »Dick und Doof« in die untere Kategorie primitiven Klamauks abgeschoben. Ein Irrtum, der zeigt, dass nichts begriffen wurde. Dazu der renommierte Theaterkritiker Benjamin Henrichs in der *Zeit*: »Das fängt schon damit an, dass der Dicke nur dem äußeren Anschein nach dick ist; und der Doofe doof nur für den, der doof hinschaut. Natürlich besteht der Witz der Filme in ihrem Zerstörungswerk; aus der Mechanik des Slapstick, die manchmal genial, manchmal auch reichlich primitiv funktioniert.

Doch der Zauber der Filme liegt anderswo. Sowenig sich ein Königsdrama in den ewigen Morden und Massakern erschöpft, sowenig besteht eine Laurel & Hardy-Komödie nur aus Tortenschlachten, Schlägereien, blauen Augen. Nein, durch diese scheinbar vulgären, uhrwerkhaft ablaufenden Katastrophengeschichten bewegen sich zwei Männer voller Geheimnisse; Charaktere von shakespearehafter Kompliziertheit und Wucht. Und inmitten der Vernichtung triumphiert eine Freundschaft (oder müssen wir sagen: Liebe?), die wir, ohne mit der Wimper zu zucken, die Romanze des Jahrhunderts nennen wollen.«

Hinter der Maske des Tollpatsches, des Kindes im Manne (Stan) und des einfältigen Spießbürgers, des Dummen, der denkt, er sei

300 arte-Weihnachtsprogramm 1999/2000 mit Laurel und Hardy

Jahrtausendwechsel von Ende Dezember 1999 bis Anfang Januar 2000 im arte-Weihnachtsprogramm eine Laurel-und-Hardy-Retrospektive ausgestrahlt, zum Teil mit Filmen im Zweikanalton. Im Programmheft des Senders (Abb. 300) wurden die beiden Komiker und die Bemühungen der *KirchMedia* um ihr Werk gewürdigt: «Natürlich besteht der Witz der Filme in ihrem Zerstörungswerk. Doch der Zauber der Filme liegt anderswo. Sowenig sich ein Königsdrama in den ewigen Morden und Massakern erschöpft, sowenig besteht eine Laurel-und-Hardy-Komödie nur aus Tortenschlachten, Schlägereien, blauen Augen. Nein, durch diese scheinvulgären, uhrwerkhaft ablaufenden Katastrophengeschichten bewegen sich zwei Männer voller Geheimnisse; Charaktere von shakespearehafter Kompliziertheit und Wucht. Und inmitten der Vernichtung triumphiert eine Freundschaft (oder müssen wir sagen: Liebe?), die wir, ohne mit der Wimper zu zucken, die Romanze des Jahrhunderts nennen wollen.»

Auch arte trug zur Verdichtung des Titeldschungels bei. Schwier-Fassungen erhielten Kino-Titel aus den 1950er-Jahren, kurze Tonfilme TV-Titel aus ZDF-Serien. Manchmal wurden Original-Titel auch wörtlich ins Deutsche übersetzt. Die stummen Grotesken wurden nicht alle mit Musiken des *Beau Hunks Orchestras* unterlegt. So musste sich der Zweiakter TWO TARS mit magerer Klaviermusik bescheiden. Interessant ist indessen eine alternative Musikfassung von WE FAW DOWN.

Die arte-Attraktion war am 20. Dezember 1999 die Welturaufführung von Alan Douglas' Laurel-und-Hardy-Hommage DANCE OF THE CUCKOOS im Zweikanalton. Er hatte sie 1982 aus einer Legion von Film-Ausschnitten (in schwarzweiß, und nicht wie ursprünglich geplant koloriert) zu einer fortlaufenden Handlung zusammengestellt, aber keinen Abnehmer gefunden. Der Berater des lieben Gottes macht sich dafür stark, dass Stan und Ollie ein eigenes Sternbild enthalten. Er entfaltet die Verrücktheit von Stan und Ollies Kosmos, sodass sein Chef ihnen einen Platz am Himmel zuweist, an dem sie wie in WAY OUT WEST tanzen (Abb. 301–303). Douglas' Werk lag offenbar schon lange in Deutschland. Spätestens 1990 wurde es unter dem deutschen Titel EIN TOLLPATSCH KOMMT SELTEN ALLEIN von der Berliner *Colorierungs KG* synchronisiert. Autor und Regisseur Siegfried Rabe führte die sehr guten Synchronsprecher mit unkomplizierten Texten frei von Kalauern durch das bunte Geschehen. Andreas Mannkopffs Laurel ähnelt dessen Stimme und trifft Stans gewisse sprachliche Trägheit (Abb. 304). Habeck ist wie in STERNSCHNUPPEN von 1989 als Hardys Stimm-Double goldrichtig. Allerdings hat Rabe Ollies Lied in BEAU HUNKS nicht lippensynchron eingedeutscht. Joe Samples Musik wirkt gelegentlich distanziert, und bei der Ausstattung mit Geräuschen hat Hans W. Kramski einen Fehlgriff getan. Zum Klavier in THE MUSIC BOX ließ er Glockengebimmel ertönen. EIN TOLLPATSCH KOMMT SELTEN ALLEIN war nach über 70 bewegten Laurel-und-Hardy Jahren in Deutschland der Schlusspunkt deutscher Synchronisationen ihrer Filme – vorläufig, denn 2009 und 2012 wurden noch einmal vier deutsche Fassungen auf den DVD-Markt geworfen, in einem Fall noch akzeptabel, im Übrigen aber von erschütternder Qualität.

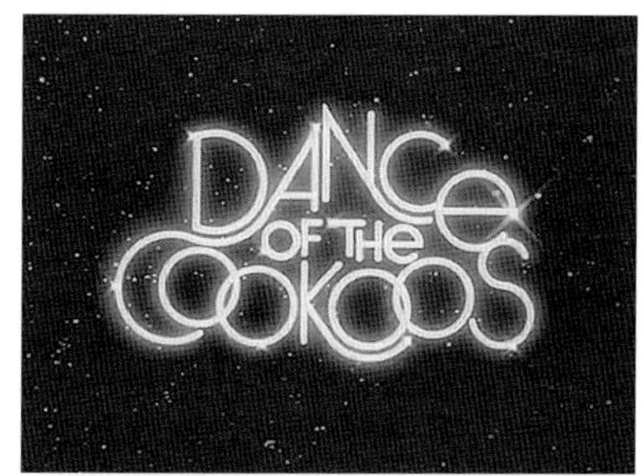

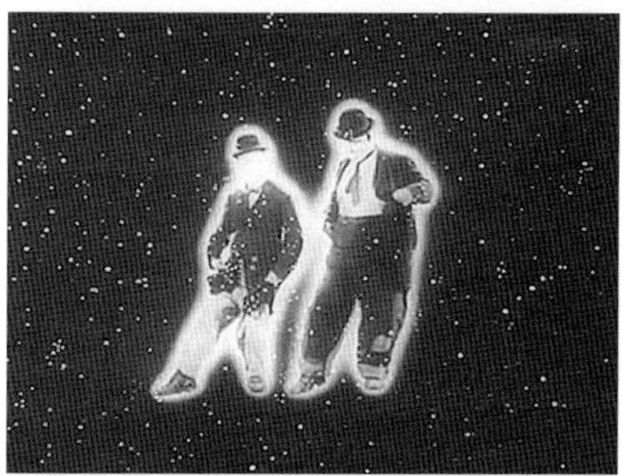

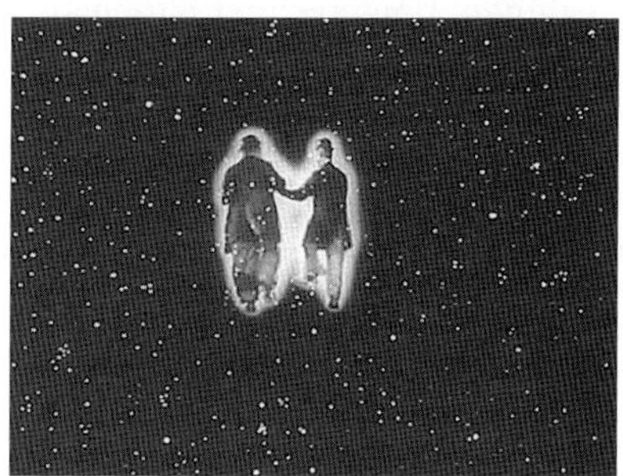

301–303 Ein eigenes Sternbild für Stan und Ollie in DANCE OF THE CUCKOOS, 1981

Die *Stuttgarter Zeitung* warnte vor der Ausstrahlung von Douglas' Film: «Dass heute Abend an Alan Douglas' DANCE OF THE CUCKOOS Zeit verschwendet wird, ist ein echtes Ärgernis. Aus dem Zusammenhang gerissene und neu aneinander geklebte Schnipsel von unpassender Musik gräulich unterlegt erinnern stark an den ZDF-Humorfrevel VÄTER DER KLAMOTTE. Hier wird beiseite gewischt, mit wie viel Inspiration, Akribie und Genie vor allem Stan Laurel am Aufbau der Gags und am Rhythmus der Eskalation gearbeitet hat. Immerhin, in DANCE OF THE CUCKOOS werden die Folgen vorgeführt, weil der liebe Gott entscheiden muss,

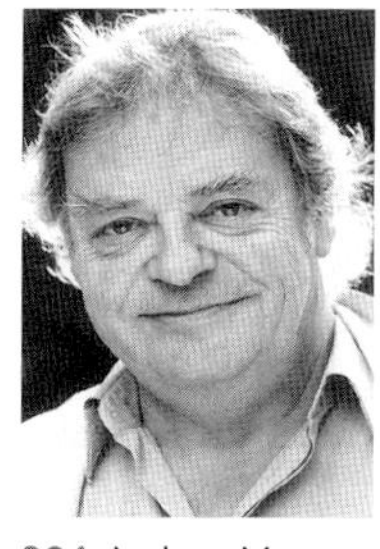

304 Andreas Mannkopff (2002) als Laurel

ob Laurel und Hardy ein eigenes Sternbild am Himmel werden. Das aber sei ihnen gegönnt, denn in der Hölle hätten sie arg schlechte Gesellschaft: dort hocken all jene, die hienieden Laurel-und-Hardy-Filme zerschnipselt haben.» Ansonsten erhielt das «arte-Weihnachtsgeschenk» überschwängliche Vorschusslorbeeren als ein «Stückchen Paradies für Sisyphos», das «den Körper und auch den Geist heilt». Und nach dem Start stand fest: «Die Chaos-WG von Dick und Doof ist zum Brüllen komisch» *(Süddeutsche Zeitung)*.

arte schaffte einen Rekord. Inmitten einer Fernsehlandschaft mit zahlreichen Sendern, die rund um die Uhr Programm ausstrahlten, erzielte arte seit seinem Bestehen für DIE WÜSTENSÖHNE mit einer Einschaltquote von 4,7 % das bislang beste Ergebnis für Sendungen, die um 20:45 Uhr beginnen. Umgerechnet hatten sich 1,2 Millionen Haushalte mit TV-Geräten zugeschaltet und damit artes durchschnittlichen Marktanteil des Jahres 1999 für Beiträge zu diesem Sendebeginn mehr als verfünffacht. Als im Anschluss der Kurzfilm DAS VERRÜCKTE KLAVIER lief, stieg die Zuschauerzahl noch einmal um 200.000 an – eine Quote von 6,3 %, und damit der nächste Rekord des Senders. Noch nie hatte ein Kurzfilm im Programm von arte eine solche Aufmerksamkeit erfahren. Prompt meldete die Presse: «Slapstick sorgt für Rekord». Auch von EIN TOLLPATSCH KOMMT SELTEN ALLEIN hatten sich 1,1 Millionen Zuschauer nicht abschrecken lassen. Der Marktanteil von 8,5 %, war für die spätabendliche Sendung ein respektables Ergebnis, das am 14. Januar 2001 im Kinderkanal aber nicht wiederholt werden konnte. Denn als Wunschfilm wollte das junge Publikum den Streifen nicht sehen.

20. DVDs, Firmenpleiten und Neustarts

Pläne für die DVD-Vermarktung von Laurel und Hardy existierten schon seit 1995. Die Vorteile der DVD liegen auf der Hand, insbesondere bei einem an Synchronisationen gewöhnten Markt wie Deutschland. Man kann zwischen Original-Fassungen und deutschen Fassungen wählen, Untertitel lassen sich nach Bedarf ein- und ausblenden. Und das alles in einer Bildqualität, die der der Videos weit überlegen ist.

Als Appetitanreger erschien am 17. März 1999 bei *Kinowelt* als ein erster Querschnitt durch Laurel und Hardys Filme THE BEST OF LAUREL AND HARDY. Danach begann die Serie der Laurel-und-Hardy-DVDs am 18. Januar 2000, in der im Rhythmus von etwa sechs Wochen je eine DVD herauskommen sollte. Es dauerte aber bis August 2004, ehe 31 Ausgaben vorlagen, unter ihnen drei Best-of-Zusammenstellungen. Im Dezember 2001 wartete man vergeblich auf die turnusmäßige Laurel-und-Hardy-DVD, weil *Kinowelts* Mutterkonzern nach dem Ausflug in den Filmhandel Mitte Dezember 2001 einen Insolvenz-Antrag stellen musste, was den Aktienkurs schließlich auf unter 40 Cent sinken ließ. Die Notierung der *Kinowelt*-Aktien am *Neuen Markt* wurde Ende Februar 2002 eingestellt, und die Strafjustiz beschäftigte sich bis Ende Juli 2004 mit der Insolvenz. Der Insolvenz-Verwalter führte aber die *Kinowelt*-DVD-Sparte fort, sodass die Laurel-und-Hardy-DVDs weiter erschienen. Schließlich konnte das Geschäft vom Insolvenz-Verwalter mit Hilfe der kräftigen Finanzspritze eines Leipziger Kreditinstituts zurückgekauft werden, das auf dem Umzug des Unternehmens nach Leipzig bestand.

Dieser fand Mitte Juni 2003 statt.

Die Laurel-und-Hardy-Streifen werden in der DVD-Serie (Abb. 305) stets im Original präsentiert und in deutscher Fassung, wenn sie deutsch synchronisiert sind. Spielfilme sind für Kinder ab sechs Jahren freigegeben, alles andere läuft ohne Altersbeschränkung. Anfangs kostete eine DVD übliche 24,99 Euro, zum Ende 14,99 Euro. Mitte November 2002 gab *Kinowelt* rechtzeitig zum Weihnachtsgeschäft zehn durchnummerierte DVDs der bisherigen Serie in einer Geschenkbox heraus und ließ ein Jahr darauf eine weitere Zehner-Box folgen. Etwa im Juni 2009 erschien auch eine dritte Zehner-Box, die ursprünglich drei Jahre früher herauskommen sollte und zum ersten Mal die Hommage EIN DANKESCHÖN AN DIE JUNGS umfasst.

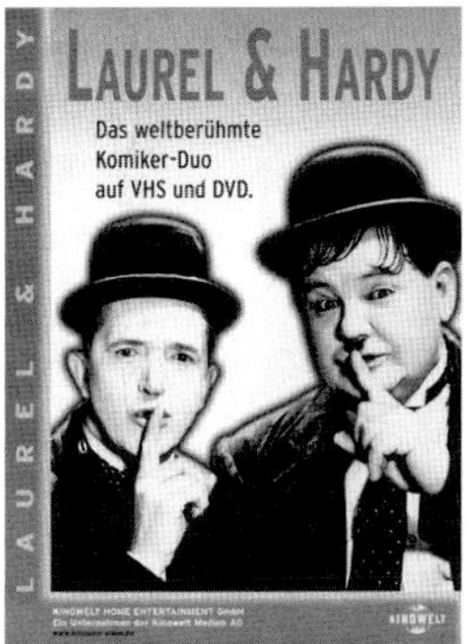

305 Kinowelt-Programm, 2000

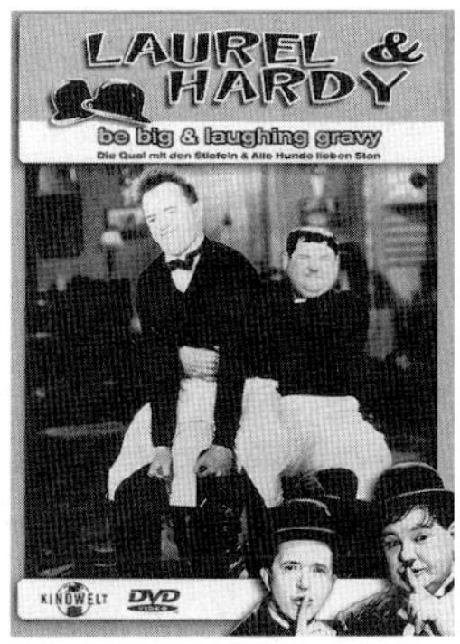

306 Die verkannte zweite Kinowelt-DVD (2000) mit den Sprachversionen LES CAROTTIERS und LOS CALAVERAS

Auf den ersten *Kinowelt*-DVDs befinden sich drei Folgen der ZDF-Serie ZWEI HERREN DICK UND DOOF, die eigentlich nur Stummfilme von Laurel und Hardy enthalten sollte, aber drei Tonfilme als stumme Streifen behandelte. Ein echter Stummfilm liegt der Folge DIE DAME MIT DEN LANGEN FINGERN (SAILORS, BEWARE!) zugrunde. Für die Folgen DIE BRENNENDE NACHBARIN (UNACCUSTOMED AS WE ARE) und IN EINEM BETT (BERTH MARKS) hatte Caloué seinerzeit nur als stumme Fassungen vorliegen, aber der erste Streifen ist ein Tonfilm, und BERTH MARKS existiert sowohl stumm als auch als Tonfilm. *Kinowelt* kam von der ZDF-Serie wegen der Bildqualität wieder ab, da der Kontrast zu den Original-Fassungen zu groß war. Fortan wurden Stummfilme nur noch im Original mit ausblendbaren deutschen Untertiteln verwendet. LIBERTY wurde anders als auf den Videos mit Musik des *Beau Hunks Orchestras* unterlegt. Umgekehrt ist WE FAW DOWN mit Original-Soundtrack der Vitaphone-Schallplatte, ergänzt durch Musik des *Beau Hunks Orchestras*, enthalten.

Gleich die erste DVD mit Tonfilmen ist als einzige doppelseitig bespielt und konzentriert sich auf die Kurzfilme BE BIG und LAUGHING GRAVY (Abb. 306). Ein Produkt, von dem man nie zu träumen gewagt hätte: Denn den Original-Fassungen und deutschen Synchronisationen der beiden Groteken und der dreiaktigen Fassung von LAUGHING GRAVY sind auch die Sprachversionen LES CAROTTIERS und LOS CALAVERAS beigegeben, zu denen die beiden kurzen Grotesken durch einen kleinen Kunstgriff zu einer fortlaufenden Handlung verbunden worden waren. Nach der Gewehrsalve der Ehefrauen am Ende von BE BIG erscheint folgende Titelkarte: «Nach der Scheidung kam alles nur noch schlimmer, und der Winter hielt Einzug ...»

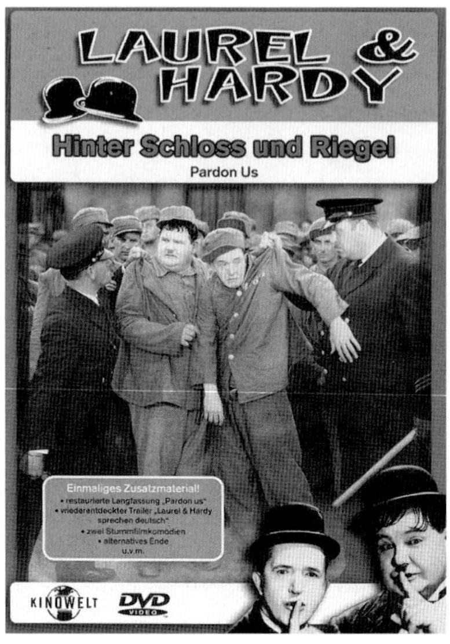

307 *Kinowelt*-DVD HINTER SCHLOSS UND RIEGEL (PARDON US), 2002

Und schon pfeift der kalte Winterwind in LAUGHING GRAVY ums Haus.

Auf dieser und anderen DVDs gibt es ein nostalgisches Wiedersehen mit Teilen der ZDF-Serie DICK UND DOOF. Denn anstatt den deutschen Ton lediglich an das restaurierte Bild der Original-Fassungen anzulegen, sind fünf Folgen der Serie mit den damals gesendeten Solofilmen ohne Vor- und Abspann des ZDF aufgespielt worden: DIE QUAL MIT DEN STIEFELN (BE BIG), ALLE HUNDE LIEBEN STAN (mit LAUGHING GRAVY), DER GROSSE FANG (mit GOING BYE-BYE!), SELIGE CAMPING-FREUDEN (mit THEM THAR HILLS) und DIE BESUDELTE EHRE (mit TIT FOR TAT). Dadurch blieb die aus Gründen des TV-Sendeformats gekürzte *Beta-Technik*-Fassung DICK UND DOOF UND DIE HERRENPARTIE (BE BIG) auf der DVD weiterhin beschnitten. Die für die DICK-UND-DOOF-Serie gekürzten deutschen Fassungen von BLOTTO, THE LAUREL AND HARDY MURDER CASE, BEAU HUNKS, CHICKENS COME HOME, THE MUSIC BOX, THE CHIMP und OLIVER EIGHTH sind hingegen vollständig auf DVD vorhanden, mit Ollies Lied zu Beginn von BEAU HUNKS im Original. In die damals geschnittene deutsche Fassung von ANOTHER FINE MESS ist nun Stans Dialog mit Lady Plumtree im Original eingefügt. Dabei ist auch die *Beta-Technik*-Fassung DICK UND DOOF KAUFEN EIN SCHIFF (TOWED IN A HOLE), die nach ihrer stark gekürzten Ausstrahlung seit Ende August 1961 nie vollständig öffentlich vorgeführt wurde.

Vorspanne und einleitende Textkarten der Originale wurden weitgehend vervollständigt: BRATS enthält die komplette einleitende Textkarte, und THE CHIMP beginnt mit dem besonderen Clowns-Vorspann. Auch Laurel und Hardys Gastauftritte in den Roach-Zweiaktern ON THE LOOSE und ON THE WRONG TREK sind in der DVD-Serie vertreten, THE STOLEN JOOLS und WILD POSES blieben hingegen unberücksichtigt. Allerdings ist die kolorierte deutsche Fassung SPANKY BEIM FOTOGRAFEN des Our-Gang-Films seit Ende Ferbuar 2004 auf der DVD DIE KLEINEN STROLCHE, FOLGE 4 des Berliner Labels *Universal Family Entertainment* erhältlich. Auf der PARDON-US-DVD befindet sich wie auf der Video-Kassette der *Laurel-und-Hardy-Kollektion* die länger spielende Hybrid-Fassung des Spielfilms, und hier als Bonbon dazu der Trailer der deutschen Sprachversion HINTER SCHLOSS UND RIEGEL (Abb. 307). Im Juni 2004 war es endlich auch für THE FLYING DEUCES soweit: Der Film erschien ungekürzt und in ausgezeichneter Qualität, mit THE LUCKY DOG als Beigabe. Einige Kurzfilme von Charlie Chase ohne Laurel-und-Hardy-Bezug wurden ebenfalls in die DVD-Serie aufgenommen.

Das Bonusmaterial umfasst unter anderem Sologrotesken, Kino-Trailer, Informationen über die Filme und über wichtige Mitwirkende, Fotogalerien mit vielen Standfotos und Aufsätze des Autors über die deutschen Synchronisationen. Unter den Solofilmen befindet sich in deutscher Erstaufführung Laurels allererste Roach-Groteske DO YOU LOVE YOUR WIFE? von 1918. Laurel Solostreifen EVE'S LOVE LETTERS von 1927 erlebte ebenfalls seine deutsche DVD-Premiere. Die letzte der 31 DVDs ist Hardys Solofilm ZENOBIA gewidmet. Erstmals wurden unter dem Titel ONE MOMENT PLEASE! auch so genannte Home Movies geboten, Filmaufnahmen aus Laurel und Hardys privatem Bereich (Abb. 308). *Kinowelt* legte außerhalb der Laurel-und-Hardy-Serie im November 2002 auf der Frank-Capra-DVD IST DAS LEBEN NICHT SCHÖN (ISN'T LIFE WONDERFUL?) den Chase-Zweiakter IST DAS LEBEN NICHT SCHRECKLICH? (ISN'T LIFE TERRIBLE?) mit Hardy vor und Mitte 2003 Hardys Solofilm IN LETZTER SEKUNDE vor.

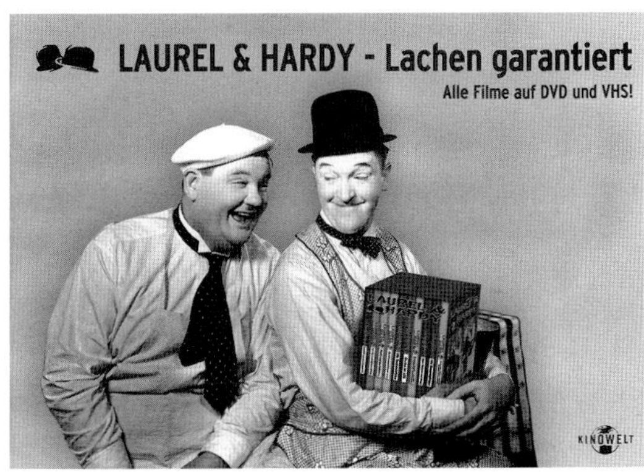

308 *Kinowelt*-Programm, 2002

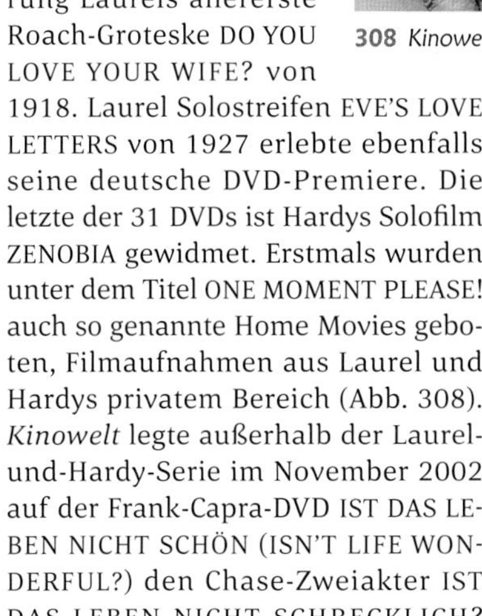

Einige Fehler haben sich aber eingeschlichen. Zwei versehentlich unvollständige Filme erschienen zweimal, um entstandene Fehler wettzumachen. Beim ersten Mal fehlt 45 MINUTES FROM HOLLYWOOD ausgerechnet die kurze Szene mit Laurel, und durch ein Produktionsversehen ist die ZDF-Folge DIE DAME MIT DEN LANGEN FINGERN etwa 70 Sekunden zu kurz. Bei DO DETECTIVES THINK? und FROM SOUP TO NUTS lassen sich deutsche Untertitel nicht ein- und bei PUTTING PANTS ON PHILIP nicht ausblenden. BIG BUSINESS ist mit dem Original-Soundtrack zweimal vertreten. Der deutsche Ton für die Spielfilme DIE WÜSTENSÖHNE und ZWEI RITTEN NACH TEXAS läuft manchmal asynchron zum Bild. Es zerschlug sich auch die Hoffnung auf die ungekürzte Schwier-Fassung DIE DOPPELGÄNGER VON SACRAMENTO, weil für OUR RELATIONS die qualitativ unterlegene ZDF-Fassung DIE LIEBEN VERWANDTEN verwendet wurde. Eine regelrechte Panne ereignete sich bei SWISS MISS. Auf der DVD sollte die *IFU*-Fassung DICK UND DOOF ALS SALONTIROLER zu finden sein. Beim Bereitstellen des deutschen Tons wurden aber Materialnummern verwechselt, sodass die ZDF-Fassung DAS SCHWEIZERMÄDEL zu hören ist.

Warner Home steuerte Ende September 2000 auf der DVD DER ZAUBERER VON OZ (THE WIZARD OF OZ) von 1939 einen kurzen Ausschnitt aus Larry Semons Spielfilm THE WIZARD OF OZ mit Hardy bei. Am 11. Oktober 2000 lief in der ARD-Sendung HOLLYWOOD LOVES THE PIANO über Stars am Klavier ein Ausschnitt aus THE MUSIC BOX. Stan und Ollie wurden dabei als «Stan und Laurel» bezeichnet. Für einen gut dreiminütigen, Ende Juni 2001 im TV-Magazin BRISANT über die Res-

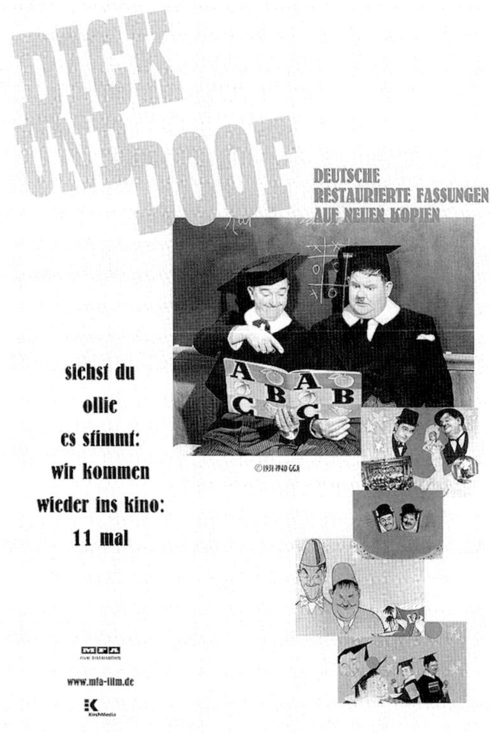

309 Werberatschlag für ZWEI RITTEN NACH TEXAS (WAY OUT WEST), DIE WÜSTENSÖHNE (SONS OF THE DESERT), DIE KLOTZKÖPFE (BLOCKHEADS) und WISSEN IST MACHT (A CHUMP AT OXFORD), 2001

taurierung von Laurel-und-Hardy-Filmen gesendeten Beitrag lieferte *KirchMedia* der ARD die Dokumentation NO DATE OF EXPIRY.

Anfang 2001 erwarb der 1994 gegründete und auf Kinderfilme spezialisierte Verleih *MFA Film Distribution (MFA)* von der *KirchMedia* die Aufführungsrechte für elf Laurel-und-Hardy-Spielfilme in neuen Kopien. Das ansprechende Werbematerial wandte sich mit Dick und Doof an Erwachsene, die mit ihren Sprösslingen ins Kino gingen. Dem Werberatschlag stellte *MFA* anders als früher Pietrek ein Laurel-Zitat voran: «Ein Freund wollte von mir wissen, was Komik sei. Ich war sprachlos. Was ist Komik? Ich weiß es nicht. Ich weiß nur, dass ich gelernt habe, wie man Leute zum Lachen bringt.» Ende Juni 2001 wurden ZWEI RITTEN NACH TEXAS, DIE WÜSTENSÖHNE, DIE KLOTZKÖPFE und WISSEN IST MACHT mit leicht abgewandelten Vorspannen bundesweit in kleineren Kinos gestartet (Abb. 309). Zunächst waren die Kassen-Ergebnisse dürftig. Da sie sich nach einiger Zeit erholten, beließ *MFA* die Spielfilme bis 2002 im Programm. Wegen des insgesamt aber unbefriedigend verlaufenen Geschäfts ließ der Verleih die anderen sieben Streifen nicht mehr anlaufen.

Im NACHTSTUDIO des ZDF machte sich eine Diskussionsrunde zum Thema STAN UND OLLIE ALS SOZIOLOGEN daran, an Stan und Ollies Beispiel Denkfiguren aus der Soziologe zu erklären. Trotz gelegentlicher Zitate aus der Fachliteratur geriet die Sendung zu einer unterhaltenden Angelegenheit. Das Robert-Musil-Zitat vom «Möglichkeitsmenschen als Gemisch aus Dunst, Einbildung, Träumen und Konjunktiven» ließ die Erinnerung an Stan aufkommen. Es wurden auch einige Filmausschnitte gezeigt, und zum Ausklang übten sich die Gesprächspartner im *Kniechen-, Näschen-, Öhrchen-Spiel*, das den genervten Gastwirt aus FRA DIAVOLO in der Abblende nicht zur Ruhe kommen lässt.

Im Frühjahr 2002 wurde im Bochumer *Theater unter Tage* Laurels Bühnensketch «Birds of a feather» wohl zum ersten Mal öffentlich in Deutschland aufgeführt. Auf ihrer letzten Bühnen-Tournee durch Großbritannien hatten Laurel und Hardy mit diesem Sketch als Whisky-Tester, die danach bezahlt werden, wie viel sie testen, aufs Neue ein Stück wunderbarer Absurdität zelebriert. Der überarbeitete Ollie hat sich für einen Vogel gehalten, weshalb ein Chirurg sein Gehirn entnehmen und untersuchen will.

Auf die Insolvenz der *Kinowelt Medien AG* folgte die Pleite der *KirchMedia*. Schon seit Dezember 2001 mehrten sich Zeitungsberichte, wonach dem «Medienmogul Kirch die Asse» ausgingen, weil Banken die 4,4 Milliarden Euro Verbindlichkeiten seiner *KirchMedia* nicht mehr kreditieren wollten. Mit einem geschätzten Schuldenberg von 6,5 Milliarden Euro musste sie Anfang April 2002 Insolvenz-Antrag stellen – die größte deutsche Firmenpleite der Nachkriegsgeschichte. Banken und Treuhänder übernahmen die Macht im Kirchschen Medien-Imperium, und damit war am Rande auch das Ende der Laurel-und-Hardy-website gekommen, die nur einmal noch Ende August 2002 den letzten Teil von Banns Abhandlungen nachlieferte und die Gewinner eines Preisausschreibens bekannt gab. Nach gescheiterten undurchsichtigen Verhandlungen über die Übernahme Kirchscher TV-Sender beschloss der Gläubiger-Ausschuss im Insolvenz-Verfahren die Auflösung der *KirchMedia*. Ihr Filmstock sollte portionsweise verkauft werden. Daraufhin erwarb Ende März 2004 der bis kurz vor die Insolvenz für die *KirchMedia* tätige Filmproduzent und Filmrechte-Händler Jan Mojto über seine Firma *Events on Screen Distribution GmbH* unter anderem die internationalen Verwertungsrechte von rund 5.000 Filmen und Fernsehserien, darunter die der *CCA*. Per 1. April 2007 kaufte wiederum der für das Kirch-Imperium viele Jahre in den USA tätige Medienkaufmann Klaus Hallig die *CCA* und damit die *Hal Roach Library*, deren Filme einige Jahre lang im Agenturverhältnis ausschließlich von der Münchner Kirch-Firma *KF 15* vertrieben wurden.

In den Wirren der Kirch-Insolvenz wurde die Vermarktung von Laurel-und-Hardys Filmen nicht nur im DVD-Bereich fortgesetzt. Schon im Frühjahr 2002 zerschlug sich allerdings, bei Pro7 kolorierte Laurel-und-Hardy-Spielfilme zu wiederholen. Daraufhin sendete Kabel 1 ab Anfang Mai 2002 in unregelmäßigen Abständen schwarzweiße deutsche Fassungen aus der ZDF-Serie LACHEN SIE MIT STAN UND OLLIE. Titel und Fassungen passten wieder einmal nicht zusammen. Im Oktober 2002 wurde der Katalog *Hal Roach and His Stars* herausgegeben, begleitet von der etwa zweieinhalbstündigen Video-Kassette HAL ROACH AND HIS STARS – A COMPILATION mit ON THE WRONG TREK. Beim ebenfalls neu zu organisierenden Pay-TV Sender Premiere World liefen bis Ende 2002 Folgen der ZDF-Serie DICK UND DOOF, deren Ausstrahlung zum Jahreswechsel 2002/2003 mit 42 Folgen in einer 18-stündigen Laurel-und-Hardy-Nacht eindrucksvoll abgeschlossen wurde. Das wurde in ähnlicher Form zur Jahreswende 2003/2004 wiederholt. Junge Zuschauer des Premiere-World-Kinderkanals konnten sich auch die Spielfilme IM FERNEN WESTEN und AUF HOHER SEE in den ZDF-Fassungen anschauen. Im Spätherbst und zur Weihnachtszeit 2002 wiederholte das dritte Programm des NDR

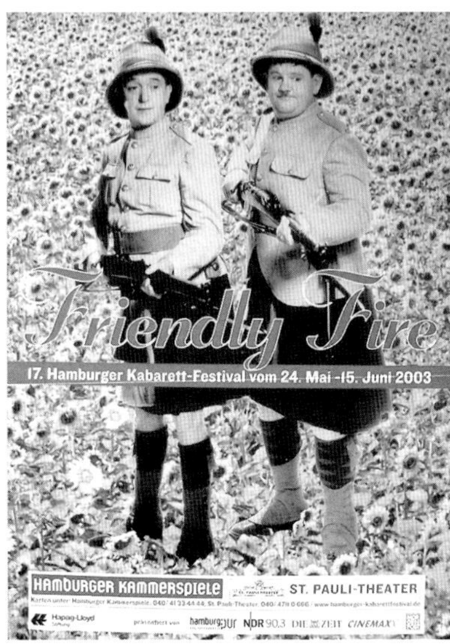

310 Laurel und Hardy im Kabarett: Plakat für das Hamburger Programm «Friendly Fire», Mai/Juni 2003

fast alle Laurel-und-Hardy-Filme des *MGM*-Paketes, das die ARD vor 20 Jahren eingekauft hatte. Ab Januar 2003 wurden 40 DICK-UND-DOOF-Folgen bei Kabel 1 wiederholt, zunächst mit einer Folge pro Woche, bald aber täglich. Im Juni 2003 startete der Sender dann tatsächlich kolorierte Fassungen von Laurel-und-Hardy-Spielfilmen mit neuem Titelsalat. So wurde Schwiers Fassung DIE TEUFELSBRÜDER in DICK UND DOOF ALS REKRUTEN umbenannt. Im November 2003 erschien DICK UND DOOF ERBEN EINE INSEL erstmals im frei empfangbaren Fernsehen.

Anfang Juni 2003 gab die *Zyx-Music GmbH* eine kleine DVD-Reihe mit Folgen der beliebten TV-Serie KLAMOTTENKISTE heraus, unter anderem mit einigen Semon-Hardy-Episoden, die 1996 nicht auf Video erschienen waren. Um die Zeit fand im Hamburger *St. Pauli Theater* das *17. Kabarett-Festival* unter dem Titel «Friendly Fire» statt und lieferte einen weiteren Beweis für Laurel und Hardys Bekanntheit in Deutschland: Sie zieren als schottische Infanteristen das Festival-Plakat (Abb. 310). Ende Oktober 2004 gab das Berliner Label *Tobis* Laurel und Hardys letzten Spielfilm ATOLL K in der *IFU*-Fassung von 1951 und in der stark gekürzten US-Fassung UTOPIA heraus. Nach zahllosen internationalen Video-Kassetten und DVDs, die UTOPIA in meist katastrophaler Qualität an die Kunden brachten, erhielt man hier die US-Fassung erstmals in einer ausgezeichneten Bild-Qualität.

Eine filmhistorische Sensation war 2004 allerdings die Wiederentdeckung großer Teile der deutschen Sprachversion SPUK UM MITTERNACHT im Archiv der Moskauer *Gosfilmofond* durch Stefan Drößler vom *Filmmuseum München*. Darüber wurde in den deutschen Medien Anfang August 2004 ausführlich berichtet. Mitte des Monats wurde das um Szenen aus der spanischen Sprachversion NOCHE DE DUENDES ergänzte Fragment im *Rheinischen Landesmuseum* Bonn vorgeführt, im Gepäck Neil Brands umstrittenes fiktives Hörspiel «Stan» um Laurels letzten Besuch bei Hardy. Mitte August 2004 wurden am selben Ort die spanische Sprachversion LADRONES (NIGHT OWLS) und die französische Sprachversion UNE NUIT EXTRAVAGANTE (BLOTTO) erstmals der deutschen Öffentlichkeit vorgestellt. Ende November 2004 folgte im *Filmmuseum München* die spanische Sprachversion POLITIQUERÍAS (CHICKENS COME HOME).

LADRONES spielt eine gute Viertelstunde länger als NIGHT OWLS und unterscheidet sich von der Original-Fassung vor allem durch einen anderen Schluss, der von Stan und Ollies Flucht berichtet. Auch UNE NUIT EXTRAVAGANTE ist um einiges länger als BLOT-

TO. Einige Szenen in Stans Wohnung sind anders oder länger. Besonders wurden aber die Auftritte von Künstlern im Varieté ausgedehnt. Einen ähnlichen Weg beschritt POLITIQUERÍAS mit außergewöhnlichen, 19 Minuten langen Darbietungen des menschlichen Wasserspeiers und Kerosin-Schluckers Hadji Ali auf Ollies Party.

Vom 23. bis zum 30. Dezember 2004 präsentierte arte ein zweites Weihnachtsprogramm mit sechs Kurzfilmen und vier Spielfilmen des Duos in meist deutsch synchronisierten Fassungen. Am letzten Tag lief endlich Schwiers vollständige deutsche Fassung DIE DOPPELGÄNGER VON SAN FRANZISCO. Dazu kamen der Trailer der deutschen Sprachversion HINTER SCHLOSS UND RIEGEL und die Home-Movie-Zusammenstellung ONE MOMENT PLEASE.

Ende Dezember 2004 sendete WDR3 in deutscher Fassung die Folge LAUREL & HARDY aus der BBC-Reihe LIVING FAMOUSLY. Sie gibt anhand zahlreicher Ausschnitte und Interviews (unter anderem mit Marvin Hatley) einen unterhaltsamen Überblick über das Duo und sein Werk. Im Vordergrund stehen Ausschnitte aus BE BIG, BABES IN TOYLAND und THE FLYING DEUCES. Zu den britischen Tourneen der beiden Komiker ab 1947 werden Aufnahmen von ihrem Aufenthalt in Großbritannien im Jahr 1932 gezeigt. Einige Informationen sind aber nicht ganz zutreffend. Laurel und Hardys gemeinsame Filmkarriere begann und endete etwas früher als 1927 und 1953. ATOLL K war auch nicht erst 1953 in die Kinos gekommen. Ende Juli 2006 wurde diese LIVING-FAMOUSLY-Folge beim Münchner Sender Discovery-Geschichte in einer anderen deutschen Fassung und unter dem Titel LAUREL & HARDY – HUMOR IN SCHWARZWEISS noch einmal ausgestrahlt.

21. Aufgesprungen

Kinowelts DVD-Serie hatte natürlich Maßstäbe gesetzt. Sie bereitete in Deutschland aber auch den Boden für die Vermarktung von Filmen mit den beiden Komikern, an denen kein Copyright besteht oder es zweifelhaft ist. Solche Filme waren bisher in meist sehr schlechter Bildqualität vornehmlich auf dem englischsprachigen Markt auf billigen Videos und DVDs zu finden. Spitzenreiter ist UTOPIA, zuweilen auch verkauft als ROBINSON CRUSOELAND, ohne dass man die abweichende britische Schnittfassung erwarten durfte. Unter den Namen Laurel *und* Hardy gab es stets nur sehr wenige gemeinsame Filme der Komiker und im Übrigen Solofilme. 1995 wurde in Großbritannien auf der Video-Kassette THE REAL STORY Laurel und Hardys Geschichte sogar ausschließlich an Hand von Ausschnitten aus den copyright-freien Filmen BE BIG, THE FLYING DEUCES und UTOPIA erzählt.

Das Soloschaffen von Laurel und Hardy verdient besondere Aufmerksamkeit, vor allem Laurels Solofilme sind wichtige Schritte auf dem Weg zum Duo. Vorbildlich sind die 2008 von Brombergs Firma *Lobster Film* in Frankreich bei *MK2* herausgegebenen, kompetent präsentierten acht DVDs mit 58 Solofilmen, dabei elf der zwölf Joe-Rock-Zweiakter (es fehlt nur MONSIEUR DON'T CARE). Bromberg hatte dafür intensiv nach hochqualitativen Quellen gesucht und für eine sorgfältige technische Überarbeitung des Materials gesorgt (Abb. 311). Nur bei wenigen Filmen hat sich kein besseres Ausgangsmaterial finden lassen. Wahrscheinlich stammt aus der *MK2*-Box ein Teil der Solofilme des Mitte Dezember 2009 von *KNM Home En-*

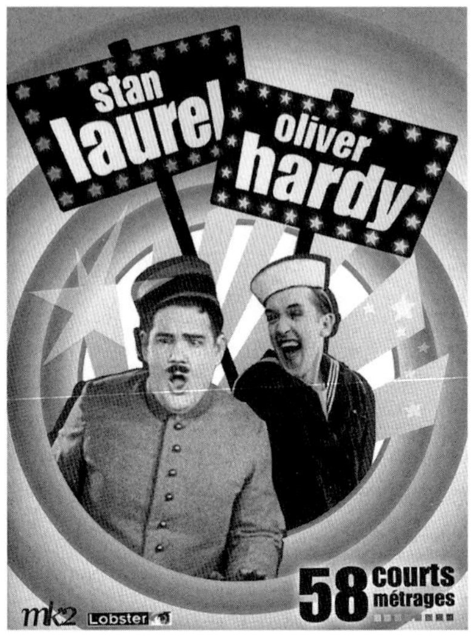

311 Französische *MK2*-DVD-Box mit 58 Solofilmen von Laurel und Hardy, 2008.

tertainment GmbH herausgegebenen DVD-Sets LAUREL & HARDY PRÄSENTIEREN: BEST COMEDIANS EVER. Auf einer anderen deutschen DVD kamen Brombergs Fassungen der Laurel-Solofilme A WEAK-END PARTY und MIXED NUTS unter.

Seit April 2004 wurde eine enorme Zahl DVDs ganz überwiegend mit Solofilmen von Laurel und Hardy auf den deutschen Markt geschickt, die den Qualitätsstandard der französischen DVDs selten bieten. Einige Streifen scheinen von sehr mäßigen Video-Kopien herzurühren. Anders als Brombergs Produktion erwecken viele dieser Produkte durch Cover-Abbildungen, die häufig aus Laurel und Hardys Blütezeit stammen (immer wieder dabei WAY-OUT-WEST-Motive), den Eindruck, dass sie Teamfilme des Duos enthalten. Indessen bieten sie unter den zahlreichen Solofilmen immer wieder dieselben fünf copyrightfreien Laurel-und-Hardy-Filme THE LUCKY DOG, THE STOLEN JOOLS, THE FLYING DEUCES, THE TREE IN A TEST TUBE und ATOLL K. Dazu kommt BABES IN TOYLAND, dessen Copyright dann zweifelhaft ist, wenn man mit der Wiederveröffentlichung MARCH OF THE WOODEN SOLDIERS arbeitet. Solche billig hergestellten Produkte unter Laurel und Hardys Namen versprechen also mehr als sie halten.

Vorläufer dieser Vermarktungsstrategie ist in Deutschland die am 1. April 2004 unter dem Label *Flexmedia Entertainment* der niederländischen Firma *Weton-Wesgram B. V.* erschienene Box LAUREL & HARDY. THE PLATINUM COLLECTION 1 mit fünf DVDs, aber wenig Inhalt. Sie wurde zum Preis von knapp 20 Euro in einigen bundesdeutschen Warenhausketten wie *Karstadt* und *Edeka* vertrieben und bald verramscht. Eine Laurel-*und*-Hardy-Sammlung ist dies nicht, und den hochtrabenden Titel «Platinum» verdient sie noch weniger. Nur in THE LUCKY DOG, THE STOLEN JOOLS und THE TREE IN A TEST TUBE sind beide Komiker zu finden. Der im Auftrag des US-Landwirtschaftsministeriums hergestellte Einakter THE TREE IN A TEST TUBE ist neben THE ROGUE SONG der einzige Farbfilm des Duos und wird in der Box obendrein nur in schwarzweiß präsentiert! Aufgenommen am Rande der Dreharbeiten zu JITTERBUGS zeigen Stan und Ollie wortlos einige Möglichkeiten, wie sich Holzprodukte im Alltag verwenden lassen. Laurels Solofilm MUD AND SAND und Larry Semons 86 Minuten langer Spielfilm THE WIZARD OF OZ mit Hardy laufen sogar völlig stumm! Allerdings hätte zu ihnen die in der Box wiederholt verwendete Ragtime-Musik kaum gepasst. Anfang Juli 2004 legte der Anbieter die LAUREL & HARDY. THE PLATINUM COLLECTION 2 in deutlich besserer Qualität und mit abwechslungsreicherer Musik nach. Danach zog er sich vom deutschen Laurel-und-Hardy-Markt zurück.

Anschließend wäre wohl alles normal verlaufen, wenn es bei der im November 2005 begonnenen LAUREL & HARDY – THE ULTIMATE COLLECTION (8 DVDs zum schwankenden Stückpreis bis zu knapp 10 Euro) und Anfang August 2012 bei einer Sammelbox mit 10 DVDs (Kostenpunkt 39,90 Euro) geblieben wäre. Sie enthält die besagten sechs Laurel-und-Hardy-Filme, die Kino-Synchronisation DICK UND DOOF IN DER FREMDENLEGION und rund 50 Solofilme. Die Box hätte sich auch auf sieben Datenträger beschränken können. Stattdessen wurde ab Anfang Mai 2007 ständig neu verpackt, umverteilt und umbenannt, und das manchmal mehrfach pro Monat. Die Filme wurden laufend wiederholt, etliche von ihnen bis zu achtmal. Deswegen erhielten die Produkte ständig neue Namen, und frei geschöpfte neue deutsche Film-Titel kamen ins Spiel. Nach dem Beispiel der PLATINUM COLLECTION firmieren die Produkte unter Superlativen wie «Diamond», «Gold», «Mega», und «XXL», und dazu gehört auch «Ultimate». Auf diese Weise kamen bis zum Sommer 2014 um 110 DVDs zusammen! DVDs, die offen zu erkennen geben, dass sie mit Solofilmen bestückt sind, sind die Ausnahme. Erboste Reaktionen waren die Folge, von «Abzocke» und Ähnlichem war die Rede, und es wurden auch regelrechte Kaufwarnungen ausgesprochen.

Diese Produktschiene stammt von der Kaiserslauterner Firma *aberle-media GmbH (aberle-media)* der Gebrüder Christian und Peter Aberle, die den Bestand des Super-8- und Videoanbieters *Inter-Pathé* übernommen hatten. Im Laufe der Zeit firmierte man unter

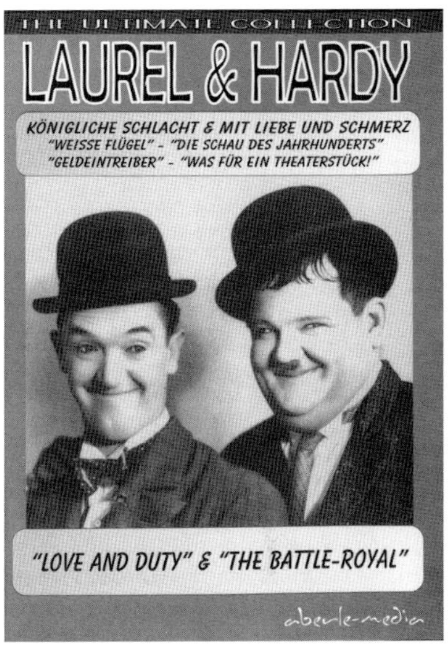

312 DVD LAUREL & HARDY THE ULTIMATE COLLECTION 1, 2005.

Inter-Pathé und deren Vorgängernamen *Intern-Film*, und außerdem unter *Broken Silence, Great Movies GmbH* und *Halmar Home-Entertainment. Lichtspielhaus* gehört wohl auch dazu. Außerdem tauchen die Namen zahlreicher Vertriebsorganisationen auf. Die Preise rangierten um knapp 10 Euro pro Stück, auch für so genannte Metall-Boxen, manchmal auch deutlich darunter. Die elf DVDs der DICK & DOOF – LACHPARADE XXL von Ende November 2013 kosteten zum Beispiel 23 Euro. Viele DVD-Ausgaben wurden auch verramscht.

In der ULTIMATE COLLECTION (Abb. 312) wiederholen sich Musiken oft, in späteren Serien aber variiert die Slapstick-Musik etwas mehr. Teil der Reihe ist eine 14-minütige Dokumentation über Laurel und Hardy mit vielen Filmausschnitten, unter denen die Auszüge aus der TV-Show THIS IS YOUR LIFE dominieren. Dazu spricht ein unambitioniert wirkender Kommentator.

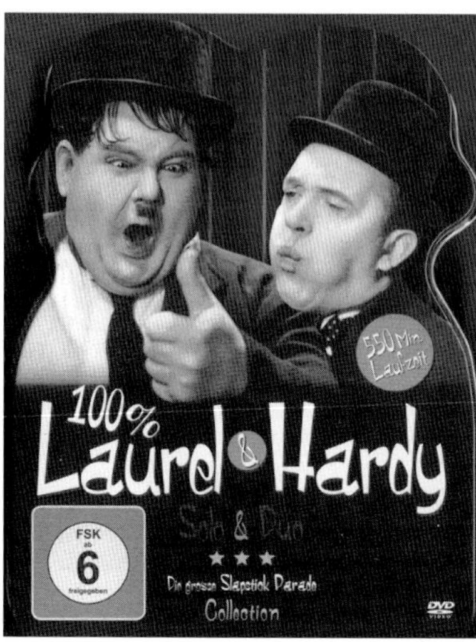

313 Fast nur «solo»: DVD-Metall-Box 100% LAUREL UND HARDY, SOLO UND DUO, 2010

Nach acht Ausgaben endete die ULTIMATE COLLECTION im Oktober 2008. Schon Anfang Mai 2007 kam die STAN & OLLIE MEGA BOX mit den Folgen 4 und 5 der ULTIMATE COLLECTION heraus. Die Ende Oktober 2007 erschienene DVD THE WORLD OF LAUGHTER wurde Ende Februar 2009 unter dem neuen Titel COMEDY FUN BOX VOL. 1 mit derselben DVD als Inhalt verkauft.

Ab Frühjahr 2009 nahmen Häufigkeit und Frequenz des Umverpackens zu. Die LAUREL & HARDY – THE DIAMOND COLLECTION wiederholt frühere Streifen und wurde ihrerseits in der Reihe DICK UND DOOF 1 – 5 wiederveröffentlicht, fand sich teilweise aber auch in drei verschiedenen FILMKLASSIKER FANEDITION DICK UND DOOF – BUNDLES wieder, außerdem in Boxen wie LACHEN SIE MIT STAN LAUREL & OLIVER HARDY (Mitte September 2011) und LAUREL & HARDY GOLD EDITION (Mitte März 2014). Ende November 2009 starteten die beiden dreiteiligen DVD-Reihen STAN LAUREL – FILMEDITION und OLIVER HARDY – FILMEDITION, die Mitte September 2011 zur Sechs-DVD-Box LAUREL & HARDY – AUF DEM WEG ZUM RUHM zusammengefasst wurden. Mitte und Ende Oktober 2010 kamen unter dem Label *Great Movies* die vier DVDs LAUREL & HARDY – FRÜHE KUNSTWERKE, LAUREL & HARDY – RARITÄTEN, LAUREL & HARDY – DIE SCHATZTRUHE und LAUREL & HARDY – VERBORGENE PERLEN auf den Markt, die in Boxen wie 100% LAUREL & HARDY, SOLO & DUO, DIE GROSSE SLAPSTICK PARADE COLLECTION, METAL-SHAPE BOX VOL. 3 (Dezember 2010), DICK & DOOF – MEGABOX – SPECIAL EDITION (November 2012), DICK & DOOF – LACHPARADE XXL (November 2013) und DICK & DOOF SAMMEL EDITION XXL (Februar 2014) reaktiviert wurden (Abb. 308). THE TREE IN A TEST TUBE von 1943, sicherlich kein «frühes Kunstwerk», ist erstmals deutsch gefasst auf der ersten dieser DVDs vertreten – und macht aus Laurel und Hardy «Stan und Laurel» . Beginnend mit der Metall-Box STAN LAUREL & OLIVER HARDY UND IHRE FREUNDE wurden ab Mitte Oktober 2008 unter den Labels *Best Entertainment* und *Great Movies* mehrere schon veröffentlichte DVDs auf einen einzigen Datenträger gezwängt, wodurch die ohnehin schon mäßige Bildqualität mancher Streifen noch weiter litt. Die Mitte November 2012 in den Handel gekommene LAUREL & HARDY KINO-BOX ist eine kleinere Zusammenstellung längst zuvor erschienener Kurzfilme. Im Februar und Juni 2012 wurden die DVDs LAUREL & HARDY – SLAPSTICK COLLECTION VOL. 1 UND 2 mit «Erstveröffentlichungen auf DVD» herausgegeben, aber nur der Laurel-Film ALLES GEHT SCHIEF (SOMEWHERE IN WRONG) war wirklich eine Neuveröffentlichung. Nach der ersten Wiederverwertung von 2007 wurde auch die ULTIMATE COLLECTION mehrfach recycelt: Mitte Februar 2010 auf drei DVDs als DICK UND DOOF – LAUREL & HARDY GOLD EDITION und auf der Einzel-DVD LAUREL & HARDY KOLLEKTION NUMMER EINS – DER HEXER IM ZAUBERLAND OZ sowie Ende Dezember 2013 auf der DVD LAUREL & HARDY – DIE KOLLEKTION mit Teil 8 der ULTIMATE COLLECTION, die sich besonders sparsam gibt, weil bei der Wiederauflage zwei der Kurzfilme weggelassen wurden.

Ob eine angeblich mit vielen Privataufnahmen ausgestattete DVD on Demand von März 2009 und LAUREL & HARDY PRÄSENTIEREN: BEST COMEDIANS EVER, erschienen bei *KNM Home Entertainment GmbH*, zu diesem Kreis der sich ständig wiederholenden Dauervermarktung gehören, ist nicht klar. Die DVDs STAN LAUREL & OLIVER HARDY COLLECTION 1919–1923 VOL. 1 UND 2 von Ende Januar 2010 sind laut Cover von *Pickwick Group Limited* lizensiert, die in Großbritannien diverse Billig-DVDs nach ähnlichem Muster vertreibt. Die Filme wurden mit einem deutschen voice over versehen wie bei den ersten Video-Kaufkassetten DICK UND DOOF des *aberle-media*-Vorgängers *Interpathé*. Im Januar 2014 setzte jedenfalls *aberle-media* die STAN LAUREL & OLIVER HARDY COLLECTION mit Teil 3 und 4 fort.

Bis Anfang August 2012 enthielten die diversen DVDs einige deutsche DVD-Premieren von Laurel-und-Hardy-Solofilmen: mit Hardy SOMETHING IN HER EYE, ONE TOO MANY, A BATTLE ROYAL, THE HUNGRY HEARTS, LOVE AND DUTY, HE'S IN AGAIN und mit Laurel HUSTLING FOR HEALTH. Die LAUREL & HARDY – SLAPSTICK COLLECTION VOL. 1 erstaunte zu dem Zeitpunkt mit der nicht lippensynchronen, absolut unkünstlerisch wirkenden deutschen Fassung von HOP TO IT! und mit dem lustlosen voice over über den Zwischentiteln von A BATTLE ROYAL.

Die Verwertung des Laurel-und-Hardy-Spielfilmes THE FLYING DEUCES außerhalb der *Kinowelt*-DVDs begann Ende April 2007 zunächst unter anderem mit der ZDF-Fassung FLIEGENDE TEUFELSBRÜDER. Bei *aberle-media* folgte Ende August 2010 unter dem Titel AUS LIEBESKUMMER IN DER FREMDENLEGION die deutsche Kino-Synchronisation DICK UND DOOF IN DER FREMDENLEGION mit Bluhm und Paulsen.

Anfang Juni 2009 veröffentlichte *Best Entertainment* mit dem Firmenaufdruck *Great Movies* den Spielfilm ATOLL K unter dem neuen deutschen Titel ROBINSON CRUSOE LAND in einer flachen neuen deutschen Synchronisation des Hannoveraner Synchronstudios *Planetmedia*, mit sehr schmalem Budget gearbeitet nach der *IFU*-Synchronisation von 1951. Diese überflüssige deutsche Fassung sollte möglicherweise ein eigenes Copyright begründen. Auf der DVD befindet sich außerdem UTOPIA in einer unbefriedigenden Bildqualität, die nach der *Tobis*-DVD von Ende Oktober 2004 überholt sein sollte.

Von *Great Movies* kam bei *Best Entertainment* Ende Juni 2009 die DVD BIOGRAFIE STAN LAUREL & OLIVER HARDY heraus. Das Cover verspricht: «Mit vielen Highlights ihrer bekanntesten Filme!» Die 50-minütige unambitioniert daher kommende Dokumentation ohne alle Credits mit einem geradezu lustlos gesprochenen Kommentator erschöpft sich in Ausschnitten aus THE FLYING DEUCES und UTOPIA sowie aus Laurels Solofilmen JUST RAMBLING ALONG und HUSTLING FOR HEALTH. Das ist beim besten Willen nicht repräsentativ und erinnert an die britische REAL STORY.

Ab Ende August 2009 vertrieb *Best Entertainment* außerdem die *Great-Movies*-DVD LAUREL UND HARDY – IM LAND DES LACHENS mit der kolorierten und der schwarzweißen Fassung von BABES IN TOYLAND in einer verwaschenen Bildqualität. Für das Schwarzweiß-Bild wurde lediglich die Farbe heraus geregelt. Dieser Film wurde nach dem Dialogbuch der *BSG* für DICK UND DOOF – RACHE IST SÜSS von 1961 Film ebenfalls von *Planetmedia* neu synchronisiert mit unbekannten Sprechern. Jedoch muss das Budget muss noch einmal empfindlich geschrumpft sein, denn diese erschreckend billig wirkende Synchronisation ist ähnlich indiskutabel wie die Synchronisation des Solofilmes HOP TO IT! – ein Bärendienst!

Am 7. August 2012 brachte *aberlemedia* eine 10-DVD-Box heraus, in der bis auf den Kurzfilm HALF A MAN im Wesentlichen alles zusammengefasst wurde, was die Firma bisher herausgegeben hatte, unter welchem Namen auch immer, ausgenommen nur die BIOGRAFIE STAN LAUREL & OLIVER HARDY. Die angekündigten Solofilme OUTWITTING DAD, THE BAKERY und THE MIDNIGHT CABARET fehlen. Diesmal sind fünf DVDs ausdrücklich dem Soloschaffen der beiden Komiker vorbehalten. Die sechste DVD trägt den Titel «Laurel & Hardy Kurzfilme (1921 – 1943)», enthält aber lediglich THE LUCKY DOG, THE STOLEN JOOLS und THE TREE IN A TEST TUBE und vier Hardy-Solofilme. Die siebeneinhalb-minütige Kurzfassung von THE STOLEN JOOLS ist deutsch bearbeitet. Hardys wenige Worte von Habeck zu hören, ist erfreulich. Doch im Übrigen ist diese Fassung ein weiterer absoluter Tiefpunkt der Synchronisation mit Stimmen, die irgendwo privat aufgenommen worden zu sein scheinen und nicht den Eindruck hinterlassen, dass Schauspieler am Werke waren. Armer Michael Habeck, in eine solche akustische Umgebung geraten zu sein! Die deutsche Kino-Synchronisation DICK UND DOOF IN DER FREMDENLEGION hat es sicherlich verdient, in die Box aufgenommen zu werden. Entbehrlich aber sind die erneuten Veröffentlichungen von ROBINSON CRUSOE LAND und ABENTEUER IM SPIELZEUGLAND. Unter dem Mantel ROBINSON CRUSOE LAND ist auch nur die 82 Minuten lange Fassung UTOPIA zu sehen, die laut Cover angeblich 89 Minuten läuft! Die letzte DVD enthält neben einigen Solofilmen und Cartoons die 41 Minuten lange Dokumentation LAUREL & HARDY – IHR LEBEN UND WERK. Zahllose Ausschnitte aus Team- und Solofilmen, einigen Wochenschau-Aufnahmen, Trailern und TV-Serien-Vorspannen huschen vorbei, bis Aufnahmen von einem *Sons-of-the-Desert*-Tent-Treffen das Programm beenden. Der Kommentar dazu wird auch nicht gerade enthusiastisch gesprochen.

In der Box kommen acht Solofilme von Laurel und Hardy erstmals zum DVD-Einsatz: mit Hardy THE LOTTERY MAN, CUPID'S RIVAL, THE CANDY KID, HER NEAR-SIGHTED FATHER (Fragment von MARRIED TO ORDER) und das Fragment A BANKRUPT HONEYMOON, und mit Laurel THE EGG, das Fragment A WEAK-END PARTY, THE PEST und MIXED NUTS.

Wer meinte, dass nach dieser Box die ständigen Wiederveröffentlichungen beendet seien, sah sich getäuscht. Das Geschäft mit Umverpacken, Umbündeln und Umtiteln desselben Materials ging weiter. Unter anderem erschienen Ende August 2013 die Einzel-DVD DICK & DOOF – KEEP SMILING PARADE, Ende November 2013 gleich

11 DVDs unter dem Sammeltitel DICK & DOOF – LACHPARADE XXL und Mitte Februar 2014 die Doppel-DVD DICK & DOOF – SAMMEL EDITION XXL. Und demnächst stehen die nächsten Wiederveröffentlichungen von BABES IN TOYLAND an: Mitte August 2014 auf Blu-Ray in Farbe und in 3-D als LAUREL & HARDY – ABENTEUER IM SPIELZEUGLAND und Ende November als Doppel-DVD DICK UND DOOF IM MÄRCHENLAND mit MARCH OF THE WOODEN SOLDIERS in einer gekürzten und einer ungekürzten Fassung.

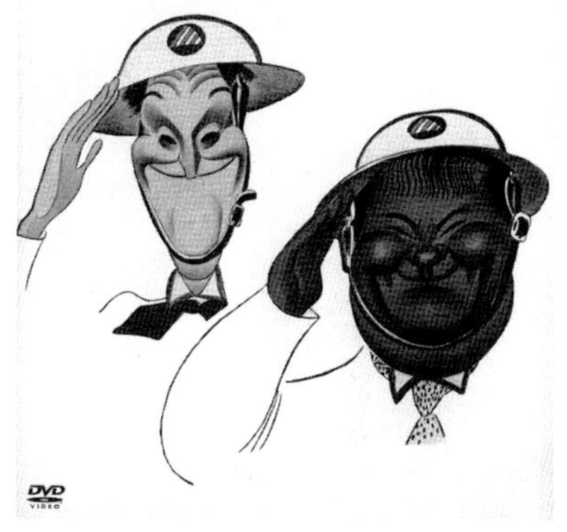

314 DVD SCHRECKEN ALLER SPIONE mit dem vollständigen Film AIR RAID WARDENS, 2008

22. 2006 bis 2014: Laurel *und* Hardy auf DVD und im TV

Ab 2006 gab es aber auch offiziell lizensierte echte Laurel-und-Hardy-Produkte. Den Anfang machte die *Warner Home* Ende Oktober 2006 mit den beiden DVDs LAUREL UND HARDY – DIE SITTENSTROLCHE und LAUREL UND HARDY – WIR SIND VOM SCHOTTISCHEN INFANTERIE-REGIMENT und mit interessantem Bonusmaterial: Stan und Ollie als Zauberer in THE HOLLYWOOD REVUE OF 1929, die Szene in der Bärenhöhle aus THE ROGUE SONG und die insgesamt fünf Laurel-und-Hardy-Szenen aus HOLLYWOOD PARTY und PICK A STAR. Am 12. September 2008 reichte der Anbieter den kompletten Film HOLLYWOOD PARTY nach und außerdem die Spielfilme SCHRECKEN ALLER SPIONE und LEIBKÖCHE SEINER MAJESTÄT in den ZDF-Fassungen. AIR RAID WARDENS ist endlich ungekürzt, also mit Stans Apfelschuss auf das Hitler-Gemälde (Abb. 314). Bisher gibt es keine Anzeichen, dass *Warner Home* auch PICK A STAR und Youngsons *MGM*-Kompilation LAUREL UND HARDY IM FLEGELALTER auf den deutschen DVD-Markt bringen wird, wie er es vor vielen Jahren auf Video-Kassetten getan hatte.

Am 30. Juli 2007 schloss sich die *20th Century Fox Home Entertainment Germany GmbH* dem Laurel-und-Hardy-Geschäft an und brachte fünf der sechs Spielfilme von Laurel und Hardy für die *Centfox* heraus. Warum GREAT GUNS ausgelassen wurde, liegt im Dunklen. Besonders interessant sind die DVDs LAUREL & HARDY – DIE TANZMEISTER und LAUREL & HARDY – DER GROSSE KNALL, da sie mit den deutschen Kino-Synchronisationen DICK UND DOOF, DIE TANZMEISTER beziehungsweise DICK UND DOOF IN GEHEIMER MISSION versehen worden sind. THE BIG NOISE hat allerdings den Titel der ZDF-Fassung erhalten. Auch dieser Film ist jetzt endlich komplett mit dem japanischen U-Boot sowie den beiden Offizieren und ihrem Hitler-Gruß (Abb. 315). Die anderen drei DVDs LAUREL & HARDY – DIE GEHEIMAGENTEN, LAUREL & HARDY – DIE

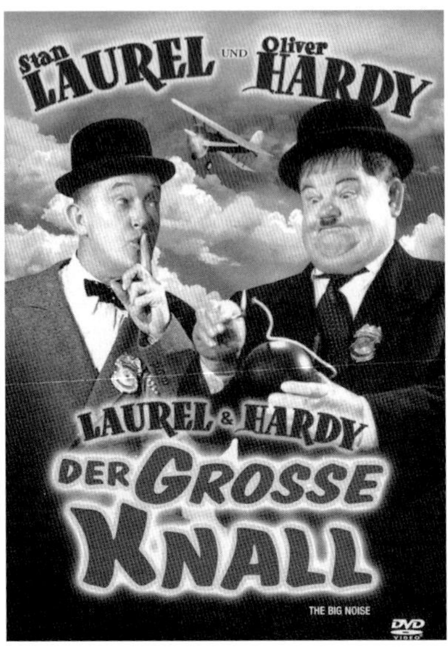

315 DVD DER GROSSE KNALL mit dem vollständigen Film THE BIG NOISE, 2007

WUNDERPILLE und LAUREL & HARDY – DIE STIERKÄMPFER wurden bedauerlicherweise mit den schwächeren ZDF-Fassungen FAULER ZAUBER, WUNDERPILLE und STIERKÄMPFER ausgestattet, obwohl die ausgezeichneten Synchron-Fassungen mit Bluhm und Paulsen vorliegen.

Von Ende März bis Mitte Oktober 2007 sendete der Kanal anixe HD im HD-Format eine umfangreiche Laurel-und-Hardy-Werkschau mit zehn Spielfilmen und 37 Kurzfilmen, die letzteren überwiegend in den Synchronisationen der *Beta Technik* mit Bluhm und Paulsen. Und diesmal war am 11. Juli 2007 auch die bislang in Deutschland weder im Kino noch im Fernsehen gezeigte Fassung DICK UND DOOF UND DIE DRAHTKOMMODE (THE MUSIC BOX) dabei.

Am 16. Oktober 2009 brachte *Kinowelt* in Lizenz der *CCA* auf einen Schlag die drei DVD-Boxen DICK & DOOF COLLECTION 1–3 mit zusammen 30 DVDs für etwa 180 Euro auf den Markt, die ab April 2010 auch als Einzel-DVDs (Preis um die 10 Euro) verkauft wurden. Um die Vermarktungschancen zu erhöhen, firmierten Laurel und Hardy wieder als Dick und Doof (Abb. 311–313). Überwiegend deckt sich der Inhalt dieser DVDs mit der 2004 abgeschlossenen *Kinowelt*-Serie. Damals schon standen Synchronisationen mit Bluhm und Paulsen als definitiven deutschen Sprechern im Vordergrund, und das wurde etwas ausgedehnt. Neu aufgenommen wurden EIN DANKESCHÖN AN DIE JUNGS, die beiden ersten Youngson-Kompilationen KINTOPPS LACHKABINETT (THE GOLDEN AGE OF COMEDY) und ALS LACHEN TRUMPF WAR (WHEN COMEDY

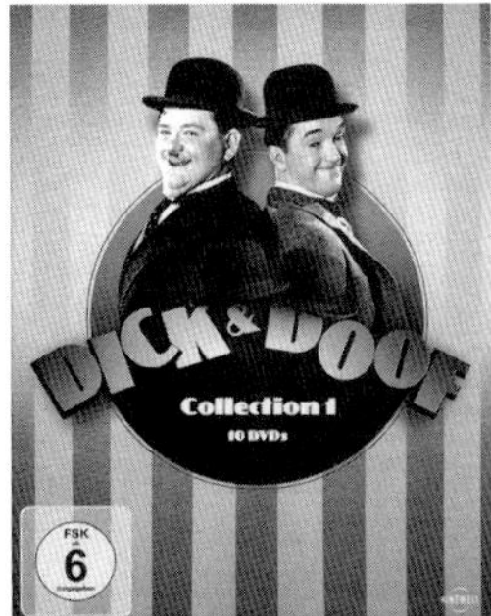

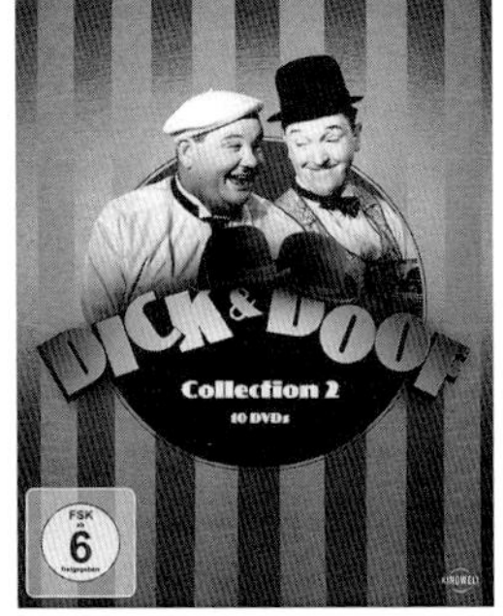

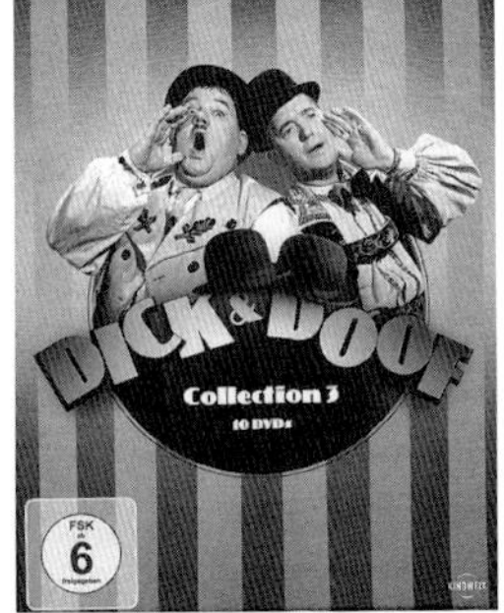

317–319 DVD-Kartons DICK & DOOF COLLECTION 1–3, Kinowelt 2009

WAS KING) sowie Hardys Solofilm IN LETZTER SEKUNDE, jeweils im Original und mit deutscher Synchronisation. Kleinere Fehler wie vergessene Untertitel oder die fehlende Möglichkeit, sie auszublenden, sind behoben worden. BIG BUSINESS und WE FAW DOWN sind beide nur noch je einmal vertreten. WRONG AGAIN kann aber nur noch im Orginal mit einblendbaren deutschen Titeln betrachtet werden, da Caloués Synchronisation BLINDE WUT mit Bluhm und Pantel entfernt wurde. Als weitere Folge aus der ZDF-Serie ZWEI HERREN DICK UND DOOF ist EIN BRUTALER HOSENKAUF (PUTTING PANTS ON PHILIP) aufgenommen worden. THAT'S MY WIFE ist mit der deutschen Fassung DER STURZ AUF DEN GATTEN aus der Serie VÄTER DER KLAMOTTE versehen (mit dem Laurel-Solofilm MANDARIN MIX-UP), SHOULD MARRIED MEN GO HOME? aber nicht mit der deutschen Fassung GOLFSPIELER IM MORAST.

Unter den Tonkurzfilmen feierte der früher nicht berücksichtigte Zweiakter THE STOLEN JOOLS im Original seine *Kinowelt*-Premiere. Der Our-Gang-Film SPANKY BEIM FOTOGRAFEN (WILD POSES) ist auch dazu gekommen, in schwarzweiß. Das ist aber die kolorierte Fassung, aus der lediglich die Farbe heraus geregelt wurde – wie auch in dem 3-DVD-Set DIE KLEINEN STROLCHE: 1930–1934, das *Kinowelt* am 18. September 2009 veröffentlicht hatte. Aus unbekannten Gründen wurde allerdings die dreiaktige englischsprachige Fassung von LAUGHING GRAVY weggelassen, sodass sie inhaltlich derzeit nur noch innerhalb der französischen und spanischen Sprachversionen zur Verfügung steht.

Drei DVDs mit Spielfilmen bieten jeweils zwei verschiedene deutsche Synchron-Fassungen an, und zwar die Kino-Bearbeitungen und die Fassungen aus der ZDF-Serie LACHEN SIE MIT STAN UND OLLIE: OUR RELATIONS und SWISS MISS, die versehentlich in der ersten DVD-Serie nicht mit den Kino-Synchronisationen ausgestattet wurden, und SAPS AT SEA. Die Informationen des Autors zur Synchronisation dieser Streifen wurden von *Kinowelt* versehentlich nicht angepasst. Bei PARDON US sind die zusätzlichen Szenen der Hybrid-Fassung nun einzeln anwählbar, und das aus der spanischen Sprachversion gestaltete alternative Ende lässt sich mit zugeschalteten deutschen Untertiteln betrachten. Eine gute Entscheidung ist es auch gewesen, zehn Spielfilmen Theo Lingens Einleitungen aus der ZDF-Spielfilm-Serie beizugeben.

Neuigkeiten gibt es im Bereich der Solofilme. Neben MANDARIN MIX-UP sind einige Anteile beziehungsweise ganze Folgen mit Laurel-Solofilmen aus ZDF-Serien neu hinzugekommen. Aus DICK UND DOOF SCORCHING SANDS, HALF A MAN und KILL OR CURE, und aus MÄNNER OHNE NERVEN zweimal UNDER TWO JAGS und ein weiteres Mal HALF A MAN. Für die Boxen schließt der Vorspann der DICK-UND-DOOF-Serie entweder mit dem Einsturz der Friedhofsmauer aus HABEAS CORPUS oder mit Stan und Ollie in der Werkstatt (BUSY BODIES). Der Vorspann von MÄNNER OHNE NERVEN blendet mit einem Bild aus Laurels Solofilm DETAINED ab. Neu eingefügt ist die Our-Gang-Groteske BARNUM AND RINGLING, INC. von 1928 mit Hardys Gastauftritt, die auch zu dem am 18. September 2009 veröffentlichten DVD-Set DIE KLEINEN STROLCHE 1927–1929 gehört. Die COMEDY-CAPERS-Folge DIE TROUBADOURE (STARVATION BLUES) ist nun ebenfalls auf DVD vorhanden.

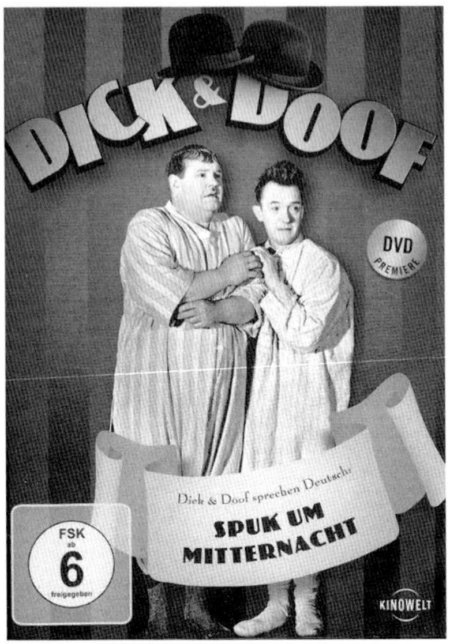

319 DVD SPUK UM MITTERNACHT: «Dick & Doof sprechen deutsch», 2010

Die Chance, alle vorhandenen Sprachversionen aufzunehmen, wurde auch dieses Mal nicht ergriffen. Am 18. März 2010 erschien jedoch für knapp 10 Euro die restaurierte Sprachversion SPUK UM MITTERNACHT bei *Kinowelt* als Einzel-DVD mit der spanischen Sprachversion NOCHE DE DUENDES als Bonus. «Dick und Doof sprechen deutsch» heißt es auf dem Cover (Abb. 319). Wer die anderen vollständig überlieferten französischen und spanischen Sprachversionen in einwandfreier Restaurierung und ausgezeichneter Bildqualität seiner Sammlung hinzufügen möchte, muss sich an die 2008 in Spanien erschienene DVD DE BOTE EN BOTE von *DeAgostini/Universal* halten und an einige Einzel-DVDs der 21-teiligen Box LAUREL AND HARDY THE COLLECTION von *Universal Pictures UK*, die am 3. Mai 2004 in Großbritannien erschienen ist (Nummern 8, 10, 11, 18). Lediglich das Fragment der französischen Sprachversion UNE NUIT EXTRAVAGANTE ist bislang nirgends auf DVD veröffentlicht worden.

Auch *Studiocanal*, wie die *Kinowelt*-DVD-Abteilung nun heißt, verpackte Teile der drei DVD-Boxen neu, aber nur in einem bescheidenen Umfang: 2012 erschien die Ausgabe THE VERY BEST OF DICK & DOOF (fünf DVDs) für knapp 20 Euro und 2013 bei *Weltbild* in Lizenz die Box THE BEST OF DICK & DOOF (zehn DVDs) für etwas über 22 Euro.

Im Februar und April 2011 erschienen, in Lizenz der *CCA*, in der Reihe der DVD-Editionen des *Filmmuseums München* zwei Sets mit Doppel-DVDs sorgfältig restaurierter Zweiakter anderer Roach-Komiker, ebenfalls mit Laurel-und-Hardy-Material: FEMALE COMEDY TEAMS mit ON THE LOOSE und MAX DAVIDSON COMEDIES mit CALL OF THE CUCKOOS und den Hardy-Solofilmen WHY GIRLS SAY NO und LOVE 'EM AND FEED 'EM (Abb. 320–321).

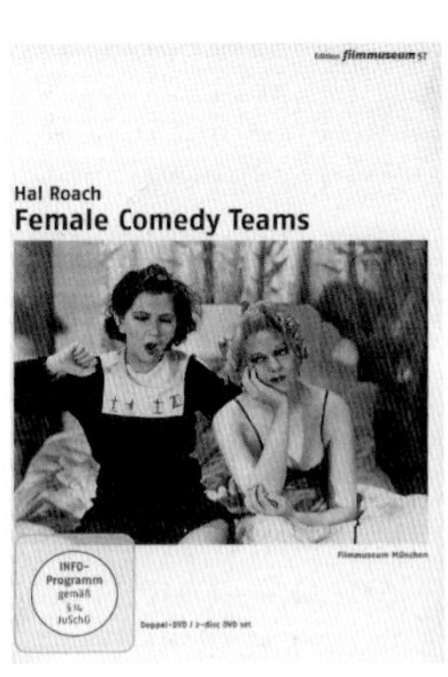

320 Doppel-DVD FEMALE COMEDY TEAMS, 2011

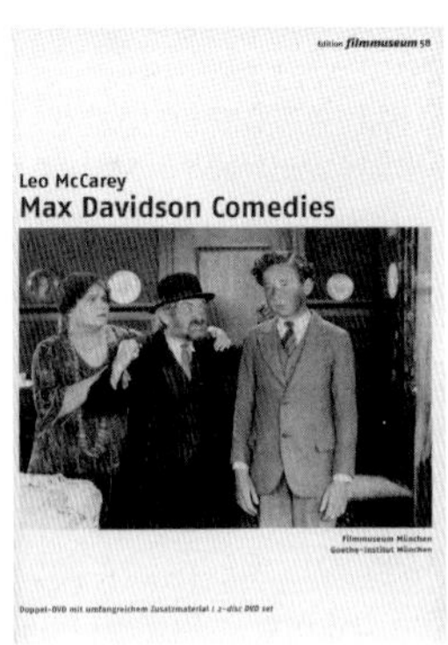

321 Doppel-DVD MAX DAVIDSON COMEDIES, 2011

Vom 28. Dezember 2011 bis zum 12. Januar 2012 strahlte arte ein drittes Weihnachtsprogramm mit Laurel und Hardy aus, dabei die Max-Davidson-Kurzfilme WHY GIRLS SAY NO und CALL OF THE CUCKOOS. Eingeleitet wurde das Programm mit Andreas Baums Dokumentation LAUREL AND HARDY: DIE KOMISCHE LIEBESGESCHICHTE VON «DICK UND DOOF» von 2011, die zahlreiche Filmausschnitte aus Laurel und Hardys Filmen, Dokumentaraufnahmen und Interviews enthält und ungleich liebevoller und lebendiger erzählt ist als andere Dokumentationen. Mit Bonusmaterial angereichert erschien die Dokumentation am 20. September 2012 bei *Studiocanal*. Wer mehr davon haben wollte, hatte ab 20. Juni 2012 Gelegenheit, die *Fun-Factory*-Doppel-DVD mit einer etwa 15 Minuten längeren Fassung von LAUREL AND HARDY: DIE KOMISCHE LIEBESGESCHICHTE VON «DICK UND DOOF» und mit noch weiterem, zum Teil unveröffentlichtem Bonusmaterial zu kaufen. Darunter befindet sich in deutscher Premiere der vollständige COMING ATTRACTIONS TRAILER der *MGM* von 1936.

Am Neujahrstag 2012 erschien außerdem in einer Weltpremiere die vollständige, gut 98-minütige englischsprachige Fassung von ATOLL K, nachdem der Autor in seinem Buch *Laurel und Hardy auf dem Atoll* von 2007 die Produktion und die Vermarktung von Laurel und Hardys letztem Film erforscht und die verschiedenen Fassungen des Films nachvollzogen hatte. Bis dahin war diese längste Fassung nie aufgetaucht. Ende Januar 2013 kam sie bei *Fun Factory Films* in Großbritannien als Kauf-DVD heraus (Abb. 322). Die französische und italienische Fassung von Laurel und Hardys letztem Film, ATOLL K und ATOLLO K,

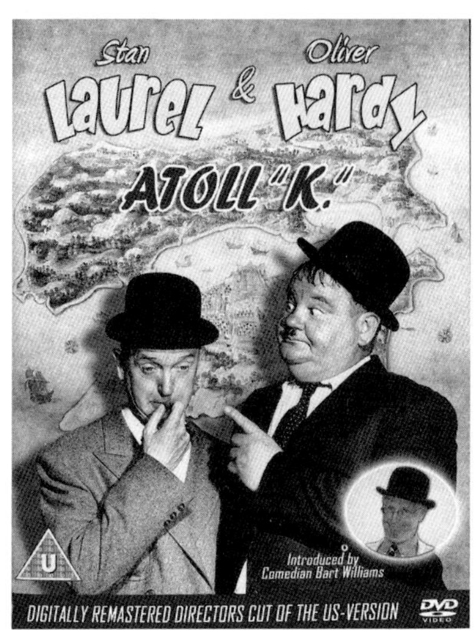

322 DVD mit der vollständigen englischen Fassung von ATOLL K, 2013

lässt sich aus Frankreich beziehungsweise Italien beschaffen. Es wartet also nur noch die wieder anders geschnittene britische Fassung ROBINSON CRUSOELAND auf ihre DVD-Premiere.

Vor einigen Jahren hatte die britische Firma *Eaglemoss Collections* in Lizenz von *Studiocanal* einen ersten Versuch gestartet, Laurel und Hardys Filme im Original ohne deutsche Fassungen mit 16-seitigen Magazinheften als Sammelserie zu verkaufen. Nach nur wenigen Ausgaben wurde die Reihe eingestellt. 2013 unternahm die Firma einen neuen Anlauf und bringt seitdem im 14-täglichen Rhythmus das Sammelwerk heraus, das voraussichtlich 98 Ausgaben umfassen wird und in Frankreich bereits abgeschlossen ist. Im Januar 2014 erschien GREAT GUNS.

Am 29. Mai 2014 sendete arte ein Hal-Roach-Programm aus drei Laurel-und-Hardy-Filmen und zwei Grotesken der Serie Our Gang. Dazu wurde Andreas Baums neue Dokumentation HOLLYWOOD'S SPASSFABRIK – ALS DIE

BILDER LACHEN LERNTEN über Hal Roach und seinen *Lot of Fun* ausgestrahlt, in dem Harold Lloyd und natürlich auch Laurel und Hardy nicht fehlen. Neben vielen Filmausschnitten und einigen aktuellen Interviews steht im Zentrum ein vor vielen Jahren geführtes Roach-Interview. Etwas zu viel Gewicht bekamen der Skandal, der Roscoe «Fatty» Arbuckles Film-Karriere zerstörte, und Buster Keatons Mitwirkung an einer einzigen TV-Produktion der *Hal Roach Studios* in den 1950er-Jahren, THE SILENT PARTNER. Arbuckle war kein Roach-Komiker und Roach persönlich an der Keaton-Produktion nicht mehr beteiligt. Auch von HOLLYWOOD'S SPASSFABRIK – ALS DIE BILDER LACHEN LERNTEN soll eine Doppel-DVD mit einer längeren Fassung erscheinen.

23. Ausblick

Was bleibt also zu wünschen? Das Ziel ist natürlich die Veröffentlichung sämtlicher Filme von Laurel und Hardy so orignalgetreu wie möglich mit ihren ursprünglichen Textkarten und Musiken. Dazu zählen aus der *Hal Roach Library* auch die beiden alternativen Fassungen von THE FINISHING TOUCH und BIG BUSINESS mit unterschiedlichen Einstellungen, die stumme Fassung von BERTH MARKS und die nur als Fragmente überlieferten Streifen. 1990 wurde das Fragment des Charley-Chase-Zweiakters NOW I'LL TELL ONE aus dem Jahr 1927 entdeckt. Der Film wurde noch gar nicht in Deutschland gezeigt. Eine Bildergalerie von HATS OFF! mit Szenenfotos und den englischen und niederländischen Zwischentiteln wäre auch eine sinnvolle Ergänzung. Die von *Kinowelt* 2009 nicht mehr verwendete dreiaktige englischsprachige Fassung von LAUGHING GRAVY sollte in eine künftige Kollektion unbedingt wieder aufgenommen werden.

THAT'S THAT ist kein offizieller Laurel-und-Hardy-Film, sondern eine acht Minuten lange Filmrolle, die Cutter Bert Jordan Laurel 1937 als Gag zum Geburtstag geschenkt hat. Er hat sie aus nicht verwendeten Szenen und abweichenden Einstellungen, zum Teil im Schnitt und Gegenschnitt, zusammengestellt und mit neuer Musik versehen lassen. Der zweifelsohne reizvolle Streifen befindet sich im Besitz von Laurels Tochter Lois, die ihn seit 1980 auf Treffen der *Sons of the Deserts* vorführt.

Als so genannte Refilmings gehören die Sprachversionen nach dem britischen Vorbild in eine künftige Kollektion. Drei spanische Sprachversionen warten ohnehin noch darauf, in Deutschland vollständig präsentiert zu werden: LA VIDA NOCTURNA (BLOTTO), DE BOTE EN BOTE (PARDON US) und TIEMBLA Y TITUBÉA (BELOW ZERO). TIEMBLA Y TITUBÉA besitzt eine längere Einleitung als BELOW ZERO und ausgedehnte Szenen um einen angeblich blinden Bettler und den Strolch, der Stan und Ollie verfolgt, nachdem sie die Geldbörse gefunden haben. Verschollen sind bis heute folgende Sprachversionen: GLÜCKLICHE KINDHEIT und LES BONS PETITS DIABLES (deutsche beziehungsweise französische Sprachversion von BRATS), weiter die französische Sprachversion FEU MON ONCLE von BERTH MARKS und THE LAUREL AND HARDY MURDER CASE, die französische Sprachversion SOUS LES VERROUS von PARDON US und fast die gesamte deutsche Sprachversion HINTER SCHLOSS UND RIEGEL, außerdem PÊLE-MÊLE und RADIOMANÍA (französische beziehungsweise spanische Sprachversion von HOG WILD). Die Suche nach ihnen wird sicherlich genauso wenig aufgegeben wie die nach HATS OFF! und den bisher verschwundenen Teilen von NOW I'LL TELL ONE, THE BATTLE OF THE CENTURY, THE ROGUE SONG und SPUK UM MITTERNACHT.

Außerhalb der *Hal Roach Library* steht GREAT GUNS gemeinsam mit einer deutschen Fassung an erster Stelle der DVD-Wunschliste. THE HOLLYWOOD REVUE OF 1929 lohnte eine eigene vollständige Veröffentlichung, um zu sehen, wie Laurel und Hardys Auftritt als Zauberkünstler eingebettet ist. Von THE ROGUE SONG ließen sich die verstreuten fragmentarischen Bildmaterialien einschließlich der überlieferten Tonaufnahmen vor allem der Laurel-und-Hardy-Szenen zusammenführen. PICK A STAR ist sicherlich ein «Muss». Und auch eine Bündelung der unterschiedlichen Fassungen von ATOLL K hätte ihren Reiz.

In eine neue Kollektion könnten auch die verfügbaren alternativen Synchron-Fassungen aufgenommen werden, und damit auch die deutschen Zusammenstellungen und Programme aus den 1950er- und 1960er-Jahren. Es befinden sich noch einige ausgezeichnete deutsche Fassungen in der Warteschleife, allen voran Gressiekers HÄNDE HOCH – ODER NICHT! Bedeutsam wäre das zum Beispiel bei PACK UP YOUR TROUBLES, dessen Kino-Synchronisation DICK UND DOOF ALS REKRUTEN von 1952 nach wie vor nicht greifbar ist und dessen Fassungen DIE TEUFELSBRÜDER von 1967 und VERGISS DEINE SORGEN für das ZDF wegen der Besetzung von Laurel und Hardys deutschen Stimmen problematisch bleiben.

Ebenso wären Youngsons Kompilationen, die nach ALS LACHEN TRUMPF erschienen sind, ein interessantes DVD-Projekt.

THE STOLEN JOOLS und THE TREE IN A TEST TUBE sollten erneut deutsch synchronisiert werden. Eine deutsche Fassung des Zweiakters ON THE LOOSE gibt es bislang nicht. Vielleicht gelingt es ja auch, Laurel und Hardys einzigen Farbfilm zu restaurieren. Abzuwarten bleibt, welche Entscheidungen über die *CCA* und die *Hal Roach Library* getroffen werden, nachdem Klaus Hallig Ende September 2013 verstorben ist.

Außerdem bleibt die Veröffentlichung sorgfältig technisch überarbeiteter Fassungen der zahlreichen Solofilme der beiden Komiker von bestmöglichen Materialien nach Brombergs Vorbild ein lohnenswertes Ziel.

Es wäre ebenfalls an der Zeit, nach «Birds of A Feather» Laurel und Hardys beide anderen Bühnensketche, die Laurel für ihre Tourneen geschrieben hatte, hierzulande auf die Bühne zu bringen: «The Driver's Licence Sketch» und «On the Spot». In «The Driver's Licence Sketch» möchte Ollie die Fahrerlaubnis verlängern lassen, die er von seinem Großvater geerbt hat, hat aber keine Ahnung vom Autofahren. «On the Spot» ist Laurels Bearbeitung der Handlung von NIGHT OWLS. Eingebaut hat er unter anderem die abgewandelte Kesselszene aus PACK UP YOUR TROUBLES.

Und warum sollte Laurel und Hardys 1944 produzierter Radiosketch «Mr. Slater's Poultry Market» nicht auch eine deutsche Premiere erfahren. Er ist besonders lustig. Geflügelhändler Slater hat Stan und Ollie als Gehilfen angestellt, die mit Killern verwechselt und ins Gefängnis gesteckt werden, das sie eher unwillig verlassen, als sich der Irrtum aufklärt.

Laurel und Hardys Zukunft und die ihrer Filme dürfte gesichert sein. Politische Umstürze, eine weltgeschichtliche Katastrophe und deutsche Firmen-

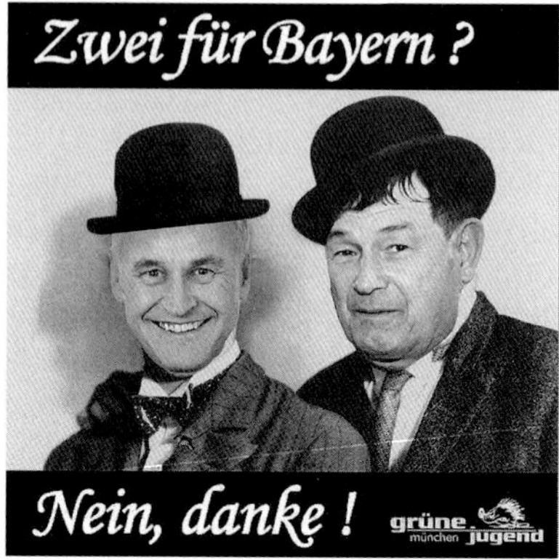

323 Flugblatt grüne jugend München 2008: «Zwei für Bayern? – Nein, danke!»

pleiten konnten ihrem Werk nichts anhaben. Das Ende der großen Kinozeit des Teams in Deutschland im Jahr 1970 war nur der Übergang zu neuen Medien. Wie hoch der Marktwert von Laurel und Hardy ist, belegen allein die beiden großen DVD-Editionen ihrer Filme aus der *Hal Roach Library* seit 2000 und die vielen anderen DVD-Veröffentlichungen. Die beiden Komiker werden sicherlich noch die nächsten Generationen mit ihrer frischen und zeitlosen Komik begeistern. Als Werbeträger taugen Laurel und Hardy ebenfalls. Die vor Jahren weit verbreitete Stan-und-Ollie-Werbung des Software-Riesen *Microsoft* war ganz im Sinne ihrer Komik und würde wohl heute noch ihre Wirkung entfalten. Stan und Ollie im Bett: Stan kratzt sich grübelnd am Kopf und fragt «Softwer?» Ollie entgegnet gedankenschwer «Hardwas?»

«Ein Bild sagt mehr als tausend Worte» – das funktioniert besonders bei Laurel und Hardy. Im bayerischen Landtagswahlkampf 2008 verulkte die Münchner *grüne jugend* den damaligen CSU-Parteichef Erwin Huber und den amtierenden bayerischen Ministerpräsidenten Günther Beckstein in Stan-und-Ollie-Montur unter dem Motto «Zwei für Bayern? – Nein, danke!» (Abb. 323). Aus anderem Anlass und von anderer Seite wurden im Februar 2012 auch der damalige französische Präsident Nicolas Sarkozy und die deutsche Bundeskanzlerin Angela Merkel mit Stan und Ollie verglichen, und die Bundeskanzlerin wurde virtuell sogar zu Ollie ins Auto gesetzt. Laurel und Hardy und ihre Komik sind also auch Bestandteil des kollektiven Bewusstseins. «Laurel and Hardy Forever!»

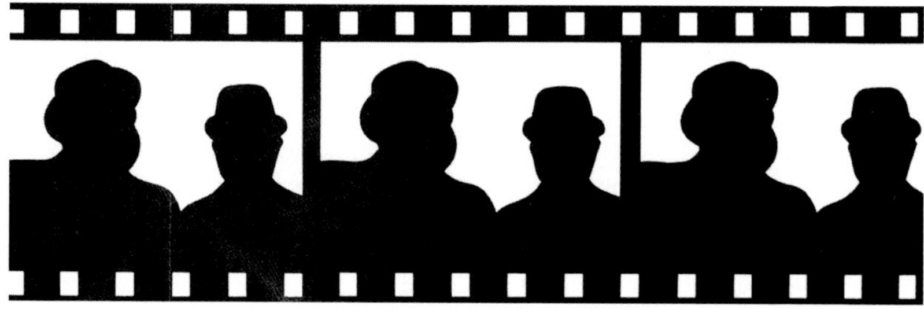

V. Teil Neues von Laurel und Hardy

In den vergangenen Jahren hat sich einiges auf dem Gebiet der TV-Serien mit Laurel und Hardy, DVDs, im Theater und im Kino getan. Zeit also, das *Dick-und-Doof*-Taschenbuch zu aktualisieren.

1. TV-Serien

2020 erschien das Lexikon *Es darf gelacht werden* des Autors über die Slapstickserien im deutschen Fernsehen Ost und West. Darin haben sich einige weitere Laurel-und-Hardy-Auftritte im deutschen Fernsehen und viele bis dahin unbekannte Informationen über die Serien zusammentragen lassen.

CINEMATOGRAPHEN-THEATER, 1959

Laurel und Hardys deutsche Fernsehgeschichte begann schon im Frühjahr 1959 im regionalen Werbefernsehen des Bayerischen Rundfunks (BR), vor der TAGESSCHAU im Hauptprogramm der Arbeitsgemeinschaft der öffentlich-rechtlichen Rundfunkanstalten der Bundesrepublik Deutschland (ARD). Begleitet von Werbung für Bärenmarke, Birkin, Glänzer, Trumpf, Maggi, Kaba und Constructa startete dort am 29. Januar 1959 die erste deutsche TV-Slapstickserie überhaupt. Gezeigt wurden Ausschnitte aus stummen Slapstick-Grotesken und dramatischen Filmen, die ein unbekannt gebliebener Sprecher mit einem «persiflierenden Begleittext» präsentierte *(TV Fernseh-Woche)*. Die Art der Präsentation lässt sich nicht mehr nachvollziehen, da das CINEMATOGRAPHEN-THEATER nicht archiviert wurde. Das CINEMATOGRAPHEN-THEATER wurde auch vom Westdeutschen Werbefernsehen (WWF) übernommen, und dort war am 5. Mai 1959 im Regionalprogramm des Westdeutschen Rundfunks (WDR) unter anderem WIE DIE ERSTEN MENSCHEN zu sehen war . Der Film handelte von der Partnersuche in der Steinzeit und dem brachialen Eifersuchtsstreit der Herren der Schöpfung um die Damenwelt – Laurel und Hardys FLYING ELEPHANTS (1927).

Das CINEMATOGRAPHEN-THEATER war nur kurzlebig und brachte es lediglich auf acht Folgen, die im BR bis zum 11. Juni 1959 ausgestrahlt wurden. Das lag vor allem an der GEFILMTEN ENZYKLOPÄDIE, die die ersten vier Folgen begleitete. Sie vergraulte offenbar die Zuschauer. Laurel und Hardys Episode kam nicht über einen mäßigen Urteils-Index hinaus. Die Reaktionen rangierten zwischen «sehr lustig», «bitte öfter zeigen» sowie «viel zu alt» und «langweilig». Manche Zuschauer konnten den Film nicht einordnen: War er zum Lachen, oder sollten sie belehrt werden?

ES DARF GELACHT WERDEN, 1961–1965

Werner Schwiers Serie ES DARF GELACHT WERDEN bleibt trotz ihres Starts zwei Jahre nach dem CINEMATOGRAPHEN-THEATER die Pionier-Serie des Slapsticks im deutschen Fernsehen.

Über die ersten acht Folgen (14. Mai bis 20. August 1961) befand sie

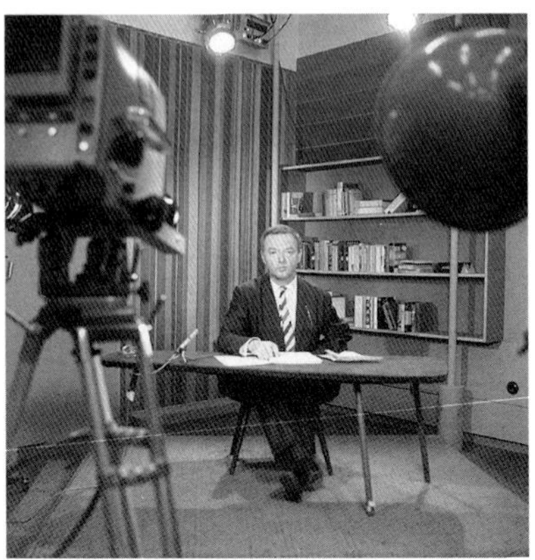

325 Werner Schwier im HR-Studio

sich die Serie in einer Findungsphase. Meistens zeigte Schwier Tonfilme von Laurel und Hardy, die die Beta Technik 1960/61 deutsch synchronisiert hatte. Die einzelnen Filme stellte er mit längere Ausführungen vor. Dazu saß er im Fernsehstudio in der Kulisse eines Arbeitszimmers am Schreibtisch und trug einen damals üblichen Straßenanzug Seine Moderation quittierten die *fernseh-informationen* im Juni 1961 mit Missfallen: «[Wir] schüttelten [...] den Kopf über den Sprecher der Reihe ES DARF GELACHT WERDEN, der ungeschickt und aufgeblasen über das Thema ‹seid komisch zueinander› sprach. Was sollen diese Verblasenheiten [...]?» Daraufhin wurden in der ersten Staffel der Serie ab dem 5. September 1961 nur noch stumme Grotesken in einem grundlegend anderen Rahmen gezeigt. In den 1950er-Jahren waren Schwier und Konrad Elfers mit ihrem Programm KINTOPP ANNO DAZUMAL durch die Lande getourt und zeigten Stummfilme wie in der Stummfilmzeit: Schwier als Wanderschausteller Werner und Erklärer und Elfers als Kapellmeister Konrad am Klavier. Das Ambiente des Wanderkinos wurde für ES DARF GELACHT WERDEN im Fernsehstudio des Hessischen Rundfunks (HR) mit Kino-Zuschauern in zeittypischer Kleidung nachgestellt. Nun kritisierte der katholische *Film-Dienst* das neue Konzept der Serie m Oktober 1961 und wünschte sich offenbar Schwier am Studio-Schreibtisch zurück: «Uralte Filmgrotesken; gelegentlich eine herrliche Ausgrabung; der Kommentator ‹macht in Milieu› und gibt leider zu wenig filmkundliche Hinweise.» Dessen ungeachtet hatte die gesamte erste Staffel von ES DARF GELACHT WERDEN so großen Erfolg, dass eine zweite produziert wurde.

Allerdings hätte Schwier den durchschlagenden Erfolg der Serie durch sein Verhalten beinahe zunichte gemacht. Mitunter konnten ihn entweder der HR oder die Beta Technik für die Produktion nur schwer oder gar nicht erreichen. Nach Berichten von Zeitzeugen war «Schwier ein Künstler, der zu regelmäßiger, konzentrierter Arbeit nur schwer zu bewegen war.» Zudem war er schon damals starker Alkoholiker. Selten lieferte Schwier die Zwischentitel für die jeweiligen Filme, die gesendet werden sollten, vorher ab. Für die Folgen vom 27. Dezember 1961 und 9. Januar 1962 musste man sogar ganz auf deutsche Zwischentitel verzichten. Deswegen drohte HR-Produktionsleiter Albert M. Hecker der Beta Technik Ende Februar 1962 mit der Einstellung der Serie und einer Beschwerde beim Intendanten. Bis auf Weiteres ließ sich das jedoch abwenden.

Leo Kirchs Verhandlungen mit dem HR über den Verkauf weiterer Slapstickfilme für die zweite Staffel von ES DARF GELACHT WERDEN wurden über die Deutsche Gesellschaft für Ton und Bild GmbH (Degeto) geführt. Unter anderem bot Kirch ein Paket von Folgen der US-Serie COMEDY CAPERS an, die Jack Saunders für National Telepix bearbeitet hatte. Auf Schwiers Intervention erwarb der HR das Paket nicht für ES DARF GELACHT WERDEN. Den Vertrag schloss Kirch über die Degeto mit der Werbung im Rundfunk GmbH, der Werbetochter des HR. Auf diesem Weg gelangten Folgen der COMEDY CAPERS ab 1965 ins Regionalprogramm des HR.

Die zweite Staffel von ES DARF GELACHT WERDEN startete mit einer Einschaltquote von 61 %. Das lag unter dem Durchschnitt der gesamten zweiten Staffel von knapp 70 %. Allabendlich saßen etwa 15 bis 20 Millionen Fernsehzuschauer vor den Fernsehgeräten und konnten mitlachen. Die höchste Quote von 82 % erreichte die Folge vom 10. April 1963. Die Zustimmungsquote der befragten Zuschauer betrug +5 auf einer Skala von -10 bis +10 als höchstem Zustimmungswert. Aus heutiger Sicht mutet eine solche Sehbeteiligung geradezu fantastisch an. Allerdings sendeten damals auch nur die ARD einschließlich der Regionalprogramme der Landesrundfunkanstalten und das Zweite Deutsche Fernsehen (ZDF), und beide boten noch kein Vollprogramm an. Heute strahlen zahllose Sender ihre Programme ohne Unterbrechung rund um die Uhr aus.

Zum Grund der Einstellung von ES DARF GELACHT WERDEN gibt es unterschiedliche Darstellungen. Ernst Liesenhoff war mit Schwier seit gemeinsamen Göttinger Tagen befreundet und sagte, der HR-Intendant Werner Hess habe entschieden, dann aufzuhören, wenn es am besten sei. Heinz Caloué berichtete über das Serien-Ende: «Schwier war unzuverlässig geblieben und hatte die Warnung des Produktionsleiters Hecker nicht ernst

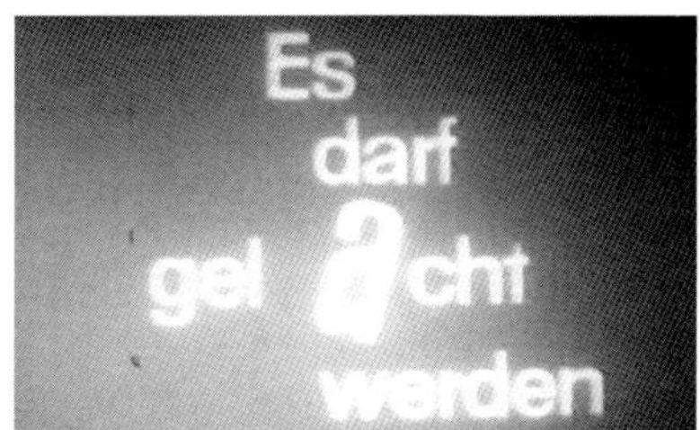

326 Titelkarte ES DARF GELACHT WERDEN

genommen. Als Kirch davon erfuhr, dass Schwier sich nicht gebessert hatte, feuerte er ihn persönlich. Deshalb hat Schwier begonnen, für den Atlas Filmverleih Laurel-und-Hardy-Filme bei der Berliner Synchron zu synchronisieren.» Letzteres erscheint schlüssiger, weil der HR schon während der ersten Staffel wegen Schwiers Unzuverlässigkeit mit der Einstellung der Serie gedroht hatte.

Ungeachtet solcher Schwierigkeiten stand ES DARF GELACHT WERDEN bei den Zuschauern aller Altersgruppen dauerhaft hoch im Kurs: Grotesken reizten zum Lachen! Schwier hatte auch jugendliches Publikum gewinnen können, und überwiegend schätzte man seinen trockenen Humor. Selbstverständlich mochten nicht alle Zuschauer Stummfilme. Dann fanden sie sie alt, albern oder gar langweilig. Man kann es eben nicht allen recht machen. Als ES DARF GELACHT WERDEN eingestellt wurde, war das Bedauern groß. Allein die Umfrage-Ergebnisse der Folgen vom 7. Juli und 8. September 1965 spiegelten das eindrucksvoll wider: elf Seiten Kommentare.

Vermutlich strahlte der Erfolg von ES DARF GELACHT WERDEN auf die DDR-Serie LACHPARADE. FILMSPÄSSE AUS DEN KINDERJAHREN DES KINTOPPS aus. Ihre erste Staffel wurde von Januar bis November vom Deutschen Fernsehfunk (DFF) gesendet. Im September 1965 hatte dessen *Methodisches Kabinett* unter 2000 repräsentativ ausgewählten Fernsehzuschauern Umfragen zum Unterhaltungsprogramm veranstaltet, die als vertraulich behandelt wurden. Auf die Frage «Wie beliebt sind Stummfilm-Satiren?» antworteten 42,7 % der Zuschauer, sie sähen sie ausgesprochen gern. 34,6 % ihnen hingegen nichts abgewinnen, 22,1 % lehnten sie gar ab, und 6,6 % konnten sich nicht entscheiden. «Ein großes Massenvergnügen», so die Verfasser der als streng vertraulich gehüteten internen Studie, war der Slapstick damit nicht. Den größten Zuspruch hatte er unter Schülern, Lehrlingen und Studenten. Zuschauer mit Westempfang (85 % der Befragten) mochten Slapstick deutlich lieber als die ohne, und das führte das *Methodische Kabinett* auf den Empfang von ES DARF GELACHT WERDEN zurück.

OPAS KINO LEBT, 1964–1968

Die am 17. Oktober 1964 gestartete ZDF-Serie, in der ebenfalls Laurel-und-Hardy-Filme zu sehen waren, hat eine ungewöhnliche Vorgeschichte. Ihre ersten fünf Folgen – ohne Laurel und Hardy – wurden im Herbst 1960 als Kulturserie mit dem Serientitel WIEDERSEHEN MIT GESTERN von Bruno Zöcklers Münchner ARPA Film im Auftrag der Freies Fernsehen GmbH für das so genannte Adenauer-Fernsehen produziert. Der Inhalt der ersten, nicht überlieferten Folge ist unbekannt. Die zweite und die vierte Folge enthielten Beispiele frühen europäischen Slapsticks. Dazwischen lag die Bearbeitung eines dramatischen Stummfilms. Der beliebte US-Slapstick kam erst mit der fünften Folge UNTERWEGS MIT HINDERNISSEN zum Zuge. Beinahe wäre WIEDERSEHEN MIT GESTERN ebenfalls vor ES DARF GELACHT WERDEN auf Sendung gegangen. Aber die Ende 1958 gegründete Freies Fernsehen GmbH wurde im Juli 1961 aufgelöst, weil das Bundesverfassungsgericht das geplante Adenauer-Fernsehen Ende Februar 1961 wegen Verstoßes gegen die Rundfunkhoheit der Bundesländer für verfassungswidrig erklärt hatte. Damit lag WIEDERSEHEN MIT GESTERN brach. Den größten Teil der rund 300 Minuten Programm, die für die Freies Fernsehen GmbH vorproduziert worden waren, kaufte im Mai 1962 das ZDF, das als Folge dieser Entwicklung als weiteres öffentlich-rechtlicher Sender gegründet worden war und am 1. April 1963 auf Sendung ging. Dazu gehörte WIEDERSEHEN MIT GESTERN.

Die Kulturserie wurde beim ZDF in OPAS KINO LEBT umbenannt und bis zum 9. Februar 1965 in der Programmsparte «Kleine Unterhaltung vor 20:00 Uhr» von 19:00 bis 19:25 Uhr gezeigt. Damit war die Serie ein früher Vorläufer des später populären Vorabendprogramms des Senders. Ihre Resonanz war allerdings mäßig. Um weiterhin eine Slapstickserie im Programm zu haben, änderte das ZDF das Konzept von OPAS KINO LEBT. Der Sender erwarb von Kirch im Verlauf des Jahres 1965 ein Paket noch nicht über die Degeto verkaufter Folgen von COMEDY CAPERS und einige andere stumme US-Slapstickfilme. Für die neuen Folgen verfasste Hanns Dieter Hüsch persiflierende Texte, die Hans Clarin fortan sprach. Dieser Teil von OPAS KINO LEBT wurde im Vorabendprogramm allerdings meist nur unregelmäßig und ohne einen dauerhaft festen Sendetag über einen Zeitraum von gut drei Jahren ausgestrahlt. Daher hatte OPAS KINO LEBT vermutlich nicht annähernd Erfolg wie ES DARF GELACHT WERDEN. Einschaltquoten für die ab dem 8. Juli 1965 gesendeten Folgen sind aber nicht überliefert.

COMEDY CAPERS. AUS DER STUMMFILMKISTE, 1965–66

Spätestens im Verlauf des Jahres 1964 hatte Kirch aus dem Paket der COMEDY CAPERS, an dem der HR für ES DARF GELACHT WERDEN kein Interesse gehabt hatte, der Degeto über «26 Filme burlesker Art» verkaufen können. Das Geschäft kam für die Werbung im Rundfunk GmbH zustande, der Werbetochter des HR. Ab dem 25. Januar 1965 wurden 20 dieser Folgen im Regionalprogramm des HR im etwa monatlichen Rhythmus samstags um 18:30 Uhr zum ersten Mal in Deutschland als eigenständige Serie gesendet – über 30 Jahre, bevor ein großer Teil der Serie im Kirch'schen Bezahlsender DF1 lief. Unter den 20 Folgen hatten Laurel und Hardy mit neun Filmen den größten Anteil: sieben Solo- und zwei Teamfilme, acht aus Hal Roachs Produktion und die Groteske CRAZY TO ACT von 1927 aus Mack Sennetts Studio:

- 25. Januar 1965: SCHIFF, AHOI! (SAVE THE SHIP, Laurel)
- 24. April 1965: DIE VERFOLGUNG (LIBERTY, Laurel und Hardy)
- 22. Mai 1965: DER HOLZKOPF (THE NOON WHISTLE, Stan Laurel)
- 16. Oktober 1965: DER LAGERKOCH (WANDERING PAPAS, Clyde Cook, Hardy)
- 29. Januar 1966: BEIM ZAHNARZT (WHITE WINGS, Laurel)
- 21. Mai 1966: DIE WÄSCHEREI (COLLARS AND CUFFS, Laurel)
- 16. Juli 1966: DER GEHEIMAGENT (FLUTTERING HEARTS, Charley Chase, Hardy)
- 13. August 1966: DER EIFERSÜCHTIGE PRODUZENT (CRAZY TO ACT, Hardy)

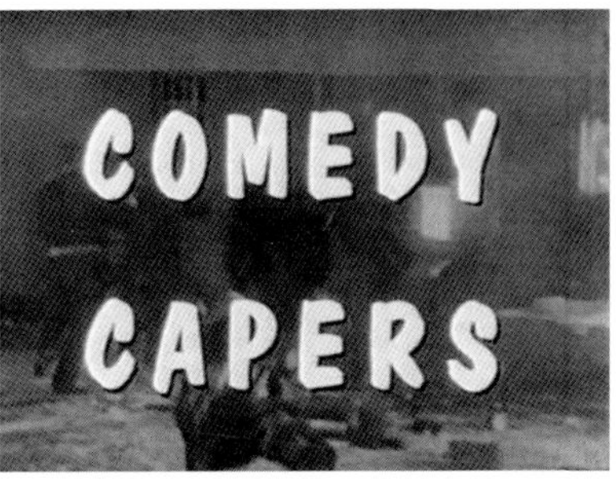

327 Titelkarte COMEDY CAPERS

- 10. September 1966: DIE FREUNDIN (LOVE 'EM AND WEEP, Laurel und Hardy)

Warum nicht auch die restlichen sechs Folgen aus dem angekauften Paket von «Filmen burlesker Art» ausgestrahlt wurden, hat sich nicht klären lassen. Einschaltquoten sind ebenfalls nicht überliefert.

DIE KLEINEN STROLCHE – THE MISCHIEF MAKERS, 1. ZDF-Staffel 1967–1968

Das ZDF hatte zunächst kein Kinderprogramm. Im März 1960 war Dr. Max Loeser als ehemaliger Rundfunkreferent der CDU-Bundesgeschäftsstelle stellvertretender Leiter der Abteilung für leichte Unterhaltung der Freies Fernsehen GmbH geworden. Nach deren Auflösung wechselte er zum ZDF. 1965 stand er dessen «Aufbaustab Nachmittagsprogramm» vor und war ab 1967 Leiter der Kinder- und Jugendredaktion. Für diese erwarb Loeser von Kirchs Beta Film im selben Jahr 26 Folgen von Jack Saunders' US-Kinderserie THE MISCHIEF MAKERS, die im ZDF in DIE KLEINEN STROLCHE umgetauft wurden. Die Serie enthielt überwiegend stumme Kinder-Grotesken aus Roachs Erfolgsserie OUR GANG. Im

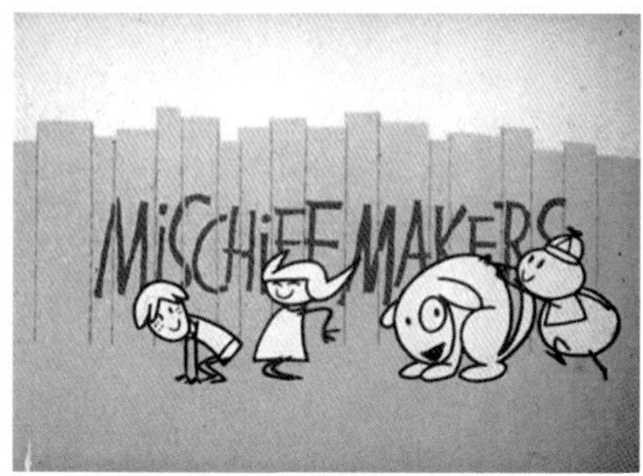

328 Titelkarte THE MISCHIEF MAKERS

ZDF traten DIE KLEINEN STROLCHE ihren Siegeszug an, der im bundesdeutschen Fernsehen mit mehreren Staffeln in unterschiedlichen deutschen Bearbeitungen bis 1998 andauerte.

Die 26 Folgen der KLEINEN STROLCHE wurden in Kirchs Synchronstudio Beta Technik deutsch bearbeitet. Andrea Wagner textete das Erkennungslied *Hip, Hip, Hooray* der MISCHIEF MAKERS in *Hipp-hipp hurrah* um. Die Komponisten Fred Strittmatter und Quirin Amper jr. richteten es für die deutsche Fassung ein, die mit Orchester und Chor Eric Frantzen eingespielt wurde. Ein Ohrwurm war geboren: «Auf die Plätze, fertig, los! Omas Stiefel sind so groß. Hipp-hipp hurrah, jetzt sind wir wieder da! Hipp-hipp hurrah. Das ist doch sonnenklar: Bei uns sieht's lustig aus. Bei uns steht alles Kopf, da kommt der Pudel raus und singt ein Lied. Oh diddel di diddel di whack whack whack. Die Ziege und der Mausespeck. Diddel di diddel di wau wau wau. Der Hund der geht zur Modenschau.» Im Abspann heißt es dann: «Hipp-hipp juchhee hurrah, bald sind wir wieder da. Das ist doch klar. Dideldi... Der Hund der geht nach Haus. Dideldi... Die Schau ist aus.»

Das Kinderfernsehen des ZDF begann am 2. Januar 1966. In dem wöchentlichen Sonntagsmagazin FÜR JUNGE ZUSCHAUER starteten die KLEINEN STROLCHE am 11. Juni 1967 nicht mit einer Groteske von OUR GANG, sondern mit dem Buster-Brown-Film FÜNKCHEN IN DER SCHULE (BUSTER'S INITIATION) von 1927. Die neue Kinderserie war schon bald so beliebt, dass sie ab dem 19. November 1967 unter ihrem Titel außerhalb des Kindermagazins einen eigenen Sendeplatz erhielt. Die neue Selbstständigkeit begann mit DER BOXKAMPF (KNOCKOUT BUSTER, 1929), ebenfalls mit Buster Brown. Die beiden OUR-GANG-Folgen mit kurzen Solo-Auftritten von Laurel und Hardy waren DIE KLASSENFAHRT (SEEING THE WORLD, Laurel) und DAVID'S BRUDER (THE BABY BROTHER, Hardy). Sie standen als Folgen 25 und 26 der ersten Staffel auf dem Programm, die am 25. Februar 1968 endete.

SPASS MUSS SEIN. DIE LUSTIGE FLIMMERKISTE, 1966–1973

Nach der Einstellung von ES DARF GELACHT WERDEN wollte WDR-Redakteur Gert-K. Müntefering, der Vater der SENDUNG MIT DER MAUS, Slapstickfilme auch ins Kinderprogramm der ARD bringen. Für die Auswahl standen die in der zweiten Staffel von ES DARF GELACHT WERDEN aus Lizenzgründen nicht zur Verfügung. Kirchs Fundus an stummen US-Slapstickfilmen war allerdings mittlerweile enorm und bot somit eine große Auswahl. Von den Filmen, die Heinz Caloué als Angestellter der Beta Technik Müntefering vorschlug, lehnte dieser unter anderem Laurel und Hardys 1927 entstandene Filme SUGAR DADDIES, WITH LOVE AND HISSES und PUTTING PANTS ON PHILIP ab. Themen wie Erpressung, eine Militärklamotte bzw. Laurel im Schottenrock, dem beim Niesen die Unterhosen herunterrutschen, erschienen Müntefering nicht für Kinder geeignet.

Der WDR wollte die Serie SPASS MUSS SEIN. DIE LUSTIGE FLIMMERKISTE ursprünglich am 13. Februar 1966 starten. Das ARD-Sendeprotokoll des Tages belegt aber, dass der Start offenbar verschoben wurde. Die Serie begann tatsächlich erst am 14. Juni 1966. Insgesamt 53 Folgen mit 58 Grotesken wurden über einen Zeitraum von knapp sieben Jahren in unregelmäßigen Abständen gesendet, mal sehr kurz aufeinander folgend, häufig aber weit auseinander liegend. Laurel und Hardy waren mehrfach vertreten. 1966 lag die durchschnittliche Einschaltquote der Serie bei 12%, stieg dann bis 1972 auf 15%, um 1973 auf 10% zu fallen. Die Abschlussfolge erreichte 15%. Das vergleichsweise magere Ergebnis mag an den häufig wechselnden Anfangszeiten von SPASS MUSS SEIN und der sehr unregelmäßige Ausstrahlung gelegen haben. Womöglich hatte die Serie deswegen ihr kindliches Zielpublikum nicht im größeren Maße an sich binden können.

Münteferings Versuch, im Herbst 1977 weitere 400 Minuten stummer Slapstickfilme für das Familienprogramm des WDR anzukaufen, blieb in den Anfängen stecken: Schon die Vertragsverhandlungen mit Kirchs Beta Film scheiterten.

PRESTISSIMO, DIE WIESELFLINKE FLIMMERKISTE, 1971–72

Der Dirigent und Komponist Professor Kurt Pahlen sollte im Auftrag des BR ab dem 1. Februar 1971 in der Kinderstunde der ARD mit der Sendung PRESTO etwa alle zwei Monate durch die Welt der klassischen Musik führen. Nach nur drei Sendungen wurde die Musikserie schon wieder eingestellt. Pahlens PRESTO, die musikalische Tempobezeichnung für «schnell», hatte man vorsorglich auch PRESTISSIMO mit einer Sendedauer um zwischen 15 und etwa 25 Minuten pro Folge zur Seite gestellt, worin es es etwas zum Lachen gab und besonders schnell zugehen sollte. Diese Serie erhielt folgerichtig den Untertitel DIE WIESELFLINKE FLIMMERKISTE. Dem ARD-Pressedienst zufolge sollten darin «fixe Spaßmacher aus den Kindertagen des Films» zu sehen sein, Slapstickkomiker wie Harry Langdon, Glenn Tryon, Harry Pollard, Larry Semon, Jackie Lucas, die drei Fatties und Charlie Chaplin. Womöglich knüpfte man damit an SPASS MUSS SEIN an. Für ihr Interesse am Slapstick wurde die Geduld der Kinder und Jugendlichen mit PRESTISSIMO strapaziert. Die nicht archivierte Serie brachte es nur auf acht Folgen, die über einen Zeitraum von bald zwei Jahren verteilt gesendet wurde. Die Geduld der Zuschauer schien aufgebraucht gewesen zu sein. Immerhin hat PRESTISSIMO die Musiksendung PRESTO um fünf Folgen überdauert.

Auf dem Sendeplatz von PRESTISSIMO wurde am 1. August 1972 ohne Serientitel die 15-minütige Groteske DICK UND DOOF IM HOTEL gesendet. Im ARD-Pressedienst hieß es dazu: «Wer kennt nicht Oliver Hardy und Stan Laurel – in Deutschland als Dick und Doof bekannt –, die sich in scheinbarer Ernsthaftigkeit immer zu viel vornehmen und auf belustigende Weise über ihre eigenen Unzulänglichkeiten stolpern. Diesmal kommen sie als Angestellte eines Hotels einem Räuber auf die Spur.» Das war 45 MINUTES FROM HOLLYWOOD (1926) mit Glenn Tryon in der Hauptrolle. Angestellter des Hotels ist freilich nur Hardy. Laurel ist ein Hotelgast, der im gesamten Film nur einmal wenige Sekunden mit Bett-Zipfelmütze im Bild ist.

GOLDEN SILENTS ODER ALS DIE BILDER LAUFEN LERNTEN, 1972–1976

Die 1969 und 1970 gesendete britische Serie GOLDEN SILENTS war als Fortsetzung von Bob Monhouses Serie MAD MOVIES gedacht und lief daher wie diese mit Zusatz ODER ALS DIE BILDER LAUFEN LERNTEN im ARD-Hauptprogramm als Beitrag des Norddeutschen Rundfunks (NDR). Der NDR ließ bei der Berliner Synchron GmbH (BSG) nicht alle 28 Originalfolgen deutsch synchronisieren, sondern nach deren Unterlagen nur 23 Episoden. Zum Start der deutschen Serienfassung sprach der ARD-Pressedienst aber von 26 Folgen. Wahrscheinlich sind die Aufzeichnungen der BSG zur Serie unvollständig. Denn drei weitere deutsche Folgentitel tauchten auf, die im Produktionsbuch der BSG nicht aufgeführt sind. Am 11. Oktober 1975 strahlte die ARD die Folge JE VERRÜCKTER DESTO BESSER (THRILLS AND SPILLS) aus. In Österreich, wohin die ARD ihre Serienfassung verkaufte, wurden außerdem EIN TRICK KOMMT SELTEN ALLEIN (MORE TRICKS OF THE TRADE) und NOCH EINMAL, WIE ES DAMALS WAR (WHERE WE CAME IN) gesendet.

Der geplante regelmäßige Senderhythmus der GOLDEN SILENTS geriet im Hauptprogramm der ARD bald ins Stocken. Einige Folgen wurden zuweilen sogar nur noch als kurzfristige Programmfüller eingesetzt. So wurden schließlich statt 26 Folgen nur 19 Folgen gesendet, und das zog sich vom 19. August 1972 bis zum 7. November 1976 hin. Die restlichen deutschen Fassungen blieben ungesendet, und schließlich wurde auch diese Serie nicht archiviert. Die durchnittliche Einschaltquote der GOLDEN SILENTS betrug 15 %. Die beiden 1975 gesendeten Episoden erzielten jedoch nur noch 6 bzw. 7 %, und die letzte Episode, die sieben Monate später ins Programm kam, erreichte auch nur 9 %. In Österreich hingegen schlugen sich die GOLDEN SILENTS offenbar besser. Vom 3. Juli 1978 bis zum 8. Januar 1979 wurden im Programm von ORF1 im Wochen-Rhythmus 26 Folgen gesendet.

VÄTER DER KLAMOTTE, 1973–1986

Dies ist die mit Abstand umfangreichste und am längsten ausgestrahlte deutsche Slapstickserie. Die VÄTER DER KLAMOTTE enthielten vier Teamfilme von Laurel und Hardy und eine Reihe von Solofilmen der beiden Komiker. Die insgesamt 199 Folgen der Serie liefen im Vorabendprogramm des ZDF vom 5. Oktober 1973 bis zum 31. Mai 1986. Bis zum 27. April 1979 wurden 179 Folgen gesendet, aufgeteilt in 131 Folgen von 25 Minuten Sendedauer und 48 Episoden zu je rund 15 Minuten. Ab dem 16. November 1984 wurden die VÄTER DER KLAMOTTE noch einmal mit 20 Folgen à 25 Minuten fortgesetzt.

In Zentrum der Episode ZWEI HERREN IM DREIVIERTELTAKT vom 11. Oktober 1974 stand der Charley-Chase-Zweiakter ON THE WRONG TREK von 1936 mit einem Gastauftritt von Laurel und Hardy. Ursprünglich hatte der ZDF-Redakteur Gert Mechoff 1972 vorgesehen, dass Filme von und mit Charley Chase in einer eigenen Serie mit dem Titel SPASS MIT CHARLIE im Vorabendprogramm des ZDF zu sehen sein sollten. Nachdem er aber für das ZDF mit Kirchs Beta Film den Produktionsvertrag über die VÄTER DER KLAMOTTE geschlossen hatte, disponierte er um. Die Chase-Filme wurden Teil der VÄTER DER KLAMOTTE, für die

Caloué bereits vier Charlie-Chaplin-Folgen hergestellt hatte. Diese wurden ausgekoppelt und wechselten in die neue Chaplin-Serie SPASS MIT CHARLIE, die auf 19 Episoden ausgebaut wurde.

LAUREL UND HARDY – STUMMFILME (ohne Serientitel), DDR1 1974

Auf dem VIII. Parteitag der SED vom 15. bis 19. Mai 1971 verordnete der DDR-Staatsratsvorsitzende Erich Honecker, der Anfang Mai Walter Ulbricht entmachtet hatte, dem DDR-Fernsehen eine Reform. Es sollte künftig auf die Zuschauer und ihre Wünsche Rücksicht nehmen, um sie «in bewegten Zeiten von der ‹virtuellen Republikflucht› abzuhalten».

Ende Juli / Anfang August 1970 hatte das Reiseteam des VEB DEFA Außenhandels das seit geraumer Zeit in Pula auf der Halbinsel Istrien jährlich stattfindende internationale Filmfestival besucht. An dessen Rand erwarb das Reiseteam von der Firma Jugoslavija Film die Fernseh- und Kinorechte für 15 kurze stumme Grotesken aus Hal Roachs Produktion, überwiegend Zweiakter mit Laurel und Hardy. Die beiden Komiker hatten im Kino und Fernsehen der DDR einen guten Namen. Aus einem Teil dieses Kontingents entstanden fürs Kino der DDR die Programme LAUREL UND HARDY SUCHEN ANSCHLUSS und LAUREL UND HARDY AUF DER JAGD NACH DEM MAMMON. Sechs darin verarbeitete Laurel-und-Hardy-Filme wurden ab Spätsommer 1974 im Vorabendprogramm von DDR1 um 18:15 Uhr ausgestrahlt. Bis auf einen Fall erhielten die Streifen andere deutsche Titel als in den Kinoprogrammen, wurden aber nicht unter einem Serientitel versammelt. Gesendet wurden:

- 28. August 1974: DER ERBONKEL (THAT'S MY WIFE)
- 11. September 1974: HELFER IN NÖTEN (SUGAR DADDIES)
- 18. September 1974: TIEFSTAPLER IM FRACK (FROM SOUP TO NUTS), Titel wie im Kino
- 16. Oktober 1974: DIE SÜSSE PUPPE (UNACCUSTOMED AS WE ARE)
- 13. November 1974: ES KOMMT IMMER ANDERS (YOU'RE DARN TOOTIN')
- 20. November 1974: VERKEHR UND SCHÖNE MÄDCHEN (TWO TARS)

ABENTEUER MIT RIDOLINI. FILMGROTESKEN AUS DER STUMMFILMZEIT, DDR1 1975

Die sechs Laurel-und-Hardy-Filme scheinen dem US-Slapstick im DDR-Fernsehen einen neuen Anschub bedeutet zu haben. Ab dem 3. Januar 1975 legte es drei Serien mit US-Slapstickfilmen nach. Die erste Serie war ABENTEUER MIT RIDOLINI, wie Larry-Semon-Filme 1973 im ARD-Nachmittagsprogramm GRIPS & TRICKS. EIN PROGRAMM FÜR KINDER geheißen hatten. Die 14-teilige DDR-Serie ist nicht überliefert, und über die Art ihrer Bearbeitung ist nichts bekannt. Die etwa 25 Minuten langen Folgen wurden im Programm von DDR1 am Vorabend um 19:00 Uhr gesendet. Zur ersten Folge empfahl die zuständige Redaktion folgenden Ansagetext: «Zu den besten Komikern der Stummfilmzeit gehört neben Buster Keaton und Charlie Chaplin auch Larry Semon. Mit der heute beginnenden Stummfilmserie ABENTEUER MIT RIDOLINI möchten wir Sie mit diesem schon fast vergessenen Schauspieler bekannt machen.» In der Folge BÄRENFANG UND GRANDHOTEL vom 31. Januar 1975 waren Laurel und Hardy jeweils solo in zwei verschiedenen Semon-Filmen vertreten: Laurel in BEARS AND BAD MEN (1918) und Hardy in THE BELLHOP (1921). Danach war Hardy noch in vier weiteren Folgen der Heavy an Semons Seite: 14. Februar 1975: DER GANGSTERSCHRECK (DULL CARE, 1919), 28. Februar 1975: DER DOPPELTE GROSSHERZOG (A PAIR OF KINGS, 1922), 14. März 1975: MODE, PUPPEN UND GANOVEN (THE GOWN SHOP, 1923) und 8. August 1975: TRÄUME SIND SCHÄUME (THE SHOW, 1921).

ABENTEUER MIT RIDOLINI gehört zu den wenigen DDR-Serien, zu der Zuschauerreaktionen erhalten sind. Diese setzten sich zusammen aus der prozentualen Zuschaltung und der individuellen schulmäßigen Bewertung von 1 bis 5. Die beste Zuschauerbewertung bekam MODE, PUPPEN UND GANOVEN (THE GOWN SHOP) mit 25,7 % Sehbeteiligung und einer Note von 2,66. Die Durchschnittswerte für die gesamte Serie betrugen 21,11 % und 2,90.

JUBEL, TRUBEL, SENSATIONEN. PARADE DER STUMMEN KOMIKER, DDR1 1975

Zwei Wochen nach dem Auslaufen von ABENTEUER MIT RIDOLINI startete die dreiteilige Kurzserie JUBEL, TRUBEL, SENSATIONEN. PARADE DER STUMMEN KOMIKER. Sie wurden ab dem 22. August 1975 mit «witzigen Kommentaren» präsentiert und in der «Humorachse» um 19:00 Uhr ausgestrahlt, wie es im Kaderdeutsch des Fernsehens der DDR hieß. Über den Inhalt ist nur sehr wenig bekannt. Möglicherweise enthielt die zweite Folge SCHWEIZER KÄSE vom 5. September 1975 einen Ausschnitt aus Laurels Zweiakter KILL OR CURE (1923). Denn in der TV-Zeitschrift *ff dabei* war ein Szenenbild daraus abgebildet. In der letzten Folge DER LÖWE IM HOTEL vom 19. September 1975 war jedenfalls Hardy als wurstverschlingender Vielfraß in dem Billy-West-Film THE HOBO von 1917 dabei. Die Einschaltquoten der drei Folgen betrugen 7,5 %, 9,2 %. und 13,5 %.

KOMIK, KINTOPP UND KLAMOTTE, DDR1 1975/76

Im Anschluss daran startete DDR1 Anfang Oktober 1975 KOMIK, KINTOPP UND KLAMOTTE. Deren 17 Folgen wurden bis 1976 ebenfalls in der «Humorachse» um 19:00 Uhr gesendet. Über die Bearbeitung und Präsentation dieser nicht erhalten gebliebenen Serie ist kaum etwas bekannt. Die Ansage-Empfehlung zur Sendung vom 31. Oktober 1975 war zum Beispiel inhaltlich ein Ratespiel: «In den folgenden 25 Minuten erleben Sie Kintopp-Katastrophen am laufen Band – und alles unter dem harmlosen Motto DIE EIERKUR.» Hinter dem Titel EIN HAUSBOOT MIT GARTEN der letzten Folge vom 21. April 1976 verbarg sich aber Stan Laurels SAVE THE SHIP (1923).

THEO LINGEN PRÄSENTIERT: LACHEN SIE MIT STAN UND OLLIE, 1975–80

Von 1963 bis 1970 hatte das WWF unter dem Titel THEO LINGEN PRÄSENTIERT mit dem beliebten deutschen Filmschauspieler Theo Lingen verschiedene Slapstickerien produzieren lassen, die vor allem in den Regionalprogrammen des HR und des WDR gesendet wurden. Lingen führte in die einzelnen Folgen ein. Deshalb war er die erste Wahl, auch für die Laurel-und-Hardy-Spielfilme der ZDF-Serie LACHEN SIE MIT STAN UND OLLIE Einleitungen zu sprechen. Lingens Beiträge wurden im Synchronatelier der Beta Technik gefilmt, woran sich Heinz Sturm, der spätere Produktionsleiter der Beta Technik, wie folgt erinnerte: «Theo Lingen war sehr professionell. Dass im Synchronatelier und nicht in einem Filmstudio gedreht wurde, missfiel ihm. Vor allem war er darüber verschnupft, dass es bei bei der Beta Technik weder eine Künstlergarderobe noch eine Maske gab. Die Ausstattung von Lingens ‹Arbeitszimmer› mit Laurel-und-Hardy-Requisiten hatte der Kameramann Bernd Weidner besorgt und eingerichtet.» Die neue Synchronisation der 21 Spielfilme kostete das ZDF 525.000 DM. Intern wurde Mechoff wegen dieser Kosten Verschwendung vorgeworfen, weil alle Filme in deutschen Kinosynchronisationen vorlagen und wiederholte Synchronisationen daher überflüssig erschienen. Mechoff aber war an einheitlichen neuen Präsentation gelegen gewesen. Die Kosten dafür dürften sich freilich in Grenzen gehalten haben, wenn man sie mit anderen Slapstick-Synchronisationen vergleicht, die rund zehn Jahre später hergestellt wurden.

Obwohl LACHEN SIE MIT STAN UND OLLIE ein ambitioniertes Projekt von Mechoff war, das seinen Platz im Abendprogramm haben sollte, behandelte das ZDF die Serie zuweilen stiefmütterlich. Der Serienstart mit WÜSTENSÖHNE kam relativ kurzfristig ins Abendprogramm vom 3. September 1975. Das ZDF konnte die Programmzeitschriften zwar noch rechtzeitig informieren, aber ein Pressetext, wie er zum Start einer neuen Serie üblich war, entfiel. Am 21. Januar 1976 wurde der geplante Film DIE LIEBEN VERWANDTEN kurzfristig gegen WIR BITTEN UM GNADE ausgetauscht und am 18. Februar 1976 nachgereicht. GENIES IN OXFORD musste am 17. März 1976 dem Fußball-Europapokalspiel der Landesmeister zwischen Real Madrid und Borussia Mönchengladbach weichen und wurde erst über drei Monate später am 23. Juni 1976 ausgestrahlt. Der Streifen FAULER ZAUBER zum Beispiel wurde am 9. Juni 1976 dann wieder wie geplant gezeigt. Die erste Phase endete mit KLOTZKÖPFE am 1. September 1976. Mit dem Beginn der zweiten Phase der Serie am 28. Januar 1978 wurde LACHEN SIE MIT STAN UND OLLIE ins Nachmittagsprogramm verlagert und lief in dem Jahr nur sporadisch. Als am 1. Januar 1979 das jährliche Neujahrsspringen ausfiel, musste unter anderem kurzerhand DAS SCHWEIZER MÄDEL als Ersatz herhalten. Genauso unangekündigt wurden DIE TAPFEREN SCHOTTEN, FRA DIAVOLO und NICHTS ALS ÄRGER am 14. und 27. Januar bzw. 10. Februar 1979 gezeigt. DER GROSSE KNALL sollte am 24. März 1979 gesendet werden, wurde aber für den zweiten Teil von ENID BLYTON: FÜNF FREUNDE HELFEN IHREN KAMERADEN aus dem Programm genommen und eine Woche später am 31. März 1979 nachgereicht. Dennoch blieben die Einschaltquoten respektabel hoch. Besonders unglücklich erging es allerdings dem Spielfilm DIE TANZMEISTER. Er sollte am 24. Februar 1979 laufen, fiel jedoch zugunsten von STARS SINGEN FÜR DIE KINDER DER WELT aus, einer Musiksendung zum Jahr des Kindes. Danach gerieten DIE TANZMEISTER im ZDF in Vergessenheit. In Österreich, wohin der Sender die Serie auch verkauft hatte, konnte man den Film am 28. Januar 1979 sehen. Das ZDF holte ihn schließlich am 29. Dezember 1980 hervor und schloss LACHEN SIE MIT STAN UND OLLIE damit endgültig ab. Die Quittung war die niedrigste Einschaltquote der Serie von nur 7 %.

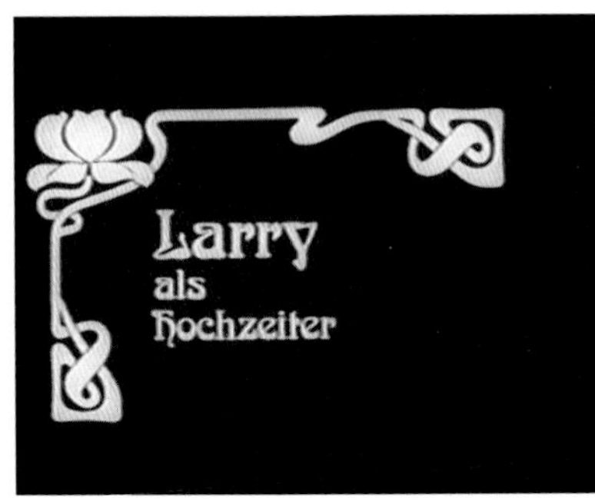

329 Titel aus ABENTEUER MIT LARRY

ABENTEUER MIT LARRY, 1980

Zusammen mit STARS DER STUMMFILMÄRA und STARS DER STUMMFILMZEIT bildet ABENTEUER MIT LARRY des BR gewissermaßen den Vorläufern der langlebigen Serie KLAMOTTENKISTE. Alle vier Serien wurden von Rolf G. Schuenzels PROfilm hergestellt. Die fünf Folgen von ABENTEUER MIT LARRY gehörten zu einem Paket von rund 130 Filmen, das Schuenzel in den USA eingekauft hatte. Sie wurden mit deutschen Kommentaren und Musik versehen und von einem unbekannten Sprecher präsentiert. An die Qualität von Heinz Caloués Texten für die ZDF-Serien und Hanns Dieter Hüschs Sprachakrobatik reichte das aber nicht annähernd heran. Eine lustige Bearbeitung ist eben nur lustig, wenn sie lustig ist. Womöglich war das der Grund, dass die Serie schon so bald eingestellt wurde, obwohl sehr viel mehr Larry-Semon-Filme vorhanden waren, die dann bald darauf in der KLAMOTTENKISTE liefen und in Hartmut Neugebauers deutscher Bearbeitung und seiner eigenen Präsentation Erfolg hatten. In drei Folgen von ABENTEUER MIT LARRY war Hardy als Semons Heavy zu sehen: in der Startfolge LARRY ALS SCHULDENEINTREIBER (THE RENT COLLECTOR) vom 14. Juli 1980, sowie in den Folgen LARRY IM MODESALON (THE GOWN SHOP) und LARRY ALS BÜHNENARBEITER (THE SHOW).

VIER FRÖHLICHE FRECHDACHSE, 1980–1983

Nachdem diese Serie mit Tonfilmen von Hal Roachs LITTLE RASCALS mittlerweile vollständig rekonstruier werden konnte, steht fest: WILD POSES mit Laurel und Hardy Gastauftritt als Babies gehörte nicht dazu.

KLAMOTTENKISTE IN DER DDR, 1987–1988

1984 konnte die Omega Film GmbH (möglicherweise im Verein mit der Degeto) die erfolgreiche bundesdeutsche KLAMOTTENKISTE an das Fernsehen der DDR verkaufen. Über einen Zeitraum von drei Jahren schickte des Fernsehen der DDR 107 der produzierten 123 Folgen unter immer wieder neuen Serientiteln in seine beiden Fernsehprogramme. Insgesamt wurde die KLAMOTTENKISTE in nicht weniger als acht DDR-Serien ausgewertet.

Ende November 1987 wurde im Programm von DDR1 die Miniserie ABENTEUER AUS DER STUMMFILMZEIT an zwei Terminen ausgestrahlt, zu denen jeweils zwei Folgen der KLAMOTTENKISTE gezeigt wurden. Kurz darauf begann die achteilige Serie ABENTEUER MIT LARRY bei DDR2 (nicht zu verwechseln mit der gleichnamigen Kurzserie des BR), die bis zum 2. Januar 1988 mit insgesamt 16 Folgen der KLAMOTTENKISTE lief. In diesen beiden Serien waren einige Slapstick-Grotesken mit Hardy als Heavy von Billy West und Larry Semon enthalten.

CHARLEY CHASE FESTIVAL – ES DARF GELACHT WERDEN (VÄTER DER KLAMOTTE), 1985–1986

Aus der Programmgesellschaft für Kabel- und Satellitenrundfunk (PKS), an der Kirch verdeckt beteiligt war, ging die SAT.1 GmbH hervor, in die er bis auf Weiteres ebenfalls verdeckt involviert war. Im Programm des neuen privaten Satellitensenders SAT.1 lief jeweils sonntags um 13:00 Uhr eine der vollsynchronisierten langen Charley-Chase-Folgen aus der ZDF-Serie VÄTER DER KLAMOTTE der 1970er-Jahre. Zum Schluss von Vor- und Abspann dieser Folgen wurde aber der Serientitel gegen ES DARF GELACHT WERDEN ausgetauscht. Der Grund dafür waren Senderechte, die das ZDF an VÄTER DER KLAMOTTE noch innehatte, als SAT.1 sich aus der Serie bediente.

Das CHARLEY CHASE FESTIVAL war der Beginn einer bis 1986 andauernden Festival-Reihe mit Slapstickfilmen aus vergangenen ZDF-Serien. Am 21. April 1985 wurde ZWEI HERREN IM DREIVIERTELTAKT (On the Wrong Trek, 1936) mit Laurel und Hardys Gastauftritt als Anhalter gezeigt.

2. TV-Serien auf DVD

Die KLAMMOTTENKISTE hatte auf VHS und DVD bereits mehrere Anläufe genommen. Am 23. Oktober 2015 schien sich aber abzuzeichnen, dass das Label *Lighthouse Productions* die gesamte Serie vorlegen würde. Bis zum 18. November 2016 erschienen aber nur zehn DVDs mit 90 von 123 produzierten Folgen, von denen 121 ausgestrahlt worden waren. Zusammen mit den VHS der VPS Filmentertainment GmbH und den DVDs der Zyx-Music GmbH liegt die KLAMOTTENKISTE aber bis auf sechs Folgen auf Bildträgern vor.

Folgen 1, 3 und 4 der *Lighthouse-Productions*-DVDs enthalten die drei kaum gesendeten Laurel-Folgen GROSSE WÄSCHE (COLLARS AND CUFFS und THE NOON WHISTLE), IRISCHE HELDEN (NEAR DUBLIN und THE SOILERS) sowie REINGEFALLEN (KILL OR CURE und THE SLEUTH). Auf den DVDs der Folgen 1, 2, 5 und 8 sind außerdem einige Soloauftritte von Hardy als Heavy von Billy West und Larry Semon zu finden.

Am 23. Oktober 2018 brachte das Label *Fernsehjuwelen* den Laurel-und-Hardy-Serienklassiker schlechthin heraus: DICK UND DOOF. Bis auf die Folge DIE RACHE DES RAUBMÖRDERS, zusammengesetzt aus DO DETECTIVES THINK? und FROM SOUP TO NUTS waren alle 98 Episoden vorhanden. DIE RACHE DES RAUBMÖRDERS war nur ein einziges Mal am 1. Dezember 1978 im ZDF wiederholt und nach Lizenzende an Kirchs Beta Film zurückgegeben worden. Seitdem ist die Folge verschollen. Auf der DVD Box ist DIE RACHE DES RAUBMÖRDERS nachempfunden worden. Danach gab *Fernsehjuwelen* am 31. Mai 2019 die vollständige Serie LACHEN SIE MIT STAN UND OLLIE heraus und ließ am 30. August 2019 ZWEI HERREN DICK UND DOOF komplett folgen.

Mittlerweile hat *Fernsehjuwelen* am 18. Februar 2022 außerdem die komplette erste ZDF-Staffel der KLEINEN STROLCHE herausgebracht, mit den Gastauftritten von Laurel in DIE KLASSENFAHRT und von Hardy in DAVID'S BRUDER. Dazu gehört das Booklet des Autors über den Weg zur deutschen TV-Serie und mit der Übersicht, welche Originalfilme damals verarbeitet wurden.

Larry Harmons Zeichentrickfilmserie LAUREL AND HARDY gehört natürlich nicht zu den Filmen des Duos. Trotz aller Kritik an der Qualität der Trickfilme und ihrer Stories belegt die

Serie aber die andauernde Beliebtheit des Duos lange nach dem Ende seiner Filmkarriere. In der Frühzeit des deutschen Videomarktes waren Folgen der Harmon-Serie auf nicht weniger als 28 verschiedenen VHS-Kassetten zu finden. Am 21. Oktober 2016 erschienen bei *Turbine Medien GmbH* sämtliche 156 Episoden auf vier DVDs (Bestell-Nr. 9485635). Darauf befinden sich auch alle deutschen Synchronfassungen, die 51 in den 1970er-Jahren noch mit Walter Bluhm produzierten Folgen und die restlichen 101 von Hartmut Neugebauer in der zweiten Hälfte der 1980er-Jahre synchronisierten Folgen.

3. Spielfilme auf Blu-ray

2018 hat das Londoner British Film Institute (BFI) die HD-Abtastung der längsten englischsprachigen Fassung von Laurel und Hardys letztem gemeinsamen Spielfilm *Atoll K* in einer Blu-ray-Box mit umfangreichem Begleitmaterial veröffentlicht (Bestell-Nr. BFIB 1323). Es bliebe noch zu wünschen, alle unterschiedlichen verschiedensprachigen Versionen und Fassungen in einem Set zu versammeln.

Fersehjuwelen Parallel-Label *Filmjuwelen* hat Ähnliches allerdings mit sämtlichen Spielfilmen getan, die Laurel und Hardy nach ihrem Weggang von Hal Roach für dieses Studio gedreht haben. Die am 3. April 2020 veröffentlichte FOX-BOX DICK & DOOF DIE TWENTIETH CENTURY FOX STUDIO GESAMTEDITION vereint zum ersten Mal sämtliche entstandenen deutschen Synchronisationen dieser Filme und als Bonus die deutsche Synchronisation DICK UND DOOF IN GEHEIMER MISSION von 1951, ein Zusammenschnitt aus THE BIG NOISE und A-HAUNTING WE WILL GO. Lediglich der Ton der deutschen Kinofassung STIERKÄMPFER WIDER WILLEN von 1950 stand nur unvollständig zur Verfügung und wurde unter anderem aus der TV-Fassung STIERKÄMPFER der ZDF-Serie LACHEN SIE MIT STAN UND OLLIE ergänzt. Über das umfangreiche Projekt dieser Blu-ray-Box gibt das Booklet des Autors ausführlich Auskunft.

Es bleibt zu hoffen, dass es eines Tages auch eine Box mit Laurel und Hardys MGM-Filmen und deren sämtlichen deutschen Synchronisationen geben wird.

4. Laurel und Hardy auf der Bühne und im Kino

Zudem war Laurel und Hardys Leben Stoff für die Bühne und das Kino. Am 2. April 2015 feierte Tom McGrath's Theaterstück *Laurel and Hardy* in Bernd Schmidts deutscher Übersetzung *Laurel und Hardy* Premiere in den *Kammerspielen Hamburg*, die

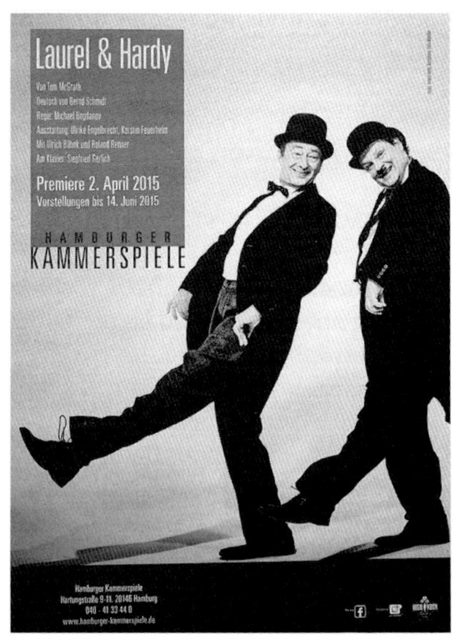

330 Plakat

damit später auch auf Gastspielreise gingen. Roland Renner und Ulrich Bähnk spielten nicht nur überzeugend die beiden großen Komiker, sondern schlüpften außerdem im fliegenden Wechsel vor den Augen der Zuschauer in andere Rollen. Das Stück ließ Slapstick und Reminiszenzen an vertraute Szenen des Komiker-Duos nicht zu kurz kommen, machte damit aber nicht Halt. Im zweiten Teil stand der Niedergang von Laurel und Hardys Filmkarriere im Mittelpunkt und gab Raum für anrührende Szenen. Laurel und Hardys künstlerische Unsterblichkeit symbolisierten Renner und Bähnk schließlich mit dem wundervoll weltentrückten Tanz aus WAY OUT WEST, den sie mit faszinierender Unschuld und Leichtigkeit auf die Bühne brachten. Ein schönes Daumenkino davon konnte man mit nach Hause nehmen.

Schon lange hieß es, dass Laurel und Hardys Leben verfilmt werden sollte. 2018 drehte Jon S. Baird tatsächlich STAN & OLLIE. Der Film beschränkte sich allerdings auf die Zeit ab 1953, als der Filmruhm des Duos verblasst zu sein schien und ihre Bühnentournee durch Großbritannien zunächst in mäßig besuchten Häusern begann. Dann aber stellte sich ein überragender Erfolg ein, weil Laurel und Hardy ihre Zuschauer auch auf der Bühne begeistern konnten und damit neue Fans gewannen. Der Traum von einem neuen gemeinsamen großen Kinofilm verflog allerdings rasch, unter anderem weil sich Gesundheitsprobleme beim Duo einstellten. Steve Coogan und John C. Reilly haben Laurel und Hardy in STAN & OLLIE sowohl als Künstlern als auch als Personen Leben eingehaucht und lassen die Zuschauer in den Teil der Karriere des Duos blicken, den damals nur Laurel-und-Hardy-Freunde in Großbritannien live miterleben konnten. Der wunderbare Film startete in Deutschland am 9. Mai 2019. Die deutsche Synchronfassung der Berliner *Think Global Media GmbH* nach dem Dialogbuch von Tiyam Akbarzadeh mit Lutz Mackensy und Detlef Bierstedt als Laurel und Hardys deutsche Stimmen erschien am 20. September 2019 bei *Capelight* auf DVD und Blu-ray (Bestell-Nr. 6419640).

5. THE BATTLE OF THE CENTURY

Am 2. Januar 2019 gab es kurz vor Mitternacht im deutsch-französischen Kulturkanal Arte aber auch Laurel und Hardy im Original zu bestaunen. Im deutschen Fernsehen war das eine echte Premiere. Viele Jahrzehnte nach der deutschen Erstaufführung des ehedem intakten Klassikers THE BATTLE OF THE CENTURY in den 1920er-Jahren fristete der Film seine Existenz nur noch als Fragment. Dann wurde die zweite Rolle des Streifens entdeckt, sodass THE BATTLE OF THE CENTURY weitgehend rekonstruiert werden konnte. Nach wie vor fehlt die Szene im Park, in der der Versicherungsvertreter Ollie eine Versicherung verkauft, aus der Geld sprudeln soll, wenn Stan bei einem Unfall zu Schaden kommt. In Großbritannien führte das BFI den

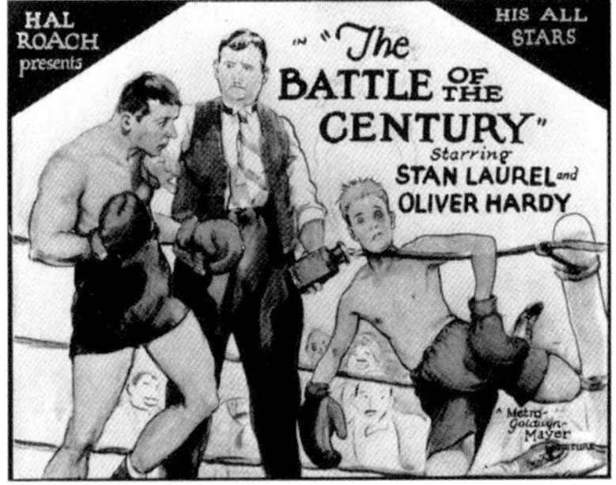

331 Werbedia 1927

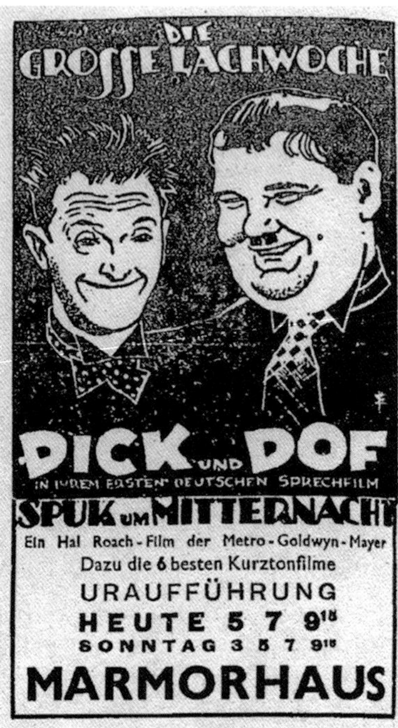

332 Inserat SPUK UM MITTERNACHT, 21. Mai 1931

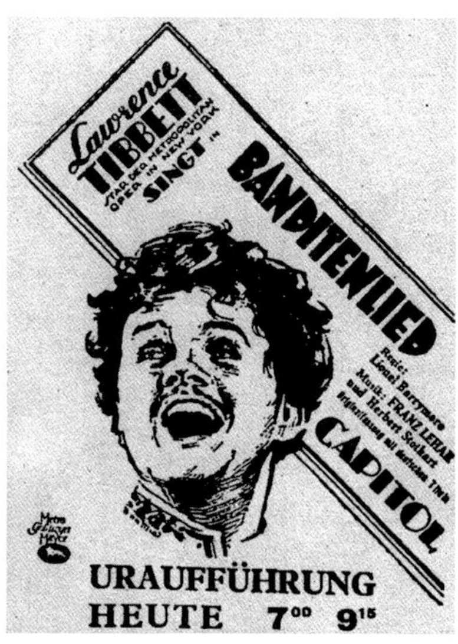

333 Inserat BANDITENLIED, 3. Juni 1931

neuen alten Film am 28. Oktober 2015 während des London Film Festivals vor. Es dauerte danach also noch gut drei Jahre, ehe THE BATTLE OF THE CENTURY als Präsentation des Münchner Filmmuseums mit neuer stimmiger Musik von Richard Siedhoff auf deutschen Bildschirmen zu sehen war. Eine DVD-Veröffentlichung hat es seither nicht gegeben. Darauf wartet man genauso wie auf eine solche Auswertung einiger Sprachversionen von Laurel-und-Hardy-Filmen von Anfang der 1930er-Jahre.

Und noch einmal zurück in die Weimarer Republik. Mittlerweile haben sich zwei Kino-Annoncen finden lassen, die die deutschen Erstaufführungen zweier Laurel-und-Hardy-Filme im Frühjahr 1931 angekündigt haben: SPUK UM MITTERNACHT, die deutschen Sprachversion von THE LAUREL-HARDY-MURDER-CASE, und BANDITENLIED (THE ROGUE SONG), der nach wie vor überwiegend verschollene Operettenfilm mit Laurel und Hardys Auftritten als Räuber-Gespann.

Wer sich für die zahlreichen Slapstickserien im deutschen Fernsehen Ost und West und ihre Hintergründe interessiert, findet dazu ausführliche Informationen in dem schon erwähnten Lexikon von 2020. Zusammengetragen unter anderem aus Archiv- und Arbeitsunterlagen sowie zahlreichen Interviews mit Zeitzeugen gehen sie weit über das hinaus, was im vorliegenden Buch dargestellt werden konnte. Laurel und Hardy und die vielen großartigen Komiker des Slapsticks stehen für Werner Schwiers Motto, das er ab Frühjahr 1961 populär gemacht hat:

Es darf gelacht werden.

Kurz-Übersicht über Laurel und Hardys Filme in der Reihenfolge ihrer US-Veröffentlichungen

Fett: Sprachversionen.
Kursiv: Gastauftritte.

- THE LUCKY DOG (1921/22)
- 45 MINUTES FROM HOLLYWOOD (1926)
- DUCK SOUP (1927)
- SLIPPING WIVES (1927)
- LOVE 'EM AND WEEP (1927)
- WHY GIRLS LOVE SAILORS (1927)
- WITH LOVE AND HISSES (1927)
- SUGAR DADDIES (1927)
- SAILORS, BEWARE! (1927)
- NOW I'LL TELL ONE (1927)
- THE SECOND HUNDRED YEARS (1927)
- *CALL OF THE CUCKOOS* (1927)
- HATS OFF! (1927)
- DO DETECTIVES THINK? (1927)
- PUTTING PANTS ON PHILIP (1927)
- THE BATTLE OF THE CENTURY (1927)
- LEAVE 'EM LAUGHING (1928)
- FLYING ELEPHANTS (1928)
- THE FINISHING TOUCH (1928, zwei Fassungen)
- FROM SOUP TO NUTS (1928)
- YOU'RE DARN TOOTIN' (1928)
- THEIR PURPLE MOMENT (1928)
- SHOULD MARRIED MEN GO HOME? (1928)
- EARLY TO BED (1928)
- TWO TARS (1928)
- HABEAS CORPUS (1928)
- WE FAW DOWN (1928)
- LIBERTY (1929)
- WRONG AGAIN (1929)
- THAT'S MY WIFE (1929)
- BIG BUSINESS (1929, zwei Fassungen)
- UNACCUSTOMED AS WE ARE (1929)
- DOUBLE WHOOPEE (1929)
- BERTH MARKS (1929, zwei Fassungen)
- MEN O'WAR (1929)
- PERFECT DAY (1929)
- THEY GO BOOM (1929)
- BACON GRABBERS (1929)
- THE HOOSE-GOW (1929)
- *THE HOLLYWOOD REVUE OF 1929 (1929)*
- ANGORA LOVE (1929)
- NIGHT OWLS (1930)
- **LADRONES** (1930)
- BLOTTO (1930)
- **LA VIDA NOCTURNA** (1930)
- **UNE NUIT EXTRAVAGANTE** (1930)
- BRATS (1930)
- **LES BONS PETITS DIABLES** (1930)
- **GLÜCKLICHE KINDHEIT** (1930)
- BELOW ZERO (1930)
- **TIEMBLA Y TITUBÉA** (1930)
- *THE ROGUE SONG* (1930)
- HOG WILD (1930)
- **RADIOMANÍA** (1930)
- **PÊLE-MÊLE** (1930)
- THE LAUREL AND HARDY MURDER CASE (1930)
- **NOCHE DE DUENDES** (1930)
- **FEU MON ONCLE** (1930)
- **SPUK UM MITTERNACHT** (1930)
- ANOTHER FINE MESS (1930)
- BE BIG (1931)
- CHICKENS COME HOME (1931)
- **POLITIQUERÍAS** (1931)
- *THE STOLEN JOOLS* (1931)

- LAUGHING GRAVY (1931, zwei Fassungen)
- **LOS CALAVERAS** (1931)
- **LES CAROTTIERS** (1931)
- OUR WIFE (1931)
- PARDON US (1931)
- **DE BOTE EN BOTE** (1931)
- **SOUS LES VERROUS** (1931)
- **HINTER SCHLOSS UND RIEGEL** (1931)
- COME CLEAN (1931)
- ONE GOOD TURN (1931)
- BEAU HUNKS (1931)
- *ON THE LOOSE* (1931)
- HELPMATES (1932)
- ANY OLD PORT (1932)
- THE MUSIC BOX (1932)
- THE CHIMP (1932)
- COUNTY HOSPITAL (1932)
- «SCRAM!» (1932)
- PACK UP YOUR TROUBLES (1932)
- THEIR FIRST MISTAKE (1932)
- TOWED IN A HOLE (1932)
- TWICE TWO (1933)
- ME AND MY PAL (1933)
- FRA DIAVOLO aka THE DEVIL'S BROTHER (1933)
- THE MIDNIGHT PATROL (1933)
- BUSY BODIES (1933)
- WILD POSES (1933)
- DIRTY WORK (1933)
- SONS OF THE DESERT (1933)
- OLIVER THE EIGHTH (1934)
- *HOLLYWOOD PARTY* (1934)
- GOING BYE-BYE! (1934)
- THEM THAR HILLS (1934)
- BABES IN TOYLAND (1934)
- THE LIVE GHOST (1934)
- TIT FOR TAT (1935)
- THE FIXER UPPERS (1935)
- THICKER THAN WATER (1935)
- BONNIE SCOTLAND (1935)
- *COMING ATTRACTIONS TRAILER* (1936)
- THE BOHEMIAN GIRL (1936)
- *ON THE WRONG TREK* (1936)
- OUR RELATIONS (1936)
- WAY OUT WEST (1937)
- *PICK A STAR* (1937)
- THAT'S THAT (1937; Out-Takes)
- SWISS MISS (1938)
- BLOCKHEADS (1938)
- THE FLYING DEUCES (1939)
- A CHUMP AT OXFORD (1940, zwei Fassungen)
- SAPS AT SEA (1940)
- GREAT GUNS (1941)
- A-HAUNTING WE WILL GO (1942)
- THE TREE IN A TEST TUBE (1943)
- AIR RAID WARDENS (1943)
- JITTERBUGS (1943)
- THE DANCING MASTERS (1943)
- THE BIG NOISE (1944)
- NOTHING BUT TROUBLE (1945)
- THE BULLFIGHTERS (1945)
- ATOLL K (1951, sechs Fassungen)

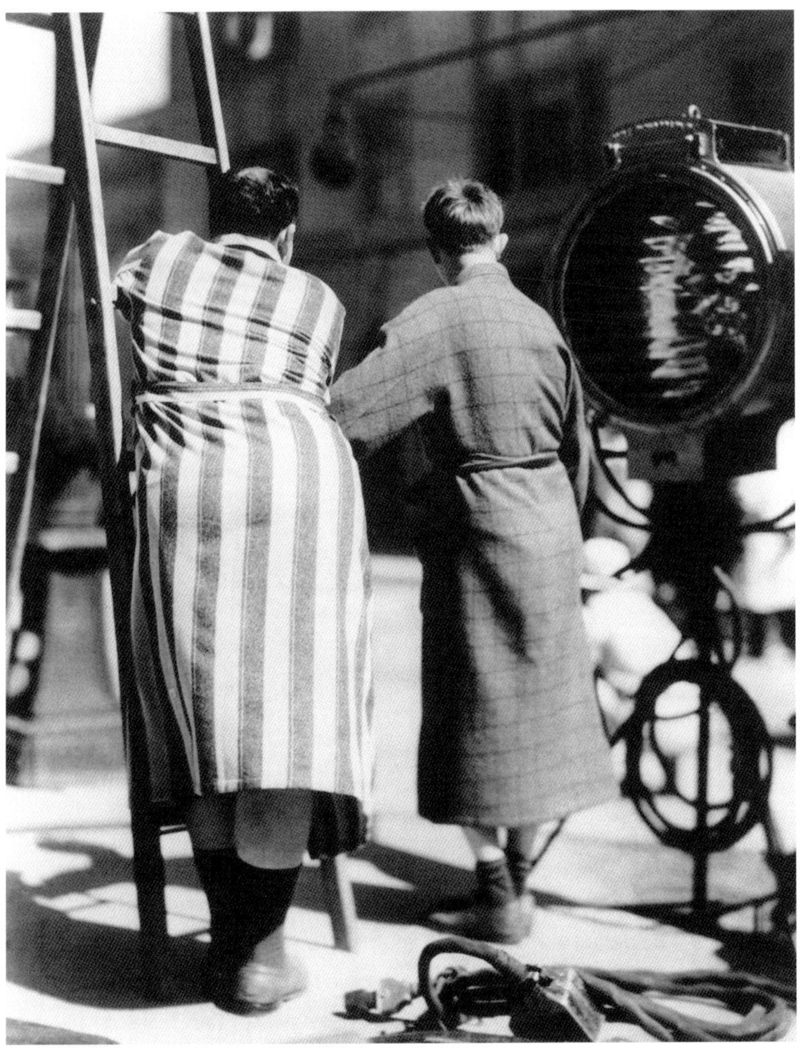

334 «Auf Wiedersehen!»

Register

In diesem und im folgenden Register verweisen fette Seitenzahlen auf Abbildungen.

Filmtitel-Register

Personen- und Sach-Register

Titel von TV-Serien stehen in Großbuchstaben.

* Passwort: 24»Wüste2Söhne22